高等院校国际经济与贸易系列教材

跨国公司经营与管理

Operation and Management of Transnational Corporations

第3版

卢进勇 郜志雄 温丽琴 等编著

机械工业出版社
CHINA MACHINE PRESS

图书在版编目（CIP）数据

跨国公司经营与管理 / 卢进勇等编著．--3 版．-- 北京：机械工业出版社，2022.1（2023.9 重印）
高等院校国际经济与贸易系列教材
ISBN 978-7-111-69912-5

Ⅰ. ①跨…　Ⅱ. ①卢…　Ⅲ. ①跨国公司 - 经营管理 - 高等学校 - 教材　Ⅳ. ① F276.7

中国版本图书馆 CIP 数据核字（2021）第 275042 号

本书以跨国公司总论开始，先是分析了与跨国公司经营和管理相关的投资理论、经营与管理战略、全球价值链，而后具体论述了跨国公司与国际贸易、国际技术转让相关的一些理论与操作实践。接下来作者深入跨国公司内部，专注于探讨跨国公司的研发、生产与营销管理，财务、税收与人事管理。在已经介绍完相关理论的基础上，作者开始探讨实践中的跨国公司经营与管理战略，如全球 500 强跨国剖析、跨国公司来华投资、中国跨国公司的成长以及国际社会对跨国公司的管理与规制，从而组成一个完整的、理论与实践相结合的知识结构体系。

本书适用于经济管理类相关专业本科生、MBA 以及对跨国公司研究有兴趣的专业人士。

出版发行：机械工业出版社（北京市西城区百万庄大街 22 号　邮政编码：100037）

责任编辑：黄姗姗　　责任校对：马荣敏

印　　刷：固安县铭成印刷有限公司　　版　　次：2023 年 9 月第 3 版第 9 次印刷

开　　本：185mm×260mm　1/16　　印　　张：22.75

书　　号：ISBN 978-7-111-69912-5　　定　　价：55.00 元

客服电话：（010）88361066　68326294

PREFACE
第3版前言

跨国公司是世界经济发展和全球经济一体化的推动力，也是全球数字经济发展的引擎。1990年以来，自由化和出口导向的政策、降低成本的追求和新技术的涌现推动着跨国公司全球生产的快速增长。全球金融危机的爆发滋生了贸易保护主义，同时新技术的广泛应用使机器人自动化生产、供应链数字化管理和3D打印成为决定全球生产价值链布局的重要因素。2010年以来，跨国公司的国际贸易、全球投资的增长速度放缓；受疫情影响，民族主义情绪的抬头与单边主义的兴起，使跨国公司的国际生产与贸易趋向区域化，全球协调机制由多边趋向区域、双边发展，2020年全球最大的5000家跨国公司的预期收益平均下调了40%，部分产业出现了亏损。当前，随着数字技术的发展，互联网渗透到社会生活的方方面面，催生了包括互联网平台、电子商务、数字解决方案和数字内容等类型的新兴商业形态的迅速成长。数字跨国公司的涌现改变着全球经济发展的格局，影响着全球生产布局和世界贸易的流向；其国际发展足迹呈现轻资产化等特征，以有限的资产和少量的员工进入海外市场。2015年世界100大数字跨国公司海外销售所占份额是海外资产份额的1.8倍，而其他类型跨国公司的这一比值为1.0，且其现金持有量占总资产的30%。

针对跨国公司经营环境的变化及数字跨国公司的新现象，我们在第2版内容的基础上增加了数字跨国公司的概念、特征、平台战略、数据跨境流动监管及数字贸易等跨国公司新业态、新模式的内容，同时重写或更新了相关章节，以期把最前沿的研究成果、最新的发展动向呈现给关爱本书的广大师生。

本次修订由对外经济贸易大学卢进勇教授、台州学院郜志雄副教授、中北大学温丽琴副教授总负责，天津财经大学刘恩专教授、天津商业大学刘辉群副教授、中国石油大学（华东）李秀娥博士等参与了有关章节内容的具体修订。本次修订的主要内容有：重新撰写了第三章、第五章和第十二章，完善了第一章，更新了第二章、第九章、第十章、第十一章；对全书的统计数据进行了更新。

各章修订的具体分工如下。

- ❑ 第一章：卢进勇、郜志雄；
- ❑ 第二章：卢进勇；

- ❑ 第三章：郜志雄、刘恩专；
- ❑ 第四章：郜志雄、许燕、赵囡囡；
- ❑ 第五章：温丽琴、刘恩专、郜志雄；
- ❑ 第六章：卢进勇、赵囡囡；
- ❑ 第七章、第八章：刘辉群；
- ❑ 第九章：郜志雄、卢进勇；
- ❑ 第十章：刘辉群、李秀娥；
- ❑ 第十一章：郜志雄、卢进勇；
- ❑ 第十二章：郜志雄、温丽琴。

在本书修订的过程中，周佳娣、常雨姣、许诺、罗依婷、张小芬、章诗雨、郑圆圆、陈梦雨等参与了资料的收集与整理及文字校对工作。机械工业出版社的编辑对本书的修订与出版给予了多方面的帮助与支持，在此表示衷心的感谢。修订过程参阅了一些论文、论著、UNCTAD、OECD等国际组织的出版物或网络资料，有的可能未能列出，在此向各位作者致谢！因经验和水平所限，难免存在错误与疏漏，敬请广大读者批评指正，以便再版时修正。

卢进勇

2021年10月1日

PREFACE
第2版前言

跨国公司是世界经济发展的引擎。自19世纪60年代跨国公司出现以来，跨国公司对世界经济的发展和全球经济一体化的形成具有重要的推动作用。随着商品、服务及对外直接投资（foreign direct investment，FDI）规模的迅速扩大、贸易投资壁垒的降低和新技术的涌现，经济全球化的趋势日益增强，各国间经济的依赖日趋加强，国际分工由产业间分工、产业内分工逐渐向产品内分工演进。为应对全球日益激烈的竞争，国际跨国公司积极调整经营战略，利用世界各地有利的要素资源，在全球范围内进行生产布局，通过FDI、公平贸易及非股权安排构建跨国公司自己主导的全球价值链。当前，全球价值链是全球经济的一大特征，2015年跨国公司的境外分支机构贡献了全球10.8%的GDP，跨国公司在全球经济中的作用日显重要，跨国公司经营与管理也出现了新现象。在此情景下，修订《跨国公司经营与管理》，更新第1版的内容，把前沿的研究成果、最新的发展动态呈现给关爱本书的广大师生，显得十分迫切。

本次修订由对外经济贸易大学卢进勇教授、宁波工程学院郜志雄副教授总负责，天津财经大学刘恩专教授、天津商业大学刘辉群副教授、中国石油大学（华东）李秀娥博士、青岛大学赵囡囡博士和宁波工程学院许燕博士参与了有关章节内容的具体修订。本次修订的主要内容有：吸收了当前国内外有关跨国公司研究的新成果及最新发展动态，重新撰写了第四章、第九章和第十一章，完善了第二章中的投资发展周期理论；对全书的统计数据进行了更新，并补充了新内容；部分章节增加了案例。

各章修订的具体分工如下。

- 第一章和第二章：卢进勇；
- 第三章：刘恩专；
- 第四章：郜志雄、许燕和赵囡囡；
- 第五章：刘恩专、郜志雄；
- 第六章：卢进勇、赵囡囡；
- 第七章和第八章：刘辉群；
- 第九章：郜志雄、卢进勇；

- 第十章：刘辉群、李秀娥；
- 第十一章：郜志雄、卢进勇；
- 第十二章：刘恩专、郜志雄。

在本书修订的过程中，舒莉、马珊波、徐惠、王唯宇等参与了资料的收集与整理及文字校对工作。机械工业出版社的编辑对本教材的编写、修订与出版工作给予了多方面帮助，在此表示衷心的感谢。修订过程参阅了大量论文、论著、联合国贸易和发展会议及其他国际组织或区域组织的出版物及网络资料，有的未能列出，敬请有关作者谅解并向各位作者致以真诚的谢意！因知识与经验所限，错误和疏漏在所难免，敬请广大读者不吝指正，以便再版时更改。

卢进勇

2016 年 8 月 6 日

PREFACE

第1版前言

跨国公司是国际直接投资活动的主体，国际上大部分投资活动都是由跨国公司进行的，同时跨国公司也是国际贸易、国际金融和国际技术转让活动的主要承担者。跨国公司开展的这些活动加快了经济全球化和一体化的步伐，加深了各国之间的经济联系和相互依赖，推动了世界经济的发展。如今，跨国公司的影响已遍及世界各个角落，许多人每天都要同跨国公司打交道。毫无疑问，我们应当认真研究和全面了解世界经济中这个重要的、充满活力的主体。

尽管跨国公司已经产生100多年了，但其真正的大发展是在第二次世界大战以后的几十年，特别是最近30多年。根据联合国贸易和发展会议公布的最新数据资料，2010年，全球跨国公司有103 786家，其海外分支机构达到892 114家，这些跨国公司共创造了世界约1/4的GDP，其海外分支机构的出口额占世界出口总额的1/3，其海外分支机构创造的价值在跨国公司总的增加值中所占比重由2005年的35%左右增长到2010年的约40%。2011年跨国公司的海外分支机构在世界各地雇用的员工总数约为6 900万，创造销售额28万亿美元，增加值为7万亿美元，比2010年高出9%。近年来，在经济全球化和技术变革不断加快的背景下，跨国公司的发展呈现出回归高度专业化、偏爱跨国并购投资和加速向第三产业与高附加值行业进军等一些新的趋势。

跨国公司是企业，是开展国际直接投资与跨国经营活动的企业。世界上著名的企业多数都是跨国公司。跨国公司是企业群体中的佼佼者，是世界企业巨星和产业领袖。因此，我们对跨国公司的研究要具体化，不仅要研究跨国公司的发展历史和相关理论与政策，更要研究和把握跨国公司的经营与管理战略、生产与营销、财务与税收以及人事管理等。另外，对跨国公司的研究还要紧密联系国内外实际：从国际方面来看，要关注全球500强跨国公司的最新发展；从国内来讲，要研究跨国公司来华投资的情况和中国跨国公司的成长情况。

为了推进有关跨国公司的教学与科研活动，也为了总结多年来从事跨国公司教学与科研的经验，我们编写了这本《跨国公司经营与管理》。本书注重理论与实际、国际与国内相结合，在论述基本理论和政策的同时，也对实用性的操作知识进行了介绍。另外，本书在各章后面还附加了生动翔实的经典案例，以解释和检验书中的内容，启发学生思考，提高他们认识和解决实际问题的能力。本书既可以作为高等院校学生的教科书，也可以作为政府部门或企业培训员工时选用的教材，当然也不失为业界同人的一本参考书。

本书由对外经贸大学卢进勇教授、天津财经大学刘恩专教授、天津商业大学刘辉群副教授、青岛大学赵囡囡博士和宁波工程学院郜志雄博士共同编写，书中各章的具体编写分工如下：第一章和第二章，卢进勇；第三章，刘恩专；第四章，赵囡囡；第五章，刘恩专、赵囡囡；第六章，卢进勇、赵囡囡；第七章和第八章，刘辉群；第九章，卢进勇、赵囡囡；第十章，刘辉群、郜志雄；第十一章，卢进勇、赵囡囡；第十二章，刘恩专、郜志雄。在这里，我们要特别感谢机械工业出版社的编辑对本教材编写与出版工作给予的多方面帮助。在编写本书的过程中，黄珊珊、闫实强、李锋、李秀娥、温丽琴、张超、裴秋蕊、陈静、邵海燕、邹赫、田云华等协助收集了一些资料，在此表示诚挚的谢意。限于作者的知识与经验，书中难免存在错误或不准确之处，敬请广大读者批评指正，以便今后再版时修订。

卢进勇

2013 年 2 月 1 日

CONTENTS

目 录

CHAPTER1

第一章

跨国公司总论

学习要点

在当今国际经济中，跨国公司具有多方面的影响，跨国公司是国际投资、国际贸易、国际金融与国际技术转让活动的主要组织者和承担者。本章从不同的角度论述跨国公司，先后研究和分析了跨国公司的产生与发展、新特点与新趋势、概念与类型、所发挥的作用、法律与管理组织形式、服务业跨国公司的组织形式与特点等。通过学习本章，学生应理解相关概念，对跨国公司有一个全面整体的把握。

Key Points

Transnational corporations have served as the main organizers and participants as well as the primary type of enterprises in the international investment, international finance, international trade and international economic cooperation activities. From different perspectives, this chapter in sequence analyzes the origin and development, the new characteristics and trends, the definition and types, the influences, the legal and managerial organizational structure of transnational corporations, and also its organizational structures and characteristics in the service industry. By studying this chapter, students are expected to have a general understanding of transnational corporations.

第一节　跨国公司概述

一、跨国公司的产生与发展

跨国公司（transnational corporations，通常缩写为 TNC 或 TNCs）是国际直接投资活动的主要承担者，世界上大部分的国际直接投资业务都是由跨国公司执行的。跨国公司产生于 19 世纪经济全球化开始发展和世界市场逐步形成的时期。截止到目前，跨国公司的产生与发展主要经历了以下三个阶段。

（一）第一次世界大战以前的萌芽阶段

跨国公司的产生已有 100 多年的历史。在历史上，新航线和新大陆的发现，扩大了国际商业活动的空间和范围。特权贸易公司（如英国东印度公司、英国皇家非洲公司、英国哈德逊湾公司、英资汇丰银行、荷兰东印度公司等）这种新的企业组织形式的出现，意味着以往商人个人冒险家事业的消亡、现代企业的诞生。这些公司开始以经营贸易和航运业为主，后来逐步扩大到银行等金融业。它们属于掠夺性经营的殖民地公司，遭到了当地居民的强烈反对。1856 年英国正式颁布股份公司条例，随后一批股份公司出现，这标志着对世界经济产生了重要影响的资本主义现代企业问世。

欧洲工业革命以后，机器生产被广泛采用，对廉价原材料产生了大量需求，于是那些股份公司改变海外经营策略，由非生产性投资转向大规模的生产性投资，在海外探采矿藏、开发土地、修建铁路、建设港口和发展加工制造业。这类投资的增加，催生了现代跨国公司的雏形。早期跨国公司通过对外直接投资（foreign direct investment，FDI），在海外设立分支机构或子公司，从事跨国生产和贸易。当时具有代表性的制造业对外投资项目有：1865 年，德国弗里德里克·拜耳公司在美国纽约的奥尔巴尼开设了一家制造苯胺的工厂；1866 年，瑞典制造甘油和炸药的阿佛列·诺贝尔公司在德国汉堡开设了一家制造炸药的工厂；1867 年，美国胜家缝纫机公司在英国的格拉斯哥创办了缝纫机装配厂；1876 年，日本成立了第一家综合商社——三井物产公司；1885 年，英国最大的油脂食品公司尤尼莱佛公司的前身英国利华兄弟公司在西非和所罗门群岛投资开发椰子种植园。后来，美国的西屋电气公司、爱迪生电灯公司、伊士曼柯达公司、美孚石油公司等也纷纷走向海外市场，在国外投资生产新产品，应用新技术，开展国际化经营，成为现代跨国公司的先驱。

当时，对外直接投资的特征主要是：投资集中于铁路、采矿业和制造业；投资地区主要为落后地区；投资重心由各自的殖民地向一些欧洲国家和美国扩展。总的来说，资本输出的兴起为跨国公司的形成奠定了物质基础。当然，第一次世界大战以前，世界范围内从事跨国经营的企业数量还较少，对外直接投资额也不大，跨国公司的发展处于萌芽阶段。

（二）两次世界大战之间的逐渐发展阶段

在这个阶段，对外直接投资有了相当快的增长，比第一次世界大战前增加了两倍，制造业吸引了更多的国际直接投资，该领域的跨国公司发展迅速，越来越多的西方国家大公司开始在海外建立子公司。据统计，在这个阶段共有 1 441 家西方国家的公司进行了对外直接投资。这一时期，美国跨国公司的发展较快，美国在国外直接投资的比重逐渐超过英国，居世界首位。然而，由于战争、经济危机和国家管制，跨国公司整体发展速度仍然较慢。

（三）第二次世界大战后至今的迅猛发展阶段

第二次世界大战结束以来，科学技术取得了突飞猛进的发展，世界经济一体化程度不断提高，经济全球化趋势加强，这使得对外直接投资在深度和广度上迅速发展，跨国公司的数量和规模大大增加，对外直接投资的作用和影响已经超过对外间接投资。根据联合国原跨国公司中心的资料，发达国家跨国公司的母公司在 1968 年有 727 家，子公司有 27 300 家，到 1980 年母公司增加到 10 727 家，子公司增加到 98 000 家。2006 年年底，全球约有 78 000 家跨国公司母公司，它们的海外分支机构达到 780 000 家。2010 年年底，跨国公司母公司发展到 103 786 家，其海外分支机构超过 892 114 家，跨国公司母公司及其分支机构创造的价值占全球 GDP 总额的 1/4，境外分支机构创造的价值占全球 GDP 的 1/10，出口商品占全球出口总额的 1/3。2015 年，跨国公司的境外分支机构共提供 7 951 万个就业岗位，创造的价值占 GDP 的 10.8%，出口商品占全球出口总额的 37.4%。

目前，跨国公司的全球化程度较高，2015 年全球海外资产排名前 100 家跨国公司的平均跨国化指数约为 62%，其海外资产、海外销售和海外雇员在这些跨国公司总资产、总销售和总雇员数中所占份额分别为 62%、65%和 58%。相比而言，来自发展中经济体和转型经济体的 100 家最大跨国公司的全球化程度相对低些，其 2014 年平均跨国化指数为 53%。跨国公司的海外资产和销售的集中程度较高，2015 年排名前十的跨国公司的海外资产占 100 家最大的跨国公司的海外资产的 27%，排名前十的跨国公司海外销售占 100 家最大的跨国公司海外销售额的 26%。这表明海外资产、国际生产和销售主要掌握在大型跨国公司手中。2019 年全球最大的 100 家非金融类跨国公司中前 10 名的情况如表 1-1 所示。目前，全球跨国公司主要分布在发达国家和地区，特别是美国、日本和欧盟这些习惯上被称为“经济三角”的国家与地区。当然，伴随着经济的发展和企业实力的增强，来自发展中国家和地区的跨国公司也越来越多。跨国公司的迅猛发展大大推动了资本国际化和生产国际化的进程，促进了各种生产要素在国际上的流动与重新合理组合配置，可以说跨国公司是推动经济全球化和一体化的主要力量之一。

表 1-1　按海外资产排列的 2019 年全球最大的 100 家非金融类跨国公司中前 10 名情况

排名	公司	国家	产业	资产额（百万美元）		销售额（百万美元）		雇员数（人）		跨国经营指数（%）
				海外	总计	海外	总计	海外	总计	
1	英荷壳牌	英国	石油	376 417	402 681	276 518	331 684	59 000	83 000	82.6
2	丰田汽车	日本	汽车	307 538	485 422	187 768	275 390	227 787	359 542	65.0
3	英国石油	英国	石油	259 860	295 194	215 203	278 397	58 900	72 500	82.2
4	软银集团	日本	电信	253 163	343 306	29 286	56 910	55 272	74 953	66.3
5	道达尔公司	法国	石油	249 678	273 865	137 438	175 985	71 456	107 776	78.5
6	大众集团	德国	汽车	243 469	548 271	227 940	282 776	374 000	671 000	60.3
7	百威英博	比利时	餐饮服务	192 138	237 142	44 352	52 251	148 111	171 915	84.0
8	英美烟草公司	英国	烟草	184 959	186 194	25 232	32 998	31 196	53 185	78.2
9	戴姆勒股份公司	德国	汽车	179 506	339 742	163 875	193 357	124 842	298 655	59.8
10	雪佛龙	美国	石油	172 830	237 428	75 591	140 156	22 800	48 200	58.0

注：跨国化指数=（海外资产/企业总资产+海外销售收入/销售总收入+海外雇员数/雇员总数）÷3。

资料来源：《世界投资报告》（2019）附录表。

二、跨国公司发展的新趋势

自20世纪90年代以来，世界政治经济格局和科技发展出现了一系列根本性的变化，这些变革极大地改变了跨国公司的经营环境、竞争规则和创造价值的方式。因此，跨国公司的发展呈现出以下新趋势。

（一）发展战略和业务领域回归高度专业化，即归核化

传统的跨国公司理论认为，多元化经营是跨国公司一种重要的扩张战略，大型的跨国公司都拥有多种产品、多种技术和多个市场。20世纪80年代是欧美跨国公司多元化经营的鼎盛时期。而近些年来，许多跨国公司纷纷从多元化经营回归专业化经营，集中发展自己的核心产业。所谓**归核化**（refocusing），其要点是跨国公司把自己的业务集中在最具竞争优势的行业；把经营重点放在核心行业价值链上自己优势最大的环节；强调核心竞争力（core competence）的培育、维护和发展；对非核心业务实施战略性外包（outsourcing）。实施归核化的根本目的是突出主业，提升企业的竞争力。实施归核化战略的主要措施有：出售和撤销、收购及剥离、分拆和战略性外包。美国的通用电气公司和芬兰的诺基亚公司是近年来实行归核化战略获得成功的典型例子。

（二）跨国并购日益成为跨国公司对外直接投资的主要手段

经济全球化打破了原有的国家或地区之间以及不同的市场之间的界限，使得跨国公司的经营进入全球性经营战略时代，由此导致的新趋势是跨国公司必须以全球市场为目标争取行业领先地位，在本行业的关键因素上追求全球规模，追求实现全球范围内的最低成本生产和最高价格销售，追求提高全球市场占有率和取得全球利润，以同行业跨国战略兼并和强强联合作为追求全球规模经济的主要手段。由于跨国的并购方式具有迅速打进国外市场，扩大产品种类，充分利用现有营销渠道，获得目标公司的市场份额等优点，因此对外直接投资中的并购方式逐渐受到跨国公司的偏爱。

例如，20世纪80年代的全球跨国并购总额年均只有几百亿美元，但进入90年代中期以来，全世界的企业兼并形成了历史上的第五次浪潮，到2000年全球企业跨国并购金额高达0.96万亿美元，超过10亿美元的跨国并购案件达175宗。从2001年开始，伴随着全球跨国投资的减少，全球跨国并购金额有所下降。但从2003年起，全球跨国并购投资开始回升，2007年达到1.03万亿美元的高峰。之后受金融危机的影响，2008年和2009年持续大幅下降，2009年到达最低点，其后在波动中呈现增长趋势，2015年达7 214亿美元，接近当年新建投资额（见图1-1）。伴随着大规模跨国并购活动的进行，跨国公司也更加重视股市融资，重视提高本企业的市场资本价值。

（三）重视实行当地化战略

在20世纪80年代，只有少数跨国公司提出并实施当地化战略，随着90年代越来越多的跨国公司开始实施这一战略，至90年代末当地化战略已经成为跨国公司全球战略中的一种大趋势。跨国公司的当地化战略主要体现在入乡随俗，把自己当成一个当地公司看待上。当地化的主要内容包括：经营管理当地化、投资融资当地化、管理人员当地化、研发

（R&D）当地化、品牌当地化、公司风格当地化等。

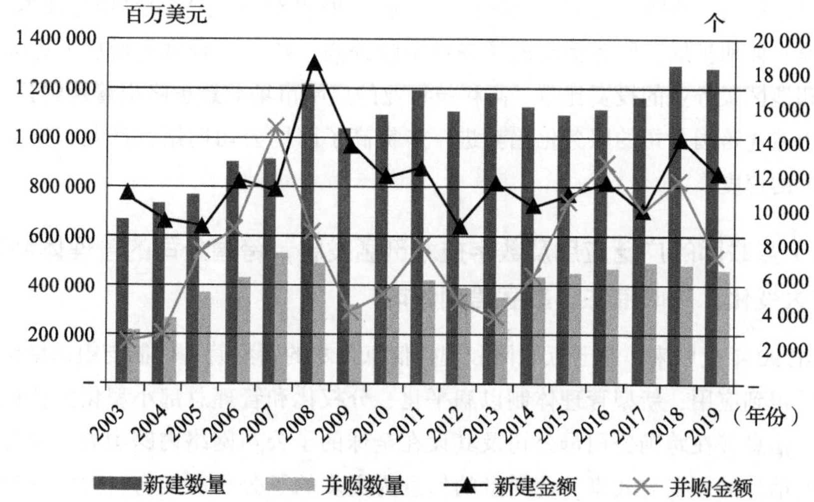

图 1-1　2003~2019 年全球并购（购买）与新建项目金额与数量的比较

资料来源：历年的《世界投资报告》，有整理。

（四）跨国化程度不断提高

跨国化程度由跨国公司在国外的资产值与其总资产值之比、国外销售额与总销售额之比以及国外雇员数与总雇员数之比这三个比例的平均值来衡量。20 世纪 90 年代以来，发达国家和发展中国家跨国公司的跨国化指数均有较大提高。根据联合国贸易和发展会议公布的《世界投资报告》（2016）的资料，2015 年世界最大的 100 家跨国公司的平均跨国化指数为 59.9%，2014 年发展中经济体中最大的 100 家跨国公司的平均跨国化指数为 53%；2015 年世界上跨国化指数排名第一的跨国公司荷兰电信公司 Altice N. V. 的跨国化指数为 97%，2014 年新加坡金光农业资源公司（Golden Agri-Resources Ltd）的跨国化指数为 100%。跨国化程度的不断提高说明跨国公司对国际市场的依赖日益增强，它们的盈利也越来越多地来自国外。

（五）战略联盟成为跨国公司的重要发展模式

20 世纪 90 年代以来，由于科技进步和生产国际化程度的提高，跨国公司为了集中科技资源，实现优势互补，减少风险，扩大业务活动，共同分担研发费用，越来越倾向于建立公司间的战略联盟。跨国公司借助战略联盟弥补各自在技术、市场和竞争力方面的不足，加强在全球范围内的竞争能力和竞争优势，以便对新出现的技术变革和市场机遇做出及时反应。这种现象在高科技领域尤为突出，在跨国公司战略联盟中，研发型占了 80%。目前，大约有 60% 的跨国公司已经建立了战略联盟。

（六）对外直接投资加速向服务业和高附加值的技术密集型行业倾斜

服务需求的不断增长，带来了全球现代服务业（第三产业）的快速发展。服务业连接着生产、消费和就业，在整个国民经济中发挥着重要作用。同时，由于服务业的投资涉及面广，影响范围大，因而相对于制造业可以获得更高的投资收益。这些年来，许多发展中国家和地区逐步调整利用外资的政策，扩大市场准入，鼓励跨国公司进入商业、金融、保险、房地产、运输、旅游、公共设施等行业，加之20世纪90年代以来信息技术突飞猛进，互联网迅速延伸和扩展，服务活动的贸易性不断提高，在一定程度上增加了跨国公司在发展中国家和地区服务业的投资比重。高科技行业的广阔市场前景也吸引着跨国公司的目光。应当说，制造业跨国公司的服务化趋势进一步提高了跨国公司向第三产业和技术密集型行业增加投资的速度。

（七）互联网的广泛应用及数字技术迅猛发展，跨国公司的管理体制和组织构架发生较大变化，同时催生了数字跨国公司

20世纪90年代以来，基于互联网和现代信息技术的新型管理体制与组织结构在许多大公司中开始得到应用，新型管理体制以扁平化、分权化和管理总部小型化为特征，它允许人力资源、信息等在跨国公司母公司及其设在全球的子公司网络内跨国界、跨行业自由流动，它强调信息的开发与共享，使同量的信息为更多的子公司所共有，大大减少了子公司独立开发信息的成本。跨国公司对互联网的发展采取了积极的欢迎态度，纷纷“触电上网”，发展电子商务，制定并实施本企业的网络发展战略，也催生了阿里巴巴、腾讯、百度、亚马逊等数字跨国公司及许多小微跨境电商企业。

（八）研发更趋国际化

跨国公司一改以往以母国为技术研发中心的传统布局，根据不同东道国在人才、科技实力以及科研基础设施上的比较优势，在全球范围内有组织地安排科研机构，从事新技术、新产品的研发工作，从而促使跨国公司的研发活动朝着国际化、全球化的方向发展。研发的国际化从另一个角度看也就是研发在东道国的当地化。目前的研发对外直接投资主要集中在欧、美、日等发达经济体的跨国公司。联合国贸易和发展会议公布的《世界投资报告》（2005）资料显示，美国跨国公司1999年和2002年的研发支出分别为1 444亿美元和1 592亿美元，其中用于海外的研发支出分别是181亿美元和212亿美元，海外研发支出占总研发支出的比例分别为12.5%和13.3%。这显示出美国跨国公司的研发活动已经日趋国际化。另外，该报告还分析了瑞典跨国公司研发国际化的情况，1995年和2003年瑞典跨国公司的研发总支出分别为51亿美元和58亿美元，其中在国外的研发支出分别是11亿美元和25亿美元，国外研发支出所占的比例在8年时间内从22%提高到43%。日本丰田汽车制造公司在日本、英国、美国、德国等地建立了跨国联网的研发体系。在每一次新产品研制时，由美国负责车型设计，德国负责内部设计，英国负责传动系统设计，而丰田公司总部除了进行诸如动力装置的设计外，还负责协调各研发部门。国外研发机构和技术创新网络的建立既有利于利用东道国的科技研发资源，也可以大大提高跨国公司创新资源的使用效率。

（九）发展中国家和地区跨国公司的蓬勃发展

诚然，跨国公司产生于发达国家，绝大部分跨国公司的母国是发达国家，世界上100家最大的跨国公司中多数来自发达国家，这说明长期以来跨国公司成了发达国家的专利。但近些年来这种格局正在发生改变，来自发展中国家和地区的跨国公司的数量越来越多。发展中国家和地区跨国公司数量的增加主要是以下几个因素作用的结果：首先，新兴市场

国家和地区经济实力不断增强，如中国、印度、巴西、马来西亚、墨西哥、南非等；其次，发展中国家和地区企业国际竞争力的提高；再次，石油和矿产等原材料价格的不断攀升；最后，经济全球化和一体化的深入发展推进了发展中国家和地区的市场化及开放化，为企业的成长和壮大创造了良好的环境。近几年，在联合国贸易和发展会议公布的年度《世界投资报告》中，都要列举来自发展中国家和地区的100家跨国公司，由此可以看出发展中国家和地区跨国公司的地位越来越重要。按境外资产排列的2018年发展中经济体和转型经济体中最大的100家非金融类跨国公司中前10名的情况如表1-2所示。

表 1-2　按境外资产排列的2018年发展中经济体和转型经济体中最大的100家非金融类跨国公司中前10名

排名	公司	国家和地区	产业	资产额（百万美元）		销售额（百万美元）		雇员数（人）		跨国经营指数（%）
				境外	总计	境外	总计	境外	总计	
1	长江和记实业	中国香港	零售业	144 891	157 337	33 036	35 358	279 000	300 000	92.8
2	中国石油天然气集团公司	中国大陆	采矿、采石和石油	133 636	595 935	171 756	410 023	122 704	1 266 400	24.7
3	鸿海精密工业股份有限公司	中国台湾	电子元件	106 644	110 609	171 647	175 576	824 063	987 613	92.5
4	中国石化集团	中国大陆	石油精炼及相关工业	90 492	328 607	132 500	443 308	39 658	423 543	22.3
5	三星电子	韩国	通信设备	84 717	304 057	136 064	221 464	215 542	308 746	53.0
6	中国远洋海运集团有限公司	中国大陆	运输、仓储	81 190	315 020	22 786	114 465	8 091	173 300	16.8
7	腾讯控股有限公司	中国大陆	计算机和数据处理	77 594	119 824	1 555	53 813	35 169	54 309	44.1
8	中国海洋石油总公司	中国大陆	采矿、采石和石油	69 517	176 882	65 071	108 065	4 671	94 000	34.8
9	中国中化集团有限公司	中国大陆	化学及相关产品	57 275	71 200	75 201	89 308	11 023	65 271	60.5
10	中国化学工程集团有限公司	中国大陆	化学品及相关产品	54 090	117 011	32 768	34 433	86 025	167 000	64.3

资料来源：《世界投资报告》(2018) 附录表。

三、跨国公司的概念与类型

（一）跨国公司的概念

国际上对跨国公司有许多称谓，如全球公司、国际公司、多国公司、宇宙公司等，各种机构和学者根据不同的标准对跨国公司下了不同的定义。现将给跨国公司下定义的三种主要标准简单介绍如下。

1. 结构标准

在**结构标准**（structural criteria）体系下，跨国公司应该至少满足下面一个条件。

（1）在两个以上的国家经营业务。

（2）公司所有权的拥有者的国籍为两个以上。

（3）公司的高级经理人员来自两个以上的国家。

（4）公司的组织形式以全球性地区和全球性产品为基础。

2. 业绩标准

业绩标准（performance characteristics criteria）是指凡是跨国公司，则其在国外的产值、销售额、利润额、资产额或雇员人数就必须达到某一个百分比以上。百分比具体应为多少目前还没有形成一个共识。

3. 行为标准

行为标准（behavioral characteristics criteria）是指跨国公司应该具有全球战略目标和动机，以全球范围内的整体利益最大化为原则，用一视同仁的态度对待世界各地的商业机会和分支机构。

综合各种观点，可以认为：**跨国公司**是指这样一种企业，它在两个或两个以上的国家进行直接投资，从事生产经营活动，国外的业绩达到一定比例，有一个统一的中央决策体系和全球战略目标，其遍布全球的各个实体分享资源和信息并承担相应的责任。

（二）跨国公司的类型

从不同的角度，跨国公司可以被划分成不同的类型。

（1）按运营的空间，跨国公司分传统跨国公司和数字跨国公司。传统跨国公司指其商业运营在实体物理空间，而数字跨国公司则指其业务主要通过互联网在虚拟空间运营。

（2）按法律形式划分，跨国公司可以分为母分公司型和母子公司型。母分公司型的组织模式，适合银行与保险等金融企业的跨国经营；母子公司型的组织模式，则比较适合工业企业。

（3）按经营项目的重点划分，跨国公司可以分为资源开发型、加工制造型和服务型。资源开发型跨国公司主要以采矿业、石油开发业和种植业为主；加工制造型跨国公司主要从事最终产品和中间产品的制造，如金属制品、钢材、机械、运输设备和电信设备等；服务型跨国公司是指从事非物质产品生产，在贸易、金融、运输、通信、旅游、房地产、保险、广告、管理咨询、会计法律服务、信息等行业和领域内从事经营活动，提供各种服务的跨国公司。

（4）按决策机构的策略取向划分，跨国公司可以分为民族中心型、民族多元型、全球战略型。民族中心型跨国公司的所有决策主要考虑母公司的权益；民族多元型跨国公司的决策以众多子公司的权益为主；全球战略型跨国公司的决策以公司的全球利益为主，这种类型的决策较为合理，目前为大多数跨国公司所采用。

（5）按公司内部的经营结构划分，跨国公司可以分为横向型、垂直型和混合型。横向型多数是产品单一的专业性跨国公司，在该类型公司内部没有多少专业分工，母子公司基本上都制造同类型的产品或经营同类型的业务；垂直型是公司内部母公司和子公司之间以及子公司相互之间分别制造同一产品的不同零部件，或从事不同工序的生产，通过公司内部产品转移，将整个生产过程相互衔接起来的公司；混合型一般是经营产品多样化的跨国公司，根据各产品的生产特点，母公司与子公司、子公司与子公司之间有的是垂直型分工，有的是横向型分工。

（6）按生产经营的空间分布范围划分，跨国公司可以分为区域型和全球型。区域型跨国公司的活动范围主要局限在特定区域，而全球型跨国公司是以整个世界市场作为其生产经营活动的空间。

(7) 按诞生的早晚和企业开展跨国经营时间的先后，跨国公司可以分为先发型和后发型两类。先发型跨国公司是在国际范围内一个行业中最早开展国际化经营的企业，并且企业的核心技术基本上是自己研发的。这类跨国公司的典型代表是欧洲和美国的跨国公司。后发型跨国公司是后来者，企业开始进行国际化经营时国际市场中该行业内已充满了跨国公司，另外，企业的一些核心技术主要是从外国引进的。这类跨国公司主要以韩国、新加坡、中国等国家和地区的跨国公司为代表。

四、跨国公司的特征

世界上的跨国公司多种多样，有从事制造业的跨国公司，也有从事服务业的跨国公司；有规模巨大的跨国公司，也有数以万计的中小型跨国公司；有发达国家的跨国公司，也有发展中国家的跨国公司。但无论什么类型的跨国公司，和国内公司相比，由于赖以存在的条件和环境等方面的差异，它们一般都具有以下几个特征。

（一）国际化经营战略

跨国公司不同于国内公司之处，首先就是其战略的全球性。虽然跨国公司开始都是在母国和地区立足，以此作为向国外扩张的基础，但跨国公司的最终目标市场绝不限于母国和地区的市场。跨国公司的战略是以整个世界为目标市场的。跨国公司为了获取资源、占领市场、保持垄断优势等，在世界各地投资设立分支机构，进行国际化经营。国内外投资与经营环境的差异会给企业的生产经营活动带来不同的影响和风险，企业要运用自己所拥有的各种资源，主动地应对环境的各种变化，以实现企业跨国经营的目标。实际上，国际化经营就是企业与国际环境相互作用的过程。国际化经营是跨国公司一个最主要的特征，因为如果没有国际化经营，尤其是没有作为国际化经营第二层次的国际直接投资，那么跨国公司也就名不副实了。

（二）在全球战略指导下的集中管理

跨国公司虽然分支机构众多，遍布全球，但诸如制定价格、生产计划、投资计划、研发计划和利润分配等重大决策均由母（总）公司做出，各分支机构执行。而指导母（总）公司做出决策的是跨国公司的全球战略，即将所有的分公司、子公司视为一个整体，以全球而不是地区的观点来考虑问题。因此，跨国公司在全球范围内整体长远利益的最大化是其制定决策的出发点和归宿。一切业务经营主要根据整个公司在全球范围内的最大利益、市场情况和总的发展开展，所考虑的不是一时一地的得失，而是整个公司在全球的最大利益。跨国公司将自己视为一个全球公司，而不再是某个国家的公司。这种高度集中的一体化管理，保证了生产经营网点的合理分布以及资源的合理配置，避免了重复生产和销售中的自相竞争，减少了资源浪费。

（三）明显的内部化优势

由于跨国公司在多个国家和地区设有分支机构，在宏观管理上又采用集中领导，因此各个分支机构之间、母公司与分支机构之间关系密切、相互协作、互相配合。这突出体现在制定内部划拨价格、优先转让先进技术和信息资源共享上，这些做法使得跨国公司具有了国内公司所不具备的独特的竞争优势。这也部分地解释了企业达到一定规模后就要向外扩张，向跨国公司方向发展的原因。但交易成本和市场失效的存在，也促使跨国公司将交易内部化，即建立内部市场来取代外部市场。实际上，也只有通过这种内部交易，跨国公司才能作为一个国际化生产体系正常运转。跨国公司内部交易在国际贸易中占有相当大的比重。

（四）以对外直接投资为基础的经营手段

以对外直接投资为基础开展生产经营活动是跨国公司与传统国内公司相区别的最根本的特征。一般来说，跨国公司向国外市场渗透可以有三种方式，即商品输出、无形资产转让（如技术贸易、合同制造等）和对外直接投资。随着竞争的加剧，向外输出商品为主的做法已满足不了世界市场的需要，跨国公司已越来越多地利用对外直接投资代替传统的商品输出。与出口相比，海外直接生产更符合跨国公司全球战略的需要和最大限度地扩大盈利的目的。当然，跨国公司以对外直接投资为其经营发展的基础，并不意味着对外直接投资是跨国公司唯一的经营活动方式，进出口贸易、技术转让、间接投资等也都是跨国公司经营活动的内容。

五、跨国公司的作用

跨国公司作为当今世界经济的一个重要力量，对别国经济和全球经济的发展发挥了巨大的作用，这些作用以积极的方面为主。当然，在一些国家，有时跨国公司也产生了一些消极作用。下面主要分析跨国公司的积极作用。

（一）跨国公司是世界经济增长的引擎

以对外直接投资为基本经营手段的跨国公司已发展成为世界经济增长的引擎：跨国公司通过对研发的巨大投入推动了现代科技的迅猛发展；跨国公司的内部化市场促进了全球市场的扩展，跨国公司在传统的外部市场之外，又创造出了跨越国界的地区或全球联网的新市场——内部化市场；跨国公司的发展加速了世界经济的集中化倾向；跨国公司在产值、投资、就业、出口、技术转让等方面均在世界上占有重要的地位。

（二）跨国公司加快了各种生产要素的国际流动，优化了资源配置，提高了资源利用效率

跨国公司通过进行一体化国际生产和公司间贸易，可以形成配置和交换各国不同生产要素的最佳途径，并可利用世界市场作为组织社会化大生产、优化资源配置的重要手段。以价值增值链为纽带的跨国生产体系的建立和公司间内部贸易的进行已成为跨国公司提高资源使用效率的有效方法。对于整个世界经济而言，跨国公司的发展推动了各种生产要素在国家间的流动与重新组合配置，扩大了国际直接投资、国际贸易和国际技术转让的规模，促进了世界经济一体化的进程和国与国之间经济合作活动的开展，使各个国家的经济越来越紧密地结合在一起，为国际经济的不断发展和繁荣做出了贡献。

（三）跨国公司对资金的跨国流动起到了促进作用

一方面，跨国公司的对外直接投资促进了资金跨国流动。在国外建立的全资或控股子

公司与母公司有大量的经常的资金往来，比如，子公司向母公司上缴利润，母公司向子公司追加投资等。另一方面，跨国公司的对外间接投资也会促进资金的跨国流动。跨国公司拥有大量的股票及债券等金融资产。随着计算机和通信技术的快速发展，这些金融资产的流动速度与以前相比明显加快。除此之外，跨国公司业务的发展还推动了银行的国际化经营，跨国公司需要其母国和地区的银行在其子公司所在的国家或地区开展业务，并为其子公司提供各种金融服务，这就会使该银行的国外业务量迅速增加。

（四）跨国公司推动了国际贸易规模的扩大和贸易结构的转变

跨国公司对国际贸易的促进作用主要有两个方面：一方面反映在外资企业对东道国出口的直接贡献上；另一方面反映在由国际直接投资进入所引起的当地企业的产品出口努力上，包括当地企业在外资企业的竞争压力下所采取的产品出口努力、跨国公司的当地采购和零部件分包安排等。跨国公司不仅通过外部市场促进贸易的自由化，而且通过内部市场促进贸易的自由化。据联合国贸发会议的统计，目前约有 1/3 的国际贸易属于跨国公司的内部贸易，这说明跨国公司的内部贸易为当今国际贸易的发展做出了贡献。内部贸易的发展不仅改变了国际贸易的原有范畴，而且使得当今的国际贸易进一步向中间投入品和知识产品推进。也就是说，跨国公司不仅促进了国际贸易量的扩大，而且促进了国际贸易结构的改变。

（五）跨国公司对母国和东道国的发展发挥了积极作用

对于跨国公司的母国来说，通过跨国公司的对外直接投资，扩大了资本输出、技术输出、产品输出和劳务输出，增加了国民财富，同时在一定程度上也增强了母国对接受投资国的影响。对于接受跨国公司投资的东道国来说，引进跨国公司的同时也引进了发展经济所必需的资本、先进的技术和管理理念，增加了就业机会，扩大了出口，提升和优化了产业结构，繁荣了经济。

（六）跨国公司的发展加快了经济全球化的进程

跨国公司通过其国际化的投资、生产、销售、研发等跨国经营活动，有利于国际贸易的自由化、资金流动的加速化、资源配置的最优化，从而促进了经济的全球化。第二次世界大战结束以来，跨国公司的壮大和世界经济的发展相伴而行，相互促进。随着经济全球化和一体化趋势的不断增强，跨国公司必将在其中扮演一个更加重要的角色。

第二节　跨国公司的组织形式

跨国公司的组织形式有两层含义：一是法律结构，即法律组织形式，主要涉及母公司与国外各分支机构的法律和所有权关系、分支机构在国外的法律地位、财务税收的管理等方面；二是组织结构，即行政或管理组织形式，主要职能是提高企业的经营管理效率，优化企业资源配置，以求取得最佳的经济效益。下面分别简要介绍跨国公司的法律组织形式和管理组织形式。

一、法律组织形式

跨国公司的法律组织形式有母公司、分公司或联络办事处、子公司以及附属企业。

（一）母公司

母公司（parent company）又称总公司，通常是指掌握其他公司的股份，从而实际上控制其他公司业务活动并使它们成为自己附属公司的公司。从上面的定义来看，母公司实际上是一种控股公司。但严格来讲，母公司并不等同于只掌握股权而不从事业务经营的纯控股公司，许多实力雄厚的母公司本身也经营业务，是独立的法人，有自己的管理体系，因而应属于混合控股公司（控股兼营业公司）。母公司通过制定大的方针、政策、战略等对其世界各地的分支机构进行管理。

（二）分公司

分公司（branch company）是母公司的一个分支机构或附属机构，在法律上和经济上没有独立性，不是法人。分公司没有自己独立的公司名称和公司章程，只能使用母公司的名称和章程；它的全部资产都属于母公司，没有自己独立的财产权，所以母公司对分公司的债务承担无限责任；分公司的业务活动由母公司主导，它只是以母公司的名义并根据母公司的委托开展业务。分公司一般包括生产型与销售型两种类型。

分公司在东道国设置时可能是以下任一情形：①外国公司在东道国的常设机构或办事处；②对外直接投资者与一个或一个以上第三方的非法人合作或合资经营企业；③外国居民（法人或自然人）直接拥有的土地、建筑物（政府机构拥有的建筑物除外）以及/或者不可移动的设备和物品；④外国投资者（法人或自然人）在其本国以外的国家或地区经营了至少一年的可移动设备（例如船舶、飞机及油气开采设备）。

设立分公司的有利之处主要有以下几点。

（1）设立手续比较简单。只需交纳少量登记费就可取得所在国家和地区的营业执照。

（2）可享受税收优惠。由于分公司不是独立核算的法人，与母公司同属一个法律实体，所以分公司在国外的纳税一般少于子公司。另外，许多国家的税法规定，如果国外分公司发生亏损，其亏损额可在母公司税前利润中扣除，而且外国分公司汇出的利润一般不作为红利，因此无须交纳利润汇出税。

（3）便于管理。母公司通过控制分公司的管理人员而全面直接地领导和控制分公司的经营活动。

（4）在某些方面受东道国管制较少。东道国对分公司在该国和地区以外的财产没有法律上的管辖权，因此，分公司在东道国之外转移财产比较方便。

设立分公司的不利之处主要有以下几点。

（1）对母公司的不利影响。分公司在登记注册时须披露母公司的全部业务活动和财务收支状况，会给母公司的业务保密带来损害。而且，母公司要对分公司的债务承担无限责任。分公司在终止或撤离时只能出售其资产，而不能出售其股份，也不能与其他公司合并，这对母公司来说也是不利的。

（2）对分公司的不利影响。分公司在业务上总受到母公司的支配，难以发挥创造性。分公司在东道国被当作“外国公司”看待，没有东道国股东，因此在当地开展业务有一定困难。

（3）对母国的不利影响。设立国外分公司常会引起母国税收的减少，所以母国对分公司的法律保护也较少。

（三）子公司

子公司（subsidiary company）是指按当地法律登记注册成立，由母公司控制但在法律上是一个独立的法律实体的企业机构。子公司自身就是一个完整的公司，其独立性及法人资格主要表现在以下几个方面：子公司有自己独立的公司名称、章程和行政管理机构；子公司有能独立支配的财产，有自己的财务报表，独立核算自负盈亏；子公司可以以自己的名义开展业务，进行各种民事法律活动，包括起诉和应诉。根据UNCTAD出版的《世界投资报告》（2005），子公司是指另一个实体直接拥有超过一半的股东表决权，有权指派或撤换大多数行政、管理和监督人员的设在东道国的法人企业。

设立子公司的有利之处主要有以下几点。

（1）有利于开展业务。由于子公司在东道国是以一个"本国"公司的身份开展业务，所以受到的限制比较少，比分公司更能有效地开拓当地市场。

（2）融资比较便利。子公司可以独立地在东道国银行贷款，可以在当地的证券市场上融资，其偿债范围只限于子公司的资产。

（3）有利于进行创造性的经营管理。由于有较大的自主权，子公司在经营管理上可以发挥其创造性。

（4）有利于收回投资。子公司在东道国终止营业时，可灵活选择出售其股份、与其他公司合并或变卖其资产的方式收回投资。

（5）有利于国际避税。如果在国际避税地设立避税地子公司，则有利于母公司开展避税活动。

设立子公司的不利之处主要有以下几点。

（1）手续比较复杂。因为子公司在东道国是一个独立法人，所以设立手续比较复杂，费用较高。

（2）行政管理费用较高。在国外设立子公司必须建立符合东道国公司法所规定的行政管理机构，还必须对东道国大量的法律法规进行研究，这就增加了子公司的行政管理费用。

（3）经营管理方面存在一定困难。子公司需要公开自己的财务状况，这必然会增加子公司的竞争压力。对于与当地合资的子公司，其在东道国的经营活动常会受到当地股东的制约，因为发达国家的公司法比较注重保护少数股东的利益，而发展中国家的法律有时会硬性规定当地股权的最小比例以及当地董事的最少人数。

（四）联络办事处

联络办事处（liaison office）是母公司在海外建立企业的初级形式，是为进一步打开海外市场而设立的一个非法律实体性的机构，属于分公司范畴。联络办事处一般只从事一些收集信息、联络客户、推销产品之类的工作，开展这些活动并不意味着联络办事处在东道国正式"开展业务"。联络办事处不能在东道国从事投资生产、接受贷款、谈判签约及履约之类的业务。与分公司相同的是，联络办事处不是独立的法人，登记注册手续简单；与分公司不同的是，它不能直接在东道国开展业务，不必向所在国政府交纳所得税。

分公司、子公司和联络办事处作为母公司在国外直接投资的组织形式各有其特点，也各有利弊。投资者应当把它们的长处和短处同自己在东道国所要开展的业务活动的性质、所要达到的目标、本企业的经营管理能力与特色以及东道国的投资环境和税收政策等方面结合起来考虑，选择对推动本企业海外业务发展较为有利的对外直接投资形式。

（五）附属企业

附属企业指母公司在东道国另一法人企业中拥有该企业最少10%，最多不超过50%的股东表决权，该东道国企业即为母公司的附属企业。

二、管理组织形式

跨国公司规模大，经营地区广，分支机构众多，产品多种多样，业务内容丰富，这就要求跨国公司建立一套高效率的管理组织形式，以提高行政效率，充分利用公司资源，取得全球范围内的利益最大化。

跨国公司通常采用的管理组织形式有：国际业务部、全球性产品结构、全球性地区结构、全球性职能结构、全球性混合结构、矩阵式组织结构和跨国电子商务组织结构。下面分别进行简要介绍。

（一）国际业务部

随着产品出口、技术转让、国际投资等国际业务的扩大，跨国公司开始设立专门的**国际业务部**（international division）。国际业务部拥有全面的专有权，负责公司在母国以外的一切业务。有些跨国公司设立的国际总部或世界贸易公司也是国际业务部性质的。国际业务部作为隶属于母公司的独资子公司，其总裁一般由母公司的副总裁兼任。

设立国际业务部的优点是：可以集中、加强对国际业务的管理；在公司内树立体现全球战略意图的国际市场意识，提高职员的国际业务水平。它的缺点主要是：人为地将国内业务和国际业务割裂开来，造成两个部门在内销外销、技术支持等方面的对立，不利于公司有限资源的优化配置；在国际业务部发展到一定阶段时，其他部门难以与之匹配，从而会影响其经营效率。

（二）全球性产品结构

全球性产品结构（global product structure）是指跨国公司在全球范围内设立各种产品部，全权负责其产品的全球性计划、管理和控制。

全球性产品结构的优点是：在强调产品制造和市场销售的全球性规划的前提下，加强了对产品的技术、生产和信息等方面的统一管理，最大限度地减少了国内和国外业务的差别。它的缺点在于：容易向“分权化”倾斜，使得各产品部自成体系，不利于公司对全局性问题的集中统一管理；削弱了地区性功能，并易造成机构设置重叠，资源浪费。

（三）全球性地区结构

全球性地区结构（global regional structure）是跨国公司以地区为单位，设立地区分部从事经营，每个地区都对公司总裁负责的结构。这种结构又可分为两类：地区-职能式和地区-产品式。

全球性地区结构的优点是：由于强化了各地区分部作为地区营利中心和独立实体的地位，因此有利于制定出地区针对性强的产品营销策略，以适应不同市场的需求，发挥各地区分支机构的积极性、创造性。它的缺点在于：容易形成“区位主义”观念，重视地区业绩而忽视公司的全球战略目标和总体利益，忽视产品多样化和难于开展跨地区的新产品研发。

（四）全球性职能结构

全球性职能结构（global functional structure）是跨国公司的一切业务活动都围绕公司的生产、销售、研发、财务等主要职能展开，设立职能部门，各个部门都负责该项职能的全球性业务，分管职能部门的副总裁向总裁负责的管理组织结构。例如，财务部门对跨国公司的财务收支、税收安排、报表编制负有全球性的责任。

全球性职能结构的优点是：通过专业化的分工明确了职责，提高了效率；易于实行严格的规章制度；有利于统一成本核算和利润考核。它的主要缺点是：难以开展多种经营和实现产品多样化，并给地区间协作造成很大困难。

（五）全球性混合结构

全球性混合结构（global mixed structure）是根据扬长避短的原则，在兼顾不同职能部门、不同地理区域以及不同产品类别之间相互依存关系的基础上，将以上两种或三种组织结构结合起来设置分部而形成的组织结构。当跨国公司经营规模不断扩大，建立众多产品线，经营多种业务时，或当公司是由两家组织结构不同的公司合并后形成的时，通常采用全球性混合结构。

全球性混合结构的优点是：有利于企业根据特殊需要和业务重点，选择或采用不同的组织结构，灵活性强。它的缺点是：组织机构不规范，容易造成管理上的脱节和冲突，且所设部门之间业务差异大，不利于合作与协调。

（六）矩阵式组织结构

近年来，随着跨国公司的规模越来越大，一些跨国公司在明确责权关系的前提下，对公司业务实行交叉管理和控制，即将职能主线和产品/地区主线结合起来，纵横交错，构成矩阵形，故称**矩阵式结构**（matrix structure）。这意味着地区管理和产品管理同时并存，一个基层经理可能要同时接受产品副总裁和地区副总裁的领导。

矩阵式组织结构的优点是：各部门各层次密切合作，将各种因素综合起来，增强了公司的整体实力；增强了各子公司的应变能力，可以应付复杂多变的国际业务环境，同时，又保持了母公司职能部门对各子公司的有效控制。它的缺点是：冲破了传统的统一管理原则，管理层之间容易发生冲突；而且组织结构较复杂，各层次的利益关系不易协调。

以上提到的六种管理组织结构各有其特点和利弊。跨国公司在决定自身管理组织结构时应充分考虑自身的情况，如规模、经营产品、地区等，选择适合自己公司的组织结构。国际业务部往往是一家公司从单纯出口走向国际经营的中间步骤，有利于收集信息，探索经验，培养人才，为进一步全球性经营打下基础。对于产品品种已经实现多样化、系列化，产品类别之间生产技术差异明显，自成体系的企业，采用全球性产品结构比较合适。相反，如果产品品种并不是很多，产品的规格、质量、包装、生产技术比较统一，同时销售市场分布广泛（如饮料、石油、医药等行业），那么，跨国公司应选择全球性地区结构。全球性职能结构则主要适用于产品系列比较简单，市场经营环境比较稳定的跨国公司。当跨国公司的规模十分庞大，产品种类繁多，业务内容丰富，经营地区广泛时，矩阵式组织结构则是一种理想的选择。

（七）跨国电子商务组织结构

一般来说，跨国电子商务组织包括三个层面：公司总部、地区市场的共享服务、当地市场。其中，公司总部是全球业务核心，提供经营战略、营销策略、产品及对全球业务进行统筹策划；地区市场的共享服务由总部负责提供网络基础设施共享服务，由总部、共享服务功能领域的管理者负责管理运营；当地市场主要负责当地供应链管理、本土化服务及处理当地法律事务等。

第三节　数字跨国公司㊀

一、数字跨国公司的含义

跨国公司是数字经济发展的重要推动力，伴随着数字技术的迅猛发展，涌现出许多数字跨国公司。**数字跨国公司**（digital MNEs）是指基于通信技术的多国企业提供的基础设施和工具，以互联网为中心在全球进行商业运营和商品交付的企业，分为纯数字跨国公司和混合数字跨国公司。纯数字跨国公司包括互联网平台和数字解决方案提供商；混合数字跨国公司是把数字方式与实体形态相结合的跨国公司，其业务形式包括电子商务和数字内容（见图 1-2）。

互联网平台（internet platform）是指通过互联网和基于云平台提供数字服务的公司，天生提供数字业务，如搜索引擎谷歌、社交网络 Twitter、开源平台 Red Hat 等。

数字解决方案（digital solution）是指其他基于互联网技术运营和数字化赋能的运营商，如电子与数字支付运营商 PayPal、云服务和其他服务提供商。

电子商务通常是指在全球各地广泛的商业贸易活动中，在互联网开放的网络环境下，基于浏览器或服务器应用方式，买卖双方不谋面地开展各种商贸活动，实现消费者的网上购物、商户之间的网上交易和在线电子支付以及各种商务活动、交易活动、金融活动和相关的综合服务活动的一种新型的商业运营模式。目前有很多开展商业交易的在线平台，包括互联网零售商（如阿里巴巴、亚马逊）和在线旅行平台（如携程、Liberty TripAdvisor），还包括专门从事网络营销和广告的机构。交付可以是数字的（如果交易内容是数字的）或物理的（如果内容是有形的）。

数字内容（digital content）是指以数字形式存在的文本、图像、声音等内容，它可以存储在数字载体上，并通过网络等手段传播。数字内容包括数字媒体（例如视频和电视、音乐、电子书和在线杂志、在线课程）、游戏（在线游戏、移动游戏、多人互动游戏）以及

㊀ 本节内容主要引自《世界投资报告》（2017）；Bruno Casella and Lorenzo Formenti. FDI in the digital economy：a shift to asset-light international footprints. Transnational Corporations，October 2018。

大数据提供商、营销和客户情报提供商等。数字内容既可以通过互联网传送，也可使用其他渠道（例如有线电视）传送。

图 1-2 数字经济的框架

资料来源：《世界投资报告》(2017)。

表 1-3 中列举了上述四类数字跨国公司在 2015 年的运营状况。

表 1-3 2015 年世界最大的 100 家数字跨国公司（按销售额）

	类型	公司名称	细分类别	总收入（百万美元）	总资产（百万美元）	境外销售所占份额	境外资产所占份额	境外销售份额与境外资产份额之比
1	互联网平台	Alphabet	搜索引擎	74 989	147 461	54	24	2. 25
2		Facebook	社交网络	17 928	49 407	53	21	2. 51
3		eBay	其他平台	8 592	17 755	58	7	8. 89
4		雅虎	搜索引擎	4 968	45 204	20	6	3. 12
5		IAC/Interactive	社交网络	3 231	5 189	26	8	3. 49
6		Groupon	其他平台	3 120	1 796	34	41	0. 84
7		领英	社交网络	2 991	7 011	38	18	2. 15
8		Naver	搜索引擎	2 773	3 741	33	NA	NA
9		Twitter	社交网络	2 218	6 442	35	7	4. 93
10		Red Hat	其他平台	2 052	4 155	34	30	1. 13
11		Match Group	社交网络	1 020	1 909	32	41	0. 77
12	数字解决方案	Automatic Data Processing	其他数字解决方案	11 668	43 670	15	10	1. 5
13		First Data	电子支付	11 451	34 362	14	11	1. 36
14		PayPal	电子支付	9 248	28 881	50	7	7. 61
15		Salesforce	其他数字解决方案	6 667	12 763	26	11	2. 39
16		VMware	其他数字解决方案	6 647	15 746	50	15	3. 28
17		FIS	其他数字解决方案	6 595	26 269	41	16	2. 48
18		Worldpay Group	电子支付	5 873	6 122	71	NA	NA
19		NetApp	其他数字解决方案	5 546	10 037	45	15	2. 99
20		Insight Enterprises	其他数字解决方案	5 373	2 014	32	33	0. 96
21		United Internet	其他数字解决方案	4 045	4 222	10	16	0. 65

（续）

	类型	公司名称	细分类别	总收入（百万美元）	总资产（百万美元）	境外销售所占份额	境外资产所占份额	境外销售份额与境外资产份额之比
22	数字解决方案	Amdocs	其他数字解决方案	3 718	5 331	86	62	1.4
23		纳斯达克	其他数字解决方案	3 403	11 861	29	33	0.89
24		Citrix Systems	其他数字解决方案	3 276	5 468	39	21	1.83
25		Global Payments	电子支付	2 898	10 510	29	20	1.46
26		Broadridge Financial Solutions	其他数字解决方案	2 897	2 880	11	16	0.7
27		Equinix	其他数字解决方案	2 726	10 357	48	50	0.96
28		Super Micro Computer	其他数字解决方案	2 216	1 166	37	24	1.53
29		Akamai Technologies	其他数字解决方案	2 197	4 182	27	43	0.62
30		Rackspace Hosting	其他数字解决方案	2 001	2 014	32	36	0.88
31		Transcosmos	其他数字解决方案	1 993	1 248	13	40	0.34
32		Cimpress	其他数字解决方案	1 788	1 464	NA	79	NA
33		GoDaddy	其他数字解决方案	1 464	3 499	26	0	..
34		Worldline	电子支付	1 336	1 468	65	NA	NA
35		Workday	其他数字解决方案	1 162	2 730	16	NA	NA
36		VeriSign	其他数字解决方案	1 059	2 358	40	3	14.67
37		ServiceNow	其他数字解决方案	1 005	1 807	34	30	1.13
38	电子商务	亚马逊	网络零售商	107 006	65 444	36	32	1.13
39		阿里巴巴	网络零售商	15 639	56 353	8	NA	NA
40		Priceline Group	其他电子商务	9 224	17 421	80	17	4.77
41		Expedia	其他电子商务	6 672	15 486	44	11	3.95
42		Naspers	网络零售商	5 930	16 723	54	NA	NA
43		Rakuten	网络零售商	5 922	35 435	20	67	0.29
44		Amadeus IT Group	其他电子商务	4 260	7 625	96	96	1
45		Cnova	网络零售商	3 804	1 853	50	75	0.66
46		Zalando	网络零售商	3 221	2 304	47	NA	NA
47		Bechtle	网络零售商	3 076	1 252	31	30	1.04
48		Sabre	网络零售商	2 961	5 394	60	4	14.23
49		Travelport Worldwide	其他电子商务	2 221	2 929	66	50	1.33
50		Asos	网络零售商	1 907	854	57	0	..
51		Systemax	网络零售商	1 855	710	64	53	1.2
52		Liberty TripAdvisor	其他电子商务	1 565	7 285	48	17	2.91
53		Criteo	网络零售商	1 323	842	91	51	1.77
54		Copart	网络零售商	1 268	1 650	20	24	0.82
55		Yoox Net-a-Porter Group	网络零售商	1 004	3 053	89	NA	NA
56	数字内容	Comcast	数字媒体	74 510	166 574	8	NA	NA
57		时代华纳	数字媒体	28 118	63 848	27	NA	NA
58		21 世纪福克斯	数字媒体	27 326	48 193	29	10	2.98
59		Liberty Global	数字媒体	18 280	67 867	61	63	0.97
60		Sky	数字媒体	16 138	23 483	30	7	4.55
61		腾讯	游戏	15 846	47 265	6	23	0.28

（续）

	类型	公司名称	细分类别	总收入（百万美元）	总资产（百万美元）	境外销售所占份额	境外资产所占份额	境外销售份额与境外资产份额之比
62		CBS	数字媒体	13 886	23 765	14	2	7. 17
63		Viacom	数字媒体	12 488	22 508	25	7	3. 47
64		汤森路透	信息服务	12 209	29 095	40	40	1
65		Liberty Interactive	数字媒体	9 989	21 180	26	44	0. 58
66		新闻集团	数字媒体	8 292	15 483	53	62	0. 85
67		Netflix	数字媒体	6 780	10 203	29	8	3. 6
68		RTL Group	数字媒体	6 564	8 924	63	71	0. 9
69		Alliance Data Systems	信息服务	6 440	22 350	22	16	1. 34
70		Discovery Communications	数字媒体	6 394	15 864	49	48	1. 01
71		IHeartMedia	数字媒体	6 242	13 673	26	28	0. 91
72		尼尔森公司	信息服务	6 172	15 303	38	16	2. 33
73		标普全球	信息服务	5 313	8 183	40	11	3. 53
74		Grupo Televisa	数字媒体	5 117	16 359	14	4	3. 33
75		Activision Blizzard	游戏	4 664	15 246	48	27	1. 79
76		Wolters Kluwer	信息服务	4 581	8 817	96	72	1. 34
77		Electronic Arts	游戏	4 396	7 050	57	22	2. 61
78		Experian	信息服务	4 355	7 407	79	85	0. 92
79		Mediaset	数字媒体	3 740	7 726	28	18	1. 53
80		Axel Springer	数字媒体	3 587	7 082	48	69	0. 69
81	数字内容	ProSiebenSat. 1Media	数字媒体	3 550	5 789	16	17	0. 93
82		穆迪	信息服务	3 485	5 103	42	58	0. 72
83		Equifax	信息服务	2 664	4 509	23	18	1. 32
84		Graham Holdings	数字媒体	2 586	4 353	26	18	1. 42
85		AMC Networks	数字媒体	2 581	4 265	18	43	0. 42
86		Teradata	信息服务	2 530	2 527	44	17	2. 6
87		Konami	游戏	2 222	2 918	33	11	3. 09
88		高德纳	信息服务	2 163	2 175	38	22	1. 69
89		Verisk Analytics	信息服务	2 068	5 594	NA	56	NA
90		Modern Times Group	数字媒体	1 921	1 954	71	73	0. 97
91		Sanoma	数字媒体	1 869	3 010	63	89	0. 71
92		GFK	信息服务	1 680	2 006	75	62	1. 22
93		邓百氏	信息服务	1 637	2 267	19	35	0. 54
94		Ubisoft	游戏	1 587	2 301	92	NA	NA
95		Nexon	游戏	1 579	3 532	89	64	1. 38
96		TransUnion	信息服务	1 507	4 443	18	17	1. 06
97		Take Two Interactive Software	游戏	1 414	2 590	47	NA	NA
98		Entertainment One	数字媒体	1 156	2 366	76	71	1. 07
99		Verint Systems	信息服务	1 130	2 356	62	58	1. 07
100		FactSet ResearchSystem s	信息服务	1 127	1 019	33	16	2

资料来源：UNCTAD。

二、数字跨国公司的特征

（一）轻资产运营

联合国贸易与发展会议（UNCTAD）为分析数字跨国公司的国际足迹而设计了 FDI 轻资产指数（FDI lightness indicator），该指数指一个跨国公司的国外附属公司的销售在公司总销售额中所占份额与相应的国外资产所占份额之间的比率。它揭示了一家公司在拥有海外资产存量的情况下，所能够创造海外销售的程度。当境外资产占比高于境外销售额占比时，这一比例介于 0 和 1 之间，这是“重”足迹；当两个份额相同时，它等于 1；FDI 轻资产指数大于 1 时，这是“轻”足迹。互联网正在改变跨国公司的国际业务，使其在海外的实体存在变得不那么重要，跨国公司国际生产呈现“轻”足迹。2010～2015 年，按境外资产排名的全球前 100 家跨国公司中，数字跨国公司的数量从 4 家增加至 10 家。数字跨国公司不仅在全球最大的跨国公司中占据了一席之地，而且还代表了迄今为止最具活力的参与者。2015 年，按境外资产排名的全球前 100 的跨国公司中，10 家数字跨国公司的轻资产指数最高，平均值为 1.8，而 9 家电信公司的均值为 0.9，传统跨国公司为 1.0（见表 1-4）。

表 1-4　2015 年按境外资产排名的全球前 100 的跨国公司的 FDI 轻资产指数

	数字跨国公司	电信跨国公司	传统跨国公司
境外资产份额	41%	66%	65%
境外销售份额	73%	57%	64%
FDI 轻资产指数平均值	1.8	0.9	1

资料来源：《世界投资报告》（2017）。

（二）主要集中在发达经济体，发展中经济体的较少

数字跨国公司大多数来自发达经济体，尤其是美国。在 2015 年世界排名前 100 的数字跨国公司中，63 家的母公司在美国，其次是英国（7 家）和德国（6 家），这三个国家的数字跨国公司数量占排名前 100 的数字跨国公司数量的 75% 以上。互联网平台的集中度更明显，11 家互联网平台类型的数字跨国公司中有 10 家来自美国。来自发展中经济体的数字跨国公司数量很少，前 100 名中只有 4 家。数字跨国公司的子公司也主要集中在发达经济体，特别是美国，在发展中经济体的存在是有限的。数字跨国公司的外国子公司，只有 12% 位于发展中经济体，而传统跨国公司的这一比例约为 30%。数字跨国公司子公司在美国占有最大份额，为 40%，几乎是其他跨国公司（21%）的两倍。

（三）数字跨国公司资产有强大的流动性

数字跨国公司资产构成的显著特征是现金和现金等价物所占份额较大，这些现金中有相当一部分留在了海外，可能是出于税收优化的目的。高价值无形资产和高运营利润率使数字跨国公司拥有大量现金储备。2015 年，数字跨国公司的现金持有量占总资产的近 30%，这一比例是其他大型跨国公司的两倍以上。2015 年，美国数字跨国公司未汇出的外国收入占外国收入总额的 62%，几乎是美国其他跨国公司（23%）的 3 倍，大约相当于外国有形资产估值的 6 倍。

第四节　服务业跨国公司

跨国公司是当前服务业对外直接投资的主体，一方面，制造业跨国公司为了扩展国际市场，实现生产经营与服务的一体化，或者为了分享服务业迅速发展带来的利益，在服务领域进行了大量的对外直接投资，这使得一大批服务业企业应运而生；另一方面，服务业跨国公司和服务企业逐渐摆脱了为制造业企业全球扩张提供支持的单一目标，积极自主地进行对外直接投资。服务业跨国公司的发展日益呈现出经营国际化、业务多样化、投资自主化等特征。服务业跨国公司已经成为世界经济中的活跃力量。

一、服务业跨国公司的组织形式

一般来说，大多数服务业跨国公司，特别是大型跨国公司，与制造业跨国公司一样，会采取股权和非股权安排的组织形式，具体来说，主要包括以下几种。

（一）非股权投资

非股权投资，也称**非股权安排**。非股权合作形式是指在一般不涉及股权或企业产权的条件下，通过契约转让一项或几项无形资产而进入目标国市场。非股权合作形式具体可分为特许经营、管理合同、许可证协议、战略合伙等方式，其中在服务业运用最为成功的是特许经营方式。

在特许经营方式下，特许方将自己所拥有的商标、商号、产品、专利和专有技术、经营模式等以特许经营合同的形式授予受许人使用，受许人按合同规定，在特许人统一的业务模式下从事经营活动，并向特许人支付相应费用。

特许经营的一般前提是，潜在的特许人拥有较知名的商品、商标、技术、计划与管理能力，潜在的受许人缺乏上述无形资产优势，但有资金。其具体运作模式可以麦当劳为例来加以说明。麦当劳已经在全球拥有 2 万多家分店，大约每隔 15 小时，它就要开一家新的分店。对于每一家分店，麦当劳都自行派员选择地址，组织安排店铺的建筑、设备安装和内外装潢。麦当劳特许合同的期限为 20 年，受许人一旦与公司签订合同，必须先付首期特许费 2.25 万美元，其中一半现金支付，另一半以后上交。此后，每年交一笔特许权使用费和房产租金，前者为年销售额的 3%，后者为 8.5%。

特许经营可以使特许人以较少的投入开展国际经营，又可以使受许人在较短的时间内引入对方成熟的品牌、专利、经营管理经验等，且不必冒太大风险。特许经营的优势使其得到了包括麦当劳、肯德基、屈臣氏等国际知名品牌的广泛认可，也使其渗透到了包括餐饮、零售业、人力中介、商业服务、建筑装修服务、汽车租赁、娱乐业等在内的几乎所有服务行业。

（二）股权投资

股权投资，也称**股权安排**，股权投资形式大体可分为新设和并购两种，是指服务业对外直接投资者通过全部或部分参股在目标地区开展经营，其经营实体一般包括海外分支机构、海外附属企业和办事处等。一方面，相对于非股权安排，股权合作形式的劣势在于直接投资成本较大，但其优势是通过跨国公司体系内的信息与资源共享，实现无形资产的交易内部化，这可以将信息不对称所导致的市场失灵降到最低，解决了非股权安排中对品牌、管理等难定价的问题，也避免了由于机密泄露等带来的损失，有利于投资者实现资产所有权收益；另一方面，非股权安排一般都有一定期限，投资者在全球范围内传授自己的经验和技术的同时，也为自己树立了众多潜在的竞争对手，而股权投资形式所产生的分支机构隶属于跨国公司，在其全球战略下统一行动，不会对投资者造成太大的威胁。

在制造业中，对新设和并购两种方式的选择往往取决于相应成本的比较，而在服务业中，许多行业如法律、会计、咨询等所需要的起始资本只不过是固定的办公场所和一定的现代办公设备，对资本金投入的要求不大，所以对具体投资方式的选择往往取决于政府政策之类影响市场准入的因素。

现实中，服务业企业跨国直接投资采取的具体形式取决于各种因素的权衡比较。首先是各种形式的相对成本和收益的比较，股权投资成本主要包括进行股权投资所需的资本和失去该资本的风险，管理、协调和监控国外股权投资的风险，以及放弃从前向专业生产和高效率供应商购买而得到的收益；非股权安排的风险主要是交易性质的，包括与交易本身相关的成本（如寻找合适契约伙伴的搜寻成本和谈判成本）、与契约有关的成本（如价格、对所提供服务的详细说明、对所提供服务用途的控制、交货的次数和时间）、监督成本（特别是质量管理和检验持续方面的成本）、与契约条款能否被遵守和这些条款受到破坏有关的成本，以及由于实行市场交易内部化而放弃的收益。成本与收益的对比会影响对组织形式的选择，因为跨国公司在海外扩张过程中会尽可能降低成本，最大化利润空间。其次是政府干预的程度和类型，包括直接行政干预以及财政、税收、关税和非关税等政策措施的施行。服务企业所采取的组织形式受政府政策导向的影响，在一些对服务业外资严格管制的国家或地区中，跨国公司多采取办事处之类的非股权安排形式，而在服务业管制相对宽松的国家或地区，股权投资是一种有益的投资方式。

从当前情况来看，非股权安排是当前服务业跨国公司使用最为广泛的一种组织形式。为数不多的大型服务业跨国公司控制了全球大部分对外直接投资活动，它们的组织形式灵活多样，既有股权投资形式，也有许可证协议、管理合同等非股权安排形式。服务业中，小型跨国公司是当今国际经济领域中颇为活跃的另一支力量，它们更多寻求与大企业的合作，以保证资金来源、分担金融风险，或者分享信息与技术，非股权安排是其主要的对外直接投资形式。而参与数据服务业活动的制造业跨国公司大多推行技术服务协议、管理合同和专利等非股权安排的投资形式。

二、服务业跨国公司发展的特点

服务业跨国公司自 20 世纪 80 年代以来迅速成长，成为国际贸易、投资中的中坚力量，它们在供给资金、转移技术、创造就业及推动贸易等方面都发挥了重要的作用。在其全球化经营过程中，服务业跨国公司日益呈现出以下特点。

（一）服务业跨国公司的主导战略由追随型转为主动型

从跨国公司发展的历史来看，服务业一般是跟随在制造业之后推行其跨国活动的。20 世纪 70 年代以前，制造业跨国公司主要以利用东道国的资源及廉价劳动力为动机，带动铁路、公用设施和基建等劳动密集型服务业企业的海外延伸，然而，从投资规模和对东道国经济的影响上来看，服务业作为制造业的补充而落后于制造业。70年代起，一方面，制造业跨国公司不断成熟，对外投资结构升级、形式多样，为在发达国家经济地位日趋上升的服务业的对外发展奠定了基础；另一方面，产品及技术的国际贸易蓬勃发展，对为工商贸易提供服务的要求日益增加。80年代以后，服务业已不再单纯尾随在制造业企业之后走向海外，企业跨国化形成的国际竞争环境极大地促进了服务业寻求在全球范围内设立分支网络，渗入世界主要市场，谋取利润的跨国战略意识的加强。特别是90年代以来，各国放松了对历来限制甚严的电信、金融等服务部门的管制，这成为服务业跨国公司迅速向海外扩张的契机，它们逐渐摆脱了纯粹提供中间性生产投入的传统角色，也开始参与制造业活动，如跨国银行接受跨国公司委托，承办并直接参与跨国公司所需要的银团、企业组建和变动等有关活动。但服务业跨国公司更多的是向同行业其他部类的服务领域扩展，这种多样化扩展主要强调相互衔接的一条龙服务，如跨国银行及其分支不仅为工业跨国公司提供资金，且经办公司体系内的资金调拨、周转和结算，或为制造业跨国公司的外汇、资金、市场行情、企业变动和生产经营提供咨询意见；零售业公司兼营保险和信用卡业务；数据处理公司同时经营软件和电信业服务；会计师事务所除审计外，又将管理咨询、市场调研和公关等部门的服务集于一身。

（二）服务业跨国公司的实力大大提升

美国《财富》杂志一年一度的“全球500强”评比是对跨国公司实力的一个综合考察，由近年来的数据可以看出，500强中的服务业公司数量占比均在55%以上；其总数目基本上位于一个比较稳定的水平，可见近十几年来服务业的发展比较稳定，具体情况参见表1-5。

表1-5　服务业公司在“全球500强”中的比重

年份	服务业公司的数量	在500强中的比重（%）	年份	服务业公司的数量	在500强中的比重（%）
1995	288	57.6	2006	279	55.8
1996	292	58.4	2007	278	55.6
1997	293	58.6	2008	286	57.2
1998	302	60.4	2009	297	59.4
1999	306	61.2	2010	284	56.8
2000	292	58.4	2011	264	52.8
2001	302	60.4	2012	308	61.6
2002	311	62.2	2013	295	59.0
2003	301	60.2	2014	291	58.2
2004	290	58.0	2015	298	59.6
2005	287	57.4	2016	313	62.6

资料来源：http://www.fortunechina.com，1996~2016年“世界500强”整理。

服务业跨国公司实力的提升还体现在其居高不下的营业收益率上，按照这一指标选出2001年、2006年、2011年和2019年“全球500强”中表现突出的十大行业进行排序，可以得到表1-6。

表 1-6 “全球 500 强”中营业收益率最高的行业

2001 年		2006 年		2011 年		2019 年	
行业	收益率	行业	收益率	行业	收益率	行业	收益率
制药	16.2	采矿、原油生产	20.4	炼油	17.93	半导体、电子元件	30.5
多种经营财务公司	11.6	制药	19.5	银行	10.95	计算机软件	27.5
饮料	9.7	烟草	13.7	车辆与零部件	8	烟草	23.0
家居、个人用品	8.4	银行：商业和储蓄	12.8	食品店和杂货	4.43	银行：商业和储蓄	15.5
采矿、原油生产	8.4	饮料	11.6	电信	4.2	科学、摄影和控制设备	14.5
证券	6.5	多种经营财务公司	10.9	人寿与健康保险	4.1	饮料	14.1
银行：商业和储蓄	5.7	家居、个人用品	10.8	公共设施	3.9	制药	14.0
设备：油气和电力	5.0	网络通信设备	10.5	电子、电气设备	3.4	互联网服务和零售	13.6
化学品	4.0	娱乐	10.4	采矿、原油生产	3.05	医疗器材和设备	13.3
电脑、办公设备	3.7	证券	10.2	金属产品	2.57	财产与意外保险	12.2

资料来源：根据美国《财富》杂志 2002 年、2007 年、2012 年和 2020 年“全球 500 强”整理。

从表 1-6 可以看出：2001 年，营业收益率最高的 10 个行业中服务业行业占了 3 个，包括多种经营财务公司、证券和银行（商业和储蓄）。而到 2006 年，营业收益率最高的 10 个行业中服务业有 4 个，包括银行（商业和储蓄）、多种经营财务公司、娱乐和证券。2011 年，营业收益率最高的 10 个行业中服务业有 3 个，包括银行（商业和储蓄）、电信以及人寿与健康保险。可见，服务业跨国公司的发展比较平稳，始终在全球经济发展当中占有重要的席位，已经成为推动世界经济发展不可或缺的主要力量之一。

（三）服务业跨国公司并购活动频繁

随着各国对外商投资的限制放松，跨国并购可以充分发挥其投资迅捷和有效避税的优势，逐渐成为对外直接投资的主要方式。跨国并购在服务业对外直接投资中也发挥了主要的作用。近年来，服务业一直是跨国并购非常活跃的部门。其中，近年来全球并购市场的热点是金融服务业、电信业等。

从按产业分列的跨国并购数据来看，1990 年以来，服务业在全球跨国并购中占据重要地位，服务业跨国（境）企业跨境并购的金额在全球跨境并购中所占比重相对较大，占比在 62%左右，制造业并购金额占比居其次，初级产业的并购占比最低，但都有所波动。从总体趋势来看，服务业跨境并购波动中趋向平稳，波动围绕占比 60%左右；2008 年的世界性金融危机对服务业并购影响较大，2010 年的并购比率下降，2011 年降至 42.9%，此后反弹，2013 年占比达 78.8%，2015 年又跌至 48.9%，反弹后 2018 年升到 66.7%（见表 1-7）。在全球服务业并购中，金融与保险、信息与通信的占比较高，并购活跃，但受政策等因素影响也较大（见表 1-8）。

表 1-7 1990~2019 年世界跨境并购的部门分布

年份	1990	1991	1992	1993	1994	1995	1996	1997	1998	1999	2000	2001	2002	2003	2004
初级产业	4.8	-0.4	1.7	4.2	5.3	7.1	9.1	2.5	4.0	3.5	3.9	12.2	18.5	10.2	1.0
制造业	46.1	51.2	28.4	29.7	58.4	40.7	25.0	37.5	36.3	25.6	21.4	22.0	20.1	30.6	27.2
服务业	49.1	95.9	69.8	66.1	36.4	52.1	65.9	59.9	59.7	70.9	74.7	65.8	61.5	59.2	71.9
年份	2005	2006	2007	2008	2009	2010	2011	2012	2013	2014	2015	2016	2017	2018	2019
初级产业	13.5	5.9	11.6	7.8	9.7	13.5	16.8	1.0	-20.0	3.1	1.0	1.1	-0.3	3.6	10.7
制造业	21.7	24.8	20.6	21.7	13.3	36.8	40.3	42.0	41.3	43.6	50.0	44.9	39.0	29.7	33.8
服务业	64.8	69.3	67.7	70.5	77.0	49.7	42.9	57.0	78.8	53.2	48.9	54.0	61.3	66.7	55.4

资料来源：联合国贸易和发展会议（UNCTAD）的《世界投资报告》（2020）的 Annex table 10. Value of cross-border M&A purchases，by sector/industry，1990-2019。

表 1-8　1990~2019 年金融保险、信息通信在全球服务业跨境并购的占比　（%）

年份	1990	1991	1992	1993	1994	1995	1996	1997	1998	1999	2000	2001	2002	2003	2004
金融与保险	61.6	75.3	91.2	64.1	44.4	55.0	44.5	57.3	48.0	28.2	26.1	52.0	35.9	75.8	100.3
信息与通信	14.1	2.2	−1.9	7.9	36.2	8.8	18.7	14.0	25.5	43.9	53.0	33.8	31.7	10.0	1.9
年份	2005	2006	2007	2008	2009	2010	2011	2012	2013	2014	2015	2016	2017	2018	2019
金融与保险	61.5	73.0	79.4	71.8	56.8	80.0	70.8	60.7	63.5	83.5	73.7	55.2	58.1	62.0	96.7
信息与通信	16.3	17.3	5.7	14.3	18.8	15.9	14.6	15.3	16.5	−23.3	5.9	7.8	10.1	16.5	−3.6

注：因个别年份其他行业的并购金额（购买）为负值，信息与通信 2014 年的占比出现超过 100%。

资料来源：同表 1-7。

（四）服务业跨国公司通过对外直接投资带动技术扩散

跨国公司因为拥有雄厚的资金实力在世界各地安排生产，已成为现代技术的发源地、散播者和推动器。与制造业相比，服务业跨国公司用于硬技术研发的投资并不多，而以软技术优势见长，而且由于服务业产品的生产和消费难以分割，从母公司生产中分离出技能相对低的那部分服务的可能性很小，因而服务业跨国公司向海外分支机构转移的技术更安全，更接近母公司的水平。日趋发达的跨国界信息流动降低了服务业海外活动的成本，跨国的计算机网络和通信系统使服务业跨国公司的海外分支机构成为母公司全球战略的重要组成部分，母公司能够更有效地组织其全球范围的活动，通过海外分支机构向发展中国家输出当地并不具备的现代服务，而在发达国家则提供价格更低廉、质量更优异的服务。会计、保险、租赁、跨国银行、数据处理和信息传递等现代服务领域的跨国公司对东道国，乃至世界经济发展都产生了重大影响。

本章案例研究

【案例 1-1】 雀巢开创的跨国并购史诗

（一）基本案情

1. 背景材料

雀巢公司创建于 1867 年，是全球最大的食品公司之一，全球 500 强中名列 50 位左右。有 8 500 多种食品、饮料和医药用品均使用雀巢这一品牌，加上各种不同的包装、规格，雀巢公司产品的种类已超过 22 000，所有产品的生产和销售由总部领导下的遍布于全球 90 多个国家约 200 多个部门、500 多家企业、超过 25 万员工完成。其规模已远远超过全球同类企业“联合利华”（Unilever）和“达能营养公司”（Danone）。雀巢销售额的 98%来自国外，因而被称为“最国际化的跨国集团”。其产品按营业额排序为：饮品占 23.6%，麦片、牛奶和营养品占 20%，巧克力和糖果占 16%，烹饪制品占 12.7%，冷冻食品和冰激凌占 10.1%，冷藏食品占 8.9%，宠物食品占 4.5%，药品和化妆品占 3%，其他制品和事业占 1.1%。2006 年雀巢实现销售额 985 亿瑞士法郎，年增长率达到 8.1%，税后纯利润为 92 亿瑞士法郎。2007 年的前 9 个月，尽管国际市场上原材料的价格大幅度上涨，雀巢仍实现了 787 亿瑞士法郎销售额的好业绩，其中前半年纯利润增长 18.4%，达 49.2 亿瑞士法郎（约合 41 亿美元）。

2. 案情简介

早在 1868 年，雀巢公司的创始人亨利·雀巢就在巴黎、法兰克福、伦敦设立了销售点，确立了雀巢跨国经营的发展方向。

1890~1902年，雀巢陆续在欧美设厂，并与现在雀巢公司的另一个源头英瑞炼乳公司合并，成为当时的世界级食品巨头。在此后的100多年里，雀巢的跨国经营更是取得了傲人的佳绩，其在全球实现的运营规模令很多跨国公司羡慕不已。

在雀巢实现跨国经营的整个过程中，收购扮演了非常重要的角色，收购既是其战略性手段，又是其增强公司扩张能力和竞争实力的主要途径。第二次世界大战以后，雀巢公司打算全面进军食品行业，不仅仅限于乳制品和以咖啡、可可为原料的产品，它进行了一系列的并购，涉及烹调食品、快速食品、冰激凌、冷冻食品、冷藏食品等很多方面。如1947年，雀巢公司果断与美国饮食巨头美极公司合作，使公司的销售额从8.33亿瑞士法郎提高到13.4亿瑞士法郎；1960年，兼并英国生产罐装食品的可奥斯·布莱克威尔集团（Crosse & Blackwell）；1970年，兼并美国生产罐装食品的利碧公司（Libby/McNeill & Libby）。

从1983年开始，雀巢公司又展开了新一轮的并购行动，这次的重点还是食品行业：通过并购掌控食品行业专门技术的中小型企业，进一步增强核心业务的市场竞争力，同时进行了以提高美国市场占有率为目的的一系列并购。1984年，雀巢耗费30亿美元并购了美国三花公司，这是当时食品业并购案中涉及金额最高的一个案例。同年，兼并了美国生产高质量巧克力的保罗·本奇公司；以7 500万瑞士法郎购买了美国巧克力生产商沃德·约翰逊公司；兼并了两家从事焙烤咖啡生产或销售的美国本地企业。此外，还购买了美国果汁生产商福鲁特克赖斯特公司。除了美国市场，雀巢的身影也穿梭在法国、德国、英国等欧洲国家，并不断将产品多元化，进入酸奶、冰激凌、瓶装水等生产领域。1985~2000年的16年中，雀巢总共花了260亿美元购买其他的企业，而在进入21世纪的前18个月的时间里，其收购金额就高达180多亿美元。

进入21世纪，雀巢公司的规模仍在不断扩大，其麾下拥有的品牌数量也在膨胀。2001年，雀巢收购拥有108年历史的宠物食品专业品牌——普瑞纳公司，成立世界第一大宠物食品制造公司：雀巢普瑞纳公司。雀巢同年还收购了德国冰激凌公司斯考乐（Schoellers）。2002年8月6日，雀巢以26亿美元的价格收购以生产速冻方便食品著称的美国厨师公司（Chef America）。2003年，雀巢斥资5.6亿欧元，正式收购香港和记黄埔旗下屈臣氏子公司的水业务，此举巩固了雀巢在全球瓶装水业务领域的领先地位。同年，雀巢出资28亿美元，成功并购在美国冰激凌行业位居第三的德雷尔冰激凌公司。1999~2003年，雀巢还收购了至少32家水务公司。2007年，雀巢公司动用将近70亿瑞士法郎资金从诺华制药公司手中收购其美国子公司——格伯（Gerber）婴儿食品公司。经过这一收购，雀巢公司成为世界最大的婴儿食品生产商。而此前2006年12月雀巢已经接手诺华（世界药品和针剂行业的重要企业，世界最大制药中心之一）的部分医药食品业务，再加上格伯公司，雀巢共动用25.25亿美元资金，承接了诺华的全部医药食品业务。2007年9月3日，雀巢完成对嘉宝品牌的并购，以55亿美元的代价，买下这个美国最大的婴儿食品制造厂。雀巢公司全球版图因这笔交易再度扩张。

（二）案例点评

1. 并购给雀巢带来了多方面效益

（1）产品的多元化。在实施产品多元化战略的过程中，并购方式往往是最佳的选择，不仅可以避开设立新企业所产生的巨额成本和无法预计的高风险，还能很容易地获取成熟的销售渠道和市场份额，以及被收购企业早已在本地市场树立的良好口碑和大量忠实的消费者。

20世纪初，雀巢的主营业务还只有乳制品和咖啡。通过并购，它先后进入巧克力和糖果、宠物食品、烹饪制品、冷冻食品等食品行业的其他领域。1929年，通过与彼得巧克力公司合并，迈进了巧克力的王国；1947年兼并美极公司，依赖美极公司原有的技术人员和生产工人，开始了在烹调产品和快速食品领域的拓展；1960~1962年，先后与法国的法兰西公司、德国的优帕公司和西班牙的德拉斯公司签订合作生产冰激凌的合约，开始雀巢的冰激凌业务；1962年，购入瑞典芬达斯公司80%的股份，进入冷冻食品领域；1968年，获得法国生产酸奶的领袖企业香布荷公司20%的股份，开始走进酸奶生产领域；1969年，购买法国第三大矿泉水生产商维特公司30%的股份，这是其在瓶装水领域迈出的第一步。

这种通过并购实现的产品多元化，为雀巢节约了大量时间，在短短的几十年间，把自己的业务蛋糕做大了几倍，为企业的长期发展不断创造利润增长点。从进入糖果、巧克力、冰激凌市场，到开创瓶装水、宠物食品、营养食品的新纪元，雀巢公司在并购中实现了产品品牌的极大丰富，以及产业链的逐层深化。

（2）市场份额的快速提升。2001年，雀巢收购了美国宠物食品制造商普瑞纳。在美国，普瑞纳公司拥有宠物狗食品市场27%的份额和宠物猫食品市场33%的份额。而雀巢公司自己的这两类产品在美国仅占有12%和13%的市场份额。这项收购的实现，不仅壮大了雀巢麾下的品牌，更重要的是使雀巢公司在美国宠物食品市场的份额翻了一倍，确立了其在美国宠物食品市场的老大地位。

同样，在2001年，雀巢收购了德国冰激凌公司斯考乐。在此次收购完成以后，雀巢摇身一变成为全球最大的冰激凌生产商。而2003年，雀巢公司出资28亿美元，成功并购美国排行冰激凌行业“老三”的德雷尔冰激凌公司。此时，雀巢在美国已经拥有了哈根达斯、德雷尔旗下的德里梅利、戈蒂瓦和星巴克等高档冰激凌品牌，市场份额猛增至60%，市场上只剩下联合利华可以与之一较高低。

雀巢公司在瓶装水领域的领先地位也是通过收购实现的。1969年，购买法国第三大矿泉水生产商维特公司30%的股份，并很快成为最大的股东。1974年，兼并德国第二大矿泉水生产商篮泉公司。2002年，收购法国饮料集团。2003年斥资5.6亿欧元，收购屈臣氏子公司帕尔沃（The Powwow Company），这家公司在欧洲水业务市场上是首屈一指的，其业务范围遍及法国、德国、荷兰、英国、丹麦、葡萄牙以及意大利等欧洲国家，2002年收入达到了1.2亿欧元。这项收购为雀巢提供了更为广阔的业务平台，使雀巢的水产品更为深入地渗透于欧洲市场中。雀巢的矿泉水业务帝国就在一次又一次的收购中慢慢建立起来，始终保持在该领域遥遥领先的地位。

在中国市场，1999年雀巢收购了上海太太乐调味食品有限公司和西安调味食品有限公司各自80%的股权。2001年，雀巢收购了四川豪吉60%的股权，从而将中国国内鸡精业前两大品牌收入囊中。雀巢控制了太太乐与豪吉这两大品牌就相当于控制了整个中国鸡精业——太太乐和豪吉占据了80%的市场份额，再加上雀巢旗下原有的美极鸡精，雀巢立马占据了中国鸡精市场80%以上的份额。在奶粉市场，雀巢凭借2004年收购的额尔古纳梅鹿工厂及兴建的其他乳品加工厂而成为唯一一家拥有奶源基地的外资奶粉企业，凭借奶源的相对优势成为其中的第一品牌。

对美国最大的婴儿食品制造厂嘉宝的并购也确立了雀巢在婴儿食品界的领导地位，并为雀巢营养食品迈向全球领导地位跨出了决定性的一步。

(3) 实现企业的战略性调整。雀巢的每一次收购都是经过精心策划和周密考虑的。从雀巢的收购对象可以看出，不同时期的收购正好是其当时经营战略的反映。

第二次世界大战后，雀巢的战略目标是全面进军食品工业，实现面上的覆盖，这一时期的收购主要涉及新业务领域，如对生产经营罐装食品、冷冻食品、冷藏食品、冰激凌、矿泉水等企业的并购。此外，还在化妆品、医药等非食品行业崭露头角。

自20世纪80年代迄今，雀巢的收购对象主要包括冰激凌、宠物食品、巧克力糖果和矿泉水的生产企业，这些产业的利润率都非常可观。雀巢的传统业务早已丧失了开发潜力，为企业寻求新的利润增长点是这个庞然大物继续前进的必然选择，此时在全球实施集中优势产品的策略，把核心业务集中在巧克力、糖果、营养食品、宠物食品及冰激凌等回报率较高的领域，加快高利润收益产品的发展成为雀巢的战略重心。这个时期的收购正符合了这种特定的需要。

通过并购实现企业的战略性调整，具有很高的灵活性，而且跳过了产品生命周期中最耗时耗资的研发和发展阶段，直接进入低成本高收入的标准化阶段。在短时间内收回投资，降低投资风险，保证企业的现金流，维持企业的高速运转，这些都是并购带来的优势。

2. 注重成本效率的全球增长战略

这是雀巢公司前首席执行官彼得·布拉贝克提出的，这位2001年著名的收购人物，负债经营，通过收购不断壮大雀巢公司的规模。彼得·布拉贝克注重成本效率，不断提高公司的利润率，有力地减轻了债务带来的压力。

2001年年底，在一项收购后，雀巢的净债务曾增至194亿瑞士法郎，比2000年年底增加30亿瑞士法郎。由于实施了注重成本效益的发展战略，并以得力的措施配合，公司利润丰厚，现金流强劲，截至2002年6月底，雀巢的净债务减少了162亿瑞士法郎。

同时，2001～2002年，雀巢公司关闭了一些勉强支撑的工厂，放弃了低利润率的业务，如可可和西红柿处理工厂，降低了28亿美元的生产成本。2002～2003年，雀巢在欧洲实施了降低成本的调整计划，出售、关闭或转产在欧洲的194家工厂中的16家，其中涉及25%的职工、2 600个工作岗位。另外，雀巢还通过改进生产设备和措施，减少人力成本，提高劳动生产率，增强公司的盈利能力。而且成本的控制仍在不断加强，成本进一步得到降低。

这些都是雀巢公司进行收购的坚实后盾。很多企业都在疯狂的扩张中因心力衰竭而亡，多元化的道路难免会给雀巢的发展带来沉重的负荷，而通过控制成本效率来实现全球增长正是雀巢成功的重要原因之一。收购过程中对收购对象精挑细选，也许会使收购的成本很高，但收购完成后能为雀巢公司带来源源不断的利润，它是每一个能成为雀巢收购对象的企业所必须具备的素质。收购对象必须符合公司总体的战略发展方向，同时还得具有与对手进行竞争的比较优势，如某种特殊的专业技术、雀巢自身不具备的强大营销网络以及在特定市场中拥有的市场份额等。

3. 着眼于长线发展

雀巢进行的每一次收购都具有承上启下的作用，在进入某一个行业后，雀巢仍然会不断收购有增长潜能的相关企业，以推动公司在该领域的进一步发展。

从1929年进入巧克力领域后，雀巢又收购了多家从事巧克力和糖果生产的企业，如美国生产高质量巧克力的保罗·本奇公司、拥有奇巧巧克力品牌的英国巧克力生产商朗特里（Rowntree）公司等。此外，

2002年未能成功收购的好时食品公司，正是以其在美国巧克力市场所占有的43%的份额吸引了雀巢。如果收购成功，雀巢公司就可以实现自身在美国市场位居第一的战略梦想，这可以极大地提高利润收入，获得更充足的现金，为它在其他市场更快地扩张提供资金支持。收购好时食品公司的计划也符合雀巢的长远战略。

雀巢进行的海外投资并不都是从一开始就盈利的。在韩国和中国，雀巢亏损的时间长达十几年。例如20世纪80年代初，雀巢即开始与我国政府谈判黑龙江双城奶制品的生产项目，但7年后才开始投入生产，真正进入高速发展期则是在90年代。之所以用了如此长的时间，是因为雀巢是把它作为一项系统工程来做的，而不是追求短期利润。雀巢花大量时间在当地建起了有完善环保设施的生产车间，而且还帮助当地的农户改良了奶牛品种。雀巢着眼于长线发展的长远眼光，是它在面临亏损的高压下继续坚持的动力。正是由于这份坚持，才得以获得走出亏损期后的丰厚回报。现在的雀巢遍布中国的大街小巷，从传统业务的雀巢牛奶和雀巢咖啡，到后发制人的雀巢冰激凌、奇巧巧克力等产品，它拥有了成千上万甚至上亿的中国消费者，在中国实现的利润为众多食品公司所羡慕。近几年，雀巢在大中华地区的年营销业绩保持着两位数的增长，2006年的年度销售额已达119亿元人民币，交纳各项税款约11亿元人民币。

1998年，金融危机带来了全球的经济衰退，俄罗斯更是受到了沉痛的打击。许多公司纷纷撤出俄罗斯市场，雀巢却坚守阵地。21世纪初，雀巢的巧克力、咖啡和冰激凌三种产品在俄罗斯市场的份额翻了一番，超过了所有竞争对手，在当地市场确立了难以逾越的竞争优势。正如布拉贝克所说："论规模，现在的雀巢与100多年前的雀巢已不可同日而语，不变的是那几个字：着眼长远。"

【案例1-2】 两大数字跨国公司巨头亚马逊与阿里巴巴㊀

在UNCTAD公布的2015年全球100强数字跨国公司中有4家总部位于新兴市场经济体：阿里巴巴（中国）、腾讯（中国）、Cnova（巴西）和墨西哥Televisa集团。阿里巴巴在2015年的电子商务类别中销售额排名第二，排名第一的是亚马逊。

亚马逊（美国）、阿里巴巴（总部位于中国）分别代表了最成功的发达经济体数字跨国公司和新兴市场数字跨国公司。2017年，亚马逊营业收入达1 779亿美元，员工56.6万人，年增长率为56%，资产回报率为3.9%。阿里巴巴营业收入220亿美元，员工50 092人，年增长率为56%，资产回报率为11.9%。

（一）发展历程

1999年，马云带领17位创始人成立了阿里巴巴集团（以下简称阿里）。从软银、高盛、美国富达投资等机构融资2 500万美元。2002年，阿里B2B公司实现盈利。2003年，成立"淘宝"电子商务网站，发布支付宝。2005年，阿里引入雅虎美国的战略合作，执掌雅虎中国。2006年，战略投资口碑网，2007年1月，成立软件公司，同年11月阿里巴巴网络有限公司在香港联交所挂牌上市，阿里成立网络广告平台"阿里妈妈"。2008年6月，口碑网与中国雅虎合并，成立雅虎口碑，9月阿里妈妈与

㊀ Xinyi Wu, Gary Gereffi, "Amazon and Alibaba: Internet Governance, Business Models, and Internationalization Strategies" In International Business in the Information and Digital Age. Published online: 02 Nov 2018; 327-356；水藏玺，吴平新. 互联网+中外电商发展路线图［M］. 北京：中国纺织出版社，2017.

淘宝合并，阿里巴巴集团研发院成立。2009年7月，阿里软件与阿里巴巴集团研发院合并，8月阿里软件的业务管理软件分部注入阿里B2B公司，口碑网注入淘宝，9月成立阿里云计算。2010年3月，阿里巴巴集团成立由淘宝、支付宝、阿里云计算和中国雅虎的高管参与的大淘宝战略执行委员会，11月淘宝商城使用独立域名Tmall.com。2011年6月，阿里将淘宝网分拆为淘宝网（taobao.com）、淘宝商城（tmall.com）和一淘（etao.com）三个独立的公司。2012年1月，淘宝商城更名为天猫，6月阿里巴巴网络有限公司从香港联交所退市；7月阿里业务划分为阿里国际业务、阿里小企业业务、淘宝网、天猫、聚划算、一淘和阿里云七个事业群，9月完成对雅虎初步的股份回购，11月淘宝网和天猫当年交易额突破10 000亿元人民币。2013年1月，阿里云计算与万网合并为新的阿里云计算公司，阿里巴巴集团重组为25个事业部。2014年5月，阿里向美国证券交易委员会提交了IPO申请，9月19日在纽约证券交易所正式挂牌上市，股票代码“BABA”，发行总额达243亿美元。2016年成为全球最大的零售交易平台，合一集团（优酷土豆）并入阿里，成为其旗下全资子公司。

亚马逊网站于1995年7月16日正式上线。最初，亚马逊每天的图书订单量很少，不到10单。在网站上线3天后，其网站挂在雅虎网页的推荐网站列表中，亚马逊的图书订单量飞涨。1998年3月开通了儿童书店，6月音乐商店开张，7月与Intuit个人理财网站及精选桌面软件合作，10月进入欧洲市场。1999年2月收购药店网站股权并投资药店网站，3月投资宠物网站，成立网络拍卖站，5月投资家庭用品网站。2000年1月，亚马逊与网络快运公司达成了一项价值6 000万美元的合作协议，使用户订购的商品在一小时之内能送上门。亚马逊已经完成了从纯网上书店向一个网上零售商的转变，股价是之前的50多倍，公司市值最高时达到210亿美元。不到5年的时间，亚马逊以惊人的成长速度创造了一个网络神话。

（二）主营业务构成

自1999年创立第一个电子商务网站Alibaba.com以来，阿里巴巴的使命一直是为小企业之间的跨境贸易提供联系和便利。阿里收入主要来自中国商务（175亿美元）、国际商务（19.4亿美元）、云计算（9.7亿美元）、数字媒体和娱乐（21.4亿美元）以及创新计划（4.4亿美元）等领域。

亚马逊是一个平台公司，同时利用其电子商务网站、AWS和基础设施。其收入的很大一部分是通过向消费者提供技术服务和实物资产创造的。2017年，亚马逊的收入主要来自北美（1 061亿美元）、国际（543亿美元）和AWS（175亿美元）。

（三）商业模式

亚马逊和阿里巴巴的平台商业模式将数字能力和实体资产融合产生网络效应，其数字维度分为三个部分：电子商务、数字内容和数字解决方案。其中电子商务是两家公司的起点，是商业模式的核心，也是公司最重要的收入来源。

亚马逊的互联网服务（AWS）、电子商务（Marketplace）和亚马逊Prime是公司成功的三大支柱。亚马逊是多个平台的运营商：一个零售平台，连接着卖家和买家；AWS是平台的平台，提供基础设施和工具来构建其他平台；亚马逊的Mechanical Turk是一个中介平台，建立了一个现代的外包系统。

（1）电子商务。

阿里巴巴从创立B2B网站Alibaba.com开始，目前已经创建涵盖电子商务各个领域的一系列平台——C2C（淘宝网）、B2C

（天猫、聚划算）、B2B（阿里巴巴）以及旅行社（阿里旅游）。除国内市场，阿里巴巴通过 Aliexpress. com、Lazada 来吸引国际客户。2016 年国际销售额仅占阿里巴巴总收入的 8%，但增长潜力巨大。

亚马逊从在线书店起家，销售商品由书籍延伸到电子产品、服装、配件、汽车配件、家具、美容用品、玩具等几乎所有的东西。亚马逊有 B2B（亚马逊业务）和 C2C 的门户网站，但 B2C 一直是其核心业务。据 eMarketer（2017）统计，美国在线消费的每 1 美元中，大约有 44 美分流向了亚马逊。

（2）数字内容。

亚马逊和阿里的收入来源分为三个部分：国内商务、国际商务和云计算服务。云计算产生的价值与它们的总收入相比很小，阿里巴巴占 3%，亚马逊为 9%，但 AWS 和阿里云对亚马逊和阿里巴巴的发展战略都十分重要。亚马逊的云计算业务 AWS 一直在满足其自身和其他公司的计算需求，占据了 47% 的市场份额。超过 4 亿用户在阿里的网站上购物产生的海量数据正在被阿里云存储和分析，阿里云最成功的应用之一是按性能付费的广告。

（3）数字解决方案。

2004 年，支付宝的推出是阿里巴巴赢得电子商务市场的重要战略举措，当前拥有 4.5 亿注册用户的支付宝进行着中国超过 50% 的在线交易支付。2017 年，美国语音助手设备的活跃用户估计为 6 000 万，其中 70.6% 使用亚马逊的 Echo。通过 Echo 扬声器，客户可以使用人工智能（AI）驱动的语音助手 Alexa 从亚马逊订购商品，并控制家用电器。消费者正越来越多地使用虚拟助理技术。

另外，亚马逊和阿里的实体资产有两个方面值得注意：一是分销网络基础设施，包括亚马逊的仓库和两天送达的服务，以及阿里巴巴的菜鸟物流；二是线下门店，如亚马逊收购北美的全食超市（Whole Foods Market）和阿里在中国的盒马店（Hema Fresh stores）。

（4）物流和运输。

正如数字经济需要笔记本电脑和智能手机等 IT 硬件作为数字活动的载体一样，亚马逊和阿里巴巴也需要仓库和物流等分销能力，以便将在网上购买的实体产品运送出去。阿里巴巴拥有菜鸟网络的物流公司，该公司是阿里巴巴与其他四家中国大型快递公司在 2013 年合作成立的。菜鸟网络每天可支持配送 4 700 万个包裹，覆盖全球 224 个国家和地区以及中国 2 800 个区县。然而，菜鸟网络运营的物流数据平台并不像亚马逊的快递网络那样自己配送包裹，而是用来提高快递合作伙伴的能力。

亚马逊 Prime 成功的秘诀在于其广泛的物流基础设施：亚马逊仓库和配送中心（fulfillment centers）用来储存和配送大部分的库存；亚马逊 Prime Air 是一个无人机的送货系统，提供 30 分钟的送货服务；还有亚马逊的储物柜，方便网上订购后在附近的自助服务站取货。考虑到快速交货、产品多样性和具有竞争力的价格，Prime 能够留住老客户并吸引新客户。亚马逊在物流方面的投资自 2013 年以来每年增长 30%。

简要点评

（1）不论是发展中经济体的数字跨国公司还是发达经济体的数字跨国公司，其成长足迹有一定的共性，也存在差异。共性是起自于小微企业，开始于电子商务，都善于捕捉住互联网带来的机遇，并能随着数字技术的发展与客户消费需求的变化时时创新；其共性的足迹是由线上到线上与线下融合，都注重建设商业生态体系。但在生态体系的建设中，具体举措有所不同，如亚马逊自建全球物流体系，而阿里推出支付宝，等等。

(2) 两大跨国巨头的实践可能向数字跨国公司的国际化运营呈现轻资产趋势这样的现象提出挑战。《世界投资报告》(2017) 基于2015年数字跨国公司的数据，提出轻资产跨国运营是数字跨国公司的显著特征之一，然而两大巨头目前也注重线下实体资产的布局，这可能会对UNCTAD的研究提出挑战，但数字跨国公司是不断演进的，其演进的路径、模式等还有待进一步的研究。

思考与练习

1. 近年来跨国公司的发展呈现出了哪些新趋势?
2. 简述跨国公司的概念、类型与主要特征。
3. 分公司和子公司各有什么法律特征? 设立分公司和子公司的利弊分别是什么?
4. 跨国公司的管理组织形式主要有哪几种? 试分析它们各自的优缺点。
5. 简述数字跨国公司的概念与发展特点。
6. 试比较服务业跨国公司和制造业跨国公司的经营特点。

CHAPTER2

第二章

跨国公司投资理论

学习要点

本章首先介绍跨国公司投资理论的产生和发展、分类和共同出发点，然后侧重介绍五种主要的跨国公司投资理论，接下来探讨服务业跨国公司投资理论、发展中国家跨国公司投资理论和跨国公司投资理论的新发展。希望通过对本章的学习，同学们能够理解跨国公司投资理论的主要类型和核心思想，理解服务业和发展中国家跨国公司投资理论的特殊性。

Key Points

In this chapter, we firstly introduce the existence, the development, and the classification of the theories in the investment of transnational corporations, and then we explain five major theories among those theories in details. Then we discuss the application of these theories in service industry, as well as in developing countries. In addition, we also summarize new development of the theories in investment of transnational corporations. By studying this chapter, students are expected to understand the main sorts and core ideas of the theories in the investment of transnational corporations, and the particularity of theories in the service industry and theories in developing countries.

第一节 跨国公司投资理论概述

第二次世界大战后，跨国公司的迅速崛起及其对外直接投资的迅速发展引起了学者们的关注。他们从不同角度对跨国公司进行研究，提出了多种关于跨国公司对外投资的理论。由于这些理论主要研究跨国公司的对外直接投资行为，因此有时也称为对外直接投资理论或国际直接投资理论。

一、跨国公司投资理论的产生与发展

严格来讲，20 世纪 60 年代以前没有独立的对外直接投资理论，因而也就没有独立的跨国公司投资理论。对外直接投资理论是在 20 世纪 60 年代从国际间接投资（即国际证券投资）理论中独立出来的。由此可见，实践先于理论，理论的发展源于实践的发展和丰富。独立的跨国公司投资理论产生于 20 世纪 60 年代初，标志是美国学者斯蒂芬·H. 海默（Stephen H. Hymer）提出垄断优势论。1960 年，海默在美国麻省理工学院（MIT）完成了他的博士学位论文《国内企业的国际经营：对外直接投资研究》（*The International Operation of National Firms*：*A Study of Direct Foreign Investment*），西方学术界认为这标志着跨国公司问题从传统的证券投资、国际贸易和金融理论中分离出来了，开始成为一个独立的研究领域。1976 年，麻省理工学院教授查尔斯·P. 金德尔伯格（Charles P. Kindleberger）出版了海默的博士论文，并亲自写了序言。不幸的是，海默在 20 世纪 70 年代的一场车祸中丧生。从 20 世纪 60 年代初期至 70 年代中期，西方学者主要研究不同国家尤其是美国跨国公司对外直接投资的特点与决定因素，如垄断优势论与产品周期论就是典型的美国企业海外扩张理论。但自 20 世纪 60 年代末以来，随着西欧和日本跨国公司的发展，这些国家的学者也提出了一些相关理论，如日本学者小岛清提出的“比较优势理论”。这一阶段还出现了一些其他的理论，如阿哈隆尼（Y. Aharoni）将对外直接投资视为行为过程的理论、斯蒂芬斯（G. V. Stevens）的直接投资分散风险理论、柯登（W. M. Corden）的关税壁垒说以及寡占反应理论、产业内双向直接投资理论、核心资产论、区位论、通货区域论、资本化率理论、管理能力过剩论等。从 20 世纪 70 年代中期开始，学者们对跨国公司投资理论的研究提升到了一个新的阶段，即致力于建立一个统一的或一般的跨国公司理论，用以说明不同国家（地区）、不同行业的跨国公司的对外直接投资行为，他们提出的比较具有代表性的理论包括内部化理论与国际生产折衷理论等。经过 40 多年的发展，跨国公司投资理论已经逐步完善，并自成体系。对于上述主要的跨国公司投资理论将在本章第二节展开详细分析。

二、跨国公司投资理论的分类与共同出发点

跨国公司投资理论，按其分析方法或理论依据，大体可以分为四类。①以产业组织理论为基础的理论，如垄断优势论、寡占反应论和核心资产论。②以贸易理论和工业区位论相结合的理论，如产品生命周期论、比较优势理论和通货区域论。③以分析市场存在不完全竞争为基础的理论，如内部化理论。④以综合考虑和分析各种影响国际投资决策的因素为基础的理论，如国际生产折衷理论。

在探讨跨国公司问题时，理论家们往往侧重探讨自己所熟悉的领域，如工业经济学家

在解释直接投资时，是从产品的差别生产、垄断和要素市场角度出发的；国际金融专家则着重探讨资本市场的不完善性；管理和决策专家的研究重点则放在公司内部的管理与决策过程上。尽管各自的理论体系及方法不尽相同，但它们有一些共同的出发点，具体表现如下。①直接投资不同于证券投资，前者包含投资企业的资本、技术、管理才能和信息等生产要素的转移，因此无法沿用传统的国际资本移动理论来解释。②直接投资是企业发展到一定规模和具有某些垄断优势时的海外扩张行为，跨国公司是垄断企业海外扩张的产物，因此，学者们一般以不完全竞争的假定取代完全竞争的假设。③多数学者侧重研究微观的企业行为，如研究跨国公司从事对外直接投资的决定因素、条件及其方式等，但也有少数学者关注宏观的分析，如阿利伯和邓宁等。

对跨国公司对外直接投资的理论研究一般集中于以下几个基本理论问题。①采用什么样的理论模式和研究方法去研究和解释跨国公司的对外直接投资行为？②对外直接投资的决定因素或制约条件是什么？③跨国公司的投资动机是什么？④跨国公司的竞争优势在哪里？⑤跨国公司怎样选择投资区位？⑥如何用成本-收益分析方法去分析和评价跨国公司对外直接投资的效益？

第二节　主要的跨国公司投资理论

第二次世界大战后，尤其是进入20世纪60年代以后，随着跨国公司的迅速发展，对外直接投资的规模不断扩大，西方经济学界对这一领域进行了大量探讨和研究，形成了观点各异的跨国公司国际投资理论。这些理论有时称为跨国公司的国际投资理论，有时也一般性地称为国际直接投资理论。下面对其中一些有代表性的理论进行简要介绍。

一、垄断优势理论

垄断优势理论（monopolistic advantage theory）是最早研究对外直接投资的独立理论，它产生于20世纪60年代初，在这以前基本没有独立的对外直接投资理论。1960年，美国学者海默在他的博士论文《国内企业的国际经营：对外直接投资研究》中首先提出了以垄断优势来解释对外直接投资的理论。此后，海默的导师金德尔伯格在《对外直接投资的垄断理论》等文章中又对该理论进行了补充和系统阐述。由于两人从理论上开创了以国际直接投资为研究对象的新的研究领域，故学术界将他们二人并列为这一理论的创立者。后来，又有一些学者对垄断优势理论做了发展和补充。由于该理论主要是以产业组织学说为基础展开分析的，因此也被称为产业组织理论分析法。

垄断优势理论的主要内容如下。

第一，以不完全竞争的假设为理论分析前提。不完全竞争是指在市场结构中，存在众多生产者，它们生产和销售同类产品，但具有差异性，这种差异性表现在产品的质量、性能、档次、规格、品牌和商标等诸多方面。在不完全竞争的市场条件下，存在着价格竞争和非价格竞争。海默认为，任何关于跨国经营和直接投资的讨论都涉及垄断问题，而垄断优势是市场不完全竞争的产物。

第二，垄断优势理论把跨国公司从事对外直接投资所凭借的垄断优势分为以下几类。

（1）来自产品市场不完全的垄断优势。如来自跨国公司拥有的产品差异化能力、名牌商标、销售技术和渠道、获得资金的便利条件、其他市场特殊技能以及包括价格联盟在内的各种操纵价格的条件。

（2）来自要素市场不完全的垄断优势。如技术要素（优势可来自专利、技术诀窍等知识产权，技术的专有和垄断既可以使跨国公司的产品与众不同，又可以限制竞争者进入市场；充足的研发费用，加快了大公司的技术创新步伐）、资本要素（跨国公司可凭借其拥有的较高的金融信用等级在资本市场上以较低的成本，较多较快地筹集到资金）、管理技能和信息等。

（3）来自规模经济的垄断优势。包括跨国公司内部和外部的规模经济优势。大企业为谋求规模经济而投入的巨额初始资本，对欲加入市场与之竞争的新企业来说无疑是一道难以逾越的门槛，而且伴随着很大的风险，另外，跨国公司可以利用国际专业化生产来合理配置生产经营的区位，避免母国和东道国对公司经营规模的限制，扩大市场占有份额。

（4）来自政府干预的垄断优势。东道国和母国政府可以通过市场准入、关税、利率、税率、外汇及进出口管理等方面的政策法规对跨国公司的直接投资进行干预，跨国公司可以从政府提供的税收减免、补贴、优先贷款等方面的干预措施中获得某种垄断优势。

前三种市场不完全使企业拥有垄断优势，第四种市场不完全使企业可以通过对外直接投资利用其垄断优势实现价值增值。

海默还分析了产品和生产要素市场的不完全竞争性对对外直接投资的影响。在市场完全竞争的情况下，国际贸易是企业参与和进入国际市场或对外扩张的唯一方式，企业将根据比较利益原则从事进出口活动。但在现实生活中，市场是不完全的，这种不完全性是指竞争是不完全的，市场上存在一些障碍和干扰，如：关税和非关税壁垒，少数卖主或买主能够凭借控制产量或购买量来影响市场价格，政府对价格和利润的管制等。正是上述障碍和干扰的存在，严重阻碍了国际贸易的顺利进行，减少了贸易带来的益处，从而导致企业利用自己所拥有的垄断优势通过对外直接投资参与和进入国际市场。

第三，利率不能解释对外直接投资。海默认为，要研究跨国公司必须区分直接投资与证券投资，这两种投资的区别主要在于“控制”，即对国外企业的控制权。传统经济理论以利率的差异说明资本的国际流动。金德尔伯格指出，证券资本流动是利率差异作用的结果，而直接投资则是对利润差异的反映，是一种伴随投资企业长期控制的资本流动。客观上，直接投资与证券投资的流向是相反的。在海外大量资金流入纽约金融市场购买美国各种有价证券的同时，美国公司也在大量进行对外直接投资。这种交叉流向的存在说明利率本身并不足以解释对外直接投资活动。

第四，直接投资与垄断的工业部门结构有关。海默研究了美国企业对外直接投资的工业部门构成，发现对外直接投资与垄断的工业部门结构有关，他认为，跨国公司拥有的垄断优势是它们开展对外直接投资的决定因素。美国从事对外直接投资的企业主要集中在具有独特优势的少数部门，如汽车、石油、电子、化工等制造业，行业分布的集中程度十分明显。美国企业走向国际化的主要动机是为了充分利用自己独占性的生产要素优势，以谋取高额利润。海默认为，其他国家的对外直接投资也与部门的垄断程度较高有关。海默的垄断优势论是产业组织理论在国际生产领域的扩展。海默认为，完全竞争是一种纯粹的情况，现实中存在较多的市场条件是不完全竞争。正是跨国公司拥有某种垄断优势，才使其在跨国经营中立于不败之地。愿意而且能够从事对外直接投资并由此获利的企业，必须具有一种或若干种当地厂商所缺乏的独占优势，这些优势足以抵消跨国竞争和国外经营所引起的额外成本。

作为国际直接投资和跨国公司主要理论之一的垄断优势理论的贡献主要表现在以下几个方面。首先，海默用垄断代替了完全竞争，并将国际直接投资与间接投资（证券投资）区别开来进行研究，第一次把资本国际流动的研究从流通领域转向生产领域，这是一种“突破”，垄断优势和不完全竞争是他的基本命题，后人循着这一思路加以补充发挥，使跨国公司理论臻于完备。上述命题的内涵虽屡有变化，但始终是跨国公司理论体系的两块基石。可以说，海默是真正意义上的跨国公司理论开创者，为后来的理论研究奠定了基础。其次，海默的垄断优势论与新古典贸易和投资理论的最大区别是把跨国公司视为国际生产的主体，而不是仅仅把它们看作国际交换的主体。除强调跨国公司对其海外生产的有效控制这一重要特征外，海默还在他的论文中着重论述了将外国直接投资看作转移中间产品如技术、管理、营销、组织的手段。正是这些中间产品的跨国界转移使企业成为跨国公司，并利用自己的垄断优势从事海外生产活动。再次，海默明确提出企业从事跨国经营的必要条件之一是“企业的所有权优势”，这一分析思路对其他直接投资理论的发展产生了深刻的影响，在外国直接投资理论发展史上具有很高的学术地位。邓宁和拉格曼等学者认为：海默论文的巨大贡献，在于它摆脱了新古典贸易金融理论在思想上的束缚，把对跨国公司的研究引入到产业组织理论的分析之中。

当然，该理论也是存在缺陷和不足的，表现在：第一，只是进行了经验的分析与描述，缺乏抽象的实证分析，因而其结论缺乏普遍意义；第二，不能解释生产部门跨国化的地理布局问题和服务业企业跨国投资行为的区位选择问题；第三，这一理论将市场的不完全性着重放在对结构性市场缺陷的理解上，而缺乏对信息不对称、市场外部性等方面的理解和运用；第四，它以美国制造业跨国公司为研究对象，强调寡头垄断行业企业的垄断优势对海外投资的决定作用，不能完全适用于其他发达国家（如日本在20世纪60~70年代开始的对外直接投资活动），更无法解释发展中国家企业的对外直接投资问题。

自垄断优势理论问世以来，不少西方学者沿着“市场结构—企业行为—行为结果”这一产业组织理论分析模式，论述不同的垄断优势来源，丰富了该理论的内容。有代表意义的如哈里·G. 约翰逊（Harry G. Johnson，1970）的占有能力论、凯夫斯（R. E. Caves，1971）的产品差异论、弗雷德里克·T. 尼克博克（Frederick T. Knickerbocker，1973）的寡占反应论和史蒂芬·马吉（Stephen Magee，1977）的信息占有论等。

二、内部化理论

内部化理论（the theory of internalization）也称**市场内部化理论**，它是20世纪70年代以后西方跨国公司研究者为了建立所谓跨国公司一般理论所提出和形成的理论，是解释对外直接投资的一种比较流行的理论，但不足以称其为“通论”。这一理论主要是由英国学者彼得·J. 巴克利（Peter J. Buckley）、马克·卡森（Mark Casson）和加拿大学者艾伦·拉格曼（Allan M. Rugman）共同提出的。巴克利和卡森在1976年合著的《多国企业的未来》及1978年合著的《国际经营论》中，对跨国公司内部化形成过程的基本条件、成本与收益等问题做了明确的阐述，使人们重新审视内部化概念。1979年，卡森在《多国企业的选择》中对内部化概念做了进一步的理论分析。拉格曼在《在多国企业内部》一书中对内部化理论做了更为深入的探讨，扩大了内部化理论的研究范围。

内部化是指在企业内部建立市场的过程，以企业的内部市场代替外部市场，从而解决由于市场不完整而带来的不能保证供需交换正常进行的问题。企业内部的转移价格起着润滑剂的作用，使内部市场能像外部市场一样有效运转。跨国化是企业内部化超越国界的表现。

内部化理论认为，由于市场存在不完整性和交易成本的上升，企业通过外部市场的买卖关系不能保证企业获利，并导致许多附加成本的产生。因此，企业要进行对外直接投资，建立企业内部市场，即通过跨国公司内部形成的公司内部市场，克服外部市场上的交易障碍，弥补市场机制不完整缺陷所造成的风险与损失。该理论认为，市场不完全并非由于规模经济、寡占或关税壁垒，而是由于某些市场失效（market failure）、某些产品的特殊性质或垄断势力的存在。

内部化理论建立在三个假设的基础上：一是企业在不完全市场上从事经营的目的是追求利润的最大化；二是当生产要素特别是中间产品的市场不完全时，企业就有可能以内部市场取代外部市场，统一管理经营活动；三是内部化超越国界时就产生了跨国公司。

市场内部化的过程取决于四个因素：一是产业特定因素（industry-specific factor），指与产品性质、外部市场结构和规模经济等有关的因素；二是区位特定因素（region-specific factor），指由区位地理上的距离、文化差异和社会特点等引起的交易成本变动；三是国家特定因素（country-specific factor），指东道国的政治、法律和财经制度对跨国公司业务的影响；四是公司特定因素（firm-specific factor），指不同企业组织内部市场的管理能力。

在这几个因素中，产业特定因素是最关键的因素。因为，如果某一产业的生产活动存在多阶段生产的特点，那么就必然存在中间产品（原材料、零部件、信息、技术、管理技能等），若中间产品的供需在外部市场进行，则供需双方无论如何协调，也难以排除外部市场供需中的摩擦和波动，为了克服中间产品市场的不完全性，就可能出现市场内部化。市场内部化会给企业带来多方面的收益。企业的组织管理能力也会直接影响到内部化的效率，因为市场交易内部化是需要成本的。例如，由于组织规模扩大而增加管理费用和降低效率，扩大交通、通信费用开支等。只有组织能力强、管理技术先进的企业才有能力使交易内部化的成本低于外部市场交易的成本，这样内部化才有意义。

以知识为代表的中间产品是企业内部化的动力。巴克利和卡森认为，随着生产分工的深化，中间产品（intermediate product）在生产中的重要性大大提高。中间产品不仅种类复杂繁多，而且对性能、质量的要求更高。这些中间产品不只是半成品、原材料，较为常见的是夹杂在专利权、人力资本之中的各种知识。企业经营日益重视销售、研发、金融资产管理等。所有这些活动相互依赖，知识等中间产品的流动使它们相互连接起来。一般来说，企业协调其经营活动需要一整套中间产品市场。但某些中间产品市场却是不完全的，其表现为缺乏某些市场以供企业之间交换产品，或者市场效率低，导致企业通过市场交易的成本上升。市场不完全性使得企业不能有效地利用外部市场周转中间产品，协调经营活动。因此追求最大利润的厂商必须对外部市场实行内部化，即建立企业内部市场，利用企业管理手段协调企业内部资源的配置，避免市场不完全性对市场经营效率的影响。

产品所有权的交换是外部市场交易成本高的主要原因，市场内部化避免了所有权交换引起的利益摩擦，从而降低了市场交易成本，提高了经营效率。知识产品（包括知识、信息、技术、专利、专有技术、管理技能、商业信誉）本身的特殊性质使企业以内部市场代替外部市场，从而获得企业的竞争力。知识产品具有以下几个特点。第一，知识、技术、技能的研发投资大，耗费时间长，知识的开发和应用在一定时期内具有"自然垄断"的性质。差别定价和歧视性定价是实现知识价值的主要形式。但是，现有的专利制度不允许歧视性定价行为，故知识产品内部化是企业获得超额利润的主要途径。第二，知识的形成需要长期的研发，在研究项目结束以前的任何阶段，如果该企业打算出售这种知识，就很难确定可能获得的价值。并且，由于难以估价，企业就愿意以内部转移定价来实现知识的流动和价值。第三，知识产品具有公共产品性质。由于公共产品的消费是"共享"的，它对某一人或企业的供给并不减少对他人的供给，某一人或企业对公共产品的享用并不妨碍他人的享用。如果将知识产品提供给某个企业或个人，它就不可能或至少要花很大的成本才能阻止他人从中受益。知识产品的内部市场转移，可避免技术泄露的潜在风险，保证跨国公司的技术垄断。第四，知识产品市场存在买方不确定性。由于信息不对称，买卖双方对知识产品的评价往往不一致。买方对知识产品的价值缺乏充分的认识，很可能不愿意支付令卖方完全满意的价格。这样，将知识产品内部化就成为避免卖方风险的必要途径。上述这些特点说明：知识产品内部化可以给跨国公司带来巨大的收益。这些收益主要来自：创造内部未来市场，建立歧视性价格体系，降低谈判成本，消除买方不确定性，减少政府干预的影响等。

毫无疑问，市场内部化过程也是有成本的，主要包括四个方面。一是市场分割的成本，主要指内部化分割外部市场后带来的企业规模收益下降。二是附加的企业内部交流成本。内部化要求交易保密，严防泄露，因此需要增加安全开支。这种交流成本随着集团内部公司间地理距离和社会、语言、心理障碍的扩大而增加。三是东道国对外国企业的政治歧视，也会给跨国公司的海外经营带来政治风险。四是内部市场的管理成本。实行市场内部化，扩大了企业经营范围，增加了人力和财力，加大了企业的管理费用。

内部化理论的出现是西方学者跨国公司理论研究的一个重要转折。内部化理论力图克服现存的各种外国直接投资的理论的缺陷，从跨国公司内部资源配置机制的形成过程出发，研究外部市场对公司内部资源配置效率的影响，从而对跨国公司对外直接投资的决定因素做出新的解释。内部化理论的分析方法是传统微观经济理论与交易成本理论的结合，这表现为：内部化理论接受古典经济理论中关于厂商追求最大限度利润的假设；内部化理论从单个厂商的行为着手，利用成本收益的比较分析来说明跨国公司对外直接投资的基础。

内部化理论的主要贡献表现在以下几个方面。第一，内部化理论的一个重要贡献是它区分了中间产品与最终产品的市场不完全性，并把分析的基点放在中间产品的市场不完全性上，这对发达国家企业间的相互投资活动做出了有利的解释。当然，内部化理论不仅适用于解释发达国家的对外投资，也可用于发展中国家。第二，内部化理论有助于说明各种类型的跨国公司形成的基础。例如：知识产品市场内部化形成了研发同生产及销售一体化的跨国公司；原料加工及提炼等多阶段生产过程的内部化形成了垂直一体化的跨国公司；各国货币制度、汇率与利率的差异以及各国政府对国际资金流动的控制与调节，促进了跨国银行的发展。第三，内部化理论把市场的不完全归结为市场机制内在的缺陷，并从中间产品的性质与市场机制的矛盾来论证内部化的必要性，把内部化说成是解决上述问题的途径，使企业得以合理配置资源，提高经济效益，从而也有助于达到“帕累托最佳状态”，使经济福利趋于最大化。第四，海默等人以垄断引起的市场不完全作为跨国化的前提，认为市场不完全是垄断排斥竞争所致，而内部化理论则正好相反，内部化（即跨国化）是为了消除市场的不完全性。另外，海默强调技术等垄断优势对跨国经营的重要意义，内部化理论则强调企业管理的重要性，必须不断提高企业协调和管理的能力，才能使交易成本极小化，保证跨国经营的优势。

内部化理论的不足之处有两点。一是内部化理论虽具有综合性，但不少学者指出它并未涵盖一切，仍不足以称为跨国公司投资理论的“通论”，如它不能解释对外直接投资的地理方向和跨国经营的布局，常为重视区位因素的学者所批评。二是在内部化理论中，分析的重点是生产组织的一般形式，而没有海默和弗农对跨国公司垄断行为特征的分析，应该说这是内部化理论的一个缺憾。

三、产品生命周期理论

产品生命周期理论（the theory of product life cycle）是美国哈佛大学教授雷蒙德·弗农（Raymond Vernon）在1966年发表的《产品周期中的国际投资与国际贸易》一文中提出的。在该文中，他十分重视创新的时机、规模经济和不稳定性等因素。弗农认为，美国企业对外直接投资的变动与产品的生命周期有着密切的联系，他把国际直接投资同国际贸易和产品的生命周期结合起来，利用产品生命周期的变化，解释美国第二次世界大战后对外直接投资的动机与区位的选择。这一理论的基本结论主要有三点：一是伴随产品生命周期的演进，比较优势表现为一个动态转移的过程，国际贸易与国际投资的格局随着比较优势的转移而发生变化；二是每个国家都可以根据自己的资源条件生产自己具有比较优势的产品，并通过交换获得利益；三是对外直接投资的动因和基础不仅取决于企业拥有的特殊优势，还取决于企业在特定东道国所取得的区位优势。只有这两个方面的优势同时具备，才能使直接投资最终发生。

这一理论既可以用来解释新产品的国际贸易问题，也可以用来解释对外直接投资。从理论渊源上讲，产品生命周期理论与熊彼特的经济发展理论（1912）、林德的偏好相似论（1961）、波斯纳的技术差距模型（1961）、哈夫鲍尔的创新与模仿理论（1965）有着一定的联系。

这一理论的基本思想是：在新产品的整个生命周期内，生产和销售产品所需要的生产要素是不断变化的。当新产品被引入时，通常需要大量的研发费用和人力资本含量高的劳动力。当这一产品的生产技术日臻成熟而走向大规模生产时，产品变得日益标准化，从而需要标准化的技术和大量的非熟练劳动力，结果技术和资本充裕的发达国家在最初开发这一产品上的比较优势逐步弱化，优势逐步转移到劳动力相对富余且成本相对低廉的其他国家。比较优势的这种动态转移通常伴随着技术创新国与其他国家之间的国际贸易和对外直接投资活动。

产品生命周期理论由20世纪60年代的产品生命周期模型和20世纪70年代经过修正的产品周期模型组成。

1. 20世纪60年代的产品生命周期模型

弗农把一种产品的生命周期划分为创新、成熟和标准化三个阶段，不同的阶段决定了不同的生产成本和生产区位的选择，决定了公司应该有不同的贸易和投资战略，同时也决定了不同类型国家在产品生命周期各阶段的行为（见图 2-1）。该理论的基本假设有：①需求取决于收入水平；②企业的交流成本随着企业与市场间距离的扩大而迅速增加；③技术市场是不完全竞争市场；④技术创新是一个间断和突变的过程。

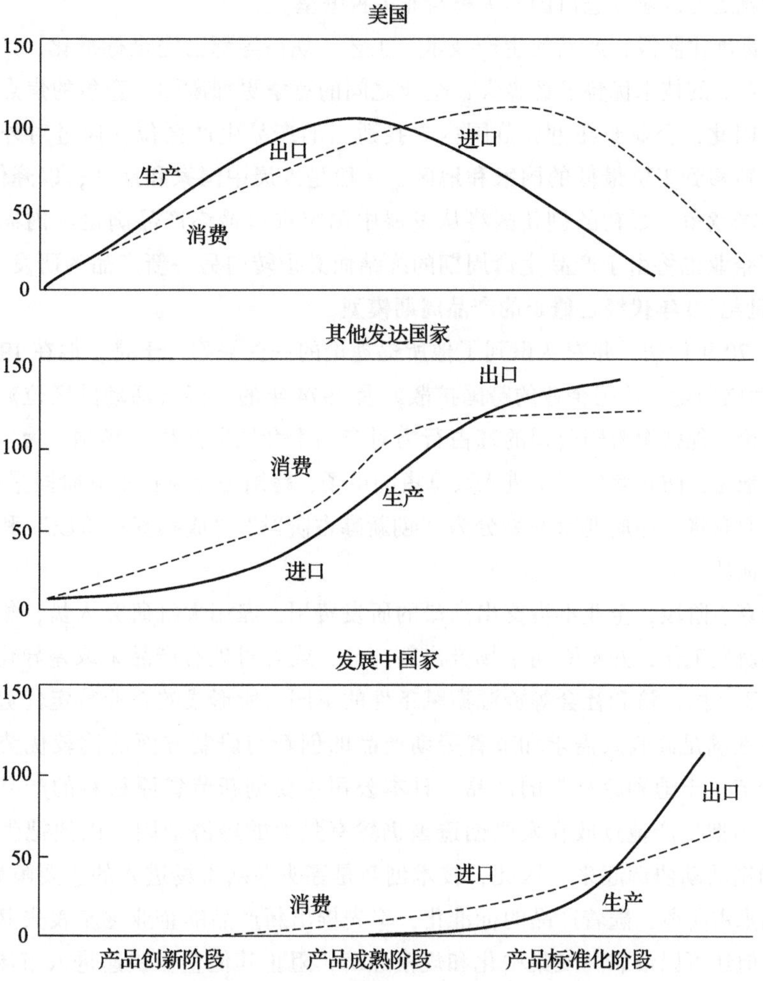

图 2-1　不同类型国家在产品生命周期各阶段的行为

在产品创新阶段，由于创新国垄断着新产品的生产技术，因此，尽管新产品的价格偏高也有需求，产品的需求价格弹性很低，生产成本的差异对公司生产区位的选择影响不大，这时最有利的安排就是在国内生产。企业主要利用产品差别等竞争手段，或力图垄断技术与产品生产来占领市场。这一阶段，新产品的需求主要在国内，至于其他经济结构和消费水平与本国类似的国家如果对这种新产品有需求，则本国企业主要通过出口而不是直接投资来满足这些国家的市场需求。

在产品成熟阶段，产品逐渐标准化，最有效的生产工序已经形成，产品的生产技术基本稳定，市场上出现了仿制品和替代品，在国内市场需求扩大的同时市场竞争也日趋激烈，新产品生产企业的技术垄断地位和寡占市场结构被削弱。此时，产品的需求价格弹性逐步增大，降低成本对提高竞争力的作用增强，因而如何降低生产成本成为企业考虑的首要因素。为此，企业一方面通过规模经济来降低成本，通过价格竞争来维持和占领国际市场；另一方面，在国内竞争日趋激烈、市场日趋饱和以及国外市场对这类产品的需求不断扩大的条件下，创新国企业开始进行对外直接投资，在国外建立子公司进行生产。投资地区一般是那些消费水平与创新国相似，但劳动力成本略低于创新国的地区。到国外投资办厂的另一个好处就是可以避开进口国的关税与非关税壁垒。

在产品标准化阶段，产品的生产技术、工艺、规格等都已完全标准化，产品已完全成熟。创新国企业的技术优势已经丧失，企业之间的竞争更加激烈，竞争的焦点和基础是成本和价格，因此，企业要在世界范围内寻找适当的产品生产区位，通过对外直接投资将产品的生产转移到工资最低的国家和地区，一般是发展中国家和地区，以降低生产成本，继续参与市场竞争。最初的创新国将从发展中国家进口最终产品满足国内需求，原来新产品的生产企业也将由于产品生命周期的终结而必须转向另一新产品的研发。

2. 20 世纪 70 年代经过修正的产品周期模型

20 世纪 70 年代初，弗农认识到了他所提理论的一些缺陷。于是，他在 1971 年所著的《国家主权面临困境：美国企业的跨国扩散》及 1974 年的《经济活动的区位》等文中修正了自己的理论。他强调跨国公司的寡占行为对产品生命周期产生了影响，为了建立和维持自己的寡占地位，防止竞争对手进入其寡占的市场，跨国公司应在不同阶段采取不同措施。经过修改，弗农将产品周期重新划分为“创新寡占阶段”“成熟寡占阶段”和“衰老寡占阶段”三个阶段。

在创新寡占阶段，企业不惜支出高昂的研发费用，雇用大批研究人员，集中于母国进行新产品的研发工作，并不断向市场推出新产品，或者对现有产品采取差异化以维持其垄断地位。由于各国经济和社会等资源禀赋条件的不同，所形成的企业特定优势也不同。美国公司维持在满足高收入需求和节省劳动产品的创新与研制方面的比较优势，欧洲公司则集中创新节省土地和原材料的产品，日本公司主要创新节省原材料的产品。在这个阶段，弗农认为把生产地点放在发明创造国仍然有强大的经济动因，以便把生产过程同研发、市场购销活动协调起来，因此，技术创新是寡头垄断市场进入的主要障碍。

在成熟寡占阶段，随着产品的标准化，率先推出新产品的企业逐步丧失其原有的创新领先地位，但还可以依靠高度集中化和规模经济，阻止其他企业快速进入市场，因而仍能保持相当的寡占地位。这是规模经济构成寡占优势的基础。跨国公司一般采取两种战略来维持各自的市场份额：一是采取相互牵制战略，即跨国公司到竞争对手的主要市场上设厂经营，以避免竞争对手在自己的市场上削价竞争；二是采取盯住战略，即当领先的公司开辟新市场时，同一行业的寡头成员亦紧紧跟上，以维持寡占均衡。

在衰老寡占阶段，产品标准化使原先的寡占者已丧失其特殊的优势，有的已被淘汰出市场，有的不得不采取产品差异化或组织卡特尔实行协调定价来维持部分市场。但这些都不足以保持原有的生产格局。由于市场进入障碍减弱，企业面临着竞争压力，生产区位的选择更多地取决于成本因素，而不是毗邻市场或寡占反应。结果，一些生产成本高的企业不得不退出该行业，其他掌握某种特殊资源的企业要么转而生产其他产品，要么因获得某些外部效应而继续生产。这时，生产区位选择的主要依据是成本差异，而市场距离和寡占反应则变为次要因素。

产品生命周期理论的贡献主要表现在以下几个方面。

（1）弥补了古典贸易理论静态分析的局限。该理论首次从比较优势的动态转移角度将国际贸易和国际投资活动结合起来进行分析，从整体上考察企业的跨国经营行为，为当时的跨国公司理论增添了动态分析即时间因素。该理论认为，随着产品生命周期的演进，比较优势表现为一个动态转移的过程，贸易格局和投资格局随着比较优势的转移而发生变化；每个国家都可以根据自己的资源条件，生产具有比较优势的产品，并通过交换获得利益。

（2）将产品生命周期与企业所拥有的垄断优势和东道国的区位优势联系起来展开分析。作为直接投资理论，产品生命周期模型把企业的所有权优势与东道国的区位优势结合起来，以说明国际生产格局的形成。它揭示了对外直接投资的动因和基础不仅取决于企业拥有的特殊优势，而且取决于企业在东道国所能获得的区位优势。只有将这两种优势相结合，才能给投资者带来利益。企业对外直接投资是为了替代出口，是由于技术垄断地位被削弱和国内外竞争条件发生变化。劳动力成本和市场信息是影响企业海外投资区位的最重要的因素。

（3）为分析制造业跨国公司的成长提供了一个有力的工具。这一理论把美国的宏观经济结构、美国企业的产品创新取向以及美国跨国公司海外生产的动机和选址三者较好地联系起来，一方面解释了美国跨国公司从事对外直接投资的特点，另一方面也说明了这些公司先向西欧再向发展中国家投资的原因。

（4）将国际贸易理论与国际直接投资理论结合起来研究。产品生命周期理论既是贸易理论也是投资理论，这种将贸易与投资结合起来分析的方法，对以后的理论尤其是邓宁的国际生产折衷理论产生了很大的影响。

当然，这一理论也存在一些缺陷和不足，主要有以下三个方面。

（1）该理论只是进行经验的分析与描述，缺乏抽象的实证分析。由于缺乏抽象的实证分析，使得其缺乏普遍意义。例如，它不能很好地解释没有明显产品生命周期阶段的产品及为海外市场专门设计的产品的对外直接投资行为；还有，该理论适合于解释企业最初作为一个投资者进入国外市场的情况，不能解释跨国公司的投资行为。

（2）该理论把产品生命周期的三个阶段割裂开来，视为互相独立的几个阶段。实际上，在企业实际的生产经营业务中这几个阶段是有机联系的。

（3）该理论仅仅考察了美国跨国公司的情况，有很大的局限性。

四、比较优势理论

比较优势理论（the theory of comparative advantage）有时也称为**边际产业扩张论**，是日本一桥大学小岛清（Kiyoshi Kojima）教授在20世纪70年代提出的。从第二次世界大战后到20世纪70年代中期，日本理论界接受和流行的对外直接投资理论主要是海默和金德尔伯格的垄断优势理论以及弗农的产品生命周期理论。但后来，日本理论界提出了不同的看法，认为上述两个理论只研究了美国跨国公司的对外直接投资问题，而没有考虑其他国家对外直接投资的特点，不能解释日本的对外直接投资问题。因此，应创立符合日本国情的对外直接投资理论，用以说明和指导日本企业的对外直接投资活动。在此背景下，小岛清在其1979年出版的《对外直接投资论》和1981年出版的《跨国公司的对外直接投资》及《对外贸易论》等书中提出了新的观点。

小岛清的投资理论有三个基本命题。第一，国际贸易理论中赫克歇尔-俄林模型（H-O模型）的基本假定是合理的，即资源禀赋或资本-劳动要素比例的假定是对的，但在运用其分析对外直接投资时可使用比资本更广义的经营资源（managerial resource）概念来代替资本要素。第二，凡是具有比较成本优势的行业其比较利润率也较高，建立在比较成本或比较利润率基础上的国际分工原理不仅可以解释国际贸易发生的原因，也可以说明国际投资的原因。小岛清甚至认为可以将国际贸易和对外直接投资的综合理论建立在比较优势（成本）的基础上。第三，日本式的对外直接投资与美国式的对外直接投资是不同的。

小岛清认为，由于各国的经济状况不同，因此，根据美国对外直接投资状况而推断出来的理论无法解释日本的对外直接投资。日本的对外直接投资与美国相比有四点明显的不同。一是美国的海外企业大多分布在制造业部门，从事海外投资的企业多属于国内具有比较优势的行业或部门，而日本对外直接投资的企业主要分布在自然资源开发和劳动力密集型行业，这些行业是日本已失去或即将失去比较优势的行业，对外投资是按照这些行业比较成本的顺序依次进行的。二是美国从事对外直接投资的多是拥有先进技术的大型企业，而日本的对外直接投资以中小企业为主体，所转让的技术也多为实用技术，比较符合当地的生产要素结构及水平，对当地发展具有比较优势的劳动密集型产业，对增加就业和扩大出口等都有积极促进作用。三是美国的对外直接投资是贸易替代型的（反贸易导向），由于一些行业对外直接投资的增加而减少了这些行业产品的出口；与此相反，日本的对外直接投资行业是在本国已经处于比较劣势而在东道国正在形成比较优势或具有潜在比较优势的行业，所以对外直接投资的增加会带来国际贸易量的扩大，这种投资是贸易创造型的（顺贸易导向）。四是美国公司设立的海外企业一般采用独资形式，与当地的联系较少，类似“飞地”，而日本的对外直接投资多采用合资形式，注重吸收东道国企业，有时还采用非股权安排方式（non-equity arrangement）。

小岛清把对外直接投资的动机划分为三种类型。①自然资源导向型动机。主要是指为了开发油田、矿产品、林业、水产资源等自然资源而在东道国当地建立企业的情况。投资国投资的目的是克服国内的资源“瓶颈（短缺）现象”，投资多流入资源丰裕地区，从而形成制造品与初级产品生产者之间的垂直专业分工。②市场导向型。这种直接投资以扩大产品的市场份额为目的。对出口产品市场的开辟进行到一定程度以后，在当地直接建立企业，从事生产活动。技术优势、规模经济、贸易壁垒因素都是导致以开辟市场为目的的直接投资的动力。③生产要素导向型。在生产要素中，同资本相比，劳动力的流动有很多法律上的限制，土地则是基本不能流动的。生产要素导向型对外直接投资正是为了追求这些丰富的生产要素，特别向劳动力资源和土地资源丰富的国家进行投资。

比较优势理论的基本内容是：对外直接投资应该从本国已经处于或即将处于比较劣势的产业（边际产业）依次进行。这些产业是指已处于比较劣势的劳动力密集部门或者在某些行业中装配或生产特定部件的劳动力密集的生产环节或工序。即使这些产业在投资国已处于不利地位，但在东道国拥有比较优势。凡是在本国已处于比较劣势的生产活动都应通过直接投资依次向国外转移。

小岛清认为，国际贸易是按既定的比较成本进行的，根据上述原则所进行的对外投资也可以扩大两国的比较成本差距，创造出新的比较成本格局。据此，小岛清认为，日本的传统工业部门很容易在海外找到立足点，传统工业部门到国外生产要素和技术水平相适应的地区投资，其优势远比在国内投资新行业要大。小岛清认为，直接投资具有两个根本性的特征。第一，直接投资不但是资本的流动，还是包括资本、技术、经营知识的总体转移。出资部分多数是以机器设备、技术等生产资料的形式进行单方面价值转移，再加上工人的技术培训、经营管理、市场销售等技能的转移，才构成直接投资的基本内容。所以，小岛清认为应该把直接投资视为“包括销售问题的先进生产函数的转移和移植”。从这个意义上说，直接投资就是以两国存在不同的生产函数为前提的，接受投资即意味着接受投资国的先进生产函数，从而使本国的生产函数得到提高。第二，直接投资是资本、技术、经营管理知识的综合体由投资国的特定产业部门的特定企业，向东道国的同一产业部门的特定企业（独资或合资企业）的转移。它不同于单纯的货币资本流动，即不是作为流动性很高的一般生产要素投入东道国，因此也不会同该国的国内资金一起再分配到其他产业部门。直接投资所带来的先进的生产函数，将普及和逐渐固定下来，使整个产业的生产函数发生改变。

对于小岛清教授提出的对外投资中的比较优势理论，有以下几点值得关注。第一，小岛清是第一个从比较优势的角度将贸易和投资作为一个相互关联的整体进行考察分析的学者。小岛清首次将比较优势分析引入投资领域，他以日本企业的对外直接投资为研究对象，提出了直接投资活动怎样促进一国产业结构升级，并促进贸易发展的问题。小岛清把国际直接投资分为美国式贸易替代型和日本式贸易创造型，并提出对外直接投资应该从投资国处于比较劣势的边际产业依次进行。这一观点在直接投资理论界引起了强烈的反响和争论，也从此确立了小岛清在直接投资理论中的地位。第二，小岛清对国际直接投资根本特征的认识比较深刻。小岛清认为直接投资的根本特征就是“资本、技术、管理经验和营销技巧等知识的总体转移”，把直接投资看作先进生产函数的移植。这种观点有利于促进跨国公司与东道国政府部门的合作。第三，小岛清指出投资国转移技术的当地适用性问题是直接投资能否促进贸易的关键环节之一。这个观点对发展中国家发展对外直接投资和培育自己的跨国公司非常重要。近年来，包括中国在内的发展中国家的对外直接投资迅速增加，但发展中国家的企业普遍缺乏先进技术和垄断优势，要想在东道国站住脚，培育自己的跨国公司，就必须在适用技术上做文章，投资地点也应选择与自己技术水平相适应的国家，只有这样才能提高投资成功率。

批评者认为，尽管小岛清提出的对外直接投资理论在学术界产生了很大的反响，但该理论本身存在一些含糊不清和相互矛盾的地方，主要包括以下几点。①他把对外直接投资划分为日本式的贸易创造型和美国式的贸易替代型，这无论在理论上还是在现实的经济生活中，都存在一定的片面性。他所说的日本式贸易创造型投资，主要以 20 世纪 60 年代末和 70 年代初日本向东南亚等地区进行的资源开发或对劳动密集型产业的投资为依据，但是后来日本企业的海外直接投资出现了与美国型直接投资“趋同”的趋势，即由垂直型为主演变为水平型为主，因此，只能说该理论仅仅反映了日本在第二次世界大战后某个时期对外直接投资的特点，并不具有普遍的意义。②他认为美国式的对外直接投资理论主张美国应先在国外生产“新产品”，这也是值得商榷的。例如，产品生命周期理论认为“新产品”应先在国内生产，技术成熟或标准化后再逐步向其他发达国家和发展中国家转移。③比较优势理论全盘接受了新古典学派关于完全竞争的假定，忽视了垄断因素在对外直接投资中的作用，这与国际投资的现实不符。

五、国际生产折衷理论

国际生产折衷理论（the eclectic theory of international production）又称**国际生产综合理论**，是在20世纪70年代由英国里丁大学国际投资和国际企业教授约翰·H. 邓宁（John H. Dunning）提出的。邓宁是当代著名的研究跨国公司与国际直接投资的专家，他的代表作是1981年出版的《国际生产和跨国公司》，该书汇集了一系列阐述其折衷理论的论文。

国际生产是指跨国公司对外直接投资所形成的生产活动。邓宁认为，导致其提出这一理论的原因主要有两个。其一是第二次世界大战后尤其是20世纪60年代以后国际生产格局的变化。在60年代以前，国际生产格局是比较单一的，那时以美国为基地的跨国公司在国际生产中占有重要地位，国际生产主要集中在技术密集的制造业部门和资本密集的初级工业部门，投资主要流向西欧、加拿大及拉美国家，海外子公司大多采用独资形式。60年代以后，国际生产格局出现复杂化趋势，西欧和日本的跨国公司兴起，发达国家间出现相互交叉投资的现象，一些跨国公司开始向新兴工业化国家（地区）和其他发展中国家（地区）投资，一些发展中国家（地区）的企业也开始加入对外直接投资的行列之中，合资形式成为海外企业的主要形式。其二是缺乏统一的国际生产理论。传统的理论只注重资本流动方面的研究，而缺乏将直接投资、国际贸易和区位选择综合起来加以考虑的研究方法。在邓宁看来，他的理论将企业的特定垄断优势、国家的区位与资源优势结合起来，为国际经济活动提供了一种综合分析的方法，从而弥补了传统理论的不足，所以他的理论也可称为综合理论。

邓宁认为，自20世纪60年代开始，国际生产理论主要沿着三个方向发展。一是以海默等人的垄断优势理论为代表的产业组织理论，二是以阿利伯的安全通货论和拉格曼的证券投资分散风险论为代表的金融理论，三是以巴克利和卡森等人的内部化理论为代表的厂商理论。但这三种理论都是从一个侧面研究跨国公司对外直接投资的基础，对国际生产和投资的解释具有一定的片面性，没有把国际生产与贸易和其他资源转让形式结合起来分析，特别是忽视了对区位因素的考虑。国际生产折衷理论吸收了上述三种理论的主要观点，并结合区位理论解释了跨国公司从事国际生产的能力和意愿，解释了它们为什么在对外直接投资、出口或许可证安排这三种参与国际市场的方式中选择对外直接投资。

国际生产折衷理论认为，一个企业要从事对外直接投资必须同时满足下述三个条件。第一，企业在供应某些特定的市场时，拥有对其他国家企业的所有权优势。这些所有权优势主要表现在拥有某些无形资产，并且至少在某个时期内，拥有这些资产是该企业排他性的权利。第二，当第一个条件得到满足时，对拥有这些优势的企业来说，它自己使用这些优势必须要比把这些优势转让给外国企业更有利。换句话说，企业通过扩大它们自己的经营活动，将这些优势的使用内部化，要比通过与其他独立企业进行市场交易更有利。第三，如果上述两个条件得到满足，那么，对该企业来说，至少把这些优势与某些国外要素投入结合起来加以利用，必须有利可得。否则，就没有必要进行国外生产，对国外市场的供应问题只能靠出口来解决。

邓宁将以上三个条件概括为所有权优势（ownership-specific advantage）、内部化优势（internalization-specific advantage）和区位优势（location-specific advantage）。

（1）所有权优势主要是指企业所拥有的大于外国企业的优势。它主要包括技术优势、企业规模优势、组织管理能力优势、金融和货币优势以及市场销售优势等。邓宁认为，对外直接投资和海外生产必然会带来成本的提高与风险的增加，在这种情况下，跨国公司之所以还愿意且能够发展海外直接投资，并能够获得利益，是因为跨国公司拥有一种当地竞争者所没有的比较优势，这种比较优势能够克服国外生产所引起的附加成本和政治风险。他把这种比较优势称为所有权优势，这些优势要在跨国生产中发挥作用必须是这个公司所特有的、独占的，在公司内部能够自由流动，并且能够跨越一定的距离。

（2）内部化优势是指企业在通过对外直接投资将其资产或所有权内部化的过程中所拥有的优势。也就是说，企业将拥有的资产通过内部化转移给国外子公司，可以比通过交易转移给其他企业获得更多的利益。一家企业拥有了所有权优势，还不能说明它必然进行对外投资活动，因为它可以通过其他途径发挥和利用这些优势。一般而言，企业有两个途径发挥利用这些优势：其一，将所有权资产或资产的使用权出售给别国企业，即把资产的使用外部化；其二，企业自己利用这些所有权资产，即把资产的使用内部化。企业是选择资产内部化还是资产外部化取决于利益的比较。由于外部市场是不完善的，企业所拥有的各种优势进行外部化使用有丧失的风险，因而，为了保持垄断优势，企业就存在对其优势进行内部化使用的强大动力。国际直接投资就是企业利用它的所有权优势直接到国外办厂开店，建立企业内部的国际生产和运营体系的过程。

实际上，内部化优势就是指企业克服市场失效的能力。在邓宁的理论中，市场失效分为两类。一类是结构性市场失效，是指由非完全竞争所导致的市场缺陷，这种市场缺陷可以产生垄断租金，如关税壁垒和非关税壁垒所引起的市场失灵。另一类是交易性市场失效，是指交易公平原则不能有效地发挥作用的情况，如交易渠道不畅，为实现交易需付出高昂的费用等。具体而言，邓宁认为在以下情况出现时，企业倾向于实行内部化：避免交易成本和谈判成本，避免为保护知识产权所支付的成本，买者不确定，不允许价格歧视存在，需要卖方保证产品质量，弥补市场失灵的缺陷，有利于防止政府干预（配额、关税、价格歧视和税收歧视等），保证供给条件稳定，控制市场范围。

（3）区位优势是指可供投资的地区在某些方面较国内优越。在邓宁看来，一家企业具备了所有权优势，并有能力将这些优势内部化，这还不能完全解释直接投资活动，还必须加上区位优势。区位优势是指东道国所特有的政治法律制度和经济市场条件。它包括两个方面：一是指东道国要素禀赋所产生的优势，如自然资源、地理位置、人口、市场结构及其规模、收入水平、基础设施；二是指东道国的政治法律制度、经济政策、基础设施、教育水平、文化特征等。区位因素直接影响着跨国公司对外投资的选址和整个国际生产体系的布局。企业进行国际生产时必然会受到区位因素的影响，只有在国外区位优势比较大时，企业才可能从事国际生产。

如果一家企业同时具有上述三种优势，那么它就可以对外直接投资了。这三种优势的不同组合，还决定了企业进入国际市场和从事国际经济活动的不同方式（见表 2-1）。这种三位一体的组合有时也被称为“OIL 模式”（OIL Paradigm）。

表 2-1　企业进入国际市场的方式选择

进入国际市场的方式	所有权优势（O）	内部化优势（I）	区位优势（L）
许可证安排	√	×	×
出口	√	√	×
对外直接投资	√	√	√

国际生产折衷理论的特点和贡献在于以下几点。

（1）对已有的国际直接投资理论进行了归纳融合，使之达到了一个新的高度。它吸收借鉴了在此之前20年中出现的新的国际直接投资理论，采用了折中和归纳的方法，对各家之长兼容并蓄，并在区位理论方面做出了独到贡献。折衷理论被认为是迄今为止最完备的模式。邓宁的贡献在于综合地吸收了其他理论中关于跨国公司对外直接投资决定因素的分析，从中归纳出三组变量，并利用这些变量解释跨国公司对外直接投资所应具有的各种条件。不过，他的理论并不是对其他理论所分析变量的简单归纳，而是将它们系统地联系起来，从跨国公司国际生产这个高度，讨论这些变量对对外直接投资的作用。例如，海默认为垄断优势是对外直接投资的决定因素，而邓宁认为，这只是跨国公司进行国际生产的基本物质条件。内部化理论指出垄断优势必须内部化，但在邓宁看来，这两个因素的结合仍不能说明跨国公司必须采取对外直接投资的方式，必须加入区位因素进行分析。

（2）它与国际直接投资的所有形式都有联系，涵盖和应用的范围较广。国际生产折衷理论有时也被称作 OIL（ownership-internalization-location）模式，因其概括性、综合性和应用性强而获得了对外直接投资“通论”之称。这一理论目前已成为世界上对外直接投资和跨国公司研究中最有影响的理论，并被广泛用来分析跨国公司对外投资的动机和优势。

（3）它能够较好地解释企业选择进入国际市场的三种主要方式的原因。该理论较好地解决了西方国际经济学界面临的一个理论难题，即如何运用统一的理论解释整个国际经济活动，也就是对出口贸易、许可证安排（技术转让）和对外直接投资做出统一的解释。国际生产折衷理论在这一点上取得了突破，具有重要的理论意义。

（4）将这一理论同各国的经济发展阶段与人均收入水平（GDP 数额）联系起来进行动态化分析，扩展性地提出了“投资发展周期”学说。投资发展周期学说对发展中国家不同经济发展阶段资本流入与流出特征的分析比较符合实际，具有实际参考价值。

（5）对服务业跨国企业对外直接投资问题进行了较有说服力的论证。国际生产折衷理论结合服务业的特点，运用三种优势分析法，较客观地说明了服务业的对外投资问题。其他理论对服务业的跨国投资问题均不能做出令人满意的解释：垄断优势论未能说明服务业跨国化的选址问题；产品生命周期论不符合服务业跨国化发展的过程，如金融和保险等行业的跨国化并未发生产品周期中各个阶段的交替；小岛清的比较优势论可用于说明一个时期日本企业的对外直接投资状况，但无法适用于服务业，因为许多服务业企业开展对外投资时并未在国内丧失优势。

对于国际生产折衷理论今后的发展方向和研究重点，邓宁认为主要应在以下五个方面有所创新和建树：第一，用对策论和网络分析方法进一步扩展 OIL 模式；第二，国际生产折衷理论的动态化；第三，对跨国公司海外生产的不同市场进入方式及其演变的分析；第四，有关跨国公司减少海外投资的问题；第五，跨国公司对东道国和母国的经济影响。

对国际生产折衷理论也存在一些批评意见，主要有以下几点。①这个理论的创新性不够。批评者认为，折衷理论虽能满足解释多方面问题的需要，但终究不是另辟蹊径的新论。折衷理论的特色就是“折衷”，它不仅沿用了西方经济学中的厂商理论、区位理论和工业组织理论等，而且吸收了国际经济学中的各派思潮，包括垄断优势论、寡占反应论、产品生命周期论和内部化理论等，还纳入了俄林的生产要素禀赋理论，目的是创建一个关于国际贸易、对外直接投资和许可证安排三者统一的理论。恰恰如此，折衷理论不过是其他多种理论供以发展的一个结构。1983 年，爱德华·陈（Edward Chen）在《多国公司、技术与就业》一书中评价折衷理论时写道：这在某种意义上并非什么理论，因为尽管它的解释能力很强，但这种能力仅仅是由于它几乎囊括了其他各种直接投资理论。②著名学者巴克利在其 1985 年所著的《多国企业的经济理论》一书中认为，折衷理论有若干未解决的问题：第一，对三种优势要素的相互关系及其在实践过程中的发展未交代清楚，要素分类体系缺乏动态的内容；第二，把所有权优势单独分离出来是否恰当，令人怀疑，而且这在逻辑上是多余的。因为内部化理论已提出了产业（行业）、国别、企业三类特定因素，已足以解释一切，至于区位因素，则内部化理论中也已提及“空间成本节约”（spatial cost saving）的概念，将它包含在企业特定因素之中了。

以上我们分析和介绍了西方学者在研究国际直接投资时提出的五种主要理论。上述五种理论主要是从微观和企业的角度来研究和分析跨国公司从事对外直接投资的决定因素、动机、竞争优势、制约条件及其方式等。

除此之外，在 20 世纪 90 年代以前还出现了其他一些国际直接投资理论，如投资诱发要素组合理论、寡占反应理论、产业内双向直接投资理论、纵向一体化直接投资理论、横向一体化直接投资理论、核心资产论、投资与贸易替代论、最佳对外投资课税论、区位论、通货区域论和资本化率理论等。这些理论有的是从微观角度展开研究，有的则是从宏观角度研究和分析国际直接投资现象，力图找到东道国为什么要利用外资、资本为什么要发生国际移动等问题的答案。国际直接投资理论是 20 世纪 60 年代从国际间接投资（国际证券投资）理论中独立出来的，理论的发展源于实践的发展和丰富，我们相信，随着各国对外直接投资活动的不断开展和跨国公司影响的进一步扩大，有关这方面的理论研究必将会不断有所创新和发展。关于近年来跨国公司投资理论的最新发展，请见本章后面的介绍和分析。

第三节　服务业跨国公司投资理论

一、跨国公司国际投资理论在服务业的适用性

服务业的国际化过程有其特殊性，其发展的内在动力和外部环境与制造业部门有所不同。

第二次世界大战后，对外直接投资的发展和跨国公司的扩张主要发生在制造业部门，因此有关理论研究也一直集中于此，相比而言，对服务业对外直接投资的研究比较少。随着服务业在发达国家国民收入、就业和国际收支平衡等方面发挥的作用不断增强，服务部门的国内和国际地位迅速提高，对服务业跨国生产和经营的研究也开始发展起来，其出发点首先是对传统对外直接投资理论在服务部门适用性的讨论。通过对不同传统理论观点在服务部门的适用性检验，越来越多的经济学家相信，制造业对外直接投资理论经过修正，是完全可以用于分析服务业对外直接投资行为的。其中，有代表性的研究主要有以下几个。

鲍德温（Boddewyn，1989）试图使用主流理论来解释服务业跨国公司的行为。他发现由于服务产品的特殊性会引发一些问题，如对理论假设前提的违背、对服务产业特定优势区分的难度等，因此应该对这些问题进行进一步深入探讨，但不需要做特别的定义和理论

解释，只需通过简单的条件限制和详细说明就能轻易地运用现有的理论。

邓宁（Dunning，1989）将其在制造业中发展起来的国际生产折衷理论扩展到了服务部门。他在《跨国企业和服务增长：一些概念和理论问题》这篇代表性文章中，解释了服务业跨国公司行为的有关概念和理论问题，指出国际生产折衷理论的基本框架是适用于服务业跨国公司的，并对原有的所有权优势、内部化优势和区位优势在服务业企业的具体表现进行了阐述，还列举了一些特定服务行业对外直接投资所需要具备的优势。在其分析的基础上，恩德韦克（Enderwick，1989）又分析了该理论模型应用于服务部门时，要特别注意的一些问题，譬如服务业很多部门都是技术复杂性水平较低的行业，确定企业的特定优势较难；又如跨国经营的非股权方式，像许可证、管理合同、特许经营等在服务业中的广泛使用，这些以市场交换为基础的经营方式对跨国公司理论中内部化的作用有着重要的意义。

卢格曼（Rugman，1981）以银行业为基点分析了内部化理论的适用性，他认为，按照内部化理论，跨国公司可以通过创造内部市场来克服世界商品市场和要素市场的不完全性，同样地，跨国银行同样也可以实现交易内部化，从而克服国际金融市场的不完全性。与其分析基点相似，亚诺普勒斯（Yannopoulos，1983）、格瑞（Gray，1981）、考（Cho，1983）、格鲁伯（Grube，1977）、佩克乔利（Pecchioli，1983）和威尔斯（Wells，1983）等也以银行业为分析对象，阐明了邓宁的国际生产折衷理论在解释跨国银行业发展方面的合理性。不过，这些分析假定银行的外国子公司在国际金融市场实现了运作。格瑞指出，当一个银行选择在超国家的市场，例如欧洲货币市场经营时，不必拥有相同的优势条件，因为在超国家金融市场，没有当地银行，不需要以所有权优势作为补偿优势。这实际上相当于重新定义了区位优势，将其范畴从某一特定国家扩展到超国家市场，此时，区位优势具有更重要的意义。此外，上述分析指出，在银行业之外的一些服务部门，如国际饭店业、商业服务业、商业服务公司的外国机构等，所有权优势、内部化优势和区位优势也同样适用，只不过需要根据行业特点做一些限制和详细说明。

弗农对传统直接投资理论的适用性问题，没有做过多说明。他直接指明，既然知识的转移可以代替物品转移，那么有关制造业跨国公司的理论就可以应用于对服务业跨国公司的解释。

二、服务业跨国公司国际投资理论

目前，涉及服务业对外直接投资的理论已有了一定的发展，比较典型的如巴克利和卡森（1976，1985）的内部化理论，他们在原有内部化理论的基础上，说明服务业企业也有内部化中间市场的优势。卡森强调，服务消费中买者的不确定性是市场不完善的根源之一，将会导致较高的交易成本，从而使企业的对外直接投资成为一种必要。

作为对外直接投资理论的集大成者，邓宁（1980）在服务业对外直接投资方面也有比较系统的论述。他指出，服务业对外直接投资也应同时具备所有权优势、内部化优势和区位优势三个条件。相对而言，该理论体系比较完善，也最具代表性，因此本部分将以此为基础，对服务业对外直接投资的基础和动因做出解释。

（一）所有权优势

服务业所有权优势可以理解为企业得以满足当前或潜在顾客需求的能力。一般有三个重要的评判标准：①服务的特征和范围，如服务的构思、舒适度、实用性、可靠性、专业化程度等；②服务的价格和成本；③有关售前、售中及售后服务。具体来讲，服务业跨国公司的所有权优势主要体现在以下几个方面。

（1）质量。由于服务一般具有不可存储性、异质性等特点，所以保证服务质量对企业尤为重要，特别是随着收入水平的提高和企业之间竞争的加剧，质量日益成为影响消费者对服务的需求和生产者所提供的服务的重要变量，在许多情况下，它是决定服务业跨国公司竞争力的一个最重要的变量。在一些服务行业中，企业创造和保持一个成功品牌形象的能力，或者在多个地区提供服务时实行质量监控的能力和降低购买者交易成本的能力，是其保持质量形象和占有竞争优势的关键。

（2）范围经济，指服务提供者可以满足消费者对产品种类和价格的多种不同需求。在运输、商业等服务行业中，都不同程度地存在范围经济。典型的是零售业，零售商储存商品的范围越广、数量越大，他们在同供应商交易中的议价能力就越强，就越能通过讨价还价方式以较低价格从供应商处获得商品；同时，供货品种和数量的增加使其有能力降低消费者的交易成本，因为后者只需在一处就可以买到多种商品；此外，议价能力的提高使零售商能够加强对其买卖的产品和服务质量的控制，也有助于增大其所有权优势。

（3）规模经济。从本质上讲，规模经济和专业化在制造业与一些服务业企业间并无太大区别，比如拥有500个床位的宾馆与拥有30个床位的宾馆提供的住宿服务相比，大医院与小医院提供的医疗服务相比，前者能够通过较大的规模有效降低单位成本。类似地，大型咨询机构和投资银行等可以在机构内部调动人员、资金和信息，实现人事和管理的专业化，从而可以针对不同的经营环境来调整价格以实现利润最大化。此外，大型服务业企业还往往容易得到优惠的融资条件和折扣等。至于规模经济和范围经济产生的分散风险优势，在保险、再保险和投资银行业务领域表现得更为突出，在这三个行业中，规模是成功进行对外直接投资的前提条件。

（4）技术和信息。在制造业中，衡量生产技术和产品知识成分的指数，通常是研发投入占销售额的比重，专业人员、科技人员和工程人员在总就业人数中的比重以及取得的专利数量等。在服务业中，与上述衡量标准类似的指标是对信息的把握和处理能力。在许多服务业企业中，以尽可能低的成本对信息进行收集、加工、储存、监控、解释和分析的能力，是关键的无形资产或核心竞争优势。对于证券、咨询这类以数据处理为主要内容的服务行业，情况更是如此。随着知识经济的蔓延，知识密集型服务行业的跨国公司数量增多，信息和技术在竞争中的地位日益提高，它们还能为规模经济、范围经济以及垂直一体化提供机会，特别有利于大型的、经营多样化的跨国公司，但由于数据技术往往需要昂贵的辅助资产、固定成本或基础设施，因此拥有这两项优势的服务业企业也就占据了竞争中的有利地位。

（5）企业的信誉和商标名称。服务是典型的“经验产品”，其性能只有在消费之后才能得到评价，而且由于服务的主体是人，其性能还往往呈现出多边性，因此信誉和商标这样的非价格因素往往是服务业企业向消费者传递信息的有力手段，也成为企业主要的竞争优势之一。许多成功的服务业跨国公司，如所罗门兄弟、贝恩等，其卓越服务和优良品牌的扩散往往成为对外直接投资的先导。

（6）人力资源。服务的施动者和受动者都是人，人力资源素质的提高无疑将使服务的质量和数量大大提升，有利于增大企业的优势。另外，在人力资源的使用过程中还普遍存在“干中学”和“溢出效应”这样的动态效应，为服务企业优势的创造、保持和发展奠定了基础。所以，人力资源对服务业企业来讲尤为重要。

（7）创新。在许多情况下，创新形成了跨国服务公司的竞争优势，例如美国的沃尔玛、法国的家乐福等跨国零售企业在国外采取了超级市场的新概念，国际医疗服务连锁经营把现代管理方式运用到传统上一直缺乏商品敏感度的领域而取得了竞争利益。把商品和服务结合在一起进行创新，也可以得到竞争利益，例如：计算机辅助设计、数据传递、娱乐服务等。不断在生产、经营和管理等方面进行创新，是现代企业保持恒久竞争力的根源。

此外，所有权优势还表现在服务业企业利用诸如劳动力、自然资源、金融、数据处理和传送设备等投入的机会，进入产品市场的机会，进入信息、金融、劳动力国际市场的机会或对国际市场的了解等方面。

（二）区位优势

区位优势与所有权优势和内部化优势不同，它是东道国及地区所有的特定优势，企业无法自行支配，只能去适应和利用这种优势。区位优势主要表现在以下几个方面。

（1）东道国及地区不可移动的要素禀赋所产生的优势，如自然资源丰富、地理位置优越、人口众多等。不同的服务行业对外直接投资对区位优势的要求也不同，比如，旅游业服务点的选址显然与金融业大不相同，前者需要考虑气候、自然风光、名胜古迹等，后者则集中在工商业中心。除了区位约束性服务外，跨国公司东道国及地区的区位选择主要受服务消费者需求的支配，因此东道国及地区人口数量、人口素质、习惯性的消费偏好等因素也决定了跨国公司的对外直接投资行为。除此之外，东道国及地区较大的市场规模、优越的资源质量、较为完善的基础设施以及地理相邻、语言相通、文化相近的地缘优势等，也构成了重要的区位优势。

（2）东道国及地区灵活、优惠的政治体制和政策法规形成的有利条件。东道国及地区政府在服务领域的政策干预可能会给投资者创造更好的竞争机会，例如，美国废除了对金融业混业经营的限制，这不仅有利于其境内的金融机构向大规模发展，也有利于外资金融机构扩大其在美经营范围，从而有利于吸引外国投资。又如，我国台湾地区由于逐渐放宽了对服务业外资的限制，成为东南亚地区服务业直接投资流向的一个热点地区。

（3）聚集经济也是一种区位优势。竞争者集中的地方，会产生新的服务机会，这种服务是针对市场发展需求而产生的。例如：国际银行在竞争者集中的大金融中心创立银行间市场，严重依赖专业信息来源和专门技巧的服务商大多选择同类企业相对集中的领域，而保险和银行业常常会选择主要城市和中心商业区。

区位优势的获得与保持往往是服务业对外直接投资的关键，当企业投资的产业选择与东道国及地区的区位特色相融合时，会强化产业比较优势和区位比较优势，促进对外直接投资的发展；反之，则使两者的优势相互抵消、衰减乃至丧失。但应注意的是，区位因素直接影响跨国公司对外直接投资的选址及其国际化生产体系的布局，它只构成对外直接投资的充分条件。

（三）内部化优势

内部化优势指服务业企业为了克服外部市场的不完全性和不确定性，防止外国竞争对手模仿，将其无形资产使用内部化而形成的特定优势。一般而言，与服务业跨国公司特别相关的内部化优势包括以下几个方面。

（1）避免寻找交易对象并与其进行谈判而节约的成本。服务业国际贸易的起始点是跨越国境寻求合适的客户资源，这必然会产生包括寻租成本、协商成本等在内的一系列交易成本。跨国公司通过将外部交易内部化，可以有效地降低交易成本，尤其是当跨国投资的启动成本低于外部交易成本时，对外直接投资就是有利可图的，企业也能因此取得竞争优势。

（2）弱化或消除要素投入在性质和价值等方面的不确定性。由于服务产品的差异性较大，又具有量身定制的特征，信息的不对称性使得买方对产品的了解程度远低于卖方，容易出现服务业的买方出价过低或卖方要价过高的现象。内部化可以克服以上弊端，消除投入方面的不确定因素，这对中间性服务产品尤为重要。

（3）保证中间产品或最终产品的质量。产品质量控制是服务业企业对外直接投资的主要动力之一，通过将服务交易内部化，服务企业可以用统一的衡量标准，实现在全球范围内对产品质量的监控，使其所有权优势得以保持和发挥。

（4）避免政府干预。目前，对服务产品跨国交易的严格管制普遍存在，配额、关税、价格管制、税收差异等干预手段层出不穷。相对来讲，外商投资由于其在一国经济发展中所产生的积极影响而易于被东道国所接受。因而，通过跨越国境投资设厂可以降低服务业国际交易中的政策性因素干扰，而且能得到东道国的一些优惠性投资待遇，有利于企业在当地市场展开竞争。

邓宁认为，下列几种类型的服务业企业具有内部化开发利用优势和从事对外直接投资的强烈倾向：

（1）信息密集型的服务行业，如银行业和商业服务行业。这类企业以拥有的信息和知识为主要优势，这些知识带有默示性质，生产费用高，复杂且特征性强，但易于复制，只有在企业内部才能得到更好的保护和更有利的运用。

（2）以产品品牌或公司形象而著称的公司，如建筑、汽车租赁、广告和一些商业服务行业。当企业寻求质量保持和商誉维护时，就需要为服务产品建立严格的、直接的质量标准，此时就会出现水平一体化，因为内部化比外部市场交易对质量标准的控制更有效。

（3）以知识为基础的创新型服务企业。实现生产和消费的垂直一体化有利于新型服务产品的推广，这是因为在创造服务需求和普及服务产品时，需要指导购买者消费服务，而创新者对其产品所具备的知识使其成为最佳引导者。

（4）拥有商标和版权等无形资产的企业。这类企业会在国外建立保护其资产权利的分支机构。

（5）工业跨国公司拥有股权的服务业附属公司。这类公司旨在保证制造业公司以最优条件获得投入物，帮助母公司维持和发展生产、出口及海外市场。

邓宁的内部化优势理论源于巴克利和卡森等人的分析，但他认为，拥有无形资产所有权优势的企业，通过扩大组织和经营活动，将这些优势的使用内部化，可以带来比非股权转让更多的潜在或现实利益。然而，拥有内部化优势的企业也可以扩大国内的规模，并通过出口来获得充分的补偿，并非一定要进行对外直接投资。所以，这两项优势只是企业对外直接投资的必要条件，而非充分条件。

邓宁关于服务业对外直接投资理论的核心是“OLI模式”（OLI Paradigm），他认为所有权优势、区位优势和内部化优势，加之服务和服务业的特性使对外直接投资、跨国经营成为服务业企业的必然选择。但是该理论强调，企业只有同时具备上述三大优势，才能进行有利的对外直接投资。如果只有所有权优势和内部化优势，而无区位优势，企业就缺乏优越的投资场所，只能将有关优势在国内加以利用，即在国内进行生产，然后出口。如果没有内部化优势和区位优势，仅有所有权优势，企业就难以在内部使用其自身拥有的无形资产优势，只能通过特许转让等方式来获取收益[㊀]。

1993年，索旺（Sauvant）主持的“服务业跨国化”研究对服务业跨国公司进行了综合实证分析。他用包括不同国家11个部门中最大的210家企业在10年间（1976~1986年）的数据进行了回归法检验，以测定影响服务业跨国公司对外直接投资的决定因素。回归分析确定了9个决定服务业对外直接投资的主要因素，即市场规模、东道国的商业存在、文化差距、政府法规、服务业的竞争优势、全球寡头反应、产业集中度、服务业的可贸易性以及企业规模与增长，这一检验结果充分证实了邓宁的理论在现实中的解释力[㊁]。

第四节　发展中国家跨国公司投资理论

20世纪80年代以来，随着发展中国家跨国公司的形成和发展，陆续出现了一些专门用来解释发展中国家企业对外直接投资行为的理论。

一、小规模技术理论

小规模技术理论是由美国学者威尔斯（L. Wells）针对发展中国家的对外直接投资提出的。该理论注意到发展中投资母国对发展中国家跨国公司“特定优势”的影响，认为发展中国家跨国公司的技术优势具有十分特殊的性质，是投资母国市场环境的反映。具体来说，发展中国家的跨国公司具有如下三点优势：

（1）小规模技术优势。由于发展中投资母国大多市场规模不大、需求多样化，从而迫使发展中国家的企业不得不将引进的技术加以改造，使其生产技术更具有灵活性，提供品种繁多的产品，以适应本国小规模、多样化的市场需求，从而具有小规模技术的特征。这些经过改造的小规模技术成为发展中国家跨国公司到类似市场开展对外直接投资的特殊优势之一。

（2）当地采购和特殊产品优势。威尔斯发现，当发达国家的技术转移到发展中国家后，往往需要加以改造，以便适应发展中国家当地的原料供应和零部件配套生产能力，而这一优势同样成为发展中国家企业对外直接投资的特殊优势之一。另外，发展中国家的对外直接投资往往还带有鲜明的民族特色，能够提供具有民族文化特点的特殊产品，在某些时候这甚至可以成为压倒性的经营优势。

（3）物美价廉优势。发展中国家跨国公司之所以有可能做到这一点，主要原因有二：

㊀ John H Dunning. Multinational Enterprises and The Growth of Services：Some Conceptual and The Theoretical Issues，1989.

㊁ UNCTC，The Transnationalization of Service Industry，1993.

一是与发达国家相比，发展中国家的劳动力成本普遍较低；二是发展中国家跨国公司的广告支出较少。

威尔斯小规模技术理论的贡献在于：将发展中国家跨国公司的竞争优势与其投资母国自身的市场特征结合起来，能够解释发展中国家对外直接投资的部分行为。但该理论也存在明显的缺陷，如威尔斯始终将发展中国家在技术上的创新活动局限于对现有技术的继承和使用上，从而限制了该理论的适用范围。

二、技术地方化理论

拉奥（S. Lall）在对印度跨国公司的竞争优势和投资动机进行了深入研究之后，提出了关于发展中国家跨国公司的技术地方化理论。和小规模技术理论一样，技术地方化理论也是从技术角度来分析发展中国家跨国公司竞争优势的。

所谓**技术地方化**，是指发展中国家跨国公司可以对外国技术进行消化、改进和创新，从而使产品更适合自身的经济条件和需求。拉奥强调，发展中国家跨国公司的这种创新过程是企业技术引进的再生过程，而非单纯的被动模仿和复制。所产生的技术在小规模生产条件下具有更高的经济效益，且效果会因民族或语言等因素而得到加强。另外，拉奥还认为在发展中国家的国内市场较大、存在特殊市场需求的情况下（如消费者的不同口味和购买力），发展中国家的跨国公司有可能填补这些市场空白，从而使其产品具有一定的竞争力。

三、技术创新产业升级理论

英国学者坎特威尔（J. Cantwell）和托伦蒂诺（P. E. Tolentino）对发展中国家对外直接投资问题进行了系统的考察，提出了发展中国家技术创新产业升级理论。

技术创新产业升级理论强调技术创新是一国、产业、企业发展的根本动力。与发达国家跨国公司的技术创新活动有所不同，发展中国家跨国公司的技术创新活动具有明显的“学习”特征，换句话说，这种技术创新活动主要利用特有的“学习经验”和组织能力，掌握和开发现有的生产技术。坎特威尔和托伦蒂诺认为，不断的技术积累可以促进一国经济的发展和产业结构的升级，而技术能力的不断提高和积累与企业的对外直接投资直接相关，它影响着发展中国家跨国公司对外直接投资的形式和增长速度。

四、投资发展周期理论

投资发展周期理论最早由约翰·邓宁于20世纪80年代初提出，后经过两次修订与完善，由联合国贸易与发展会议（UNCTAD）对该理论进行检验，该理论是国际生产折衷理论在发展中经济体的运用和延伸。该理论认为，一个经济体（或国家）的FDI流出量和流入量与其经济发展阶段和经济结构存在系统的关系，FDI流出格局反映了投资国企业所有权优势不断变化的状况，显示出母国经济的优势相对于潜在东道国经济所发生的变化。一个经济体的FDI发展经历五个阶段，每个阶段与该经济体的人均GDP数额呈正相关关系，各阶段FDI流入量与流出量及其变化量呈现明显特征（见表2-2）。在发展过程中，不同经济体的演进路径、发展模式及采取的政策可能存在差异。此外，他还断言投资构成的结构变化，认为FDI首先集中在低知识密集型或者以资源为基础的产业，而后转移到高技术密集型产业，并且会出现效率寻求型的FDI。

表 2-2　投资发展周期理论五个阶段 FDI 的特征及对应人均 GDP 数额

阶段	FDI 流入和流出特征	人均 GDP（美元）	
		邓宁（1981）	世界投资报告（2006）
第一阶段	外资流入量很少，没有对外直接投资，对外直接投资净值为负值但很小	400 以下	低于 2 500
第二阶段	外资流入量增加，对外直接投资量仍较少，对外直接投资净额仍为负值但变大	400～1 500	2 500～10 000
第三阶段	对外直接投资持续增加，而外资流入量下降，对外直接投资净值仍为负值，但在减少	2 000～4 750	10 000～25 000
第四阶段	对外直接投资增长速度高于引进外资的速度，对外直接投资净值变为正值且在增加	2 600～5 600	25 000～36 000
第五阶段	外资流入量和流出量可能都继续增加，对外直接投资净值开始下降且以后会围绕零值上下波动	—	36 000 以上

资料来源：卢进勇，郜志雄．国际投资学［M］．北京：中国人民大学出版社，2014.

投资发展周期理论是基于工业时代发展中经济体 FDI 流动状况提出的解释 FDI 发展过程的理论。虽然该理论存在局限性，但它从理论上指出了发展中国家对外直接投资发展的一般轨迹，即一国的对外直接投资与该国所处的经济发展阶段和人均 GDP 水平呈正相关关系。

随着人类进入数字贸易时代，数字技术成为投资发展周期理论的重要影响因素。我们基于 1980～2018 年中国 FDI 存量时间序列及 2004～2017 年中国大陆 31 个省（自治区、直辖市）面板数据，实证研究发现：数字贸易时代投资发展周期理论仍具有适用性，无论是数字连接的直接影响还是调节效应，数字连接将增大投资发展周期的波动幅度、不规则性和不对称性，将使数字贸易时代一个经济体的投资发展周期曲线呈现非对称的不规则波动，也可能会使一个经济体超越其经济水平提前进入下一个阶段。㊀

第五节　跨国公司投资理论的新发展

20 世纪 90 年代以来，跨国公司对外直接投资活动的规模进一步扩大，方式不断推陈出新，出现了一些新的特点和趋势。对此，学术理论界进行了分析概括，提出了一些新的理论观点和见解。

一、新资源基础论

新资源基础论（new resource-based theory）也称**知识基础论**，该理论认为，竞争优势主要表现为知识，知识使跨国公司具有特定优势，知识的转移是直接投资的关键所在。该理论的代表人物是约翰逊（H. G. Johnson）。约翰逊认为，知识包括各种技术、诀窍、管理与组织技能、销售技能等无形资产。知识的学习和创造以及企业家精神是企业最重要的内生资源，企业的成长和扩张，直至进行对外直接投资，发展跨国经营和成长为跨国公司，都

㊀ 郜志雄，卢进勇．数字连接对投资发展路径理论的影响与修正：中国的经验［J］．亚太经济，2020（1）．

是上述内生资源优势作用的结果。知识资产的生产成本高，但直接投资利用知识资产的边际成本却非常低，甚至接近于零，且知识资产可以同时向跨国公司的不同海外分支机构转移，因此，更加降低了跨国公司知识资产的转移成本。但与此同时，当地企业在获取同类知识资产时则需要支付全部成本。

二、产业集群理论

近年来，国际直接投资的集群布局现象日趋明显，这种产业集群有以大企业为主体的，也有以中小企业为主体的，有分布在发达国家的，也有分布在发展中国家的。**产业集群理论**（industrial clustering theory）有时也称为**产业集聚理论或企业扎堆**（get together）**理论**，其代表人物包括波特（M. Porter）、克鲁格曼（P. R. Krugman）和伦德瓦尔（B. A. Lundvall）等。该理论认为，今天的跨国公司对东道国的战略性资产更感兴趣，这种战略性资产主要指高新技术、知识以及高素质的人力资源，跨国公司希望通过获得这些战略性资产来增强自己的核心优势。而这些资产往往集聚在特定的地区和环境中，使得跨国公司趋之若鹜地纷纷去投资，从而产生了集群现象。这也是跨国公司追求资源的必然结果。这种解释比较适用于发达国家的产业集群，如美国硅谷的信息产业集群。对于发展中国家或地区出现的产业集群，如印度班加罗尔的软件产业集群和中国台湾的计算机产业集群，该理论的解释是：产业或企业的集群布局可以实现服务或生产的配套，创造出一种产业配套环境，实现外部规模经济（external scope economy），大大节省原材料和零部件的运输与仓储等物流成本，从而找到新的降低成本和提升产品竞争力的途径。产业集群布局在中国已经出现，如北京经济技术开发区的“星网工业园”等。

三、非股权安排理论

非股权安排形式的国际投资是指外国投资者（如跨国公司）并没有在东道国企业中占有股权，而是通过与东道国企业签订有关技术或管理等方面的合同，取得对该东道国企业的某种控制管理权。在20世纪90年代以前，跨国公司主要是通过股权安排对其国际化的生产和销售体系实施控制、整合与指挥，故以前的理论研究也主要以股权安排（equity arrangement）为核心展开。20世纪90年代以后，跨国公司与其他企业间的非股权安排（non-equity arrangement）或非股权联系（non-equity linkage）出现，并得到迅速发展，其形式包括许可证合同、管理合同、特许经营合同、销售合同、技术援助或技术咨询合同、工程承包交钥匙合同、国际战略联盟、制造合同和分包合同等。非股权安排越来越为跨国公司所青睐，形成了目前股权安排与非股权安排同时并存和发展的格局。

非股权安排理论（non-equity arrangement theory）认为，跨国公司所具有的核心优势的特性是一些跨国公司选择非股权安排以及进行国际战略联盟的内在原因。这些特性可以概括为：①独特性。独特性是指不易模仿性（non-imitable）、不可交易性（non-tradable）和不可分割性（non-separable）。这几个特点可以通俗地概括为学不到、买不来和拆不开。②绝缘性。跨国公司的核心优势之所以能够长久地保持，主要是由于一种绝缘机制（isolating mechanism）在发生作用。这种绝缘机制包括两个方面：第一个方面是模仿障碍，包括模仿的法律限制，在获得资源和吸引客户方面享有的特殊权利，对历史条件和历史传统的依赖，在一定的社会环境和企业组织系统中长期培育获得的特定优势。第二个方面是先发优势，主要指先行制定技术标准和技术规范而产生的路径依赖与锁定（path dependence and lock-in）。③整体性。整体性是指某些独特的知识、技术诀窍和能力等是在跨国公司特定的组织系统中，通过集体学习和长期培育而形成的，它已经沉淀在企业文化当中，渗透在企业运作的各个环节中，所以具有整体性。④隐含性。隐含性是指跨国公司具有的知识、技术诀窍和能力往往是隐含的，难以用语言文字传递和包装出售。

四、优势获取论

优势获取论（advantage-seeking theory）也称**战略资产寻求论**，该理论的代表人物是邓宁。1993年，邓宁出版了《全球经济与跨国公司》一书，在该书中邓宁首次提出了对外直接投资的战略资产寻求型（strategic-asset seeking）动机。1998年，邓宁进一步将一国企业开展对外直接投资的动机分为两大类：一类是优势扩张型，另一类是战略资产寻求型。优势扩张型的对外投资是以本国企业具有的所有权特定优势为基础和前提，开展对外投资的动机主要是扩张企业的所有权优势，寻求境外的自然资源、销售市场或提高资产的使用效率。战略资产寻求型境外投资的动机和目的是获取东道国的战略性资产，寻求能补充自己已有优势的资源和能力，如技术、知识、管理技能和高素质的人力资源等，以增强企业的核心优势，在对外投资中培育、强化和提高企业自身的竞争优势。一国企业不仅要获得另一国企业在技术和营销上的协同，还要获得和吸收其创造出来的资产，特别是国外竞争者、供应者和客户的知识性资产；对外投资不仅是母国企业利用其已有的所有权特定优势的手段，也是增大这些优势的工具。传统的优势扩张型投资理论认为企业应首先具有某种优势，然后才能开展对外直接投资。而战略资产寻求型投资理论主张企业在对外投资中培育和强化优势，把优势的增强看成一个动态的过程，是一个追求的目标，而不是一个既有的结果。

降低成本，获取自然资源，克服贸易壁垒，利用规模经济，这一切对寻求战略资产的对外投资的吸引力比较小，而优良的物质和人力基础设施，有利于并购和企业联盟的商业环境，以及著名品牌和独特的技术专利，这一切的吸引力要更大些。借助战略资产寻求理论，人们可以认识到为什么发展中国家或新兴工业化国家的企业要到发达国家去投资。这些国家的企业在发达国家开展直接投资，不完全是因为它们具有了某种可以在发达国家利用的所有权优势，而主要是它们意图获取发达国家的技术或技能。当它们发现东道国企业具有的这些技术或技能更为优越，或者在母国的某一产品市场根本不存在时，它们就会开展对外直接投资。

五、外包生产理论

外包生产理论（the theory of original equipment manufacture）也称贴牌生产或外部求援理论。外包生产（original equipment manufacture）直译为“原始设备制造”或“贴牌生产”，缩写为OEM，有时也简称“外包”（outsourcing）。与OEM相对应的还有ODM(original design manufacture)，即原始设计制造。当前，有大量跨国公司通过国际投资发展制造业或服务业的外包业务，OEM已经发展成为跨国公司的一种重要经营战略和境外投资途径，有相当多的外包业务都是在跨国公司母公司与境外分支机构以及跨国公司的分支机构之间进行的。外包生产与归核化有关，归核化强调一元化和集中化，强调把公司的业务归拢到有竞争优势的行业，把经营重点放到价值增值链上最重要的环节，重视核心竞争能力的培养、保护和发挥，重视战略性外包。例如，美国著名的体育用品经销商耐克公司，几乎没有一间自己的生产车间，其产品主要是通过外包来生产。

近年来，外包业务发展出现了几个新趋势：①从本土走向境外，出现离岸外包（Off-bank OEM）。如美国本土90%的企业60%的软件开发业务已经外包给了印度企业，将核心业务留在本国，将非核心业务包给擅长这类业务的境外企业。②从制造业走向服务业。外包是从制造业起步的，最初，外包主要是制造业企业为了降低成本、提高效益而采用的将产品的非关键部分通过分包合同转让给别的公司或境外公司的一种经营方式，现在已经扩展到以信息为主的服务业，典型的有软件开发，还有公司的办公室文案、人事资源管理、库存管理、财务会计、客户服务中心、售后服务电话支持系统等。另外，大型零售商店等服务业企业也开始积极发展外包业务。③从劳动密集走向技术密集。外包业务开始从低附加值向高附加值演进，从技术含量低的领域发展到高新技术领域。④从公司弱小的标志演变成提高绩效的手段。外包已经不是公司弱小的标志，而成为提高组织绩效的重要方法。

外包业务的发展对发包方和接包方，发达国家和发展中国家都产生了重要影响。2004年2月，美国《纽约时报》进行了一项调查，题目是“50年后再回过头来看，2003年的美国，你认为哪件事情对你影响最大”，40%的人将外包作为第一选择，反恐反倒排在了第二位。无独有偶，2003年夏天，美国各大学在例行调查毕业生愿意从事什么工作时，多数学生的回答是：不会被外包的工作。美国政府于2004年1月规定限制政府项目外包给外国公司；50名国会众议院议员提出提案：“对离岸外包项目，政府不给予融资支持和贷款担保。”这说明外包导致了发包方工作机会的外流和减少，已经成为政府必须面对的一个政治和社会问题。当然，承接外包业务给接包方国家带来了就业机会，因此不少国家对承接外包业务持积极欢迎态度。应当说，外包是经济全球化条件下国际分工的一种新形式，国际投资、国际贸易或国际生产将因此而形成一种崭新的格局，并使世界经济结构发生巨变。

本章案例研究

【案例2-1】“金色拱门”的特许经营之路——麦当劳的全球扩张

（一）基本案情

1. 背景材料

麦当劳的创始人是雷·克罗克（Ray Kroc）。1955年，他认识了美国加利福尼亚州一间快餐店的老板麦当劳兄弟，并对这家快餐店独特的经营方式产生了浓厚的兴趣：自助式用餐、采用纸餐具、快速便捷的服务方式。于是他放弃了原来的推销员职业，向麦当劳兄弟买下了快餐店的专利权，并于1955年在伊利诺伊州成立了第一家麦当劳连锁店，在此基础上，克罗克制定了一套极为严格的标准运营体系，作为未来加盟店的模板。这套体系的核心内容是：规定每家麦当劳店汉堡包的品种、质量、价格、店面装修、服务方式等都必须保持一致。

1961年，克罗克买断了麦当劳公司，走上了特许经营之路。2007年，麦当劳已经成长为世界上最大的快餐连锁集团，在全球120多个国家拥有3万多家连锁店，每天接待5 000万名顾客。

2. 案情简介

麦当劳根据不同市场的特点，采取不同的方式进入市场。

（1）麦当劳在全球开的3万多家连锁店中，65%以上是特许经营店，其中在美国本土的1万多家连锁店中，85%以上采取的是特许经营的方式，这也是麦当劳称霸快餐业的制胜法宝。特许经营方式主要用于与美国相似的市场。作为特许授权者，麦当劳公司不必参与连锁店的具体管理工作，只需要出让品牌使用权，提供经营管理模式、质量标准、服务标准、价格标准，以及对人员进行培训。加盟麦当劳的门槛很高，候选人要接受两年的审查，在此期间他们要在麦当劳快餐店内工作，在最终得到许可之前要经过专门培训，交纳特许经营权费用45 000美元，签订20年的合同，以保证向麦当劳交纳销售额的4%作为特许费，另加销售额的8.5%或者更高作为租金。除此两项外，再加销售额的4%作为广告费。

(2) 在与美国市场迥异的亚洲市场(如中国、日本)上，麦当劳一般采取合资经营的方式进行扩张。在这些合资连锁店中，麦当劳拥有控股权，即最低占比50%以上。麦当劳之所以如此谨慎主要是考虑到最开始在亚洲市场开展业务活动时，亚洲市场缺乏商业特许经营方面的法律，当地人对特许经营的认可程度还不确定，特许加盟的门槛对亚洲而言过高等因素。麦当劳对特许加盟者在管理能力、财务资格、资信背景及加盟前培训等方面都提出了苛刻的要求，从而形成了较高的门槛。以中国市场为例，2003年8月，在进入中国大陆市场十多年之后，麦当劳终于在天津开设了中国的第一家特许经营店，至2013年，麦当劳在我国大陆地区的800多家店面中仅有20家左右是特许加盟店，而麦当劳在台湾地区的第一家特许经营店也是在麦当劳在该地区开业17年之后才开设的。2008年年初，麦当劳中国地区总部正式从香港迁至上海，以后将加强在中国内地的特许经营活动。

(3) 此外，麦当劳也会选择合作伙伴进行合作经营。其合作经营一般有两种形式：第一，与当地供应商合作，使资源本地化。第二，与国内合作伙伴一起跨国经营。例如，以芝加哥为基地的肉品供应商OSI工业公司在20多个国家设有合资企业，在那些国家，它们和当地的麦当劳公司一起生产麦当劳的汉堡包。

(二) 案例点评

麦当劳的全球扩张模式无疑是成功的，麦当劳的金黄色拱门已经深入人心，麦当劳叔叔也已经成为家喻户晓的人物。但是，2002年第4季度，麦当劳的财务报表出现了47年来的首次亏损，在全球范围内关闭175家连锁店（2001年关闭163家），仅在土耳其就关闭35家，裁员400~600人，而且撤出了中东和拉丁美洲的3个国家的业务，在4个国家停止扩张。与亏损相对应的是糟糕的股市表现，2002年麦当劳股票市值缩水185亿美元，而且大部分分析师认为其股票增长潜力有限。此后，麦当劳连续两任CEO在上任一年左右先后病逝。一向被称为跨国公司全球扩张成功典范的麦当劳，也曾面临衰退的危机，这值得我们去认真探讨危机背后的深层原因，并找到走出危机的秘诀。

1. 成也特许

特许经营方式是一种资金与品牌的双赢联姻。对于特许授权者来说，它不必参与连锁店的具体管理工作，可减少资金和人力资源投入，以最小的资本和风险进行扩张，使企业可以以几何速度拓展市场，增加企业的品牌价值。对于加盟的店家来说，不必从零开始，采用特许授权者良好的品牌形象和成功的经营经验，降低了经营风险和投资风险，还可以从授权者那里得到经营、管理、培训、法律、财务、原料配给、广告宣传等全方位的支持。顾客可以在任何一家连锁店享受到同样味道的食品，得到同样标准的服务。麦当劳就是利用特许经营走上成功之路的典型代表。

首先，麦当劳制定了一套全球连锁店通用的标准：品质（quality）、服务（service）、清洁（cleanness）、物有所值（value）。此外，麦当劳还创立了一套严格的培训制度，而且投入很大，汉堡包大学为麦当劳培养出了无数学历未必很高却将麦当劳标准牢记于心的麦当劳人；在标准化的基础上，麦当劳十分重视特许加盟店的本地化。从加盟店的装修风格到提供的食品，都力求适应当地的文化。例如在瑞典，它为滑雪者开设外卖店；在印度，它提供全素汉堡包；在以色列，它开设符合犹太传统的连锁店；在挪威，它出售烤制快餐；在德国，消费者甚至能在店里买到啤酒。之所以这样，是因为麦当劳有过惨痛的教训。例如，它曾到印度发展连锁店，投入大量人力物力之后，才发现印度教徒不吃牛肉，这一失误被媒体讥讽为“用了13个月的时间才知道印度人的常识”。

的确，特许经营为麦当劳赢得了世界快餐业老大的地位。但是人们不禁要问，全球有那么多特许经营品牌，为什么麦当劳单凭汉堡加可乐就可以打败无数的美味而遍布世界各地呢？除了因为麦当劳有著名的品牌、专有技术和独特的经营模式之外，还因为麦当劳从创始人克罗克开设第一家连锁店开始，就一直遵循与加盟商双赢的原则，坚持让加盟商先盈利，与加盟商共同发展。因为特许加盟这种特殊的经营模式要求每家单店都成功，一旦有一家单店失败，将对整个品牌产生难以估量的影响。所以，麦当劳必须给予受许人足够的支持，也因此，麦当劳对特许加盟商设立了很高的门槛，以维护其形象。

2. 败也特许

诚然，麦当劳可以用高门槛来控制特许加盟的风险，但是，随着麦当劳全球扩张的加速，特许经营模式的负面效应也不可避免地暴露出来。

20世纪90年代以前，麦当劳将重点放在开拓国内市场上，近40年时间的攻城略地，奠定了麦当劳在美国快餐业的垄断地位。但是随着美国市场的饱和，麦当劳面临着发展瓶颈的问题。要想拓展发展空间，只有走出美国，到境外开拓市场。

20世纪90年代以来，麦当劳的境外扩张愈演愈烈，1996年高峰时期，全球一年新开的麦当劳连锁店达2 000家，平均每天新开店接近7家。力主扩张的前首席执行官格林伯格更是不断创造新的纪录：麦当劳在全球120多个国家和地区拥有超过3万家连锁店，平均每17小时开办一家分店，这样的规模和速度令其竞争对手望尘莫及。但是，扩张到一定的规模，继续快速扩张必定会削弱其商业控制力。过度关注选店址、开新店，反而降低了麦当劳对市场需求反应的灵敏度，疏忽了经营管理方法的调整。“结网制胜”是麦当劳曾经的撒手锏，但同时也使得其在产品创新和质量改进上滞后于竞争对手。2002年第4季度麦当劳宣布47年来的首次亏损，也预示着“结网”战略的告一段落。

3. 在波折中发展

47年来的首次亏损宣布了格林伯格积极扩张战略的暂时失败，也导致了麦当劳的走马换将。2003年1月新上任的CEO吉姆·坎塔卢波重新定义了麦当劳的竞争优势和经营战略，将经营重点聚焦于提高单店绩效上，不再因循“结网制胜”战略。用坎塔卢波自己的话说就是：“我们要调整战略，以前我们不断建造更多的麦当劳连锁店；现在，我们要在已有的单店中吸引更多的顾客……我们决定重新聚焦于消费者，继续从事以前我们最擅长的。”此外，麦当劳还推出强化麦当劳品牌的种种活动。如2003年在全球开展“我就喜欢”（I'm lovin' it）品牌推广活动重新复活了市场标识，也显示出麦当劳对占领年轻消费者市场更加强大的野心。2003 年 5 月以后股价的上扬验证了麦当劳战略调整的有效性。但不幸的是，坎塔卢波在 2004 年 4 月于奥兰多参加经销商大会时心脏病突发而逝世。然后是 44 岁的继任者查理·贝尔（Charlie Bell）2005 年年初因直肠癌而去世。两任 CEO 相继逝世，吉姆·斯金纳（Jim Skinner）临危受命，上任后他努力实现并让公司上下相信“一个领导者的变化不意味着战略的变化”，通过“制胜计划”（plan to win）、倡导健康理念，刺激了销售，带领麦当劳重新走上引人注目的复兴之路。斯金纳掌印后的两年，麦当劳的股价攀升了约 45%，同时销售额及利润实现稳步增长。

任何一家跨国公司的发展都不是一帆风顺的，麦当劳也不例外。暂时的低谷和危机并不一定代表着衰退，能够及时地调整发展战略最为关键。从以量取胜到以质取胜，麦当劳在探索过程中走向成熟。今天的麦当劳，仍然像它一贯追求的那样，有着“美味、乐趣、随意的环境、近在咫尺、常换常新”（great food, fun to eat, casual environment, local and familiar, and always something new），为全球顾客带来欢笑。

思考与练习

1. 简述跨国公司投资理论的产生、分类与共同出发点。
2. 垄断优势理论的主要思想是什么？它能够解释所有国家的对外直接投资吗？
3. 内部化理论认为是什么导致企业进行国际直接投资的？你赞同这种观点吗？
4. 国际生产折衷理论认为一个企业从事对外直接投资必须同时具备哪些优势？在分析服务业对外直接投资理论时是如何应用这一理论的？
5. 简述发展中国家跨国公司投资理论的主要内容。
6. 简述跨国公司投资理论新发展的表现。

CHAPTER3

第三章

跨国公司经营与管理战略

学习要点

在全球竞争环境下，跨国公司运用战略管理手段来统筹其全球经营活动。本章在概述跨国公司战略含义与类型的基础上，分别以公司层面战略和业务层面战略为主线分析了跨国公司的国际化战略、发展战略、竞争战略及数字跨国公司的平台战略，并提供了沃尔玛跨国经营战略、安卓与 iOS 的生态圈的案例以供分析和思考。

Key Points

Under the background of globalization, multinational companies use strategic management as tools to operate their global business activities. Based on an overview of the multinational company strategy, connotation and types, this chapter analyses the multinationals internationalization strategy, development strategy, competition strategy corporate level strategy and business level strategy respectively, and the platform strategy of digital multinational corporations. The case of Wal-Mart stores, android and iOS platform will be helpful for analysis on cross-border management strategies of transnational corporations.

跨国公司作为一种在全球范围内从事广泛国际商务活动的企业，在其经营过程中必然面临各种全球性的机遇与挑战。要适应全球经营环境和竞争对手状况的不断变化，就要求跨国公司的管理者和决策者必须具有全球视野，即全球性的战略眼光，从全球的高度，谋划全公司一体化的、适用于全球化运营的战略体系。跨国公司的战略主要有三个层次：一是跨国公司的公司层面的总体战略，主要解决的是公司发展方向、发展模式、经营模式等重大决策问题；二是跨国公司的业务层面的战略，主要解决的是公司经营业务或领域中的具体措施与行动计划；三是职能战略，也就是公司的研发、营销、财务、人力资源等各职能管理部门为配合公司总体战略、业务战略的实施而制订的行动计划。本章主要介绍公司的总体战略和业务层面的战略。

第一节　跨国公司经营与管理战略概述

一、跨国公司战略的含义

“战略”一词原是军事术语，是指根据地图对整个战争运筹帷幄。随着社会的不断发展，“战略”已广泛运用在人类社会的政治、经济、社会、文化、教育、科技等各个领域。20 世纪 60 年代，“战略”一词被引入企业经营管理理论领域，1965 年，伊戈尔·安索夫（Igor Ansoff）的《公司战略》问世，被视作现代企业管理战略理论的开始。1976 年，安索夫在其著作《从战略到战略管理》中提出“企业战略管理”，认为企业的战略管理是指企业的日常业务决策同企业长期计划决策相结合而形成的一系列经营管理业务。跨国公司经营与管理战略是指企业在全球多样化文化、竞争激烈的经营环境中，开发新市场，拓展新业务或巩固与维护市场份额所确定的总体谋划及应对环境变化或突发事件所采取的行为方式和管理业务的方法。跨国公司经营与管理战略是企业经营区域跨越关境后企业战略的延展。在复杂多变的全球经营环境中，跨国公司为实现企业愿景规划和使命，巩固与获取全球竞争新优势，拓宽业务领域或构建全球一体化运营体系，都会基于所处的自然环境、政治环境、经济环境、社会文化环境、科技环境等宏观经济环境，结合公司规模、人力资源状况、财务状况、盈利能力、生产能力等内部因素以及竞争对手的运营状况，同时兼顾相关利益集团的利益诉求，对公司长期发展进行总体性、全球性的预先谋划，并随着经营环境变化对业务经营方向和管理方式进行动态调整。

跨国公司制定战略时，还会被更为复杂的因素左右，如母国与东道国差异、母公司与子公司差异、全球标准与东道国标准差异等。在实践中，跨国公司的经营与管理战略多种多样，当跨国公司所处的外部环境、内部因素及公司的利益相关者集团发生变化时，其战略相应地会有适当的调整与演变。

二、跨国公司战略的层次与模式

在经营实践中，跨国公司的战略表现形式多种多样，从不同的视角可将跨国公司的经营与管理战略分为不同类型。按照战略的层次及重要性，跨国公司的经营与管理战略可分为公司总体战略、公司业务层面战略和公司职能部门战略。下面我们主要以公司层面的分类为主线，介绍跨国公司的一些战略模式。

公司层战略、业务层战略和职能层战略

跨国公司的战略是一个多层次管理主体为实现公司长远发展而制定的多层面规划的体系，它往往是由母公司、子公司（业务级）到职能部门围绕公司未来的总体目标按层级或等级逐级制定。相应地，各层级的管理者是不同层次的战略的制定主体，也就是母公司高层管理者是公司战略制定的主体，子公司的高级管理者负责制定业务战略（经营战略，有时也称竞争战略），职能部门的负责人是职能战略的责任人，这3类层次经营与管理战略构成公司战略体系，其特征如表3-1所示。在公司的战略体系中，高一级管理层的战略对低一级管理层的战略具有指导和约束作用，而低一级层次战略有效的实施对高一级层次战略有促进作用。

表3-1　跨国公司三个战略层次的比较

特征	战略层次		
	公司层战略	业务层战略	职能层战略
性质	观念型	中间	操作性
明确程度	抽象	中间	确切
可衡量程度	以判断评价为主	半定量化	通常可定量
频率	定期或不定期	定期或不定期	定期
时间跨度	长期	中期	短期
所起作用	开创性	中	改善增补性
风险	较大	中	较小
盈利潜力	大	中	小
代价（成本）	较大	中	较小
灵活性	大	中	小
资源	部分具备	部分具备	基本具备
合作要求	高	中	低

资料来源：董黎明，方华等．国际企业管理［M］．北京：中国商务出版社，2005.

1．公司层战略

公司层战略是公司最高管理层指导和控制公司一切行为的行动纲领。对于公司层战略应解决什么问题，波特指出，公司层战略是从事多元化经营的公司的总体规划，我们需要关注两个不同的问题：一是公司应从事哪些业务；二是公司管理层应该怎样管理大量的业务单位。对此，霍弗和申德尔（Hofer and Schendel，1978）认为，公司层战略的主要内容是确定经营活动的范围及其资源配置。也就是说，跨国公司公司层战略重点解决两个问题：一是跨国公司经营业务的种类和经营范围；二是经营业务的管理方式及如何有效配置公司资源。

在公司层战略中，按照战略取向及高层管理者对不同文化的态度，可分为母国导向战略、东道国导向战略、区域导向战略和全球导向战略，又称EPRG战略模型；按照跨国经营倾向及范围可分为多国战略、国际战略、全球战略和跨国战略；按公司偏离战略起点的程度可分为紧缩战略、稳定战略和发展战略。

2．业务层战略

业务层战略也称经营战略，主要是指子公司或具有高度自主权的业务层部门在企业总体目标和总体战略的范围内，确立其市场地位和发展方向的战略，旨在保持持续竞争优势或获取新的竞争优势。业务层战略聚焦于在一个特定的产业或产品市场中如何与同行业内其他公司开展竞争，既要考虑怎么利用自己在特定领域的核心竞争力来创造竞争优势，又

要关注所处行业其他公司战略的变化。按照竞争的关键因素，业务层战略可分为成本领先战略、差异化战略和集中战略。

3. 职能层战略

职能层战略是指为实施和支持公司层战略和业务层战略而在公司特定的职能管理领域制定的战略。通常的职能层战略包括营销战略、财务战略、人力资源战略及研究开发战略，等等。从公司经营职能来看，职能层战略可分为市场战略、产品战略、技术战略、人才战略和信息战略等。

第二节 跨国公司公司层战略

一、母国导向战略、东道国导向战略、区域导向战略和全球导向战略

最早，帕尔马特（Perlmutter，1969）把企业的国际战略按战略取向分为母国导向战略、东道国导向战略、全球导向战略，后来他与希南（Heenan，1979）合作又增加了区域导向战略，这样形成了 EPRG 战略分类法，即 E(Ethnocentrism)——母国导向战略；P(Polycentricism)——东道国导向战略；R(Regiocentrism)——区域导向战略；G(Geocentrism)——全球导向战略。

1. 母国导向战略

母国导向战略认为，母国优于世界其他国家，且各国市场有一定的相似性，在母国能够获得成功的产品和策略，同样适用于海外，因此，母国总公司应该掌握决策权与控制权，负责全球各子公司和各分支机构的事务。这种战略模式是以母公司的价值观和利益作为经营决策的出发点，并把母公司的经营理念、经营策略、管理方法移植到海外子公司和分支机构（见图 3-1）。在这种战略下，跨国公司的海外子公司和分支机构完全采用母公司的作业方式，将母公司现行方法、制度与观念全盘移植于海外分支机构。

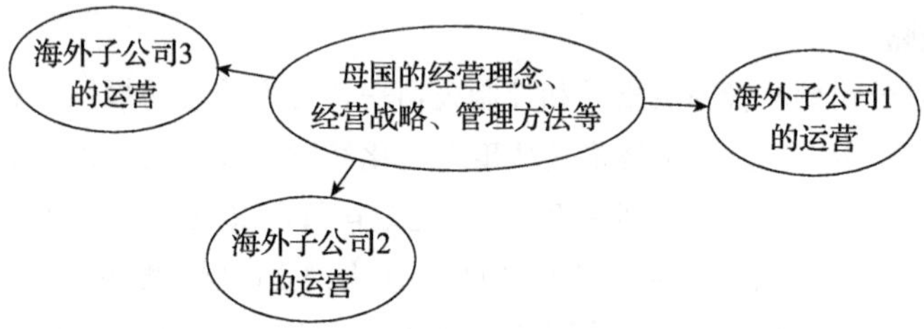

图 3-1 母国导向战略示意图

采取母国导向战略的公司，将国外的营运视为次级目标，其战略形成是由上而下，由母国到东道国，以总公司高层管理人员为领导核心，各分支机构无决策权，因而往往会忽视当地市场的管理知识及经验。这种战略导向通常适用于在国内外销售同一产品的企业。中国的中石化、中化初期的国际化经营战略就是母国导向战略，现其组织结构、人事政策、决策方式多处于母国导向战略模式的阶段。

2. 东道国导向战略

充分考虑到各经济体（国家或地区）经营环境、价值观和文化因素等差异以及母国经理人员对海外东道国环境认知的有限性，东道国导向战略主张给予海外附属机构在战略制定和实施上的自主权，管理上尽量以东道国的做法为依据。战略的拟定是以符合当地需求

为原则的，任用当地人才来负责公司经营，充分授权，母国公司不多加干涉，使子公司能因各地差异而进行适当调整。东道国导向战略的形成是以各地附属机构为核心的，各附属机构基于当地的需要来决定本身追求的目标、组织结构，产品类型的生产、定价与营销策略也因地制宜各有不同（见图 3-2）。例如，联合利华公司在印度的子公司、克莱斯勒在英国的子公司都采用了东道国导向战略模式。

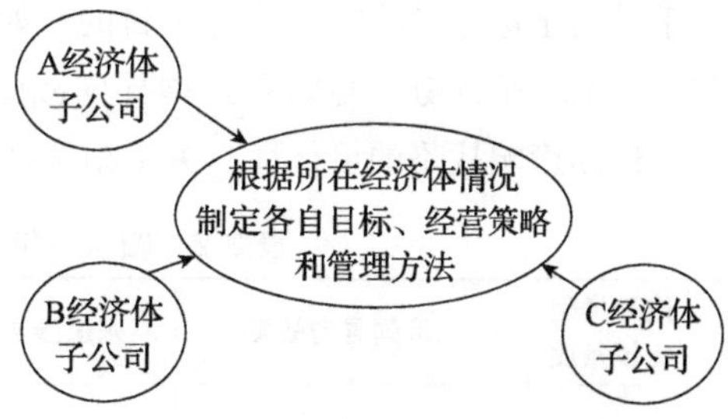

图 3-2　东道国导向战略示意图

3. 区域导向战略

区域导向战略是母国导向战略与东道国导向战略折中的产物，其基本特征在于寻找区域的共同性，进而开发出一体化的区域战略。其战略的拟定兼顾东道国当地与周边地区的需要，专注于经营某一个地区而非某一个国家。譬如，一家跨国公司在法国从事经营活动，但其战略目标是面对欧盟所有的成员国，或者一家区域导向的美国公司以美墨加协定区域（USMCA）——美国、加拿大、墨西哥作为区域性市场，也就是说上述的法国公司或美国公司在法国或美国运营，但其产品生产线、定价与营销策略基于欧盟或 USMCA 来制定。中国香港的两家英资企业——怡和集团和太古集团的经营战略就是区域导向战略，它们在战略定位上立足于“中华经济圈”和“亚太经济圈”。

4. 全球导向战略

全球导向战略强调总部和各国子公司之间的相互依靠、不断交流以及共同愿景。全球导向战略就是把全球各个国家与地区视为一个市场，战略重心在于追求在全球范围内合理化的资源配置和一体化的经营管理。其特点是全球化思维，全球性规划和整体组织，全球性通行规则，采取全球性措施。在全球导向战略下，国籍概念被淡化，公司以全球宏观视角因时、因地权衡决策，母国和东道国的公司要为公司的全球整体利益最大化进行全球性的协调配合，互相合作，充分沟通，共享资源、知识和信息。全球导向战略的形成需要经过周详的分析和统筹部署，且各地附属机构均可平行参与（见图 3-3）。实行全球导向战略的跨国公司是以全球眼光来看待企业营运的。巨型跨国公司均有这种倾向。它们在不同地区生产有些许差异的全球性产品，雇用来自不同国家的精英，担任组织中的重要职务。一般文献所言的跨国公司全球战略，也就指的是全球导向战略，本书亦如此。不过，任何公司都有其母国或业务重心国（地区），所以没有简单划一的全球战略。美国国际商用机器公司（IBM）和中国台湾宏碁电脑公司就是采用全球导向战略使自身实现发展壮大的。

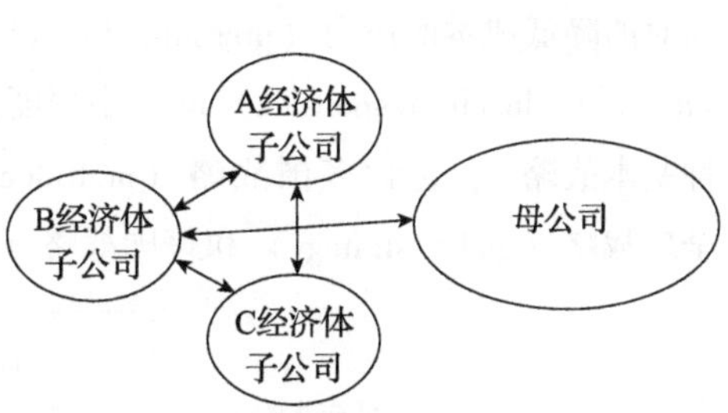

图 3-3　全球导向战略示意图

总之，母国导向战略是基于母国优越性的理念，偏好集中制的经营管理体系，是以放诸四海而皆准的自我中心为标准的管理哲学；东道国导向战略则认为，世界各国在经营管理环境等方面存在很大差异，因而倾向于采取分权经营管理体系，强调入乡随俗，因地制宜；而区域导向战略和全球导向战略则从区域或全球的角度进行整合，以区域和全球性的产业价值链最大效能及效率来参与国际产业分工，进行资源调配。不同导向战略的差异性在于假设前提的不同。在国际经营战略的形成过程中，如果着眼于资源的合理化分配，则似乎采用全球导向战略较能达到目的；如果着眼于快速获得短期利益，规避风险，获得特定市场的竞争优势，则以东道国导向战略为宜。EPRG 模式可以增加跨国公司对战略的了解，进而影响战略的可行性。关于帕尔马特 EPRG 分类法中 4 种战略的比较分析见表 3-2。

表 3-2　帕尔马特 EPRG 分类法 4 种战略比较

战略类型 比较角度	母国导向战略	东道国导向战略	区域导向战略	全球导向战略
战略重心	全球一体化	东道国反应	区域一体化及东道国反应	全球一体化及东道国反应
组织结构	产品分部	地区分部及母子结构	产品分部与地区分部结合	矩阵结构或网络系统结构
决策方式	集中、自上而下	分散、自下而上	区域内子公司磋商决定	公司各级互相磋商决定
信息沟通	总部下达大量命令和指示	总部指示少，子公司沟通不多	区域内纵、横向沟通	全球性纵、横向沟通
文化特征	母国文化	东道国文化	区域文化	全球性文化
生产方式	大量生产	批量生产	灵活制造	灵活制造
利润调配	调回母国为主	保留在东道国为主	区域性调配	全球调配
产品开发	以母国需要为主	以东道国需要为主	以本区域需要为主	全球性产品在各地均有
人事政策	母国人员	东道国人员	区域内人员	利用各国优秀人才
价值链优势环节	不典型	多数以下游环节为主	多数以下游环节为主	上游环节为主或上中下游环节兼有

资料来源：马述忠，廖红. 国际企业管理［M］. 北京：北京大学出版社，2007.

二、多国战略、国际战略、全球战略和跨国战略

美国学者查尔斯·W. L. 希尔（Charles W. L. Hill）依据跨国公司在全球市场竞争中所面对的降低成本的压力（pressures for cost reduction）和适应当地（本土化）的压力（pressures to be locally responsive）的大小程度，构建出企业进入国外市场及竞争于国际环境的 4 种基本战略⊖，包含多国战略（multidomestic strategy）、国际战略（international strategy）、全球战略（global strategy）和跨国战略（transnational strategy）（见图 3-4）。

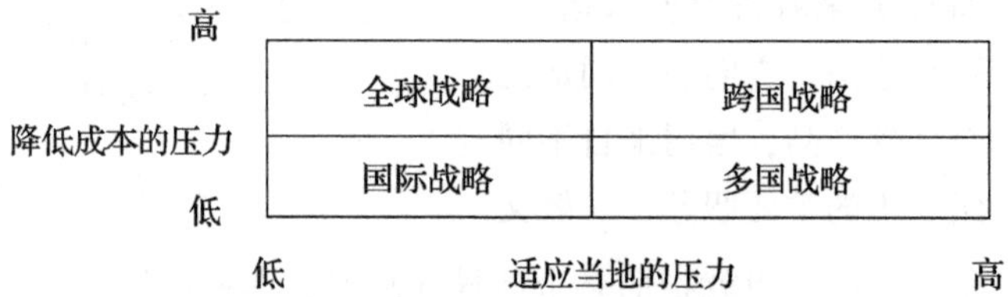

图 3-4　希尔的战略分类

⊖ 希尔（Hill，1997）的 4 种跨国战略是双极连续战略模型（Bi-Polar Continum）的一种组合。1987 年，普拉哈拉德和多茨（Prahalad and Doz）提出了一体化-本地化分析框架（integration-responsiveness framework，又称 IR 模型），其后，学者们基于一体化-本地化分析框架，把跨国公司战略的类型定位为双极连续战略模型，两极是指全球一体化战略和本地化战略，其中有多种不同的组合，如巴特莱特和戈沙尔（1989）的 3 种跨国战略：国际企业（international firm）战略、全球企业（global firm）战略和多国企业（multinational firm）战略；Oh 和 Rugman（2011）的区域一体化（regional integration）战略、全球生产（global production）战略、全球销售（global sales）战略和全球一体化（global integration）战略。

1. **多国战略**

如果适应当地需求的压力大而降低成本的压力小，可以采用多国战略。这种战略也可称为大差异化战略，战略侧重点在于适应各个东道国独特的文化需求和期望，如广告、包装、销售渠道和定价都应结合东道国的情况而定，目的是提高产品在国外市场的占有率和销售收入。实施多国战略时，跨国公司需将其海外子公司作为独立的业务单元，给予子公司生产、营销、用工等独立自主权。小型跨国公司也可根据东道国消费偏好的差异调整其产品，以适应东道国的需要。通用电气（GE）在中国市场开发适合中国需求的价格低、便携性好的超声设备就是一个成功的案例。20 世纪 90 年代，GE 供应中国市场的超声设备都是在日本、美国市场上使用的设备，体积庞大，价格在 10 万美元以上，销量不佳。2002 年 GE 无锡研发中心开发出针对中国基层医疗市场的价格低、便携性好的超声设备，售价为 3 万~4 万美元，2007 年的新型号价格更是降至 1 万美元。本土化生产增加了 GE 的销量，2002 年这种便携式超声设备全球销售额达 400 万美元，2008 年增长至 2. 78 亿美元。

2. **国际战略**

若跨国企业面对的是相对较低的本土差异化需求和降低成本的压力，则通常采取转移母国开发的差异化产品到新的海外市场以创造价值，而将产品创新功能集中于母国。这种战略就是为所有国家的顾客提供标准化的产品，海外子公司仅被授权对产品做少许修正，以符合当地的偏好与需求。这种战略也可称为小差异化战略，其目的是在世界范围内通过利用母公司的创新能力和已开发的新技术获取更多利润。若采取这种战略，则研发、制造活动仍然会集中于母国总部。（如波音公司的大部分生产和研发活动在美国，在全球销售的波音同系列客机产品都很相似，都是以价格和技术为核心，美元为支付货币。）

3. **全球战略**

全球战略主要是追求低成本，通过规模经济、学习效应及区位经济实现成本的降低。在降低成本压力大而本土差异化需求的压力很低时，这一战略最为有效。采用这种战略的企业，在某些具有低成本优势的地方生产出标准化的产品，然后供应全球市场，且仅以有限的修改适应不同的需求状况。标准化产品使得企业能够达到全球性的规模经济要求，进而降低成本、降低售价。这种战略也可称为无差异战略，目标是通过获得全球性经营效率提高企业在全球市场的收益。日本的企业如丰田、佳能、松下和小松等偏爱这类战略。

4. **跨国战略**

当降低成本和产品适应本土化需求的压力都较大时，应使用跨国战略，也就是通过全球一体化运营在全球范围内利用区位比较优势和规模经济降低成本，还要适应东道国竞争的需要，提供适合本土的产品。这是全球战略与多国战略的结合。实行这种战略后，企业既需注意降低成本，同时也要注意产品适应本土化的压力。例如，宝洁的护理产品沙宣在全球生产同一种香味的产品，但为满足不同地区的偏好，海外子公司可适当调整香味的浓度。如日本喜欢清淡香味，则在日本出售的产品香味就淡些，在喜欢强烈气味的欧洲，气味就浓些。选择跨国战略时，公司有时会陷入满足本土化需求和全球一体化的两难选择中。

当降低成本压力较大而本土化运营压力较小时，跨国公司采取全球战略最合适；当本土化运营压力较大，降低成本压力中等或较低时，可采取多国战略；当地区面临着降低成本的压力和适应地区差异化的压力都很高时，可采用跨国战略；当面对较低的本土化经营和降低成本的压力时，跨国公司采用国际战略最合适（见表 3-3）。

表 3-3　组织结构组成与战略之间的关系

结构	战略类型			
	多国战略	国际战略	全球战略	跨国战略
中央集权	母国/当地控制	核心功能集权化，其他功能受控于当地	集权于全球的最佳地点	集权/分权结合
劳动分工	全球区域	国际分工	全球化产品	全球化的矩阵结构
机制的整合需要	低	中等	高	很高
组织文化	不重要	重要	重要	非常重要

资料来源：麦克法林，斯威尼．国际管理［M］．黄磊，译．北京：中国市场出版社，2009.

上述四种战略开始于不同时代，可同时并存于同一个时代。多国战略是第一次世界大战和第二次世界大战之间跨国公司的主导战略，当时跨国公司为应对贸易保护主义和运输不利因素，采取独立的、松散联系的方式进行海外投资经营。20 世纪 50 年代，美国的技术革命和技术创新优势为国际战略提供了技术基础，60 年代和 70 年代，通信与运输成本降低，消费者偏好趋向同质，跨国公司进入全球战略时代；80 年代，跨国战略在跨国公司中的应用较为广泛。㊀

战略能否有效实施还与组织架构、企业文化、管理过程及人力资源等密切相关。

三、跨国公司发展战略

在全球或区域范围内，保持持续、稳健的扩张与发展是跨国公司得以长盛不衰的基础。研究跨国公司扩张或发展战略至关重要。跨国公司发展战略通常可以归纳为三种基本类型：密集型成长战略、一体化成长战略和多元化成长战略，如表 3-4 所示。

表 3-4　跨国公司发展战略

密集型成长战略	一体化成长战略	多元化成长战略
市场渗透战略	横向一体化	同心多元化
新产品战略	纵向一体化	复合多元化
市场开发战略	混合一体化	非相关多元化

（一）密集型成长战略

密集型成长战略（focus strategy）是指跨国公司充分挖掘产品和市场潜能，通过扩大市场容量、开辟新市场或开发新产品，增加产品或服务的销售额，提高市场占有率，获得较好的全球利润，达到使企业实现较快增长的目的。按产品与市场的组合划分，密集型成长战略又分为以下三种基本战略模式。

1. 市场渗透战略

市场渗透战略是以更多的现有产品投入到现有的全球市场中，通过投资或合作方式增加销售网点、改变营销策略等手段，扩大市场容量，提高对现有市场的占有率。

㊀ 黄锦明．跨国公司战略模式的评析与借鉴［J］．对外经济贸易大学学报，2003(6).

日本企业在国际市场上的渗透不仅是以产品多档次为手段，而且是以多品种、多规格、多型号进行市场渗透。例如，1975 年本田在美国市场上推出了价格在 304~899 美元的 14 种 125cc 摩托车，6 种价格在 897~1 175 美元的 350cc 摩托车，2 种价格在 1 176~1 443 美元的 450cc 摩托车，3 种价格在 1 555~2 112 美元的 750cc 摩托车。而同期，美国著名摩托车制造商哈雷公司推出的 125cc 摩托车只有 3 种，价格为 495~749 美元；350cc 摩托车只有 2 种，价格在 930~1 130 美元；750cc 摩托车有 7 种，价格在 2 675~3 375 美元。两相比较，无论是规格型号上还是同规格型号产品的价格上，日本企业都具有明显的竞争优势。

2. 新产品战略

新产品战略是根据当地市场需要，不断开发新的产品或改进原有产品的外观、性能，将其投入现有全球或区域市场，提高市场占有率。例如，麦当劳利用品牌资源及已有的消费者基础，在其经营场所增加麦咖啡系列产品，向消费者提供咖啡和饮料，扩大销售。保时捷在卡宴、卡宴 S 以及卡宴 Turbo 成功的背景下，推出新的卡宴 GTS，以满足希望拥有加速很快且价格便宜的 SUV 车的消费者的需求。

3. 市场开发战略

市场开发战略是用现有的产品去打开新的海外市场，特别是新东道国市场，以此扩大全球市场份额，促进企业成长。相对于市场渗透战略，市场开发战略所需要的资源是前者的 4 倍，但平均来说，成功的概率只接近 20%。[⊖]

（二）一体化成长战略

一体化成长战略（integration strategy）包括横向一体化成长战略、纵向一体化成长战略和混合一体化战略。

1. 横向一体化成长战略

横向一体化成长战略是指跨国公司通过对外直接投资的形式将生产扩展到海外子公司，其特点是母公司和子公司在不同的国家和地区独立生产相同的产品，并自成生产体系。这种战略多见于快餐和软饮料行业的跨国公司，比如可口可乐公司在多个国家投资设厂，生产的都是同类饮料产品；麦当劳和肯德基在中国内地拓展市场时，除自己投资新建网点外，还以特许加盟方式进行扩张（详见第九章表 9-16）。同类企业间的跨国并购也是横向一体化成长战略的表现。

2. 纵向一体化成长战略

纵向一体化成长战略是指跨国公司在原有业务的基础上，向原材料供应或销售终端拓展业务的一种战略体系，也称垂直一体化，包括前向一体化战略和后向一体化战略。这是沿产品价值链的若干环节进行业务布局，其主要目的是将经营领域向深度发展，构建跨国公司主导的价值链体系。

例如，雅戈尔公司从最初一个不足 10 个人、仅有几台缝纫机的小型民办服装加工厂，成长为中国最具实力的服装企业之一。公司在经营服装板块业务的同时，沿服装产业的上下游拓展业务，向商业、零售、连锁方向发展，组建庞大的分销网络，进军上游的纺织面料市场，建立自己的纺织面料城（见图 3-5）。

⊖ 穆拉迪安，马茨勒，林．战略营销［M］．郑晓亚，等译．上海：格致出版社，上海人民出版社，2014.

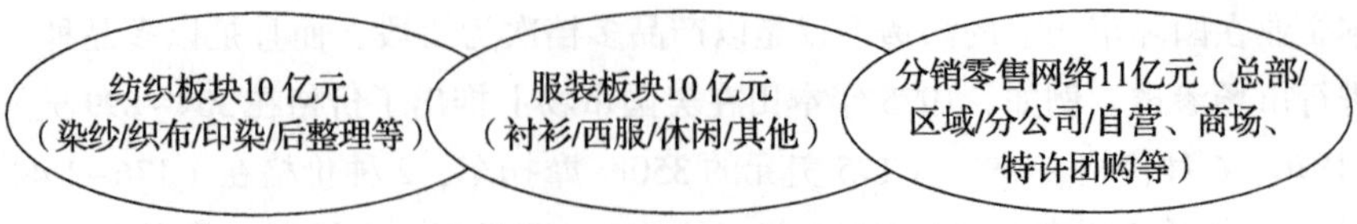

图 3-5　雅戈尔公司纺织、服装、分销零售网络三大板块布局

资料来源：https://wiki.mbalib.com/wiki/%E7%BA%B5%E5%90%91%E4%B8%80%E4%BD%93%E5%8C%96%E6%88%98%E7%95%A5.

（1）前向一体化战略。前向一体化战略是指跨国公司向消费它的产品或劳务领域扩展经营业务，从整个生产链看，是向着下游方向发展的，由原来只从事资源初步加工逐步向深加工方向发展，如一个从事原料开采的企业，通过对外直接投资，向原料的深加工方向发展，将原材料的加工、销售纳入自己的生产链中。如雅戈尔公司由服装生产向构建零售网络方向发展就是前向一体化战略，再如石油加工提炼业，利用原料，向前延伸，生产化工产品、制药等。

（2）后向一体化战略。后向一体化战略是指跨国公司向其产品或劳务的供应商经营领域发展，从整个产业链看，是向生产链的上游方向发展。如雅戈尔公司向纺织板块拓展业务就是后向一体化战略，再如汽车制造厂原来要外购轮胎、铁板，现在通过新建或兼并收购这类企业改为自行供应，也是这种战略。

两种一体化战略的比较如表 3-5 所示。

表 3-5　一体化成长战略的优劣势比较

战略类型	横向一体化成长战略	纵向一体化成长战略	
		前向	后向
优势	当地形成产品独立生产体系 提高全球市场占有率 管理模式统一、规范	全球资源优化配置，构建全球生产网络和全球价值链 可以利用转移定价，转移利润 增强对子公司的控制	
劣势	不利于形成规模经济效益 母子公司联系松散，削弱对子公司的控制	集权管理，不利于调动子公司的积极性 提高体系内的管理协调成本	

3. 混合一体化战略

混合一体化战略是指横向一体化成长战略和纵向一体化成长战略的综合运用。

（三）多元化成长战略

多元化成长战略（diversification strategy）是指跨国公司通过对外直接投资，向与其现有产品或劳务关系不大或完全不同的行业扩展，从事多种跨行业产品或劳务的生产和销售活动，使公司继续保持开创力和应变力，避免可能的经营风险。其特点是母公司与子公司间、子公司与子公司间可能不存在任何生产联系。多元化成长战略的基本形式有以下两种：同心多元化成长战略和复合多元化成长战略。此外，还有非相关多元化，在此不做赘述。

1. 同心多元化成长战略

同心多元化成长战略是跨国公司在现有的技术水平、研发能力、销售渠道等基础上，不断拓展、开发同现有产品或劳务相关联的新产品或劳务的发展战略。这种战略的目的是将跨国公司现有的核心技术与外部可能的增长机会结合起来，增强其在全球竞争中适应环境的能力，减少风险，获得不断发展的机会。同心多元化成长战略，既可在一定程度上保持其经营业务在生产技术上的统一性，又能把经营风险分散到其他业务中去，是一种很有吸引力的成长战略，有较多的跨国公司采用这种发展战略。例如，1978 年 1 月福特公司收购了 Sperry 公司的农用设备制造商——新荷兰有限公司，将其与福特的拖拉机业务合并，成立福特新荷兰有限公司。其后不久，福特新荷兰有限公司兼并了北美最大的四轮驱动拖拉机制造商万能设备有限公司[⊖]。

2. 复合多元化成长战略

复合多元化成长战略是指企业向全新领域拓展，发展与现有业务完全无关的新产品或劳务的战略。实施这种成长战略的跨国公司往往都从事跨部门多元化生产经营，企业组织结构比较复杂。这种战略可以通过企业自身来实现，但更多的是通过对其他企业的兼并收购或合资经营而形成。这种战略的优点是：扩大企业整体规模，向优势行业和市场转移，提高效益和竞争能力；还可以通过不同的市场来分散风险。但其缺点是：使企业组织机构膨胀，增加了管理的复杂性，同时分散企业资源，导致企业无法获得规模经济效益，因此复合多元化成长战略比同心多元化成长战略更易受到挫折。实施这种战略应考虑几个主要的条件：有明确的组织目标；有实行多元化的资源和能力；有较大和容易进入的多种市场和用户。

总之，跨国公司在发展过程中，要综合考虑其自身实力、所处发展阶段、行业特点和外部成长环境，对成长战略做出恰当的动态选择。例如，1898 年成立的百事可乐公司从 20 世纪 60 年代直到 90 年代中期，开始多元发展策略，拥有软饮料、快餐、餐馆三大主营业务，还拥有一家长途搬运公司。1977 年开始，百事可乐先后收购肯德基、必胜客、意大利比萨饼和塔可钟（Taco bell）、墨西哥餐厅，进军快餐业。1997 年又开始回归专业化，把肯德基、必胜客、塔可钟餐饮业务分离出去，使之成为一家独立的上市公司——百胜公司，而百事可乐公司则集中力量开发软饮料。

在公司发展战略中，多元化战略的风险最高，所需要的资源投入最大，市场渗透战略的风险相对较低，资源投入也较少（见图 3-6）。

	现有产品		新产品	
现有市场	市场渗透 • 增加产品使用频率 • 增加使用数量 • 转变非购买者 • 新的应用 • 转变已经流失的顾客 • 转变竞争对手的顾客		产品延伸 • 产品改进 • 产品创新 • 产品线的拓展 • 交叉销售	
	成功的概率：50%	努力程度：100%	成功的概率：33%	努力程度：800%
新市场	市场开发 • 地理上的扩张 • 针对新的细分市场		多元化经营 • 相关多元化 • 非相关多元化 • 前向一体化 • 后向一体化	
	成功的概率：20%	努力程度：400%	成功的概率：5%	努力程度：1 200%～1 400%

图 3-6　安索夫矩阵下的战略规划

⊖ 张秋生，王东．企业兼并与收购［M］．北京：北方交通大学出版社，2001.

第三节　跨国公司业务层战略

跨国公司业务层战略是公司在所经营的行业或市场领域进行竞争的行动计划，指导公司如何正确地做事，其目的是让自己的产品或服务相比竞争对手能为用户提供更多的价值，或集中力量满足某些细分领域群体的需求。从竞争的关键因素的角度，业务层战略可分为成本领先战略、差异化战略和集中战略三种基本模式。跨国公司业务层的这三类战略也是竞争战略，由美国学者迈克尔·波特（Michael E. Porter）于1980年在其出版的《竞争战略》（*Competitive Strategy*）一书中提出。

1. 成本领先战略

成本领先战略（overall cost leadership）也称低成本战略，是指跨国公司通过规模经济和范围经济，最大限度地降低成本，从而降低商品价格，为客户提供比竞争对手更便宜的产品或服务。要做到成本领先，关键是控制成本，尽可能降低费用。在与竞争对手竞争时，处于低成本地位的公司可以获得高于产业平均水平的利润。如春秋航空多方面降低成本，使用A320单一机型，以租赁方式降低每架飞机的采购成本；利用全国各地旅行社销售网络销售机票，自行研发销售软件以及离港系统，不参加代理人机票售票系统（CRS）代售机票；不停靠廊桥和采用国产摆渡车以降低飞机起降服务费，反复使用塑料登机牌以降低费用等。这样，春秋航空在价格方面成为航空界成本领先的典范。再如，格兰仕通过实施成本领先战略成为全球领先的微波炉企业。1992年，格兰仕开始转产微波炉，扩大生产规模，实施低成本战略，1996年、1997年和2004年先后在全国范围内对其微波炉产品大幅度降价，降价降幅最小为25%，一般为30%~40%，迫使竞争者退出微波炉行业，从而确立了其行业霸主地位。

2. 差异化战略

差异化战略（differentiation）是指企业提供与竞争对手不同的产品和服务，可以是功能多、款式新或更加美观的产品，在竞争中获得超常收益。这种战略的核心突出自己产品和服务与竞争对手之间的差异性，为客户提供独特或优质的产品或服务。红领集团搭建全球服装定制供应商平台就是在西装行业内实施差异化战略的典型案例。10多年前，以生产西装为主的青岛红领集团开始构建基于互联网+的个性化定制平台——全球服装定制供应商平台，将服装定制的数字化、全球化、平台化变成现实，7个工作日交付成品，一次性满足客户的个性化需求，真正实现了服装全定制、全生命周期、全产业链个性化定制的全程解决方案。红领的全球服装定制供应商平台系统驱动着20多个子模块的高效协同，实现了集团2 800位工人每天完成2 000~2 700件定制西装的产能，预计未来的全定制产能可以达到日产几万件。在整个行业处于低谷的2014年，红领集团以零库存实现生产、销售、利润都同比增长150%以上。㊀

3. 集中战略

集中战略（focus）也称为集聚战略或专一战略，它通过把经营范围集中于某个特定的客户群、某产品系列的一个细分市场或某区域市场，使企业的有限资源得以充分发挥效力，

㊀ 夏辉．走出困顿：跨国公司战略、组织和经营的重新审视与调整［J］．上海经济研究，2015(6)．

在所专注的细分领域超过其他竞争对手，建立竞争优势。格力集团专注空调的生产就是采用了集中战略。再如，纳爱斯通过专注于竞争对手放弃的细分市场，逐渐发展壮大。面对竞争对手宝洁，纳爱斯选择宝洁不愿意涉足的“低端市场”，依靠雕牌系列的洗衣粉、透明皂、牙膏和纳爱斯系列的香皂、沐浴露、洗发水等质优价廉的产品线与产品组合，以及以大卖场和超市为主要方式的渠道，实现集团快速发展，连年入围“中国制造业企业500强”“中国轻工业百强企业”。

上述三种竞争战略中，成本领先战略和差异化战略主要关注整个市场、整个行业，从行业、市场层面谋求竞争优势；集中战略则把目标放在某些特定的细分领域，在细分领域建立起企业竞争优势，一般来说中小型企业多采用集中战略。三种战略在产品差异化、细分市场和企业超越竞争对手的技术或能力方面的比较如表3-6所示。

表3-6　三种基本竞争战略比较

	成本领先战略	差异化战略	集中战略
产品差异化	低（主要价格）	高（主要指独特性）	低到高（价格或独特性）
细分市场	低（大众市场）	高（大量细分市场）	低（一个或少数几个细分市场）
独特的企业竞争力	制造和物料管理	研发、销售与营销	所集中的领域

资料来源：希尔，琼斯．战略管理［M］．孙忠，译．北京：中国市场出版社，2007.

竞争战略是一个行动纲领，随着公司内部资源、能力和竞争力的变化及外部环境变迁，也会呈现相应的动态变化。在产业发展的不同阶段，公司所面对的机遇与风险有差异，竞争状况不同，公司的竞争地位也不同，相应地，公司所选择的竞争战略也会有所变化。在产业的萌芽阶段，行业竞争相对温和，许多新建企业侧重建立独特的企业竞争优势，适当的策略是抢占市场份额；在产业的成长阶段，企业着重于进行扩张，保持相对竞争地位，采取企业发展战略，对于竞争地位不强的企业则宜采用集中战略，集中所掌握的资源在某一领域获得竞争优势；在震荡阶段，竞争最为激烈，竞争地位较强的企业会继续扩大市场份额，而处于不利地位的企业则需要采取集中战略，专注于某细分领域；在产业的成熟阶段，为获取利润需要采取多种战略，在衰退期，企业可以选择集中战略，把有效资源配置到有利润的产品市场上，有的则需要减少投资或撤出投资（见表3-7）。一般来说，处于不同阶段的竞争力弱的企业可以采取转向战略，即由一种战略转向另一战略，以此寻找新的发展机会。

表3-7　产业不同阶段业务层面的战略选择

产业生命周期阶段	强大的竞争地位	弱小的竞争地位
萌芽	抢占市场份额	抢占市场份额
成长	扩张，采取企业发展战略	市场集中
震荡	提高市场份额	市场集中或收割/清算
成熟	持有–保持，或盈利	收割或清算/剥离
衰退	市场集中或收割	转向、清算或剥离

资料来源：希尔，琼斯．战略管理［M］．孙忠，译．北京：中国市场出版社，2007.

第四节　跨国公司平台战略

数字技术改变着商业模式，影响着跨国公司的经营战略。2010~2015年，联合国贸易与发展会议（UNCTAD）公布的全球100家跨国公司排名中，数字跨国公司的数量从4家增至10家。Facebook、谷歌、亚马逊、阿里巴巴等数字跨国公司都采用了平台经营的商业模式，通过网络平台将不同类型的用户连接起来，并促成它们之间的交易。亚马逊、eBay、阿里巴巴把买家与卖家连接起来，PlayStation连接游戏开发商与玩家，苹果公司的应用商店把软件开发商与iPhone及iPad用户连接起来。优步（Uber）和爱彼迎（Airbnb）创建之初，也是以平台业务起家，许多中小微型跨国公司借助平台实现跨国经营，尤其是2020年新型冠状肺炎病毒在全球肆虐，这在一定程度上加快了跨国公司平台战略的发展。

一、平台与平台战略

当前平台模式是全球最引人注目的商业创新模式，许多新兴企业借助这种模式实现了飞速的发展。2007年，诺基亚、三星、摩托罗拉、索尼爱立信和LG五大手机制造商获得了该行业全球利润的90%。到2015年，iPhone一款产品就赚取该行业全球利润的92%，之前的在位企业，只有一家盈利。在世界100强企业中，60家企业的主要收入来自平台商业模式。苹果、谷歌、阿里巴巴、腾讯等数字跨国公司也在积极实施平台战略。

（一）平台的概念

平台常指互联网平台，是指利用科技连接起生态系统中互动的人、机构和资源，创造意想不到的价值并进行价值交换的新兴商业模式（帕克等，2017）。陈威如和余卓轩（2013）认为平台商业模式是连接两个或更多特定群体，为其提供机制，满足所有群体的需求，并巧妙地从中盈利的商业模式。平台是一种将两个或者更多个相互独立的团体以共赢的方式连通起来的模式，使生产者和消费者能进行商品、服务及信息的交换（莫塞德和约翰逊，2017）。库斯玛诺（2013）对“平台”的定义是：首先要有被众多公司应用的基础技术或者产品（也可以是服务）；其次要将众多参与方（市场参与者）汇聚于一个共同目的；再次是通过更多用户、更多补充的产品和服务使其价值呈几何级增长。[㊀]中欧案例中心（2017）认为平台不仅仅是一种商业模式，也代表着组织管理的思维，企业使用平台模式，利用平台思维激发内部的全员创新意识，使公司内部市场化，这种组织被称为平台化组织。平台模式的管理思维就是连接两个以上的资源方或需求方，创造出各方各自独立时无法存在或产生的价值，例如百度连接搜索者与信息、淘宝连接买家与卖家。

帕克等（2017）提出：平台是促进生产者和消费者价值互动的结构。平台是一个市场，其中有两种角色：生产者和消费者，通常来说，平台自己不介入生产，它的角色是构建一个有着活跃核心互动的双边市场。平台最基本的结构是：参与者+价值单元+过滤器=核心互动。

其中，参与者指生产者和消费者；价值单元指产品或服务，由生产者生产出来，被消费者消费，单元指单一要素，如一个商品、一次打车；过滤器指平台对生产者和消费者进行匹配；核心互动指生产者和消费者之间的活动。

用平台画布（platform canvas）来表示平台商业模式的结构如图3-7所示。

㊀ 王珍．平台战略与海尔［N］．第一财经日报，2013-08-02.

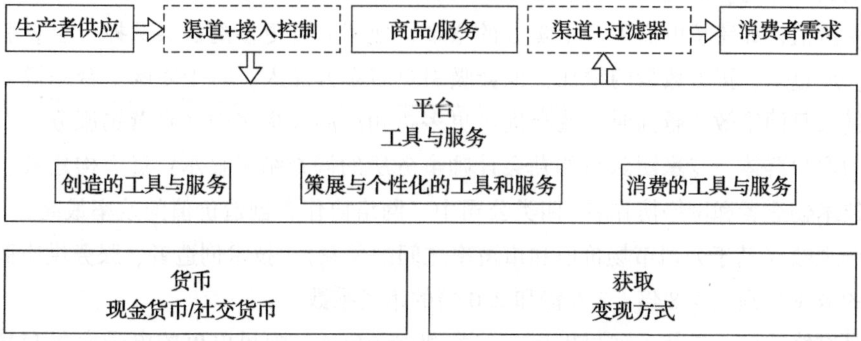

图 3-7　邱达利设计的“平台画布”

资料来源：帕克，埃尔斯泰恩，邱达利．平台革命：改变世界的商业模式［M］．志鹏，译．北京：机械工业出版社，2017.

从上述学者（或机构）对平台概念的界定可以看出：平台是一种新兴的商业模式。这种模式包含三方面要素：一是由两个或两个以上独立的群体参与，这些群体可以是生产者、消费者、服务者，也可以是产品、技术、信息等；二是围绕参与者的需求，形成一种匹配机制，如信息分享、价值交换等；三是参与方都能获得较大的收益，并实现超常规的增长。平台有狭义和广义之分，狭义上，平台是一种创新的商业模式；广义上，也包括运用平台的思维开展的商业创新活动。

（二）平台的类型

1. 交换平台和制造平台

根据《平台垄断》一书对平台的分类，平台可分为交换平台和制造平台两类。

交换平台指为消费者和生产者提供最优化的直接交易，让双方获得价值的平台，交换平台通常有以下七种形式：服务市场平台；产品市场平台；支付平台；投资平台（比如，用于支付某个金融工具，可以是股权，也可以是贷款等）；社交网络平台；沟通平台（如发信息）；社交游戏平台（多个用户参与的游戏互动，包括竞技游戏以及合作游戏）。

制造平台指生产者生产出互补产品，该产品被更多的受众使用从而产生价值，包括内容平台（如一篇文章、一张照片、一个视频等）、开发平台（提供软件项目）。

2. 纯数字平台和混合类平台

根据交易的内容是否为纯数字，平台分为纯数字平台和混合类平台。

纯数字平台指通过互联网运营和交付的数字化业务，如搜索引擎、社交网络等平台。

混合类平台指实现商业交易的在线平台，包括互联网零售商和在线旅行社。交付可以是数字的（如果交易的内容是数字的），也可以是物理的（如果内容是有形的），如亚马逊、阿里巴巴国际站、淘宝网、WISH 等电子商务平台。

二、商业平台的特征

1. 网络效应是商业平台的基本特征

网络效应是指生产者、消费者及其他参与者在平台内相互吸引，扩大平台规模，形成同边网络效应和跨边网络效应。同边网络效应是指参与中任何一方数量的增加将会吸引更多的参与者，如跨境电商平台中卖家增多，会吸引其他卖家的加入，同样，买家增加将会吸引其他买家参与。跨边网络效应是指参与者中一方数量的增多，影响另一方使用该平台的效用或价值，如跨境电商平台中卖方的增多，使买方有更多的购买选择，会吸引更多买方加入，反过来，买方数量的增加，也会吸引更多卖方加入。对于团购平台来说，团购客户基数越大且网络效应越强时，就会提供更多折扣产品和更多的平台营销服务，以便能培养更大的客户群体。专家团队与德勤会计师事务所的调查结果显示：资产构建者、服务供应商、技术创造者和网络协作者[⊖]四类公司中，网络协作者创造价值的效率最高，享有8.2倍的市场乘数（基于公司市场价值和市盈率之间的关系），技术创造者、服务供应商、资产构建者的效率分别是4.8倍、2.6倍和2.0倍的市场乘数。

正是网络效应，成就了阿里巴巴、谷歌和Facebook，阿里巴巴的电子商务交易量占中国电子商务交易总量的75%；谷歌在移动操作系统中所占的市场份额达82%、移动搜索占94%；Facebook成为在全球占主导地位的社交平台。

2. 形成商业生态系统是商业平台持续发展的基础

成功的平台战略是在一个运行机制下，构建一个由生产者、消费者及相关利益者参与的平台，通过互动，各参与方都能从平台互动中获得所需要的价值。平台要发展，必须不断接纳新成员，建立合理的价值创造和价值分享机制，各方成员从互动交换中获取价值，平台才能长期维持和演进发展。如果一方不能获得足够的价值，就不会再参与下去了。早在2000年，戴姆勒-克莱斯勒、福特、通用汽车、日产汽车等一些汽车制造商投资5亿美元，为汽车公司和汽车零部件供应商搭建Covisint在线市场平台，在平台中汽车公司是消费者，零部件供应商是生产者。因Covisint的所有权结构和拍卖形式严重偏向于汽车公司，平台交易机制迫使供应商进入激烈的价格战，供应商因价值获取较少，离开了平台，导致平台不能实现持续性盈利。2004年，平台被抛售，售价仅为700万美元。

3. 竞争呈现“赢家通吃”的格局

赢家通吃（winner-take-all）指市场的第一名和第二名间有相当大的差距，通常市场领先者占有40%~60%或更高的市场份额（陈威如和余卓轩，2013）。数字经济时代的竞争不同于工业经济时代的竞争，现在的竞争常会出现赢家通吃现象。如在中国C2C电子商务市场上阿里巴巴与eBay的竞争，阿里巴巴取得胜利，其旗下的淘宝、天猫占据了中国电子商务90%的市场，eBay当年失败后退出中国市场。再如网页搜索领域谷歌占据美国65%的市场份额和欧洲90%的市场份额，微软的必应搜索仅占美国20%的市场份额；携程网在中国占有50%的市场份额。“赢家通吃”也有例外，如果一个行业内，用户能够在不同平台间随意转换，这样的行业中生存下来的平台就多，也就是降低平台间的转换成本可以打破“赢家通吃”的行业垄断格局。

三、平台战略

平台战略指的是企业基于平台的运营模式或平台思维，建立由供应商、消费者及相关利益者参与的平台系统，并按一定的交易机制和规则进行运营的体系。下面侧重介绍平台

⊖ 资产构建者发展用于实体物品交付的实物资产，如福特和沃尔玛；服务供应商雇用员工向顾客提供服务，如联合健康（UnitedHealthcare Group）和埃森哲咨询公司（Accenture）；技术创造者研发并售卖各种形式的知识产权，如软件和生物技术，最典型的例子如微软和安进（Amgen）；网络协作者开发网络让人们和公司一起创造价值。

进入战略、平台构建战略和绑定平台的竞争战略。

（一）平台进入战略

对于新进入者来说，其构建平台的质量能否形成网络效应和消费者的预期是其能否成功进入市场的关键因素。新进入时，需要采取一定的策略吸引用户和服务提供者，推进平台双边市场的扩大，通过提供创新性服务或新的交易机制让消费者能获得比现有平台超值的效用，新进入者可以进入行业市场，并能不断提升市场份额。

2002 年 3 月，eBay 用 3 000 万美元收购在线拍卖网——易趣网 33%的股份进入中国市场，2003 年 5 月，淘宝网成立。2003 年 6 月，eBay 以 1.5 亿美元全资控股易趣。eBay 当时的规则是向商家收取交易费。淘宝网采取的策略是最初 3 年免费，开设阿里旺旺聊天服务，引入支付宝提供第三方信用服务，这三项创新性策略优于 eBay 平台，2006 年 eBay 退出中国，其本地运营业务交给 TOM 在线。

从阿里巴巴淘宝网与 eBay 的竞争中，可以看出淘宝网战胜 eBay 的原因是平台质量优于对手，旺旺聊天和支付宝提供的服务的价值超过消费者在 eBay 上所能获得的价值。

（二）平台构建战略

平台构建战略以双边网络平台为基础，并同时发挥同边和跨边两种网络效应。跨国公司以盈利为目的，设计平台的商业运营模式时，定位是最重要的因素。在制定定价规则时，需着重考虑三方面因素：一是平台中每一方的定价，都会对其他参与方有影响；二是平台内生态系统所处的发展阶段；三是行业的竞争状况。一般来说，向一方参与者收费，对另一方免费的定价方式较常用。这样定价的目的是创造跨边网络效应，若平台能吸引足够多的免费用户，赚钱方会愿意为接触这些用户支付费用，反之亦然。

例如持有 Visa 卡或万事达卡信用卡的消费者在美国商店购物时，信用卡中心会向商店收取消费金额的约 1.9%作为手续费。这笔手续费分配给三方：收单银行（协助商家处理信用卡交易的银行）0.1%，发卡银行 1.7%，信用卡体系本身 0.09%。其中，商家赚钱了，是付费方，消费者免收手续费，获得这笔手续费最多的是发卡银行。这样可以激励发卡银行推销卡，消费者使用信用卡，做大信用卡持有者这一方的规模。

随着平台生态体系的演进，平台企业可以对收费规则进行修改，对收费的内容、收费的标准、收费的对象进行调整。如淘宝网由最初的免费到收费政策的调整。

（三）绑定平台的竞争战略

为进入新的平台市场，新进入者通过多平台绑定的方式利用所绑定平台的用户资源，也就利用了绑定平台的网络效应，从而得以进入新市场。微软公司的媒体播放器挑战 Real Networks 公司时，就采取了这种战略。

1998 年 Real Networks 公司占据了媒体播放平台 90%的市场份额。微软公司推广其媒体播放器时，采取的策略是把媒体播放器绑定到 Windows 操作系统，供消费者免费使用，当时微软媒体播放器没有任何额外的增值功能，但它与 Real Netowrks 的用户群是完全重叠的。消费者和内容提供商发现，微软绑定的媒体播放器应用更方便，因此许多消费者放弃了 Real Networks。

本章案例研究

【案例 3-1】 沃尔玛的跨国经营战略

（一）基本案情

1962 年，沃尔玛公司成立于阿肯色州，经过 50 多年的发展，沃尔玛公司已经成为世界最大的私人雇主和连锁零售商，多次荣登《财富》“世界 500 强”榜首及当选“最具价值品牌”。沃尔玛公司致力于通过实体零售店、在线电子商店以及移动设备移动端等不同平台，以不同的方式来帮助世界各地的人们随时随地节省开支，并生活得更好。每周超过 2.75 亿名顾客和会员会光顾沃尔玛在 27 个国家拥有的 58 个品牌下的超过 11 484 家分店，此外，沃尔玛在 10 个国家有电子商务网站。沃尔玛 2019 财年全球营收达到 5 144 亿美元，全球员工总数超 220 万名。沃尔玛能够在 50 多年的时间内迅速成长为超大型的跨国公司，并非偶然，让我们来看看它的市场扩张策略和全球化战略，也许对我们的企业发展能有所启示。

1. 市场扩张策略

沃尔玛自 1991 年开始从美国向海外拓展以来，一直大力推行全球化。1993 年，沃尔玛海外商店的数量仅占商店总数的 1%，到 2000 年已经增长到 25%，两年之后又增长到 27%，2010 年达到 48%。截至 2020 年 10 月 23 日，沃尔玛的海外商店已经达到 6 132 家，占商店总数的 53%。沃尔玛在中国 180 多个城市开设了 400 多家商场、约 20 家配送中心。

沃尔玛为什么要实行全球化？因为国内市场饱和，因为国际市场广阔，还因为新兴市场为廉价折扣零售提供了巨大的发展空间。企业全球化绝非单凭宏伟计划就可以一蹴而就，同样也不能仅靠数量的递增和随意的决策。企业如果想像沃尔玛那样开辟全球化的道路，就必须认真考虑 6 个重要问题。

第一，选择产品：选择一个或少量产品系列作为全球化的先头部队。

第二，选择市场：通过认真分析，挑选适合进入的目标市场。

第三，选择打入市场的方式：选定目标市场后，企业应确定产品出口与当地生产的比例。

第四，移植企业文化与经验：把企业经营模式带入目标市场。

第五，占领当地市场：对当地客户、竞争对手和所在国政府的要求与行动进行预估并做出相应的调整与反应。

第六，全球化拓展的速度：包括评估企业的管理能力能否满足企业全球化拓展的需求。

企业只有认真分析了这 6 个问题，才能有条不紊地开展全球化进程。在全球化的初始阶段，最好先挑选一个或少量产品系列作为开辟市场的先导产品。这是因为全球化拓展要求企业必须至少具备 3 个方面的能力：了解国外市场的能力、管理国外分支机构的能力以及人员自身的技能。如果缺少这 3 个方面的能力，企业就很难被当地的环境所接受，企业的海外拓展也将面临高风险。对市场的选择必须坚持“利润最大，风险最小”这两个基本原则。对企业来说，初始阶段的行动是一个大量吸取经验的试验过程。而且，成功带来的现金流又为进一步全球化提供了动力。

沃尔玛在全球化道路上，充分利用了在美国国内市场获得的两大关键资源。第一，沃尔玛与宝洁、金宝汤、Clorox、高露洁、通用电气、Hallmark、家乐氏、雀巢、可口可乐、辉瑞及3M等供货商巨头保持密切的供销关系，从而为沃尔玛的海外连锁店提供了高效的供货渠道。第二，沃尔玛还利用其完善的国内信息库以及在商店管理、经营技巧和后勤保障等方面的丰富经验，为海外分店提供指导和帮助。

沃尔玛首先选择墨西哥（1991年）、巴西（1994年）、加拿大（1994年）与阿根廷（1995年）作为海外发展的突破口。这固然是因为与欧洲和亚洲相比，这些国家与美国更为接近，同时也是因为这些国家还是美洲除美国外最大的4个经济体，能够为零售业提供巨大的发展前景。

1996年，沃尔玛准备挺进亚洲市场。首先，沃尔玛在1992年和1993年首次进入亚洲市场，分别与两家日本零售商Ito-Yokoda和Yaohan签订了低价商品的购销协议。作为条件，这两家日本零售企业在日本、新加坡、中国香港、马来西亚、泰国、印度尼西亚和菲律宾等地销售这些低价商品。1994年，沃尔玛通过与总部设在泰国的卜蜂国际（C. P. Pokphand）集团组建合资公司，进入中国香港市场并开设了三家Value Club会员制折扣店。

1997年，沃尔玛打入欧洲市场，收购了拥有21家门店的Wertkauf超级连锁店系统。德国消费者的购买力、较大的消费群体及其在欧洲的中心地理位置，为沃尔玛后来在欧洲大陆上的拓展提供了坚实的基础。

（1）进军模式：循“市”而变。沃尔玛海外市场进入模式因市场而异：要么收购一家现成的当地企业，要么同当地企业联营，还可能从头开始建立独立的经营系统。1994年，沃尔玛通过整体收购进入加拿大市场。这一选择主要基于三个方面的考虑：第一，加拿大是一个成熟的市场，新建商店会加剧当地已经非常激烈的竞争；第二，美国与加拿大市场在收入与文化方面的情况极为接近，不需要积累什么新经验；第三，当时正好有一家经营不善的零售商Woolco可以低价收购。

在打入墨西哥市场时，考虑到美国与墨西哥在居民收入与文化方面差异较大，沃尔玛采取了另外一种方式。沃尔玛与墨西哥最大的零售商Cifra通过对等投资组建了一个合资企业，依靠Cifra的经营经验，应对墨西哥动荡多变的经营环境。

（2）本地化：灵活应对“近距离作战”。对沃尔玛来说，赢得当地市场需要两个步骤：了解当地情况，确定哪些需要进行本地化调整；对当地竞争对手的行动与反应做出应变。

沃尔玛在中国市场进行了多种尝试，寻找最受中国顾客欢迎的商店形式，其中之一就是深圳超级购物中心。它采用了一种集商业中心与仓储购物商店特点于一体的混合形式，即采用会员制销售，同时对非会员提供“当日特价商品”。此外，沃尔玛还开办了一些规模较小的卫星店进行试验，力求把握中国运输与购物的发展趋势，适应中国人的购物习惯。

沃尔玛进军英国市场的时候，英国的零售市场已发展成熟，因此必须通过兼并的方式进入。1999年，沃尔玛收购了英国的Asda集团。这是一家实力强大、管理完善的连锁超级市场集团，是英国零售业的巨头之一，其风格与沃尔玛非常接近。实际上，Asda集团长久以来一直在借鉴沃尔玛的经营宗旨与经营模式，因此几乎无须进行任何改造即可顺利运营。

2. 周密运筹的全球化战略

沃尔玛全球化的速度是否可以更快一些？在一些人看来，沃尔玛进入新兴市场的步伐有些缓慢保守。但是，请记住，大举进入小国或发展中的新兴市场需要采用完全不同的方式。比如在印度只有很小一部分消费者的年收入在2万美元以上，但这些消费者非常偏爱也有能力购买国际知名品牌的产品。沃尔玛充分利用自己在国际供应商中的影响力，为这些顾客提供令其满意的服务。

实施全球化战略并把全球网络转化为竞争优势，离不开系统的分析、专项的运筹和精密的配合。如果没有科学严密的方法，全球化很容易变成一条拉得过长的战线，造成管理的分散和资源的浪费，最终使国内市场中的竞争优势都丧失殆尽。在这种情况下，如果不对企业的全球化进行有效控制，就会出现企业总体业绩不进反退的局面。

2003年11月，著名的战略管理学家、哈佛大学战略管理教授潘卡·盖莫沃特在《哈佛商业评论》上发表了一篇名为《全球化：差异的战略》的文章。文章写道："以前那种单纯地认为全球化就是缩小差距，最大限度地统一标准的经营模式已经过时。如今企业决策者已经深刻地意识到只有注重不同区域市场的地区差异，最大限度地利用这些差异，而不是减少差异，发挥差异的优势才是上策。这种差异的要素包括文化差异、管理模式差异、经济环境差异等。"因此，我们看到沃尔玛更多的是采用"全球化思维，本土化行动"的战略思想，有节奏地推行它的全球化战略，有步骤地占领全球市场。

（二）案例点评

（1）在进行全球化时，一定要制定好战略或规划。一个企业在国内市场发展到一定阶段，积累了一定的实力和竞争力，就有可能走向国际市场，开展跨国经营活动。在准备开展跨国经营时，一定不要盲目，不要跟风，要认真分析国内外市场情况，制定全面和周密的全球化战略。将全球化的目的、步骤、方式、资源、控制等问题解决好。沃尔玛在开辟全球化道路时，首先认真思考了6个重要问题，然后才有条不紊地开展全球化进程。另外，沃尔玛认识到在全球化的初始阶段，企业必须具备3个方面的能力，即了解国外市场的能力、管理国外分支机构的能力以及人员自身的技能。

（2）针对不同的市场采取不同的进入模式。进入国外市场要注意模式的选择，进入不同性质的市场应采取不同的模式。针对不同的市场采取不同的模式，这是企业实施全球化经营时首先要面对的问题。沃尔玛在进入亚洲、欧洲和美洲市场时采取了不同的模式：进入亚洲市场采用的是建立滩头堡垒和合资的形式；进入欧洲市场采用的是收购和兼并的形式；而进入美洲市场采用的则是整体收购与组建合资企业并举的方式。

（3）实施本土化战略才能在市场中扎根。沃尔玛采用的"全球化思维，本土化行动"的战略思想是有深刻道理的。一家企业进入东道国市场后，如果不能根据当地的实际情况采取灵活的对策，必将影响其在当地的发展。进入当地市场后，首先应对市场进行全面了解，把握当地市场的特殊性，深刻认识当地的风俗习惯和政策法律规定，然后才能确定本企业基本经营模式中的哪些内容可以原封不动地保持下来，哪些需要进行本地化，哪些必须彻底改变。

（4）快速扩张不能忽视文化差异和规范化的管理。2006年11月以来，沃尔玛加快在中国的扩张，曾创造了一年在华新设40多家店的纪录，经历了由传统"集权"到"放权"的管理体制的变革，也尝试了由"天天平价"到"天天低价"再到"天天平价"经营理念的转变，但重庆"绿色猪肉事件"㊀的曝光，预示着沃尔玛快速获

㊀ 2010年1月1日开始，沃尔玛公司在重庆的12家门店，把普通冷鲜猪肉标注为"绿色三鲜肉""绿色精肋排""绿色里脊"等，按照绿色食品猪肉的价格销售，销售量63 547公斤，违法所得60万余元。涉案门店被没收违法所得，并处以违法所得5倍罚款，停业15天整顿（http://district.ce.cn/newarea/roll/201203/14/t20120314_23155681.shtml；https://finance.qq.com/a/20111010/002964.htm）。

取利润扩张方式的终结。“放权”固然是好，但不能放弃原则，不能出现“各地采购政策不一”的现象；追求利润没错，但植根在“上帝”心中的经营理念不能变；变革是趋势，但要循序渐进，也要重视文化上的差异。

【案例3-2】安卓与iOS的生态系统[⊖]

（一）基本案情

iOS和安卓（Android）是典型的竞争性平台生态系统，涉及多种类型的主体（见图3-8）。苹果的用户在意的是iPhone手机本身的功能与设计样式，还有App Store里所提供的各种应用软件；iOS的平台生态圈将手机用户与软件开发商的双方价值进行结合，让它们彼此吸引，产生强大的跨边网络效应。苹果通过“应用商店+硬件+服务”，构建了从硬件到操作系统再到应用商店的垂直一体化生态系统，通过应用商店分成获取收益。

谷歌的安卓用户群体，无论是对终端硬件还是应用软件，均拥有众多选择。安卓平台通过开放、免费构建战略联盟，打造产业生态系统，通过安卓广告获取收益。在高度开放的生态图架构中，这些多样性选择便是谷歌寻求广告商机的意图。谷歌公司推出安卓系统后，安卓的高度开放策略频见成效，其市场份额一直不断上升，手机销售量从2009年的680万部，增长到2010年的6 700万部，增长率达885%。2009年安卓系统市场份额仅为3.9%，2010年达到22.7%，2010年年底以后，安卓的市场份额已超越苹果iOS和诺基亚的塞班系统，成为全球最受欢迎的智能手机操作系统。2016年和2017年安卓操作系统的市场占有率达到84.8%和85.9%，iOS操作系统的市场占有率分别为14.4%和14.0%。iOS市场份额的下降，也表明iOS对于服务费率的控制能力在下降。

比较iOS系统与安卓系统，我们可以发现iOS生态系统的产品主要是iPhone、iPad

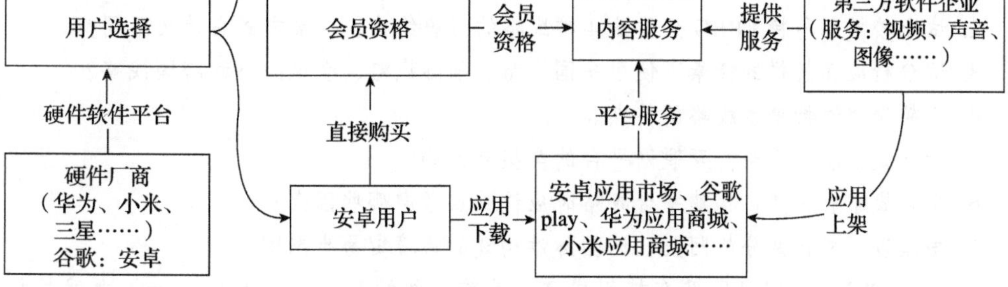

图3-8 安卓与iOS的平台生态系统

资料来源：刘蕾、鄢章华、孙凯（2020）。

⊖ 案例资料来自刘蕾，鄢章华，孙凯的“硬件产品+软件服务视角下的产品定价策略研究——以iOS和Android为例”，发表于《中国管理科学》，https://doi.org/10.16381/j.cnki.issn1003-207x.2019.0395；陈威如、余卓轩的《平台战略》。

等苹果产品，而安卓平台的产品涉及诸多手机和平板，如华为、OPPO、VIVO、小米、三星、联想等。两者在文本放大、反转颜色和存储音频、视频文件方面效率相似，iOS 6.0具有较好的支持架构和品牌价值，用户体验满意；Android 4.2在架构支持和功能效果方面令用户满意。iOS在延时录音和负片摄像方面具有优势，安卓在本地设备录音、文件组织和分享方面较为出色（Hayhoe，2015）。iOS系统中网络节点间的连接效率远超过安卓系统，安卓系统在网络外部影响上超越了iOS（杨蕙馨等，2014）。

在这两个系统中，苹果iOS生态系统的利润多来自软件开发商的分成，与开发商三七分成，苹果取30%，苹果公司拥有数字音乐的定价权，唱片公司提供的歌曲必须以每首99美分的价格出售，这其中苹果获得22美分的利润分成。谷歌安卓系统的盈利主要来自广告方面的营收，以及与谷歌其他生态圈的广告体系相互连接。

（二）案例点评

（1）该案例体现了数字平台企业的特征。首先，安卓与iOS两个系统都构建了从硬件到操作系统再到应用商店的生态系统，正是形成了各自的生态系统，各方才能从互动交换中获取各自所需要的价值，安卓与iOS才能持续发展。其次，在这个生态体系中，安卓与iOS利用平台的网络效应扩大规模。iOS通过应用商店收入分成的方式，吸引大量软件提供者，而丰富的内容也吸引手机用户选择，从而扩大平台规模；安卓平台通过开放、免费，吸引大量用户，构建了产业生态系统。

（2）安卓、iOS连接着硬件与软件，满足消费者的新需求，这是智能手机在竞争中生存下来的关键。新时代，以“90后”“00后”为主体的消费者群体对数字产品有深度的多方面需求，为他们提供便捷工具，使他们可以享受迎合自身需求的新颖、动态的数字内容，这也体现了产品与服务细分却又不可分割的现实情况。

（3）安卓与iOS操作系统的运营策略不同，但都取得了成功。安卓成功的根本原因在于系统的开放性与免费，iOS则得益于生态系统的相对封闭性。开放与封闭仅是一个集聚用户或软件提供者的策略，背后的盈利模式才是操作系统生存的关键。

思考与练习

1. 跨国公司的战略有哪三个层面，分别侧重解决什么问题？
2. 试比较帕尔马特EPRG分类法4种战略的组织结构、决策方式有什么不同？
3. 试分析应在怎样的情景下使用多国战略、国际战略、全球战略和跨国战略？
4. 比较说明波特竞争战略的特点。
5. 什么是互联网平台？互联网平台的类型有哪些？
6. 平台战略有哪些？构建平台战略时应该重点考虑哪些因素？
7. 根据以下资料试分析阿里巴巴国际站构建的跨境贸易生态圈。

   1999年，阿里巴巴在杭州成立，其首个网站是www.alibaba.com，也就是阿里巴巴国际站，该平台致力于帮助中国中小企业发展出口贸易。目前，阿里巴巴国际站拥有超过1.5亿的注册会员，每天有来自全球200多个国家和地区的中小企业在平台上进行交易，产生近30万笔询盘订单。截至2019年6月，阿里巴巴国际站在全球拥有超过2 000万的活跃买家，有超过200万的支付买家。

   在阿里巴巴平台上，平台为卖家提供一站式的店铺装修、产品展示、营销推广、生意洽谈及店铺管理等线上服务，卖家可以搜索买家的采购信息，买家可以搜索卖家所发布的公司及产品信息，平台为买家、卖家提供了沟通工具、账号管理工具。为了解决交易的信任基础问题，阿里巴巴国际站由支付宝国际版（ESCROW）进行担保交易，推出“信用保障体系”（trade assurance），根据每个中小企业在国际站上的基本信息和贸易交易额等（一般是一达通上的通关额度）核定真实出口情况，再加上其他信息综合评定给予其一定的信用保障额度，帮助中小企业向买家提供跨境贸易安全保障（如果出现付款后不发货等情况，阿里巴巴会先行赔付买家）。阿里巴巴平台支持EMS、UPS、DHL、FedEx、TNT、顺丰和中国邮政航空包裹等快递运输物流方式。阿里巴巴国际站还跟蚂蚁金服合作，搭建新的数字化支付金融网络，平台支持22种货币交易，并能在56个国家和地区实现本地支付结算，汇兑成本也从原来的2%~3%降至1%。平台上实现了全球范围内信息流、资金流、物流和商流的融合。

CHAPTER4

第四章

跨国公司全球价值链

学习要点

全球价值链是全球经济的一大特征，国际生产的片段化以及生产各环节的国际分散化，形成了无国界生产体系。跨国公司主导的全球价值链掌控着80%的全球贸易。本章分析国际生产体系的形成与发展，比较国际生产体系、全球生产网络和全球价值链的含义，然后介绍全球价值链的治理、升级和经济租，以及跨国企业融入全球价值链的模式与升级路径，最后讨论跨国公司全球价值链案例。通过本章的学习，学生应理解相关概念，掌握全球价值链的治理模式、升级模式及融入渠道，并能用其分析跨国公司的全球价值链。

Key Points

Today' s global economy is characterized by global value chains（GVCs）, in which the fragmentation of production processes and the international dispersion of tasks and activities have led to the emergence of borderless production systems. TNC-coordinated GVCs account for 80 percent of global trade. This chapter analyses the formation and development of the international production systems and compares the meaning of international production systems, global production networks and global value chains, subsequently introduces the governance, upgrading and economic rents, the model of participating into the global value chain and upgrade path. Finally the paper discusses cases relating to global value chains. By studying this chapter, students are expected to have a general understanding of GVCs, grasp its governance, upgrading model and participating channel, and then can analyse global value chains of transnational corporations.

跨国公司是世界经济发展的引擎。自19世纪60年代跨国公司出现以来，跨国公司对世界经济的发展和全球经济一体化的形成具有重要推动作用。19世纪80年代之后，随着商品、服务及国际资本流动规模的迅速扩大、贸易投资壁垒的降低和新技术的出现，经济全球化的趋势日益增强，各国之间经济相互依赖的程度不断加强，国际分工逐渐由产业间分工、产业内分工向产品内分工演进。世界各大跨国公司为应对全球日益激烈的竞争，积极调整经营战略，利用世界各地有利的要素资源，在全球范围内进行生产布局，将具备供求关系的上下游产业分布在世界不同的地区，把产品生产的不同环节分配在具有比较优势的区域，构建全球生产体系，把跨国公司管理的单个工厂或企业之间的竞争，转变为跨国公司治理下的整个生产体系的竞争，以实现其全球利润的最大化。

跨国公司全球生产体系的构建是世界经济一体化发展的推动机。当前，由跨国公司主导的国际生产活动呈现出生产的分散化、片段化，而跨国公司又通过股权、贸易和非股权安排把其拥有的独资公司、合资公司与遍及全球的供应商、承包商、分销商及战略联盟伙伴联系起来，形成一个渗透全球的巨大生产体系或生产网络，许多学者及国际机构也称之为全球价值链。

第一节　跨国公司全球生产体系、全球生产网络与全球价值链

一、全球生产体系的形成与发展

全球生产体系最初起源于国际贸易，开始于国外生产（international production）。15世纪以前，以自然经济为基础的区域贸易仅是经济生产的一个补充，贸易目的主要是互通有无。15世纪末16世纪初的“地理大发现”，促进了世界市场的形成，开始真正意义上的“世界贸易”，其贸易目的由互通有无转变为牟取商业利益。16世纪开始，西欧封建专制国家大力推进重商主义政策，鼓励发展航海业和对外贸易，促进了为出口而生产的国际分工。1770年开始的以机械化为特征的第一次工业革命，促进了国际分工体系的建立。[㊀]1865年德国的拜耳公司（Bayer）在美国开设苯胺工厂，1866年瑞典诺贝尔在德国开设炸药工厂，美国胜家（Singer）缝纫机公司于1867年在英国建立分厂，这些标志着西方公司开始由国内生产向国外生产延伸，也就是开始了国外生产。在国外生产阶段，国内公司以直接投资的形式在国外建立分、子公司，由分、子公司在东道国开展生产经营活动，主要通过所有权对国外机构进行控制。在这个阶段，国外子公司的数量、生产量及雇用员工数量较少。

随着人员流动、资本、商品的管制放松和科学技术的进步，国外生产的地理区位逐渐增多，国外生产范围逐渐扩大，国外生产成为国际分工体系的有机组成，其发展趋向扩大化、国际化。1870~1913年是国际经济一体化的“黄金时代”。在这个阶段，短期、长期资本流动不受管制，利润转移不受阻碍，几乎所有工业国及大部分农业国都实施金本位制，劳动力洲际间的流动限制较少，国内制度对资源直接分配的影响很小。由对外直接投资推进的国际化生产得到了发展，截至1914年，全球对外直接投资总额已达140亿美元，占世

㊀ 海闻，等. 国际贸易［M］. 上海：上海人民出版社，2003：2-8；何树全. 当代世界经济学导论［M］. 上海：格致出版社，上海人民出版社，2011：17-19.

界外国总投资的1/3。[一]其中，英国约占对外直接投资总额的45.5%，美国占18.5%。多数国际直接投资都流向了拉丁美洲、中国和欧洲等次发达地区，37.2%流向美国、西欧、加拿大等发达地区，其中美国占10.3%。1914年，发达经济体的制造业在国外建立的子公司有349家，若包括矿业、石油业和其他行业在内，国外子公司数量约800家，这些子公司遍及世界各地，从事产品制造、销售以及采掘、种植和其他活动。制造业跨国公司大多集中在当时新兴的资本或技术密集产业，其设立的子公司主要集中在发达国家，既出口产品，也对外直接投资。有些跨国公司初步建立公司内部的水平和垂直国际分工相结合的生产国际化体系，如美国跨国公司开始组织以世界市场为目标的国际经营活动：美国胜家缝纫机公司以美国和加拿大子公司的产品供应拉美市场，其英国、德国子公司的产品供应其他地区市场。两次世界大战期间，发达国家企业的对外直接投资发展缓慢，1914~1938年的25年间，世界投资由143亿美元增长到263.5亿美元。美国的对外投资地位提升，其境外子公司的数量增长较快，187家制造业公司在国外的分支机构由1913年的116家增加到1929年的467家，1939年达到715家。[二]

第二次世界大战以后，全球对外直接投资增长较快，国际生产活动发展迅速，趋向一体化发展。真正意义上国际生产体系的形成开始于20世纪80年代初，完成于20世纪90年代末。[三]1945年发达经济体的对外直接投资累计额为200亿美元左右，1960年、1975年、1980年和1985年的累计额分别增加到670亿美元、2 754亿美元、5 357亿美元和6 933亿美元。1961~1973年，FDI年均增长率超过世界生产总值和世界贸易的增长速度，其年均增长率分别为15.1%、5.5%和8%左右。1974~1980年，世界生产总值和世界贸易年均增长率分别为3.6%和4.0%，而1975~1980年对外直接投资年均增长率为18.9%，1981~1986年对外直接投资年均增长率、世界生产总值年均增长率、世界贸易年均增长率分别为2.7%、2.7%和5.85%。[四]1990 - 2015年，全球FDI流出量增长快速，年均复合增长率7.5%，产品零部件等中间产品的国际贸易量扩张迅猛，零部件中间品的出口额由1992年的4 100亿美元增至2003年的10 400亿美元，年均增幅达到14%，而同期世界出口贸易额的平均增幅仅为9%。2000年以来，全球贸易和FDI呈指数增长，增长速度超过了全球GDP增速，国际化生产迅速扩张。2001年，全球约有64 592家跨国公司母公司，控制的国外子公司数量超过851 167家。[五]2010年年底，跨国公司母公司发展到103 786家，它们的境外分支机构超过892 114家，跨国公司及其分支机构创造的价值占全球GDP总额的1/4，境外分支机构创造价值占全球GDP的1/10，出口商品占全球出口的1/3。2015年跨国公司的境外分支机构共提供7 951万个就业岗位，创造的价值占GDP的10.8%，出口商品占全球出口的37.4%。国际生产体系进一步深化，跨国公司与其分支机构及其他公司的联系不仅依赖于股权，还可能依赖于合同制定、技术许可、战略联盟等非股权方式，由跨国公司主导的生产体系内各成员间的联系趋向网络化。如芭比娃娃是通过一体化的生产体系实现了产品的

㊀ 联合国贸发会议跨国公司与投资司.1994年世界投资报告：跨国公司、就业与工作环境［M］.储祥银，等译.北京：对外经济贸易大学出版社，1995：175.

㊁ 冼国明.跨国公司与当代国际分工：对企业内部国际分工的剖析［M］.天津：南开大学出版社，1994：55-93.

㊂ 宋玉华，等.世界经济失衡研究［M］.北京：人民出版社，2012：81.

㊃ 冼国明.跨国公司与当代国际分工：对企业内部国际分工的剖析［M］.天津：南开大学出版社，1994：66.

㊄ UNCTAD2002：234.

生产。在这一生产体系中，美国企业负责芭比娃娃的设计和销售，提供模型和装饰；中国台湾企业从进口石油中提炼出一种塑料材料，提供模体的生产原料；日本公司生产尼龙头发；中国大陆企业提供棉花用于制作芭比娃娃的服装；最后在印度尼西亚、马来西亚、中国大陆组装成最终产品。而苹果公司第五代 iPod 的生产体系则显得复杂些，呈现网络化。苹果公司拥有 iPod 品牌，负责产品设计、检验与销售。该产品 451 个部件中的关键部件——硬盘、显示器模块、芯片和内存，由日本、美国和韩国企业提供，由中国台湾代工商在中国大陆组装，而这些关键部件又可能由其他地区的外包企业生产（如硬盘生产地在中国大陆，芯片生产地在美国或新加坡或中国台湾），其中每一个零部件中所用的许多零件又可能是由其他国家或地区生产。㊀

总之，国际生产体系的形成与发展是国际分工演进和 FDI 发展的产物，其主体是跨国公司。该体系的发展经历了由国内独立体系、简单一体化体系、复合一体化体系向网络化和无国界的国际生产体系的演变。第二次世界大战之前，国际分工主要是发达经济体间的水平分工（制成品生产的分工）和发达经济体与殖民地附属国间的垂直分工（制成品和原材料生产的分工），跨国经营企业以在国外设立工厂或并购企业等股权方式进行国外生产。第二次世界大战以后，国际分工由产业间分工向产业内分工、产品内分工发展。跨国公司根据区位优势与资源状况，把同一产品的不同生产工序、不同零部件或不同组件分散到全世界不同国家和地区进行一体化生产，并通过股权与非股权方式对生产体系内的参与者进行管理与协调。同时，不同跨国公司生产体系之间既存在竞争，也存在合作。跨国公司需要管理同一生产体系内参与者之间的内部关系，同时还需要与其他跨国公司生产体系之间建立互利共赢的合作关系，因此跨国公司的全球生产体系趋向网络化发展。

二、全球生产体系、全球生产网络及全球价值链的含义

跨国公司是世界经济一体化发展的主要推动者，是国际分工体系演进的主角。跨国公司在以对外直接投资、贸易及非股权安排等生产经营方式参与全球国际分工演进的过程中，出现了生产国际化、国际生产简单一体化（simple integration，如外包）、复杂一体化（complex international production，如区域生产核心网络（regional core network））、生产片断化、分散化、无国界生产体系等现象。针对国际生产中出现的这些经济现象，许多学者从不同理论角度、不同分析框架出发，用不同术语来界定跨国公司的国际生产活动，由此就出现了“国际生产体系”“全球生产网络”和“全球价值链”等术语。在上述术语中，“国际”两字是指国际化（internationalisation），侧重强调经济活动跨越国家间国境或关境在地理范畴的扩展；“全球”意指全球化（globalisation），侧重对国际分散的经济活动进行功能方面的一体化整合；“生产”指包括技术研发、生产制造和营销等环节的价值增值的过程。

1. 国际生产体系

跨国公司国际生产体系是国际直接投资迅速增长过程中的一个显著特征。跨国公司为实现终端产品价值创造和整体利益最大化，把产品的设计与研发、生产、采购和销售等生产经营活动根据全球各地资源禀赋和劳动力成本优势进行的合理布局，是跨国公司控制下的国际价值增值活动的区位安排。国际生产体系也称全球生产体系，还有的称之为“以世

㊀ 徐康宁，陈健．国际生产网络与新国际分工［J］．国际经济评论，2007(6)：38-40.

界为工厂”“以各国为车间”的全球化经营模式。在国际生产体系中，“国际”指地理空间布局，产品不同环节的分配不再局限于个别的国家或地区，而是基于不同区位的比较优势在全球范围内布局；“生产”的含义是指研发、制造、销售到售后服务的各个环节中的增值活动，包括所有商品、劳务、中间和最终产品的创造。国际生产体系有三个核心要素：治理、全球价值链和地理配置。

2. 全球生产网络

网络（network）最早出现在电学领域，后来扩展到数学、物理、神经生理学、计算机科学等领域。20 世纪 80 年代以来，网络分析方法被引入经济研究领域。全球生产网络是一种介于国际市场和跨国公司之间的、以关系契约为治理基础的组织形式，是跨国公司在生产体系内开展研发、设计、采购、制造和销售以及售后服务等增值活动时，各活动的参与者之间形成的相互依赖、共同发展的错综复杂的关系。在全球生产网络中，跨国公司通过股权或非股权方式，把其控制的子公司、合资公司及全球各地的供应商、承包商、分销商及战略联盟伙伴联系在一起（见图 4-1）。国际生产网络侧重强调的是国际生产体系内企业间错综复杂的水平的、倾斜的以及垂直的关系特性和由此形成的更大规模的经济群落。

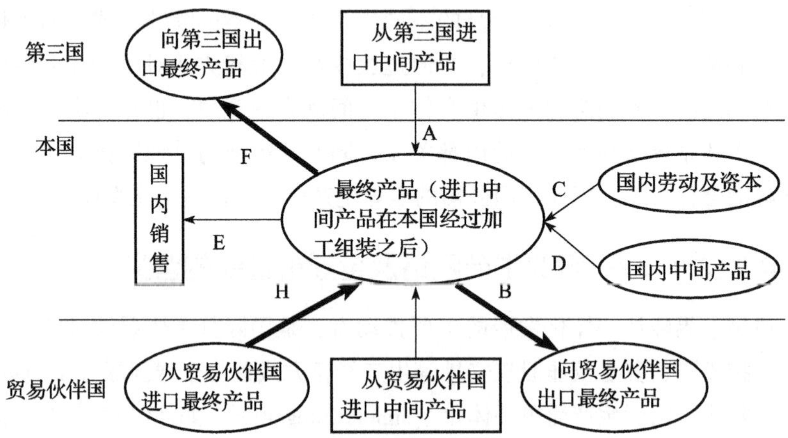

图 4-1 全球生产网络示意图

资料来源：Kei-Mu Yi（2003），转引自林玲和余娟娟（2012）。

3. 全球价值链

全球价值链（global value chain，GVC）概念的发展经历了价值链、增值链、全球商品链和全球价值链四个阶段（张向晨，2014）。1985 年，美国学者波特（Porter）在其著作《竞争优势》中首次提出价值链这一概念，认为公司的价值创造过程主要通过基本活动（生产、营销、运输和售后服务等）和支持性活动（原材料供应、技术、人力资源和财务等）两部分来完成。这些活动在公司价值创造过程中是相互联系的，由此构成公司价值创造的行为链条，称为价值链。科格特（Kogut，1985）在《设计全球战略：比较与竞争的增值链》中把价值增加链表述为厂商把技术同投入的原料和劳动结合起来生产产品，进入市场，销售产品的价值增值过程。霍普金斯和沃勒斯坦（Hopkins & Wallerstein，1986）最早提出全球商品价值链概念，格里菲（Gereffi，1994）把全球商品价值链作为分析范式，2001 年，在分析全球范围内产业联系和产业升级问题时提出了全球价值链的概念。

联合国工业发展组织（UNIDO）认为，全球价值链是指在全球范围内为实现商品或服务价值而连接生产、销售、回收处理等过程的全球性跨企业网络组织，涉及从原料采集和运输、半成品和成品生产及分销，直至最终消费和回收处理的整个过程，包括所有参与者和生产销售等活动的组织与价值及利润分配。目前，分布于全球、处于全球价值链中的企业进行着产品创意、产品设计、生产制造、营销、销售、售后服务及循环利用等各种增值活动。全球价值链的技术（研发、创意设计、技术创新等）、生产（采购、生产、装配、测试、包装和库存管理等）和营销三大环节（批发、零售、品牌推广、售后服务等）所创造的价值呈现两端高中间低的U形状，即"微笑曲线"形状（见图4-2）。

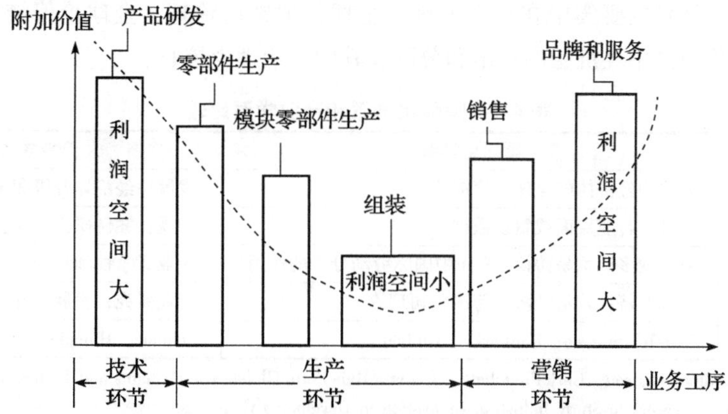

图4-2　技术、生产和营销三大环节的价值增值比较

资料来源：张剑，袁洪飞，吴解生．全球价值链视角下中国制造业地位的提升［J］．企业经济，2007(6)：95-98.

全球价值链是全球经济的一大特征，其中中间产品和服务贸易体现为片段化和国际化的分散生产；生产最终消费商品和服务生产过程的分离，以及生产过程中任务和活动日益趋向国际分散化，驱使无国界生产体系的形成，这或许是顺序链的或复杂网络的，或是全球性、区域性的，也有可能是仅跨越两个国家的（UNCTAD，2013）。

与生产网络相比，价值链描绘的是商品或服务诸多生产和流通活动的一种垂直序列关系，侧重于某种商品或服务从生产到交货、消费和服务的一系列过程在不同的经济行为主体之间如何安排和切分。而生产网络研究的是将一系列企业纳入更大规模经济集团的企业间关系的程度和范围，强调的是一群相关企业之间关系的特性和界限。Diken和Malmberg（2001）认为全球生产经营网络使价值链活动在更加广阔的地理空间展开，许多这些特定的全球价值链"串联"起来就会形成生产经营网络。全球生产网络的范畴要比全球价值链的范畴更加宽泛。

学者们在描述构成全球经济的复杂网络关系时，使用了很多重叠的术语，如国际生产网络、全球商品链、全球价值链等，并用这些术语来讨论同一经济现象。其中，价值链的概念最具有包容性，能全面反映可能的链活动和终端产品的经济活动。[⊖]因此，本章用全球价值链的术语来研究生产全球化现象。

⊖ Gary Gereffi, John Humphrey, Raphael Kaplinsky and Timothy J. Sturgeon. Introduction: Globalisation, Value Chains and Development, IDS Bulletin Volume 32 No 3 'The Value of Value Chains: Spreading the Gains from Globalisation' edited by Gary Gereffi and Raphael Kaplinsky. © Institute of Development Studies 2001.

第二节　全球价值链[一]

基于理论背景和研究方法，全球价值链理论形成两个流派：以北美学者 Gereffi 和欧洲学者 Kaplinsky、Gibbon 为代表的国际化学派（internationalist）和以 Humphrey，Schmitz 为代表的产业学派（industrialist）。国际化学派侧重宏观视角，关注分析和政策；产业学派从微观角度分析本土和集聚发展的政策（见表 4-1）。研究中，沿着四个基本维度进行，即：原材料投入到最终产品产出，地理分布，治理结构和法制环境（Gereffi & Fernandez-Stark，2011）。[二]目前的研究主要集中在三个方面：全球价值链的治理，全球价值链的升级机制、类型和路径，价值链中经济租的产生和分配。其中，治理为核心。

表 4-1　国际化学派和产业学派比较

	国际化学派	产业学派
主要关注点	发展中经济体的全球价值链治理	发展中经济体升级和全球价值链
研究方法	宏观；行业层面或贸易数据	微观；案例研究，定量数据
政策关注	双边或多边贸易协议，FDI 中国际劳动分工的作用	企业竞争性和集聚；当地发展政策
理论背景	国际经济；政治经济；跨国公司理论	产业研究；发展研究
代表性学者	Gereffi，Sturgeo，Kaplinsky，Gibbon	Schmitz，Humphrey，IDS group

资料来源：Andrea Morrison，CarloPietrobelli，Roberta Rabellotti. Global Value Chains and Technological Capabilities：A Framework to Study Industrial Innovation in Developing Countries.

全球价值链理论关注全球生产是如何组织的，价值链的垂直分离和全球空间再配置是如何进行的，认为片断化、协调和网络是全球产业组织变化的本质（Gereffi，et al，2003）。跨国公司以自身为主导，通过复杂的供应商关系网和不同的治理模式（如 FDI、公平交易、非股权安排）管理全球价值链；东道国的经济特征、政策框架及商业便利化政策对价值链中价值增值活动的区位选择具有决定作用。融入全球价值链是一个国家总体发展战略的一个组成部分，全球价值链对价值增值、就业以及收入均有直接经济影响。企业可以通过产品升级、过程升级、功能升级和产业链升级提高其在全球价值链中的竞争力（OECD，2013）。更多的生产活动基于比较优势在全球拆分，更多的新兴经济体和发展中经济体可以参与到全球价值链中（Dean et al.，2011），新兴经济体已经从全球贸易的外围变为核心（IMF，2012）。

一、全球价值链治理

治理是指以非市场机制来协调价值链上不同价值环节之间的经济活动（Humphrey & Schmitz，1995），是价值链中权力拥有者或某些机制对分散于不同区位的价值创造活动的协调和制度安排，是决定价值链中资金、材料、人力资源分配和流动的权力与权威关系（Gereffi，1994）。"生产什么或怎样生产"（what or how）、"什么时间"（when）、"生产多少"（how much）和"什么价格"（at the price）是治理中强调的重要战略变量。不同的价

[一] 本节及第三节内容节选自郜志雄撰写的"全球价值链理论、融入与演进模式及其意义"，载卢进勇、李建明、杨立强主编，刘辉群、郜志雄副主编．《中国跨国公司发展报告（2015）》，对外经济贸易大学出版社，2016 年。

[二] Gary Gereffi & Karina Fernandez-Stark. Global Value Chain Analysis：A Primer，May 31，2011.

值链中往往存在不同的权力分布，主要权力的持有者往往制定各种规则和参数迫使产业价值链中其他行为者接受和服从。治理可从立法治理（legislative governance）、司法治理（judicial governance）和执法治理（executive governance）三个层面入手。立法治理主要指制定参与 GVC 的一些基本条件和规则，包括产品质量、价格产品标准以及质量标准（ISO9000）、环境标准（ISO14000）、劳工标准（SA8000）和行业标准等社会标准；司法治理主要提供监督标准，监控参与者是否遵从规则等；执法治理是针对监督结果而采取的措施，如胡萝卜加大棒（Carrot & Stick）政策。

对于全球价值链，学者们提出了二分法、三分法、四分法和五分法等具体的治理模式。广义上全球价值链分为购买者驱动价值链和生产者驱动价值链（Gereffi，1999），在购买者驱动价值链中，大型零售商和品牌商要求产品符合它们的标准和规则；在生产者驱动价值链中，掌握关键生产技术的跨国公司在价值链中占支配地位，通过投资来推动市场需求，形成全球生产网络的垂直分工体系（见表 4-2）。在此基础上，张辉（2006）提出了混合型全球价值链。Sturgeon（2002）研究生产网络的国家模型，把日本、德国、意大利和美国生产网络模型分为三类：层级型或领导型（日本和韩国）、关系型（德国、意大利和东亚的海外华人）和模块型（美国），层级型或领导型网络一般由总公司对海外分支机构实施较强的控制，或由一个领导厂商协调各层次俘虏型供应商；关系型生产网络根植于社会经济体系，其治理主要依赖于网络主体之间的社会关系；模块型生产网络中的供应商向领导厂商提供全承包服务，交易和沟通通过高度格式化程序进行。㊀Humphrey 和 Schmitz（2001，2002）提出了网络型（network）、准等级型（quasi-hierarchy）、等级型（hierarchy）和市场型关系（market-type relationship）四种类型治理模式。Gereffi 等（2005；2011）按照市场交易的复杂程度、交易转换程度及供应商的能力把治理模式分为五种：市场型（market）、模块型（modular value chain）、关系型（relational value chain）、捕获型（captive value chain）和层级型（hierarchy）（见图 4-3）。

表 4-2 购买者驱动价值链和生产者驱动价值链的比较

	生产者驱动型	购买者驱动型
控制资本类型	产业	商业
资本/技术密集度	高	低
劳动力特征	技能/高工资	非技能/低工资
生产一体化	垂直/上下级	水平/网络松散
控制企业	制造业企业	零售商
合同/外包	中性和提高	高
供应商提供	部件或组件	产品
代表性行业	汽车、计算机、航空、电子机械	服装、鞋子、玩具、电子易耗品

资料来源：Coe，N. M.，Kelly，P. F. and Yeung，H. W-C. *Economic geography: a contemporary introduction*, Second edition，NJ Hoboken，Wiley，2013.

二、价值链升级

升级是公司通过购买商及生产商的知识和信息的流入，获得额外能力和接近新市场的机会，在全球生产活动中从低附加值的活动移动到价值链的高附加值的活动以获取更大利

㊀ 吴建新，刘德学．全球价值链治理研究综述［J］. 国际经贸探索，2007，23(8)：9-14.

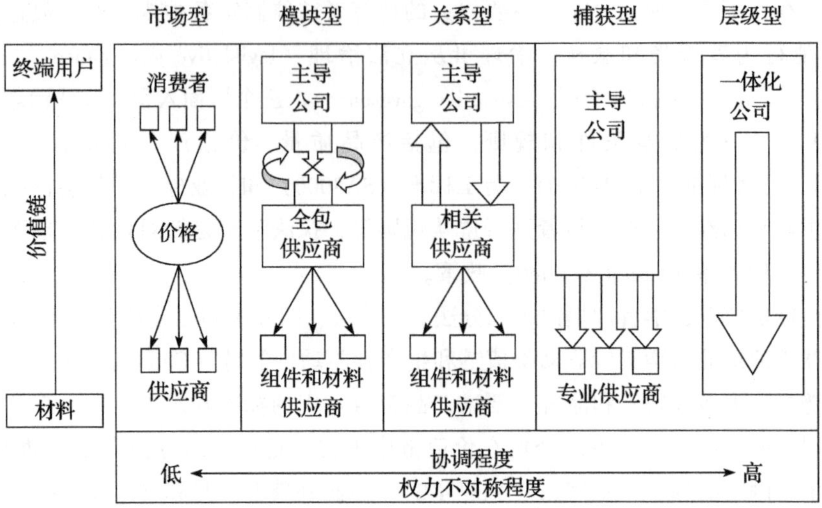

图 4-3　全球价值链五类治理模式

资料来源：Gereffi，Gary，John Humphrey and Timothy Sturgeon. The Governance of Global Value Chains. Review of International Political Economy，2005：78-104.

益的过程。由于行业和经济体价值链的投入-产出及每个经济体所处的法制环境不同，其升级模式也存在差异。全球价值链升级沿两个不同的方向（Gibbon，2003），形成四种类型升级方式：一是同一个价值链内增加要素投入，提升能力，如 Humphrey 和 Schmitz（2002）提出的工艺升级（process upgrading）、产品升级（product upgrading）、功能升级（functional upgrading）；[一]二是由一个价值链参与到另一个可以获得高而稳定回报的价值链，如 Gereffi（1999）引入的两类升级路径——链条升级（inter-sector upgrading）和营销联系升级（upgrading of marketing linkage），[二]其中营销联系升级现已很少使用。[三]Humphrcy 和 Schmitz（2002）把企业升级类型概括为工艺升级、产品升级、功能升级和链条升级。因此，发展中经济体的企业能以多种方式通过工艺升级、产品升级、功能升级和链条升级四个渠道提高其竞争力，实现在全球价值链中升级（见图 4-4）。价值链升级是企业主动参与的过程，产业不同与国家基础的差异意味着升级的路径和方式也不同，特定产品的价值链可能包含不同行业的附加值，不同方式的升级可同时进行。价值链升级受多种因素的影响，如 GVC 本身的性质、结构和治理，主导企业的特征以及东道国与当地企业的特点等。由于主导企业在价值链中占绝对优势、全球价值链的动态竞争、东道国企业以长期效率换取短期利润最大化的低效行为以及价值链中承包的固定格局（UNCTAD，2014），发展中经济体容易实现产品升级、工艺升级，很难实现功能升级、链条升级（Humphrey and Schmitz，2003）。

[一] 工艺升级是指以重组生产体系或引入超级技术的方式，把投入更有效率地转变为产品；产品升级是指进入更复杂的产品线，提升产品质量并给产品一个好的定价；功能升级是指企业获得新功能，提升价值链活动中的总技能，进入到价值链中高附加值的环节，如由 OEM 到 ODM，再到 OBM。

[二] 链条升级是指企业将其在价值链特定环节中获得的能力应用到新的相关产业链，营销联系升级是指转向高附加值链条和领导公司。

[三] 引自 Zhenming Sun. Beyond Typologies of Global Value Chain Governance：the Accumulation of Technological Capabilities，International Journal of Business and Management，January，2009.

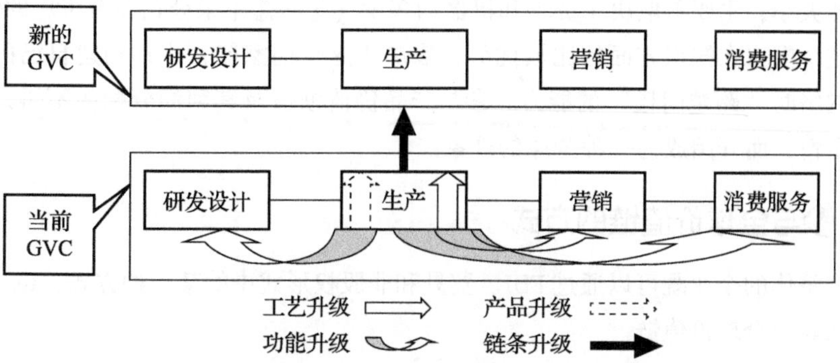

图 4-4 基于生产环节全球价值链升级的可能路径

资料来源：汪斌，侯茂章．经济全球化条件下的全球价值链理论研究［J］．国际贸易问题，2007，291(3)：92-97.

三、价值链中经济租的产生和分配

价值链中经济租是指由价值链中所处地位带来的超额利润，也就是超出不在价值链所处位置时所创造利润的那部分利润。根据经济租来源的不同，价值链中的经济租可分价值链参与者租金、参与者间关系租金和存在于价值链之外的租金三类。㊀价值链参与者租金是指参与者凭借自身拥有的独特禀赋创造的额外利润，包括市场垄断产生的垄断租金、独特资源产生的李嘉图租金以及依靠企业动态能力的熊彼特租金，生产者驱动型全球价值链中技术租金和组织租金属于这种类型的租金。参与者间关系租金通过参与者共同专属性投资而创造出超额利润，源于企业间的交换关系（Singh，1998）。网络组织中所有网络组织成员所创造的网络租金是另一种形式，购买者驱动型全球价值链中的关系租金属于这类租金。存在于全球价值链之外的租金主要有自然资源租、政策租、基础设施租和金融租（Kaplinsky & Morris，2003）。

全球价值链是商品或服务从生产到交货、消费和服务的一系列过程，整个过程可细分为研发、设计、生产、物流和销售等多个环节，而每个环节所创造的附加值不同，因此处在价值链不同环节的企业所能得到的收益也是有差异的。全球价值链的经济租主要有上述三种类型，参与企业所能创造的经济租类别、所依存的价值链自然资源及政策环境和在价值链中的角色是经济租利益分配的决定因素。一般来说，全球价值链中的主导企业，拥有对全球价值链的协调和管理权，通过不同的治理模式，确定参与企业的利益分配，同时自己占有多数租金。

第三节　跨国公司参与价值链的模式及其升级路径

在工业经济时代，当全球价值链尚未形成之时，在国际生产体系中获取多少价值，往往取决于这个国家拥有的资本以及机器数量的多少。在全球价值链形成之后，知识技术以及知识技术的整合能力成为获取价值多少的决定因素。这样，一个国家在全球价值链中获

㊀ 熊英，马海燕，刘义胜．全球价值链、租金来源与解释局限——全球价值链理论新近发展的研究综述［J］．管理评论，2010，22(12)：120-125.

取价值量的大小，主要不取决于资本和机器的多少（想一想苹果公司没有工厂的例子），而是取决于这个国家在知识方面的比较优势，取决于这个国家能否主动构建自己的生产网络以及加入网络时“跨越门槛”的能力。参与产品价值创造及其利润分配的不再是一国或几国内部的事情，而开始成为一种全球的现象。

一、参与全球价值链的方式

一个经济体的企业既可以通过FDI、贸易和非股权形式中的某一种方式，也可以综合运用多种方式参与全球价值链。

1. 外国直接投资

通过外国直接投资（FDI）方式融入全球价值链是指跨国公司在另一经济体以新建投资的方式设立分支机构、附属机构、子公司或与东道国合资创办新企业或者以并购方式收购或兼并其他经济体的企业或资产，并让所投资企业参与到全球生产体系中。对于一个确定的经济体来说，既可以用吸收外资（inward FDI），也可以用对外直接投资（outward FDI）参与到全球价值链中。不管水平型FDI还是垂直型FDI，以FDI方式参与全球价值链都形成等级型的治理关系。

2. 贸易

贸易有跨国公司内贸易和跨国公司间贸易。跨国公司内贸易可以通过转移定价实现公司利润最大化，母子公司间形成等级型治理关系；跨国公司间贸易也就是所说的公平贸易，买卖双方根据产品的价格、规格和质量交易商品，双方贸易由市场关系协调与管理。有的研究机构把以贸易参与价值链的方式分为内部一体化贸易（in-house chain）、供应网络（supply network）、分包商（subcontractor）和原材料生产商等多种（见表4-3）。[⊖]

表4-3　以贸易方式参与全球价值链模式

类型	描述	案例
内部一体化贸易	子公司间贸易；企业集团内对产品进行开发、生产、销售和营销	医药公司；华为等通信公司
供应网络	在满足客户需求和采购方面有比较优势，如时尚物品或家居装修项目以自己的品牌销售 在许多国家安排订单有或多或少的连续性，了解终端市场消费者偏好，没有或只有很少生产设施	宜家家居；南非的连锁超市
分包商	或多或少地依赖于一个或多个客户，投入生产，如汽车零部件、衣服、呼叫中心服务	印度珠宝首饰或软件生产商；瑞典的安全带设备供应商
原材料生产商	谷物、木材的生产，石油开采及用于制造其他产品的金属的生产	加拿大石油生产商；马来西亚木材生产商

资料来源：Malin Gunnarsson Ljungkvist. Global Value Chains and Developing Countries An Introduction, National Board of Trade, November 2013-First Edition. ISBN：978-91-86575-74-8.

3. 非股权形式

非股权形式（non-equity mode，NEM）又称非股权安排（non-equity arrangement）、非股权投资（non-equity investment）、合同参与或合同安排，是指投资主体通过与东道国企业签订有关技术、服务或工程承包等方面的合约，以获取利润或取得对该东道国企业的某种管

⊖ Global Value Chains and Developing Countries, National Board of Trade, November 2013-First Edition. ISBN：978-91-86575-74-8.

理控制权，其最大的特点是通过契约方式参与或控制全球价值链。非股权形式包括合同制造与服务外包[一]、订单农业[二]、许可经营[三]、特许经营[四]、管理合同[五]和战略联盟合作经营[六]等。

以哪种方式融入全球价值链，跨国公司需要综合权衡交易成本、治理结构及风险等因素。同时，还要考虑当地资源条件和政策环境，如关键投入品的可得性、劳动力成本、基础设施和金融、社会环境治理、劳动力供给与技能水平、税收和劳动法规津贴、教育和创新政策。

二、公司层面 GVC 升级路径

从企业层面看，企业在全球价值链中的演进路径可分为“线性”升级路径和“非线性”升级路径（Gary Gereffi & Karina Fernandez-Stark，2011）。

1.“线性”升级路径

“线性”升级路径是指参与者首先需要参与价值链的低附加值阶段，并在该阶段积累经验，提高能力，然后进入到高一级的价值链环节。格里非等学者总结中国香港和中国台湾价值链升级的轨迹就属于这种性质，即由接单产品组装（original equipment assembling，OEA）到贴牌生产（OEM），经过设计生产加工（ODM），最后实现自有品牌生产（OBM）。Mathews 和 Cho（2000）归纳两种升级轨迹也是这种类型：一是市场开拓能力较强的发展中经济体企业可能会开始于贴牌加工，通过全球物流契约（global logistics contracting，GLC）模式，融入全球物流体系，最后实现自有品牌生产；二是技术能力相对较强的发展中经济体企业，由贴牌加工逐渐发展到自行设计制造，最终实现自主品牌制造。这两种价值链升级途径有相同的起点和终点，但价值升级的路径不相同。[七]

约旦、洪都拉斯、肯尼亚、摩洛哥及智利等国家的水果和蔬菜产品在园艺价值链中升级，墨西哥托雷翁服装业的升级都属于线性升级。线性升级路径实质上是同一价值链内由工艺升级到产品升级再到功能升级的过程。

2.“非线性”升级路径

“非线性”升级路径是指企业进入全球价值链后，在从低附加值业务向高附加值业务升级的过程中，在进入中等附加值业务后，可能在中等附加值业务内拓展业务，也可能进入具有

㈠ 合同制造与服务外包是指由一家国际企业将其全球价值链中的生产、服务或者工艺流程以合同方式包给东道国企业而形成的一种契约关系，也简称“外包”，服务外包通常体现了支持流程的外部化，包括IT、商务以及知识功能。目前，欧美等国跨国公司在制造业上多选择合同制造与服务外包的方式，但不同行业之间也存在差异。

㈡ 订单农业又称为合同农业或契约农业，联合国贸发会议（UNCTAD）将其定义为国际采购商与东道国农民或农民协会之间的契约关系。该契约规定了养殖业以及农产品市场的条件，也就是一些跨国公司或者中介机构和农户或者某个乡村组织之间签订农业产品订单的产销模式。

㈢ 许可经营是指一家国际企业（即授权人）赋予一家东道国企业（即被授权人）以相应的权利来使用一种知识产权（包括专利、商标、版权、工业设计、商业秘密等），并以此收取一定的费用而形成的一种契约关系。

㈣ 特许经营模式是指由一家国际企业允许一家东道国企业按照特许人建立起来的系统模式进行经营，以此换取一定的费用或在特许人所提供的商品或服务上打上其标记的一种契约关系。

㈤ 管理合同是指在契约关系下，东道国某种资产的经营控制权属于一家国际企业，即承包商，它管理该项资产并获得管理费用作为回报，主要在宾馆、电力、供水等行业较为常见。

㈥ 战略联盟合作经营是指两个或两个以上的跨国公司为了达成一个共同的商业目标而形成的契约关系，参与者可以向该联盟提供产品、分销渠道、生产能力、资本装备、知识、专业技能及知识产权等，是基于契约形成的自发的、非强制性的组织形式。

㈦ 谭文柱．全球价值链理论研究述评［J］．商业研究，2009(10)：56-59.

低中高多层次附加值业务，或同时从事多个具有不同附加值的业务，最终进入高附加值的专业化业务。非线性升级路径经历了工艺升级、产品升级、功能升级和链条升级。离岸服务外包和旅游业价值链升级呈现非线性的升级路径特点。在离岸服务的非线性升级路径中，进入发达经济体市场更多需要依赖总部设立在发达经济体及一些新兴市场经济体（如印度）的主导公司。

离岸服务价值链可分为信息技术外包（ITO）、业务流程外包（BPO）和知识流程外包（KPO）三类业务。其中，ITO 包含低附加值、中附加值和高附加值业务；BPO 包含低附加值和中附加值业务；KPO 处在高附加值业务范畴。基于十个经济体的案例，Gereffi & Fernandez-Stark（2010）归纳出离岸服务外包业务的五阶段的升级路径：进入价值链，在 BPO 业务内升级，提供全包服务，由 ITO 拓展到 KPO 和垂直专业化（见表 4-4）。

表 4-4　离岸服务业价值链升级非线性路径

类型	特　点
进入价值链	1. 进入离岸服务价值链的通常方式是建立呼叫中心业务 2. 低收入经济体进入知识经济的机会 3. 萨尔瓦多、尼加拉瓜、巴拿马和危地马拉等有成功案例
在 BPO 业务内升级	1. BPO 同类业务内扩展业务 2. 改善和扩大呼叫中心或提高专业化程度 3. 如南非以 33%的速度扩展 BPO 服务
提供全包服务（功能升级）	1. 定位于 ITO 和 KPO 业务的公司可能会选择提供一个更全方位的活动，包括 BPO 2. 收购规模较小的 BPO 公司或公司内设立新的业务部门 3. 如印度的 ITO 和 KPO 公司向 BPO 业务扩张
由 ITO 到 KPO（功能升级）	1. ITO 公司开始包括 KPO 业务在内的组合业务 2. ITO 公司为客户策划解决方案 3. 2002~2005 年印度的 Infosys、Wipro、TCS 和 WNS 等公司从事商业咨询服务
垂直专业化（链条升级）	1. 从事 ITO、BPO 和 KPO 业务的公司开始专业化和专注于重点产业研究 2. 捷克以 BPO 共享服务进入离岸服务业，很快进入汽车、航空航天等产业的研发领域

资料来源：Gary Gereffi & Karina Fernandez-Stark. GLOBAL VALUE CHAIN ANALYSIS：A PRIMER，May 31，2011，http://www.doc88.com/p-6932034186739.html.

本章案例研究

【案例 4-1】 计算机行业的全球生产治理模式

（一）计算机行业的价值链

计算机产业是全球化程度最高的产业之一，全球性采购、全球性生产、全球性经销的特点非常明显。20 世纪 40 年代末期，得益于大型计算机和晶体管技术的发展，美国确立了在电子产业世界的领先地位。随后，日本在动态随机存取存储器（dynamic random access memory，DRAM）方面紧追欧洲公司迅速发展，其后是韩国、中国台湾和新加坡，诞生了 IBM、苹果、摩托罗拉、西门子、NEC、三星等世界级大公司。随着国际贸易和 FDI 的快速膨胀以及全球生产体系的延伸，全球电子产业生产价值链逐渐形成。计算机的价值链由五个环节组成：①标准制定环节（如芯片和操作系统）；②核心零部件（如硬盘、主板等）；③一般零部件（显示器、光驱等）；④代工生产与组装；⑤品牌管理及售后服务。这五个环节形成计算机产业全球价值链。按照各个部分在价值链中的控制能力和增值幅度，这五个增值链环节在微笑曲线中位置如图 4-5 所示。其中，环节①和环节⑤占据价值链的上下游高端环节，这两个环节的企业往往成为生产经营网络中的领

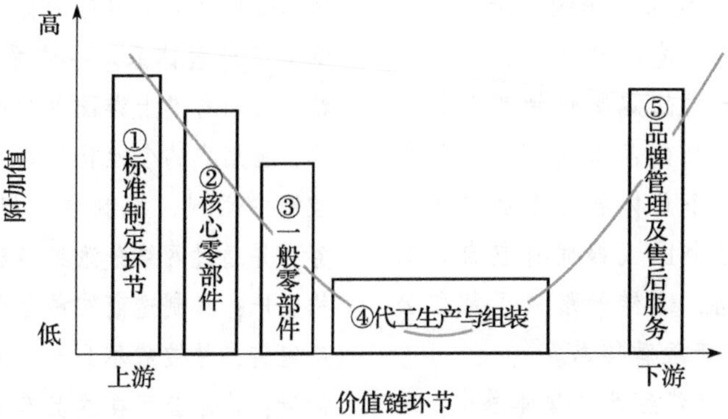

图 4-5　计算机行业价值链的微笑曲线

导厂商，环节①的厂商（如微软公司、英特尔公司）控制着计算机最核心的产品研发和设计，成为全球生产体系中生产者驱动型的佼佼者。环节⑤的厂商（如戴尔、惠普、苹果公司等）控制了产品的营销和品牌维护等高附加值的服务环节，这类厂商成为全球生产经营网络中购买者驱动型的佼佼者。环节②指的是高技术资本密集型的核心部件，这一环节中的厂商充当了全球生产经营网络中的主要供应商的角色，能够获取较高的产品附加值，拥有较高的利润率。典型的代表企业如 AMD、希捷、台积电等。

环节③和环节④均在全球生产经营网络中扮演了一般供应商的角色。环节③的生产技术绝大多数已经标准化，因此进入门槛和成本较低，竞争较为激烈，典型的代表企业有冠捷、光宝等；环节④是典型的劳动密集型生产阶段，技术含量非常低，典型的厂商代表如富士康、纬创、英业达等。

由于各个环节的特性、技术含量不同，对要素条件的需求存在差异。因此，计算机产业价值链的各环节在全球范围内寻找最佳的地点发展。从目前的全球布局特点看，不同国家和地区在计算机产业价值链中的地位并不相同。美国是计算机产业标准的制定中心、研发设计中心，处于产业价值链的高端，拥有品牌，负责制定标准和产品研发以及系统集成，控制着核心产品和新产品的生产，微处理器主要来源于美国；日本在芯片、动态随机存储器等方面具备较强的研发能力，内存设备主要来自于日本；主板主要来自于中国台湾，硬盘驱动器主要来自新加坡，监视器来自韩国、中国台湾和日本，键盘和转换电源来自中国台湾等；最终产品的装配很有可能散布于美国、欧洲和亚洲的不同地区。

（二）计算机行业的购买者驱动型治理模式案例：戴尔公司

购买者驱动型全球价值链中居于领导地位的厂商往往是拥有品牌或销售渠道优势的“没有工厂的制造商”。购买者驱动型治理模式是指以行业中的零售商、品牌营销商为领导厂商，领导厂商利用其在设计、品牌与营销渠道方面的突出优势，有序组织各供应商、契约制造商按标准与规格为其提供成品。这种模式主要存在于劳动密集的快速消费品行业，如服装业、制鞋业和玩具业，计算机行业的戴尔公司也属于这种类型。

1. 戴尔公司的全球性生产经营体系

在计算机行业，戴尔公司是一家以为顾客提供定制的品牌产品和个性化的解决方案为主的大型技术供应商，公司以直销为主要的运营方式，在业界号称“零库存高周转”。戴尔公司成为市场领导者的根本原因是：拥有品牌、技术和直销渠道，为终端用户提供计算机的定制化销售及高附加值的服务，有较高的品牌忠诚度。戴尔公司在全球设立一个总体和三个区域生产经营体系，其中每个区域都拥有它自己的装配厂、供货网络，这样就形成了戴尔公司主导的全球性生产经营体系。

在戴尔公司的全球生产经营体系中，总部设立于美国得克萨斯州奥斯汀，三大区域性市场分别是美洲，欧洲、中东、非洲和亚太地区。其中，美国、加拿大和拉丁美洲等美洲区域市场由总部负责，美洲市场占了公司收入的半数以上；在英国、新加坡设有地区总部，分别负责欧洲、中东和非洲业务，以及日本、中国、澳大利亚和新西兰等亚太区业务。戴尔公司在北美洲、南美洲、欧洲、亚洲四个大洲有十座装配厂（奥斯汀、纳什维尔、温斯顿-塞勒姆、Eldorado do Sul、Hortolandia、厦门、钦奈、槟榔屿、利默里克、罗兹），每个装配厂周围都有物流商和供货商。在这种组织体系中，公司专注于自己的核心业务，将大量的非核心业务外包给其他公司；在产品制造上，戴尔公司利用信息技术全面管理生产过程（见图 4-6）。

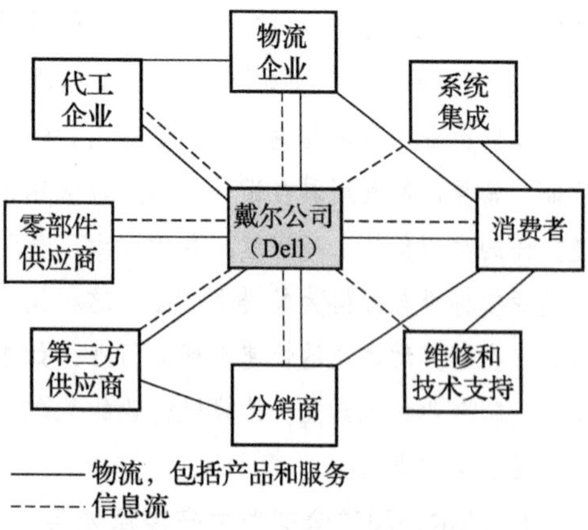

图 4-6　戴尔公司的全球生产体系

2. 戴尔公司的全球生产经营体系

在戴尔公司的全球生产经营体系中，戴尔公司的装配厂是最初驱动者。戴尔公司通过零部件产品及服务的标准化和区域制来控制生产经营体系。在体系中，通过互联网，戴尔公司与其上游配件制造商服务于客户订单，当用户的个性化订货单传至戴尔公司的控制中心时，控制中心把订单分解为子任务，并通过网络分派给各独立配件制造商安排生产；各制造商按戴尔公司的电子订单生产组装，并按戴尔公司控制中心的时间表来供货；戴尔公司在成品车间完成组装和系统测试；以服务外包的方式由当地的代理服务商承担售后服务。

（三）计算机行业的生产者驱动型治理模式案例：苹果公司

生产者驱动型是指行业中的制造商成为网络的领导厂商，由它们在全球发起并主导形成垂直分工型的生产经营网络。这些企业往往在资本、技术等方面拥有独特的竞争优势，一般从事汽车、飞机、计算机、半导体和重型机械等资本、技术密集型产业的设计、制造及营销等活动。如美国的苹果公司、微软公司都是典型的生产者驱动型生产经营网络领导厂商。

苹果公司主要从事移动通信、智能手机、计算机、大容量便携式音乐播放器、平板电脑和软件等产品的设计、制造及销售。对于 iPod、iPhone 和 iPad 三大产品，苹果公司负责产品研发设计和市场营销，产品所用的零部件由第三方企业制造，最终产品的加工、组装都在中国境内完成。苹果公司 iPod、iPhone 和 iPad 产品的生产过程体现了生产者驱动型的治理模式。在 iPhone 产品的全球价值链中，苹果公司凭借品牌、技术与设计优势，在全球采购产品部件，由多个经济体的不同供应商为其提供部件，由设在中国的工厂来组装，组装后由中国出口到美国，苹果公司利用其销售渠道进行全球销售。iPhone 的生产成本是 178.96 美元，其中，闪存（24 美元）、屏幕（35 美元）等部件由日本企业供货，占成本的33.9%；信息处理器及其相关零件（23美元）是韩国企业生产的，占成本的12.9%；全球定位系统微电脑、摄像机、Wi-Fi无线产品等（30美元）来自德国企业，占成本的16.8%；美国企业生产的蓝牙、录音零件和3G技术产品（12美元）占成本的6.7%；材料费用、各种软件许可证和专利费用占26.8%；中国企业的组装费用仅占3.6%（见表4-5）。㊀若该款手机售价为499美元/部，则美国的毛利润为320美元。从上述价值链中可以看出，在价值链中处于主导地位的苹果公司不生产苹果产品，但赚取大部分的利润。

iPod（具有播放歌曲功能的数码音乐电子产品）是美国苹果公司2005年推出的一款产品。苹果公司拥有该产品的品牌，负责产品设计与销售渠道维护。该产品由451个部件组装而成，其中，关键零部件——硬盘、显示器模块、芯片、存储器等，主要由美国、日本、韩国等发达经济体的企业提供，但关键部件生产常被发达经济体企业外包给发展中经济体企业。一般零部件由中国大陆、中国台湾及东南亚的经济体提供，在中国大陆组装，由苹果公司全球销售。㊁

在苹果公司iPod全球价值链中（见图4-7），美国、日本和韩国等国的企业提供价值为117.91美元的关键零部件，外包给发展中经济体的企业，可获得34.81美元的价值增值；一般配件的成本为22.79美元；中国企业的组装成本是3.86美元（见表4-6）。

iPod全球价值链中，工厂的生产成本约为144美元，如果以224美元价格批发给销售商或代理商，则苹果公司获取毛利润80美元；如果以299美元的价格来零售，渠道商和零售商分别获得30美元和45美元的毛利润（见表4-7）。全球价值链分工中，价值链的参与者所获收益的高低，取决于其在价值链中所处的位置，而该地位是由公司所拥有的技术、品牌与设计等知识产权、资源整合能力及对终端销售渠道的掌控能力决定的。

表4-5　2009年Apple iPhone 3GS（16GB）生产成本的国别构成

制造商	零部件	成本	
		单价（美元）	占比（%）
东芝（日本）	闪存	24	33.9
	显示器模块	19.25	
	触摸屏	16	
村田（日本）	FEM	1.35	
三星（韩国）	应用处理器	14.46	12.9
	SDRAM-Mobile DDR	8.5	
Infineon（德国）	Base band	13	16.1
	照相机模块	9.55	
	射频收发器	2.8	
	GPS接收机	2.25	
	Power IC RF Function	1.25	

㊀ iPhone手机价值链分析根据下文改编：林玲，余娟娟．全球生产网络中的收益分配及中国的分配地位——由iPhone手机引发的思考［J］．现代经济探讨，2012(8)：78-82.

㊁ iPod案例根据以下文献改写：赵明亮，杨蕙馨．经济全球化条件下的国际生产网络与发展中国家价值链的重构［J］．产业经济评论，2012(1)：96-108.

（续）

制造商	零部件	成本	
		单价（美元）	占比（%）
Broadcom（美国）	蓝牙/FM/WLAN	5.95	6.7
Numonyx（美国）	Memory MCP	3.65	
Cirrus Logic（美国）	音频编解码器	1.15	
Dialog Semiconductor（德国）	Power IC Application Processor Function	1.3	0.7
其他		48	26.8
零部件总成本		172.46	96.4
总装成本		6.5	3.6
总生产成本		178.96	

资料来源：Rassweiler（2009）。

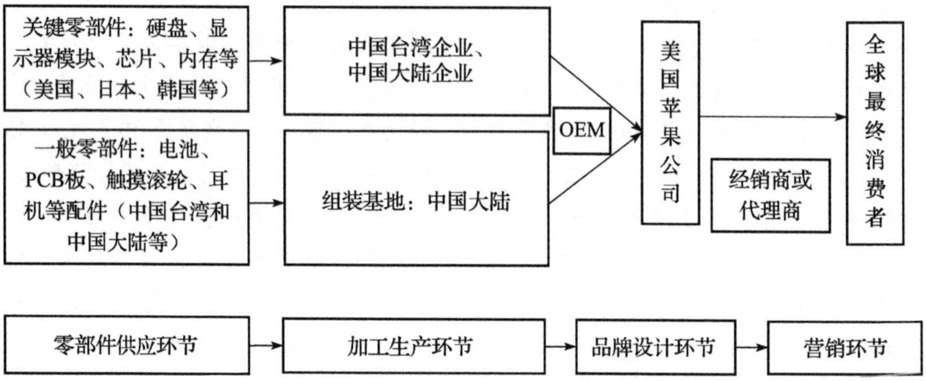

图 4-7　苹果公司 iPod 产品的全球价值链

表 4-6　2005 年苹果公司 30GB 第五代 iPod 价值构成

所在国	供应商	零部件投入	投入品价格（美元）	价值增值（美元）	投入价格占工厂生产总投入的比重（%）	供应商毛利润率（%）
日本	东芝	硬盘	73.39	19.45	50.8	26.5
	东芝	显示器模块	23.27	6.68	16.1	28.7
	Elpida	MobileRAM-8MBytes	1.85	0.46	1.3	24.9
美国	Broadcom	视频、多媒体处理芯片	8.36	4.39	5.8	52.5
	PortalPlayer	控制器芯片	4.94	2.21	3.4	44.7
	Spansion	NOR Flash Memory-1MB	0.84	0.08	0.6	9.5
韩国	三星	Mobile SDRAM memory-32MB	2.37	0.67	1.6	28.3
		电池	2.89	0.87	2.0	30.1
上述总计			117.91	34.81	81.6	—
其他零部件投入价格			22.79	—	15.8	—
中国		组装成本	3.86	3.86	2.6	—
		产品生产成本	144.56	38.67	100	—

表 4-7　苹果公司 30GB 第五代 iPod 价值链价值构成

工厂成本	批发价格	苹果公司毛利润	零售价	渠道商	零售商
144 美元	224 美元	80 美元	299 美元	30 美元	45 美元

【案例 4-2】 比亚迪汽车价值链体系及升级路径

比亚迪创立于 1995 年 2 月，分别在香港联合交易所及深圳证券交易所上市，主要从事以二次充电电池业务，手机、计算机零部件及组装业务为主的 IT 产业，以及包含传统燃油汽车及新能源汽车在内的汽车产业，并利用自身技术优势积极发展包括太阳能电站、储能电站、LED 及电动叉车在内的其他新能源产品。目前，比亚迪现有员工约 18 万人，总占面积地近 1 700 万平方米，在全球建立了 22 个生产基地㊀。

2003 年 1 月 22 日，比亚迪正式收购西安秦川汽车有限责任公司，进入汽车制造与销售领域。其汽车产品包括各种高、中、低端系列燃油轿车以及汽车模具、汽车零部件、双模电动汽车及纯电动汽车等，代表车型有 F3、F3R、F6、F0、G3 等传统燃油汽车，S8 运动型硬顶敞篷跑车以及 F3DM 双模电动汽车等。从 2003 年跨入汽车行业，2005 年首款新车 F3 在西安正式下线，比亚迪股份有限公司成为中国增长最快的自主汽车企业。比亚迪股份有限公司从 2006 年起开始出口汽车，主要销往俄罗斯、乌克兰、中东、东南亚、非洲、南美洲等国家和地区。2007 年，比亚迪在印度建立分厂；同年 8 月，深圳现代化生产基地落成暨中高级轿车 F6 下线，标志着比亚迪汽车开始进军中高级轿车市场。2013 年，比亚迪新能源车 e6 进入英国市场；2015 年 2 月，比亚迪纯电动大巴 K9 登陆日本京都，此后又获得美国长滩运输署 60 辆纯电动大巴订单和伦敦 6.6 亿英镑纯电动大巴订单。目前，比亚迪新能源车的足迹已遍布全球五大洲，包括英国、美国、日本等汽车强国在内的 36 个不同国家和地区，约 160 个不同城市。㊁

作为自主创新模式下发展的民营企业，比亚迪汽车构建了一条由自己主导的纵向一体化的汽车 GVC，即凭借核心技术，把整个产业的利润环节尽可能留在企业内部，80%的零部件都由公司内部的零部件事业部研发与生产，将技术密集型活动转变为劳动密集型活动，最大限度地降低成本（见表 4-8）。如 F3 除挡风玻璃和少

表 4-8 比亚迪汽车 GVC 体系

企业名称	股权（%）	经营范围	价值链环节控制
汽车研究院	100	新车型的研发	研发设计环节
电动汽车研究院	100	新能源汽车的研发	零部件采购环节
北京比亚迪模具有限公司	100	各系列车型的模具汽车	
第十三事业部	100	负责汽车内外饰零部件的研发和生产	
第十四事业部	100	负责汽车零部件的研发和生产	
第十五事业部	100	整车线速、CD、前后车灯、安全带、安全气囊的研发和生产	
第十六事业部	100	负责整车座椅、天窗、车架、制动器、减速器、结构零件、工艺装配等的研发和生产	
第十七事业部	100	汽车发动机及传动装置系统的研发和生产	
汽车零部件检测中心	100	部分整车和零部件的实验检测工作	
第十二事业部	100	汽车整车 F6 的生产	生产制造环节
西安比亚迪汽车有限公司	100	汽车整车 F3、F3R 的生产	
比亚迪汽车销售有限公司	100	F0、F3、F3R、F6 等整车的销售与售后服务管理	营销、销售环节
出口贸易事业部	100	国外市场的开发、营销和服务	

资料来源：黄锦华．后危机时代中国汽车企业的升级策略研究——基于全球价值链治理的多案例分析 [J]．科技管理研究，2013，33（1）：134-139.

㊀ http://www.bydauto.com.cn/introduce.html.

㊁ 陈伟栋．比亚迪，构造全球新能源汽车版图 [N]．解放日报，2016-1-13(012).

数通用零部件外，包括专项、减震、座椅、车门甚至CD，都是自行生产的。比亚迪的价值链治理模式呈现典型的层级型治理模式特征，与以北美为代表的市场型和以日本为代表的关系型治理模式有明显区别。纵向一体化的层级治理可以最大限度地利用资源，降低成本，提升比亚迪产品的性价比优势，提高产品竞争力，但这种模式适用于市场环境相对稳定，企业技术优势、市场优势和内部化优势都很明显的情景中。如果外部环境发生变化，或内部一体化管理紊乱时，这种治理模式将受到影响。

比亚迪汽车在发展壮大的过程中，其产业升级经历了过程升级、产品升级、功能升级和价值链升级四种路径（见表4-9）。

表4-9 比亚迪汽车的升级路径

升级方法	过程升级	产品升级	功能升级	价值链升级
示例	在深圳坪山基地，对生产线进行改造，将汽车制造流程分为很多小节，每小节只需要做简单工作，以“人力+机械”的方式降低制造成本	2005年F3上市；2007年F3、F3R上市；2008年F3DM、F0上市；2009年S8、G3上市（1.8L车型G3发动机自主研发）	2005年分站上市的营销模式打破常规，获得成功；2007年F3成为本土品牌以单一车型跨入“万辆俱乐部”的先例，与伊兰特、凯越、福美来并列中轿市场“四大金刚”；比亚迪与奇瑞、吉利成为三大国产小轿车品牌	2006年纯电动轿车F3e研发成功；2008年双模电动轿车F3DM上市；2010年纯电动轿车E获批量产

【案例4-3】 中国企业的全球生产经营网络构建：浙江万向集团

（一）万向集团简介

万向集团始创于1969年，位于浙江萧山经济技术开发区。1990年起为浙江省计划单列集团，1997年起为国务院120家试点企业集团，1999年起被列为全国520户重点企业，拥有国家级技术中心、国家级实验室、10个国家级高新技术企业，有万向电动汽车、万向研究院、万向钱潮、万向美国、万向资源、万向财务、顺发恒业等15家公司。其中，万向钱潮股份有限公司1994年在深圳A股上市，2015年中国500强中位列443名，2016年为469名。万向集团1979年开始汽车万向节的生产，1984年成为美国舍勒公司的贴牌厂商。经过30多年的发展，在美国、英国、德国等10个国家拥有近30家公司，40多家工厂，海外员工超过万人，是通用、大众、福特、克莱斯勒等国际主流汽车厂商配套合作伙伴，主导产品的市场占有率达12%，是我国第一家进入国际主机件厂配套的汽车零部件企业，是世界上万向节专利最多的企业。

万向集团由一个加工贸易商通过技术研发创新与跨国并购发展成为一个拥有自己全球生产经营网络的中国跨国公司，它在全球资源整合与控制方面的经验值得借鉴。

（二）万向集团自身全球生产体系的构建

万向集团以出口贸易融入全球汽车配件生产体系，设立美国公司并以其踏板延伸产业链，增强研发创新能力，提升品牌。它先后在美国、英国、德国、加拿大、澳大利亚等8个国家设立了26家境外公司（其中独资或控股18家），以并购整合高端资源，构建国内外生产基地、海外研发中心和涵盖50个经济体的有话语权的生产体系，打造企业品牌。

首先，万向集团以出口贸易方式融入全球生产体系。1984年，万向集团为美国舍勒公司贴牌生产，产品出口美国市场；1986年，其产品出口澳大利亚、泰国、菲律宾等国家；1987 年产品进入日本、意大利、法国等 18 个国家的市场。以出口贸易的方式嵌入全球生产体系，万向成为全球汽车配件价值链中的代工商。

其次，万向集团设立美国全资子公司，进行资本运作，以并购方式构建集团在欧洲和美国市场的销售体系及研发机构。1997 年，集团收购英国 AS 公司 60%的股份，成立万向欧洲轴承公司，拓展欧洲市场。1999 年，集团收购美国 QA1 公司 200 万美元的股权，实现以股权换市场。2000 年，集团以 42 万美元收购美国舍勒公司的资产，拥有了"舍勒"的品牌营销资源和专利技术资源，收购从事汽车轮毂制造与营销的 LT 公司 35%的股权，拥有了北美加工装配基地。2001 年 8 月，集团收购从事汽车制动器制造与营销业务的美国上市的 UAI 公司[⊖]200 万股可立即转换的优先股，获取了该公司 21%的股份，拥有了 58.8%的表决权。2002 年，集团收购美国轴承生产企业 GBC 公司，获得了完整的市场网络，并与最大的汽配供应商 TRW、DANA 等形成战略合作关系。2003 年 9 月，集团收购从事汽车传动零部件制造与营销业务的汽车翼形万向节传动轴的发明者和全球最大一级供应商洛克福特公司 33.5%的股权。2005 年，集团收购从事汽车连接零部件制造与营销的美国 PS 公司 60%的股权，打通了向福特、克莱斯勒和通用供货的另一渠道。2007 年 7 月，集团以 2 500 万美元收购从事模块装配及物流管理的美国 AI 公司 30%的股权，AI 公司在美国 7 个州拥有 12 个装配厂。2008 年，集团收购美国福特蒙洛工厂，收购福特 ACH 在密歇根州门罗的传动轴工厂；2011 年，收购福特在欧洲的两个工厂。2009 年收购美国维修市场汽车加热器和汽车水箱第一大供应商 Vista-Pro 公司和美国环球控制系统公司。2010 年 7 月，万向收购在美国、德国、荷兰三地都设有工厂的美国 T-D 公司。2011 年，集团与美国电池供应商 Ener1 合资，成立浙江万向 Ener1 动力系统公司，控股 60%。2012 年，集团以 2.56 亿美元收购美国最大新能源锂电池制造企业 A123 系统公司，投资电动车企业史密斯电动车约 2 500 万美元，并以 7 500 万美元资本与其建立合资企业。2014 年，集团收购莱顿的"钛酸锂和非易燃电解液技术"，该技术与 A123 纳米级磷酸铁锂（LFP）材料组合形成补充。2013 年，集团联合其他投资人收购美国刹车零件厂商 BPI 公司。2016 年 3 月，以 1.492 亿美元完成对美国插电式混合动力汽车品牌菲斯科的收购。

最后，万向集团注重提升自身研发能力，由最初的模仿，经过引进技术，到设立海外技术研发中心，创建研发体系。创业初期，通过模仿学习国外先进技术，集团测绘进口汽车的万向节，生产试制；收购舍勒公司、美国 AI 等企业后，把技术和生产转移到国内，提高国内集团企业的生产水平；同时，产品在国内以低成本生产，使用国外品牌向国外销售渠道供货，获取高收益。为与国际先进技术接轨，万向在境外设立技术研发机构。2000 年年初组建北美技术中心，随后以此中心为核心，先后在万向英国公司、万向欧洲公司等 18 家海外公司设立了二级研发机构。集团技术人员实行国内外轮岗工作制，确保技术开发的先进性。

万向由乡镇企业，通过创新、新建、并购和联盟获取了关键技术、品牌资源、销售渠道和研发资源等战略性资产，逐步发展成为拥有轿车等速驱动轴、汽车传动轴、轴承、轿车减震器、制动器等系列化产品的大型汽车零部件生产商，拥有了包

⊖ UAI 公司 50%左右的产品以自有品牌"UBP"销售，其余以客户自有品牌包装销售。

括电池、电机、电控及整车研发与制造的汽车完整上下游产业链。

构建有话语权的全球生产体系是发达经济体跨国公司在长期全球资源整合过程中创造出的一种高效的全球资源组织和利用方式，并且在一些新兴工业化国家的跨国企业发展中获得了验证。企业要实现转型升级，就需要学习和探索如何通过更大范围的跨境的资源整合来实现价值链升级。万向集团的实践说明，构建有自主话语权的全球生产经营体系是企业实现持续快速发展的必由之路。

思考与练习

1. 简述全球生产体系的形成。
2. 比较全球生产体系、全球生产网络和全球价值链体系的异同。
3. 全球价值链治理的含义是什么？有哪些治理模式？
4. 怎样理解价值链升级？全球价值链升级的路径有哪些？
5. 跨国企业融入全球价值链的渠道有哪些？试分析万向集团融入全球价值链的路径。
6. 以沃尔玛或家乐福为例说明什么是购买者驱动型治理模式。
7. 治理是指以非市场的方法来协调全球价值链不同价值环节之间的经济活动。试用 Gereffi 提出的五类治理模式，分析 iPhone 手机的全球价值链中是否存在这些治理模式。
8. 分析苹果公司 iPod 产品全球价值链的零部件供应、加工生产、品牌设计和营销四个价值环节中，哪个环节的企业获得的收益最大，以及该企业为什么能获取较大的经济租。
9. 分析比亚迪汽车的升级路径。该公司主导的生产体系属于哪种治理模式？

CHAPTER5

第五章

跨国公司与国际贸易

学习要点

从传统意义上讲，国际贸易基本上是公司间的贸易。随着跨国公司的发展，催生了跨国公司内部的国际贸易。跨国公司又常利用内部贸易实现转移利润、规避税收等特定目的。本章主要对跨国公司公司内贸易的形式、定价、动因和影响进行详细介绍，并从成本模式、净收入现值模式角度对跨国公司进入国际市场的模式选择进行分析。

Key Points

From the traditional point of view, international trade is conducted between two different corporations. With the rapid development of transnational corporations, global activities not only boost traditional trade, but also bring a new type of international trade, intra-firm trade. The price of intra-firm trade, transfer price, often has a specific purpose, and plays an increasingly important role in shifting profits and avoiding taxes and risks. This chapter mainly analyzes the form, the pricing, the motive and the influence of the transnational corporation's internal trade, and also presents the mathematical analysis models of MNCs' entry into the international market.

跨国公司是世界贸易的主要载体，凭借其庞大的国际生产体系，建立贸易公司、海外销售机构和资本服务公司（如日本的综合商社），形成全球贸易网络。近年来，跨国公司海外分支机构海外销售额逐年增长，2019 年达到 31 万亿美元，占全球 GDP 的 35.9%，创造了 8 万亿美元的增加值，提供了 8 236 万个就业岗位。[⊖]跨国公司以公司间贸易和公司内贸易的方式开展国际贸易，其中跨国公司的公司内贸易在跨国公司的经营中占有重要地位。一般认为，公司内贸易平均占一个国家出口贸易的 30%，这个比例在不同国家间有所不同。目前，跨国公司公司内贸易的迅速发展引起了学术界的普遍关注，并进行了许多有益的探讨。

第一节　跨国公司国际贸易

一、跨国公司国际贸易概述

19 世纪中叶，跨国公司为了获取资源和扩大市场，开始跨国生产和销售。“二战”以后，跨国公司产销量扩大，加速了生产和资本的国际化。最初，跨国公司经营活动集中在几个国家，总部活动集中在本国。到了 20 世纪 90 年代，跨国公司全球经营的规模不仅在数量上有所增长，在地理上也出现扩张，即基于各国（地区）区位生产要素和贸易成本的优势在全球进行生产布局，生产呈现碎片化，出现全球商品链、全球价值链的现象。国际贸易和外国直接投资是增长最快的经济活动（Helpman，2006）。这些现象的核心是“离岸”，即生产活动转移到海外，离岸外包通常涉及国际贸易。跨国公司在外包时，可以由国内或海外独立的供应商生产，也可以由国内或国外附属公司生产，当把国外子公司或附属公司生产的产品采购回来时，就出现公司内贸易，从海外独立承包商采购回来就是公司间贸易，外包的可以是中间品，也可以是最终产品（见图 5-1）。

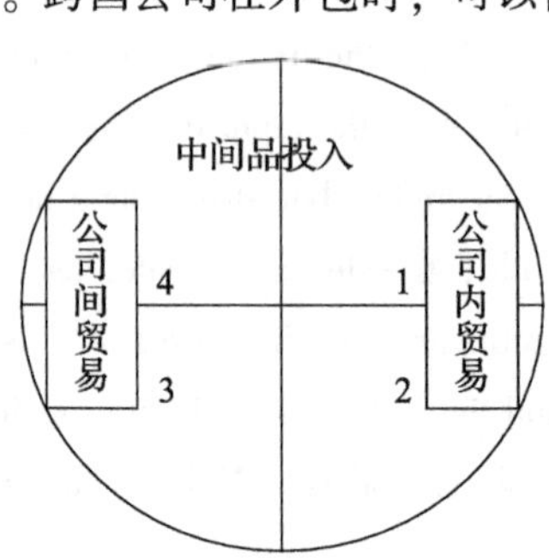

图 5-1　公司间贸易与公司内贸易

注：整个圆代表母国的进口货物总量，左、右半圆分别代表公司间贸易和公司内贸易，右半圆中的 1、2 分别指公司内贸易可以是中间品、最终产品（成品），左半圆中的 3、4 指公司间贸易可以是中间品和成品。

资料来源：Lanz，R. and S. Miroudot (2011). Intra-Firm Trade：Patterns，Determinants and Policy Implications，OECD Trade-Policy Papers，No. 114，OECD Publishing，Paris.

跨国公司外国直接投资（FDI）及生产垂直一体化的布局为跨国公司的全球商品采购提供了公司间贸易渠道以外的公司内贸易。当通过市场进行交易的公司间贸易或平等贸易的成本高于公司内贸易的成本时，跨国公司就会选择公司内贸易。特别是当外部交易难以执行且交易成本昂贵时，跨国公司可能倾向于利用其全球垂直一体化体系和内部资源进行内部贸易。在交易商品不需要技术、知识或资源转移时，跨国公司可能会倾向于与独立供应商进行公司间贸易。

在跨国公司的国际贸易中，同时进行着公司间

⊖ UNCTAD. World Investment Report 2020，https://worldinvestmentreport.unctad.org/world-investment-report-2020/.

贸易和公司内贸易，但公司间贸易所占份额与公司内贸易份额略有差异。2015 年，企业内部交易估计约占全球出口的 1/3(UNCTAD，2016)。一般来说，美国贸易伙伴的人均收入越高，公司间贸易的份额越低，美国与新兴发展中经济体的贸易份额（64%）高于与发达经济体的贸易份额（51%）。

二、跨国公司国际贸易类型

（一）按贸易主体间是否为关联方划分

按参与贸易双方之间是否为关联方，跨国公司国际贸易可以分为公司内贸易（intra-firm trade）和公司间贸易（arm' s-length trade)。关联方的含义是指参与国际贸易的双方之间有股权关系或有重大利益的关联。

1. 跨国公司内贸易

按照 OECD 和 UNCTAD 的界定，跨国公司内贸易是指同一个跨国母公司与其子公司或附属公司之间或这些子公司、附属公司之间进行的商品和服务的跨境交易活动。跨国公司内贸易是指交易双方之间通过一定程度的控制和所有权联系起来的跨国（境）交易，也称关联方交易（related party trade)。对于关联方的界定，美国统计局有个标准：关联方进口指任何直接或间接拥有、控制或持有 6%的已发行有表决权股票或股份的公司间的发货；关联方出口的所有权门槛设定为 10%（U. S. Census Bureau，2014）[㊀]。按照这个标准，跨国公司内贸易是跨国公司经济活动的产物，参与贸易的双方应是一个跨国公司体系（集团）的母公司或其子公司、附属公司，其跨境贸易的标的可以是有形商品，包括中间品和最终产品，还可以是无形商品，如服务、技术等。例如，三星是全球最大的通信设备跨国公司之一，2014 年，三星在全球拥有 158 家子公司，其中欧洲 43 家、中国 32 家、北美和南美 30 家，三星各子公司之间及子公司与母公司之间的跨境交易是公司内贸易。诺基亚、英特尔等跨国公司也以公司内贸易为主。

目前，国际组织及多数学者以交易双方之间是否拥有股权联系作为跨国公司内贸易的判断标准，但也有学者认为随着非股权方式的兴起与发展，这种以股权作为跨国公司内贸易的标准在一定程度上低估了跨国公司内贸易的实际规模，不能全面反映跨国公司内贸易的全貌，非股权安排引起的契约双方的长期跨境贸易往来也应视为跨国公司内贸易（李琮，2002)。

不同国家和行业的企业内部贸易在企业总贸易中所占的份额存在很大差异。在瑞典，公司内贸易出口在制造业出口总额中所占的比例为 51%，在美国和日本，这一比例分别为 18%和 10%。跨国公司内贸易在子公司总贸易中所占份额也存在较大差异。例如，在以色列，公司内出口贸易占外国附属公司的 65%，在日本，相应只有 22%是公司内贸易。公司内贸易占比的差异可能反映了外国子公司的行业组成和国家特征（如市场规模）的差异。

2014~2017 年，美国跨国公司的公司内贸易出口额在与跨国公司相关的美国出口总额中占

㊀ Csilla Lakatos，Franziska Ohnsorge. Arm's-length trade：A source of post-crisis trade weakness，World Bank Policy Research Working Paper 8144，July 2017。

比达到50%以上，而跨国公司内贸易出口额占美国出口总额的比例都在20%左右（见表5-1）。

表5-1 美国出口中与跨国公司相关的比例以及跨国公司内贸易情况

年份	公司内贸易出口额（百万美元）	与跨国公司相关的出口占出口总额的比例（%）	跨国公司内部出口占出口总额的比例（%）
2014	321 985	54.5	19.9
2015	315 127	55.0	21.0
2016	320 789	56.9	22.1
2017	337 900	54.3	21.8

资料来源：Kassu Hossiso. Activities of U. S. Multinational Enterprises in2017，https://apps. bea. gov/scb/2019/09-september/pdf/0919-multinational-enterprises. pdf; Kassu Hossiso. Activities of U. S. Multinational Enterprises in 2016，https://apps. bea. gov/scb/2018/09-september/pdf/0918-multinational-enterprises. pdf; Activities of U. S. Multinational Enterprises in 2015，https://apps. bea. gov/scb/pdf/2017/12-December/1217-activities-of-us-multinational-enterprises. pdf. 有计算。

2014~2017年美国跨国公司的公司内贸易进口额在与跨国公司相关的美国进口总额中占比达到40%以上，而跨国公司内贸易进口占美国进口总额的比例维持在16%左右（见表5-2）。

表5-2 美国进口中与跨国公司相关的比例以及跨国公司内贸易情况

年份	公司内贸易进口额（百万美元）	与跨国公司相关的进口占进口总额的比例（%）	跨国公司内部进口占进口总额的比例（%）
2014	385 052	40.5	16.3
2015	350 940	42.3	15.6
2016	355 691	43.1	16.3
2017	376 963	41.6	16.1

资料来源：同表5-1。

2. 跨国公司间贸易

跨国公司间贸易，常被称为公平贸易或平等贸易，是与跨国公司内贸易相对的一个概念，其含义是指一个跨国公司及其附属公司与另一个跨国公司及其附属公司之间的贸易活动，也就是跨境交易是在两家不同的公司之间进行的。这种类型的跨境贸易对贸易双方来说，交易商品的价格来自自由市场，其交易价格由市场供需关系决定。例如苹果、摩托罗拉把中间品或部件外包给非附属供应商生产，这些公司多依赖公司间贸易完成最终产品。

2014~2017年，美国跨国公司间贸易出口额占美国出口总额的比例大约在34%，其占比呈现小幅度波动，似有降低趋势（见表5-3）。

表5-3 美国出口中与跨国公司相关的数额以及跨国公司间贸易情况

年份	公司间贸易出口额（百万美元）	与跨国公司相关的出口总额（百万美元）	公司间贸易出口额占出口总额的比例（%）
2014	561 490	883 475	34.6
2015	511 680	826 807	34.0
2016	505 499	826 288	34.8
2017	501 505	839 405	32.4

资料来源：同表5-1。

2014~2017年，美国跨国公司间贸易进口额占美国进口总额的比例大约在26%，其占比略有小幅度降低（见表5-4）。

表 5-4　美国进口中与跨国公司相关的数额以及跨国公司间贸易情况

年份	公司间贸易进口额（百万美元）	与跨国公司相关的进口总额（百万美元）	公司间贸易进口额占进口总额的比例（%）
2014	645 225	954 927	27. 4
2015	603 987	951 360	26. 9
2016	580 723	942 327	26. 6
2017	596 039	973 002	25. 5

资料来源：同表 5-1。

3. 公司内贸易与公司间贸易的区别

跨国公司的公司内贸易与公司间贸易是跨国公司开展进出口贸易的两个重要方式，在跨国公司发展中占有重要地位，都表现为跨境贸易，贸易数量与金额都计入相关国家的对外贸易统计中，但两种贸易方式有着质的不同。

（1）跨境贸易时两类贸易的定价机制不同。

跨国公司内贸易是跨国公司内部市场进行的产品交易，是跨国公司体系内生产与销售活动的一部分，其交易时的定价并不完全由市场需求决定或按市场价格确定，而是按跨国公司的战略目标或内部核算所定的转让价格计算，并以此价格进行产品出口报关。跨国公司内贸易的优势主要在于对上游供应品、下游市场有更大的控制，相应的交易成本较低。公司间贸易是公司间商品或服务的平等交易，其交易的价格是由市场需求决定的。

（2）公司内贸易常常伴随着公司内部的技术、知识等资源的转移。

学者研究发现，当企业寻求进入类似于其国内市场的出口市场，且不需要技术、知识或资源转移时，跨国公司可能会倾向于公司间贸易（Lanz and Miroudot，2011）。同时，公司间贸易主要发生在劳动力密集型行业和低生产率企业中（Corcos et al.，2013）。

（3）对跨国公司供应链体系的影响不同。

一般来说，相比于公司间贸易，公司内贸易对跨国公司来说更稳定，但如果公司内贸易出现不稳定性，如不可控因素导致公司内贸易中断，这对跨国公司的影响更大。例如，泰国是相机和电脑元件生产基地。2011 年，受洪水影响，作为本田汽车零部件生产基地的泰国工厂中断了日本汽车零部件的全球供应，本田被迫将其日本和北美工厂的产量减半。

公司内贸易对全球价值链各生产阶段连接及最终产品的贸易都很重要。在按主要最终用途和所有权划分的 2009 年美国进出口商品中（见表 5-5），美国中间产品进口贸易中，公司内贸易占比为 46. 1%，而相应的中间产品出口贸易中，公司内贸易占比为 27. 1%；最终货物（消费类货物和资本类货物）的贸易有很大部分发生在相关方之间。这表明跨国公司不仅经营生产网络，还经营分销网络，而分销公司通过批发贸易子公司（wholesale trade affiliates）来获取和分销商品。

表 5-5　2009 年美国进出口商品结构

主要最终用途（BEC 分类）	HS6 产品数量	价值（百万美元）	贸易额占比（%）	公司内贸易（%）	公司间贸易（%）
进口					
总进口	4 984	1 491 534	100	48. 30	50. 60
中间产品	3 106	713 347	47. 80	46. 10	51. 80
消费品	1 210	358 478	24. 00	35. 60	64. 40
资本品	640	272 108	18. 20	57. 00	43. 00
其他	28	147 601	9. 90	74. 20	25. 80

（续）

主要最终用途（BEC 分类）	HS6 产品数量	价值（百万美元）	贸易额占比（%）	公司内贸易（%）	公司间贸易（%）
出口					
总出口	5 012	835 839	100.00	29.60	68.80
中间产品	3 125	499 773	59.80	27.10	71.30
消费品	1 217	126 852	15.20	31.30	65.90
资本品	643	142 055	17.00	28.40	70.20
其他	27	67 158	8.00	47.10	52.80

注：联合国大类经济类别分类（Classification by Broad Economic Categories，BEC）按照国际贸易商品的主要最终用途或经济类别可把商品分为资本品、中间产品和消费品三个基本门类；由于 HS6 类商品（HS 是商品名称及编码协调制度的英文缩写，是世界海关组织编制的国际贸易商品分类的标准目录）与 BEC 分类商品之间相应的对应，数据不包括 HS 特别分类规定的贸易量。如果将这些数据包括在内，进口总额为 15 491.63 亿美元，其中 47.8%是公司内贸易，50.1%是公司间贸易。出口总额为 9 365.03 亿美元，其中 27.9%是公司内贸易，68.6%是公司间贸易。由于一些数据缺乏所有权信息，公司内贸易和公司间贸易的占比总和并不等于 100%。

资料来源：Lanz，R. and S. Miroudot（2011）。

（二）按贸易标的加工程度分类

按贸易标的加工程度，跨国公司国际贸易可分为初级产品贸易、中间产品贸易和最终产品贸易。初级产品贸易指食品、原料、矿产品和燃料等未经加工或略做加工产品的国际贸易。中间产品贸易，也称半成品贸易，是指跨国公司交易的商品是用于再出售而供生产其他种类产品用的产品。最终产品贸易是指跨国公司交易的商品是在一定时期内生产并由其最后使用者购买的产品和服务。例如，一家跨国公司在国外投资种植棉花，并加工成棉纱，然后通过公司内贸易出口到国内工厂加工成布匹直接销售，棉纱就是中间产品，布匹是最终产品。布匹对于这家跨国公司是公司内贸易的最终产品，但是布匹还可以继续加工成衣服，这时，布匹就变成中间产品而不是最终产品。判断一种商品是中间产品还是最终产品，要根据跨国公司的具体交易来定，一个跨国公司的最终产品，可能在另一个交易流程中是中间产品。

（三）按国际贸易发展阶段分类

按国际贸易发展的阶段，跨国公司国际贸易分为传统贸易、全球价值链贸易（GVC）和数字贸易。按照 López González 和 Jouanjean（2017）的观点，全球贸易经历了传统贸易、全球价值链贸易，进入数字贸易时代。

传统贸易是指运输成本下降使生产与消费跨境分离，产品从生产地出口到地处另一个国家（地区）的消费者手中，主要涉及最终产品。

全球价值链贸易是指由于运输和协调成本的持续降低，跨国公司根据区位比较优势将生产环节分割开，跨国界或关境分布在两个及两个以上的国家或地区，然后进行中间产品和服务的贸易。

数字贸易是指随着数字化改变世界贸易的方式和内容，贸易呈现订单碎片化、商品与服务融合趋势，形成以互联网为基础的贸易新业态，包括跨境电商、数字内容、数字服务等。2013 年 7 月，美国国际贸易委员会（USITC）在《美国与全球经济中的数字贸易Ⅰ》中正式给出了“数字贸易”的定义，即通过互联网传输产品和服务的国内商务与国际贸易活动，包括四个方面的内容：一是数字化交付内容，如音乐、游戏；二是社交媒体，如社交网络网站、用户评价网站等；三是搜索引擎；四是其他数字化产品和服务，如软件服务、在云端交付的数据服务等，但这个数字贸易的定义排除了实体商品贸易。2014 年 8 月，美国国际贸易委员会在《美国与全球经济中的数字贸易Ⅱ》中对“数字贸易”这一概念进行了修改，将其解释为互联网和互联网技术在订购、生产以及交付产品和服务的过程中发挥关键作用的国内商务与国际贸易。2017 年，美国贸易代表（USTR）办公室发布的《数字贸易的主要障碍》报告提出“数字贸易”不仅包括个人消费品在互联网上的销售以及在线服务的提供，还包括实现全球价值链的数据流、实现智能制造的服务以及无数其他平台和应用。2018 年，浙江大学“大数据+跨境电子商务”创新团队对数字贸易重新进行了定义：数字贸易是以现代信息网络为载体，通过信息通信技术的有效使用实现传统实体货物、数字产品与服务、数字化知识与信息的高效交换，进而推动消费互联网向产业互联网转型并最终实现制造业智能化的新型贸易活动，是传统贸易在数字经济时代的拓展与延伸。

总之，数字贸易是以互联网为中心开展的商品、服务的贸易活动，最初仅指数字化产品的贸易，包括数字产品与服务，后扩展到实体货物、数据传输、智能制造服务以及平台和应用，涉及经济的所有部门。广义上讲，数字贸易就是利用数字技术进行商业活动，包括互联网基础设施及网络通信服务、云服务、数字内容服务、电子商务、消费者通信服务及互联设备等领域；不仅包括跨境贸易，还包括国内贸易。

传统贸易、全球价值链贸易和数字贸易在贸易特点、驱动力与贸易政策问题三方面有一定差异（见表 5-6）。

表 5-6　传统贸易、全球价值链贸易和数字贸易的比较

类型	贸易特点	驱动力	贸易政策问题
传统贸易	1. 跨国（关）境独立的生产与消费 2. 最终商品贸易	运输成本降低	市场准入
全球价值链贸易	1. 工厂跨境分割 2. 中间产品和服务贸易 3. 将服务的角色转换为外包的任务	运输和协调成本降低	1. 贸易-投资-服务知识联结 2. 贸易便利化，国内“边境后”措施
数字贸易	1. 生产、物流和消费的分离，具有超连通性 2. 订单碎片化和数字服务贸易 3. 改变服务的可交易性 4. 商品和服务的捆绑	1. 减少运输、协调和信息分享的成本 2. 数字化	1. 数据流 2. 数字连接 3. 运作的互通性

资料来源：López González，J. and M. Jouanjean（2017）. Digital Trade：Developing a Framework for Analysis”，OECD Trade PolicyPapers，No. 205，OECD Publishing，Paris. http://dx. doi. org/10. 1787/524c8c83-en.

第二节　跨国公司公司内贸易的形式与定价

一、跨国公司公司内贸易的基本形式

跨国公司公司内贸易的形式有水平（横向）一体化内部贸易、垂直（纵向）一体化内部贸易和混合内部贸易三种基本形式。

水平一体化内部贸易是指跨国公司子公司与另一国家或地区的子公司之间的贸易，即跨国公司通过新建或购并在境外设立工厂，生产与国内工厂相同的最终产品，再出口到跨国公司位于其他国家或地区的附属公司。水平一体化内部贸易可以是母公司与子公司之间同类产品之间的贸易，还可以是跨国公司母公司与子公司或附属企业、子公司与子公司或附属企业之间的产业内异质型产品的贸易。这种内部贸易可以形成规模经济和范围经济，便于扩大在国际市场的销售。比如 20 世纪 70 年代末，汽车业跨国公司在美国重点生产中高档汽车，在欧洲主要生产小型车和微型车，而在日本主要生产低油耗节能型汽车。

垂直一体化内部贸易是指跨国公司在境外与价值链前一环节的企业为不在同一国家或地区的后一环节的企业供应中间产品，产品由上游企业向下游企业出口。例如，20 世纪 60 年代起，美国福特汽车公司将其整车生产和零部件加工制造在西欧地区进行各子公司间的国际化分工，到 70 年代，福特公司在西欧初步实现了从产品开发、零部件生产到总装的一体化。BP 石油公司在世界 29 个国家从事石油勘探、开发活动，在 16 个国家设有炼油厂，BP 石油公司把上游开采的部分原油运送到炼油厂进行提炼并就地销售和出口。BP 石油公司的这种上、中、下游一体化的运营模式中就包含垂直一体化内部贸易。

跨国公司混合内部贸易是跨国公司发展到一定的规模和水平时，以上两种内部贸易形式同时存在，并加以合理利用。

二、跨国公司公司内贸易的定价

跨国公司公司内贸易所采取的价格，一般又称转移价格（transferable price）、划拨价格。这是跨国公司从全球战略及整体利润最大化的目标出发，由统一的决策机制对母公司与子公司、子公司与子公司之间购销产品和提供服务所确定的内部价格（见图 5-2）。这种价格不是独立各方在公开市场上按“独立竞争”原则确定的价格，也不是一种由供求关系所形成的市场价格，很少受市场供求关系的影响，是一种服务于一定公司目的而用行政手段规定的价格。

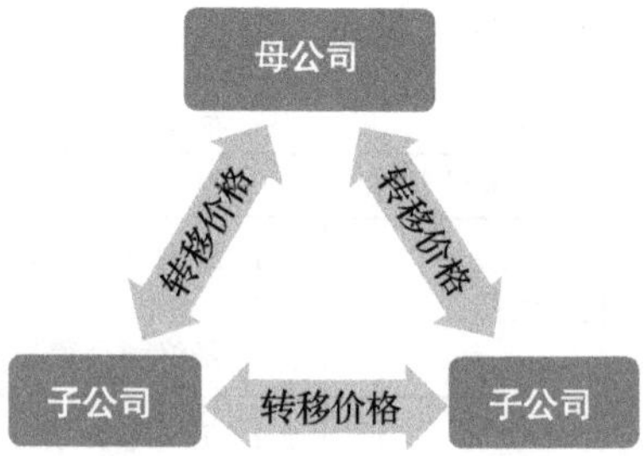

图 5-2　母公司与子公司转移价格示意图

适当地利用转移价格，不仅可以降低整个企业集团的税负，增加总体利润，而且可以促使企业资金转移、避免风险，进而达到改善公司财务状况、增强母子公司竞争能力的目的。但不适当地利用转移价格，也有可能被所在国政府惩罚，或损害公司管理人员的责任心和进取心，削弱企业的竞争能力。因此制定合理的国际转移价格是非常必要的。每家跨国企业都有自己确定转移价格的政策，运用到具体实务中则有所不同。概括来说，跨国公司转移价格的制定方法主要有四种：基于内部成本的定价法、基于外部市场价格的定价法、协商定价法和双重定价法。

1. 基于内部成本的定价法

基于内部成本的转移价格是由供货企业的实际成本、标准成本或预算成本加上固定比率的毛利来决定的。这种方法经常被用在纵向一体化成长战略中，用于降低中间产品的成本。这种方法又细分为 4 种：完全生产成本法、变动生产成本法、成本加成定价法和边际成本定价法（见表 5-7）。这种方法可以避免市价制定法中转移定价受到的各种限制，数据容易获得，操作简单，也可以增加部门间的融洽；但各国在确定成本的内容与范围上存在差别，这样同样的产品在不同国家核算的成本是有差异的，因低效率增加的成本也会使供货方不再重视创新与效率的改进。

表 5-7 基于内部成本的定价法分类

成本法	转移价格
完全生产成本法	全部成本=直接材料+直接人工+制造费用
变动生产成本法	变动成本=直接材料+直接人工+变动制造费用
成本加成定价法	成本+毛利=成本×（1+毛利率）
边际成本定价法	边际成本

资料来源：王如燕．跨国公司转让定价税收规制比较、借鉴与我国税制改革研究［M］．上海：格致出版社，上海人民出版社，2015.

2. 基于外部市场价格的定价法

基于外部市场价格的转移价格是指依据外部正常的市场价格来制定交易价格，简称市价法。这种定价法的实质是把母公司与跨国公司内部各个关联公司均视作独立经营的企业，当跨国公司内部交易的标的有可参照的同类交易的市场价格（即同类商品或服务在独立企业之间交易的市场价格）时，就以交易产品（商品、劳务、无形资产、贷款和有形资产）时的外部市场价格作为企业内部转移价格来进行交易。

这种定价法能较好地代表产品的真实价值，真实地反映子公司或附属公司的实际经营状况和真实收益，发挥子公司或附属公司的独立自主权，实现企业经营权与所有权的分离，限制跨国公司人为地调整收益；所确定的价格会被许多国家政府认为是“正常交易”价格，容易被所在国政府接受。这种方法在确定中间产品的公允价格时有一定难度，会忽视企业对成本数据的收集与分析，较难建立一个稳定的转移价格系统。

3. 协商定价法

协商定价法又称为谈判转移定价法，是指由公司内部的供应方和购买方协商确定的转移价格。它的优点是可以保持各分支机构的独立性，能够自己做出正确的决策。缺点是过分强调协商会造成各子公司或附属公司只关注本部门利益，而非跨国公司整体利益，不利于跨国公司实现利益最大化和全球化战略目标。如果供应方和购买方联合起来，有可能会制定出对它们有利却可能损害公司整体利益的政策。与市价法和成本法相比，协商定价法缺少严格的参照标准，随意性较强。

4. 双重定价法

双重定价法是指跨国公司对同一种中间产品或服务的内部转移采用两种不同的计价方法，对供应方的销售采取以市场价格为基础的定价方法，对购买方的采购则采取以成本为基础的定价方法。在成本定价法下，供应方可能不能通过内部交易获得利润甚至可能招致亏损；采用市场定价法，存在购买方公司不愿内部采购而转向外部市场采购的可能。双重定价法可以解决成本定价法和市场定价法的缺陷。但在这种方法下，跨国公司的整体利润小于各子公司的利润之和，甚至当跨国公司整体显示亏损时，各分、子公司还显示盈利，这易造成分、子公司放松成本管理。实务中较少使用这种方法。

对于跨国公司转移价格定价方法的确定目前还没有一个通用标准，具体选择哪种方法是一个综合考虑的过程，既要考虑实际情况和外部现实环境，也要兼顾跨国公司的战略目标和整体利益。据美国《财富》杂志对 500 家公司的调查，其中使用基于外部市场价格的定价法的企业占比由2005年的39%提高到2008年的45.9%，选择基于内部成本的定价法和协商定价法的占比相对减少，这表明世界500强企业正逐渐偏好基于外部市场价格的定价法（见表5-8）。

表5-8 美国《财富》杂志对跨国公司转移价格定价方法的对比 （%）

转移价格的定价方法	2005年	2008年
基于内部成本的定价法	46.6	41.4
基于外部市场价格的定价法	39	45.9
协商定价法	13.6	12.7
其他方法	0.8	0
合计	100	100

资料来源：刘威．新编国际会计学［M］．苏州：苏州大学出版社，2008。

此外，一些国际大公司常用预约定价法（advanced pricing agreement，APA）。由于各国政府认为跨国公司转移价格会影响税收，纷纷加强对大公司转移价格的监管力度，所以很多跨国公司会以与各东道国政府合作的方式，协商合适的转移价格定价。日本是最早实行预约定价安排的国家，1987年日本国税厅实行事先裁定制度，也就是后来的APA。后来，美国和澳大利亚也实行预约定价税制。经合组织（OECD）1999年10月发布了“相互协商下制定预约定价安排指南”。

三、跨国公司转移价格在避税中的应用

1. 合理规避税收

跨国公司母公司A在低税区设立子公司B，处在高税区的母公司A以较低的转移价格把商品销售给低税区的子公司B，由子公司B对外进行销售；或者母公司A再以较高的转移价格从子公司B处购回该商品，然后对外销售。通过这个低价卖出高价买入的运作，母公司A因利润降低可以少纳税，子公司B的地区税率低可以降低集团公司总的纳税额，这样就可以重新在母公司A和子公司B之间进行利润分配（见图5-3）。

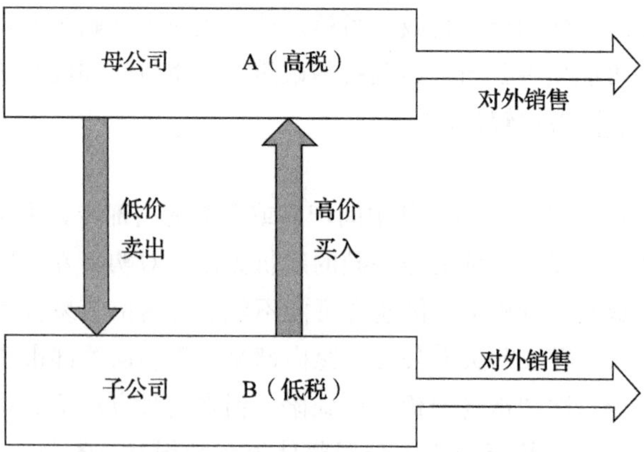

图5-3 在低税区设立子公司实现利润转移

资料来源：秦娟，吴清坤．跨国公司转移定价浅析［J］．财会通讯，2011(1).

2. 利用避税港实施转移价格

跨国公司A有三个子公司，其中贸易公司B设在避税港，子公司C、D在税率较高的

国家（地区）。跨国公司 A 可通过贸易公司 B 实现避税。具体做法是：贸易公司 B 从子公司 C 低价购买商品或中间产品，降低子公司 C 的收入，减少子公司 C 的利润额，然后把购买的商品或中间产品以高价卖给子公司 D，增加子公司 D 的成本，降低其利润。这样利用转移价格把利润转移到税率较低的贸易公司 B，实现集团公司收益最大化（见图 5-4）。

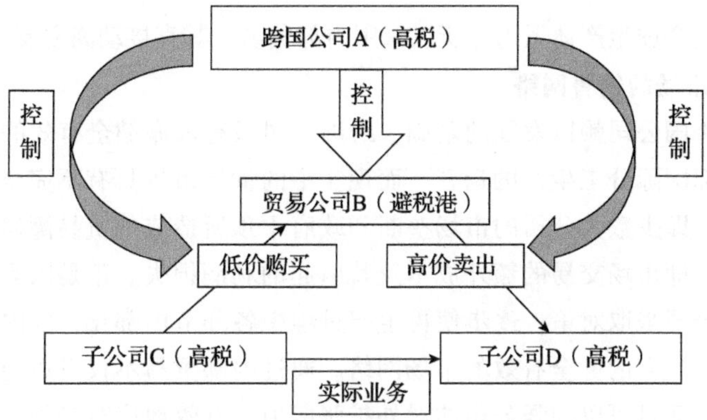

图 5-4　跨国公司借助避税港避税

■ 延伸阅读：离岸绿洲与国际避税

离岸绿洲，也称“避税港”“财政天堂”“税收绿洲”“金融中心”，但真实身份是“国际避税地”，是指为了吸引外资发展本地区经济，允许外国人投资和从事各种经贸活动的特定区域。这些人在该区域获得收入或拥有财产时只需缴税很少甚至不用缴税，有的避税港甚至是小岛屿或“飞地”（一国内的外国领土）㊀，最初由经验丰富的国际税收顾问杰米设计。一天，跨国公司 Estuary 的首席财务官对杰米抱怨说，每年由制造子公司向销售子公司卖出产品所实现的利润，要向两个公司所在国缴纳大量的所得税。在杰米的设计下，Estuary 在开曼群岛注册 Estuary 开曼贸易公司，Estuary 印度制造企业将销售产品接近成本价先卖给 Estuary 开曼贸易公司，再由 Estuary 开曼贸易公司将销售产品按接近市场价卖给 Estuary 在海外的销售公司，成本价与市场价之间的利润留在 Estuary 开曼贸易公司，开曼不缴所得税。这样，这笔可观的利润因开曼免征所得税而实现国际避税。

跨国投资者常在离岸绿洲注册公司进行国际避税，或规避外汇管制等。153 平方公里的英属维尔京群岛上有 35 万家公司，平均每个居民拥有 20 家企业，每月以 2 000 家的速度增长。在当地建立公司，最低注册费为 300 美元，加上许可证费用和手续费，只收取总共 980 美元，其后每年只需支付 600 美元的续期费用。在巴哈马首都拿骚市海湾街一个律师事务所的门上，有一块刻着数量惊人的公司名称的黄色铜牌，它是 14 000 多家外国公司在巴哈马的所有有形资产！在全球 70 多万家于离岸绿洲注册的公司中，至少有 80% 只是名义上的，仅进行必要的注册，在别处开展业务。

㊀ 这些地区分布在靠近南北美洲的大西洋和加勒比海地区、欧洲地区、远东和大洋洲地区，有殖民地历史，或至今仍为殖民地；或自然资源稀缺、人口数量较少、经济基础薄弱。2000 年 6 月 26 日，OECD 把英属维尔京群岛、格林纳达、塞舌尔、巴拿马、瑙鲁、汤加等 35 个国家和地区列入了避税地黑名单。

第三节 跨国公司公司内贸易的动因与影响

一、内部贸易的动因

跨国公司在其全球生产体系内之所以采用内部贸易，其直接动因主要有以下几个方面。

1. 构建世界市场的销售网络

世界市场是跨国公司赖以发展的基础，跨国公司只有依靠健全有效的市场网络，才能顺利完成其在内部国际分工生产的运营。而现实中的世界市场具有不完全性：一方面存在市场结构性缺陷，即少数大公司的市场垄断和政府干预所造成的贸易障碍；另一方面存在市场交易性缺陷，即市场交易的额外成本及其引起的利润损失。正是因为世界市场的不完全性，迫使跨国公司采取对策，逐步使再生产过程中各环节内部化，以内部市场的发展来营造跨国公司赖以生存的健全有效的市场网络。通过内部贸易不仅可以稳定地维持并扩大自己的市场份额，而且可以加强公司的对外扩张能力，有效地应对各种垄断和政府干预产生的贸易障碍，降低成本，增加收益。

2. 稳定跨国公司生产体系中中间产品的供应

跨国公司追求全球资源的优化配置，以扩大国际分工的利益。这是跨国公司的重要经营特征。在跨国公司的国际生产过程中，一些中间产品的投入是高档次的，即在质量、性能或规格上都有特殊的要求。因此，要从外部市场获得这类中间产品是非常困难的。为保证中间产品的供给在质量、规格、性能上符合要求并保持稳定，就要求把这部分产品的生产纳入跨国公司的生产体系中，通过内部贸易获得。这样，既可以消除价格的不规则波动、供求量难以均衡等外部市场交易带来的风险，又可以直接利用跨国公司内部在生产技术和销售技术上的优势，确保产品质量的稳定性和生产过程的连续性。

3. 防止技术外溢，维持技术垄断优势

跨国公司通常垄断着特有的先进技术知识。如果跨国公司的技术产品和中间投入置于外部交易中，那么它拥有的技术优势就会丧失，技术或产品就会被竞争者所仿制。为了保证跨国公司内部再生产过程的各个环节的技术水平彼此协调，增强公司的整体竞争力，母公司必须向国外公司传授特有技术或先进技术。通过内部贸易，跨国公司既可以维持技术垄断，又可以满足其整个国际生产体系的技术装备不断更新换代的要求。

4. 平衡跨国公司内部子公司间的经济利益

跨国公司的母公司与子公司之间一般有 4 个层次的经济关系：①母公司与完全控股子公司的关系；②母公司与大份额控股子公司的关系；③母公司与对等控股子公司的关系；④母公司与小份额控股子公司的关系。由于母公司对子公司的控股程度有所不同，它们经济利益的统一程度往往不一致，因此在跨国公司的内部交换过程中，就不能以利益的完全一致性为基础进行无偿调拨，而必须采取贸易的形式，通过内部市场机制满足各方的经济利益，以解决内部经济利益的矛盾。当然，母公司对子公司控股程度不同，使得跨国公司通过内部贸易实现其全球经营战略目标的难易程度也不尽相同。当母公司拥有子公司的全部或大部分股权时，彼此在开展内部贸易的过程中，跨国公司通过转移价格而实现其全球经营战略目标就会比较顺利；反之，如果母公司只拥有子公司对等或小部分股权，跨国公司要通过转移价格来达到其全球经营战略目标就比较困难。

5. 利用转移价格达到特定目标

跨国公司利用转移价格可以回避价格管制，逃避征税和外汇管制，占领市场，利用币值变动而从中牟利，从而为其全球利益最大化服务。当跨国公司子公司所在国的外汇管制和利润汇出限制严、营业利润抽税高时，母公司就抬高供应给子公司的机器设备、原材料和劳务的价格，使子公司生产成本增加，盈利减少，从而少纳税，少汇出利润。当子公司产品面临当地产品竞争时，母公司可以大幅度降低转移价格，从而降低子公司产品的生产成本，增强其竞争能力，以掠夺性价格打垮竞争对手，操纵和垄断当地市场，然后再提高价格。当子公司所在国货币将要贬值时，母公司可以利用转移价格将子公司的利润和现金尽快转移出去。当子公司所在国货币坚挺时，母公司就利用转移价格使子公司扩大资本，从汇率中牟利。

二、跨国公司公司内贸易对国际贸易的影响

跨国公司公司内贸易在国际贸易中占有重要的地位，1993 年跨国公司公司内贸易已占世界贸易总额的 1/3。20 世纪 80 年代，在美国制造业出口中，平均每年有 34%是由母公司输往国外子公司的内部出口贸易，而在美国制造业进口中，平均每年有 25%是从国外子公司输往母公司的内部进口贸易；英国内部出口贸易的比重从 1976 年的 29%上升到了 1987 年的 40%。2010 年，法国跨国公司母公司的商品出口占 31%，进口占 24%，法国的外国附属机构所占相应贸易份额分别为 34%和 38%。日本 93%的出口贸易与跨国公司有关。不论从规模还是从增长速度来看，跨国公司公司内贸易在世界贸易中的地位都十分重要。正是跨国公司公司内贸易的重要地位，决定了跨国公司公司内贸易对国际贸易会产生广泛而深远的影响。

1. 跨国公司公司内贸易带动了世界贸易的快速发展

从跨国公司公司内贸易的规模看，跨国公司海外分支机构的销售额由 1990 年的 71 360 亿美元增长到 2019 年的 312 880 亿美元；出口额由 1990 年的 14 440 亿美元增长到 2015 年的 78 030 亿美元。从增长速度看，20 世纪 90 年代、2000～2007 年、2008～2019 年跨国公司海外分支机构销售额的增长率分别为 5. 2%、12. 4%、1. 8%。2009 年受全球金融危机的影响，跨国公司海外公司的贸易额普遍下滑。跨国公司全球国际分工体系加速了彼此之间横向或纵向的生产一体化过程，实现了全球资源的优化配置，促进了资源国别之间的流动，增加了贸易流量，也促进了中间产品、半成品在国与国之间的流动。因此，跨国公司公司内贸易的发展也必然带动整个国际贸易的迅速发展。统计数据也可以印证这一点：1990 年世界货物贸易的出口额为 34 799 亿美元，2015 年达到 332 070 亿美元；1990 年进口贸易额为 35 880. 8 亿美元，到 2015 年增长到 167 250 亿美元。㊀

2. 对商品的贸易结构产生影响

贸易结构的变化表现在商品地区流向和商品结构的变化上。随着跨国公司公司内贸易的发展，中间产品和半成品的贸易比重有所提高，商品贸易结构也发生着变化。跨国公司在全球生产体系内配置资源，一定程度上也影响着国际贸易商品的流向。与 2006 年

㊀ http://stat. wto. org/Home/WSDBHome. aspx? Language=E.

相比，2011年全球农产品出口贸易的比重在北美、中南美洲、欧洲、中东、亚洲都有所增加，而制造业产品的出口比重则有所降低，燃料与矿业的出口份额增加（除非洲和中东地区外）；与2011年相比，2014年农产品的出口份额增长（中东和亚洲除外），燃料与矿业的出口份额降低（独联体除外），中南美洲、欧洲和中东的制造业产品出口份额降低，其他地区出口占比增长。与2014年相比，2018年、2019年世界农产品出口份额小幅度减少（中南美洲、非洲、独联体除外），燃料与矿业的出口份额都降低，中南美洲、欧洲、独联体、非洲、中东、亚洲制造业出口额都在增长（除北美降低以外）（见表5-9）。

表5-9　2006~2019年世界商品出口贸易地区和商品结构的比较　　（%）

		农业	燃料与矿业		制造业						
			合计	燃料	合计	钢铁	化工	办公及电话设备	汽车产品	纺织品	服装
2006	世界	8	19.3	15	70.1	3.2	10.6	12.3	8.6	1.9	2.6
2011		9.3	22.5	17.8	64.6	3	11.2	9.4	7.2	1.6	2.3
2014		9.5	20.5	16.6	66.2	2.6	11.1	9.7	7.5	1.7	2.6
2018		9.3	16.7	13.0	66.8	2.4	11.5	10.7	7.9	1.6	2.5
2019		9.4	15.9	12.2	67.3	2.2	11.6	10.6	7.9	1.6	2.6
2006	北美	9	13.2	9	73.5	1.4	10.4	11.8	12.2	1	0.8
2011		11	17.9	13.2	65.7	1.5	11.4	9.3	10.6	0.8	0.5
2014		11.1	16.7	13.1	67.6	1.3	10.6	8.8	11.7	0.8	0.5
2018		10.8	15.9	12.5	63.3	1.0	10.7	9.0	12.4	0.7	0.5
2019		10.6	15.8	12.6	63.2	0.8	10.8	8.9	12.7	0.7	0.5
2006	中南美洲	23.8	42.4	25.7	31.4	4	5.7	1.5	4.4	0.7	3
2011		27.5	43	24.8	26.4	2.8	6.4	0.8	3.6	0.6	2
2014		30.6	39.9	24.8	25.5	2.5	6.3	0.8	3.1	0.6	1.9
2018		24.0	24.8	15.7	47.8	2.3	11.9	8.5	3.4	0.7	2.0
2019		24.9	23.2	14.2	48.3	2.1	11.9	8.3	3.2	0.7	2.2
2006	欧洲	8.8	10.8	7.3	78.4	3.6	15	8.6	11.1	1.7	2.2
2011		10.1	12.4	8.7	75.3	3.4	16.2	5.8	10.3	1.3	2
2014		10.6	11.1	8.1	74.8	2.7	16.3	5.3	10.5	1.3	2.2
2018		10.3	9.6	6.6	77.2	2.7	17.0	5.5	11.4	1.2	2.3
2019		10.5	8.9	6.0	77.8	2.5	17.5	5.5	11.3	1.2	2.4
2006	独联体	7	64.6	55.9	24.9	9.1	5.2	0.3	1.3	0.4	0.4
2011		7.5	66.1	56.6	22.9	6.9	6.2	0.4	1.1	0.4	0.3
2014		9.2	66.1	59.6	22.4	5.9	6.0	0.4	1.0	0.7	0.4
2018		10.8	55.1	48.3	22.6	6.5	5.1	0.5	1.0	0.4	0.4
2019		11.8	53.9	46.8	22.5	5.5	5.3	0.6	1.1	0.5	0.4
2006	非洲	8.8	68.5	62	19.6	1.9	3.1	0.7	1.5	0.4	2.7
2011		10	64.3	54.6	18.6	1.7	3.7	0.5	1.5	0.5	1.9
2014		11.5	62.9	53.6	21.3	1.6	4.3	0.9	2.1	0.6	1.9
2018		13.5	51.4	41.2	24.5	1.9	5.1	0.7	3.3	0.7	2.1
2019		13.8	48.7	38.4	25.2	1.7	5.1	0.7	3.5	0.7	2.1

（续）

		农业	燃料与矿业		制造业						
			合计	燃料	合计	钢铁	化工	办公及电话设备	汽车产品	纺织品	服装
2006	中东	2.1	74.5	72.7	21.4	0.7	5.7	2.3	1.3	1.2	0.7
2011		2.6	67.7	66.2	20.9	0.6	7.5	1.1	1.4	0.5	0.3
2014		2.3	64.9	63.3	20.7	0.5	7.1	1.3	0.9	0.5	0.7
2018		2.8	63.7	61.4	26.9	1.1	8.6	3.3	1.5	0.4	0.5
2019		3.1	63.9	61.5	29.0	1.2	8.9	3.8	1.6	0.4	0.5
2006	亚洲	5.5	10.2	6.6	81.9	3.2	7.2	24.4	6.8	3.2	5
2011		6.9	12.7	8.8	77.4	3.2	8.2	19.1	5.5	3.1	4.2
2014		6.7	11.3	7.9	80.0	3.0	8.0	20.0	5.6	3.2	4.9
2018		6.1	9.3	6.2	81.8	2.5	8.2	24.8	5.1	2.9	4.3
2019		6.1	9.1	5.9	81.7	2.3	8.0	24.1	5.0	2.9	4.4

资料来源：International Trade Statistics（2007，2012，2015），https://data.wto.org/。

3. 在一定程度上改变了国际贸易的比较利益基础

传统的国际贸易理论是以比较利益为核心的，即认为国家间之所以会产生贸易是因为各国间生产的不同产品具有不同的相对优势，如果按照相对优势进行分工、交换，各国就会获得比较利益。而从跨国公司公司内贸易的动因来看，内部贸易完全是与跨国公司的跨国经营战略相适应的，如建立内部市场网络，为维持技术垄断，为保证中间产品的供应及利用转移定价等，这些都会在一定程度上削弱国际贸易的比较利益基础。与此相适应，贸易的特征和方式也与传统的国际贸易有很大的区别。

4. 改变了贸易商品的定价规则

传统国际贸易价格基本上由供需关系决定，商品交易的价格由世界市场来决定。但跨国公司公司内贸易则是实行转移价格（内部价格），转移价格的确定方法有多种，如基于内部成本的定价、基于外部市场价格定价、双重定价和协商定价。在国际贸易实践中，跨国公司出于服务全球经营战略的目的，常将不同的转移定价方法运用于特定的经营目的，常人为地调控商品交易的价格，即人为地调低或调高价格与收费。因此，跨国公司的内部贸易改变了商品贸易的定价规则。

5. 使国际贸易关系复杂化

跨国公司的内部贸易在一定程度上打乱了传统的贸易格局，使国际贸易关系复杂化。首先，由于内部贸易采用转移价格手段，达到跨国公司的特定目的，如将资金利润调出东道国、逃避东道国的税收、绕过东道国关税壁垒等，使东道国利益受损。在现实中，跨国公司母国常常是发达国家，而东道国常常是发展中国家，因而跨国公司的内部贸易使发展中国家利益受到损害，导致双方贸易关系紧张。其次，由于跨国公司的海外投资产品通过内部贸易进行返销，使得进出口国地位改变，改变了双方的贸易差额。美国因此而造成的巨额逆差已经成为美国外贸的一大问题，并借此向其贸易伙伴施加压力，如要求日本开放市场、汇率升值；要求中国开放市场等。这样就使得国际贸易关系更加复杂化，大有真假难辨、是非难断之状。最后，跨国公司公司内贸易的逃税、利润转移等“特殊功能”，使得东道国在制定对外经贸政策时左右为难：一方面为吸引外来资金与技术，必须有鼓励和优惠的外来投资政策；另一方面为了要减少跨国公司公司内贸易给本国带来的损害，又不得不对外资的使用加以限制。这种矛盾显然会造成国际经贸关系复杂化。

6. 使世界市场结构发生变化，竞争趋于激烈

第二次世界大战后跨国公司公司内贸易的迅速发展，使世界市场上通过传统的"自由市场"按照公平条件进行的交易所占比重不断下降，而通过所谓的"封闭"市场进行的交易则日益增加。跨国公司利用不同地区的资源优势，在国际生产中实行分工协作，推行制造部件、集中装配、定向销售的经营策略，使得跨国公司对全球性生产与交换的管理性加强，其内部市场已构成世界市场中封闭市场重要的一部分。此外，内部贸易一方面使跨国公司自身的竞争力大大提高，实力大大增强；另一方面，它又使跨国公司之间的竞争更加激烈，局外企业在垄断竞争的世界市场中更难以立足。

第四节　跨国公司跨国经营模式的选择

跨国公司选定了国际目标市场（包括最佳投资生产国和最佳销售国）之后，将其所拥有的各项资源如资本、机器设备、技术知识、管理经验等，通过海外直接投资或其他方式，转移到目标市场开展生产经营活动的过程，称为市场进入（market entry），进入国际市场有多种可供选择的方式。

一、进入国际市场的方式

国际市场的进入模式是一种制度安排，也就是企业将产品、技术、人力、管理经验和其他资源转移到其他国家的方式。企业可以在本国生产，然后将最终产品出口，也可以将技术、资本、人力等资源甚至企业本身转移到外国。对于企业进入海外市场的模式，有两类有代表性的分类方法。一是把进入模式分为股权方式和非股权方式两类，其中，股权方式的进入模式主要指对外直接投资模式，又可分为合资和独资、新建和收购；非股权的投资方式包括许可证、特许经营、合同管理、"交钥匙工程"等。二是把进入模式分为贸易式进入模式（export entry mode）、契约式进入模式（contractual entry mode）和投资式进入模式（investment entry mode）三种。贸易式进入模式包括间接出口和直接出口两种方式，契约式进入模式是指公司通过与目标国的法人实体签订长期的非权益性合同，使公司的技术或人力从本国转移到外国，包括许可经营（licensing）、合同制造（contract manufacture）、管理合同（management contract）、技术协议（technical agreement）、服务合同（service contract）等方式。投资式进入模式是一种以所有权为基础的进入模式，公司通过在目标国占有部分或全部的所有权，将技术、人力、管理经验及其他产权转移到目标国，可分为合资和独资，还可分为新建与收购。

不同的进入模式对跨国公司的资金投资要求、承担的风险及回报是有差异的（见表5-10）。

表5-10　不同进入模式的比较

模式类型	资金投入程度	风险	回报
贸易	低	低	低
独资	高	高	较高
合资	中	中	中
许可证	低	低	低

（续）

模式类型	资金投入程度	风险	回报
特许经营	较低	适中	适中
“交钥匙工程”	高	高	高
合同制造	适中	低	低
管理合同	低	低	低
技术协议	低	低	低

二、选择进入模式的数理分析模型

国际市场进入模式是国际商务研究中继对外直接投资（FDI）、国际化之后的第三大领域，是国际商务领域的新课题，涉及多个学科，其主要的理论和模型是在最近 20 年出现的。跨国公司选择模式时需要着重解决两个问题，一是在什么条件下选择哪种进入模式最有效；二是在特定环境中，影响进入模式的因素有哪些。围绕这两个关键问题，早期的研究运用成本交易理论、FDI 理论等经济学理论和文化、文化距离等人类学理论，后来用制度理论、组织能力和不确定性来解释进入模式，同时融合多种理论的研究不断增多。概括来说，海外市场进入模式的理论分为五大流派：交易成本分析流派、发展阶段流派、战略行为流派、决策过程流派和组织能力流派，具体使用的理论方法有交易成本分析、优势理论（OLI 理论）、文化或文化距离、控制、国际化、风险、制度理论、资源基础论、FDI、组织或竞争能力、知识或知识基础观（KBV）和不确定性。其中，大多数是运用交易成本理论，其次是 OLI、文化或文化距离和控制。

跨国公司为了实现跨国经营而选择的进入方式，具有很大的灵活性和策略性。选择最佳的国际市场进入方式，其目的无非是追求利润最大、成本最小或净收入最大。各种因素的影响以及公司的评价标准无一不与进入方式的成本、收入和利润相关联。对于跨国公司进入国际市场模式的选择，学者们进行了许多有益的案例分析和实证研究。本节主要介绍两种选择最佳国际市场进入方式的数理分析模型。

1. 成本模式

以色列学者赫希（Seev Hirsch）曾提出过一个成本比较分析模式，原来主要用于对出口与直接投资两种方式的比较，后来经过修改，可用于出口、契约式进入和直接投资三种方式的比较和选择。

这里假设只考虑母国和一个目标市场国家。首先须计算以下成本项目：

C_0：母国生产成本，即跨国公司在母国的生产成本。

C_1：目标国生产成本，指在目标国投资办厂的情况下可能发生的生产成本。投资办厂的可以是跨国公司，也可以是当地企业。

M：由跨国公司向目标国出口的费用，包括运输、保险、关税等费用。

AC_1：跨国公司在目标国投资办厂的情况下，相对于当地企业投资办厂的情况所需付出的额外费用，通常这部分费用用于适应环境差异，故亦称为“环境差异成本”。

D：转让无形资产的耗散损失。跨国公司拥有的某些技术优势，如专利、专有技术、管理方式、销售渠道等，通过许可证协议让渡给他人使用时，意味着技术优势的耗散，耗散会使公司的收入减少。此外还应包括其他风险损失在内，如技术秘密被泄露、专利许可被滥用等的风险损失。

有了上述成本数据，即可比较和选择进入方式：

（1）选择出口方式的条件是：

$$C_0+M<C_1+AC_1 \tag{5-1}$$

$$C_0+M<C_1+D \tag{5-2}$$

不等式（5-1）表示母国生产并出口的总成本，小于到目标国投资办厂的总成本；不等式（5-2）表示母国生产并出口的总成本，小于契约式进入时的总成本。在上述条件下，采取母国生产并出口的进入方式就可以节约成本。

（2）选择契约式的条件是：

$$C_1+D<C_1+AC_1 \tag{5-3}$$

$$C_1+D<C_0+M \tag{5-4}$$

上述两个不等式的左边是契约式进入的总成本，即 C_1+D。不等式（5-3）表明契约式进入的总成本，小于跨国公司在目标国直接投资办厂生产的总成本；不等式（5-4）表明契约式进入的总成本，小于跨国公司在母国生产并出口的总成本。上述不等式说明，契约式进入方式的成本是最小的。

（3）选择投资式进入方式的条件是：

$$C_1+AC_1<C_0+M \tag{5-5}$$

$$C_1+AC_1<C_1+D \tag{5-6}$$

在上述条件中，C_1+AC_1 是跨国公司在目标国投资办厂情况下的总成本。不等式（5-5）、不等式（5-6）分别说明在目标国投资办厂的总成本，小于母国生产并出口的总成本和契约式进入的总成本。在上述条件下，采取投资式进入方式可以节约总成本，对跨国公司和东道国来说，这是一种最佳的进入方式。

应当指出，赫希模式不单跨国公司可以运用，东道国也可以运用，用来决定要求跨国公司采用什么进入方式。因为在前述成本项目中，D(即转让无形资产的耗散损失）往往就是东道国需向跨国公司支付的技术转让费，所以，C_1+D 就是东道国以技术引进方式“接收”跨国公司的成本。只有当 C_1+D 很低时，东道国才愿意采用技术引进方式；否则，东道国将宁愿进口商品或允许跨国公司到本地直接投资。

2. 净收入现值模式

一定时点的收入扣除了支出后的剩余量，称为该时点的净收入。这里的“收入”一般指最终产品在目标国的销售收入；“支出”包括产品生产成本和由进入方式带来的附加成本，后者指出口方式中的出口费用、契约式进入中转让无形资产的耗散损失、投资式进入中的环境差异成本。不论哪种进入方式，收入和支出是在未来若干年发生的，考虑到存在资本成本因素，故应将每年和累计的净收入的“未来值”折算成“净现值”。由于不同进入方式带来的现金流量不同，因此，比较它们净收入现值的大小，就可以选择最佳的进入方式。这就是净收入现值模式的基本原理。

为了计算净收入现值，需要计算以下收入流和支出流的数量：

C_{0t}：第 t 年跨国公司在母国的生产成本；

C_{1t}：在目标国生产时第 t 年的生产成本；

R_t：在目标市场国，第 t 年销售最终产品的收入；

AC_{1t}：跨国公司在目标国投资生产的第 t 年的环境差异成本；

M_t：第 t 年的出口费用；

D_t：跨国公司转让无形资产的第 t 年的耗散损失；

t：资金流发生的时间范围，如 n 年，则 $t=1, 2, \cdots, n$ 年；

i：贴现率。

根据上述数据，就可以计算出出口方式的净收入现值 NPV_E，契约式进入的净收入现值 NPV_L 和直接投资方式的净收入现值 NPV_I。

不论哪一种进入方式，只有净收入现值大于零，才是可选择采用的。因此，在选择进入方式时，首先应去掉净收入现值等于或小于零的方案，保留可行方案以简化选择工作。

在净收入现值大于零的各种进入方式中，最佳的进入方式显然就是净收入现值大的方式。也就是说，最佳进入方式的选择规则是：

（1）如果 $NPV_E=Max(NPV_E, NPV_L, NPV_I)>0$，应选择出口进入方式；

（2）如果 $NPV_L=Max(NPV_E, NPV_L, NPV_I)>0$，应选择契约式进入方式；

（3）如果 $NPV_I=Max(NPV_E, NPV_L, NPV_I)>0$，应选择直接投资进入方式。

需要指出的是，净收入现值不仅与资金流发生期间的收入和支出大小有关，还受贴现率（i）的影响。贴现率较低时，净收入现值就接近于各年净收入之和；贴现率较高时，较后时期的净收入被折算成现值，会缩小许多，导致净收入现值远远低于各年净收入之和。这一影响对进入方式选择的影响就是：对于两种净收入之和相同但各年净收入分布不同的进入方式方案，在贴现率较大时，它们的净收入现值会明显不同。在净收入现值较大的方案中，较前时期的净收入量较大。

本章案例研究

【案例 5-1】 斯沃琪集团避税案

（一）基本案情

1. 背景材料

跨国关联企业之间在进行交易时，有时出于关联企业集团利益或经营目标的需要，在交易定价和费用分摊上，不是根据独立竞争的市场原则和正常交易价格，而是人为地故意抬高或压低交易价格或费用标准，从而使关联企业某一实体的利润转移到另一个企业的账上。这种现象称为关联企业的转移定价行为。

跨国关联企业采取转移定价行为的重要原因之一就是避税。关联企业可以通过转移定价将设在高税区的企业的利润人为地转移到设在低税区的某个企业实体上，避免在高税区承担较高的所得税纳税义务，从而使关联企业的总体税负大大减少。比如，高税区公司向低税关联企业低价转让商品，而低税区企业向高税关联企业高价转让商品，这使得利润从高税企业转移到低税企业，从而达到避税的目的。

2. 案情简介

斯沃琪集团总部位于瑞士伯尔尼，是世界上最大的手表生产商和分销商，零售额占到全球份额的 25%。斯沃琪在全球拥有 160 个产品制造中心，主要分布在瑞士、法国、德国、意大利、美国、维尔京群岛、泰国、马来西亚和中国。旗下拥有斯沃琪、欧米茄、雷达、浪琴、天梭、CK 等 17 个世界知名手表品牌，是世界表坛销量最高的瑞士手表企业。

据斯沃琪亚洲分部的前财务经理约瑟夫·埃德和马特斯·潘瑟拉透露：斯沃琪亚洲分部办公地设在中国香港，却在英属维尔京群岛登记注册，英属维尔京群岛成为其操纵转移定价非法避税的中心地。通过亚洲分部销往斯沃琪其他关联企业的所有产品，其内部交易价格都被人为地大大提高了。如从亚洲分部销往新加坡关联企业的名牌手表欧米茄，其价格上涨了40%，销往日本关联企业的则上涨了50%，销往美国和澳大利亚的价格也都有大幅度的提高。因为亚洲分部的办公地和注册地都是低税区，而其他关联企业所在地的税负要高得多，这样在关联企业的内部交易中，通过人为提高手表价格，就能把大部分利润从高税区转移出来，留在低税区，从而在整体上降低斯沃琪集团的税负。

报告透露，近6年来，斯沃琪集团亚洲分部利用这种手段，从美国转移出了大笔利润，从而逃避了100多万美元的美国税收。同时在澳大利亚和亚洲等地，其逃避的各国国内税收和关税总额超过1.8亿美元。

斯沃琪一方面宣称自己历来严格遵守包括税法在内的各国法律及国际法；另一方面，斯沃琪也在声明中写道："在不违反现有法律、法规的情况下，寻求税收结构的最佳化对所有企业而言已是一种惯例。转移定价是一个相当复杂的问题……斯沃琪集团在关联企业间使用的任何转移定价策略都并非仅以减少税收为目的，而是为消费者协调国家间的价格结构，以防止出现有害的平行市场，这种平行市场将带来巨大损失，并需要远比税收高得多的成本。"

由于转移定价是集团在关联企业间根据整体利益和经营意图人为确定的，并非在自由竞争市场中由交易双方共同确定，因此随意性很大，这就为关联企业任意操作转移定价、非法逃避税收提供了巨大空间。专家指出，在国际上寻求税收结构最佳化的做法必须在合理的范围内进行，至于斯沃琪的做法是否在此范围之内，尚有待进一步调查。

（二）案例评析

转移定价和不合理分摊成本费用，使得跨国关联企业在不同国家或地区境内的各个经济实体的真实盈亏状况被扭曲了，因而各个实体所承担的税负与其实际盈利水平不符。为使关联企业在各地的经济实体的利润额尽可能符合各自的实际经营情况，就必须对关联企业的国际收入和费用依据某种标准重新进行分配，以此消除关联企业通过逃避在某个国家或地区的纳税义务以减轻企业总的国际税负的可能性，使有关各国或地区都能征得理应属于自己的那份税款。

目前，许多国家或地区对关联企业之间的收入费用进行分配时都根据所谓的正常交易原则，即将关联企业的总机构与分支机构、母公司与子公司，以及分支机构或子公司相互间的关系，当作独立竞争的企业之间的关系来处理。按照这一原则，关联企业各个经济实体之间的营业往来，都应按照公平的市场交易价格计算。如果有人为的抬价或压价等不符合这一原则的现象发生，有关国家或地区的税务机关则可依据这种公平市场价格，重新调整其应得收入和应承担的费用。

根据正常交易原则，各国制定的管制转移定价税制针对关联企业内部进行的贷款、劳务、租赁、技术转让和货物销售等各种交易往来，规定了一系列确定评判其公平市场交易价格的标准和方法。例如，在审查关联企业之间有关交易是否符合正常交易原则方面，许多国家的转移定价税制都规定了税务机关可按可比非受控价格法、再售价格法、成本加利润法以及其他合理方法依次进行审定和调整。如果关联企业间的有关交易往来作价背离了按上述有关标准或方法确定的公平市场交易价格，税务机关可认定纳税人存在转移定价行为，并根据公平市场交易价格对有关交易价格重新调整。

资料来源：卢进勇，杜奇华，闫实强．国际投资与跨国公司案例库［M］．北京：对外经济贸易大学出版社，2005.

【案例5-2】 在华跨国公司转移定价每年挪走300亿元

（一）基本案情

转移定价伴随开放政策而生，一些跨国公司利用中国对外资的税收优惠政策，在其转移定价机制中渗透了许多人为的避税因素。“应该说跨国公司转移定价的行为非常普遍，严重性程度各有不一。”专家对记者说，“跨地区、跨国的转移定价必然存在，问题是滥用了，给中国造成了巨大的损失。”因跨国公司转移定价造成的税收损失到底有多大，税务部门也难给出一个确切的数字。据国家税务总局国际税务司反避税处的一位处长估算：截至2006年，我国已批准成立了40多万家外企，相当数量的外企通过各种避税手段转移利润，造成从账面上看，外企大面积亏损，亏损面积达60%以上，年亏损金额达1 200多亿元。按照税法的规定，以后的盈利可以弥补以前年度的亏损，因此，我国每年要少征外企所得税约300亿元。“1/3经营不善是客观原因，60%以上非法性亏损，是虚亏实盈。这种算法非常粗略。”我们国家当时政策的主要目标是吸引外资，所以对外资限制最少。税务稽查人员概括的跨国公司采用的转移定价方式有：在投资方面，一是抬高作为投资进口的机器设备、零部件和其他物料的价格；二是抬高作为投资或转让的无形资产的价格；三是抬高租赁有形财产的租金；四是减少自有资本，扩大借贷资本的比例。跨国公司通过上述方式人为地增加企业当期资产折旧或摊销费用、增加企业当期租金或利息支出等手法，将一部分利润转移至境外。在生产和销售方面，多数以高价向境内关联企业提供进口原材料，以低价收购关联企业的出口产品，在生产开始前，就已经将一部分利润转移至境外。此外，对于服务贸易，因为没有可比性，税务机关无法对内部交易的转移价格进行监管及对转移价格进行调整，服务协议所征的10%预提所得税也比企业所得税要合算得多。这就不难解释，为什么有的境内关联企业会出现表面上常年处于亏损状态而生产经营规模却逐年成倍扩大的反常现象。

（二）案例评析

（1）避税是跨国公司实现其全球运营体系利益最大化的重要经营策略。跨国公司利用东道国法律的漏洞及实际监管的不足，以转移定价的方式来避税，这种做法有时并不违法，却给东道国造成大量税收损失；有时跨国公司还可借助转移定价调高或调低商品在东道国的售价，以实现其战略目的。在案例中，跨国公司主要通过高价供货和低价购进的方式逃避在华纳税，导致中国巨额应得税款的流失，也暴露出了中国法律制度及监管不足的问题。正是由于跨国公司避税的存在，我们就不难理解：为什么一部分外资企业长期处于亏损状态，但又一直能生存。

（2）中国对反避税的立法经历了由无到有，不断发展的历程，20多年的反跨国公司避税的实践，促进了中国转移定价税制的不断完善。1987年，深圳颁布了《深圳经济特区外商投资企业与关联公司交易业务税务管理的暂行办法》，开创了中国反避税立法的先河。1991年《中华人民共和国外商投资企业和外国企业所得税法》对转移定价进行了规定，此后，《中华人民共和国税收征收管理法》(1992年制定、2001年修订)、《涉外税务检查规程》(1993年)、试点反避税信息软件(1996年)、《国家税务总局关于进一步加强转让定价税收管理工作的通知》(1998年)、《涉外税务审计规程》(1999年)、《中华人民共和国企业所得税法》(2008年)、《特别纳税调整实施办法（试行）》(2009年）的相继实施，使中国反避税的法律体系逐渐趋于完善。

【案例5-3】 微软国际利用无形资产避税

（一）基本案情

微软是总部位于美国的全球最大的电脑软件提供商。20世纪90年代起，为提升国际市场竞争力，微软逐渐构建全球业务分区域运营组织，负责其全球业务的开展。微软产品和服务的销售渠道主要包括OEM业务、分销商和经销商以及在线销售等。其中，OEM业务主要是授权电脑制作方在个人电脑上进行Windows操作系统的预安装，主要由里诺、内华达等地的区域运营中心运营，所得的收入列支在美国的合并企业所得税申报表中并缴纳税款。非OEM业务（零售）则由爱尔兰、新加坡和波多黎各的区域运营中心负责（见图5-5）。

（1）微软非OEM业务在爱尔兰的运营。在百慕大群岛设立Round Island One (RIO)，RIO在爱尔兰设立研发中心Microsoft Ireland Research（MIR），MIR又在爱尔兰成立全资子公司Microsoft Ireland Operations Limited（MIOL），由MIOL负责生产微软产品的副本并销售给位于中东、非洲和欧洲等地区的120家分销商，由分销商最终出售给消费者。

MIR和美国微软公司签订成本分摊协议，大约分摊微软在全球范围内研发成本的30%，同时享有在非洲、中东和欧洲地区出售微软产品的特许经营权，研发活动由美国微软承担，MIR实际负责的研发费用不足微软1%。

（2）微软非OEM业务在波多黎各的运

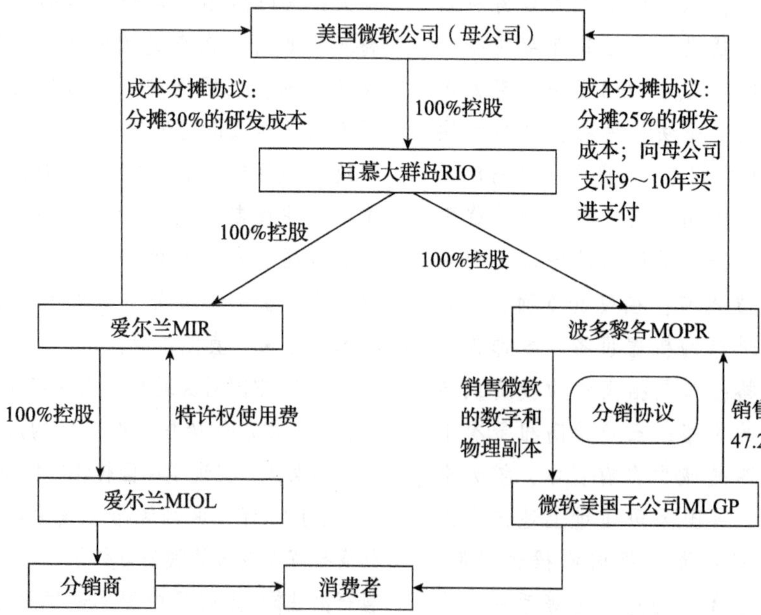

图5-5 美国微软在爱尔兰、波多黎各的避税安排

资料来源：曾佩婷（2018）。

营。百慕大群岛的 RIO 在波多黎各成立 Microsoft Operations Puerto Rico(MOPR)。MOPR 与美国微软签订有成本分摊协议，还向美国微软支付了 9~10 年的买进支付以补偿微软知识产权的现有价值，同时获得在美国和美洲其他地区销售微软产品的权利，约分摊了微软公司总研发成本的 25%。MOPR 与 Microsoft Licensing，GP(MLGP) 签订了分销协议，MOPR 把生产的数字和物理副本销售给 MLGP，由 MLGP 销售给美国，MLGP 要把其在美国销售额的 47.27%支付给 MOPR。

(3) 在新加坡的运营。Microsoft Singapore Holdings Pte. Ltd.(MSHPL) 在百慕大群岛设立 Microsoft Asia Island Limited (MAIL)，MAIL 与美国微软签有成本分摊协议，并享有微软产品在亚洲地区销售的权利。设立 Microsoft Operations Pte. Ltd. (MOPL)，MAIL 让 MOPL 生产产品副本并销售给亚洲各地的分销商，分销商再出售给消费者。

这样下来，MIR 大约分摊了微软公司总研发成本的 30%，MOPR 分摊了 25%，MAIL 分摊了 10%，美国微软分摊剩余的 35%。微软借助于分摊协议将其所研发的无形资产转移到了美国以外。根据美国《国内收入法典》(Internal Revenue Code，IRC) 第 368 节 (d)，如果美国母公司把无形资产转移到新设立的外国子公司以换取子公司的股权，该交易将会被视同母公司销售无形资产，应该就无形资产在未来 20 年间产生的所有特许权使用费在美国纳税。

微软大部分收入都来自其高价值的知识产权，为规避在美国纳税，微软通过成本分摊的安排，把美国微软的研发转变为母公司与子公司的共同研发行为，各分摊研发成本的公司成为知识产权的所有者，微软可以将研发的知识产权及其所产生的收益转移到位于低税区的国外子公司。

2011 年，根据成本分摊协议，MAIL 向美国微软支付 12 亿美元，MIR 支付了 28 亿美元，两个区域运营中心共从知识产权中获得了来自更低层级的关联受控外国公司的 120 亿美元的特许权使用费，MOPL 向美国微软支付 19 亿美元，MLGP 在美国销售微软产品的收入有 63 亿美元。上述的 120 亿美元、63 亿美元不需要缴纳美国的税收。2011 年，微软在爱尔兰、新加坡和波多黎各的区域运营中心共获得约 154.07 亿美元的税前利润，约占公司全球税前利润的 55%，平均实际税率却仅为 3.16%。美国参议院国土安全和政府事务委员会下的常设调查委员会调查显示，3 年内微软节省了超过 45 亿美元的美国税收支出。

(二) 案例点评

本案例揭示了美国数字跨国公司微软利用美国税法的漏洞，通过成本分摊协议、在低税收地区设立两个层级的公司（子公司、孙公司）来规避美国税法，把其知识产权转移到低税率地区，同时也把知识产权收益转移到低税率区，并实现在低税率区缴税，合法规避美国高税率。下面以美国微软在爱尔兰的避税操作为例来说明其避税的做法。

(1) 在低税率地区设立投资公司，利用成本分摊协议，赋予低税率地区设立的公司享有研发成果部分收益的权利。美国微软母公司在避税天堂百慕大群岛设立 RIO，RIO 设立子公司 MIR，MIR 设立 RIO 的孙公司 MIOL，MIR 与美国微软签订有成本分摊协议。因 MIR 分摊美国微软研发成本，MIR 拥有所研发出来的无形资产的部分所有权，这部分无形资产可以转移到 MIR，MIR 也就享有这些无形资产所产生的收益。这样，实际得到的绝大部分利润都留在美国境外，但作为美国境外投资企业，其所得应向美国纳税，根据美国的递延纳税制度[㊀]，在分配股息之前，这部分税可以递延缴纳。但受控外国公司规则（CFC 规则）[㊁]取消了这种情况下的递延缴税，即微软境外所得应纳入美国母公司的当期应税金额中，并需要按时缴税，不得递延。

(2) 利用税法规则，低税率地区的收入在低税率地区缴税。为在美国少缴纳税款，微软利用美国税收政策中的打钩规则[㊂](Check the Box Rules) 和透视规则[㊃](Look-Through Rule)，通过避税天堂百慕大群岛的 RIO 设立了 MIR 和 MIOL，这是两个关联的受控外国公司，其股息、利息、租金和特许权使用费不列入"外国个人控股公司所得"的范围，无须根据 F 分部项下所得来缴税，也就不需要在美国纳税。

这样，微软就通过爱尔兰区域运营中心实现在美国之外低税率地区纳税，规避了美国高税率，其在新加坡和波多黎各的避税方法与上述分析相同。

数字经济下无形资产呈现出的非实体性、价值不可比性和收益不确定性等特征，使得跨国公司利用无形资产转让定价进行避税更易隐藏，给税务机关的反避税工作带来了巨大挑战。

资料来源：崔晓静，何朔．"美国微软公司避税案"评析及启示［J］．法学，2015(12)．曾佩婷．跨国公司无形资产转让定价的研究——以微软避税案为例［D］．暨南大学学位论文，2018(15)．

思考与练习

1. 按贸易主体间是否为关联方，跨国公司国际贸易有哪些形式？这些贸易方式有什么区别？
2. 跨国公司公司内贸易一般具有哪些特征？
3. 跨国公司公司内贸易对国际贸易有什么影响？
4. 跨国公司转移价格的含义是什么？它有什么作用？
5. 简述国际转移价格的制定方法。
6. 跨国公司进入国际市场的方式包括哪几种？
7. 简述利用成本模式跨国公司在出口与海外生产之间的选择。
8. 运用所学知识根据以下内容，分析耐克账面亏损的原因。

   耐克品牌在中国市场持续发展，且每年以两位数的速度增长，并迅速成为仅次于李宁的第二大体育用品巨头。根据苏州海关的调查，耐克的营业额高，成本低，利润非常高，但账面上是亏损的，这是因为大量的专利费（一种转移定价）耗尽了公司的利润。1996 年在苏州成立的耐克有限公司，是耐克国际股份有限公司在中国

㊀ 美国的递延纳税制度是指居民股东在境外投资企业的所得，在境外企业分配股息之前，允许境外所得暂不计入股东当期的应税所得。如果递延的时间足够长，从现值看就相当于完全免税。

㊁ 受控外国公司规则（Controlled Foreign Company Rules，CFC 规则）是美国专门用来规制本国股东利用在海外低税区设立受控外国公司来囤积海外所得、延迟缴纳美国税收的避税行为所设立的制度。按规定，美国微软的境外子公司所赚取的特许权使用费属于 F 分部（美国《国内收入法典》关于所得税部分第 1 章第 N 分章第 3 部第 F 分部）所得，必须并入美国母公司当期的应税所得并缴税，不得递延。

㊂ 打钩规则是指美国的居民企业在填写纳税申报表时，有多种公司组织形式的纳税方式（法人、合伙、独资、分公司、非独立实体）选择，要在相应选项前以打钩的方式选择其境外的受控公司的组织形式。如果勾选非独立实体（disregarded entity），则该境外公司视为美国公司的一个分支机构，其收入并入美国母公司，由母公司纳税。

㊃ 透视规则是指两个关联的受控外国公司（CFC）之间的被动收入不计入 F 分部缴税。根据美国《国内收入法典》第 954 节（c）条（6）款，一家 CFC 从另一家关联 CFC 收到的股息、利息、租金和特许权使用费等被动收入不列入"外国个人控股公司所得"范围，这部分所得不需要根据 F 分部纳税。

投资注册的全资子公司，它与其母公司签署了《工业产权许可和独家分销协议》，该协议要求2000年6月起，苏州耐克产品在国内销售的6%支付给耐克国际股份有限公司作为耐克商标费。据当地海关统计，2001年苏州耐克在中国的销售额超过7亿元，向母公司支付商标使用权的费用大约为4 200万元。如果从支付环节缴纳，则需缴纳约420万元的所得税，如果由海关征收，则需缴纳约1 154万元的所得税，两者相差悬殊，达700多万元。这就反映了外国投资者转移利润和逃税的事实。

资料来源：闵一宗. 外资避税，流失了我们多少财富 [J]. 检察风云，2003(23)：10-13.

CHAPTER6

第六章

跨国公司与国际技术转让

学习要点

本章主要介绍了跨国公司是如何进行国际技术转让的。本章的学习要点是：跨国公司国际技术转让的基本概念；国际技术转让的相关理论；跨国公司在国际技术转让中的地位与作用以及当今跨国公司进行国际技术转让的主要方式；跨国公司如何进行国际技术转让的谈判，转让价格如何决定；支付是如何进行的，以及近年来跨国公司是怎样强化国际技术转让中的知识产权保护的。

Key Points

In this chapter, we mainly introduce that how the transnational corporations take part in the international technology transfer. The key points of this chapter are: the role and function of TNCs in international technology transfer and the means by which the TNCs used nowadays to carry on the international technology transfer; how the negotiation of the TNCs goes in international technology transfer, how the price is decided and paid; and in recent years, how TNCs strengthen the protection of the intellectual property in international technology transfer.

第一节　跨国公司在国际技术转让中的地位与作用

一、国际技术转让概述

（一）国际技术转让的概念

国际技术转让（international technology transfer）指的是三种技术要素即技能、工艺和知识，从一国到另一国，从一个企业到另一个企业的转移。这种转移可以通过技术援助、技术贸易以及技术人员的流动与共同研究开发等途径进行。技术转让的行为，从技术供应方角度来讲，是技术的输出；从技术接受方角度来讲，是技术的引进。国际技术转让主要以两种形式进行：一种是非商业性的国际技术转让，是指不同国家或地区的政府机构之间以技术援助方式进行无偿的技术转让；另一种是商业性的国际技术转让，是指政府机构或企业之间按照商业条件签订技术协议或合同而进行有偿的技术转让，这种方式通常是以经济利益为动机的，而且其转让通常是有偿的，因此也被称为国际技术贸易。

随着科学技术的迅速发展，科研费用日益昂贵，而技术创新的难度也越来越大，这就决定了单一的企业或者部门甚至国家都不能发明和创造出促进经济发展的全部技术。因此，客观上需要通过技术转让来获得新技术；与此同时，技术本身也存在生命周期，技术的发明者也可以通过技术转让将处于产品生命周期衰退期的产品转让出去以获得更多的利润，而世界各国知识产权制度的确立以及专利制度的实施使得技术转让能够在国际上顺利进行并施益于相关各国。

国际技术转让具有以下特征：①属于技术使用权的转让。②交易双方的长期合作性。③交易双方既是合作伙伴又是竞争对手。④技术转让价格较难确定。⑤受母国以及东道国的法律调整与政府管制的影响和程度较高。⑥转让的标的物是无形的知识产权等。

（二）国际技术转让理论

技术创新和技术进步是世界经济增长的源泉，跨国公司所拥有的先进技术通常可以为其带来巨大利益，技术优势也是跨国公司保持其垄断优势的重要因素。作为先进技术拥有者的跨国公司在进行各种海外扩张时都可能涉及技术转让的内容，所以跨国公司理论、对外直接投资理论、国际市场进入方式选择理论与国际技术转移方式选择理论具有很大的等同性。下面介绍有关国际技术转让的理论。

1. 技术差距论

技术差距论也称**技术间隔论**，由美国学者波斯纳（M. A. Posner）、克拉弗斯（I. Klarvas）等人于20世纪60年代提出，该理论认为形成技术转让的原因在于国际上存在技术二元结构，且世界经济中存在二元结构，世界技术领域也存在二元结构。由于技术领先的国家具有较强的开发新产品和新工艺的能力，从而形成或扩大了它与技术落后国家之间的技术差距，进而有可能暂时享有生产和出口某类高技术产品的比较优势。技术先进国与技术落后国之间存在技术差距的原因在于作为一种资本或独立的生产要素的人力资本和技术，由于不同的国家对其研究与开发的投资情况和技术革新发展情况各不相同，因此各国的技术资源也就有所不同。

技术差距带来该技术产品的国际贸易，技术资源相对丰裕或在技术创新中处于领先地位的国家，凭借生产和出口技术密集型产品的比较优势取得相关产品生产的垄断地位。随着该产品国际贸易规模的扩大以及该技术发展的日益成熟，为了追求更高的利润，技术先进国可能会通过多种途径和方式进行技术转让，而其他国家由于该项技术及其产品的经济示范效应而对其进行研究开发及模仿或者直接从技术先进国引进，从而最终掌握该项技术，缩小技术差距。相应地，该技术产品在技术先进国与技术引进国之间的贸易量也逐渐减少，直到技术引进国能自主生产并且完全满足国内需求，该技术产品的贸易就停止了，两国间原有的技术差距也就消失了。

该理论还提出了“模仿时滞”问题。模仿时滞指的是其他国家模仿创新国家的新技术产品需要一段时间（见图 6-1），因为该时滞的存在，技术差距才能使创新国家在模仿期间具有技术及该项产品生产的垄断优势。

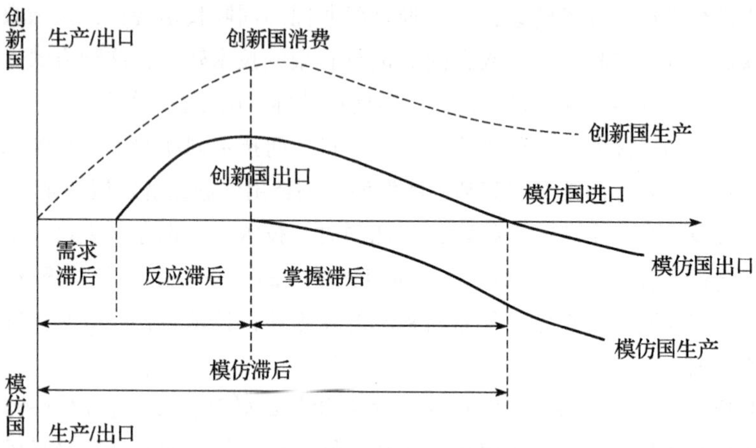

图 6-1　技术差距论模型

技术差距论可以说是比较优势理论在国际技术贸易领域的运用。但这种理论没有具体分析“技术差距”的种种形态，只看到了技术先进国与技术落后国之间存在的技术差距，仅仅说明了国家间垂直的技术转让，而没有解释技术水平大致相同的国家之间为什么也存在技术转让的情况，即水平转让。

2. 基于垄断优势论的技术转让理论

（1）理论背景。垄断优势论由美国学者海默提出，得到其导师金德尔伯格的支持并加以完善，是最早研究对外直接投资的独立理论。该理论认为：跨国公司投资时，若在当地所具有的垄断优势超过其成本，则投资就会发生。而金德尔伯格将跨国公司所拥有的垄断优势分为：来自产品市场不完全的优势、来自生产要素市场不完全的优势和企业拥有的内部规模经济与外部规模经济。

（2）理论的发展。20 世纪六七十年代，西方学者进一步补充发展了垄断优势理论，主要论证了跨国公司对出口、许可证贸易和直接投资三种国际技术转让方式选择的根据和条件。

希施（Hitch，1976）从成本方面提出了一个选择模型。他认为，跨国公司国际经营成本可以分为基本生产成本和特别生产成本。基本生产成本可分为：

C：跨国公司在母国的基本生产成本；

C'：跨国公司在东道国的基本生产成本。

特别生产成本包括：

M'：出口销售成本；

A'：转移成本，是指跨国公司在东道国生产引起的额外支出；

D'：对外转让技术的耗散费用，是指跨国公司为了保护它的技术所有权和防止被许可方利用得到的技术同跨国公司竞争而付出的代价。

跨国公司的成本与利润之间的关系可以通过下列公式表示出来：

利润=销售收入-基本生产成本-特别生产成本

跨国公司通常会通过成本比较来选择一种最佳的技术转让方式。

当跨国公司的销售对象是外国市场时，涉及三种成本：出口成本 $C+M'$，对外直接投资成本 $C'+A'$和许可证贸易成本 $C'+D'$，希施模型的基本命题是：

（1）如果 $C+M'<C'+A'$且 $C+M'<C'+D'$，则选择出口方式；

（2）如果 $C'+A'<C+M'$且 $C'+A'<C'+D'$，则选择对外直接投资方式；

（3）如果 $C'+D'<C'+A'$且 $C'+D'<C+M'$，则选择许可证贸易方式。

在对外直接投资和技术转让之间选择时，其依据有：

（1）选择技术转让的原因。①对外直接投资存在障碍。②缺乏对外直接投资的基本条件。③技术创新的周期太短。④出于风险考虑。⑤互惠回售。

（2）不选择技术转让的原因。①技术转让交易成本过高。②跨国公司内部的技术转让成本大大低于企业之间的转让成本。

总的来说，垄断优势论认为国际技术转让的选择是出口、许可证贸易和对外直接投资相互替代的结果，跨国公司必须比较和权衡这三种方式下的成本和收益，从中选择最优的方式。

3. 技术溢出理论

技术溢出又称为**技术外溢**，通常是指技术领先企业对行业内或行业间企业的非自愿技术扩散，但又不能把收益内部化的一种经济外部性。由于技术包括了无法编码的无形技术，因此技术溢出的发生还有赖于技术接受者的吸收能力。技术溢出效应则是由于技术溢出而对技术溢出接受者产生的影响，技术溢出效应包括了技术溢出接受者在生产、管理、市场、研发等方面受到的影响。

技术溢出理论最早由 Mac Dougall 于 20 世纪 60 年代初分析对外直接投资的福利效应时提出，他认为技术溢出效应是伴随对外直接投资的一个重要现象。之后有学者提出跨国公司的进入加快了技术转移和扩散速度的观点，并经随后学者的实证分析证明：对外直接投资输出国与东道国技术差距越大，技术扩散率就越高，投资规模越大，技术扩散速度也越快，从而得出跨国公司先进的技术和管理经验，对东道国企业会产生有效的“传染效应”。20 世纪 80 年代后的学者则重点从跨国公司角度研究了竞争型的技术溢出模型；20 世纪 90 年代，研究者引入博弈论、策略论等方法对技术溢出理论进行完善，具体如下：

第一，以溢出为前提的厂商理论。比如，通过以文化空间为分析工具对新古典学习理论和熊彼特学习理论对厂商技术水平的影响的探讨、厂商之间技术扩散问题的研究，并在两种技术定位下的小厂商的技术创新比较前提下发现，在新技术背景下，厂商内部研发活动及其与外部的技术联系均变得更活跃。

第二，以博弈论进行溢出分析的理论。比如，由于技术溢出是跨国公司子公司和当地企业间策略性竞争的内生现象，因此，通过跨国公司子公司与当地企业博弈的基本模型的构建得出：跨国公司对新技术的投资越多，则技术溢出也越多；当地企业对学习的投资越多，其吸收溢出的能力就越强。

第三，策略联盟的溢出分析。策略联盟是创造和提高厂商技术优势及其创新活动区位布局的互补性组织形式，策略联盟的技术溢出随产业差异而不同。

第四，溢出效应和“干中学”理论，即厂商技术吸收决策和产出增长在一定程度上依赖于资本市场的有效性；边干边学效应是技术扩散路径中技术经验的增函数。

第五，组织技术的溢出分析。也即：银行组织技术模仿的来源大多数属于非市场中介型，同一产业内不同厂商专门知识的来源呈多样化发展趋势。

第六，Lichtenberg（1998）通过建立一种新的研发投入资本测算方法分析表明，一个国家的开放程度越高则从国外研发中吸收先进技术的能力就越强。

除此以外，技术溢出理论中也包含了强调发展中国家对对外直接投资技术溢出吸收能力的重要性的技术创新产业升级理论（又称技术累积理论），认为发展中国家依据有限的研究与开发能力以及特有的学习能力和组织能力实现对引进的外国技术的掌握和开发，虽然不能像发达国家一样投入大量的资金来研发世界尖端技术，引导技术发展潮流，但是由于技术能力的获得是一个不断积累的过程，随着生产经验的积累，发展中国家企业可以进行自主的技术创新，这种技术创新优势又将随着管理水平、市场营销水平的提高而得到加强，从而进一步促进产业结构的调整升级，使得部分企业技术能力迅速提升，开始从事高科技领域的生产和研发活动，并在国际竞争中占据一席之地。

（三）国际技术转让的现状及发展

1. 国际技术转让的现状

伴随世界经济的发展，通过技术商品化，现代的国际技术转让逐步萌芽、发展起来。技术先进就意味着经济占优势，从而能在竞争中脱颖而出，立于不败之地。因而，技术成为竞争的焦点，对一国经济社会的发展具有重要的战略意义。作为一种特殊的商品，技术开始普遍成为国际贸易中的重要标的。据联合国的有关资料估计，在20世纪60年代中期，全世界技术贸易成交额仅为27亿美元，到70年代中期增至110亿美元，到80年代中期则激增到400亿~500亿美元，进入90年代以后，则超过1 000亿美元。90年代中期为2 000亿美元，21世纪初约为5 000亿美元，并呈现出迅速增长的势头；从占比上来看，技术贸易额占世界贸易总额的比重，在20世纪70年代仅为0.67%；到80年代增加至1.26%；90年代中期则上升为2.3%，而且，2005年高新技术产业在制造产业出口贸易的份额中占到了25%左右。

而且，随着科学技术的发展，技术分工的不断深化，技术水平的高低已经成为衡量一国经济与社会发展水平的重要因素。出于经济、政治或军事等方面的原因，各国在大力发展本国科研的同时，也十分重视从国外引进先进技术。与此同时，伴随科技分工专业程度的提高，任何一个国家都不可能在所有技术领域内保持全面领先地位，科技开发往往会在超越一国的范围内进行，通过各国之间人力、物力、财力以及时间上的协调来进行。这样，从客观上产生了技术在国家间进行转让的需要。对先进技术的巨大需求也日益多元化，从传统的发展中国家拓展到发达国家，以美国为例，近年来为了挽救某些夕阳工业，它也增强了技术引进的力度，其技术引进与技术出口之比从1∶10缩减到了1∶8。

然而由于各国的经济基础、发展现状以及资源环境的差异，从而导致其在国际技术转让中处于不同的地位，最主要的表现是作为技术供方的发达国家与作为技术受方的发展中国家间的地位极其不平等。前者拥有较多、水平较高的科学技术，加之跨国公司的逐利本性，使得其在国际技术转让中常滥用其独占权或优势地位，强加限制条款于后者，对其技术要价过高或主要转让一些低端或即将被其淘汰的技术，或者为了保持自己的竞争优势而滥用其技术。以IBM为例，其每年的单一专利注册数都超过4 000个，但其主要目的并不是自己使用或者转让给其他的技术需求者，而是通过专利申请从而垄断某种技术的使用权，一旦其他人使用了它的专利技术，它将通过专利保护获取高额利润，据统计，IBM通过专利权所获得的利润占其总利润额的60%以上。而后者因自身在人才、资金以及积累等因素方面的限制，缺乏技术创新能力又难以引进适合自身发展的技术，或者由于技术差距过大，从而对引进的技术难以消化，在技术转让中处于劣势，也不利于其发展经济。

2. 国际技术转让的发展

以“和平与发展”为主题的良好的国际环境为高新技术的发展和国际技术贸易提供了更广阔的舞台和更好的机遇，因而国际技术贸易出现了崭新的面貌：其一是国际技术贸易额在国际贸易总额中的比重增大。其二是年增长速度加快。1990~1994年世界技术贸易平均年增长16.35%，1994年的技术贸易额与1974年相比，20年间增长了25倍。其三是国际上的技术贸易已经与产品贸易紧密结合，技术密集型产品的贸易额已上升到1 000多亿美元，占总额的70%。其四是国际技术贸易与资本输出进一步结合。如美国技术出口额中30%是来自美国在海外的技术企业。其五是国际技术贸易的范围更广、地域更大，差不多遍及世界上所有的国家和地区。技术贸易也逐渐呈现出从以往的发达国家向发达国家的技术出口到从发达国家同时向发达国家和发展中国家出口的演变。其六，在国际技术贸易中，以发达国家向发展中国家出口技术，而发展中国家则主要扮演接受者角色的技术单向流动为主，而发展中国家中，虽然有些国家已开始着手技术出口业务，但规模不大。当今世界，工业发达国家拥有大量的科技成果，技术资源占绝对优势。同时它们还具有引进技术的雄厚资金条件和很强的吸收消化能力以及技术创新能力，因此，无论是世界上的技术出口还是技术进口，大部分仍集中在工业发达的资本主义国家。而作为国际先进技术拥有者的跨国公司，则当仁不让地成为国际技术转让的主力军，在国际技术转让过程中发挥了不容忽视的作用。

二、跨国公司参与国际技术转让的原因分析

（一）国际技术转让是跨国公司实施全球化战略的重要手段

跨国公司的全球化战略，其主要特征是以世界市场为目标，着眼整体利益和长远利益，通过在全球范围的资源配置，实现跨国公司全球利益最大化。跨国公司全球化战略的最核心部分，就是跨国公司的技术创新、技术垄断和技术竞争策略。这既是不断推出新的产品，维持或扩大其市场份额的需要，更是跨国公司争夺或保持其在该领域的垄断优势的需要，

是其生存和发展的需要。在20世纪90年代后半期，新的技术革命在微电子技术、信息工程、生物工程技术、新材料技术、新能源和太空制造技术等方面，均取得了不同程度的突破，并迅速应用于生产，导致世界性投资和生产的快速发展。同历史上几次技术革命相比，这次新的技术革命不是仅出现一个个单项新技术，而是涌现出多学科、跨领域和整系列的新技术群。这些新的技术发展迅速，同生产领域具有密切联系，而且开发周期和应用周期相比以前大大缩短，使得新的技术群迅速形成产业群。一些发达国家的经济，正是依赖这些新技术群的迅速产业化而获得发展的。

在这样的背景之下，跨国公司想在全球获得成功，被全球的客户接受，必须积极从世界各地吸收各种技术信息和科研成果，从而不断地进行技术开发和技术创新，以保持自身技术的优势和领先地位。从理论上说，跨国公司所面临的国际市场常常是不完全的市场。跨国公司要想在一个陌生的国度获得发展，无法像东道国的企业那样依靠当地的各种优势，只能依靠自身的垄断优势。跨国公司的技术优势常常是其战胜各种竞争对手的主要因素。几乎在所有的领域，哪家跨国公司最先采用新技术，或者采用的新技术最多，常常就能成为赢家。例如：作为百年企业、计算机帝国以及世界排名第二的IBM公司即使经历了金融危机，仍然连续8年实现两位数的增长，在2012年其销售收入达到了1 069亿美元，这一切成就的取得，都是靠创新。IBM研究实验室中全球研究人员超过3 000人，其中博士近2 000名，诺贝尔奖获得者有5名。IBM曾在历史上取得了举世公认的巨大成就，其中有12项被认为对世界高科技发展产生了重大影响，包括RISC技术、大型并行处理技术、磁存储技术、关系数据库、高温超导、语音识别技术等。IBM研究实验室也是美国拥有专利最多的研究机构，1996年，仅在美国就获得专利1 866项，平均每天达5.12项，2008年一年，IBM在美国本土共计注册了4 186项专利，成为美国历史上首家在单一年度专利注册数量超过4 000项的公司，而在2010年IBM又再创新高，在美国注册了5 896项专利，而且IBM过去每年用60亿美元作为研发经费，过去18年专利数在美国排名第一，数量超出了第二名到第八名的总和。

（二）技术的生命周期不断缩短，技术更新加快

由于高科技产品的生命周期日益缩短，新产品的研究开发成本昂贵，风险较大，如不抓紧利用已发展的技术，这些技术很快就会被新的技术所取代而丧失其价值。技术转让是跨国公司重要的利润来源之一，为了延长技术的使用寿命，在具体技术转让时，跨国公司往往根据技术生命周期的不同阶段，通过贸易或投资等方式将技术转让到发展中国家，从而提高技术利用的经济效益，实现利润的最大化。

（三）扩大商贸机会，抢先占领东道国市场

发展中国家对引进外国的先进技术，弥补本国技术空白往往持鼓励态度，并制定了多种政策鼓励跨国公司的技术出口和技术投资行为。相应地，为了增加在吸引跨国公司技术出口和技术投资方面的竞争力，许多发展中国家制定了“以市场换技术”的政策，这有利于跨国公司迅速进入东道国市场，并进一步促进了跨国公司的技术转让。20世纪90年代以来，随着全球高新技术产业的发展，投资于发展中国家高新技术产业的跨国公司投资越来越受到东道国政府和企业的欢迎，拥有先进技术的跨国公司往往能够借助技术之便，迅速

在东道国某一行业占据较大的市场份额。

（四）利用所在国资源，增强竞争力，实现对技术的控制

许多发展中国家也拥有比较完整的科研机构和研发体系，在某些基础科学领域也具有一定的竞争优势。跨国公司通过将次新技术，即处于技术生命周期成熟阶段的技术转让到发展中国家，将当地的科技人员资源、自然资源和次新技术相结合，开发出适合当地需求的产品，从而延长用技术赚取利润的时间周期，增强了自己的竞争力，同时还可以按照其全球战略的安排，控制技术转移的时间，实现对技术的控制。

（五）实现产品本地化

按照国际营销理论，一个企业在国内经营和在国外经营的最大不同，是其经营环境的不同。在影响经营环境的所有因素中，最为重要的是文化环境（包括语言、教育、宗教、社会组织、美学观念、价值观念等），东道国的文化环境与跨国公司的母国存在巨大的差异。文化环境构成了跨国公司进入投资东道国的一条必须跨越的鸿沟，也是跨国公司国际投资的最大障碍。从表面上看，跨国公司的国际技术转让与国际营销的文化环境关系不是很大。其实，任何一项技术成果或创新产品，都被打上了深深的文化烙印。有时跨国公司的产品在技术上是先进的，却不一定适合东道国的消费习惯。而本地企业的产品，就会使人产生文化上的认同感，容易被当地消费者接受。实际上，这也是当地企业具有的最大优势。在这种情况下，跨国公司会选择在东道国建立各种研发机构，还与东道国的有关企业建立各种联系，以便缩小跨国经营中文化上的差异，实现产品本地化的目的。例如，肯德基推出的“老北京鸡肉卷”以及在早餐中供应中式油条的行为，就是跨国公司为了迎合中国消费者的喜好，实现产品本地化的例子。

三、跨国公司在国际技术转让中的地位与作用

跨国公司是当代经济国际化的主要承担者和体现者。跨国公司的活动涉及世界经济和生产的一切领域，推动各国间的生产、资本、商品、劳务、技术和劳动力的交流，从而把经济各领域的国际化提高到了前所未有的新水平。

1. 跨国公司在国际技术转让中的地位

技术创新是企业成长的灵魂和持续发展的动力，也是技术贸易的基础。全球 500 强跨国公司把新技术的研究开发放在首位，同时配合动态技术垄断以及技术贸易两种不同手段在竞争激烈的技术市场上占领和扩大市场份额，据统计，世界上最具有竞争力的 100 家大公司的研发费用占世界科研费用总额的 58%，而它们所获得的开发成果占世界的 50%以上。美国跨国公司在新技术的开发上具有绝对的优势，其公司的技术贸易量占世界技术贸易总量的 1/3，也是技术净出口国；其在技术开发上的支出从 1985 年的 1 160 亿美元增长到 1996 年的 1 847 亿美元，增长了 59%，占国内生产总值的 2. 6%。在当今世界领先的 50 项高新技术中，美国就占 44 项。2007 年，美国的高科技投资占全球高科技投资的 60%以上，成为全球高科技投资最多的国家。高额的投入必然带来丰厚的回报，由于研究与开发投入是获得新知识、新技术和新产品的最主要途径，因此，美国从巨额研发投入带来的技术创新中享受到了高额的利润，也使美国经济保持着“世界经济火车头”的地位。

目前，发达国家研究与开发的投入占到了国内生产总值的2%~3%，技术进步对经济增长的贡献已达到60%~80%，而绝大多数的研发活动都是由跨国公司进行的。发达国家的研发支出占世界研发总支出的96%。实证研究表明，第二次世界大战以来企业对研究与开发的投资回报率相对较高。例如在美国，企业对研究与开发投资的平均回报率是资本设备投资回报率的两倍。许多企业不仅设有强大的企业实验室，如著名的贝尔实验室、杜邦研究所，还投入巨额的研发费用。

而随着科技的进步，产品的知识和技术含量越来越高，新技术、新产品的创造与发明需要投入的研发经费越来越多，风险也越来越高。因此一些跨国公司选择通过模仿来获得由其他跨国公司所产生的技术外溢。以日本为例，它是最注重技术学习和模仿的国家之一。在汽车、录像机、复印机、计算机等几十项世界近代的重大科技发明中，没有一项是日本发明的，但是日本通过进口关键技术、设备、料件和信息资料，并在此基础上对最先进的产品进行模仿和改进，使其不仅很快掌握了这些产品的生产技术，而且大量生产和出口。

因此可以看出，跨国公司不仅通过自身对技术的大量投入产生技术创新，成为新技术的源头，而且在为自己带来一笔可观的技术转让费的同时，以自身作为载体进行新技术的传播，同时，对引进技术的公司以及公司所在国的经济发展也有一定的作用。通过进口先进技术，技术引进方可以加速技术改造和产品的更新换代。此外，还可以缩短研制时间，节省研制费用，提高产品质量，增强竞争力。其他技术基础或者环境相对较差的跨国公司也能够通过技术外溢效果，同步分享技术创新，甚至通过对引进的技术进行改进从而达到自身成长的目的。以我国为例，像我国这样的发展中国家与发达国家相比，技术差距还很大，我国可以直接进口和使用许多国外已经成熟的技术，从而节省自己研究与开发的支出。20世纪80年代，我国大规模地引进发达国家已进入标准化生产阶段的家电先进的技术、设备和生产线，使得电视机、洗衣机、电冰箱等家电行业迅速成长。到90年代，我国家电行业不仅完成了进口替代，还将产品大量出口到世界许多国家，并形成了一定的竞争实力。因此，进口先进技术和设备更快地缩短了我国与发达国家之间的技术差距。

从科研和技术交流方面来看，跨国公司掌握了世界80%新技术和新工艺的专利权，垄断了国际技术贸易，其所拥有的技术在世界居于领先地位。跨国公司几乎控制着50%的国际经济贸易、80%的尖端技术研制和30%的国际技术转让。世界上的生产技术大多数被跨国公司控制，专利权也大多数属于跨国公司。最大的866家跨国公司的国外总产值中，60%集中在先进技术部门，22%集中在中等技术部门，而简单技术部门仅占17%。世界500家最大跨国公司控制着世界90%的生产技术和80%的技术贸易额。

从流向上看，国际技术贸易也大多数是在跨国公司之间进行或者由跨国公司单向输出。少数发展中国家也开始输出技术，主要是一些跨国公司的子公司或在引进技术基础上发展起来的本国大公司。由此可见，跨国公司已成为当代科学技术发展和国际技术转让中最活跃且最有影响的力量。总的来说，跨国公司在国际技术转让中占支配地位。技术生产的成本很高，风险很大，涉及大规模运作，因而只有少数大公司有能力投资于研发活动，特别是高精技术领域。跨国公司以它们操纵的大规模工业实体和强大竞争力以及在全球生产和商业活动中的力量作为研发活动的基础来源，因而在国际技术转让中起主导作用。

从技术贸易内容来看，国际技术贸易作为技术知识在国家间的转让已成为世界无形贸易的一个重要组成部分。“二战”后，技术贸易伴随商品贸易迅速发展。目前，在发达资本主义国家之间，技术贸易主要是软件的买卖；在发达国家与发展中国家之间，软件和硬件买卖兼有。在贸易额方面，据统计，发达资本主义国家技术贸易总额1960年为20亿美元，1965年为30亿美元，1970年增加到70亿美元，1975年达到110亿美元，15年间增加了4倍。各国技术贸易的增长率远远超过了对外贸易的增长率，前者为后者的1.5~2倍。另外，技术贸易的75%~80%在跨国公司内部进行，这又充分说明了发达国家对先进技术的控制和占有。

2. 跨国公司在国际技术转让中的作用

在经济全球化的今天，由于经济与科学技术发展的差异，全球形成了不同的技术中心，在这些技术中心，跨国公司通过产业内贸易和国际生产体系在技术转让和扩散中起中介作用。发达国家之间通过跨国公司的交叉投资以及跨国公司向发展中国家的直接投资，使技术转让和扩散国际化。当技术创新在各国间相互交织时，跨国公司起着双重作用：一方面扩大了各国技术的差异，不同发达国家在不同技术领域起主导作用，而发达国家与发展中国家之间存在绝对的技术差距；另一方面，科学技术的分工越来越细，跨国公司的技术转让和扩散又增强了各自之间的联系，因为跨国公司的技术转让对各国的技术发展产生了重要影响。

（1）跨国公司国际技术转让对发达国家的作用。对发达国家来说，建立海外分公司和向国外转让技术对本国经济活动自然有着重大的影响。对跨国公司而言，通过直接投资进行的技术转让可以获取很大的经济利益，因为通过直接投资可以利用新市场，有利于扩大研究和开发，从而维持甚至增强跨国公司的竞争力。

在技术转让中，跨国公司一方面能获取垄断租金，另一方面，跨国公司的技术转让使发展中国家当地企业竞争力不断增强，促使东道国的国内公司打败自己或自己的子公司。另外，跨国公司对外直接投资过程中的产业转移和研发活动的国际化还会影响到本国的就业和新技术的发展。比如，在制造业以及许多劳动密集型产业中，技术转让对国内就业的影响更剧烈、更直接。

目前，跨国公司研发活动的国际化趋势加强。跨国公司通过把各研发小组整合为一体，从而把每一中心的特长聚合在一起，使跨国公司各研发机构形成联系紧密的创新网络。创新网络的不断发展可能导致起主导作用的跨国公司竞争与主要创新中心的竞争之间的正反馈。一方面，跨国公司通过创新网络提高了自身的学习能力，进而提高了技术的竞争力；另一方面，跨国公司研发能力与技术水平的提高使跨国公司在技术转让中的作用加大。

（2）跨国公司国际技术转让对发展中国家的作用。对发展中国家来说，跨国公司在技术转让中起着关键的作用。发展中国家与发达国家的巨大技术差距使得发展中国家的高新技术主要靠从发达国家引进，特别是发展中国家高级、中级技术产业尤其如此。跨国公司的技术转让有利于发展中国家相应工业部门的发展。当然，这在很大程度上取决于外国的投资方向。以资源为基础的产业投资可能始于开采性活动，而后扩展到次级的加工活动中。打算利用廉价又丰富的半熟练劳动力而进行的投资可能最初被投向劳动密集型产品的加工过程，这种投资对技术转让的作用不大。当然，随着经济的发展，跨国公司会逐渐提高技术的水平，以保持原有的竞争力。

在发展中国家，跨国公司转让的技术主要用于提高劳动密集型产业的生产效率，以充分利用发展中国家劳动力成本低的优势，获取尽可能多的利益。

一般来说，跨国公司除了对东道国有直接、明显的技术转让外，还会对东道国的技术能力产生间接的影响。技术能力是指吸收、改造和发展技术的能力。跨国公司直接投资的间接影响是指它对当地经济的溢出。这种溢出如果局限在跨国公司所运作的行业内，那就属于行业内溢出；如果溢出影响到其他行业乃至整个经济，其外在性就是行业间溢出。具体来说，溢出效应的大小，取决于技术传递机制是垂直联系还是水平联系。

在水平联系中，跨国公司会影响本土公司的产业结构、经营管理。例如，外国公司会改变某一特定行业的竞争程度，因为它们凭借技术能力和雄厚的资本实力，有更好的机会克服进入壁垒，而竞争的加剧又迫使本土公司采用更有效的技术。跨国公司对劳动和管理的培训以及对企业首创精神的激发，会使该行业或整个经济都从中受益。

在垂直联系中，外国分公司必须考虑东道国的本地资源状况，是通过母国供应投入品还是就地购买投入品对发展中国家技术发展的影响很大。跨国公司在与当地供应商建立关系的过程中，当地供应商的技术能力会通过两条途径得以提高：①为了达到跨国公司投入品的质量要求，当地公司会通过各种途径努力提高自己的技术。②跨国公司直接传授技术给当地企业。

跨国公司也会在东道国开展技术开发活动，这有利于发展中国家提高自身开发技术的能力。随着社会经济的发展，发展中国家也培养了很多高素质的技术人才，由于工资水平低，跨国公司在发展中国家雇用技术人员进行研究与开发往往比在国内便宜，而且有些研究与开发活动是为当地市场服务的，最适宜在接受国开展。例如，新加坡正是由于在跨国公司直接投资过程中转让了大量的先进技术，才使它的电子、精密仪器等产业很快发展起来。

对外直接投资对东道国的影响是学术界关注的焦点，其中对外直接投资对东道国的技术溢出效应问题是这一研究领域的重要分支。人们普遍认为，跨国公司是先进技术的最重要来源，对外直接投资是跨国公司向东道国转让先进技术的重要渠道，过去的种种经验表明，跨国公司的对外直接投资对东道国的技术开发、人力资本利用以及技术能力的增强有着重要的作用。但是，核心技术是跨国公司最重要的垄断优势，跨国公司是否会愿意转让自己最新和最先进的知识，从而在东道国培养自己未来的竞争对手呢？因此，跨国公司的对外直接投资通过何种渠道促进东道国的技术进步进而影响一国经济的发展，即研究对外直接投资对东道国是否存在明显的技术溢出效应，以及其中的关键影响因素等一直是学界经久不衰的话题，一直存在着激烈的争论。

通过前人的实证研究成果可以发现，技术溢出呈现出相当的国别差异，一国的技术溢出效果有三种：正的溢出、负的溢出以及无影响。而对外直接投资对东道国的技术溢出主要体现为以下四种效应：①示范效应，指国内企业通过对外企新技术、新产品、生产流程、管理经验的模仿和学习而提高自身的技术水平。②竞争效应，即外资企业的进入加剧了国内市场的竞争，迫使本国企业被动加大研发投入，加速生产技术、生产设备的更新升级。例如，Mansfield 和 Romeo 研究了在英国的美国企业对本地企业的技术溢出，结果表明在美国公司的研发投入压力下，大多数英国企业不得不进行被动的技术学习、模仿，以适应美国企业进入所带来的竞争压力。③人员培训效应，指外资企业对当地员工，尤其是管理人才、研发人才的培训投入提升了当地的人力资本存量。④产业链接效应，指外资企业通过与国内企业上、下游产业间的链接效应而带动了当地企业的技术进步。对外直接投资主要通过这四种效应对东道国产生或正或负以及无差异的影响。

认为对外直接投资存在正的技术效应的研究成果中，最早的是 Caves 利用加拿大和澳大利亚两国 1966 年制造业中的对外直接投资的横截面数据，得出在加拿大和澳大利亚的制造业中存在着对外直接投资的正技术溢出效应的结论，紧接着 Globerman 对加拿大制造业的实证研究也得出了相同的结论。Blomstrom 和 Kokko 对墨西哥的研究也支持这个结论。

也有相当的实证研究发现对外直接投资技术溢出并不明显。Haddad 和 Harrison 在对摩洛哥制造业 1985~1989 年的企业和行业面板数据进行考察之后，没有发现存在明显的正溢出效应，原因在于本地企业与跨国企业之间过大的技术差距；Driffield 和 Girma 对英国制造业的研究也认为没有证据证明对外直接投资技术溢出效应的存在。

支持对外直接投资负溢出效应的研究有：Aitken 和 Harrison 对委内瑞拉制造业的研究甚至发现对外直接投资对该国全国范围内存在普遍的负溢出效应。其研究表明，虽然在合资企业中外资股权比重越大，企业的生产效率也越高，但是这种由外资带来的效率的提高全部被合资企业内部化了，并没有外溢到当地企业。Barrios 通过对西班牙的分析也发现外资对该国的工业产业并未产生明显的溢出效应，在研发密集度较低的产业，外资甚至产生了负面的溢出效应。Djankov 和 Hoekan 以及 Kinoshita 对捷克制造业企业的研究发现，外资对当地企业的生产力水平呈现负溢出效应。

从分析中不难看出，正如国际贸易对经济所带来的增长效应一样，对外直接投资对东道国企业的技术溢出效应，并由此促进该国经济增长并不是在所有情况下都能成立的。对于对外直接投资来说，对东道国进行投资是出于其逐利本性，而不是有意来推动该国的技术进步，因此，技术溢出作为对外直接投资的一种“附属产品”，并非“与生俱来”，而是存在一定的门槛，换句话说，需要东道国具备一定的条件，也就是东道国对对外直接投资技术溢出的吸收能力。只有东道国吸收能力达到了一定的程度，对外直接投资才能够产生技术溢出效应，反之，若吸收能力不能达标，技术溢出效应可能就不明显，甚至会产生负效应。事实证明，东道国与母国之间的技术差距必须在一个合理的范围之内，对外直接投资才能产生正的技术溢出效应，技术差距过大或过小都不利于技术溢出的产生。

第二节 跨国公司国际技术转让和保护的方式

一、跨国公司的技术转让策略

跨国公司的技术转让策略主要体现在跨国公司母公司向子公司或分支机构转让技术的策略上，主要有：

（1）转让时机策略。跨国公司对处在生命周期不同阶段的技术采取不同的转让策略。当技术处于创新阶段时不予转让；在技术发展阶段，处于优势、有利地位的跨国公司也不予以转让；对成熟阶段的技术，大多数跨国公司会予以转让；当技术处于衰退阶段时，跨国公司会千方百计地寻找买主。跨国公司所采取的这种策略旨在延长技术的生命。

（2）国家类型策略。跨国公司一般首先向发达国家转让技术，若干年之后再将同一技术向新兴工业国家转让，最后才向其他发展中国家转让。

（3）转让方式策略。跨国公司在向发达国家转让技术时，常常采取联合研发或技术互换等方式，而对发展中国家则以技术投资较多，并且往往转让的是处于成熟期或衰退期的技术。

（4）股权差别策略。跨国公司可以向全资子公司转让处于任何生命周期的技术，可以转让高新技术，而向合资企业和非附属企业只转让一般性技术。

（5）以技术换市场策略。跨国公司以技术投资同东道国企业合资经营时，东道国允许跨国公司占有的市场份额越多，它就越愿意转让比较先进的技术。

二、跨国公司国际技术转让的主要方式

世界各国政治、经济、科学技术发展的不平衡，技术的供给方与受让方的具体国情，对所转让技术的应用目的，双方技术发展水平等方面的差异，决定了国际技术转让的方式和途径必将多种多样。通常，技术在国内可以通过公司间合作传播，而技术在国际的传播则可以通过：国际商品贸易、国际技术贸易、对外直接投资、国际科技合作、国际科技交流、国际技术援助，甚至国际情报与间谍等方式在国家间进行转让。而由跨国公司从事的国际技术转让则主要采取前面三种途径。下面将一一对其进行介绍。

（一）国际商品贸易

商品贸易是贸易史上最早出现的贸易形式，而国家间的技术转让也可以依托这种古老的贸易形式进行。包含了技术转让的国际商品贸易不同于普通的商品贸易之处在于：技术隐含在进口的投入物资和资本货物中，从进口的商品中可以获得国外的技术。一般来说，进口这种特殊商品还可能引起进口国对进口商品的仿制，从而使得进口国能够消化和吸收制造该商品的先进技术，并将其进行应用，从而提高国内技术水平。同样，通过商品出口也可以获取国外技术。出口商参与出口贸易时，能够有机会了解新产品的情况，同时国外进口商也是技术信息的重要来源。一些从事国际贸易的公司从与外国买主的接触中能获取有关产品生产的蓝图和技术规格，了解有关相互竞争的产品的生产技术和技术规格方面的信息，以及对出口产品的设计、质量和技术水平情况的反馈，这是出口商直接获得无偿技术信息的机会。例如在加工贸易中，尤其是来样加工贸易形式中，我国企业就可以通过对国外提供的样品性能进行分析，消化和吸收对我方有用的先进技术并应用之。

国际商品贸易不仅能影响某种商品的生产工艺，也能影响投入物的性质，所以国际商品贸易产生的利益能够大大超过从改进资源的重新配置中获得的短期利益。国际贸易使出口商和进口商都能了解国际上出现的新产品和新工艺，运用这些新技术、新工艺、新材料可以提高生产率和降低成本，获取更大的利益，这就使得厂商不得不发展和适应新技术，不断研究开发新的产品，以求在激烈的市场竞争中立于不败之地。

因此，可以说，依托国际商品贸易，发源于技术先进国的技术进行了国际性转移与扩散，尽管通过商品贸易所转让的技术不是技术先进国所拥有的核心技术或者最新、最先进的技术，其技术外溢程度也较有限，但仍然是各国获取先进技术的重要途径。

（二）国际技术贸易

国际技术贸易是随着世界科学技术的进步而迅速发展起来的。技术贸易与商品贸易相比有着不同的特点，国际技术贸易主要是以技术许可的方式进行的，而且技术贸易的标的

不同于以实实在在的可见的商品为标的的商品贸易，它通常以专利权、商标权、专有技术或知识产权等无形商品为标的。国际技术贸易既可以在跨国公司内部进行，也可以在跨国公司与公司外的企业之间进行。

1. 跨国公司技术贸易的发展及其特点

跨国公司技术贸易是指不同国家或地区的企业或经济组织之间买卖技术的行为。

第二次世界大战后，国际技术贸易随着新科技革命的发展而迅速发展。1955 年世界技术贸易额为 5 亿~6 亿美元，1965 年达到 30 亿美元，20 世纪 70 年代中期达到 110 亿美元，80 年代中期超过 500 亿美元，90 年代中期为 2 000 亿美元。21 世纪初，跨国公司的技术贸易随着世界经济的升温，其贸易额也在不断增长，增长至约 5 000 亿美元；在 2003 年一度受到世界经济发展低潮的影响，贸易额有所减少，但随即继续恢复发展并在 2007 年，跨国公司的并购、投资等的发展达到高潮的时候也随之达到最高点，但 2008 年接踵而至的金融危机也直接影响到跨国公司的经营活动，从而影响到技术贸易。目前，世界经济正在动荡中恢复，有迹象表明，国际技术贸易也将重新恢复活力。在国际技术贸易中，工业发达国家间的技术贸易占主导地位，特别是发达国家的跨国公司间的技术贸易占世界技术贸易的 60%~70%。

技术创新是企业发展的灵魂、持续发展的动力。技术创新也是技术贸易的基础。全球 500 强企业把新技术的研发放在首位，同时，配合技术垄断（动态的）及技术贸易两种不同的手段，在竞争激烈的技术市场上占领和扩大市场份额。据统计，世界上最有竞争力的 100 家大公司的研发费用占世界科研费用总额的 58%，而它们所获的开发成果占世界的 50%以上。20 世纪 90 年代，美国跨国公司的技术开发占绝对优势，而美国大公司的技术贸易占世界技术贸易总量的 1/3，美国是技术净出口国。

国际技术贸易不仅会给技术出口公司带来一笔可观的技术转让费，使其获得较大的经济利益，同时它对引进技术的公司以及公司所在国的经济发展更为有利。通过进口先进技术，可以加速技术改造和产品的更新换代。此外，可以缩短研发时间，节省研发费用，提高产品质量，增强竞争力。

跨国公司技术贸易的标的是技术使用权。虽然货物和技术都是商品，但技术贸易与货物贸易相比有很多不同，主要有以下几个特点：

（1）技术贸易的标的是无形的技术知识。技术知识无法“计量”，难以进行质量检验，它可以多次交易而不需要多次生产。在实际业务中，人们习惯于将单纯的技术知识称为软件（software），把作为技术交易中的组成部分的机器设备等，称为硬件（hardware），两者在交易中可以结合在一起，但技术贸易中必须含有无形的技术成分。若不带有技术知识，只涉及机器设备的买卖，这就不属于技术贸易，只是一般的货物买卖。

（2）技术贸易转让的只是技术的使用权。在技术贸易中，技术的供应方只是把某种技术的使用权转让给技术的接受方，如制造和销售该项技术产品的权利，而不是该项技术的所有权。

（3）技术贸易的当事人既合作又竞争。技术贸易不同于一般商品买卖，一方交货，另一方付款，义务与责任买断；技术贸易是一种长期合作关系，靠双方真诚合作才能实现预期的效果。技术合同的期限，少则三五年，多则十来年，各国都有不同的法律规定。技术贸易这种连续性较强的长期性合同，要求当事人彼此之间既合作又竞争。

（4）技术贸易的作价比较特殊。一般商品的价格，以其价值为基础，是商品的生产成本加利润。技术贸易的作价通常以技术接受方从技术中得到的经济效益为基础，再考虑其他多种因素，决定价格和支付方法。通常，使用技术带来的经济效益高，技术的价值也大。相反，经济效益低，技术的价值也会随之降低。

（5）技术贸易合同比一般商品合同复杂。技术贸易涉及工业产权、非工业产权、技术风险、双方的权利和义务等多方面问题，还涉及投资、税法、外汇管理、劳动管理等方面的法律问题，同时还关系到国家的经济发展战略和发展规划等客观经济问题，签约难度较大。

（6）技术贸易要保持长期的技术优势。技术贸易的关键是要保持技术优势，保持技术优势的关键是要保持技术在时间上的优势。技术容易消失，优势也容易消失。公司保持技术在时间上的优势，其方法有：一是严格保守专有技术的秘密，如严格保密的可口可乐配方；二是依靠商标，利用商标法给予长期的保护。

（7）公司规模与技术创新和技术贸易之间具有相关性。一般来说，企业规模大，在小改小革的发明中发挥着重要作用，而企业规模小，反而是重要发明的主要来源。人们把较大公司具有较小的技术创新动机，而较小的公司往往在技术创新的竞争中获胜，称为“阿罗替代效应”（Arrow's replacement effect）。从技术创新到投入市场又有一个过程，较小的公司无法承担技术走向市场所必需的市场营销投入，较大的公司依靠自己的市场优势能够顺利地使新技术被市场接受。新技术在发明之后、投放商业用途之前可能还需要较多的资金对技术做后期开发。然而，经过实际运用的创新技术，证明了其商业价值，这样才会得到技术市场的认可。在这个过程中，规模较大的公司具有得天独厚的优势。

（8）通过转让“截短”的技术来控制承受方。跨国公司采用转让“截短”技术的方法，实现控制国外技术承受方的目的。全球500强企业通过转让“截短”（truncated）的技术（即不完全的技术转让），以加深技术承受方的技术依赖，从而实现控制国外技术承受方的目的。例如，美国福特汽车公司在对巴西汽车生产线的转让中，扣除了有关引擎制造方面的知识，使巴西只能依靠从福特汽车公司进口汽车引擎，从而被福特汽车公司牢牢掌握在手中。

2. 跨国公司国际技术贸易的主要方式

跨国公司进行技术转让的形式很多，应用十分灵活。技术转让所涉及的内容，包括信息、权利和劳务三部分，其具体形式有对外直接投资、许可证贸易、交钥匙工程、技术咨询服务等。每一种形式既有其优点，又有其不足之处。

（1）许可证贸易。**许可证贸易**是指由技术转让各方以签订技术转让许可协议的形式而进行的一种技术转让行为，即技术许可方允许技术被许可方在一定商业条件下得到、掌握和使用自己的专利发明、专有技术和商标，并从法律上获得使用上述技术进行商品生产制造和销售的合法权利。为此，技术被许可方必须支付技术费用及其他报酬，并承担保守技术秘密及其他相关的义务。在许可证贸易中，技术被许可方所取得的是所转让技术的使用权，而不是所有权。许可证贸易包括专利许可、商标许可和专有技术许可三种基本类型。在跨国公司的技术转让中，如果是单纯的专利、商标和专有技术内容的许可贸易合同，通常称为许可证协议；如果是含有专利、商标、专有技术和其他技术内容的机械设备转让许可合同，则称为技术转让合同。在实际业务中，技术转让常常同买卖机械设备和整条生产线结合进行。

许可合同的种类在许可证贸易中，按照被许可人是否取得许可证项下的专利、商标、专有技术的独占使用权或排他使用权，可以把许可证贸易合同分为以下几种：

1）独占许可（exclusive license），即在规定的地区和时间内，被许可人对该项技术的使用权是独占的，许可方和任何第三者都不得在这个规定地区内使用该项技术制造或出售产品。

2）排他许可（sole license），即在规定的地区和时间内，只有被许可人和许可人才有权使用该项技术制造和出售产品，许可人不得将这种权利在规定地区内给予任何第三者，即不得与任何第三者签订同一内容的协议。

3）普通许可（simple license），该种形式所许可的技术，除引进方在所规定的地区内拥有制造、使用和销售该技术产品的权利外，技术输出方同时保留在该地区的使用权，还可以在该规定地区将技术转让给第三者使用。

4）分许可（sub-license），即技术引进方有权在规定的地区和时间内，将该项技术使用权转售给任何第三方。分许可享有再转让权，其技术使用费比较高。

5）交叉许可（cross license），是指双方相互授予价值相当的、互惠的技术使用权，这种技术许可一般不收取报酬。发达工业国之间的高技术转让，比较常用该类许可证贸易，特别是在实力相当的跨国公司之间。

通常，在协议中规定技术许可贸易授权范围的时候，应当说明授权的性质，因为这将影响到使用费的高低和双方的利益。

（2）交钥匙工程。**交钥匙合同**是跨国公司把成套工厂设备买卖与技术转让和工程承包结合起来的合同。采取这种形式的技术转让项目大都同承包工程相结合，其特点是转让的技术规模大，各环节之间要求严密配合，专有技术成分高，其赖以进行的市场是外部市场。世界上从事化工、冶金等行业生产经营的跨国公司绝大多数的国际技术转让都采用这种形式。

（3）技术咨询服务。**技术咨询服务合同**是在某一技术领域中拥有优势的跨国公司或跨国公司内部的咨询公司，与子公司或他国公司签订的一种技术合同。根据这种合同，跨国公司负责解决雇主提出的技术课题，或向雇主提供某种技术服务。跨国公司通常利用其雄厚的技术实力获得技术咨询费。技术咨询服务属于国际服务贸易的范围，是技术密集型的服务贸易。

（4）补偿贸易。采用补偿贸易方式，跨国公司向国外企业提供机器设备、生产技术、原材料和劳务，后者以进口设备和技术所生产的产品或以双方确定的其他商品或劳务来清偿其贷款。补偿贸易方式最初较多存在于苏联和东欧国家与西方国家所开展的经济合作活动中，目前，这种方式在一些企业间仍有使用。

（5）特许专营。**特许专营**指的是一家已经取得成功的企业将其商标、商号名称、服务标志、专利、专有技术以及经营管理方式和经验转让给另一家企业的一种技术转让，技术接受方为此要向技术转让方支付一定的特许费。特许专营的一个重要特点是：各个使用同一商号名称的特许专营店并不是由一个企业主经营的，被特许方企业不是特许方企业的分支机构或子公司，也不是各个独立企业的自由联合，它们是自主经营、自负盈亏的彼此独立的企业。当特许费被分期支付时，特许专营属于技术转让（贸易）的范畴，而当按销售额或净收益的一定比例支付特许费时，特许专营具有非股权投资的性质。特许专营是近年来随着跨国公司的迅速发展而发展起来的一种新型的技术转让形式。尤其是处于第三产业部门的跨国公司广泛采用这种方式在国际上转让技术，同时借此维持公司在国际上的垄断优势。例如，国际著名快餐连锁业的肯德基和麦当劳在中国进行的业务模式就是以特许专营为主。

根据特许专营的范围和类别不同，大体上可分为三种形式：①产品专销。这是一种最简单的专营方式，在这种方式下，专营接受方只能经销一个公司的产品。②服务专营。这是指专营接受方所经销的产品必须是按照与服务招牌相符的方式加以配置、处理、装配、加工和服务的。③商业格式专营。这是一种比较复杂的专营形式，在这种专营形式下，专营许可方转给接受方的不仅是服务招牌的使用权，还有产品的加工、配置和处理等方面的专门知识和经验，以及全套出售产品和服务的商业格式，所有这一切联成一体，受专营许可方密切的监督和控制。

（6）跨国公司之间的技术互换协议。一些发达经济体国家的大型跨国公司为了共同维持在某些领域的控制地位，相互之间订有互换技术的协议，双方通过享有对方的新技术发明，提高各自在某些领域的技术垄断地位。

（7）合作生产。**合作生产**是跨国公司内的某一企业与一个或多个其他子公司或他国企业为共同生产某一产品而进行的生产上的合作。合作各方根据各自的技术特长商定专业分工，各自提供设计和生产制造手段，分别完成不同的零部件，然后在一方装配成产品；或者双方根据合作生产协议的规定，分别制造对方所需要的零部件，然后相互交换，各自分别组装成自己的产品，各方负责自己产品的销售。合作生产所采用的技术，可以由一方提供，按照统一的技术标准和设计进行生产，也可以共同研究、共同设计、共同确定零部件的规格，在技术上互相合作、取长补短。在合作生产协议中往往还包括销售合作，即利用一方现有的销售网，建立起共同的销售渠道。

（三）对外直接投资

跨国公司的发展，直接推动了国际技术交流，表现为跨国公司的对外直接投资构成了当今国际技术转让的主渠道。对外直接投资给东道国带来的效益之一是技术转让，这是许多发展中国家对对外直接投资态度转变的原因之一。通过对外直接投资，跨国公司将资金、设备连同专利和专有技术等一齐投向国外子公司，所转让的技术既包括生产技术，也包括组织、管理和市场营销技能等。跨国公司通过对外投资参与国际技术转让，主要有以下几种具体形式。

1. 对独资或控股子公司的内部技术转让

技术转让与跨国公司的对外直接投资安排相结合，是跨国公司技术转让中最主要的一种方式。跨国公司技术转让的先进程度往往视股权和投资而定。一般而言，跨国公司在国外投资越多，在股份制企业中所占的股权比例越大，提供的技术先进程度就越高，技术限制性约束就越少。反之，如果跨国公司在国外投资较少，在股份制企业中所占的股权比例较小，提供的技术先进程度就越低，技术限制性约束就越多。特别是关键技术，必须在严格限定的条件下使用，并必须严格防止技术扩散。

跨国公司在东道国设立独资企业，其主要动机就是为了严格垄断和控制技术，增强保密性，防止技术泄密。独资企业一般按跨国公司的技术体系和经营管理方法建立，其技术创新与改造仅与母公司发生联系，较少与东道国同行业发生横向联系。由于跨国公司全资拥有子公司或对子公司控股，因此这种转让实际上是跨国公司体系内的转让，称为技术转让的内部化，它有别于以贸易方式进行的外部化转让。内部化技术转让可以采取买卖交易的形式，也可以采取技术折价入股的形式。通过向全部或多数持股的子公司或分支机构转让技术，跨国公司能够较好地控制技术的独家使用，并获取技术所能带来的综合效益，避免向不相关企业转让技术时所产生的较高的交易成本和风险。尽管控股子公司属于合资企业，但由于处于控股地位，在开发出最新技术后，跨国公司也愿意将最新技术转让给其子公司，以增强子公司在东道国的竞争力。但由于这种方式对技术实行垄断控制，严格限制技术的传播和外溢，它对发展中国家技术进步的直接作用不如合资企业。

2. 对非控股合资企业的技术入股和技术转让

跨国公司通过将技术和设备资本化，即以工业产权、专有技术等在东道国的合资企业中投资入股来转让技术，这种技术出资方式称为技术资本化（技术折价入股）。当然，在具体合资经营时，跨国公司既可以从工业产权或专有技术等作价投资中分取利润，也可以把技术与投资分开，合资各方另行签订技术转让协议，跨国公司获取技术使用费或提成费。跨国公司对合资企业还转让管理经验、组织方法和营销技能等方面的技术。

兴办合资企业，东道国人员能够接触到企业产品具体的生产过程，生产技术的外溢和传播作用比外资独资企业更为明显。但跨国公司一般只有在技术较成熟或专有程度较低，因而丧失技术控制权的代价不是很高，以及能通过严格的协议限制其他企业接近技术的情况下，才会表现出兴办合资企业的较大意愿。同时，对东道国来说，跨国公司以技术资本化方式投资兴办合资企业，其最大的问题就是技术的老化问题。由于当代技术革新日新月异，技术和产品的老化速度在加快，时间越长，技术的价值越低。如果跨国公司对合资企业拥有控股权，则技术老化问题容易解决，但若不具有控股权，跨国公司对已落后技术的革新愿望相对就要低一些。

3. 在东道国进行的研发投资

跨国公司的研发投资，是指跨国公司进行的，着眼于从基础性研究一直到科研进入应用领域，实现产品开发和商业化的整个过程中任何一个环节的投资行为。由于一定规模的研发投资是跨国公司生存的基本要求，是跨国公司发展和盈利的根本保证，同时研发投资所产生的技术创新能力也是跨国公司竞争力之源泉，因此，大型跨国公司都十分重视研发投资。

20 世纪 80 年代以前，跨国公司开发技术主要是在其母国进行的，子公司一般是将来自母公司的研发成果加以应用，至多也就是加以改造或革新。但近年来跨国公司的研发活动呈现出日益国际化的趋势，一些跨国公司已经着手建立一体化的全球研发系统，发达国家、新兴工业化国家和一些发展中大国成为跨国公司研发投资的热点。跨国公司对外进行研发投资的主要目的是获取先进技术，借用东道国廉价的技术人员等研发资源，建立全球研发网络，占领当地市场，实现其在全球范围内的系统化投资战略。与一般生产性直接投资所不同的是，跨国公司进行的以技术创新为主要目的的研发投资更多考虑的是东道国的科研环境和高新技术产品的市场销售前景问题。

跨国公司的海外研发机构主要有以下两种形式：①海外子公司设立研发机构。例如飞利浦公司在各个不同国家的子公司都拥有规模不一的属于子公司自己管理和支配的研发机构。IBM 公司利用海外子公司与当地的研究机构建立研究中心达 300 多个。②母公司在其他国家专设研发实验中心、技术研究所、技术开发公司等机构。例如皇家荷兰壳牌公司的 12 个实验中心就分布在 8 个国家。

4. 对海外企业的人力资源投资

人力资源投资也可以理解为人力资本投资，具体是指跨国公司对海外企业雇员的技术和管理培训。由于广义的技术概念还包括管理技能和组织技巧，因此跨国公司在海外的人力资源投资也是一种技术转让的方式。工业经济时代，资本要素长期处于相对稀缺的优势地位，经济增长的关键在于资本的积累和扩张，知识经济时代增值的动力核心已转移到知识的创新上。人是知识的载体，人力资本是一种隐性知识资本，具有取之不尽、用之不竭的创新潜能，知识经济时代跨国公司的竞争说到底是人才的竞争，因此，跨国公司对人力资源的管理程度日益加深，多数公司都实施全球性的人力资源开发战略，以期在全球建立知识、人才方面的优势。

人力资本投资既是积累创造性资产的一种主要形式，又是创造其他类型的资产的一种手段，人力资源的开发是企业提高国际竞争力的重要因素。大多数跨国公司都为其雇员制订培训计划并提供培训设施。欧洲最有声望的两所商学院——“国际管理学院”（IMI）和“企业管理方法学院”（IMEDE）最初都是作为公司培训中心（分别是雀巢公司和埃尔肯公司）建立起来的。

为海外企业雇员提供技术与管理培训是跨国公司对东道国人力资源开发所做出的重要贡献之一，由培训所带来的人员素质的提高和管理技能的增加促进了东道国整体技术水平的提高。由于跨国公司拥有国际性的设施与专业知识网络，因此其在培训方面拥有独特的优势。大量在外资企业受过培训的东道国技术工人和管理层人员流向本国企业，带来了先进技术的传播和外溢，有经验和经过训练的人才的流动是技术外溢效应的重要源泉。

5. 非股权安排(投资)等其他形式

非股权安排是指在东道国企业中没有股权投资，而是通过与东道国企业签订有关管理、技术或销售等合同取得对东道国企业的控制权。非股权安排也是跨国公司开展对外直接投资的一种重要形式，其中包含向东道国企业的技术转让。当前，中国广泛存在的合作经营企业具有这种类型投资的特性。向东道国的高科技企业进行风险投资以及在东道国的高科技产业领域直接设立企业也是跨国公司依靠投资进行技术转让的途径。此外，将东道国企业（当地客户和供应商）纳入跨国公司产品价值链也可实现技术转让。

在当今全球一体化程度越来越高的世界中，旨在推动发展中经济体融入全球价值链的政策必须使目光超越直接外资和贸易，国际生产的非股权形式例如合约制造、服务外包、订单农业、特许经营、许可经营、管理合约及其他类型的合约关系也越来越多地被跨国公司用以协调其在东道国公司的业务活动，而不再强调要拥有东道国企业的股份。

对于发展中国家来说，跨国公司在世界范围内的跨境非股权形式活动的意义重大。据估计，2010 年它产生的销售额超过了 2 万亿美元。合约制造和服务外包为 1.1 万亿~1.3 万亿美元，特许经营为 3 300 亿~3 500 亿美元，许可经营为 3 400 亿~3 600 亿美元，管理合约为 1 000 亿美元。大多数情况下，非股权形式的发展速度超过了其所在产业的发展速度。非股权形式能够带来相当大的发展效益。估计非股权形式在发展中国家雇用员工的总数达 1 400 万~1 600 万人。某些经济体中由此产生的增值可达到 GDP 的 15%。几个产业中，非股权形式的出口占全球出口总额的70%~80%。

总而言之，通过传播技术和发展国内企业及帮助发展中经济体进入全球价值链等方式，非股权形式可以增强生产能力，进而支持长期的产业发展。非股权形式也会给发展中经济体带来风险。合约制造中的就业岗位极具周期性，很容易被撤销。以从全球价值总链中获取的价值来衡量，非股权形式对增值的贡献似乎不大。人们担心，跨国公司有可能利用非股权形式来规避社会和环境标准。要确保实现长期的产业发展，发展中经济体需要降低风险，避免局限于低增值业务和过分依赖跨国公司拥有的技术及由跨国公司掌控的全球价值链。

通过对外直接投资转让技术有以下特点：

第一，通过对外直接投资转让技术是成本最低、效率最高的一种技术转让方式。通过对外直接投资进行内部转让，跨国公司能够控制技术的独家使用。由于内部转让双方的根本利益一致，遵守相同或类似的管理准则和操作规程，并可进行充分有效的信息和人员交流，因而通过投资进行的技术转让成本低且速度快，而且还可以避免外部市场的影响，节约各种市场交易成本。

第二，转让的技术多为核心技术，能够提高东道国子公司的竞争力。对于次新或处于生命周期成熟阶段的技术，跨国公司多通过许可证贸易转让给发展中国家，以获取使用费收入。而对于核心技术，由于研发投入大，风险较高，跨国公司只愿意转让给海外的全资子公司或控股公司。拥有最新技术的跨国公司海外子公司能够借助技术的优势，提高自己在东道国的竞争力。

第三，转让的技术实用，适合当地消费者需求。跨国公司通过投资转让技术，会考虑到东道国原有的技术水平和技术消化与吸收能力。只有那些适应东道国消费者需求水平和需求层次的技术转让，在进行投资时才对东道国具有吸引力。

第四，将技术在内部无偿（或以优惠价格）转让，以支持子公司发展。

跨国公司通过投资形式将技术转让给子公司，是出于全球战略角度的通盘考虑，是为了获取全球利润的最大化。通过将基础性研发成果转让给子公司，有利于子公司研发机构迅速实现技术的商业化，将技术转化为产品，从而支持子公司的发展。

第五，以技术换市场。与单纯的技术转让只获取技术使用费不同，结合投资行为的技术转让往往采取资本化的形式投资入股，能够绕开东道国的技术进口限制，有时还能获得东道国"以市场换技术"外资政策的支持，扩大在东道国的市场份额，实现"以技术换市场"。

三、跨国公司技术保护的方式

长期维持技术优势是跨国公司开展跨国经营的基础。跨国公司对新技术的保护方式主要有专利、企业内部保护和申请商标三种方法。

（1）**专利**是法律授予的并且可以依法行使的一种权利，其实质是专利申请人将其发明向公众充分地公开以换取对发明拥有一定期限的垄断权，保护范围限于所申请的国家和地区，专利期限一般为15~20年。自从19世纪工业革命以来，专利保护得到了普遍和高度的评价，大多数发明人和企业都是采取这种保护方式来保护其发明成果的。目前，这种形式仍是跨国公司维持技术优势的主要方法。在现阶段跨国公司世界性的技术管理方式下，跨国公司实行具有以下特点的专利政策：组建世界性的专利网，跨国公司从全局高度对其所拥有的专利进行国际性控制；首先以基本专利（basic patent）的形式将“核心”技术的扩散控制在跨国公司母公司之手，然后通过拥有增补专利、改进专利和登记专利，将有关使用方法、应用技术和改良的“外围”技术等组成的专利网在国际上布置起来；跨国公司母公司对本公司一切海外单位研制出来的各项相互关联密切的专利加以集中控制；把维持公司的国际技术垄断所产生的利益与维持公司的竞争优势结合在一起，越是技术密集型的产业，这种结合越是紧密。

（2）**企业内部保护**是指对新技术发明通过在企业内部保密的办法来垄断，它是一种民间保护形式，不像专利那样具有法律效力，这种保护形式具有任意性、广泛性和长久性的特征。

（3）**商标**是一种特殊标志，用以区别某一组织的商品和服务与其他组织相同或类似的商品和服务。商标通常是法律授予的永久性所有权，可以长期维护商标使用者的产品信誉和影响力。

第三节　跨国公司技术转让的谈判、价格与支付

技术是一种特殊的商品，技术转让的定价原则与一般商品的定价原则不同，其定价既受价格成本、需求和利润的影响，同时还受到技术这种特殊商品的特殊性能影响。跨国公司技术转让的谈判、价格与支付主要发生在国际技术贸易领域中。

一、跨国公司技术转让的谈判

跨国公司技术转让的谈判应遵循自愿平等、等价互利、灵活合作的原则。技术贸易谈判比商品贸易谈判更为复杂。谈判的主要内容包括：技术的性能和指标、技术服务和培训、保密条款、产品标准和考核验收以及商标等。

（一）技术性能和指标谈判的内容和要求

技术性能是谈判中的重要议题，它关系到引进技术的内在性质和水平，影响到投资项目的经济效益。而技术指标包括：技术工艺、产品数量和质量、能源消耗、环保状况等技术指标和参数。同时，要求技术转让方提供相关的技术资料。

在技术引进过程中，转让方的技术知识和经验，不可能完全由设计图纸、技术资料和机器设备反映出来，受让方想要尽快吸收消化引进的技术，往往需要转让方提供技术服务和进行人员培训。因此，谈判中应就培训目的、内容、范围、方式、时间和地点等做出明确的规定。

引进技术指标的可靠性，可以从生产出来的产品是否符合要求，能否产生有效价值这些方面来考核。考核验收是技术合同的关键，考核内容包括：①考核产品的型号、规格、数量。②考核测试的内容和标准。③考核试验的单位、人员、时间、地点和考核的次数。④考核测试结果的评定和处理，以及考核试验的费用负担。

（二）谈判的内容和要求

技术贸易谈判的另一个重点是商务谈判。在技术贸易中，商务谈判的主要内容包括：技术价格、付款条件、支付方式、包装标签、运输保险、保密条款、不可抗力、税收、侵

权、罚款、仲裁、索赔和合同生效以及其他法律问题。

技术价格、支付方式等内容将在下文详细介绍，现就其他一些容易发生争议的问题做一介绍。

1. 技术保密

进行技术保密是转让方要求受让方严格遵守的义务。双方通常在合同中就保密技术的范围和保密的地区做出具体的规定，以保护转让方的利益。

2. 商标使用

跨国公司的商标在市场上已享有信誉，具有强大的渗透力，受让方通常愿意使用这样的商标，以便扩大产品的销路。但如果长期使用，就会影响自身的声誉。因此，双方应经过充分协商做出具体安排，可以采用联合商标（combined trade mark）的方式，即一切佩有外国商标的商品同时也佩有本国自有注册商标，以防止对外国公司商标的过分依赖；或者采用联结商标（associated trade mark）的方式，即按双方商标的特点，设计成联结在一起的新商标，商标上应使用引进国家的文字和符号，也带有某些外国文字。

通常在实际业务当中，双方更愿意采用当地文字和符号来表示许可方商标的文字和符号，使其意义上相当，避免双重商标的出现。

3. 销售范围

有关销售范围往往是商务谈判争议的焦点。受让方将产品出口，就可能与转让方的同类产品在特定市场上发生竞争。技术转让方为了保护自己的产品市场，通常会对受让方销售产品的地区、价格、数量加以限制。通常受让方要求销售的地区范围越广，转让方索取的提成费就越高。

4. 交换改进技术

按照国际惯例，技术转让方和技术受让方都有义务向对方提供各自取得的改进技术。受让方要求转让方在技术合同有效期内不断提供新发展的改进技术，称为技术继续援助（technology continuing assistance）；同样，转让方也要求受让方将其引入的技术提供给转让方，称为技术反馈（grant-back）。双方必须就此充分洽谈，坚持对等互利的原则，防止出现只约束受让方的单方反馈的不合理条件。

5. 税收

由于各国税收制度不同，对技术转让方产生的影响也不同。目前，实际上实行三种税收制度：一是双重课税（double taxation）；二是一次税收制；三是外国税收抵免制（foreign tax credit）。在双重课税的国家，转让方一方面要向收入来源纳税，另一方面还得向本国政府交付所得税。转让方为转嫁这笔税费，往往要求提高技术使用费。

技术转让的谈判任务是艰巨的，技术受让方想要取得谈判的成功，派出人员的结构和素质就显得十分重要。受让方必须派出由项目经理、科技人员、工程设计人员、外经贸人员、财务金融税收人员等组成的谈判班子，方能保证谈判和签约的顺利进行。

二、技术转让价格的构成与确定

（一）技术的价格

技术的价格是指技术受让方为取得技术使用权所愿支付的且转让方可以接受的使用费的

货币表现。技术的价格不同于普通商品的价格，一般商品的价格是指将商品所有权进行转移所需付出的代价，而技术价格则指将技术使用权授予受让方而受让方为此所支付的费用。也可以从转让、受让双方所处的不同立场和所提供的技术内容出发，把技术的价格称为：补偿（compensation）、酬金（remuneration）、收入（income）、收益（profit）、提成费（royalty）、使用费（fee）、服务费（service fee）等。因此，技术价格可理解为上述各种字眼含义的总称。

1. 技术价格

技术价格是用来衡量该技术所能带来的经济效益的大小的，利用该技术所产生的经济效益越大，其价格也就越高；相反，所产生的经济效益越小，其价格也就越低。

2. 技术价格的构成

一般来说，技术价格由以下三部分构成：

（1）技术的研发成本，也即技术提供者为了研发该项技术所投入的所有成本，比如科研、管理人员工资、培训费、办公费、创造的活劳动等，这部分成本约占技术价格的60%~70%。

（2）转让增值成本，即技术转让方在技术转让交易中所发生的各项费用（人员往来、准备资料等）。

（3）预期得到的利润，是指技术转让方因在许可国或第三国转让合同技术而导致的失去的市场份额当中可预期获得的利润。

技术价格的表示方法与一般商品价格的表示方法不同。一般商品价格多采用固定价格，是由买卖双方所约定的一个固定金额。技术价格则是同技术受让方利用技术所取得的经济效益联系在一起，用一种计算方法来表示。

（二）影响技术价格的因素

影响技术使用费的因素是多种多样的，就一项具体技术转让交易而言，影响使用费的因素从技术的转让方和受让方的不同角度来看，有以下几方面。

从转让方角度来看，影响因素有：

（1）直接费用的多少，即转让方为达成技术转让交易和完成技术转让过程所实际支出的费用。其内容包括：合同签订之前准备工作的费用、派遣谈判人员的费用、差旅费、技术资料费、特别设计费、相关法律费用、接待技术考察费用等。

（2）技术所处生命周期。使用费的高低受技术生命周期和技术所处生命周期阶段的影响。对生命周期短的技术，技术转让方索取的使用费高，反之索取的使用费低。在技术的生命周期内，技术经过三个不同的发展阶段，即发展阶段、成熟阶段和衰老阶段。处于发展阶段和衰老阶段的技术，其技术价值低，索取的使用费也低；转让处于成熟阶段的技术，其技术价值高，索取的使用费也高。

（3）技术适用目的和范围的广泛性。技术转让方对仅将技术用于某一种特定目的，或拟将技术用于一切目的的两种不同要求，索取不同的使用费。一般来说，后者的技术使用费将高于前者。

（4）技术转让方之间的竞争。一般来说，技术转让方之间的竞争越激烈，其所要求的技术使用费就越低，反之则越高。

从受让方角度来看，影响因素有：

（1）技术的经济效益之大小。技术价格即技术的使用费是采用一种以技术受让方所能得到的经济效益为函数的变量计算的。使用技术的经济效益高，技术价值也大；反之，其经济效益低，技术的价值也随之降低。

（2）需要技术转让方提供的技术协助数量。技术受让方需要技术转让方提供的技术协助数量越多，其所应支付的转让价格就越高；反之，则越低。

（3）技术受让方对使用技术独占性的要求程度。如要求独占使用，即排除第三者及技术转让方本身对该技术使用和销售产品的权利，技术转让方要求的使用费就高；如仅排除第三者，仍允许技术转让方利用该技术制造和销售产品，使用费就相应低些；如允许技术转让方把该技术同时转让给第三者，且其自身仍保留制造和销售的权利，使用费最低。

（4）技术带来的经济效益的大小决定着技术受让方愿支付使用费的多寡。

另外，共同影响技术受让方和转让方对技术使用费估值的因素是：技术转让方承担的担保责任与技术受让方对技术的吸收能力。

（三）技术价格的作价原则

1. 利润分成原则

利润分成原则，也称“LSLP 原则”（Licensor's Share on Licensee's Profit），即技术许可方占技术被许可方利润的份额，这是国际上公认的比较合理的作价原则。其含义是指许可方把技术转让给被许可方，应该分享该项技术所带来的利润，被许可方要把收入或利润的一部分拿出来以技术使用费的名义支付给许可方。

技术许可方占技术被许可方利润的份额通常以一个固定的百分比表示，该百分数通称为提成率（royalty rate）。提成率的计算公式如下：

$$提成率=供方在受方利润中的份额\times(受方的销售利润/受方产品销售价)$$

或

$$提成率=(支付给技术供方的使用费/产品的净销售额)\times 100\%$$

通过提成率的计算、分技术单元核算以及各项差价分析，就可以比较准确地估计出某项技术使用费的大致合理水平。

在前面内容当中，也列举了提成率惯例，这是在专利技术价值评估中重要的参考因素。

2. 许可方作价原则

许可方评估其欲转让的技术时，考虑收回以下几种成本：

（1）收回转让技术的直接成本。

技术转让的直接费用，是指许可方从交易开始至实际收到技术使用费之前需要垫付的费用，一般包括：①基本费用：基本设计、生产流程、维修保养方法、质量控制规程、试验方法等合同所需的全部技术资料编制费；②特别设计费：为满足被许可方的特殊要求，修改基本设计所支出的费用；③技术文件费：纸张、人工的费用；④派遣专家进行技术座谈等所需的费用；⑤被许可方人员到供方工厂考察、培训等所支出的费用；⑥技术服务：为使被许可方掌握技术，许可方从事技术服务和技术指导的费用；⑦机动系数。

根据联合国原跨国公司研究中心的资料，直接费用约为合同使用费总额的 8%~14%，是合同使用费总量中一个重要的构成部分。

（2）收回部分开发成本。这是进行许可时，根据技术开发费用的分摊情况，许可方从被许可方的使用中回收的金额。

（3）机会成本。机会成本的大小取决于许可方对销售市场前景的估计，如果市场销售前景暗淡，估计的机会成本就小；如果市场销售前景看好，估计的机会成本就大。因此，机会成本只能是对各种替代值的估算，伸缩幅度较大。

（4）所承担的各种税收、费用。

（5）分得利润。

（6）打击竞争对手，领先占据被许可方所在国的市场或出于追求专利技术成为行业事实标准的需要。

三、技术使用费的支付方式

技术价格的支付方式主要有三种：一次总算支付、提成支付和入门费与提成费相结合的方式。这三种支付方式各有其特点。

（一）一次总算支付

一次总算支付（lump-sum payment）是指在签订合同时，许可方与被许可方谈妥一笔固定的金额，在合同生效后，由被许可方按合同约定，一次或分期支付。如一次付清，支付时间可确定为合同生效后 30 天，或第一批资料交付时进行；如分期支付，则可按合同执行的进度，如资料交付、技术培训和产品开始生产等过程，分若干批次支付，后者亦称“里程碑”式支付方式。

一次总算支付金额在合同有效期内不变，是双方签订合同时商妥的，不随被许可方利用技术的好坏或者市场价格的变动而变动，即使被许可方因上述不利因素影响，未取得预期的利益，规定的金额也得照付；使用技术的风险全部由被许可方承担，合同签订之后，只要许可方履行了合同规定的义务，使用技术是被许可方的事，至于技术使用效果如何与被许可方支付使用费多少没有联系，因此，被许可方承担了使用技术的全部风险。反过来讲，技术许可方也无权在技术使用效益好的时候要求更多的回报。

鉴于一次总算支付方式对被许可方存在明显的不利，世界上很多国家，特别是发展中国家，往往通过法律或审查转让合同等形式，对一次总算支付方式加以限制。限制方式有如下几种：一次总算支付金额必须在估计的销售额的基础上决定，并且该金额应当是在对该部门或该项产品所能规定的最高金额以内。有的国家法律规定，只有在通过转让和购买取得专利权以及某些类型的技术服务时，才允许采用一次总算支付方式。

（二）提成支付

提成支付是指在签订合同时，技术交易双方确定一个提取使用费的百分比，待被许可方利用技术开始生产并取得经济效果（产量、销售额、利润等）之后，以经济效果为基础，定期（每 6 个月或 12 个月）连续提取使用费。

采用提成支付方式，应确定好三个基本数据，即提成基础、提成率和提成的期限。

确定提成基础有三种做法，即按产品产量、按产品销售价和按利润。

首先，以产品产量（或单位或数量）为基础指的是：提成费按照所制造的每件产品、每单位产品重量（每吨或每公斤）或容积（每加仑或每公升）或符合产品特点的其他单位（如功率、马力）等，规定一个固定的金额（如每单位产品支付提成费），以此为基础乘以产品总产量，即为应支付的提成费。这种做法的特点是：第一，使用费金额与生产成本、销售价格和利润无关；第二，被许可方的产品数量与许可方的收益直接关联，因此，许可方愿意提供技术改进和技术协助，以增加被许可方的产品产量。例如，跨国公司对中国DVD企业索要并收取专利费就是按台收取（见表6-1），2002~2008年，向DVD企业征收专利费用的机构由当初的1家变成了37家，收费从最初的每台5美元升至21.3美元。

表6-1 跨国公司在华DVD专利收费汇总表 （单位：美元/台）

收费组织	6C	3C	1C	MPEG-LA	杜比	DTS
协议收费	4	5（2002年7月改为3.5）	2	4（2005年7月1日起改为2.5）	2.1（含飞利浦0.6）	2~3

注：6C最早由东芝、三菱、日立、松下、JVC、时代华纳组成，后来IBM等3家公司加入该联盟，习惯上仍称6C；3C由飞利浦、索尼、先锋三公司组成，后LG加入而成为4C；1C指汤姆逊公司。

资料来源：郜志雄．专利技术转移机制［M］．北京：中国时代经济出版社，2016.

其次，以产品销售价为提成基础又称“从价”提成费，是以产品的销售额（价）为基础，按合同规定的一定百分比，如3%或4%等计算提成费的方式。这种做法的特点是：第一，利用许可方技术生产的产品实际售出后，被许可方有了实际销售收入，才开始向许可方支付使用费；第二，支付的责任与产品出售后是否获得利润无关。也就是说，被许可方产品售出后，被许可方有盈利要支付使用费，无盈利也要支付使用费。

以销售价作为提成基础要注意的问题是：产品销售价是个笼统的概念，因此，当事人签订合同时，必须明确销售价的概念。销售价可以划分为总销售价和净销售价，确定以哪一种价格作为计算提成费的基础，对被许可方是十分重要的。以总销售价为基础，首先应给“总销售价”下个定义。因为，它的含义在不同的国家是不同的。根据某些国家有关技术转让的法律，总销售价是指工厂实际销售产品或付出劳务的发票价值。按总销售价计算提成费简便易行，只要检查被许可方的销售发票或销售账册，即可确定应付提成费金额。但是，这种计算方法对被许可方包含着不利因素，因为总销售价中不但包含许可技术所创造的价值，也包含非该技术创造的价值。对许可方，总销售价无疑增加了额外的收益，而被许可方则多支付了技术使用费。所以，以总销售价为基础计算提成费，对被许可方不利，被许可方不应接受。

由于以产品总销售价为基础，包含很多不合理的因素。因此，有些国家法律规定，应当用产品净销售价为基础计算提成费。产品净销售价是指从产品总销售价中扣除许可技术以外的其他特定项目的成本、价值或其他费用而得出的价格。

根据联合国贸易和发展组织的调查统计，提成费一般以产品净销售价格为计价基数，不同行业之间的提成率差异较大，提成率的范围为0.5%~10%，绝大多数行业的提成率是2%~6%（见表6-2）。

表6-2 国际分行业提成率统计表

行业	提成率	行业	提成率
石油化工	0.5%~2%	制药	2.5%~4%
日用消费品	1%~2.5%	汽车	4.5%~6%
机械制造	1.5%~3%	光学及电子产品	7%~10%
化学	2%~3.5%	电气	3%~4.5%
木材加工	3.5%~5%	精密仪器	4%~5.5%

资料来源：曹宪志．技术转让与许可证贸易［M］．北京：中国对外经济贸易出版社，1987：63.

据安永会计师事务所对50种行业约2 500家企业的4 000份专利协议的研究，以销售额来计算专利费的比例最高（23%）；47%的基于净销售额的专利许可交易的提成率为3%~5%，提成率为0%~2.9%和6%及以上的比例分别占20%和33%。[㊀]

再次，以利润作为提成基础指的是以被许可方生产的产品销售后所获利润为基础，按约定的一定百分比计算提成费。联合国工业发展组织曾对印度等国家引进技术的价格进行统计分析后，提出利润分享率在16%~27%较为合理，并建议不超过30%。1972年，在挪威召开的许可贸易执行会议上多数代表认为利润分享率为25%左右较合理，但在实际核算利润时有困难。

（三）入门费与提成费相结合的方式

这种方法是指技术被许可方在接受技术转让时，要先向许可方缴纳入门费，此后定期再向许可方缴纳提成费。入门费（initial payment）就指许可方为约束被许可方严格履行合同收取的定金，也是对许可方提供资料、披露技术秘密、传授技术的报酬。

入门费加提成费支付方式是受让方签订的技术转让合同生效或确认出让方已开始执行合同后，先向技术出让方支付一笔入门费，等项目投产后按合同协定逐年支付提成费。入门费实为总提成费中的初付部分，支付入门费，提成费应相应减少。通常入门费一般为技术价格的15%左右。入门费支付应在技术合同经双方政府批准生效后进行。

跨国公司在华对中国DVD企业索要专利费时，3C（飞利浦、索尼、先锋三公司组成）对生产CD与DVD播放和录音器的厂商收取的入门费根据产品的不同，从5 000到25 000美元不等（见表6-3）。[㊁]

表6-3　CD与DVD播放和录音器的专利入门费　　（单位：美元）

规格	入门费
CD Audio/CD ROMplayer（Philips）	5 000
CD-RW recorders	25 000
DVD +R/+RW recorders	20 000
DVD -R/-RW recorders	20 000
DVD RAM recorders	20 000
DVD video players/DVD ROM players	10 000
SA-CD players	10 000
VCD playback function	25 000

本章案例研究

【案例6-1】 布鲁克公司与万豪公司著作权侵权纠纷案

（一）基本案情

1. 背景材料

瑞士布鲁克集团公司是全球500强企业，瑞士三强之一，布鲁克（成都）工程有限公司是1995年8月8日在国家工商行政管理总局注册登记的外商独资企业，并领取《企业法人营业执照》，系瑞士布鲁克集团公司（以下简称瑞士公司）在中国投资的子公司。万

㊀ 帕拉，沙利文．技术许可战略——企业经营战略的利剑［M］．陈劲，贺丹，黄芹译．北京：知识产权出版社，2006，227-228.

㊁ 郜志雄．专利技术转移机制［M］．北京：中国时代经济出版社，2016.

豪公司系1994年11月18日成立并领取《企业法人营业执照》的有限责任公司。

2. 案情简介

瑞士布鲁克集团公司在我国投资的独资企业布鲁克（成都）工程有限公司诉四川万豪实业有限责任公司著作权侵权纠纷一案，2001年9月由四川省高级人民法院做出终审判决：驳回上诉，维持原判。按照这一发生法律效力的判决，万豪公司应立即停止使用布鲁克公司享有著作权的14幅工程摄影作品及相关技术，10日内在《四川日报》上向布鲁克公司赔礼道歉，消除影响并赔偿布鲁克公司为本案而支出的调查费、律师代理费、认证费用等损失5万元。

经法院审理查明，布鲁克公司在我国注册登记后，从1996年起开始将一种柔性防护技术引入我国国内，并做了大量的宣传工作，其在宣传中使用的工程摄影作品中包括瑞士公司的有关工程摄影作品，同时，布鲁克公司的《技术报告汇编97》《技术报告汇编98》中有关于SNS石崩柔性边坡保护系统性能、传统方法等方面的工程技术使用文字说明。万豪公司系1994年11月成立的有限责任公司。1999年6月，万豪公司在其《柔性防护和最佳性价比的选择》宣传画册上使用了瑞士公司工程摄影作品13幅、布鲁克公司工程摄影作品1幅及《技术报告汇编97》《技术报告汇编98》上关于SNS石崩柔性边坡保护系统工程技术使用文字说明作品。布鲁克公司得知后，立即向四川省成都市中级人民法院提起著作权侵权和商业秘密侵权诉讼。成都中院审理后认定万豪公司的行为构成侵权，依照我国相关民事法律规范和《伯尔尼保护文学艺术作品公约》做出了前述判决。宣判后，双方当事人均向四川省高级人民法院提起上诉。

四川省高级人民法院经审理认为，瑞士公司许可布鲁克公司在中国境内独占使用该13幅工程摄影作品，并授权对非法使用该照片或文件的公司或部门提起法律诉讼，因此，布鲁克公司取得了该13幅工程摄影作品的使用权和获得报酬权，其有权根据著作权许可使用合同享有权利及瑞士公司的授权，以自己的名义向侵权人提起诉讼。万豪公司未经布鲁克公司许可，擅自使用他人作品的行为，已构成侵权，应承担民事责任。同时，由于侵犯著作权与侵犯商业秘密属于两个不同的法律关系，故万豪公司关于布鲁克公司已提起商业秘密侵权诉讼就不应再提起著作权侵权诉讼的上诉理由不能成立。在布鲁克公司的实际损失和万豪公司的非法所得难以查清的情况下，一审法院综合考虑万豪公司的主观过错责任、态度与是否采取补救措施、侵权行为的社会影响及布鲁克公司支出的调查费、律师代理费和国外公证费、认证费用、可能获得的稿酬等，采用“定额赔偿”的方法来确定本案的赔偿是适当的。

终审判决结束后，双方都表示接受。瑞士布鲁克集团公司董事长约瑟夫先生表示，作为投资商，他的合法权益得到保护，就更加增强了他投资中国的信心。

（二）案例点评

在上述案例中，双方争议最大的一个问题是瑞士的母公司所享有著作权的13幅工程摄影作品在中国是否受中国著作权法的保护。

这个问题应该分为两个层次：

第一个层次应该明确，瑞士公司享有的13幅、布鲁克公司享有的1幅记录SNS石崩边坡保护系统使用、设计技术各种瞬间的工作成果摄影作品，以及布鲁克公司的《技术报告汇编97》《技术报告汇编98》工程技术作品，均属于著作权的范畴，应当受到法律保护，瑞士公司、布鲁克公司分别是13幅工程摄影作品、1幅工程摄影作品及工程技术作品的著作权人。

第二个层次应该明确，布鲁克公司系瑞士公司在中国投资开办的子公司，其在自己的宣传画册上使用瑞士公司的工程摄影作品，即为外国人作品在中国境内发表，中国和瑞士均系《伯尔尼保护文学艺术作品公约》的成员方，按照该公约第三条第一款（a）项规定，作者为本同盟任何成员方的国民者，其作品无论是否已经出版，都受到保护，所以瑞士公司可将其尚未在中国境内发表的作品许可给布鲁克公司使用，该作品受中国著作权法的保护。

可见，在这个问题上，我国遵守了《伯尔尼保护文学艺术作品公约》的规定，保护了外商的合法权益，这个案例也再次体现了我国保护知识产权的行动和决心。

资料来源：http://www.110.com/panli/panli_29539.html.

思考与练习

1. 简述跨国公司参与国际技术转让的原因。
2. 简述跨国公司的技术转让策略。
3. 简述跨国公司通过对外投资参与国际技术转让的具体形式。
4. 简述跨国公司技术保护的方式。
5. 简述决定技术价格的因素。
6. 简述技术使用费的支付方式。
7. 根据以下案例，试分析：①跨国公司在中国对专利技术收费的计价标准是怎样的？该收费标准对中国企业有什么不利？②中国企业的技术转让谈判策略是怎样的？你认为是否应该改进？如何改进？

跨国公司对中国DVD企业索要并收取专利费始于1999年。1999年6月，6C向全球发表了关于“DVD联合许可”的联合声明并索要专利技术使用费。此后，拥有DVD核心专利技术的跨国公司开始向中国DVD企业收取专利费。1999年9月15日，杜比与中国电子音响工业协会（以下简称音协）达成协议：中方每出口一台DVD交纳不到1美元的专利费，优惠期为3年。2000年，音协受企业委托，与中国机电出口商会合作，开始和3C、6C、1C、MPGA-LA等专利权人谈判，并于2002年4月、8月，分别与6C、3C签订许可支付协议。同年，杜比将专利费提高到每台1~2美元。2004年4月，音协同汤姆逊初步达成缴费意向；2006年4月27日，又与MPEG-LA签署“MPEG-2专利联合许可”谅解备忘录。2002~2008年，向DVD企业征收专利费用的机构由当初的1家变成了37家，费用从最初的每台5美元升至每台21.3美元（见表6-1）。跨国公司从中国DVD企业收取专利技术使用费的数额是巨大的，在跨国公司大规模追收技术使用费的2002年，中国与跨国公司签订的专利技术许可合同金额几乎是此后5年的专利许可合同金额之和。若以每台支付20美元技术使用费来估算，仅DVD产品一项，截至2007年年底，中国支付的专利技术费用就多达76亿美元。

CHAPTER7

第七章

跨国公司的研发、生产与营销管理

学习要点

跨国公司研发管理是跨国公司保持其竞争优势，维持其垄断地位的核心管理职能。随着跨国公司研发战略的演变，其经历了由母国集权型、多国集权型、多国分权型、核心型和网络整合型五种组织类型的演进。

跨国生产的组织与管理是在跨国经营战略的指导下进行的，包括跨国生产的标准化和当地化管理。

跨国公司营销管理是指国际市场营销与企业所在国市场营销管理的总和。由于国内和国际市场环境存在巨大差异，跨国公司对不同环境进行仔细分析，制定针对不同目标市场的营销策略，主要包括产品策略、定价策略、分销策略、促销策略。制定科学的营销策略，是企业打开国际市场的关键。

Key Points

Research and development (R&D) management is the key management function of transnational corporations to maintaining its competition advantage and monopoly position. With the development of its R&D strategy, the organizational structure undergoes five styles: ethnocentric centralized, geocentric centralized, polycentric decentralized, hub model, integrated network.

The organizing and managing of cross-broader production is under the guidance of transnational operational strategy. It includes the standardization and localization management.

Marketing management of transnational corporations is defined as the sum of marketing in the international market and in the domestic market. Since the difference between domestic and international market environment, transnational corporations should analyze the different environment in detail and formulate marketing strategies for different target markets. These include product, price, place and promoting strategies (4Ps). Formulating the scientific marketing strategies is the key to the international market for transnational corporations.

第一节　跨国公司的研发管理

跨国公司能向海外扩张的前提条件是拥有技术优势，随着技术在国际上实现标准化，动态的技术优势会逐渐丧失，先前所拥有的垄断地位也会受到威胁。因此，只有通过不断提高研发能力，使自身经常处于世界最新技术研发的前列，并与竞争对手保持较大的技术差距，才能继续维持其垄断地位。

一、研究与开发的概念

“R&D”是一个国际通用的科技术语，是英文“research and development”的缩写。我国一般翻译为“研究与开发”“研究与实验性发展”等。

按照联合国教科文组织（UNESCO）和经合组织（OECD）的统一界定，**“研究与发展活动”**的全称是科学研究与实验发展活动，它是指在科学技术领域，为增加知识总量以及运用这些知识去创造新的应用而进行的系统的、创造性的活动。它由以下三个部分组成。

1. 基础研究

基础研究（basic or fundamental research）是指为了获得关于现象和可观察事实的基本原理的新知识（揭示客观事物的本质、运动规律，获得新发展、新学说）而进行的实验性或理论性研究，它不以任何专门或特定的应用或使用为目的。基础研究一般属于公共产品性质，主要由国家或者公共研究机构承担，但也有少量研究由民间机构或企业承担。

2. 应用研究

应用研究（applied research）是指为获得新知识而进行的创造性研究，主要针对某一特定的目的或目标。应用研究是为了确定基础研究成果可能的用途，或是为了达到预定的目标探索应采取的新方法（原理性）或新途径。应用研究可由公共研究机构承担，也可由企业承担。

3. 实验性开发

实验性开发（experimental development）是指利用从基础研究、应用研究和实验中所获得的现有知识，为产生新的产品、材料和装置，建立新的工艺、系统和服务，以及对已产生和建立的上述各项做实质性的改进而进行的系统性工作。实验性开发主要由企业来进行。

通过表 7-1，我们可以看出研发活动三个组成部分之间的区别。

表 7-1　研发活动的分类实例表

基础研究	应用研究	实验性开发
研究微分方程的理论	为说明无线电波传输的强度和速度而研究微分方程	研制用于微分方程的数值解的计算程序
研究气流中的压力条件与固体浮力	为获得建造导弹和飞机所需的空气动力学数据，进行气流中压力条件和固体浮力的研究	飞机样机机身的开发工作
对地热区的地质位置和地热发生过程的研究	为利用蒸汽、热水等自然储藏而研究地热	为发电、取暖或提取矿物而开发使用地热蒸汽或热水的方法
研究微生物耐辐射的生物化学和生物物理的机制	为获得保存果汁所需的知识，或加热和辐射对酵母生存的影响而开展的微生物学研究	开发一种用 γ 射线保存果汁的方法

企业的研发活动是企业生产知识的活动，它不同于企业的其他生产经营活动，具有以下几个特点：一是具有探索性。探索新规律，发明新产品，寻找新的解决方案。二是具有创造性，这是研发最本质的特征。三是有不确定性和风险性。研发的探索性和创造性决定了其不确定性，研发投资成功与失败都有可能出现，充满了风险。四是个体性、集体性和社会性。研发是智力劳动，新的创造性设想往往来自于个人的灵感和智慧火花，需要发挥个人才智；同时，现代的科学研究日趋复杂，研究过程往往借助先进复杂的仪器设备，因而需要各个部门相互配合，集体合作。另外，知识的相关性、对社会的依赖性又使研发工作具有社会性，一项研究的突破往往有赖于相关领域的进展。

二、跨国公司研发的特点

（一）跨国公司是全球研发的驱动者

全球研发开支在过去的 10 多年中增长迅速。根据联合国教科文组织发布的《2015 年科学报告：面向 2030 年》，自 2002 年以来，全球研发支出整体保持增长趋势，2002~2007 年全球研发支出增长了 47%；2007 年的全球研发支出为 1.132 万亿美元，到 2013 年增长至 1.478 万亿美元，增幅达 31%，超过同期全球国内生产总值的增速。从研发投入的地理分布来看，美国的研发支出占全球研发支出总额的 28%；中国居第二位，占 20%；欧盟（19%）和日本（10%）分列第 3 位和第 4 位。研发工作在南北之间的全球性分布正在迅速改变。1990 年，95%以上的研发位于发达国家，全世界研发的 92%以上位于七个经合组织（OECD）经济体（Coe et al.，1997）。截至 2002 年，发达国家研发支出占研发总量的 83%，而到 2007 年，高收入经济体的研发支出占研发总量的 79.7%，2013 年降到 69.3%。

跨国公司是这一进程中的主要角色。一项保守的估计是，跨国公司占全球研发开支的近半数，占工商研发开支的至少 2/3。在一些个别经济体中，这些份额还要高得多。事实上，一些大型跨国公司的研发开支高于许多国家。根据欧盟发布的《2015 年全球企业研发投资排行榜》，2014 年世界最大的 2 500 家公司在研发方面投入了 6 074 亿欧元，较 2013 年增长了 6.8%，研发密度为 3.4%。大众、三星、微软、英特尔、诺华的研发投入位居前 5 名，其研发支出分别为 131.2 亿美元、121.9 亿美元、99.2 亿美元、95.0 亿美元和 82.2 亿美元。中国华为公司研发支出 54.4 亿美元，列世界第 15 位。[㊀]世界上研发开支最大的公司集中于少数产业，主要是信息技术硬件、汽车、制药和生物技术产业。

（二）跨国公司研发活动国际化

跨国公司的研发活动日趋国际化。这一趋势对于所有母国来说都是显而易见的，但它们的起始水平不同。就美国跨国公司而言，其拥有多数股权的外国子公司在这些跨国公司全部研发中所占的份额从 1994 年的 11%增长到了 2002 年的 13%。20 世纪 90 年代，德国跨国公司建立的国外研发单位比过去 50 年都多。瑞典跨国公司全部研发中的国外份额在 1995~2003 年期间从 22%增加到了 43%。

在研发国际化扩大的过程中，外国子公司在许多东道国的研发活动中发挥了较为重要

㊀ http://www.guancha.cn/tushuozu/2016_03_19_354420.shtml.

的作用。目前，外国跨国公司在东道国的研发支出占东道国研发总支出的比重在不断提高。UNCTAD 提供的资料表明，外国跨国公司国外研发支出占东道国总研发支出的比重从 1995 年的 11.1%提高到了 2002 年的 15.9%。其中，在发展中国家，这一比重从 1995 年的 1.5%提高到了 2002 年的 17.7%；在转轨经济国家，这一比重从 1995 年的 18.3%，提高到了 2002 年的 41.3%。[㊀]

（三）跨国公司之间的技术合作日益增强

随着跨国公司经营的日益全球化，研发集中化格局正在发生变化。跨国公司的技术创新活动，正朝着分散化、国际化的方向发展。跨国公司研发的国际化，主要体现在不同国家跨国公司之间的技术合作日益增强。目前，不同国家的跨国公司之间，新技术与新产品的联合开发已经蔚然成风。例如，在半导体行业，荷兰飞利浦公司与德国西门子公司签订了为期五年的联合研发协定，共同研制新一代半导体。美国的高级微型仪表公司正同日本索尼公司共同研制一种新的存储器芯片，以便综合运用双方在存储芯片方面的技术特长。在航天航空部门，为了研制一种用于 A-320 型空中客车的中型发动机，英国的罗尔斯-罗伊斯公司、美国联合技术公司的怀特民分公司、法国的 MTV 公司、意大利的菲亚特公司以及三家日本公司，结成了七公司国际财团。跨国公司之间的国际合作，高度集中于技术发展较为迅速的部门或领域。根据联合国跨国公司中心对 151 家大型跨国公司的统计，其全部国际合作协议的 97.2%集中在电子、信息技术、航天、科学仪器和医药等少数高技术部门和领域。

造成跨国公司之间研发国际化协作的因素有：一是跨国公司国外扩张的需要，二是国际技术竞争加剧的结果，三是技术研发的高成本、长周期和高风险，四是部门间日益广泛的技术联系和跨国公司经营结构的多样化。

（四）跨国公司是一个全球技术流动网络

跨国公司不仅是一个跨国生产经营体系，也是一个全球技术流动网络。在这个网络中，技术信息流动不是单一地从母公司流向国外子公司，国外子公司或研发机构的技术信息也要向母公司倒流或反馈。母公司还鼓励子公司高价招聘外国的优秀人才，并严格规定子公司的任何重大科研成果必须交回母公司，不准霸占或转让。

（五）跨国公司对新技术的控制将成为对子公司非股权控制的重要手段

由于发展中国家民族主义的政策特性以及与发达国家相比其市场的不完善、投资环境的不足等原因，发达国家企业不愿意花费过大成本在发展中国家进行独资经营和收购企业，而是越来越多地使用非股权投资方式，特别是技术授权、管理合同等方式。这对投资企业来说，其优点是不需要投资，也不承担财务风险，并能在一定程度上取得收益；同时，可以凭借技术和管理、销售能力的优势，加强对东道国企业的控制。

（六）跨国公司研发的绩效水平各异

各国创新和获益于研发国际化进程的能力差异很大。按照一种新的国家创新能力衡量

㊀ 冯鹏程．跨国公司研发国际化、贸易结构与自主创新［OL］. http://www.carnaby.com/blog/blog.php?uid=32.

尺度——贸发会议创新能力指数，这种差距显然正在随时间而加大（见表7-2）。发达国家属于高能力组，中国台湾地区、韩国和新加坡以及一些东南欧经济体和独联体国家也属于这一类。中能力组包括其他转型经济体、资源丰富和新兴工业化经济体的大多数以及两个撒哈拉以南非洲经济体（毛里求斯和南非）。低能力组包括多数撒哈拉以南非洲国家和若干北非、西亚和拉美国家。在发展中国家当中，东南亚和东亚是创新能力的龙头，而拉丁美洲和加勒比地区的地位随时间推移出现下降，被北非和西亚超过。

表7-2　贸发会议创新能力指数的区域未加权平均值

区域	1995年	2001年
发达国家（不包括欧盟新成员）	0.876	0.869
欧盟新成员	0.665	0.707
东南欧和独联体	0.602	0.584
东南亚和东亚	0.492	0.518
西亚和北非	0.348	0.361
拉丁美洲和加勒比地区	0.375	0.360
南亚	0.223	0.215
撒哈拉沙漠以南的非洲地区	0.157	0.160

资料来源：*World Investment Report* 2005.

一个国家的创新能力与作为东道国而对跨国公司研发活动的吸引力直接相关，也同获益于此种研发的能力直接相关。在国外开展研发活动的质量取决于东道国的本地能力。这也适用于由此而来的外部效应，也就是说，要看本地企业和机构在何种程度上能够通过接触来吸收和学习研发方法和技能。研发能否随时间的推移而深化，能够在何种程度上向各种不同的活动扩散，是跨国公司与本地行为者之间在东道经济体内互动进程的结果，而这一进程又反过来受到东道国的体制框架和政府政策的影响。

三、跨国公司研发组织结构的类型

美国管理学家钱德勒认为“结构随着战略走”，新的战略要求建立新的或至少更新了的结构，才能使企业实现更有效的运营。这就是说，什么样的战略应该就有什么样的组织结构相配合。因此，为了适应研发国际化战略的需要，跨国公司研发组织结构也要发生相应的调整，表现出不断变化的动态性和柔性化的特点。

1. 母国集权型研发

在国际化经营的早期，跨国公司为了保证公司的长久竞争力以及防止核心技术、关键技术的转移和泄密，往往采取**母国集权型研发**（ethnocentric centralized R&D）组织模式。它是指跨国公司将所有的研发活动集中在母国基地公司手中，不在海外进行任何研发活动。母国总公司在技术上始终优越于国外的子公司和其他从属性公司，存在着不对称的信息结构和决策结构。母国之外的子公司和从属公司没有技术开发和产品开发的职能和权力，只能按照母公司的技术进行标准化生产，并在全世界销售。除了有利于保护核心技术外，母国集权型研发还可以为企业带来研发规模化和专业化方面的优势，从而降低研发成本、缩短研发周期。另外，研发人员在地理位置上的集中，有利于信息在不同科学家之间的交流。当然，这种模式的缺点也是显而易见的。其一是对来自海外的市场信号和外国技术缺乏敏感性；其二是对海外市场的需求缺乏足够的考虑；其三是经常会发生创新缺失综合征；其四是组织结构容易发生僵化。这种研发组织结构在重工业领域比较常见，例如日本钢铁公司、英国煤气、微软等。

2. **多国集权型研发**

为了兼顾国际化的市场需求，一些跨国公司在母国集权型研发的基础上向外扩展其研发活动，逐渐形成了**多国集权型研发**（geocentric centralized R&D）组织模式。这种模式将大部分的研发活动集中在母国，但根据需要在海外设立一定的研发机构，跟踪国际市场，收集外部技术情报，增强对国际市场的敏感度，派遣研发人员到海外合作，并同当地制造商、供应商和主要顾客进行交流，实现及时的信息反馈。这种研发组织形态虽然仍是国内集中研发，但已经开始出现地理的外向性，同国外联系密切，提供了一个既能兼顾国际化需要又不放弃集中进行研发优势的简单方法。但是，这种方法要求跨国公司母国的研发人员根据国际市场的需求变化不断调整自己的价值观和行为方式，如果海外研发机构定位不准确，可能会带来负面的影响。目前采用多国集权型研发模式的有日产（Nissan）、喜利得（Hilti）公司等。

3. **多国分权型研发**

"本地化"已经成为跨国经营的一种趋势，跨国公司在东道国的分支机构越来越淡化其母国特征，争取融入当地的经济环境之中。基于此考虑，跨国公司根据国际市场的需要将其研发职能分散到多个中心，每个中心负责当地的研发活动，并对当地的管理层负责。**多国分权型研发**（polycentric decentralized R&D）组织形态的特征是在空间分布上具有多个平行的中心，各个分散、独立的研发地点结成联盟，没有集中监管的母国公司研发中心，国外研发机构具有高度自主的权利，同母国基地之间的信息流动非常有限。跨国公司在当地设立海外研发中心，突出当地市场导向，适应当地环境，提高市场敏感度，推动产品当地化，注重市场特殊性甚于产品标准化，当地有效性比全球效率更重要。这种研发组织类型在20世纪70年代和80年代的欧洲跨国公司海外研发过程中较为盛行。如壳牌石油和飞利浦公司的全球研发体系。尽管多国分权型研发带来的本地化市场导向的好处非常明显，但其最为突出的问题是各个区域性研发中心协调困难，并且多个研发机构的研究内容可能出现重复，导致研发资源的浪费以及组织上的低效。

4. **核心型研发**

核心型研发（R&D hub model）组织结构是在综合了多国集权型和多国分权型的优点基础上形成的一种新研发组织模式。在这种模式下，跨国公司一般将母国研发组织作为轴心，从事主要技术的研发，海外研发机构仅限于从事事先规定的技术创新活动。核心型研发组织模式设有严格的控制中心，对分散在海外的研发机构进行统一协调，对国际化研发资源做出回应，在地理上控制中心的母国国内导向和分散中心的全球导向兼而有之，呈现出节点层级结构特征，主中心占有明显的主导地位，具有技术和能级上的领先优势，通过与各个次级中心的密集的信息交流实现全球研发一体化，提高研发效率，避免重复开发，利用全球优势创造发展合力。但这种模式的缺点是：其一是协调成本较高，在信息交流方面存在时间成本；其二是母国核心研发机构可能压制海外研发机构技术创新的积极性，影响其创新效率和灵活性。采用这种模式的跨国公司有戴姆勒-奔驰、富士通、西门子、索尼、松下等。

5. **网络整合型研发**

20世纪90年代以来，随着网络经济的迅猛发展，跨国公司纷纷运用信息技术手段进行全球组织结构再造，跨国公司的研发组织结构也出现了网络化发展的趋势，逐渐形成了**网**

络整合型研发（integrated R&D network）组织模式。在这种网络结构模式下，母国基地的研发中心不再是集中控制的主中心，而是与其他众多研发机构互相依赖，通过各种协调机制和沟通渠道形成全球协同、灵活高效的系统化网络结构，张扬地方优势，加强分工合作，优化全球效率。鉴于网络整合型研发模式的优越性，这种模式开始被很多大型跨国公司采用，如佳能、罗氏、飞利浦公司、雀巢和迅达公司等，并迅速成为当今跨国公司研发组织结构的主流。

从全球跨国公司研发组织结构的实际演变过程来看，跨国公司在选择研发组织结构模式时，主要考虑分散研发与集中研发、合作研发与竞争研发对企业研发全球化战略的影响，并根据企业面临的外部经营环境，选择最适合的研发组织模式（见图 7-1）。当然，在具体分析某一家跨国公司的研发组织结构选择时，可能要受到诸如特殊的战略、环境、技术进步、组织规模、生命周期、组织文化等更多因素的影响。但总的来说，跨国公司研发组织结构的变迁遵循一定规律，具有相对稳定性和渐进发展的特征。

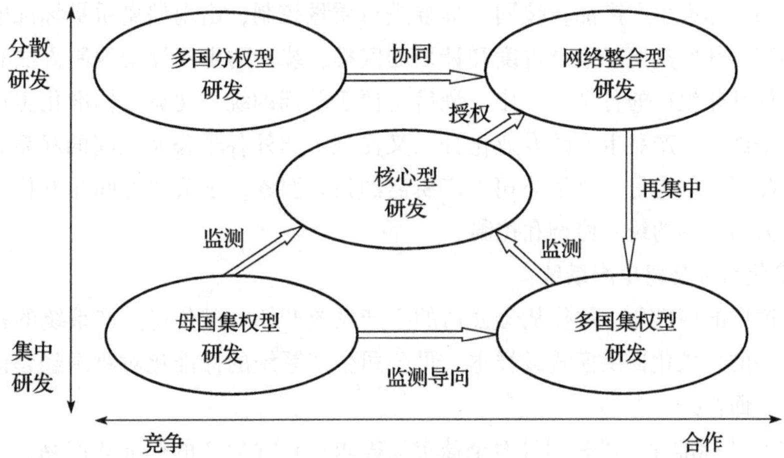

图 7-1　跨国公司研发组织结构的类型及演进

资料来源：Roman Boutellier，Oliver Gassmann and Maximilian Von Zedtwitz：“*Managing Global Innovation, Uncovering the Secrets of Future Competitiveness*”，Springer-Verlag Berlin Heidellberg，1999.

第二节　跨国公司的生产管理

跨国生产的组织与管理是在跨国经营战略的指导下进行的。因此，实行不同类型的跨国经营战略，跨国生产管理的特点是不同的。

一、跨国生产的标准化

在实行全球战略的公司中，产品及其生产过程的标准化（standardization）是实现规模经济、提高全球生产效率最基本的条件。所谓标准，是对重复性事物和概念所做的统一规定。生产标准化是指在产品制造的各个环节中推行统一标准的活动，包括产品设计、生产工艺、生产流程和产品质量检验方法的标准化，产品的包装、维护、储运规范化等内容。

1. 跨国生产中推行标准化的作用

（1）降低设计费用，缩短建设时间。当跨国公司决定建立一个新工厂时，由于生产系统采用标准化设计，只需按原有的图纸和工厂模式重建，订购与以前相同的设备，根据以往经验制订建设计划。这样不仅加快了工程进度，节约了大量成本，还能够有效解决新建工厂过程中碰到的各种难题。

(2) 加强生产的专门化，促进生产资源的合理配置。采用标准产品和零部件，可以使生产过程高度专门化。每个子公司只生产有限的几种零部件，从而可以通过大批量生产获得规模经济效益。公司总部可以从全局角度，利用不同国家的比较优势，在世界范围内合理安排不同零部件或产品的生产。例如，劳动密集型零部件或产品的生产安排在劳动力成本低的发展中国家进行；技术密集型零部件或产品则在技术资源较为充裕的发达国家生产。

(3) 降低技术复杂性，从而减少对技术培训的需求，方便技术的调整和更新。由于实行标准化生产，生产过程的自动化程度大大提高，对工人技术的需求会降低，从而减少相应的技术培训费用。而且，采用标准化的生产方法和生产过程，有助于跨国公司在各子公司更新生产水平和规格。

(4) 便于公司总部的统一控制与协调。首先是便于国外子公司产品生产的质量控制。所有工厂按同一标准生产产品，按同一标准进行质量控制，出现偏离质量标准的行为可以得到及时纠正。其次是便于生产进度和计划的安排，统一的生产计划编制方法和考核体系可用于实行标准化生产的各个工厂中。最后是便于总部的统一协调。标准化生产建立在专业化分工的基础上，产品生产的专业化分工又促进了国外各子公司之间的联系。一个子公司生产的产品可以作为另一个子公司生产所需的投入要素。子公司之间相互依存程度的提高更加需要公司总部的统一协调和控制。

2. 标准化与母公司生产系统

跨国生产中的标准化，往往从母公司的生产系统开始。母公司生产系统的标准化可以为国外子公司的标准化提供模式或样本。母公司生产系统的标准化对跨国经营的影响主要表现在三个方面：

(1) 产品的标准化。母公司针对全球市场需求设计并生产的标准化产品，可以不加改动在不同国家的市场上销售。以标准化产品为基础开展的跨国经营，可以实现生产资源的合理配置，提高全球性经营效率。

(2) 生产过程和方法的标准化。国外子公司采用与母公司相同的生产过程，母公司的生产方法、操作技巧和生产经验可以直接转移到国外子公司中。生产技术人员能够更好适应跨国流动的环境。

(3) 生产系统设计和机器设备的标准化。国外子公司建立生产工厂时，采用母公司生产系统的设计图纸和文件，订购与母公司生产系统相同的机器设备，不仅可以节省设计费用，还为各工厂零部件互换和设备维修创造了有利条件。

3. 跨国生产标准化的障碍

在跨国生产中实行标准化，主要目的是通过大批量生产获得规模经济效益。然而，跨国经营环境的复杂性使生产标准化的推行面临重重困难。

首先，因文化背景、消费习惯、经济收入的差异，各国消费者的偏好往往并不相同。对某些产品的需求会因国、因地甚至因人而异。企业在世界范围内生产和销售标准化产品，实际上是迫使消费者适应企业的经营要求。在此基础上建立的供求关系是脆弱的。各国消费者对体现他们个性的非标准化产品的需求，是跨国公司推行生产标准化的一个重要障碍。

其次，政治因素尤其是东道国政府实施的当地化政策，不利于生产标准化的推行。当地化政策通常要求产品适应当地市场需求，生产系统的设备及其配件尽可能从当地采购，甚至生产管理也要体现出当地特色。如果东道国政府鼓励外方合资经营，限制独资经营，跨国公司在合资企业中就较难推行母公司采用的标准。

最后，推行产品生产的标准化通常需要采用资本密集型的自动化生产线。因此，企业的资金实力是决定其能否推行标准化生产的一个重要因素。

二、跨国生产的当地化

在以实行多国战略为主的企业中，战略重点是强调各国的差异性和对各国当地市场的适应能力。推行生产的当地化，降低产品的标准化程度，是有效实施这种战略的前提。跨国生产的当地化（localization）表现为：

（1）在产品的设计和生产上，由母公司提供的产品技术要根据当地市场需求的特点进行适应性调整。因此，同一品牌、规格的产品在不同国家可能具有不同的性能或特征。为了在当地市场中获得尽可能多的份额，新产品的设计和开发、品牌的建立都要体现当地特色，由此产生的结果是生产中使用的机器设备都可能是非标准化的。

（2）强调技术的适用性。世界上没有普遍适用的生产技术，适合于某一国家文化、经济和政治环境的技术并不一定适用于另一地区。这意味着，即使生产相同的产品，在不同的国家也可能需要采用不同的技术。例如，在教育水平高、经济较发达国家采用资本密集型技术，在经济较落后的发展中国家采用劳动力密集型技术。

（3）生产系统相对独立。由于强调根据东道国当地经营环境自主发展，子公司的生产系统往往自成体系，追求小而全。结果往往是组织机构尤其是职能部门设置与母公司重叠，导致效率低下。

三、工厂设计

工厂设计（plant design）是跨国生产活动中的一项重要内容，它包括厂址选择、工厂规模、生产系统设计等方面的内容。下面主要介绍前面两项。

1. 厂址选择

厂址选择包括选择建厂的国家或地区和在该国家或地区选择建厂的地点。选择建厂的国家或地区与跨国公司总体跨国经营战略以及目标国家或地区的各种比较优势有关，属于目标市场的进入战略问题。我们在下面讨论的重点是如何在目标国家或地区选择建厂的地点。

（1）影响厂址选择的因素。选择一个合适的厂址应考虑多种因素，其中主要因素包括：①气候条件。不同地区气候条件差异较大。一些产品的生产对温度和湿度的要求较高，选择气候条件合适的厂址十分重要。②基础设施，包括电信、交通、供电、供水等。③劳动、资本和土地等生产要素的成本。④原材料、零部件的可供量。⑤人力资源可供量，包括技术人员、管理人员、熟练工人和非熟练工人的可供量。⑥接近市场的程度，包括主要市场的位置、运输费用、分销渠道与设施等。⑦当地政府的补贴或其他优惠政策。例如，在保税区或经济特区建厂，通常可以享受一些优惠政策。

（2）规定适当的权数。不同因素对厂址选择的影响程度不同，不同公司因其生产的特点，对不同因素的考虑也不同。例如，生产食品的企业通常对气候条件要求较高，而生产工业品的企业则更注重投入要素的可供性；实行多国战略的公司希望厂址选择在接近当地主要市场的地方，而实行全球战略的公司则可能倾向于在便于进出口贸易和运输的港口城市设立工厂。因此，权数的确定因公司而异。

（3）比较和选择。对可供选择的厂址进行加权评分后，通常选取得分最高的地点建厂。除了自然条件外，厂址的选择在很大程度上取决于谈判的结果。谈判的对象包括备选厂址所在地的当地政府机构、供货商或合资伙伴。尤其对于采用合资经营方式的跨国公司，最终厂址的确定很可能取决于在哪儿可以找到合适的合资伙伴。因此，厂址的选择可能是一个动态过程，通过多轮谈判、对比、优惠条件的获得来确定。

2. 工厂规模

决定工厂规模的因素有多种，主要因素包括：

（1）市场潜力。新工厂更主要是为未来市场而不是已有市场建立的，市场潜力大小对工厂规模的确定起决定性作用。市场潜力大，工厂规模就应该大些，以保证满足将来不断增长的市场需求。然而，市场潜力的大小又与跨国公司实行的跨国经营战略有直接关系。实行多国战略，侧重点是当地市场，其规模很难与全球性市场相比。因此，以全球市场为目标建立的工厂，规模通常较大。

（2）市场结构。市场结构决定了进入市场的障碍。垄断竞争型市场结构，由于市场中企业的规模普遍较小，新进入企业建立的工厂规模相对较小。在寡头垄断市场中，产品的生产和销售集中在少数几家大型企业手中，这些企业的生产规模较大，因此产生的绝对成本优势形成了重要的进入障碍。进入这类市场，必须建立较大的工厂规模，这样才有能力与大型寡头企业抗衡。

（3）行业特征。不同行业对工厂规模的要求不尽相同。资本密集型行业，如汽车制造、化工产品，要求工厂具有较大生产规模；食品生产要求的生产规模则要小得多。

（4）投资力度。工厂规模的大小与投资规模直接相关。受资金所限，有的企业在初期所建工厂规模较小，以后随着业务的扩大和资金的充裕情况，逐步扩大规模。

（5）生产活动的一体化程度。一种产品的生产是由相互衔接的多个生产环节、多道工序完成的。生产的一体化程度高，设立的生产环节和工序较多、较全，工厂规模就较大。反之，若许多零部件是外购的，或工厂只为生产某一种或少数几种零部件而建立，规模就要小得多。

第三节　跨国公司的营销管理

营销（marketing）是企业的一整套相互联系的经营销售活动，包括认识市场、开发市场和满足市场三个基本方面，旨在满足购买者（消费者、企业及政府）对商品和服务需求的前提下，使企业的经营目标和效益得以实现。

跨国公司营销管理是国际市场营销与企业所在国市场营销管理的总和。其目的在于，通过用企业的资源满足在地域上分散的多国购买者的需求，来实现企业的跨国经营战略和发展目标。与国内营销相比，跨国公司的营销更为复杂，影响其成败的因素更多。其主要原因在于国际营销环境与国内营销环境存在很大差别，因而企业必须使自己的营销规划和活动与这些不同的环境相适应。

跨国公司的营销研究具体包括跨国公司的产品策略、定价策略、分销策略、促销策略研究等问题。

一、跨国公司的产品策略

（一）国际性产品的特性

产品可以被看作各种特性的集合。对产品的消费需求是受到国别文化和经济发展水平制约的，而且随着国家的变化而变化。不仅如此，企业在全球销售统一标准的产品的能力还受到各国不同的产品标准的限制。

1. 文化差异

文化差异是指国家或地区之间在包括社会结构、语言、宗教和教育等方面存在差异，这些差异对企业的营销战略有重要的影响。国家或地区间文化差异的最重要方面也许是传统的影响力。传统的影响力在食品和饮料业中尤其突出。例如考虑到传统饮食习惯上的差异，瑞士食品工业巨人雀巢公司的Findus冷冻食品分厂在英国销售鱼糕和鱼棒，在法国则销售红酒、洋葱、牛肉和酒焖仔鸡。由于历史和个人偏好，各国家或地区之间还存在一系列其他的文化差异。

2. 经济差异

经济发展水平的差异与文化上的差异同样重要。消费行为在很大程度上要受到一个国家或地区经济发展水平的影响。在美国这样高度发达的国家里，企业往往赋予它们的产品额外的功能，而不发达国家的消费者是不需要这些功能的，那里的人们喜欢具有基本功能的产品。因此，在不发达国家销售的汽车通常不具备在西方发达国家销售的汽车的一些特色，如空调、动力转向、动力车窗等。

3. 产品和技术标准

尽管某些力量在促使消费口味和偏好走向融合，但是由于各国在产品和技术标准上的差异，统一的全球市场还难以在短期内实现。各国政府普遍制定了千差万别的产品标准，这些产品和技术标准使跨国公司标准化产品的生产和大规模的营销成为不可能的事情。

（二）跨国公司的产品策略

一个跨国公司的产品策略（product strategy）主要是在中心市场和分散发展之间做出选择，此外，还须在营销组合标准化和组合调整之间做出选择。在表7-3中，可以看到五种总结出的关于产品特性和沟通方法的策略，这些组合为跨国公司提供了产品策略选择。

表7-3　国际产品——沟通策略组合：策略方案

策略	产品功能或所满足的需求	产品使用的条件	购买产品的能力	推荐的产品策略	推荐的沟通策略	调整的相对成本	产品实例
1	相同	相同	有能力购买	延伸	延伸	1	软性饮料
2	不同	相同	有能力购买	延伸	适应	2	自行车
3	相同	不同	有能力购买	适应	延伸	3	洗涤剂
4	不同	不同	有能力购买	适应	适应	4	祝贺卡
5	相同	—	没有能力购买	创新	研究新的沟通策略	5	汽车

资料来源：Warren J. Keegan. “Multinational Product Planning, Strategic Alternatives”, *Journal of Marketing*, January 1969, p. 59.

（1）策略一：一种产品，一种信息（one product，one message）。最易行和最有利可图的战略是产品和沟通的延伸策略，即使用相同的销售信息，向全世界销售相同的产品。这种战略对大多数的国际企业都具有巨大的吸引力，这是因为采用这一战略能够节省巨额的费用。

（2）策略二：产品延伸——沟通适应（product extension——communication adoption）。当一种产品或服务能满足不同的需求，而使用的方法和条件与它的中心市场使用的方法和条件有相像或相类似之处时，那么此时所需做的唯一调整就是改变市场沟通。例如，自行车在美国主要用来满足人们对健身娱乐的需求，但是在印度这样的国家里，自行车是一种基本的交通工具。“产品延伸——沟通适应”战略的吸引力，在于它能够在产品制造、研究和开发及存货成本方面节省很多费用。唯一的附加成本是为说明产品在国际市场上具有特殊的功能以及为产品的新功能制作相应的广告、促销和市场宣传等所需的费用。

（3）策略三：产品适应——沟通延伸（product adoption——communication extension）。即不改变中心市场上使用的基本沟通策略，但使产品适应于不同的使用条件。产品适应——沟通延伸战略的基本出发点是，产品在不同的市场上的基本使用功能相同，而使用条件各有差异。麦当劳公司就遵循了这一法则，该公司在使汉堡包的基本特性适应不同地区消费者的不同口味和条件的同时，依然使用公司标准的广告宣传，邀请人们在金色的拱形标志下享用麦当劳汉堡包。许多国际性的日用清洁品企业，现已针对具体地方的水质条件和当地洗衣机特点对产品的配方进行相应的改变，而公司的基本广告宣传方法则保持不变。

（4）策略四：双重适应（dual adoption）。这是当产品使用的外界环境条件和产品所发挥的功能都有差异时，使产品和沟通手段都适应当地条件。这种策略实际上是策略二和策略三两者的结合。美国生产祝贺卡的公司在欧洲曾遇到过这种情况：在欧洲使用祝贺卡的时机与美国不同，另外，在欧洲祝贺卡的一种作用是留出空间让赠送祝贺卡的人自己写贺词，而在美国，祝贺卡上的贺词是预先印好了的。双重适应可能失去标准化所带来的某些有益之处，但在许多基本属性上是可以保持恒定的。这些属性仍可带来规模经济效益。

（5）策略五：产品创新（new product invention）。当潜在消费者买不起企业的某种产品时，必须进行产品创新或设计一种全新的产品以满足特定的需求或功能，而在价格上要使消费者能够承受。若产品研制的成本不是过分高昂，对于一个广阔的市场来说，这可能是一个有巨大回报潜力的产品战略。

在国际市场营销活动中，对以上五种产品和沟通的策略做出选择，需要考虑到下面的三个关键因素：

第一，产品在特定市场上所要满足的需求和应当具有的功能。

第二，产品使用的市场条件，包括顾客的偏好和消费者对该产品的购买能力。

第三，企业在竞争中的地位以及企业采取相应战略和制造的相对成本。

当然，对于能带来最大利润的国际产品策略，只有通过对产品的市场适应性、公司能力及成本做充分的分析后，才能真正明白并掌握它。

二、跨国公司的定价策略

跨国公司制定的合适的定价策略，是保证企业目标实现的重要条件。通常，产品的价格有三个制约因素，即生产成本、竞争性产品的价格和消费者的购买能力。其中，产品的生产成本决定了产品的最低定价，而可比产品的竞争性定价和消费者的购买能力则决定了产品的最高定价。

（一）市场定价的方法

1. 成本导向定价法

成本导向定价法是指跨国公司定价时虽然也考虑其他因素，如企业目标、政府法令、需求状况、竞争格局等，但最主要的依据还是产品成本。成本导向法可分为两种：第一种是成本加成定价法。这种方法是指在总成本基础上加上一定的利润，以此作为产品价格。这种方法对那些刚刚从事出口业务、对市场竞争状况了解不多的企业比较合适，但在多数情况下，这种定价方法会导致中间商赚走大部分利润。第二种是边际成本定价法，指企业在定价时只考虑变动成本，不计算固定成本，在平均利润率降低的情况下增加市场份额和总利润水平。这种方法有一定的限制条件，如企业除满足原有市场外，还有剩余生产能力；按此方法确定的价格对原有市场价格不会有大的影响；不会被认为是倾销。

2. 需求导向定价法

需求导向定价法是指跨国公司主要考虑国外市场的供求关系，根据市场需求强度即客户能够接受的水平制定价格。需求明显增大时就定市场可能接受的最高价，需求降低时就定低价。按照这种方法，首先要了解国外市场上的供求关系，估计出产品在国外市场上的最终价格水平，然后估计中间商利润、关税、运费等，从而倒算出产品的出口价格。

3. 竞争导向定价法

竞争导向定价法是指跨国公司在考虑产品成本和需求的同时，主要依据同一市场上同类产品竞争对手的价格来确定自己产品的价格。对于在竞争格局中处于寡头垄断和垄断竞争地位的企业，应主要考虑这种方法。这种方法适应于企业在某一时期、某一市场上，以击败某一个或某些竞争对手为主要目标，此时应以竞争对手的价格为依据，低于或等于竞争价格，并随竞争对手价格的变动而变动；某些大宗商品，如小麦、茶叶、石油等，其世界价格是众所周知的，企业在这种情况下一般只应随行就市，高于流行价格就会失去交易机会，低于流行价格则会降低利润水平；当企业刚刚进入某一市场，对需求、中间加成等因素了解不够时，此时的一个简便方法就是模仿竞争对手同类产品价格，待充分掌握情况后再调整。

（二）不同产品生命周期的市场定价策略

美国哈佛大学教授雷蒙德·弗农提出的产品营销生命周期理论[⊖]，指出跨国公司在各个不同阶段的产品定价方法。

1. 产品市场的开创阶段

在开创阶段（introduction stage），新产品刚刚进入市场，跨国公司依靠新产品的独创性及其技术、品名等非价格因素，得以维持其垄断或寡占的优势。其产品的定价策略取决于新产品的新颖性和这种性质能维持的时间。由于产品处于垄断地位，定价方式以获取最大

⊖ Raymond Vernon. "International Investment and International Trade in the Product Cycle", Quarterly Journal of Economics, May 1966. p. 190-207.

利润为依据，一般总是使产品的边际成本与边际收益相等。

新产品垄断所得的高额利润对其他企业会产生很大的吸引力，由于竞争者的模仿，新产品很难在较长时期内保持垄断地位，尤其是那些容易失去新颖性的产品。跨国公司往往采用撇脂定价和渗透定价方法，以保证公司获取最大利润和实现一定的定价目标。撇脂定价是指那些缺少弹性的产品，其定位于比垄断价更高的价格，从而在短时期里取得巨额的利润。渗透定价则是指那些富于弹性的产品，其定价较低，从而可以在短时期内迅速占领市场。

2. 产品市场的增长阶段

由于产品定型，使得需求日增，生产扩大，这时国内和国外出现了模仿者。这标志着产品进入增长期，趋于成熟。在增长阶段（growth stage），潜在竞争者的仿制品已进入市场，这时跨国公司要根据市场上的竞争情况来决定自己的产品定价，以便保持并扩大市场份额，降低成本，实现规模效益。

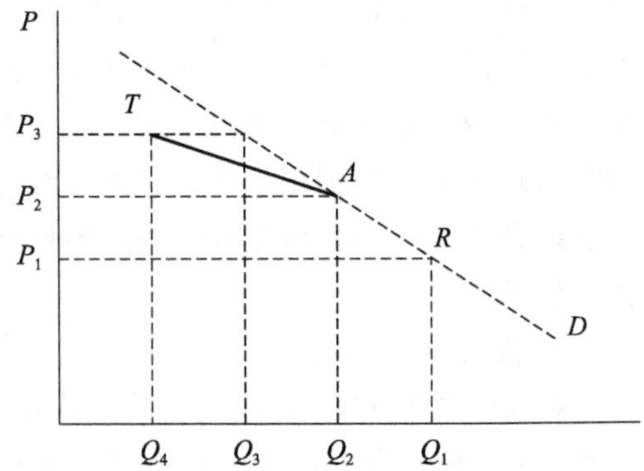

图 7-2　扭结断折需求曲线

在这个阶段，已形成寡头垄断的市场条件，少数几家跨国公司垄断了市场，占据了大部分市场份额。其定价策略是按照扭结断折需求曲线进行的（见图 7-2）。

若市场产品价格为 P_1，公司销售量为 Q_1，DP 线是该企业产品的需求曲线。若该企业提高产品价格至 P_2，其他寡头为了趁机扩大市场份额，一般不提价，或提价幅度小于该企业，因此该企业产品的销量就会在 Q_2 的基础上进一步下降到 Q_3，市场份额大幅度下降，得到另一条偏离 DP 的需求线 AT。而企业降价时，其他寡头也会相应降价，以保持市场份额不变。为了避免引起价格战，价格下降幅度一般与本企业产品价格下降的幅度相适应，所以本企业需求曲线沿 AD 向右下方倾斜。

扭结断折需求曲线图表明了竞争对手作用的重要性，只有仔细研究分析竞争者的定价策略相对价格变化的应变能力，才能制定出更为合理的市场价格。

3. 产品市场的标准化阶段

在标准化阶段（standardized stage），市场上产品广泛流行，产品的新颖性正在减退，市场销售接近饱和，增长停滞，产品趋于成熟，同一产品在市场上竞争者众多，出现了替代品，形成了垄断竞争的市场条件。此时，跨国公司仍按边际成本与边际收益相等的原则定价。企业要慎重定价，若定价过高会造成市场份额减少；若定价过低，又可能引发价格战，结果会两败俱伤。

4. 产品市场的衰退阶段

衰退阶段（declining stage）指产品在市场上由盛至衰，即失去了其新颖性，市场上有无数的竞争者存在，造成产品容易进入市场的情况，这种情况类似于完全竞争的条件。为了争取消费者，保持市场份额，跨国公司对产品的定价应尽可能低，有时候为了等待新产品的生产，产品的价格甚至低于产品的成本。

三、跨国公司的分销策略

生产者完成产品制造过程后，商品还必须经过一定的销售网络送达目标市场，以方便顾客的购买。销售网络是由销售渠道和实物分配渠道组成的传达体系，对商品有很大影响，因而在市场营销组合中占有重要地位。

（一）销售渠道类型及其选择

销售渠道是指商品权利从生产者转移到消费者手中所经过的通道。生产者和消费者分别是这个通道的两个端点，其中流转的客体是所转让商品的权利。流转过程由购销环节组成。根据承担流转销售职能的主体情况，销售渠道可分为三种类型。

1. 直接销售渠道

直接销售渠道是指生产者直接向最终消费者销售产品的渠道。这里，生产者承担全部流通职能。一般来说，只有当涉及大宗交易、成交额很高，需要为用户提供技术性较强的服务，或者产品数量很少而且用户比较集中，或者通过销售活动来搜集市场信息时，采用直接销售渠道才合理。如果运用不当，会限制销售的范围和数量，也会削弱生产力量。

2. 间接销售渠道

如果在生产者和消费者之间加入经销商，由经销商来承担商品流通职能，这样的渠道被称为间接销售渠道。这里，经销商是取得商品权利、再将之转卖出去的商人和商业机构，包括批发商和零售商。采用间接销售渠道，可以利用经销商网络来扩大市场交易活动，促进生产和扩大销售。当消费者数量多、分布广，商品价格低，购买频数高，生产或销售具有季节性时，应当采用间接销售渠道。

3. 代理销售渠道

如果在生产者和消费者之间加入代理商，代理商受委托销售产品或采购产品，但并不拥有商品所有权，这样形成的渠道被称为代理销售渠道。采用代理销售渠道主要是利用代理商信息灵通、联系面广的条件扩大商品销售，并能控制商品价格。

从销售渠道的选择与建立关系到对经销商和代理商（统称为中间商）的利用，公司利用的全部销售渠道一起构成销售网络，其中，各个中间商将构成企业销售网络上的购销节点，一般称为分销网点，这是销售渠道决策的核心问题。

（二）分销网点的密集度策略

在选择了目标市场以后，跨国公司需要根据顾客的数量与分布、商品的性质与购买频率和竞争对手的分销网点分布等因素，制定覆盖目标市场的销售网络规划，并制定该网络中分销网点的密集度策略。一般来说，在一定的目标市场上，分销网点密集度策略有三种类型，即密集型分销策略、精选型分销策略和独家型分销策略。

1. 密集型分销策略

如果商品适用于每一个家庭或个人，公司就可以采用密集型分销策略，即利用尽可能多的中间商来销售。这类商品多为家庭或个人必需的日常消费品，强调地点效用，例如牙膏、冰棒、面包、干电池等，销售的中间商越多越好，使分销网点的市场覆盖面达到最大，同时便利消费者购买。

2. 精选型分销策略

在目标市场上，跨国公司只选择那些有经验、信誉好、销售力量强的中间商来经销其产品，所建立的销售网络就由这些中间商构成。这就是精选型分销策略。这样的销售网络适合各种各样的商品，尤其是那些选择性较强的日常消费品和专用性较强的零配件以及技术服务要求较高的商品。

3. 独家型分销策略

独家型分销策略是指在目标市场上只选择一家中间商来销售企业产品。这种做法大多用于推销新产品、极品或技术相当复杂，因而需要提供大量技术服务的商品。采用这种方式，让所选择的中间商独立享有整个目标市场，跨国公司希望借以激励中间商积极地推销产品，并且对中间商在售价、促销、信贷等方面的政策加强控制。

销售网络的疏密是直接影响商品销售量的。这里主要需研究消费者购买商品可接受的空间范围。一个中间商处于多少消费者的购货空间范围之内，决定了该中间商的销售辐射范围和销售能力。分销网点密集度与每个中间商平均辐射范围成反比。如果每个中间商平均辐射范围大，则分销网点可适当少一些；反之，如果每个中间商平均辐射范围小，则分销网点就必须多一些，因而密集度高一些。合理的分销网点密集度决策应当选择较少的中间商使其辐射范围覆盖整个目标市场。

四、跨国公司的促销策略

跨国公司市场营销组合决策中的促销策略至关重要，促销策略的好坏，直接影响到产品的销售和消费者购买产品的行为。国际市场上的促销活动包括国际广告、人员推销、营业推广和公共关系等内容。

（一）国际广告

1. 国际广告的作用

国际广告是指跨国公司通过大众媒介，以付费形式将有关产品和服务的信息传递给消费者的一种促销活动。广告由于具有广泛的公众性、强有力的表现性和能反复引起消费者注意的渗透性而成为人们日常生活中的一个组成部分，并在国际市场营销的促销过程中发挥着越来越重要的作用。

跨国公司在国际市场上开展广告促销活动，方式虽与在国内的基本相像，但由于各国情况差异极大，所以比国内情况要复杂得多。广告作用发挥得如何，取决于下面一系列综合因素：各国不同语言给广告用词带来的障碍；各国广告媒介的完备程度对广告媒体选择造成的影响；各国政府对广告媒介、可进行广告宣传的产品、广告信息内容、广告开支的各种限制；各国广告代理机构的完备程度和广告代理制度的不同规定对广告业务发展带来的限制；各国不同消费者对广告的态度和不同的反映给制定广告策略带来的影响等，都增强了发展国际市场广告促销活动的重要性。

2. 国际广告媒体

对各国广告媒介的选择，也是在国际市场开展广告活动时需要认真研究的问题。在国际市场开展广告活动除需要全面了解报纸、电视、无线电广播、期刊、户外广告、直接邮寄等各种广告媒介的一般特点外，还特别需要注意种种媒介作用在各国的不同情况下能否得到充分的发挥。这需要分析产品本身的性质、各国各种媒介的可利用情况和各国各种媒介成本的变化情况，最终根据单位成本的广告效应来确定媒介选择。

3. 国际广告费用

关于广告预算问题，在国内广告和国际广告中都是一个复杂的问题。从理论上讲，只要广告带来的收益大于广告支出，就可继续增加广告费用。但在实际工作中，由于跨国公司很难确定广告支出的收益，所以一般用下面几种方法来确定广告预算。

（1）量力支出法，即根据跨国公司可以承受的广告费用来决定广告费的绝对额。

（2）销售额比例法，即根据跨国公司在某国市场上的销售额来支付一定比例的广告费用。

（3）竞争预算法，即根据与竞争对手大致相同的广告费用来确定自己的广告费用。

（4）广告目标法，即根据跨国公司的总体经营战略，确定在一个时期内要实现的广告目标，如促进销售增长、提高品牌知名度等，最后确定完成这一目标所需的广告费用。这些方法各有利弊，需要在实践中做出具体分析。

（二）人员推销

与广告这种经销活动相比，人员推销是更加直接的促销方式。它是指企业派出人员或雇用当地人员、其他国家人员向顾客和潜在顾客面对面地介绍产品，以促进产品销售。

人员推销的方式多用于工业用品的销售，因为工业用品的购买者少且集中，产品的技术性强，需要专门技术人员进行推销。此外，人员推销也可用于消费品的推销，但一般不是推向最终顾客，而往往是寻找和确立中间商和零售商。

人员推销的基本过程可分为：①发掘潜在顾客。②做好事前准备，如掌握关于产品、顾客、竞争对手的基本情况。③接近顾客，创造进一步宣传产品的可能性。④介绍、宣传产品。⑤应付顾客提出的各种异议。⑥要求顾客购买。⑦事后与顾客联系。

（三）营业推广

营业推广是指能够迅速刺激需求、鼓励顾客购买的各种促销形式。也可以认为，营业推广是除去广告、人员推销和公共关系以外的任何一种鼓励消费者购买产品、提高零售商、中间商推销能力并改善其合作态度的市场营销活动。

营业推广的形式多种多样，主要可分为两类：一是针对最终消费者的，如免费赠送样品，发优惠券，销售产品时搭配赠送别的商品，收款时舍去零头，发行彩票等。二是针对中间商和零售商的，如购买产品时给予价格折扣、合作广告、销售竞争以及发给销售补贴等。

（四）公共关系

公共关系是企业为搞好与各种社会组织和公众的关系而采取的一种策略。由于搞好公共关系的最终目的也是扩大企业的销售额，因而公共关系也就被视为一种重要的促销手段，只是它与广告、人员推销和营业推广相比，是一种更为间接的促销手段，因为它是通过树立企业形象来促进产品销售的。

企业树立很好的公共关系形象，可以使用的方式有：第一，了解社会组织和公众的需要，通过调查和研究确定它们需要什么、关心什么，并以此确定自己的行为准则；第二，进行企业形象分析，判断自己在社会中的形象和地位，特别要注意进入国外市场后，做到入乡随俗，使自己的形象适应当地文化；第三，利用各种可能的机会进行对企业有利的信息传播；第四，加强同政府机构、各国立法机构的交往，通过对文化、教育、体育、福利事业的捐助，与社会各界建立良好的关系，赢得人们对企业的信任和好感。

本章案例研究

【案例 7-1】 向强者挑战——百事可乐的市场竞争战略

只要还没有失败就坚持下去的想法是错误的，在当今经济社会中，知道要失败就要赶快改变战略，否则早晚会完蛋。

——百事可乐公司前总裁　韦恩·卡拉维

（一）基本案情

1. 背景材料

世界上第一瓶可口可乐于1886年诞生于美国，距今已有130多年的历史。这种神奇的饮料以它不可抗拒的魅力征服了全世界数以亿计的消费者，成为“世界饮料之王”，甚至享有“饮料日不落帝国”的美誉。但是，就在可口可乐如日中天之时，竟然有另外一家同样高举“可乐”大旗，敢于向其挑战的企业，它宣称要成为“全世界顾客最喜欢的公司”，并且在与可口可乐的交锋中越战越强，最终形成分庭抗礼之势，这就是百事可乐公司。

2. 案情简介

新可乐挑战老可乐

世界上第一瓶百事可乐同样诞生于美国，那是在1898年，比可口可乐的问世晚了12年。它的味道同配方绝密的可口可乐相近，于是便借可口可乐之势取名为百事可乐。

由于可口可乐在这之前10多年就已经开始大力开拓市场，那时早已声名远扬，控制了绝大部分碳酸饮料市场，在人们心目中形成了定式，一提起可乐，就非可口可乐莫属。百事可乐在第二次世界大战以前一直不见起色，曾两度处于破产边缘，碳酸饮料市场仍然是可口可乐一统天下。尽管在从1929年开始的大危机期间和第二次世界大战期间，百事可乐为了生存，不惜将价格降至5美分/磅，是可口可乐价格的一半，以至于差不多每个美国人都知道“5分镍币可以多买1倍的百事可乐”的口头禅，百事可乐仍然未能摆脱困境。

在饮料行业，可口可乐和百事可乐一个是市场领导者，一个是市场追随者（挑战者）。作为市场追随者，有两种战略可供选择：向市场领导者发起攻击以夺取更多的市场份额，或者是参与竞争，但不让市场份额发生重大改变。显然，经过近半个世纪的实践，百事可乐公司发现，后一种选择连公司的生存都不能保障，是行不通的。于是，百事可乐开始采取前一种战略，向可口可乐发起强有力的挑战，这正是第二次世界大战以后斯蒂尔、肯特、卡拉维等“百事英才”所做的。

百事可乐的一代

这时，有一个对百事可乐的发展非常有利的环境。第二次世界大战之后，美国诞生了一大批年轻人，他们没有经历过大危机和战争洗礼，自信乐观，与他们的前辈们有很大的不同。这些小家伙正在成长，逐步成为美国的主要力量，他们对一切事物的胃口既大且新，这为百事可乐针对“新一代”的营销活动提供了基础。

但是，这一切都是在1960年百事可乐

把它的广告业务交给 BBDO（巴腾-巴顿-德斯廷和奥斯本）广告公司以后才明白过来的。当时，可口可乐在市场份额方面以 5∶1 的绝对优势压倒百事可乐。BBDO 公司分析了消费者构成和消费心理的变化，将火力对准了可口可乐“传统”的形象，做出种种努力来把百事可乐描绘成年轻人的饮料。经过 4 年的酝酿，“百事可乐新一代”的口号正式面市，并一直沿用了 20 多年。10 年后，可口可乐试图对百事可乐俘获下一代的广告做出反应时，它对百事可乐的优势已经降至 2∶1 了。而此时，BBDO 又协助百事可乐制定了进一步的战略，向可口可乐发起全面进攻，被世人称为“百事可乐的挑战”，其中两仗打得十分出色。

第一个漂亮仗是品尝实验和其后的宣传活动。1975 年，百事可乐在达拉斯进行了品尝实验，将百事可乐和可口可乐都去掉商标，分别以字母 M 和 Q 做上暗记，结果表明，百事可乐比可口可乐更受欢迎。随后，BBDO 公司对此大肆宣扬，在广告中表现的是，可口可乐的忠实主顾选择标有字母 M 的百事可乐，而标有字母 Q 的可口可乐却无人问津。广告宣传完全达到了百事可乐和 BBDO 公司所预期的目的：让消费者重新考虑他们对“老”可乐的忠诚，并把它与“新”可乐相比较。可口可乐对此束手无策，除了指责这种比较不道德，并且吹毛求疵地认为人们对字母 M 有天生的偏爱之外，毫无办法。结果，百事可乐的销售量猛增，与可口可乐的差距缩小为 2∶3。

1983 年年底，BBDO 广告公司又以 500 万美元的代价，聘请迈克尔·杰克逊拍摄了两部广告片，并组织杰克逊兄弟进行广告旅行。这位红极一时的摇滚乐歌星为百事可乐赢得了年轻一代狂热的心，广告播出才一个月，百事可乐的销量就直线上升。根据百事可乐公司自己的统计，在广告播出的一年中，大约 97% 的美国人收看过这个广告，平均每人达到 12 次。

几乎与此同时，百事可乐利用可口可乐和包装商们的利益纷争，以及联邦贸易委员会对饮料行业特许包装体制的反对，争取了数家包装商，并且让可口可乐公司遭受了一次非常公开的挫折。1984 年 5 月，快餐连锁汉堡王公司因不满负责其官方饮料供应的可口可乐转向其竞争对手麦当劳公司，于是交给百事可乐一纸合同，让它为全美 2 300 家汉堡王快餐店提供 3 000 万升饮料，仅此一项每年就能为百事可乐增加 3 000 万美元的收入。汉堡王的“倒戈”，令百事可乐获益匪浅。

当时，百事可乐只有 30 多岁的经理约翰·斯卡利坚信：“基于口味和销售两个原因，百事可乐终将战胜可口可乐”。这一预言终于变成了现实。在百事可乐发起挑战之后不到 3 年，美国《商业周刊》就开始怀疑可口可乐是否有足够的防卫技巧和销售手段来抵御百事可乐的猛烈进攻。1978 年 6 月 12 日，《商业周刊》的封面赫然印着“百事可乐荣膺冠军”。A. C. 尼尔森关于商店里饮料销售情况的每月调查报告也表明：百事可乐第一次夺走了可口可乐的领先地位。

色彩：红与蓝

实际上，可口可乐和百事可乐的商标设计可能最能反映二者的特色和定位。

可口可乐选用的是红色，在鲜红的底色上印着白色的斯宾塞体草书“Coca-Cola”字样，白字在红底的衬托下，有一种悠然的跳动之态，草书则给人以连贯、流线和飘逸之感。红白相间，用色传统，显得古朴、典雅而又不失活力。

百事可乐则选择了蓝色，呈活跃、进取之态。众所周知，蓝色是精致、创新和年轻的标志，高科技行业的排头兵 IBM 公司就选用蓝色为公司的主色调，被称为

"蓝色巨人"，百事可乐的颜色与它的公司形象和定位达到了完美的统一。

从真空地带着手

百事可乐不仅在美国国内市场上向可口可乐发起了最有力的挑战，还在世界各国市场上向可口可乐挑战。

与国内市场完全一样，在国际市场上，百事可乐因为可口可乐的先入优势已经没有多少空间。百事可乐的战略就是进入可口可乐公司尚未进入或进入失败的"真空地带"，当时公司的董事长唐纳德·肯特经过深入考察调研，发现苏联、中国以及亚洲其他地区、非洲还有大片空白地区可以有所作为。

肯特的至交、当时的美国副总统尼克松帮了大忙。1959 年，美国展览会在莫斯科召开，肯特利用他与当时的美国副总统尼克松之间的特殊关系，要求尼克松"想办法让苏联领导人喝一杯百事可乐"。尼克松显然同赫鲁晓夫通过气，于是在各国记者的镜头前，赫鲁晓夫手举百事可乐，露出一脸心满意足的表情。这是最特殊的广告，百事可乐从此在苏联站稳了脚跟，这对百事可乐打入苏联市场起到了很大的推动作用。但是，百事可乐虽然进入了苏联市场，却未能实现在苏联建立工厂，垄断可乐在苏联销售的计划。于是，1975 年，百事可乐公司以帮助苏联销售伏特加酒为条件，取得了在苏联建立生产工厂并垄断其销售的权利，成为美国闯进苏联市场的第一家民间企业。这一事件立即在美国引起轰动，各家主要报刊均在头条报道了这条消息。

在以色列，可口可乐抢占了先机，先行设立了分厂。但是，此举引起了阿拉伯各国的联合抵制。百事可乐见有机可乘，立即放弃本来得不到好处的以色列市场，一举取得中东其他市场，占领了阿拉伯海周围的每一个角落，使百事可乐成了阿拉伯语中的日常词汇。

20 世纪 70 年代末，印度政府宣布，只有可口可乐公布其配方，它才能在印度经销，结果双方无法达成一致，可口可乐撤出了印度。百事可乐的配方没有什么秘密，因此它乘机以建立粮食加工厂、增加农产品出口等作为交换条件，打入了这个重要的市场。

百事可乐在拓展国际市场时，一直将尼克松视为它的秘密武器。20 世纪 60 年代尼克松竞选失败后，百事仍然积极给予其支持，肯特先生以年薪 10 万美元的报酬，聘请尼克松为百事公司的顾问和律师。尼克松则利用自己的关系周游列国，兜售百事可乐，并且在竞选美国总统成功后，任命肯特为总统经济政策顾问，使其有机会影响经济政策，借以创造百事可乐在世界市场与可口可乐竞争的有利地位。

在与可口可乐抢占国际市场时，百事可乐很善于依靠政界，抓住特殊机会，利用独特的手段从可口可乐手中抢夺市场。

另一种多元化

由于饮料行业的激烈竞争，为了规避风险，可口可乐和百事可乐不约而同地选择了多元化经营。但是，多元化为两家公司带来的收益大相径庭，百事可乐在这场特殊的角逐中再次战胜了可口可乐。

自 20 世纪 70 年代开始，可口可乐公司大举进军与饮料无关的其他行业，在水净化、葡萄酒酿造、养虾、水果生产、影视等行业大量投资，并购和新建这些行业的企业，其中包括 1982 年 1 月斥资 7.5 亿美元收购哥伦比亚制片厂的巨额交易。但是，这些投资给公司股东的回报少得可怜，其资本收益率仅 1%。直到 20 世纪 80 年代中期，可口可乐公司才集中精力于主营业务，结果利润出现直线上升。

百事可乐就幸运多了。它从 20 世纪 60 年代起就试图打破单一的业务种类，迅速发展其他行业，使公司成为多元化企业。从1977年开始，百事可乐进军快餐业，它先后将肯德基（KFC）、必胜客（PizzaHut）和塔可钟（TacoBell）收归麾下。百事可乐此时的对手是快餐大王麦当劳。肯德基、必胜客和塔可钟在被百事可乐兼并前，都只是一些表现一般的餐馆，仅仅在自己狭小的市场内略有优势。百事可乐兼并它们之后，立即提出：目标和对手“不应再是城里另一家炸鸡店、馅饼店，而应是伟大的麦当劳”！于是，百事可乐又在快餐业向强手发起了挑战。

当时正是美国通货膨胀不断高涨的年代，麦当劳的食品价格也随着物价不断上涨，百事可乐看准时机，以此为突破口，开始了它的攻势。公司不断设法降低成本，制定了“简化、简化、再简化”的原则（这不是指食品的制作和质量，而是指尽量减少非食品经营支出）。如预先做好部分食品，在店外烧烤牛肉，尽量减少厨房用地，降低人工成本；修改菜单，将制作快的菜放在前面，以加快流通速度等。结果销售额很快达到以前的两倍，而员工数只有以前的一半。由于收入增加迅速，成本大大降低，利润猛增，百事公司已经能够与麦当劳抗衡，并且带动了百事可乐饮料的销售。

百事可乐还首创了快餐业“送货上门”的新型营销方式。当时百事可乐公司的总裁韦恩·卡拉维说：“如果只等着忙碌的人们到餐厅来，我们是繁荣不起来的。我们要使炸鸡、馅饼的供应像看时间那样方便。”

百事可乐质优、价廉的食品，高效、多样的服务赢得了顾客的青睐，销售额年年创纪录，很快成为世界上最赚钱的餐饮公司。许多老牌快餐公司在百事可乐咄咄逼人的攻势下败下阵来，甚至麦当劳也受到了巨大的威胁。20世纪70年代末80年代初，麦当劳公司的年利润率为8%，而百事公司的年利润率却高达20%。

百事可乐终于在它诞生92周年的时候赶上了竞争对手。1990年，两种可乐平分市场，在零售方面百事可乐甚至超出了对手1亿多美元。该年度A. C. 尼尔森公司对美国、欧洲和日本的9 000名消费者进行了调查，排出了世界上最有影响的10大名牌，百事可乐和可口可乐均获此殊荣，分列第6位和第8位。百事可乐已经实现了成为“全世界顾客最喜欢的公司”的梦想。2006年，百事可乐公司全球销售额为359. 438亿美元，位列2006年全球500强第175位，荣登饮料行业企业世界冠军，可口可乐只能屈居亚军，销售额只有197. 27亿美元，排名第346位。

（二）案例点评

百事可乐和可口可乐之间的双雄战早已打得不可开交，百事可乐在其中令人称道的是它勇于挑战的勇气和它的市场竞争手段。最终，百事可乐取得了一席之地。

当我们的眼光投向世界，尤其是以全球500强为代表的大型跨国公司的时候，我们深切地感到：中国的企业与它们相比是何等的渺小。但是，竞争是不可回避的，中国企业必须学习百事可乐的精神，勇于面对世界级强手。实际上，并不是一点机会也没有。与新兴的小企业相比，规模巨大、历史悠久的企业也存在致命的弱点，百事可乐就抓住可口可乐管理机构调整和人事纠葛带来的良机，向可口可乐发起有力的冲击，并取得赫赫战果。

当然，我们最应该学习的是百事可乐如何向强手挑战。百事可乐在美国挑战可口可乐的主要方式，是其卓然超群的市场定位和对销售渠道的控制。在可口可乐一统天下的年代，针对青少年对碳酸饮料的强大需求及未来的购买潜力，百事可乐将自身定位于“创新、年轻并富有活力”，这对于20世纪60年代的美国年轻人极具号召力，并且控制了销售渠道中的包装公司，因此能够异军突起。

在国际市场上，百事可乐的竞争策略也很独特，它看准时机，占领了可口可乐的“真空地带”，不仅避免了后入劣势和两败俱伤的局面，还在大片地区形成了垄断。百事可乐对麦当劳等快餐公司的挑战主要是有针对性地“提供质优、价低的产品，高效、多样的服务，并不断创新”。眼光独到、精准，策略切中要害，深合顾客心理和需求，因此能够行之有效。

前些年，非常可乐、汾煌可乐、中华可乐纷纷出台，掀起中国的可乐大战。在向以可口可乐为代表的强手挑战中，应当学习当年百事可乐的精神，特别是要学习百事可乐的竞争手段，找准定位，做好市场营销。

但是，这三种可乐除了强调自己是国货外，似乎没有其他创意。当时电视上播得比较多的是汾煌可乐的两则广告——《打抱不平篇》和《龙舟篇》。前者的内容是：手中的汾煌可乐被抢走后，小男孩无可奈何，这时成龙见义勇为，抢回可乐，小男孩对成龙的功夫佩服得五体投地，又将手中的汾煌可乐抛出，要求再来一次。后者的内容是：大家扛起龙骨下水，挥汗如雨，这时一罐汾煌可乐出现了，成龙打开它，仰头痛饮，然后来了一句话：“汾煌可乐，大家齐欢乐。”专家评论说，前一则广告似乎是在为成龙的功夫而非汾煌可乐做广告，将可乐换成玩具一点都不影响其完整性；后一则也无非是这样一种诉求：汾煌可乐能解渴，特别是大汗淋漓时，与其他可乐并没有两样。这两则广告的问题都在于：定位不准、不深，没有特色。这也从另一方面折射出汾煌可乐等运营失败或业绩不佳的原因。

其实，这正是汾煌可乐对自己产品定位把握不定的表现，其他两种可乐也是一样。在洋可乐横行的时代，宣扬“中国人自己的可乐”当然能够赢得部分顾客，因而非常可乐首先以此为诉求，确实取得了一定成效。但是，消费者关心的不仅仅是国货，而是它们与洋可乐比，有什么新颖独特的地方，能否接受并喜欢，显然，这就不单是“国货”二字能做到的。如果非常可乐营销得法，能够充分利用“娃哈哈”对儿童的影响，培养未来“娃哈哈的一代”也并非无稽之谈。现在，在我国的台湾地区，占软饮料市场60%以上市场份额的不是可口可乐，也不是百事可乐，而是一家当地饮料企业，它的诀窍就是独特的市场定位和对销售渠道的牢牢控制。

这正是我们需要向百事可乐学习的。

思考与练习

1. 跨国公司研发的特点及其组织结构类型是什么？
2. 跨国生产中推行标准化的作用和障碍是什么？跨国生产当地化具体表现在哪些方面？
3. 跨国公司营销管理的内容主要有哪些？
4. 跨国公司的产品策略与国内企业的产品策略有何联系和区别？
5. 国际产品——沟通策略组合方案有哪些内容？它们分别适合什么样的产品？
6. 跨国公司定价的目标和方法是什么？不同产品生命周期的市场定价策略是什么？
7. 跨国公司分销需要考虑哪些因素？
8. 国际市场上的促销活动包括哪些？它们在运用中需要注意哪些问题？
9. 根据下列案例内容，试分析可口可乐公司全球的生产与营销策略。

可口可乐的特许灌装权

可口可乐公司是全世界最大的饮料公司之一，其核心技术是原浆的配方，又称“7X商品”，自1886年可口可乐在美国亚特兰大诞生以来，“7X”的信息已保密了130多年。截至2000年，知道这一秘方的人不到10个。可口可乐公司依靠“7X商品”，占据了全世界48%的软饮料市场，品牌价值世界第一。截至2005年，可口可乐公司在华累计投资12.5亿美元，建成了29个装瓶公司和35家厂房，占据中国16%的饮料市场，40%的碳酸饮料市场，中国每年人均饮用可口可乐产品达20瓶。

可口可乐公司在华对其知识产权的收费是通过向获得可口可乐特许灌装权的厂家出售原液，控制原液的价格来实现的，即获得其生产许可的厂家只能得到将浓缩的原浆配成可口可乐成品的技术和方法，而得不到原浆的配方，原浆由可口可乐公司供应。原浆在可口可乐中占0.31%，其价格约占生产成本的1/10，其他6种配料如糖、碳酸水、焦糖、磷酸、咖啡因和“失效”的古柯叶占99.69%。

CHAPTER8

第八章

跨国公司的财务、税收与人事管理

学习要点

跨国公司的成功与否很大程度上取决于其庞大复杂的财务管理体系能否有效运行。跨国公司的财务活动为其他经营活动服务，同时又对其他经营活动起着很大的制约作用。因此在跨国经营中，跨国公司必须根据自身内外条件，建立和完善财务管理体系。

跨国公司在跨国经营中会遇到特有的国际双重征税问题。跨国公司的税务主管必须掌握国际税收的基本原理，熟悉国际避税和反避税的基本知识和方法，并能结合跨国公司财务运作进行税务筹划活动。

人力资源的开发和利用，是跨国公司实施跨国经营战略，开展跨国经营活动的根本保证。与国内企业的人力资源管理相比，跨国公司的人事管理内容更广泛、复杂，难度也更大。跨国公司所涉及的国家在政治、经济、文化等各方面的差异，都会对跨国公司的人事管理产生影响。

Key Points

The success of transnational corporations is largely determined by the effective run of the huge complicated financial management system. Financial activities of transnational corporations serve and restrict other operational activities. Therefore, transnational corporations should establish and consummate their financial management system according to their inside and outside conditions.

Transnational corporations will face the particular problem with international double taxing in the cross-broder operation. The tax manager must master the fundamental international tax theory, acquaint the basic knowledge and measures of international tax avoidance and tax anti-avoidance and carry through tax plan and preparation combining with the financial running of transnational corporations.

Human resource exploring and utilizing is the ultimately guarantee for implementation of management activities and strategies of transnational corporations. Comparing with that of domestic firms, human resource management in transnational corporations is more diversity, complicated, and difficult. And it will be affected by the differences among involving countries during cross-broder management, such as political, economic, cultural and other factors.

第一节 跨国公司的财务管理体制

跨国公司的财务管理是对企业体系内的资金运动及其所体现的各种经济关系进行计划、组织、指挥、协调与控制。与国内企业的财务管理相比，跨国公司的财务管理要复杂得多，其原因在于：第一，需要考虑复杂多样的多国财务环境；第二，外汇波动、税收差异、国际资金流动以及有关国家对财务流量的控制等产生了新的风险源；第三，进入多国资本市场和利用企业体系使企业一部分活动获益于另一部分活动的可能性为企业创造了获取新的经济效益的机会。

一、跨国公司财务管理体系的形成

跨国公司的财务管理体系，是以经典财务学理论为指导的，将财务学知识体系和实践经验应用于全球化经营背景下所形成的一个完整的学科体系。跨国公司财务管理与一般财务管理具有相同的基础，但两者的研究对象不同，适用的背景不同，解决问题的方式也不尽相同。

自从出现了跨国公司，就出现了跨国公司的财务管理活动，但跨国公司财务管理成为一个独立的学科体系却是在20世纪70年代。20世纪70年代，财务学科逐渐走向成熟。随着第三次科技革命的兴起和发展，进行财务管理活动时应用了电子计算机等先进的方法和手段，财务分析方法向精确化发展，对风险和回报率的关系和资本结构等重大问题的研究取得了一系列重要的研究成果，研究方法从定性化向定量化方向转变。财务学中著名的“投资组合理论”“资本市场理论”“资本资产定价模型”和“期权定价模型”都出现于这一时期。对财务学的深入研究奠定了跨国公司财务管理发展的基础，特别是对衍生工具的研究大大推动了跨国公司财务管理中外汇风险管理的发展。财务管理理论的发展以及跨国公司实践活动的不断深入，推动了将跨国公司财务管理作为专门问题所进行的研究，并使其逐渐形成了一个专门的学科。

在我国，对跨国公司财务管理的研究从20世纪80年代开始逐步得到重视。随着我国改革开放政策的实施，许多企业开始涉足国际市场，参与跨国经营，与跨国经营相伴随的财务管理活动逐渐增多，迫切需要运用和掌握跨国公司的财务管理知识。随着我国开放程度的不断深入，跨国公司的财务管理知识将不断得到普及。跨国经营实践活动需要理论的指导，而反过来，实践也会丰富理论。

二、跨国公司财务管理的内容

跨国公司财务管理与一般公司财务管理一样，都要涉及公司的投资、融资以及股利分配决策、公司的日常财务管理等内容。然而，由于跨国公司面临的是一个全球一体化的、具有不完全性的国际市场，其有着特殊的政治风险和外汇风险，这些特殊性决定了跨国公司财务管理特殊的研究内容。

1. 资金的筹措

跨国公司财务管理的使命是以尽可能低的融资成本，从公司内部和外部筹集资金，供给企业经营过程或企业投资。这一职能通常被称为资金供应职能或融资决策。它在资金运动过程中处于起点位置，直接关系到企业经营有无“能源”和“能源”的大小。

2. 资金的运用

一体化以及不完全的全球资本市场，给跨国公司带来了更多的机遇。首先，一体化的全球市场为跨国公司提供了更多的投资机会。一体化降低了各个国家市场之间的壁垒，使得企业到国外市场投资、经营更加便利。其次，跨国公司在资本供给状况不同的各国资本市场中融资，可以最大限度地使融资来源多样化，降低融资风险。最后，跨国公司通过选择边际资本成本较低的地点融资，可以降低融资成本。

3. 资金的保护

在跨国公司经营中，各国政府人为设置的关税和非关税壁垒、税制税率的差别所形成的市场不完全性在给企业的经营带来不利影响的同时，也对跨国公司的日常财务管理提出了新的课题。为此，跨国公司一般都设有跨国经营财务体系，用来进行税收和外汇管制风险等方面的管理，这是跨国公司财务管理所特有的内容。例如，当子公司所在东道国和母公司所在国家之间或者不同的子公司所在国之间的税率存在差别时，跨国公司可以通过商品转移定价、股息、专有权使用费等形式转移利润。在风险方面，跨国公司除了面临与国内公司同样的风险之外，还面临着政治风险和外汇风险等特有风险。汇率的波动使得跨国公司面临的外汇风险类型包括折算风险、交易风险和经营风险。尽管从事进出口贸易的国内公司经营都会面临着交易风险，但其他风险是跨国经营所独有的。同样，跨国公司的海外经营自始至终都面临着东道国政治经济体制和政策发生各种不同程度变化的可能性。如何规避外汇风险和政治风险是跨国公司财务经理必须关注的另外一个重要问题。

三、跨国公司财务管理的组织形式

跨国公司的财务管理机构既是一个职能部门，也是一个相对完整的组织系统。从公司总部到各分部（事业部），到各子公司都有财务管理机构，各自承担着不同的财务管理业务，并且从上到下都是紧密联系在一起的。在其分工与联系中，体现着一定的财务管理组织形式。

一般来说，跨国公司在组织财务管理活动时，有三种基本的组织形式可供选择。

1. 公司总部集中控制财务管理

在公司总部设立国际财务部，统辖公司所有财务业务，海外无财务机构和财务人员。总部国际财务部由国际财务主管领导，负责所有国际财务业务，如借款、信用、收账、资金运用、资金保护、投资方案的评审等。国际财务主管对总公司财务副总裁负责。财务副总裁负责整个公司的财务政策、外汇管理及子公司之间的相互融资等重大财务决策，并对国际财务部施加控制。此外，总公司还会设立一名会计首长，指导会计室业务，具体负责资本预算及控制、财务结构、利润计划及分析、管理资讯以及日常会计业务等。

2. 分部或国际子公司实施财务管理

这是一种分权式的组织形式。总部只给予全面性指导，具体的财务管理活动由较低层次来负责。有些跨国公司将财务管理权力集中在国际部，但也有些跨国公司让其国际子公司去负责管理。

3. 总部与分部共同负责财务管理

公司总部及其下属的国际部或地区分部，或产品分部都设立财务管理部门，经过集权与分权，共同管理各级财务状况。一般由公司总部层次负责制定财务目标、政策、方针等全局性的财务决策，而分部层次负责日常财务工作，涉及全局性的决策，须报请总部批准后再实施。

一个跨国公司采用哪种财务管理组织形式，受到多种因素影响。包括：

第一，公司规模。跨国公司的规模及国际化程度是组织形式和财务策略的选择的重要决定因素。一项研究报告指出，国外销售额在5 000万美元以内的小型跨国公司一般实行让子公司“自己管自己”的组织形式；国外销售额达到2亿美元左右的中型跨国公司则典型地采用集中化经营体制，关心每项资金管理活动对整个企业经营效益的影响；国外销售额达到10亿美元的大型跨国公司通常实行分散经营体制，但要受到总部的指导。

第二，股权结构与技术水平。跨国公司的股权结构和技术水平对财务管理组织形式也有影响。股权的集中与分散会产生不同的利益要求。如果其海外子公司大多是独资经营的，跨国公司的财务管理会相对集中；如果其海外子公司大多是合资经营的，跨国公司的财务管理就会相对分散。另外，在技术密集型的跨国公司，总部倾向于将主要精力放在技术开发而不是财务管理方面，因此实行分散的财务管理。而在资金密集型或劳动密集型的跨国公司，总部较多地考虑降低成本，有效地运用资金，因而实行集中的财务管理。

第三，传统与公司经营管理体制。欧洲的跨国公司中有85%是由公司总部统一管理和协调海内外财务活动的，这与传统上存在的母公司与子公司间的“母子关系”模式有关。美国的跨国公司则不同，由于股权结构分散和经营体制上强调子公司的自主性，因此只是通过间接指导的方法影响子公司的财务管理，而不直接集中管理海内外财务活动。

第二节　跨国公司的融资与现金管理

一、跨国公司的融资管理

跨国公司从事国际经济活动，筹集资金是其中一项重要的业务活动。跨国公司需要的资金不仅数量庞大，而且涉及众多国家和多种货币。一般来说，跨国公司有六项主要的业务活动经常需要国际资金融通，包括：借入短期资金融通国际贸易；借入短期资金以满足日常业务开支；借入中长期资本购买固定资产；借入中长期资本用以兼并其他公司；在全球范围内借贷资本，以使资本收益最大化；在外汇市场买卖外汇，以谋取汇率差异收益。

1. 资金来源

（1）来自公司集团内部的资金。公司集团内部的资金是指母公司与子公司，或子公司与子公司之间相互提供的资金。母公司通常为其国外子公司提供大量所需的资金，尤其是投入足够的股份资本以保持对企业的所有权和控制权。其主要形式有：①母公司向国外子公司提供贷款，贷款可以是货币形态，也可以是实物形态。诸如提供机器设备、原材料、最终产品以及资本化了的专利、工艺和管理等。②母公司大量投资购买子公司的有价证券，以保证对子公司的所有权和控制权。这种投资资金来自于母公司的未分配利润和折旧基金，可以在公司母国资本市场上发行债券，也可以到国际金融市场借款，或者由其他子公司调拨资金。跨国公司集团内部的资金，已成为西方公司重要的资金来源。

（2）来自公司母国的资金。跨国公司吸收外部资金是筹集资金的又一项重要措施。母公司可以利用其与母国经济发展的密切联系，从母国银行、金融机构和有关政府组织等获取资金。具体途径有三个：①母公司或子公司从银行和金融机构获取贷款，这是公司外部资金的主要来源。②母公司或子公司在母国资本市场上发行债券，这是公司传统的集资方式。传统的证券集资往往通过专门金融机构进行，如美国投资银行和投资信托公司、英国商业银行等都具体经办这类业务。③母公司或子公司从母国有关政府机构或组织获取贸易信贷，及鼓励对外直接投资等的专款资金，这一资金来源随着经济贸易保护主义的增加而与日俱增。子公司从母公司所在国采购机器、设备、原材料和零部件等，可以获得那里银行提供的出口信贷。另外，母国政府为了鼓励公司会在国外投资设立专门机构，并拨给专款，支持在发展中国家的子公司。美国海外私人投资公司（oversea private investment corporation，OPIC）的主要任务就是向设在发展中国家的美国子公司发放贷款。联邦德国的德意志开发协会（DEG）对联邦德国国外子公司提供贷款和股票投资。通常这类金融机构所提供的专款资金的利率低于商业贷款的平均利率。

（3）来自东道国的资金。当公司集团内部、公司母国资金来源不能满足子公司的资金需求时，子公司东道国资金是补充来源。它们包括银行和金融机构的贷款、发行股票、出售债券等。由于跨国公司的子公司遍布全球，各东道国经济状况差别甚大，有的国家金融环境好一些，有的国家差一些，有的国家根本难以在当地集资。因此，跨国公司利用当地资金的情况不尽相同。

（4）国际资金来源。除子公司集团内部、总公司母国、子公司东道国以外的任何第三国或第三方提供的资金，都可称为国际资金。国际资金的主要来源有三个：①向第三国银行借款或在第三国资本市场出售证券或债券。向第三国银行借款往往只限于在跨国公司子公司从第三国购买商品时，设法获取出口信贷。大多数发达国家都有类似于美国进出口银行一样为出口融资的机构。一些发展中国家也开始为它们产品的出口提供融资业务。向第三国资本市场筹集资金主要采取出售“外国债券”的办法，但是采用这种方法集资的公司需要承担外汇风险。当前四家最大的国际性债券市场是：美国纽约美元市场、日本东京日元市场、德国马克市场及瑞士法郎市场。②向国际资本市场借款。跨国银行是国际资本市场的大债主。跨国公司借款的主要形式是以债券筹集中长期资金。其主要特点是公司发行多种形式的债券，有传统的固定利率债券，也有浮动利率债券。在各种债券市场中，欧洲债券市场越来越显示出它的重要性。③跨国公司从国际金融机构获取贷款。尤其是在发展中国家开展投资活动的外国子公司，国际金融公司是其另一个资金来源，国际金融公司（International Finance Corporation，IFC）是世界银行集团的一个成员，是由 124 个国家政府参加的国际组织，其宗旨是向其成员，尤其是向经济落后国家或地区重点建设项目投资的私人公司提供无须政府担保的贷款和投资，以促进国际和私人资本流向发展中国家。

2. 融资决策

跨国公司在制定融资决策时，必须考虑以下几个方面的问题。

（1）国际资本市场瞬息万变，资本的成本变化快，公司应密切注意世界金融市场及东道国的市场变化，扩大资金来源。

（2）公司对国外的投资只想使自己的股本义务最小化，以便减少承担股本的风险，但是那些新建的国外项目、扩建的重点项目和具有示范作用的项目，股本资金必须来自跨国公司。使用公司自有资金和使用长期借贷资本是筹集固定资产的通用方法。流动资金的筹集，要尽可能地利用当地信贷。当地筹资和国外筹资的比例，取决于当地资本的可用性、成本水平以及政府对高债比例的限制。

（3）各国融资情况差别甚大，有些国家的银行透支甚为流行。在另一些国家，政府融资机构可能就是当地融资的主要来源。而美国和加拿大，有价证券是集资的主要途径。因此，公司在做融资决策过程中，应当注意研究各国商业银行的形态、证券市场的规则以及政府对资金的管理政策等，并采取相应的对策。

（4）不同的国家，其税收制度、融资机构、融资习惯以及资本流动管理措施各不相同。同时，不同的资本市场既给融资收益提供了机会，也潜伏着增加资本成本的风险。

（5）对于融资过程中两个变动性较大的因素——通货膨胀和汇率变化，应予以特别的注意。各国不同的通货膨胀率可能影响子公司的竞争力和利润率。汇率变化会影响子公司的竞争地位及母子公司之间现金流量的价值。

3. 融资方式

根据融资期限不同，融资方式可分为长期融资、中期融资和短期融资三种。

（1）长期融资。长期融资的主要方式有：发行股票、发行公司债券和长期借款。

1）发行股票融资。**股票**是拥有公司股份，即公司部分所有权的书面凭证。它是有价证券的一种基本形式。公司依法定程序向社会公众发行股票筹集资本，通常分普通股和优先股。普通股，其股本构成股份公司资金的基础部分，是股票最普遍的一种形式，其股息随公司利润的变动而相应变化。普通股集资是股份公司最为稳定的资金来源，也是吸收其他方式投资的重要保证，公司可按盈利状况和现金运行情况灵活安排股息和红利的发放，有利于公司顺利发展。优先股是指此种股票持有者比普通股股东享有优先权。它是一种介于普通股集资和举债集资之间的筹资方式。优先股的股息率固定不变，可优先领取股息，并且在公司解散时，有优先分享公司净资产的权利。公司往往在创业阶段和扩展时期发行股票集资，使用这种方式集资的优点在于：通过发行股票能够在短时期内，把分散在社会上的大量货币资金聚集到一起，以满足大规模生产所必需的资本额，同时，扩大公司营业不再受公司自身积累能力的限制。

2）发行公司债券。**公司债券**（corporate bond）是指公司按照法定程序约定在一定期限内按票面额还本付息的一种有价证券。证券持有人可定期获得利息并在期满时收回本金，而发行证券的公司以此获取长期资金。两者之间是债权与债务的借贷关系，并非股权关系。因此，债权人不参与公司管理，不承担经济责任。公司债券在筹集长期资金方面具有下列优点：债券面额小、流动性强、筹集范围广、规模灵活；债券利率略低于银行贷款利率，又高于存款利率，实为债权债务双方都能接受；债权人不过问公司的经营，使债务人能较好行使自主经营权。

3）长期借款（long-term loan）。公司经营大型投资项目或其他工程建设时，需要从国际金融市场上筹集巨额长期贷款。公司通常从以下几个渠道获取资金。一是银团贷款，即由一家跨国银行牵头，由若干国家的银行参加，专门组成一个贷款银团共同发放贷款。这种贷款的特点是费用比较高，但灵活性较大。二是在会员国政府担保下，私人公司可以取得世界银行的长期低息贷款，而世界银行下属的国际金融公司也向会员国公司发放不需政府担保的贷款。

（2）中期融资。国际金融市场上通常将1~7年期限的融资叫作**中期融资**。其主要形式有：中期贷款、出口信贷和国际租赁融资。

1）中期贷款。跨国公司需要不断增添固定资产，也需要补充长期营运资金的不足，各国商业银行、金融公司和人寿保险公司可以提供这种中期贷款。

2）出口信贷（export credit）。出口信贷是由出口国银行对本国出口商或外国进口商或进口国银行发放的贷款，进出口商对大型机械、成套设备贸易的成交额巨大、周转期限很长，因而需要较长期限和较大金额的信贷支持。这种一年以上的贸易信贷，可分为卖方信贷和买方信贷。卖方信贷（supplier's credit），即出口国银行提供给出口商的信贷。卖方信贷实质上是出口商以银行信用为凭向进口商提供分期付款的商业信用。买方信贷（buyer's credit），即出口国银行直接向进口商或进口国银行提供贷款，并要求此项贷款只能用于购买债权国的商品。进口商利用买方信贷及时向出口商支付货款，出口商能迅速收回资金，加速资金周转。此外，中长贸易信贷还有福费廷（forfeiting），即在延期付款的大型机械设备交易中，出口商经进口商承兑、进口商往来银行担保的半年至5~6年的远期汇票，无追索权地出售给出口商所在地银行或金融机构办理贴现，提前取得现款的一种资金融通方式。

3）国际租赁融资（international leasing finance）。租赁是指出租人把某种物品出租给承租人在一定时期内使用，并按合同规定收取租金。国际租赁是指不同国籍当事人之间的租赁。对承租人来说，国际租赁是一种筹措外资的方式，其优点是灵活性大，受通货膨胀的影响小，且有利于更新机器设备，使用很普遍。国际租赁融资的具体操作程序是：在不同国籍公司之间，先由租赁公司（银行）出资购入或租进机器设备，然后出租给承租公司，并按合同规定收取租赁费。国际租赁融资一般合同期限较长、签约后不能随意解约，租赁物的修理、保养等均由承租公司负责。租赁合同期满后，承租人可按合同规定把设备退还给租赁公司或继续租赁，也可以按合同规定以象征性价格把租赁物购买下来，并办理产权转移手续。租赁业务种类繁多，主要有经营性租赁（operating lease）和融资性租赁（financial lease），还有维修租赁（maintenance lease）、杠杆性租赁（leverage lease）、售后回租性租赁（sale and lease back）和综合性租赁等。

（3）短期融资。通常是指期限在一年内的融资方式，其具体形式可分为：短期贷款、商业信用融资、无担保银行贷款和有担保银行贷款。

二、跨国公司的现金管理

跨国公司现金管理的对象是其现金流量。现金流量主要产生于两个方面：一是垫付产品或服务的生产与销售中人工、材料、部件等项目的支出，这些支出发生（流出）至销售款收回之间存在一个时滞，需占用流动资本；二是需要现金用作防范不确定性开销、日常支出或用于更好的资金利用机会。为了既满足企业对现金支出的需要，又不致形成资金闲置，企业需要将部分现金存于能随时变现的有息短期资产（准现金）上。维持现金和准现金之间的最佳配比就是现金流量管理。为此，跨国公司国际现金管理应着重抓好以下几方面的工作。

1. 设立资金总库

所谓**公司资金总库**（pool）就是跨国公司根据内部交易频繁、内外交易量大、单位资金收支状况不一的特点，选择资金调度便利、限制较少的国家建立的资金汇聚分配中心。

资金总库的运行机制是：其所辖地域范围内的各子公司都在总库设立总库存款账户；

这些子公司除保留在东道国从事日常生产经营所需的最低余额外，将所余的现金全部交存资金总库；子公司之间的交易款项由总库进行冲销结账；总库拥有优秀的财务专家和大量的信息情报，能根据各国利率、汇率的变化和各子公司的需要，对流动资金进行有效的统一调度和运用。以资金总库为中心，各子公司为分点，资金存付为纽带所构成的网络就是资金聚配（pooling）系统。

设立资金总库的优点：第一，调剂各子公司之间的资金余缺。第二，促成资金的有效供应和运用：当总库资金出现净余额时，就可将长头寸用于短期投资，以提高资金效益；而当总库出现赤字时，可请求公司总部融资或自行集中筹资，满足各子公司的资金需要。第三，减少资金闲置，压缩存款总规模。第四，作为以上三方面的逻辑结果，设立资金总库有利于降低公司内部资金成本，并且由总库较高层次安排现金存款的币种能减少公司的外汇风险。

设立资金总库的地点多是国际金融中心所在地或“避税港”，如伦敦、纽约、苏黎世、布鲁塞尔、列支敦士登、卢森堡、巴哈马群岛、百慕大和巴拿马等地，因为这些地方政治经济稳定，有自由外汇市场，资本流动不受限制，金融体系发达，国际通信设施完备。

2. 净额结算

净额结算（netting）又称多货币票据交换（multicurrency clearing），指跨国公司通过总体协调安排，把两家或多家子公司之间的债权债务或应收应付款项进行冲销，最后只对所剩的净头寸进行实际交割。

净额结算的优点：由于实际资金转移额和实际支付笔数的剧减，可大大降低资金周转费用，如银行手续费、外汇市场的买卖差价和资金转移过程中的机会成本，并且减少流动资金需要量。

净额结算必须有一个集中控制点，它应能收集和记录每一段时间内各参与子公司内部交易账户的详细信息，用多边净额结算矩阵确定各子公司的净收支头寸，其金额都一律换算成统一货币单位，为简便和减少货币变化对转移金额的影响，换算汇率通常选取结算周的汇率。净额结算时间通常为每月一次。为了降低每次结转金额，避免修改计划现金流量，可适当增加结算次数。

需要指出的是，在启用净额结算系统之前，跨国公司需了解有关国家是否对净额结算有限制。有些国家禁止净额结算，有些则要求从当地金融当局取得许可，或者是向金融当局报告净额结算的金额、交易币种、对方交易单位。

3. 再开票中心

为了便于组织净额结算，也为了把利润转移到低税地或免税地，许多跨国公司在避税港设立了再开票中心。该中心是跨国公司的一个财务子公司，通常不与所在国市场发生交易，只在各子公司之间进行商品贸易时，扮演转账的角色。

设立再开票中心的优点：第一，将有关子公司的部分利润转移至低税国家，从而增加跨国公司的总体税后利润；第二，为公司内净额结算提供便利；第三，再开票中心通过集中交易，可以迅速发现需要现金支持的子公司，并以提前或延迟的方法为该子公司融通资金。

4. 短期投资组合管理

跨国公司总部一旦确定了各子公司当期和未来的现金需要，就需进一步确定其全球短期投资政策。各跨国公司短期投资政策互不相同，原因在于其短期投资管理哲学不同。跨国公司有以下三种可能的选择。

(1) 不投资。跨国公司各子公司将剩余资金全部汇交母公司，母公司用这些资金偿还自己的短期债务。母公司和各子公司持有现金结存仅仅是为了交易，而不是为了投资和防范不确定性。

(2) 集中投资。公司总部集中管理全部现金，海外子公司只保留最低额度的现金，剩余资金投资于国内证券。无外汇管制时，此政策可行，但如果国外证券收益高于国内风险程度和流动特征相当的证券，则执行此政策的机会成本就相当高。

(3) 灵活投资。这种管理哲学思想适合于追求全球利润最大化的跨国公司，它克服了以上两种思想的局限，证券市场的选择以投资收益率高低为标准，不论市场是在母国还是在海外子公司的东道国。

第三节 跨国公司的外汇风险管理

外汇风险（foreign exchange risk）表示汇率变动造成公司价值的变动性，或者说货币价值变动改变公司未来现金流量预期数值的可能性。外汇风险管理是指对外汇市场可能出现的变化做出相应的决策。这是跨国公司财务管理的一个十分重要的内容。

一、外汇风险的类型

外汇风险主要包括四种类型，即换算风险、交易风险、经营风险和税收风险。

1. 换算风险

换算风险（translation exposure）又称会计风险、翻译风险，是指跨国公司将子公司财务报表从东道国记账货币转换成母公司记账货币的过程中，资产、负债、权益发生变化的可能性。例如，中国公司在美国的子公司以美元记账，在合并会计报表以汇总经营成果时，就要将美元报表折算成人民币报表。跨国公司的外币资产或负债项目在最初发生时，都是按发生日的汇率入账的，但在编制会计报表时，要对其中的某些项目用编表日的汇率进行核算。当某些资产或负债项目发生日的汇率与编表日的汇率不同时，经过核算后，就会给跨国公司带来会计账表上的损益。当然，这些损益是账面损益，它不影响跨国公司当期的现金流量，但在进行财务分析时会使各种财务比率发生变动。

换算风险主要在汇总合计报表时发生。有时，跨国公司母公司为了便于比较各个子公司的经营绩效，也会将子公司以东道国货币为记账货币的报表折算成以母公司所在国货币或者任何其他一种货币为记账货币的报表。此时也会发生换算风险。

2. 交易风险

当跨国公司因进行对外交易而取得外币债权或承担外币债务时，由于交易发生日的汇率与结算日的汇率不一致，可能使收入或支出与预期相比发生变动，这种风险称为**交易风险**（transaction exposure）。与换算风险不同，交易风险会导致跨国公司现金流的变化，是一种流量风险。

交易风险通常发生在以外币计价的应收账款和应付账款中。按照交易的过程，由此产生的交易风险可以分解为三个部分，即报价风险、订货风险和兑现风险。报价风险为从买方或者卖方提出报价单，到对方接受报价，双方签订协议，这一阶段所产生的风险。订货风险为从签订协议，到卖方发送货物，并向买方承兑汇票这一阶段所产生的风险。兑现风险为从承兑汇票，到最后收到或者实际支付现金这一阶段所产生的风险。

3. 经营风险

经营风险（economic exposure）又称经济风险、竞争风险，指非预期的汇率变动通过影响跨国公司生产销售数量、价格、成本等，导致企业国际竞争地位发生变化，因此引起的预期运营现金流的不确定性。经营风险与交易风险一样，会引起跨国公司未来一定时期内现金流量的变化。所以，从广义上讲，交易风险也属于经营风险。两者的区别在于，交易风险是已经签订的合约所引起的现金流的变化，而经营风险是预计的、尚未发生的交易（包括商品交易，也包括债权债务交易）所引起的现金流的变化。经营风险在一定程度上是主观的，是管理者对将来的判断。换算风险和交易风险都是在一定时期内发生的风险，而经营风险则没有一个确定的时间范围，既可以是短期的，也可以是长期的。

值得注意的是，经营风险定义中的汇率变动指的是非预期的、意料之外的汇率变动，而不包括预期中的汇率变动。这是因为跨国公司在评测未来的获利状况而进行经营决策时，已经将预料到的汇率变动对未来获利状况的影响考虑进去了，这种预料到的影响并不构成一种风险。对于一个跨国公司来说，经营风险比换算风险和交易风险更为复杂且重要，它对跨国公司经营的影响是战略性的、全面的。经营风险对公司的影响可以延续到未来的几个月甚至几年，影响是长期的。经营风险管理措施也比换算风险和交易风险的管理复杂得多。

从广义上讲，经营风险不仅反映了非预期汇率变化对公司将来现金流的影响，也反映了各种宏观经济变量对公司经营的影响。汇率受到利息率、通货膨胀率的影响，但三者之间的关系通常又处于非均衡状态。因此，利息率和通货膨胀率的非预期性变化也会同时影响公司将来的现金流。

4. 税收风险

税收风险（taxation exposure）是指汇率变动对企业所得税的影响，外汇损失时即减少税负，外汇升值时则增加税负。因此，跨国公司力求使它的全球性外汇损失所享受的税收利益最大化，使外汇利得所应纳的税收最小化。

二、外汇风险管理技术

为了减少外汇风险，财务经理应根据汇率预测和风险类型，选择和运用一些行之有效的套期保值技术或方法。

1. 远期市场套期保值

套期保值就是指在外汇市场上经由期货合同，先行买进或卖出未来的外汇期货，以备到期时有确定数额的外汇（或能够收到确定数额的本国货币）支付给对方，或经由外汇现货市场先行借进外币，将其换成本国货币加以运用或生息，当本身所预期的外汇收入到期时，即以其归还此笔外币借款。在期货或现货外汇交易中，两种不同合约必须吻合，才能免去汇兑损失风险。它用抵消性安排来避免或减少风险，使某一外汇合同所失去的，能由另一种抵消性合同收回，所以也称为“对冲”。例如某跨国公司以现行汇率购进美元的同时，签订合同，于3个月后在远期市场卖出同样数量的美元，如果美元贬值，公司持有的美元会遭到损失，但在远期销售时，可以把这笔损失赚回来；如果美元升值，则公司在远期交割时亏损，但手中持有的美元得益。总之，不论哪一种情况公司都不会遭到损失。

2. 货币互换

跨国公司在许多国家设有分支机构，可以利用货币互换，作为套期保值的一种形式。货币互换的典型做法是两种货币相交换，并在一定时期后，再重新换回。初期的货币互换，根据即期汇率进行。随后的货币再互换也依据同样的货币比价，而不考虑其间外汇汇率的变动。其优点是完全消除了外汇风险。这种安排可能涉及一些边际成本，主要是反映差别利率的差别费用。交易双方以确定的本金交换，并按议定的利率，以未偿还资本金额为基础，进行利息支付，因此会产生成本。

3. 外汇储备

跨国公司保留合理的外汇储备，然后再利用这种储备去抵消外汇市场上无法预料的影响。与一般套期保值不同，外汇储备不是在市场上套期保值，而是利用本公司的资金，进行自我保护，以平缓外汇波动的不利影响。外汇储备在某些国家不失为好方法。有些国家资本市场不发达，没有外汇远期市场，且通货膨胀较严重，货币易贬值；调节外汇储备就成为保护收益的必要手段。

4. 提前和延迟

在预测汇率将要变动时，加速或推迟应收应付款的收付，可以减少风险，增加收益。如母公司预期其所在国货币将贬值，就要求它的子公司增加当地借款，并提前偿付母公司或其他货币地区子公司的应付款。同时，母公司和其他子公司对货币可能贬值的子公司的应付款则推迟支付。这样，跨国公司可以减少在弱币国家的外汇风险。

当然，外汇风险管理技术还有许多，如转移价格、平行贷款、资金经营活动多样化等。资金经营多样化包括资金来源、筹资、投资方式和方向等方面的多样化。多样化能使总体风险减到最低程度，因而在动荡的国际经济环境中，常被跨国公司所采用。

三、跨国公司外汇风险管理的战略

1. 经营多元化

经营多元化意味着公司在国际范围内分散其生产、销售地点以及生产设施和原料来源，这本身就能减轻外汇风险对企业的冲击，因为当汇率的变动使企业的某些市场或生产基地受到影响时，企业的另一些市场或另一些生产基地可能因此而增加了竞争力，从而产生了一种中和现象，风险的负面影响得以抵消。另外，如果企业已经实现了多元化经营，企业就已拥有了这样的优势，那就是一旦预计到或面临着外汇风险，企业就可以通过比较不同销售市场的价格和不同区位要素成本的差异而做出针对性反应：改变要素来源组合，调整生产基地和不同子公司的生产任务，调整营销战略。

2. 财务方面的多元化

财务方面的多元化包括筹资多元化、投资多元化和赊账买卖多元化。如果国际汇率变动能够反映国际利率变动，财力雄厚、在国际金融市场有声誉的跨国公司就能够利用其与国际金融机构的紧密联系和遍布世界各地的分支网络，进行多元化筹资，既获得了低成本资金，也防范或降低了汇率风险。当企业的直接投资和间接投资多元化了以后，如果汇率变化，企业所承受的外汇风险可因有多种外汇收入而中和。类似地，跨国公司也易于安排赊账买卖多元化，使外汇风险得以防范。

第四节　跨国公司的税收策略

在一个各国都在独立行使各自税收管辖权的世界里，跨国公司的生产经营活动会碰到无数种税收种类、税负水平、税收优惠及税务管理模式的组合，并时常会面临跨国经营所特有的国际双重征税问题。由于税收变量是项目投资决策和企业日常财务管理中的一个重要因素，因此，跨国公司的财务经理必须在事前充分了解和掌握母公司及各个子公司的税务负担，并尽可能准确地预测有关国家的税收政策可能发生的变化。在此基础上及时而积极地采取各种适当的措施，在有关国家法律许可的范围内使整个跨国公司的税负最小化。

一、国际双重征税

在存在跨国收益或所得的前提下，国际双重征税（international double taxation）的问题产生于有关国家实行不同的税收管辖权（tax jurisdiction）。因为有一些国家按属地原则确立其税收管辖权，即凡是在一个主权国家领土范围以内的人（包括自然人和法人），不论他们是不是这个国家的公民或居民，只要他们在这个国家从事社会经济活动，就足以构成这个主权国家政治权力行使的对象，就要受这个国家有关法律的管辖。据此，只要他们有来自于这个国家的收益、所得及存在于该国领土范围内的财产，当地的税务部门就有权向其征税。这便是税务管理中所谓的“地域管辖权”（area jurisdiction），又称“收入来源管辖权”（source jurisdiction）。与此同时，另一些国家则按属人原则来行使其税收管辖权，即凡是一个国家的公民或居民（包括自然人和法人），不论他们是否在这个国家的领土范围内从事社会经济活动，他们都是这个主权国家政治权力行使的对象，都要受这个国家的政权管辖。据此，该国的税务当局有权向该国公民或居民来自于世界各地的收益、所得以及存在于其他国家的财产征税。这便是“公民（居民）管辖权”（resident or citizen jurisdiction）。在这种有关国家实行不同的税收管辖权的情况下，就会产生国际双重征税的问题。

举例来说，跨国公司的母国实行的是公民（居民）管辖权原则，而其海外子公司则在一个实行地域管辖权原则的国家里从事生产经营活动。根据地域管辖权原则，东道国政府理所当然地要对外国跨国公司设在本国的子公司来自于当地的收益行使征税的权力，而当母公司在会计期末将其设在世界各国的子公司和其他附属企业的财务报表进行合并汇总计算应税所得时，母国的税务当局依据公民（居民）管辖权，对在本国登记注册的跨国公司的全部收益、所得（不论其来自于本国领土之内还是来自于本国疆域以外）课征公司所得税。跨国公司来自于海外的所得被征收了两次税，国际双重征税的问题由此而生。

二、国际双重征税的免除

由跨国公司的母国政府所采取的、给予跨国纳税人免除国际双重征税的方法，可归纳为以下三种。

1. 免税方法

免税方法（method of tax exemption）即指母国政府承认东道国政府行使地域税收管辖权的独占性。对在本国注册登记的跨国纳税人（主要是跨国公司）来自于国外的收益、所得或存在于国外的一般财产价值放弃行使居民（公民）管辖权，免予征税。

由于免税方法有可能给居住国（国籍国）造成一部分税收损失，因此，目前采取这种方法来免除国际双重征税的国家并不多见，只有法国和澳大利亚等国，而这些国家采取免税方法也不是无条件的，它往往附有一定的限制性措施。例如，法国政府规定：跨国公司必须将其在东道国赚取的税后利润全部汇回，并向股东们分配股利后方能享受免税待遇。至于来自非居住国的跨国股利、利息、特许权使用费及跨国董事费所得和财产利得等，则不适用免税方法。澳大利亚也有类似的规定。

2. 扣除方法

扣除方法（method of deduction）即指母国政府并不放弃行使居民（公民）管辖权的权力，但在向跨国纳税人就其来自或存在于国内、国外的全部收益、所得和一般财产价值征税时，允许其用已交东道国政府的所得税和一般财产税额，作为向本国税务当局汇总申报应税所得及一般财产价值的一个扣除项目，仅就扣除后的余额计征公司所得税和一般财产税。

在扣除方法下，母国政府给予免除的并不是跨国公司已交东道国政府的税额，而只是其已交税额和母国政府有关税率的乘积。因此，跨国纳税人已交税额中仍有一部分（1-母国税率）未能得到免除，这部分未得到免除的国际重叠税负与母国公司所得税税率成反比关系，即母国的税率越低，跨国公司未得到免除的国际重叠税负就越多。正是因为扣除方法不能妥善地、完全地解决国际双重征税的问题，所以它只被少数国家所采用。

3. 抵免方法

抵免方法（method of tax credit），即母国政府允许在本国注册登记的跨国纳税人，在税法规定的一定限度内，用已交东道国政府的所得税和一般财产税税额，来抵免应汇总交纳本国政府相应税额的一部分。

与其他两种免除国际双重征税的方法相比，抵免方法有独特的合理之处。首先，抵免方法不像免税方法，对本国居民（公民）来自于或存在于非居住国（非国籍国）的收益、所得和一般财产价值，一概放弃行使居民（公民）管辖权免于征税，而是要照样行使居民（公民）管辖权，即对跨国纳税人来自于或存在于国内外的所有收益、所得和一般财产价值一并征税。然而，在征税的过程中，它允许跨国纳税人抵免已交非居住国（非国籍国）政府的税额。其次，抵免方法也不像扣除方法那样，对非居住国（非国籍国）政府已征本国居民（公民）的所得税和一般财产税税额，只给予一部分扣除的照顾，从而没有完全承认地域管辖权的优先行使，也没有完全免除跨国纳税人的国际税负重叠。与此相反，抵免方法能较为妥善地同时兼顾到母国、东道国和跨国纳税人三方面的财权利关系，即它在使居住国（国籍国）保留行使居民（公民）管辖权的同时，又完全承认了非居住国（非国籍国）政府行使地域管辖权的优先地位（而不是独占权），并基本免除了跨国纳税人的国际税负重叠。正是因为抵免方法有上述种种优点，它已成为当今世界上绝大多数国家的政府用来免除国际双重征税的主要方法。

抵免方法又可进一步划分为直接抵免（method of direct credit）和间接抵免（method of indirect credit）两大类。前者适用于同一经济实体的跨国纳税人的税收抵免，包括同一跨国自然人和同一跨国法人的总分支机构在内；而后者适用于跨国母公司和子公司之间的税收抵免，它是在直接抵免方法的基础上发展起来的。

三、税收饶让抵免

在当今的世界上，有不少国家（主要是发展中国家）为了吸引外国的资本和外国的先进技术与管理经验以加快本国经济的发展，都愿意在一定程度上和一定时期内对跨国公司来自于本国的收入或所得给予免税和（或）减税的优惠，或有选择地向一些特定项目或特定地区的投资提供税收优惠待遇。然而，这种影响国际资本流动的财税政策的顺利实施，必须以有关国家之间加强国际税务合作为前提。否则，东道国政府为吸引跨国公司的投资所提供的任何税收减免优惠，都会在已交东道国政府纳税额小于抵免限额的条件下，由母国政府在给予税收抵免的同时，被补征到相当于母国的税法所规定的税负水平。结果，东道国所采取的种种税收优惠措施就失去了其实际意义。因为对跨国公司来说，国内投资和国外投资的税收负担是无差异的。

为了使东道国政府制定的税收优惠措施能真正加惠于跨国投资者，从而起到鼓励外商用其丰裕的资金和先进的技术帮助资本输入国加快经济发展的作用，在国际税收实践中形成了这样一种习惯做法：由东道国政府出面要求跨国公司母国的税务当局，对于这部分优惠减免的税收，视同已向东道国政府交纳的税额而给予饶让抵免。

税收饶让抵免（tax sparing credit）指的是母国（或居住国、国籍国）政府对跨国纳税人在东道国（或非居住国、非国籍国）享受税收优惠政策而得到减免的那部分税收，视同已经交纳而给予抵免。显然，税收饶让抵免是有关国家之间采取抵免方法来免除国际双重征税条件下的一个合理、必要的补充。

税收饶让抵免不可能单边加以实施，它必须通过有关国家之间签订双边性质的税收协定来做出明确规定，在国与国之间加强配合的前提条件下，才能取得执行效果。当然，不同的国家出于不同的政策考虑，在应允给予税收饶让抵免的范围大小方面不尽相同。例如，有的国家同意对跨国公司的营业利润减免税给予税收饶让抵免，而有的国家只是答应预提税的减免可适用这种饶让安排。

税收饶让抵免是一个与国际双重征税的免除方法有关，但它本身又不属于国际双重征税范畴的特殊问题。这是因为，一方面，税收饶让抵免是在对国际双重征税采取直接抵免或间接抵免方法的条件下产生的，而在采用免税方法或扣除方法来免除国际双重征税的过程中则不存在这个问题；另一方面，税收饶让抵免所免除的并非国际双重征税，而是从未真正交纳过的、东道国给予减免的税收。所以，有人又将税收饶让抵免称作“影子税收抵免”（shadow tax credit）。

对于母国来说，同意对享受外国税收优惠的跨国公司实行税收饶让抵免，实际上是对东道国为吸引外资而采取的税收优惠政策的一种积极配合，而这种配合丝毫不影响母国的税收当局照常行使居民（公民）管辖权。因为，这部分饶让抵免的税收，本来就属于东道国政府行使地域管辖权所应征税的范围，只是为了实施吸引外资政策的需要，才作为优惠而将这部分利益专门给予跨国投资者（而不是给予其政府）的，并不是以牺牲母国政府正常的财权利益为代价的。

四、跨国公司的避税和逃税

（一）国际避税和国际逃税的定义

国际避税（international tax avoidance），是指跨国纳税人利用各国税法规定的差异和税收政策的不同，采取变更其经营地点或经营方式等种种公开的合法手段，以求最大限度地减轻其国际纳税义务的行为。国际避税行为一般都与国际经济交易或其他国际往来有关。由于国际避税跨越了国境，它一般会涉及至少两个国家的财政利益，因此，较之国内避税更为复杂。

国际逃税（international tax flight），又称**国际偷漏税**（international tax evasion），是指跨国纳税人不遵守征税国的有关法律，利用国际税收管理的困难和国际税收合作中存在的漏洞，有意识地采取种种隐蔽或欺诈的手段，以逃避根据有关国家的税法及双边的或多边的国际税收协定本应承担的纳税义务。

国际避税与国际逃税，无论在理论上还是在国际税收的实践中，都是两个既有联系又有区别的概念。就两者的相同之处而言，国际避税和国际逃税给有关国家的财税收入或跨国公司的税收负担所带来的后果并没有什么两样，并且都会造成正常经济活动的扭曲。至于两者的区别，各国的看法和解释不尽一致，但有一点是相同的，即从性质上讲，偷漏税（逃税）是非法的，因为它是在有关经济活动或行为已结束并产生纳税的法律义务后，纳税人采取各种非法手段试图逃避或减轻税负的行为，它为各国法律所不容，是税务当局严厉加以打击的对象。而避税则是合法的，表现为它是纳税义务产生之前的行为。然而，尽管避税未违反税法的规定，但它是与本国税收立法的意图相悖，使税源减少或流失的活动，因此也是各国政府所要防范的。

（二）国际避税产生的原因

跨国公司进行国际避税主要是利用了各国税收制度和税法规定的差异，其差异主要表现在：

1. 对纳税义务的规定不尽一致

有的国家按照属人原则确立居民或公民管辖权，有的国家则按照属地原则确立地域管辖权，还有的国家同时实施这两种税收管辖权。正是由于各国征税所依据的原则不同，结果使得跨国纳税人在获得同样收入或拥有同样财产的情况下，在这个国家会有纳税义务，而在另一个国家可能就没有纳税义务。

2. 课税程度和方式不同

有个别国家对所得、财产及财产转让不课税或少量课税，而大多数国家都将其作为主要课税对象来加以征税。此外，即使对这些项目征税，各国税法所规定的征收范围及具体采取的征管方式也不一样。所有这些都会导致跨国公司的同样收入或财产在不同的国家有不同的税负。

3. 税率高低不同

同样是对同一课税对象征税，但有的国家采用比例税率，有的国家实行累进税率，还有的国家可能会以定额税率（又称“固定税额”）来开征。进一步讲，即使采取同一种税率制，各国也会根据本国的经济状况确定适合本国国情的税率，而很少有两个国家税率结构完全相同的情况。

4. 税基范围不同

准确规定税基范围的大小是确定计税标准、计算应交税额的前提条件。而各国在对特定课税对象规定课税范围方面，差异很大。尤其是在计算应税所得时，各国对允许作为费用而扣除的项目及其数额的规定相差悬殊。这直接关系到税基范围的大小，进而使跨国公司的税负有轻有重。

5. 免除国际双重征税的方法不同

跨国公司的母国为免除国际双重征税，有的采用免税法，有的采用扣除法，而大多数国家采用的是抵免法。其中第一种方法对跨国公司最为有利。特别是高税率的国家若采用免税法来解决国际双重征税问题，那就更会为跨国公司的国际避税提供机会。

6. 对国际避税的态度及所采取的反避税措施也有不同

对国际避税问题的认识和重视程度，国与国之间存在很大的差异。有的国家或地区出于历史、制度和经济上的原因等，为国际避税提供方便，成为跨国公司大规模进行国际避税的场所，而大多数国家则对国际避税采取一些措施，但有的国家严厉，有的国家则比较宽松。

7. 税法的执行程度也大不一样

有的国家有法必依，执法必严，政府的税收政策得到有效实施，而有的国家的法律则形同虚设，流于形式。

除了税制上存在种种差别，各国在一些非税收方面如移民法、公司法、外汇管制法、证券法及银行保密习惯和责任等存在着的差异也会对跨国公司的国际避税活动产生重大影响。

（三）国际避税和国际偷漏税的方法

跨国公司进行国际避税的基本方式有四种。

1. 主体转移方式

课税主体转移一般是以摆脱或回避高税国居民（公民）管辖权，从而减轻税负为主要目的。由于各国在确定其税收管辖权时采用的原则和标准以及在有关法律规定中存在着明显的差异，因而导致了课税主体的不同形式转移所带来的不同避税效果。

（1）跨国公司转移或避免国籍国。在适用法律标准的国家，跨国公司的无限纳税义务是由其国籍身份决定的。这里所说的法律标准，是把适用于跨国公司的居民（公民）概念明确为依照有关国家法律注册设立的法人企业（社团），即各主权国家对按照本国的法律注册设立的法人企业（社团）行使公民税收管辖权，而不论这个法人企业（社团）的管理机构是否设在本国。因此，一个跨国公司为了国际避税而转移或避免其国籍国，只要撤销其在该国的登记注册，改在其他国家登记注册就可以实现，由此可消除公民税收管辖权下的无限纳税义务。但是，转移或避免其国籍国并不意味着必然消除其在该国的无限纳税义务，因为实行公民税收管辖权的国家一般同时行使居民税收管辖权，所以跨国公司在该国的一些基本活动仍会落入居民税收管辖权的范围而需要承担无限纳税义务。

（2）跨国公司转移或避免居住国。在适用户籍标准的国家，跨国公司的无限纳税义务是由其住所、居所以及居留天数等因素所决定的。这里所说的户籍标准，是把适用于跨国公司的居民（公民）概念明确为管理机构所在国的法人企业（社团），即各主权国家对跨国公司行使居民税收管辖权限于管理机构设在本国的法人企业（社团）范围内，而不论这个法人企业（社团）是否按照本国法律规定注册设立。因此一个跨国公司为了国际避税而转移或避免其居住国，只要改变其居所或住所所在地以及缩短在一国的居留天数，由此就可消除其在居民税收管辖权下的无限纳税义务。由于居民税收管辖权为多数国家所采纳，且确定居民税收管辖权的因素又是多方面的，因而跨国公司避免或转移居住国也有两种方式。一种是虚假迁出或转移居住国。因为实行户籍标准的国家判断一个居民公司的标准是看它在本国有无居所，而对公司居所的判断标准主要是实际控制和管理机构所在地的外部条件。因此，跨国公司可以通过筹划，设法消除构成管理机构存在的因素来避免居所的存在。如改变股东大会或董事会召开的国家，改变其保管公司账册和公布盈余分配方案的地点，改变其发生经营决策指令的国家等，使这些活动发生在低税国。另一种是居住国的真正迁移，即一个跨国公司的管理机构或实际有效管理中心真正从高税国回迁到某一个低税国。这是跨国公司摆脱高税居民税收管辖权国家的最彻底的方式。但这种方式会使跨国公司付出很高的代价（搬迁费用、停工损失等），因此，除非跨国公司居所转移后能将各种损失弥补，否则一般不会采用这一方法。

2. 客体转移方式

所谓客体转移，不仅仅是指形成课税客体自身的各类收益、所得等项目的转移，更重要的是指那些与形成收益、所得相关的要素（如资金、货物、劳务、费用等）的转移。

跨国公司进行课税客体转移的方法有很多，主要有：

（1）避免成为常设机构。因为在确定对非居民的营业利润是否课税的问题上，有许多国家一直沿用常设机构的概念，即构成常设机构就征税，否则就不征税。例如，在一些欧洲国家，符合常设机构的标准就意味着税务当局对有关非居民在该国从事经营活动的全部收入（包括股息和特许权使用费收入）都要征税，即使这些收入不是通过常设机构进行的活动所取得的也不例外。反之，不包括在常设机构范围内的经营项目和活动则不在纳税之列。这主要涉及货物的购买、货物的储存、广告宣传、情报资料的收集及准备性或辅助性活动等。为此，跨国公司通过安排资金、物资和调配劳务来进行某些替代性经营活动，在非居住国税率高于居住国税率的情况下，避免常设机构，以规避东道国税务当局行使的地域管辖权。

（2）利用常设机构进行收入或费用的转移。跨国公司在无法避免成为常设机构的情况下，也可巧妙地安排总机构与常设机构、常设机构与常设机构之间的交易来达到避税的目的。例如，建立从事免税活动的常设机构转移货物和劳务，利用常设机构转移营业收入和其他资产，利用常设机构转移利息、股息、特许权转让费及管理费用等。

（3）利用关联企业间的转移定价转移收入和费用。跨国公司对外投资除采用常设机构外，还可以建立具有法人资格的独立子公司，通过合资、参股等形式取得对国外企业的控制权。子公司与母公司、同一母公司的子公司之间往往会利用它们之间特殊的经济利益和联系，人为地通过价格变化来影响相互之间的收入和费用分配，从而有效地规避各国税收。这是实现客体转移避税的最重要的手段之一。这种避税形式较为广泛、复杂。

（4）通过避税地渠道实现客体转移。一个高税国的跨国公司如果想从客体转移中获得更多的避税收益，必然会考虑向低税国转移客体。而选择低税国的倾向必然是避税地。因为避税地通常情况下是指那些能为跨国投资者提供特殊优越的税收环境，以诱使国际资金、技术和劳务从高税国流入的国家和地区。通过避税地不但能实现客体转移避税，同时也能实现主体转移避税，是一种综合避税方式。

3. 转移定价方式

国际税收关系中所称的转移定价是指公司集团内部交易定价和利益关联方之间的交易价格。转移定价是一个中性词，它与国际避税、偷漏税之间并非恒等关系，实践中可能因转移定价而使公司集团内部总税负水平提高。但就公司集团本身而言，提高税负水平不是本意，其本意是谋求公司集团利益的最大化。当然，在其他因素不变的条件下，转移定价还是主要用于规避税收。在国际避税方面，转移定价是客体转移避税形式的一种最主要、最常见的手法，且经常与主体转移避税形式结合运用。由于转移定价作为跨国公司经营活动的伴生物会引起关联企业之间国际收入和费用分配的大量问题，从而影响有关国家的税收利益，故备受各国税务当局和国际税收专家的关注。

4. 国际避税地方式

国际避税地（international tax haven）不仅能实现客体转移避税，也能实现主体转移避税，是一种综合的避税方式。国际避税地所实行的税收政策对国际资本的流动、投资分布状况、跨国公司收入与费用的分配格局以及有关国家的税收收入有着不容忽视的影响。特别是对跨国公司所从事的跨国经营活动来说，通常会把如何利用国际避税地作为其国际税务筹划的一个重要组成部分。

跨国公司利用国际避税地避税，通常情况下是通过虚构避税地营业来进行的，即在国际避税地设立一个受控实体——基地公司，用来作为与第三国的交易或虚构与其自身的业务往来的中介，借以转移跨国所得和跨国一般财产价值，以此来逃避所在国的较重税负。所谓基地公司，是指跨国公司出于与第三国交易的目的，而在基地国组建的法人。在国际税收领域，由于税务因素决定着公司建立地点的选择，因此，基地公司通常是避税地公司的代名词，况且基地公司的经济职能是充当资金的中转回迁站，并不从事真实的经营活动，一般仅存在于注册文件上，只有一个信箱或牌子，因而又称信箱公司、招牌公司或影子公司。其主要形式有控股公司、金融公司、保险公司、贸易公司等。除上述这些虚构避税地营业的公司形式外，跨国公司还可以利用专利持有公司、航运公司、服务公司甚至临时公司等形式，在避税地达到避税目的。当然，在财产税的规避中，跨国公司还可以通过虚构避税地信托财产的方式达到避税的目的。

国际逃税的方法，主要是指跨国纳税人利用有关国家在国际税收征管方面的困难和漏洞而采取的各种隐蔽及欺诈手段。传统的偷漏税方法主要有：

（1）匿报应税所得、收益或财产，即通过编造假账，匿报或故意减少营业所得、劳务所得、投资所得，隐瞒银行账目和其他财产的数额，来达到逃避税负的目的。

（2）虚报成本费用，谋求虚构的、不合理的扣除，即将不应列入费用支出项目的开支列为费用，甚至凭空捏造，将根本没有发生过的费用计入企业成本之中。

（3）虚报投资总额，借以多提取折旧；有的将投资总额中的自有资金虚报为借入资金，借以虚列利息支出，增大扣除项目。

（4）向虚构的合伙人分配利润，将所得或扣除转移到适用较低税率的其他附属企业的申报表中，有意错报应税所得。

（5）从事地下经营，完全逃避税务监督和企业税负。

上述所有偷漏税活动都以瞒报、虚报、错报、漏报、造假欺诈为特征，而各国的税法中一般都明确地规定了对偷漏税的罚则。

第五节　跨国公司的人事管理

人力资源的开发和利用，是跨国公司实施跨国经营战略、开展跨国经营活动的根本保证。没有足够的、素质较高的、具有丰富跨国经营经验的管理人员和技术专家，很难保证跨国经营的计划、组织、控制、经营和财务管理等职能正常发挥作用。

一、跨国公司人事管理的特点与内容

（一）跨国公司人事管理的特点

跨国公司的子公司分散在许多国家，与公司总部距离遥远，子公司经理通常需在不能得到总部指导参谋的情况下现场迅速做出决策。这就需要既懂得当地文化与环境，又能执行母公司政策的干才来担任子公司领导。为此，需要启用不同国籍的人员。另外，由于企业地域面广，环境状况与因素多样化，因而母公司总部领导人面临许多更为复杂的问题。这都使得跨国公司的人事管理与国内企业大为不同，尤其表现在以下几个方面。

1. 不同的劳动力市场

每个国家都有不同的劳工结构和分工成本构成，这既给跨国公司提供了机会，也提出了挑战。

2. 国际流动问题

国际人力资源流动在法律、经济、自然以及文化等方面存在障碍。就迁移者而言，人往高处走，可以获得经济利益和实现人生价值的机会，甚至政治自由与人身自由，但却要承受移入国文化的冲击，承受远走他国所带来的感情痛苦，也不清楚是否就能获得特定的就业机会，况且同发展中国家的工资相比，工人流入发达国家的路费和其他费用太高，工人负担不起，这就影响了迁移的积极性和可能性。就移入国而言，国内的种族偏见、普遍的仇外心理以及害怕与迁入的外国人竞争的那些小集团在经济上的直接利害关系，都使人力资源流入问题格外敏感。因此，移入国普遍通过政治手段和法律手段设置迁移壁垒，限制外国人的流入，特别是半熟练工人的流入。对于移出国而言，让一些人流出有损民族自尊心，而且会给留在国内的一些人带来种种经济损失，因而即使是从人力资源流出中能获得明显总体经济利益的国家，也会在某种程度上限制人力资源流出。

3. 管理风格和实践

各国对不同管理风格的态度不一致，各国管理实践和劳资关系的不同证明了这一点。这种差异会使总部与子公司人事关系紧张，或者使派出的管理者在当地的管理效率低于国内。

4. 民族倾向

虽然跨国公司的目标可能包括获得全球效率和竞争力，但其职工（包括工人和管理人员）可能倾向于民族性而非全球利益。经济发达国家的人员往往认为本国的一切都优于别的国家，自觉或不自觉地以己为尊为是，而某些组织结构，如全球产品结构，也会助长这种倾向，因为每一产品分部既负责国内业务，也负责该产品的国外业务，因而容易将国内的设计、工艺、生产组织方法、营销方法套用于国外。而区域中心结构一类的组织形式又会助长有关管理人员按本区域眼光看待跨国公司全球业务的倾向。

5. 控制

子公司距离遥远且分散一类的因素使得跨国公司对外国业务的控制难于对国内业务的控制，这时，通过某些人事政策加强对外国业务的控制就显得十分必要。

（二）跨国公司人事管理的内容

跨国公司人事管理主要包括以下几方面的内容。

1. 人员招募、挑选与培训

跨国公司所需要的管理人员和工人有三个不同来源：本国公民、东道国公民以及第三国公民，其中，管理人员来自本国的居多，工人主要是来自当地。要聘任东道国或第三国人员为海外子公司管理人员的原因主要有二：一是本国缺乏合格的管理人员；二是母公司采取多中心人事制度，委任懂得当地文化的人任当地子公司主要职位，有利于灵活决策。跨国公司的经营活动具有很强的专业性、技术性，为了保证公司的竞争实力，公司也通常制定严格的生产和经营规范。为此，跨国公司不仅要尽量招募合格的雇员，而且还必须在新雇员上岗和原有雇员调任新的岗位之前，进行有关培训工作。培训内容不仅包括专业技术、技能，还包括企业文化、东道国文化等多方面。在科学技术日新月异的今天，为了保持技术上的优势，企业还有必要对在岗职工进行再培训，以补充新的技术知识。同时，在社会不断进步和人们消费偏好不断变化的情况下，也需要对企业经管人员进行新技能、新知识的培训。

2. 人才登记

跨国公司的经营范围因其产品多样化和地域多样化而变得非常广泛，而有目的的多样化和对一些经营内容与本公司无多少联系的企业的兼并加强了这一趋势，使跨国公司经营内容五花八门，需要各种各样的专门人才，并且随着企业内外环境的变化，对人才的需求也处于不断变化中。为此，企业不仅要广泛招罗人才，还必须随时掌握他们的动向，随时把合适的人员派往需要他们的地方和岗位。因此，跨国公司大多建立有完备的人才登记制度，备有庞大的人才库，不仅详细记录公司内部各种人才的情况，而且收集了公司外部的各种专业拔尖人才的有关资料，以备必要时将他们吸纳进来或挖过来。

3. 考核与晋升

很多人特别是管理人员在做出到跨国公司任职的决定时，都包含了事业发展方面的考虑。跨国公司如果能在人事管理上将公司的发展和个人的发展有机结合起来，为个人的事业发展创造条件，就会使这些人尽心尽力地为本公司工作。要做到这一点，必须制定全面的考核与晋升标准。从技术方面考核其工作绩效，如销售、生产或财务等方面的绩效，并据以给予相应的奖惩，同时从技术方面和心理方面进行综合衡量，并据以选任提拔人才，则会使职工知道他人如何看待他们的工作，提升的标准是什么以及他们将在事业上获得怎样的发展。反之，如果考核与晋升不规范，则会造成赏罚不明、士气不振，使一些有能力的人跳槽到别的公司，成为本公司的竞争者。

4. 与工会的关系

与工会打交道，是跨国公司人事管理中的重要方面。许多国家的工会有相当大的影响力，有的甚至与国家政治联系在一起。同时，各国工会都在不同程度上存在国际联系。如果与工会关系处理得好，能保证公司生产经营活动的正常开展；反之，如果处理不当，则会引来抗议、罢工或其他形式的抵制，使生产率下降甚至停产，使公司蒙受巨大的经济损失。各国工会的组织结构与势力均不相同，因而跨国公司同不同国家的工会打交道时采取的措施必须因地而异。

5. 报酬

跨国公司分支企业点多面广，制定并执行合理的报酬政策并非易事。通常来讲，当地劳工的报酬要略高于当地的工资水准，以利于吸引合格的工人。而对派出人员不仅要给予应有的工资，还要附加各种津贴或补助，以利于他们在海外安心工作。各类报酬的合理尺度既要保证相应的岗位有吸引力，又要使公司的有关费用开支尽可能降低。此外，跨国公司在支付派出人员的报酬中，往往还涉及币种的问题，需要从公司和职员两个角度考虑汇率变动等因素。

除了以上几个方面，跨国公司人事管理中还涉及职员文化与心理调适、物质鼓励与心理激励、信息沟通、解决人事纠纷等诸多方面的问题。

二、人员选派与当地化

跨国公司的成功，是与管理人员的素质、经验及个性密切相关的，特别是在对公司的管理中，所选派人员的素质、经历以及对东道国语言、文化的谙熟程度是至关重要的因素。因此，经理人员的基本素质就成为选拔海外经理人员时首先要考虑的因素。

（一）对海外管理人员基本素质的要求

为了适应海外工作环境，顺利、有效地完成公司指派的任务，跨国公司对海外管理人员的素质有一些起码的要求，主要包括以下几个方面。

1. 工作的适应能力

到国外任职的管理人员必须在新的文化环境中建立新的工作关系，了解新的文化环境的许多特性，这些特性影响着当地人提出问题、做出决策和接受指示的方式，因而也影响管理人员处理日常经营管理问题的方式。他们必须与当地具有不同背景、语言和价值观的外国人打交道，必须使自己的技术和管理诀窍适应当地的环境，必须应付那些生疏的并且可能比在本国遇到的还要复杂的经济和政治情况。

2. 社会的适应能力

除了工作环境，在国外的管理人员及其家属还会遇到不同的社会环境。例如，如果在国外，工作人员的配偶不会讲当地的语言，将给他们的社会交往带来很大的限制，因为可能当地商人和一些熟人的夫人也不会或不愿讲本地语言以外的另一种语言，而重要的关系是不可能跨越语言障碍建立起来的。由于语言上的障碍，管理人员为其家庭事务要花费更多的自由时间，也就有可能出现无所事事、烦恼、酗酒和高消费等现象。此外，派往国外的管理人员及其家属由于受到当地社会文化的压力，有可能产生有损管理工作的行为。

3. 业务能力

公司派遣人员到国外子公司任职的目的并不在于让他去适应当地的环境，而是让他去为实现公司的经营目标，履行职责、发挥才干。因此必须注重对经理人员的业务能力的考察。通常，对被选拔人员的业务能力可以通过以下几方面来进行综合衡量：独立性、技术能力、受教育程度、工作经验及经历、管理意识、组织能力及行为能力。

4. 责任心

所派遣的人员必须具备强烈的责任感，这是任何一个成功的跨国公司在人事管理方面共有的经验。怎样来考察拟派人员的责任心，一般可从以下几方面进行考察和综合判断：

诚实、正直；工作热情；到海外任职的意愿；心理特征；待人接物的态度等。

（二）人员选派的策略

1. 管理人员母国化

这是一种传统的人事制度，是世界各类跨国公司普遍接受的一种策略。采用这种策略的目的很明显，那就是要通过这种显示母公司在国外子公司中的“存在”形式，来加强母公司对子公司的控制。这种策略常通过由母国人员担任子公司的总经理或总会计师来实现。美国乃至西欧很多发达国家的跨国公司多倾向于采用这种策略，这与它们的全球经营战略密切相关。特别是对那些刚刚涉入国际经营活动的新兴跨国公司来说，使用母国人员作为子公司的高级管理人员也许是最有效的人事策略。这是因为大部分处于经营国际化初期阶段的企业都要经历将部分经营转至国际的过程，而这部分经营活动的技术诀窍对企业来说是至关重要的。

这种人事策略的缺点是：①这种策略可能会打击当地管理人员的积极性，因为这种人事策略实际上意味着子公司中的高级职位不对当地人员开放，其实质是一种文化差异及矛盾的公开化和扩大化。②它会导致高级管理人员在东道国生搬硬套母国的管理方式，并带来一些文化上的偏见。

2. 管理人员当地化

跨国公司经营活动和行为发展的一个世界性趋势，是雇用当地人员来管理设在该地的子公司。这种做法有许多明显的优点。它可以在很大程度上消除语言障碍，使企业没有必要对雇员进行昂贵的语言培训，还能解决他们在文化和社会适应方面的问题。这种策略可以使一家外国企业在敏感的政治形势下以一种不太引人注目的形象出现，还可以使企业有效地利用当地较低工资的优势，以有限的代价吸引高质量的人才。母国往往缺乏能胜任海外子公司管理者职位的人选，而本地雇员往往能比移居国外的职员工作得更出色，更能与东道国建立稳定友好的和谐关系。

这种人事策略的缺点是：子公司的经理在处理子公司与企业其他部门的关系上可能存在困难；不利于公司总部或海外分支机构中的年轻管理人员到自己母国以外的地区，获得跨国经营中所必需的工作经验和知识；很难使跨国公司各部门单位之间进行人员流动；导致总公司的高级管理人员多由母国人员担任的局面，这些人通常缺少国外实际工作的经验，但主管着那些由当地人主管的子公司的经营策略的制定和资金的分配。

3. 管理人员国际化

这种人事策略的实质与跨国公司的经营优势是一致的。然而，有许多因素限制了管理人员的国际化。首先，东道国往往要求外国的子公司雇用当地居民做管理人员，并经常通过国家干预来达到这个目的；其次，管理人员国际化策略是一种花费很大的策略，它要求在很大的地理范围内分散招聘，同时必须对雇员进行语言和文化方面的培训，管理人员及其家属在不同国家间的流动也造成了大量的旅费开支；再次，这种策略要求企业在人事管理上实施较高程度的中央控制，因而限定了各地区经理在用人方面的自主权；最后，这种策略实施起来需要很长的时间。

由于上述三种策略各有利弊，因而单独一种策略往往不能解决跨国公司所面临的人事管理问题。对此，大多数跨国公司目前倾向于采用一种综合性的人事策略，即雇用东道国居民担任设在该国的分支机构（子公司）的管理人员，而在公司总部则雇用母国人员，或者根据公司的性质、实力、目的，对策略做适当变通。

三、管理人员的培训

跨国公司的管理人员的培训按培训对象不同大体分两种类型：一是对母公司派往国外子公司工作的管理人员组织的培训；二是为东道国当地招聘的管理人员提供的培训。前一种培训通常是文化敏感性培训，目的是使母公司的管理人员了解他们将赴任国家的文化环境，增强对东道国工作和生活环境的适应能力。后一种培训主要是管理方法、管理技能、技术和有关公司文化的培训，目的是使东道国当地管理人员的管理水平尽快达到公司要求的标准。

（一）对外派管理人员的培训

派往国外的管理人员要在东道国陌生的环境中重新建立工作关系和社会关系，必须了解东道国特有的文化以及这种文化对当地人员产生的影响，尽快适应东道国的文化环境，才有可能与当地管理人员建立良好的工作关系，保证业务的顺利开展。

文化敏感性培训有两个主要内容：一是系统培训有关母国文化背景、文化本质和有别于其他文化的主要特点；二是培训外派管理人员对东道国文化特征的理性和感性分析能力。实践证明，比较完善的文化敏感性培训可以在较大程度上代替实际的国外生活体验，使外派管理人员在心理上和应对不同文化冲击的手段上做好准备，减轻他们在东道国不同文化环境中的不适应或痛苦的感觉。

文化敏感性培训通常采取多种方式，主要方式包括：

1. 文化教育

文化教育即请专家以授课方式系统介绍东道国文化的内涵与特征，指导学员阅读有关东道国文化的书籍和资料，为他们在新的文化环境中工作和生活提供思想准备。

2. 环境模拟

环境模拟即通过各种手段从不同侧面模拟东道国的文化环境。模拟培训的目的是把在不同文化环境中工作和生活可能面对的情况和困难展现在学员面前，让学员学会处理这些情况和困难的方法，并有意识地按东道国文化的特点思考和行动，以提高自己的适应能力。

3. 文化研究

文化研究即通过学术研究和文化讨论的形式，组织学员探讨东道国文化的精髓及其对管理人员思维过程、管理风格和决策方式的影响。这种培训方式可以促使学员积极探讨东道国文化，提高他们判断不同文化交融中疑难问题的能力。

4. 外语培训

语言是文化的一个重要组成部分，语言交流与沟通是提高对不同文化适应能力的一个最有效途径。语言培训不仅仅要使学员掌握语言知识，还要使他们熟悉东道国文化中特有的表达和交流方式，如手势、符号、礼节和习俗等。

5. 组织社交活动

组织各种社交活动，让学员与来自东道国的留学生和工作人员有更多接触和交流的机会。

（二）对东道国招聘的管理人员的培训

随着跨国经营规模的扩大和对高素质人力资源需求的增加，越来越多的跨国公司开始重视对东道国当地管理人员的培训，以使他们在生产经营各环节的管理上达到母公司要求的标准。

跨国公司对东道国管理人员的培训侧重于生产技术和管理技能。虽然有时也会设置有关公司文化的培训，但文化敏感性培训通常不是重点。有关生产技术的培训，一般侧重于转移到东道国的生产技术。培训对象多数是生产部门和质量控制部门的管理人员。

有关管理技能的培训，通常按管理的职能进行分类。对营销部门管理人员的培训侧重于各种营销、分销、广告和市场调查的管理技能。对财务部门管理人员的培训侧重于母国和东道国会计准则的差异、会计电算化方法、财务报表分析和外汇风险分析等。

四、国外任职人员的工薪

跨国公司向国外任职人员支付的工薪通常由以下部分组成。

1. 基本工资

大多数跨国公司派遣人员到国外任职时，都按其在国内的工资标准支付工资，以避免这些人员回国后由于工资标准不同而产生矛盾。采取这一政策是基于这样一个原则，即不管这些人在哪里工作，他们都按母公司的工资标准领取工资。这一政策的不足之处在于：当被选派的人员进驻那些基本工资水平高于母国的东道国时，保持这些被派遣的人员在国内的基本工资就会出现一些问题；不稳定的货币兑换率也会对保持基本工资产生影响。

2. 奖金

跨国公司对派往国外的任职人员分发奖金的目的通常有两种，一种是用来鼓励雇员在公司内部流动，另一种是用来补助那些在比较艰苦地区工作的职员。一般情况下，能获取艰苦地区奖金的人为数不多，原因是在这些艰苦地区只有极少数的雇员是从母国派遣的。鼓励雇员到海外任职的奖金通常是基本工资的固定的百分数（10%~20%），公司人员在国外任职期间可以得到这部分奖金。这一方式的不足之处是：在海外任职的人员返回母公司工作通常意味着实际收入的减少。为此，有些公司采取了几种方法来解决这些问题，以促进管理人员的跨国流动。一种方法是“逐步减少奖金”，即X年后（通常是3~5年）奖金在他们工资增长的情况下逐渐减少；另一种方法是单独支付“流动奖金”，即把奖金直接与人员的流动而不是与工作的分配挂钩。在这两种情况下，只有当雇员流动时才可得到奖金。而雇员的流动性在一定程度上又取决于雇员自身的素质与能力，也就是说雇员自己将会在权衡自己流动可得奖金与为流动所付出的代价之间的利益得失之后，才会做出决策。因此，这两种方法既鼓励了雇员的合理流动，又限制了那些不称职雇用者的频繁流动。如果公司的目的是要让雇员在国外长期任职，那么应采取支付持续奖金的办法。反之，如果公司的目的是频繁调动，则应采取一次性支付奖金的办法。

3. 津贴费

津贴费是辅助派到国外任职的人员继续保持正常生活的一种补贴方式。通常的做法是给拟派遣人员在当地的生活费、必要的交际费、娱乐费用、家庭生活费、子女教育费、住房费以及税收方面予以适当补贴，其中最大的两项是各种税收和住房费用。对于税收，许多跨国公司的做法是以雇员所在国的居民税率为基准扣除税款，然后再向雇员支付实际被征收的税款。对于其他津贴，有些公司按联合国颁布的补偿系统来处理不同津贴项目国家间的差异、货币兑换率的变化等问题。这个系统适用于各国在他国任各种职务的人。

五、国外经理人员的考核与晋升

对国外经理人员的考核应以业务开展情况作为基本标准，其依据应是该子公司的年度财务报告及其有关资料。不过，具体的考核办法，不同类型的跨国公司有所不同，同一跨国公司不同国家的子公司也不一样，这在很大程度上取决于该子公司所处的经营环境和条件。比如，该子公司位于发达国家，公司的业务可能会很快收到成效，而设在发展中国家的就可能要慢一些，收效平平。这意味着开展业务的起点不同，因而评估业绩的标准也应不同。又比如，海外的经营活动的风险性比国内经营大得多，并且有些突发事件往往是子公司始料不及的。因此，对子公司的评估应将其长期表现与突发事件的影响一并加以考虑，才能不失偏颇。此外，母公司政策及总体战略实施的直接或间接影响也是一个应该考虑的因素。

对公司开展业务考核还直接关系到海外管理人员的晋升问题。许多跨国公司往往从海外子公司中选拔母公司高级管理人员，这样做的优点在于：第一，海外经理人员在开展国际业务的过程中往往能够获得更多的知识与经验，这是国内人员所不具备的；第二，由于现代企业经营趋向大规模多样化经营，专门人才越来越多，而通晓各种业务、有广泛经历的通才却难以培养出来。而海外子公司的设立，可以成为培养具有全球观点的通才化人才的最佳场所。因此，母公司应当注重从海外经理人员或其他人员中选拔公司高级管理人才，甚至可以将其作为一个制度固定下来。

六、劳资关系

各个国家处理劳资关系的方式存在着明显的不同，因为它和本国实际紧密相连，反映了该国的文化、法律和社会组织等的特点。所以许多跨国公司要求把处理劳资关系的权力交给各地的子公司，赋予子公司处理劳资关系的权力和责任。但它遭到了各地工会组织的反对，这些工会组织坚持所有的事情都应由母公司解决，因为真正的决策者是总公司的管理层。在跨国公司的劳资关系上，与工会的关系是其中一个重要方面，这其中有许多争议和矛盾。解决这些争议和矛盾，目前没有，也一时难以有一个严格的准则，更多的就是参考经济合作与发展组织的就业问题与工业关系的准则。

1976 年，经济合作与发展组织颁布了《跨国公司行为准则》，其中包括就业与工业关系方面的准则。虽然这些准则在法律上是不可实施的，工会也认为不够全面，但这些准则还是被一些大跨国公司公开接受。准则一共 9 条，其中第 6 条加强了当地工会组织的权力。第 1 条和第 9 条为认识工会和接受、收集争议内容提供了准则。第 2 条和第 3 条为帮助雇员的代表们获得信息提供了准则。第 6 条要求下达解雇通知必须有足够的理由。第 8 条特别提出，在就业谈判期间，跨国公司“不得以在各国之间调整经营部门的权力相威胁”。第 4 条和第 5 条要求增加不同国籍雇员的数量。第 4 条提醒跨国公司注意“就业标准应和在东道国挑选雇员时采用的标准相同”。第 5 条要求跨国公司应最大限度地利用、培训和提拔当地的雇员。

七、人力资源开发与管理的典型模式

人力资源的开发与管理没有最好的模式。在不同国家的跨国公司中，人力资源开发和管理的方式是不同的，其中具有代表性的模式包括：日本模式、德国模式和英国-荷兰模式。美国跨国公司在人力资源开发和管理方面缺少一个广泛采用并具有代表性的模式。

1. 日本模式

第二次世界大战以后，日本的一些大型公司，如三菱、索尼、日产等，在人力资源开发上逐渐形成了独特的模式。这种模式的特点是招聘卓越人才，在工作的竞争中不断淘汰能力较差者，将最优秀的管理人员提升到高层管理岗位上。

日本的大型公司把招聘对象集中在著名大学的毕业生上。因为经过多年的严格教育和考试制度的过滤，著名大学的毕业生通常被认为是有很大发展潜力的管理人员人选，在进入公司工作的5~8年内，公司一般不会对他们进行筛选。他们被定期分配到不同岗位上工作，同时接受高强度的培训。公司的人事部门不断对这些新员工进行考核。例如，日产公司每年要对管理人员进行6次考核。在这一时期，每个员工的工作绩效取决于分派给他的工作的难易程度，经历了这一个熟悉公司工作环境的时期后，公司在同批进入的员工中引入竞争机制。这是管理人员职业生涯的一个关键时期。工作业绩和发展潜力被评为最优的管理人员，每4年晋升一次。为了在这种争取更高职位的竞赛中不致败北，管理人员必须保证每隔4年或5年晋升一次。否则，就没有希望晋升到高层重要岗位上，除非到其他公司工作。那些8年才能获得一次提升的管理人员，通常被安排到不重要的岗位。公司鼓励这些人到小型公司或外国跨国公司工作。

日本跨国公司中的人事制度是高度竞争的人事制度。人们普遍认为日本公司的员工是终身就业和论资排辈晋升的，这种看法并不完全符合实际。许多日本公司也把这种模式应用到国外的子公司中，但发现在东道国很难招聘到优秀管理人才。

2. 德国模式

德国模式的特点是正式学徒年限加上与技术专长密切相关的职业路径。在德国传统中，学徒是技术雇员和蓝领工人必须经历的阶段。在这一阶段，员工要接受2~5年的在职培训。培训内容包括公司的政策、业务、技术和贸易知识等。即使是大学毕业生，也要经历两年学徒期。这一时期，他们要接受培训，并轮流在不同部门熟悉工作，这样做可以达到两个目的：一是给新雇员提供机会全面了解公司情况；二是给他们提供机会确定适合于自己的工作或职能。在以后的20年中，每个人固定在合适的职能部门中向上发展，他们必须不懈地学习和掌握新的技能，才能被提升到更高职位上。那些受过更好教育，如获得博士学位的人，最终会升到董事的位置上。

许多研究发现，德国这种职能或技术导向的职业发展，在大公司中缺乏吸引力。因为在大公司中，职能分工较细，德国模式往往导致管理人员知识面过窄，而在小公司中，管理人员往往要负责多种生产经营活动，因此，知识和技能更为全面。

3. 英国-荷兰模式

在人力资源发展中，注重培养管理人员的全面知识和技能，是英国和荷兰企业文化的一个特征。近些年，北欧国家的公司也逐渐采用这种模式。按照跨国经营对管理人员的要求，这种模式最适合于跨国公司的人力资源开发。

在英国-荷兰模式中，招聘并不刻意追求杰出人才。公司依照特定技术或职能岗位的需要录用大学毕业生。例如，在壳牌公司，新录用的大学毕业生中约80%是学习技术的。在这些新员工职业生涯的最初几年（在ICI公司，大约是进入公司后的头8年），他们被安排到特定职能部门工作和发展。在经历了这一考核期后，被确认为有较大发展潜力的管理人员被提升到重要岗位上。

确定管理人员的发展潜力，一直是人力资源发展中面临的一个重要挑战。日本公司传统上较少采用系统的绩效评估，而是借助各种不同手段确定管理人员的潜力。一些美国公司把获得工商管理硕士学位作为确定管理人员发展潜力的依据。英国和荷兰企业则普遍采用系统考核和评估的方式，包括2~3天的管理情景模拟测试，由经过心理学家培训的高层管理人员观察和评估被考核人员的工作能力和素质。最后结果在一定程度上取决于特定子公司高层管理人员的集体判断。

本章案例研究

【案例8-1】 是什么造就了150多年的辉煌——西门子的人才培训

为发展，而不是为工作而培训。

——西门子公司培训宗旨

（一）基本案情

150多年的辉煌

1997年，德国西门子股份公司出版发行了一本公司自传性质的书，名叫《西门子——150年的辉煌》，该书的封二上印了一段开场白，其中有这样一句话："1997年，西门子翻开了她历史中的第150页篇章，这是一个值得特别庆祝的历史时刻。纵观世界，在具有类似规模的工业公司中，能够享有如此悠久和成功历史的只有为数不多的几家。"

话语中无处不透露出近乎自大的自信。的确，这些描述恐怕只有西门子才能当之无愧。1847年10月，普鲁士在役少尉韦尔纳·冯·西门子与机械师约翰·乔治·哈尔斯克一起，在柏林创建了电报制造公司。该公司当时还是一个小作坊，雇工仅3人，生产针式电报机，但其发展十分迅速，到年底时已经拥有员工10名，并且开发出了其他产品。新公司取得了不小的成功，于是韦尔纳弃伍从商，专心开拓他的事业。这家电报公司铺建了柏林到法兰克福之间长达500公里的通信线路，并被俄国政府指定为"沙皇俄国电报系统建造与维修承包商"，英国和奥地利的电报系统也主要依靠该公司，连接伦敦和加尔各答的印欧电报线也出自该公司之手，线路长达11 000公里。

西门子真正走上"电器帝国"之路是在1866年，它发现了发电机的工作原理，开始批量生产，并成功地将其推向市场，这一伟大成就为今天的电气工程奠定了基础。西门子因而成为电气工程的同义词，甚至德文"Elektrotechnik"（电气）一词也是韦尔纳·冯·西门子博士创造的。到1890年韦尔纳退休时，公司员工已达到4 500名，其中德意志帝国以外的员工为2 000人，实现了从小作坊到跨国公司的飞跃。到第一次世界大战前，它进一步发展成为全球主要电气公司之一。

现在，西门子不仅在电气工程领域独树一帜，而且在微电子、能源、工业、通信、交通、医疗、元器件和照明等诸多领域从事广泛的生产经营活动，业务遍布欧洲、美洲、亚洲、非洲和大洋洲190多个国家，其中海外员工占40%。2012年，西门子全球销售额为113 348.9亿美元，列2012年全球500强公司第47位，在全球电子电器设备制造商中位居第4位。

是什么造就了西门子150多年的辉煌？高质量的产品、完善的售后服务、不断创业和创新以及高效的人才培训被认为是西门子成功的关键。

在人才培训方面，西门子创造了独具特色的培训体系。西门子对员工进行培训的根本目标，是使他们能够从容应对来自各方面的挑战。为此，西门子为员工设计了各种各样高效的培训，这些培训从内容上看，主要分为三种：①新员工培训。②大学精英培训。③员工在职培训。

新员工培训

新员工培训又称第一职业培训。在德国，一般15~20岁的年轻人，如果中学毕业后没能进入大学，要想工作，必须先在企业接受3年左右的第一职业培训。在第一职业培训期间，学生要接受双轨制教育：一周工作5天，其中3天在企业接受工作培训，另外2天在职业学校学习知识。这样，学生不仅可以在工厂学到基本的熟练技巧和技术，而且可以在职业学校受到相关基础知识教育。通过接近真刀实枪的作业，他们的职业能力及操作能力也会得到提高。由于企业内部的培训基本上使用的是技术最先进的培训设施，保证了第一职业培训的高水平，因此第一职业教育证书在德国经济界享有很高的声誉。由于第一职业培训理论与实践结合，为年轻人进入企业提供了有效的保障，也深受年轻人欢迎。在德国，中学毕业生中有60%~70%接受第一职业培训，20%~30%选择上大学。

西门子早在1922年就拨专款设立了专门用于培训工人的“学徒基金”。现在公司在全球拥有60多个培训场所，如在公司总部慕尼黑设有韦尔纳·冯·西门子学院，在爱尔兰设有技术助理学院，它们都配备了最先进的设备，每年培训经费近8亿德国马克。目前共有10 000名学徒在西门子接受第一职业培训，大约占员工总数的5%，他们学习工商知识和技术，毕业后可以直接到生产一线工作。

在中国，西门子与北京市国际技术合作中心合作，共同建立了北京技术培训中心，西门子投资4 000万德国马克。合同规定，中心在合同期内负责为西门子在华建立的合资企业提供人员培训，目前该中心每年可以对800人进行培训。

第一职业培训（新员工培训）保证了员工一正式进入公司就具有很高的技术水平和职业素养，为企业的长期发展奠定了坚实的基础。

大学精英培训

西门子计划每年在全球接收3 000名左右的大学生，为了利用这些宝贵的人才，西门子也制订了专门的计划。

西门子注意加强与大学生的沟通，增强公司对大学生的吸引力。公司同各国高校建立了密切的联系，为学生和老师安排活动，并无偿提供实习和教学场所，举办报告会等。1995年4月，西门子在北京成立了“高校联络处”，开始与高校建立稳定而持久的伙伴关系，加强与高校教师、学生及各院系、研究所的联系和沟通。西门子每年在重点院校颁发300多项奖学金，并为优秀学生提供毕业后在西门子求职的指导和帮助，“高校联络处”因而也被称为西门子和高校沟通的桥梁。

进入西门子的大学毕业生首先要接受综合考核，考核内容既包括专业知识，也包括实际工作能力和团队精神，公司根据考核的结果安排适当的工作岗位。此外，西门子还从大学生中选出30名尖子进行专门培训，培养他们的领导能力，培训时间为10个月，分3阶段进行：第一阶段，让他们全面熟悉企业的情况，学会从互联网上获取信息；第二阶段，让他们进入一些商务领域工作，全面熟悉本企业的产品，并加强他们的团队精神；第三阶段，将他们安排到下属企业（包括境外企业）承担具体工作，在实际工作中获取实践经验和知识技能。目前，西门子共有400多名这种“精英”，其中1/4在接受海外培训或在国外工作。

大学精英培训计划为西门子储备了大量管理人员。

员工在职培训

西门子人才培训的第三个部分是员工在职培训。西门子公司认为，在世界性的竞争日益激烈的市场上，在革新、颇具灵活性和长期性的商务活动中，人是最主要的力量，知识和技术必须不断更新换代，才能跟上商业环境以及新兴技术的发展步伐，所以公司正在努力走上“学习型企业”之路。为此，西门子特别重视员工的在职培训，在公司每年投入的8亿马克培训费中，有60%用于员工在职培训。西门子员工的在职培训和进修主要有两种形式：西门子管理教程和西门子员工再培训计划，其中管理教程培训尤以独特和有效闻名。

西门子员工管理教程分五个级别，各级培训分别以前一级别培训为基础，从第五级别到第一级别所获技能依次提高，其具体培训内容大致如下：

第五级别：管理理论教程

培训对象：具有管理潜能的员工

培训目的：提高参与者的自我管理能力和团队建设能力

培训内容：西门子企业文化、自我管理能力、个人发展计划、项目管理、了解及满足客户需求的团队协作技能

培训日程：与工作同步的一年培训；分别为期3天的研讨会两次和一次开课讨论会

第四级别：基础管理教程

培训对象：具有较大潜力的初级管理人员

培训目的：让参与者准备好进行初级管理工作

培训内容：综合项目的完成、质量及生产效率管理、财务管理、流程管理、组织建设及团队行为、有效的交流和网络化

培训日程：与工作同步的一年培训；为期5天的研讨会两次和为期2天的开课讨论会一次

第三级别：高级管理教程

培训对象：负责核心流程或多项职能的管理人员

培训目的：开发参与者的企业家潜能

培训内容：公司管理方法、业务拓展及市场发展策略、技术革新管理、西门子全球机构、多元文化间的交流、改革管理、企业家行为及责任感

培训日程：与工作同步的一年半培训；为期5天的研讨会两次

第二级别：总体管理教程

培训对象：

必须具备下列条件之一：①管理业务或项目并对其业绩全权负责者。②负责全球性、地区性业务的服务者。③至少负责两个职能部门者。④在某些产品、服务方面是全球性、地区性业务的管理人员

培训目的：塑造领导能力

培训内容：企业价值、前景与公司业绩间的相互关系、高级战略管理技术、知识管理、识别全球趋势、调整公司业务、管理全球性合作

培训日程：与工作同步的两年培训；为期6天的研讨会两次

第一级别：西门子执行教程

培训对象：已经或者有可能担任重要职务的管理人员

培训目的：提高领导能力

培训内容：根据参与者的情况特别安排

培训日程：根据需要灵活掌握

培训内容根据管理学知识和西门子公司业务的需要而制定，随着二者的发展变化，培训内容需要不断更新。

通过参加西门子管理教程培训，公司中正在从事管理工作的员工或有管理潜能的员工得到了学习管理知识和参加管理实践的绝好机会。这些教程提高了参与者管理自己和他人的能力，使他们从跨职能部门交流和跨国知识交换中受益，在公司员工间建立了密切的内部网络联系，增强了企业和员工的竞争力，达到了开发员工管理潜能、培养公司管理人才的目的。

西门子的人才培训计划从新员工培训、大学精英培训到员工在职培训，涵盖了业务技能、交流能力和管理能力的培训，为公司新员工具有较高的业务能力，公司拥有大量的生产、技术和管理人才的储备，员工知识、技能、管理能力的不断更新和提高提供了保证，因此西门子长年拥有保持着高素质的公司员工，这是西门子强大竞争力的来源之一。

（二）案例点评

培训是造就人才，提高和发展员工素质的最主要的途径。西门子每年用于培训的费用近8亿德国马克，占其利润的比例高达20%左右，可见西门子对员工培训的重视程度。

事实上，培训已经成为跨国公司提升竞争力的重要一环。相应地，跨国公司在中国的企业，也十分重视培训工作。外资在进入中国并站稳脚跟后，人才的主要来源为吸收的新人。所谓新人，一般是应届大学毕业生，他们初来乍到，对公司不了解，对工作也不熟悉，一切需要从头开始，而且中国的大学教育比较注重基础教育，职业技能并不突出，因此对他们进行培训就显得十分必要了。

中国外企的人才培训从培训对象看，主要包括新员工和有发展潜力的员工两个层次的培训。新员工刚进企业，对企业的情况不够了解，为了增强其对企业的认同感，需要对他们进行培训。与此相应，第一层次的培训内容侧重企业文化的介绍，通过这样的培训，新员工可以全面了解企业情况，尽快适应新环境。除企业文化的介绍外，还包括一些基本技能的培训，比如如何与同事进行沟通，如何协调人际关系等。法国阿尔斯通公司曾从清华大学、上海交通大学等学校招聘了10名新员工，公司首先送他们去本部接受MBA课程培训，这些人在本部工作一年后回阿尔斯通中国公司上岗。不少外企都有这方面的培训。实践证明，经过这类培训的员工，跳槽的极少。

第二层次的培训是针对中高层雇员的，目的是进行管理团体建设。培训内容的专业性较强，比如财务课程培训、技术培训、更高层次的企业文化培训等。各部门管理人员通过财务培训，可以更多地获取财务报表所提供的信息，及时调整本部门的管理，为企业创造更多的经济效益。西门子的培训计划主要也是这两种，同时增加了独具特色的精英大学生培训计划。

中国的企业人才培训也在逐渐兴起，就其参加人员的层次而言，一般分为三大类。第一类是单位的最高领导，即决策人员，他们决定企业经营管理的重大战略事务，对他们的培训主要是上级主管部门举办的脱产短期管理培训，为期三个月、半年或一年不等。第二类是中层管理人员，他们负责决策的具体执行和落实，对他们的培训主要是和国内大学联合举办工商管理核心课程研修班，业余时间上课，为期两年左右，学完经考试合格后取得大学工商管理课程结业证书，企业承认学历。第三类是操作人员，直接接触具体生产过程，对他们的培训主要是各种技能培训，一般以提高技能为主。对于新员工，一般进行为期一个月的新员工岗前培训，培训内容涉及公司的概况、文化形态、规章制度及工种技术培训。另外，有些企业也选拔个别优秀人员到大学脱产学习。

应该说，近年来中国的企业人才培训已经有了迅速发展，这从企业人才培训市场的日渐火爆可见一斑，但是大多数外企却没有参与到培训公司掀起的培训热潮中去，即使是偶尔参与也不过浅尝辄止。这其中的原因何在？阿尔斯通公司中国人力资源部总监刘秋廉女士认为，外企很少参加目前中国人才培训市场中提供的各种培训课程，并不是外资企业不需要培训，而是市场提供的各种培训课程无法满足外资企业的需求。这主要表现在以下三个方面：

(1) 从培训公司提供的培训内容来看，大多数只是翻译一些国外资料，层次尚浅，且未成体系，没有与中国的外企管理实践很好地结合。

(2) 从培训者本身的素质看，缺乏一支高水平的培训教师队伍。

(3) 就培训方式而言，中国市场上的人才培训公司采用得最多的是讲座方式，而外资企业大多采取案例教学。

这表明，中国的培训市场仍处于比较幼稚的发展阶段，还需要通过学习世界先进企业的培训经验来提高员工培训水平。

西门子的培训工作做得有声有色，为我们提供了不少启示：

首先，重视培训，投入大量资金。西门子每年将占利润1/5左右的经费用于员工培训，而且培训基地装配的都是最先进的技术和设备。我国企业的当务之急是转变观念，加大培训投入。

其次，培训要有针对性，与公司实际工作紧密联系。西门子有针对新员工的“第一职业培训”，有储备管理人员的大学精英培训，有专为现在和潜在的管理人员准备的五级管理教程，有各种员工再培训计划，它们的设置本身就是很有针对性和目的性的。而且，其培训内容也是以企业发展为目标，根据企业在发展中遇到的问题来设定的，员工通过学习，最终要达到能够解决企业实际问题和提高为企业服务的能力的目的。

而我国企业的几类培训以讲授理论知识为主，丝毫不结合企业实际，很难对企业有切实的帮助。我国企业培训的安排过于依靠大学和各种脱产班、学位班，教授一方敷衍了事，企业员工也将培训视为晋升的资本而不是提高能力的机会，因而收效甚微。

最后，培训是一个连续不断的过程，应该与员工的发展紧密相联。西门子的员工培训常抓不懈，而且注意将培训与员工个人发展相联系，使员工积极主动参与进来。西门子的人力资源管理部门通过“与员工的谈话”来了解员工的愿望，结合公司需要，经过客观分析，认真确定每个员工的未来发展领域和方向，并会同员工一起拟订切实可行的培训计划，认真组织实施。培训工作与员工个人发展计划结合起来，能够使员工意识到培训是与自己的未来发展息息相关的，大大增强了培训的效果，实现了公司和员工的共同发展。

目前，我国企业的员工职业生涯设计工作尚未广泛开展，与此相联系的培训就更是微乎其微。这应当是企业人才培训的核心目标和突破点。公司领导的任务是创造一个良好的环境，让每一个人都有机会去贡献自己的聪明才智。

思考与练习

1. 什么是跨国公司的财务管理体制？其基本内容是什么？
2. 跨国公司在组织财务管理活动时的组织形式有哪些？选择不同的组织形式需要考虑哪些因素？
3. 跨国公司的融资来源有哪些？制定融资决策需要考虑哪些问题？融资方式有哪些？
4. 跨国公司的现金管理目的是什么？现金管理包括哪些内容？
5. 企业在跨国经营中可能会遭遇到哪些外汇风险？应如何应对不同类型的风险？
6. 国际双重征税是如何产生的？如何避免国际双重征税？
7. 什么是税收饶让抵免？它和国际双重征税免除有什么联系和区别？
8. 跨国公司国际避税的策略有哪些？国际偷漏税的方法有哪些？
9. 简述跨国公司人事管理的特点与内容。
10. 跨国公司在派遣海外管理人员的策略上有几种选择？它们各自的利弊是什么？
11. 对外派管理人员的培训内容包括什么？对东道国招聘的管理人员的培训重点是什么？
12. 跨国公司向国外任职人员支付的工薪通常由哪几部分组成？
13. 简述日本、德国、英国–荷兰人力资源的开发与管理模式。

CHAPTER9

第九章

全球500强跨国剖析

学习要点

本章介绍了全球500强跨国公司及其在2019年最新的发展情况，并对其发展模式和经营特征进行了分析，从而得出其成功的经验，并举例分析。本章的学习要点是：全球500强跨国公司何以成为500强，它们有哪些与众不同的发展模式、特征以及成功经验。通过本章的学习，应该引发我们这样的思考：我国的大型企业与全球500强相比，还差什么？我们应该怎样向500强学习？

Key Points

In this chapter, we will introduce the Fortune 500 and their recent development in 2019 and analyze their development models and features; then we educe their successful experience, and use examples to give detailed analyzes. The key points in this chapter include why the Fortune 500 becomes Fortune 500? Do they have some special development models, features or successful experience? By the study of this chapter, we should consider that compared with Fortune 500, what do the big corporations in our country lack? What can we learn from Fortune 500?

第一节　500强跨国公司的最新发展

一、500强跨国公司简介

“世界500强”（Global 500）是国内对美国《财富》杂志每年评选的“世界最大500家公司”排行榜的一种约定俗成的叫法。该榜单一直是衡量全球大型公司最著名、最权威的榜单，被誉为“终极榜单”。1929年，美国人亨利·卢斯在大萧条的背景下创办了《财富》杂志。他认为商业文化是一个社会的核心，并期望借助《财富》杂志为当时低迷的经济打一支强心针。1955年，《财富》杂志首次对美国最大的500家工业企业进行了排名，即“美国500强”的排行榜，1957年7月开始推出“美国之外的100家最大的工业企业”排行榜，20世纪60年代排行榜中的公司数目扩充到200家，70年代初期增至300家，1976年为500家。1990年7月30日首次发布包含美国企业在内的“全球工业企业500强排行榜”，次年又推出了包含美国企业在内的“全球服务企业500强排行榜”。1995年8月7日，《财富》杂志将上述两个榜单合并为同时涵盖工业企业和服务企业的一个榜单——世界500强排行榜。[⊖]从1995年开始，《财富》杂志每年发布一次世界500强公司的排行榜。也正是由于这个排行榜，“500强”的概念开始逐步深入到关注社会经济发展的人们心中，《财富》杂志也受到越来越多人的关注。

世界500强排名的唯一依据是年营业收入。如《财富》杂志国际版编辑罗伯特·弗里德曼所说，“与利润、市值和资产等指标相比，销售收入最能反映一个公司的综合实力”。营业收入是指未扣除消费税的公司销售额，也包括合并的子公司的销售额。2020年，世界500强排行榜最末位公司的营业额为253.8亿美元。除了年营业收入，公司的透明度和独立的公司治理也是影响其排名的重要因素。获得1976年诺贝尔经济学奖的美国学者米尔顿·弗里德曼认为，只有在具有一定透明度的前提下，外界才能了解你公司的资产状况，才有可能将你排进500强。而独立的公司治理因素，就其特征而言，是指一种独立而健全的公司治理方式，这种独立包括既独立于控股它的国家，也独立于控股它的家族。此外，《财富》杂志每年所公布的世界500强是按上一年度企业营业收入进行排名的。也就是说，2020年公布的500强其实反映了2019年的企业情况。

二、500强跨国公司发展状况

（一）500强的规模

1. 营业总收入变化趋势

企业的年营业收入是入围世界500强的依据，1994年营业收入超过22.046亿美元的企业可入围1995年公布的《财富》世界500强。营业收入指标简明扼要，既可以反映出企业经营的规模，也可以从一定角度反映出行业、国家的经济运行状况。

⊖ http://www.fortunechina.com/fortune500/c/2012-07/06/content_106897.htm.

从表 9-1 中不难看出，1995~2019 年，世界 500 强的经营收入总额整体呈现增长趋势，除 2001 年、2002 年、2009 年和 2015 年外，其他年份的营业收入相比上一个年度都是正增长。受亚洲金融危机的影响，1996~1998 年的营业收入增长缓慢，而出现负增长的 4 个年份，可能是受美国网络泡沫的破灭、“9・11” 事件和全球金融危机及欧洲债务危机的影响（见表 9-1）。

表 9-1 1995~2019 年度世界 500 强营业收入总额及其年增长率

年份	1995	1996	1997	1998	1999	2000	2001	2002	2003
营业收入（亿美元）	113 784	114 348	114 535	114 634	126 960	140 650	140 100	137 290	148 730
年增长率（%）	—	0.5	0.2	0.1	10.8	10.8	-0.4	-2.0	8.3
年份	2004	2005	2006	2007	2008	2009	2010	2011	2012
营业收入（亿美元）	167 981	189 294	209 003	236 185	251 755	230 851	260 206	294 885	303 049
年增长率（%）	12.9	12.7	10.4	13.0	6.6	-8.3	12.7	13.3	2.8
年份	2013	2014	2015	2016	2017	2018	2019		
营业收入（亿美元）	310 584	312 121	276 340	277 082	299 967	326 639	332 941		
年增长率（%）	2.5	0.5	-11.5	0.3	8.3	8.9	1.9		

资料来源：根据《财富》（中文网）公布的数据整理。

2. 营业利润变化

1995~2019 年，全球世界级企业的营业利润在波动中趋向增长。从表 9-2 中可以看出，经营利润总额由 1995 年的 3 233 亿美元增长到 1997 年的 4 520 亿美元；受亚洲金融危机影响，1998 年利润降低 2.6%，此后快速增长；受网络经济泡沫破灭的影响，2001 年和 2002 年利润下降过半，2005 年利润首次超过万亿美元，达到 1.2 万亿美元；2008 年受全球金融危机的影响，利润较上年度降低近半，之后利润增长较快；2009 年、2010 年和 2011 年利润年增长率分别为 16.9%、58.6% 和 7.0%；2012 年利润略有回落；2013 年利润总额接近 2 万亿美元。之后利润下降较快，2014 年和 2015 年利润分别降低 14.8% 和 11.2%，2016~2018 年，全球最大企业的经营状况在明显改善，利润增长较快，2018 年利润突破 2 万亿美元，2019 年利润略微下降。营业利润体现了企业运营的结果，反映了世界营商环境的变化。

表 9-2 1995~2019 年世界 500 强营业利润总额及其年增长率

年份	1995	1996	1997	1998	1999	2000	2001	2002	2003
利润总额（亿美元）	3 233	4 044	4 520	4 403	5 540	6 672	3 077	1 335	7 297.3
年增长率（%）	—	25.1	11.8	-2.6	25.8	20.4	-53.9	-56.6	446.7
年份	2004	2005	2006	2007	2008	2009	2010	2011	2012
利润总额（亿美元）	9 654.3	12 149	15 292	15 292	8 217	9 605	15 230	16 301	15 408
年增长率（%）	32.3	25.8	25.9	0.0	-46.3	16.9	58.6	7.0	-5.5
年份	2013	2014	2015	2016	2017	2018	2019		
利润总额（亿美元）	19 562	16 674	14 813	15 245	18 807	21 538	20 613		
年增长率（%）	27.0	-14.8	-11.2	2.9	23.4	14.5	-4.3		

资料来源：根据《财富》（中文网）等提供的数据整理。

世界 500 强榜单记录了世界级大企业的发展变化，也体现了世界经济版图的变迁。多年来，500 强企业营业收入和经营利润的起伏变化基本与世界经济的增长态势同步。

（二）500 强的区域分布

1. 地区分布

从地区分布看，世界 500 强企业主要分布在北美、东亚和欧洲，基本呈现北美、东亚和欧洲三分天下的局面。1995~2010 年北美企业数量占主导地位，欧洲和东亚地区的入围企业数量略少些，2011 年东亚地区入围企业数量超过北美，这与近几年东亚经济快速发展的形势相吻合（见图 9-1）。

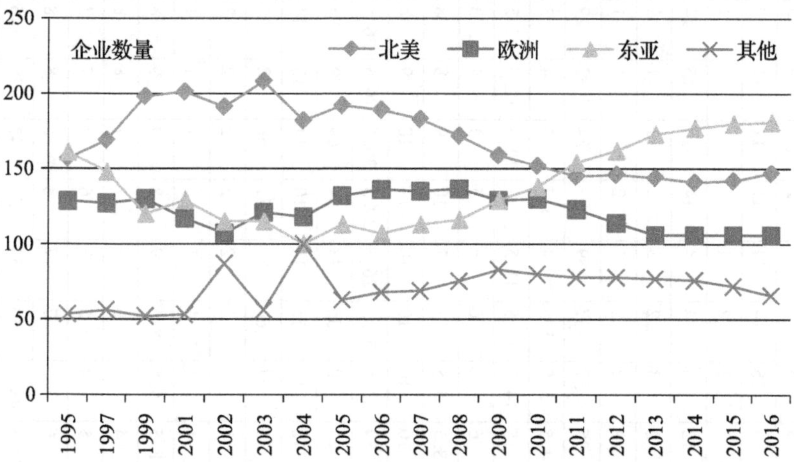

图 9-1　1995~2016 年北美、欧洲和东亚等入围企业数量变化趋势

2. 国别(区域)分布

从 1995~2020 年世界 500 强的榜单来看（见表 9-3），入围企业主要来自美国、中国、日本、德国、英国、瑞士、韩国等国家，但有些国家入围的企业数量变化较大。在 2018 年之前，美国企业在世界 500 强中始终处于垄断地位，每年至少有 128 家企业入围 500 强；日本企业的入围数量则由多逐渐减少，由 1995 年入围的 148 家减少到 2017 年的 51 家，之后相对比较稳定，在入围企业数量上仍居第 3 位；中国入围企业的数量增长较快，1995 年入围 3 家，2009 年超过 40 家，2010 年突破 50 家，2019 年达到 129 家，从数量上看，中国入围世界 500 强的企业数首次超过美国，这是一个历史性的变化。近几年，瑞士、德国、荷兰、西班牙、意大利、英国等国家入围企业数量相对稳定。

（三）500 强的产业分布

从历年世界 500 强所在的企业来看，入围企业主要集中在五类产业：一是金融类产业，如银行、保险；二是能源类企业，如炼油业、能源、采矿与原油生产；三是电子通信类，如电信、电子电气及计算机；四是机动车辆与零件、金属产品、工业与工业设备类产业；五是公共设施、工程与建筑施工类（见表 9-4）。

表 9-3 1995~2020 年世界 500 强公司国别分布

年份	1995	1996	1997	1998	1999	2000	2001	2002	2003	2004	2005	2006	2007	2008	2009	2010	2011	2012	2013	2014	2015	2016	2017	2018	2019	2020
美国	150	153	162	173	185	178	184	177	192	172	177	170	162	153	141	139	131	132	132	128	128	134	132	126	121	121
墨西哥	2	1	1	1	1	2	2	2	2	1	2	5	5	5	4	2	3	3	3	3	3	2	2	4	4	4
加拿大	5	6	6	8	12	12	12	12	14	9	13	14	16	14	14	11	11	11	9	10	11	11	11	12	13	13
挪威	2	2	2	2	3	2	2	2	2	2	2	2	2	2	1	1	1	1	1	1	1	1	1	1	1	1
瑞士	13	16	14	12	11	11	11	12	11	11	11	12	13	14	14	14	15	15	14	13	12	15	14	14	14	14
芬兰	1	2	1	2	4	0	2	2	3	1	3	2	3	2	3	2	1	1	1	1	0	0	1	1	1	1
丹麦	0	0	0	0	0	37	0	0	0	2	2	2	2	2	2	2	2	1	1	1	1	1	1	1	1	1
德国	43	40	40	41	42	3.5	34	32	35	32	36	35	37	37	39	37	34	32	29	28	28	28	29	32	29	27
比利时	4.5	5.5	3.5	3.5	2.5	8.5	3.5	3.5	3.5	3.5	3.5	4.5	5.5	5.5	4	5.5	5	4	3	2	2	2	1	1	1	1
荷兰	10.5	9.5	9.5	9.5	8.5	4	10.5	9.5	12	12.5	15.5	15	14.5	13.5	11.5	13	12.5	12.5	11.5	12.5	13.5	12.5	14	14	11	12
瑞典	3.5	3	4	4	4	5	5	4	6	6	7	6	6	6	6	5	3	4	3	3	3	3	3	2	1	1
西班牙	5	6	5	5	5	4	6	5	5	6	8	8.5	8.5	11	12	10	9	8	8	8	8	9	9	9	9	9
意大利	11	12	13	14	11	10	8	8	9	8	8	10	10	10	10	11	10	9	8	9	9	9	7	6	6	6
英国	35	33	35	36	39	40	35	29	34.5	34	36	39	33.5	33.5	26.5	29.5	30.5	26.5	26.5	27.5	28.5	25.5	23	20	16	21
中国	5	6	6	6	8	11	12	11	12	15	19	23	30	35	43	54	69	79	95	101	106	110	115	120	129	133
韩国	8	12	15	12	10	12	11	11	13	10	11	12	14	15	14	10	14	13	14	17	17	15	15	16	16	14
日本	148	141	126	113	101	107	104	73	88	73	81	70	67	64	68	71	68	68	61	57	54	52	51	52	52	53
新加坡	0	0	0	0	0	0	1	1	1	1	1	1	1	1	2	2	2	2	2	2	2	3	3	3	3	2
马来西亚	0	0	1	0	1	1	1	1	1	1	1	1	1	1	1	1	1	1	1	1	1	1	1	1	1	1
澳大利亚	3	4	5	7	7	7	7	6	6	7	9	8.5	5.5	8.5	9	8	9	9	8	8	8	8	7	7	7	5
巴西	2	4	5	5	4	3	3	3	4	3	3	4	5	5	6	7	7	8	8	7	7	7	7	7	8	7
俄罗斯	0	0	1	1	1	2	2	2	3	3	3	5	4	5	8	6	7	7	7	8	5	5	4	4	4	4
印度	1	1	1	1	1	1	1	1	1	2	5	6	6	7	7	8	8	8	8	8	7	7	7	7	7	7
其他国家	47.5	43	44	44	39	39	43	93	42	85	43	44.5	48.5	50	54	51	47	29	46	44	45	39	42	40	45	42

注：两国合资公司各记 0.5，如联合利华（比利时、荷兰）、力拓集团（英国、澳大利亚）、壳牌（英国、荷兰）、阿西亚布朗勃法瑞（瑞士、瑞典）、Ageas（比利时、荷兰）、Altadis（西班牙、法国）和 Fortis（比利时、荷兰）。

资料来源：根据历年世界 500 强榜单整理。

表 9-4 1995~2020 年入围世界 500 强榜单的企业的行业分布

年份	1995	1997	1999	2001	2003	2004	2005	2006	2007	2008	2009	2010	2012	2013	2014	2015	2016	2017	2018	2019	2020
银行：商业与储蓄	61	69	63	59	62	58	56	57	60	67	60	57	54	54	55	47	53	51	51	50	50
炼油业	31	31	27	29	26	32	32	34	39	39	49	43	44	43	40	38	32	28	31	29	29
能源	1	3	4	13	10	11	11	11	7	6	11	8	11	13	16	15	13	12	9	10	10
电信	21	22	21	24	24	24	24	23	21	22	20	21	20	20	19	18	17	18	17	16	16
电子、电气设备	30	26	24	23	18	18	18	18	18	17	15	16			17	17	17	13	15	15	15
计算机、办公设备	9	9	6	9	9	9	9	10	11	11	11	4	12	9	7	7	8	8	9	9	9
机动车辆与零件	25	27	24	27	32	32	34	34	33	33	29	8	33	32	33	34	34	34	34	34	34
航空与航天	9	8	9	9	12	11	11	11	11	12	12	13	12	12	13	11	15	14	14	13	13
航空公司	11	7	9	9	7	7	7	7	7	7	6	4	6	6	6	7	8	8	7	6	6
公共设施	17	14	19	18	23	23	23	23	21	19	19	22	22	18	21	22	18	18	18	15	15
工程与建筑施工	14	13	9	12	11	11	10	10	11	14	18	17	10	10	13	13	13	13	11	13	13
食品与医药	20	27	23	24	23	23	22	23	22	22	22	20	2	7	7	6					
食品	10	12	17	10	9	9	9	9	8	8	6	3	10	8	8	8					
饮料	7	4	5	6	4	4	4	4	4	5	5	5	3	4	3	3	3	3	4	4	4
保险	55	57	54	48	49	52	48	49	45	45	37	55	28	44	50	54					
制药	9	10	13	13	14	12	12	12	12	12	12	12	10	10	9	10	13	15	13	13	13
化学品	19	14	13	10	6	8	9	10	11	11	11	12	10	10	8	8	7	7	7	8	8
贸易	19	22	19	17	16	10	10	10	10	10	10	9	12	12	13	12	12	15	20	19	19
一般商品零售	15	14	27	15	12	12	12	10	10	8	6	8	4	6	6	6					
专业商品零售	6	5	0	12	13	13	13	12	12	10	8	7	9	8	8	11					
林产品和纸制品	4	7	7	6	4	5	4	3	3	3	1	1	0		0	0					
邮递、货运和包裹	6	8	6	8	8	9	9	10	10	7	6	7	7	7	7	7	6	6	7	7	7
金属产品	13	17	12	11	8	9	12	14	14	13	20	16	18	17	16	16	13	12	15	18	18
采矿、原油生产	3	3	3	6	4	4	6	11	11	12	12	6	17	25	24	25	19	18	21	23	23
烟草	3	3	3	3	3	3	3	4	4	3	3	3	4	3	3	1		1	2	2	2
工业与工业设备	10	9	10	6	6	5	7	7	7	7	7	2	6	6	6	6	8	10	7	7	7
其他	72	59	73	73	87	86	85	74	78	77	84	121	136	116	92	90	6	1			

资料来源：根据 1995~2020 年世界 500 强榜单整理。

（四）2019 年度世界 500 强的经营状况

1. 概况

根据世界 500 强 2020 年的榜单，2019 年度世界 500 强的总营业收入为 33.3 万亿美元，净利润之和为 2.06 万亿美元，企业的入围门槛为 254 亿美元，与 2018 年相比分别下降 1.9%、下降 4.3%和上升 2.4%。500 强企业中有 45 家企业亏损，墨西哥石油公司亏损最高，达 180 亿美元。入围榜单企业与行业的变化也反映了世界经济发展的状况。

2020 年榜单中排名前十位的企业，沃尔玛连续七年排名第一，美国企业占 2 家，中国企业占 3 家（见表 9-5）。

表 9-5 2019 年度世界 500 强排名前 10 的企业

排名	公司名称	营业收入（百万美元）	利润（百万美元）	国家
1	沃尔玛	523 964	14 881	美国
2	中国石油化工集团公司	407 008. 80	6 793. 20	中国
3	国家电网公司	383 906	7 970	中国
4	中国石油天然气集团公司	379 130. 20	4 443. 20	中国
5	荷兰皇家壳牌石油公司	352 106	15 842	荷兰

（续）

排名	公司名称	营业收入（百万美元）	利润（百万美元）	国家
6	沙特阿美公司	329 784.40	88 210.90	沙特阿拉伯
7	大众公司	282 760.20	15 542	德国
8	英国石油公司	282 616	4 026	英国
9	亚马逊	280 522	11 588	美国
10	丰田汽车公司	275 288.30	19 096.20	日本

2. 国别分布

2020年榜单中，中国企业入围的最多，为133家；其次是美国企业，达121家；排名第三的是日本，共有53家企业入围。除美国、中国和日本外，法国、德国、英国等欧洲企业入围数量也较多，金砖国家巴西、印度和俄罗斯共有18家企业入围（见表9-6）。这也体现出当前世界经济发展的版图，美国、中国、日本及欧盟起主导作用，金砖国家在世界经济中已经占有了一席之地。

表9-6　2020年度主要经济体的世界500强企业经营状况

经济体	企业数		总收入（百万美元）	总利润（百万美元）	平均收入		平均利润	
	数量（个）	占比（%）			平均数（百万美元）	排名	平均数（百万美元）	排名
中国	133	26.6	8 735 151	463 480	65 678	6	3 485	8
美国	121	24.2	9 806 295	847 771	81 044	3	7 006	2
日本	53	10.6	3 124 122	88 354	58 946	9	1 667	16
法国	31	6.2	1 782 645	79 118	57 505	10	2 552	13
德国	27	5.4	1 946 725	72 888	72 101	5	2 700	10
英国	21	4.2	1 301 823	58 924	61 992	8	2 806	9
瑞士	14	2.8	801 235	59 702	57 231	11	4 264	5
韩国	14	2.8	800 406	30 049	57 172	12	2 146	15
荷兰	12	2.4	956 480	31 820	79 707	4	2 652	11
加拿大	13	2.6	557 568	49 320	42 890	17	3 794	6
意大利	6	1.2	379 536	15 545	63 256	7	2 591	12
西班牙	9	1.8	406 475	19 432	45 164	16	2 159	14
澳大利亚	5	1.0	177 231	22 156	35 446	18	4 431	4
印度	7	1.4	369 019	8 724	52 717	13	1 246	17
巴西	7	1.4	342 824	31 709	48 975	14	4 530	3
俄罗斯	4	0.8	377 283	52 491	94 321	2	13 123	1
新加坡	2	0.4	214 115	2 165	107 057	1	1 083	18
瑞典	1	0.2	45 690	3 793	45 690	15	3 793	7

资料来源：根据2020年世界500强的榜单整理。

从经营状况来看，入围企业平均营业收入最多的国家是新加坡，其次是俄罗斯；平均利润最高的是俄罗斯，美国排第2位。

3. 行业

在2020年榜单中，入围500强企业最多的行业是银行：商业储蓄，车辆与零部件，炼油，人寿与健康保险（股份），采矿、原油生产等行业；而平均利润最高的三大行业是计算机软件（180.13亿美元），半导体、电子元件（162.50亿美元），互联网服务和零售（146.56亿美元）。在入围企业较多的行业中，炼油（35 047.16亿美元）、综合商业（2 515.93亿美元）和保健：药品和其他服务行业（2 051.71亿美元）的平均营业收入排名前三，而油气设备与服务和金属产品行业的平均利润为负，处于亏损状态（见表9-7）。

表 9-7　2020 年度 500 强主要行业的平均营业收入和平均利润

序号	行业	企业数量（家）	平均营业收入（百万美元）	平均利润（百万美元）
1	银行：商业储蓄	50	62 795	9 744
2	车辆与零部件	34	81 869	2 469
3	炼油	29	3 504 716	4 096
4	人寿与健康保险（股份）	26	72 847	3 550
5	采矿、原油生产	23	63 106	4 749
6	食品店和杂货店	19	58 914	945
7	贸易	19	61 770	1 013
8	金属产品	18	49 117	–4
9	财产与意外保险（股份）	17	59 414	7 258
10	电信	16	78 360	5 071
11	公用设施	15	68 365	1 963
12	电子、电气设备	15	64 270	3 287
13	航天与防务	13	51 105	2 097
14	工程与建筑	13	75 631	1 649
15	制药	13	52 823	7 404
16	人寿与健康保险（互助）	11	37 745	1 511
17	多元化金融	10	67 186	4 038
18	能源	10	50 696	2 498
19	专业零售	10	49 231	3 468
20	计算机、办公设备	9	68 594	7 427
21	化学品	8	42 033	2 256
22	食品生产	7	44 055	859
23	工业机械	7	53 448	1 392
24	互联网服务和零售	7	107 736	14 656
25	邮件、包裹及货物包装运输	7	64 770	1 385
26	航空	6	39 297	2 177
27	批发：保健	6	107 268	677
28	建材、玻璃	5	39 493	1 527
29	房地产	5	62 366	3 604
30	饮料	4	36 034	5 096
31	食品：消费产品	4	53 360	6 472
32	保健：保险和管理医保	4	121 474	5 669
33	信息技术服务	4	46 079	4 150
34	管道运输	4	39 602	3 203
35	计算机软件	3	65 396	18 013
36	娱乐	3	41 729	4 833
37	综合商业	3	251 593	7 274
38	家居、个人用品	3	53 100	4 797
39	网络、通信设备	3	67 439	6 897
40	铁路运输	3	38 713	558
41	批发：食品	3	41 959	813
42	船务	3	38 036	258
43	建筑和农业机械	3	39 553	3 911
44	服装	3	41 882	3 176
45	食品：饮食服务业	2	29 122	2 508
46	保健：药品和其他服务	2	205 171	5 869
47	财产与意外保险（互助）	2	61 689	3 211
48	半导体、电子元件	2	53 292	16 250
49	烟草	2	31 413	7 232
50	批发：电子、办公设备	2	32 958	85

（续）

序号	行业	企业数量（家）	平均营业收入（百万美元）	平均利润（百万美元）
51	保健：医疗设施	2	45 484	2 806
52	医疗器材和设备	2	31 231	4 159
53	多元化外包服务	2	26 360	746
54	纺织	2	60 507	1 434
55	油气设备与服务	1	32 917	-10 137
56	科学、摄影和控制设备	1	25 542	3 696

资料来源：根据2020年世界500强榜单整理。

4. 最赚钱的50家企业

2020年度，世界500强中最赚钱的50家企业主要来自美国、中国、俄罗斯、瑞士、韩国、日本等11个国家，沙特阿美公司882.11亿美元，利润排名第1。其中，入围企业数量最多的国家是美国，其次是中国，俄罗斯有4家，瑞士有3家，巴西、德国、法国、韩国、荷兰、日本和沙特阿拉伯各有1家企业。在50家最赚钱的企业中，中国企业名列前4~9位，且平均利润为224亿美元，其次是美国企业，排名第2~3，5，7~8，平均利润为221.55亿美元（见表9-8）。

表9-8　2020年度世界500强中最赚钱的50家企业母公司所在国家及平均利润

国家	美国	中国	俄罗斯	瑞士	巴西	德国	法国	韩国	荷兰	日本	沙特阿拉伯
企业数量（家）	25	11	4	3	1	1	1	1	1	1	1
平均利润（百万美元）	22 155	22 404	13 123	12 569	10 151	15 542	11 267	18 453	15 842	19 096	88 211

三、500强中的中国企业

1. 中国入围企业的数量不断增多

1995年，入围500强的中国大陆企业只有中国银行及中国粮油食品进出口公司2家企业。随着中国经济的快速发展，中国入围企业的数量不断增多，入围门槛也呈现增高趋势。2000年，中国大陆、台湾、香港和澳门上榜企业达到11家，2005年突破20家，2010年超过50家，2014年达到100家，2020年创历史新高，为133家（见图9-2）。

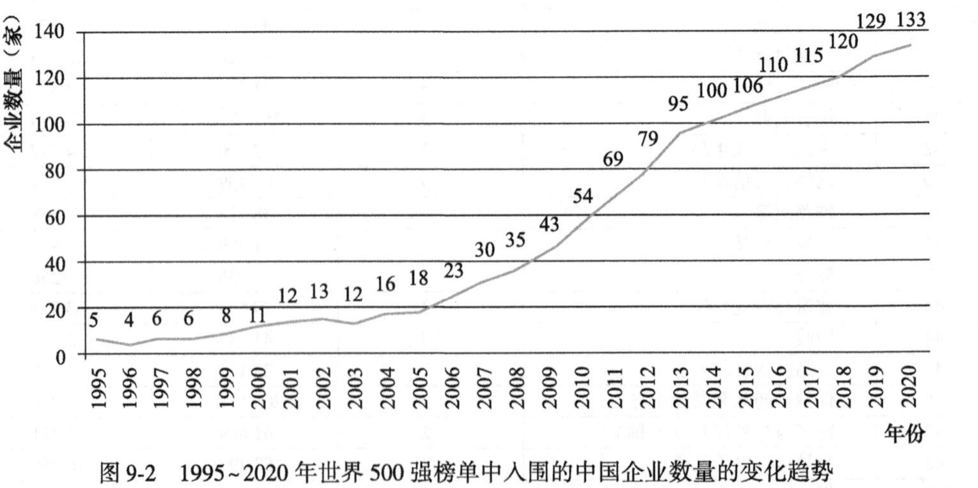

图9-2　1995~2020年世界500强榜单中入围的中国企业数量的变化趋势

资料来源：http://www.fortunechina.com/first/content/2009-07/08/content_21322.htm 和《财富》中文网等，整理。

入围的中国企业中，主要以大陆的企业为主。2005 年之前，台湾和香港地区每年最多有 2 个企业入围；2006 年以来，台湾和香港地区入围的企业数量略有增多。2019 年，台湾最多达到 9 家企业。2018 年香港有 8 家企业（见表 9-9）。

表 9-9　1995~2020 年各年世界 500 强榜单中入围的中国企业地区来源

（单位：家）

年份	1995	1996	1997	1998	1999	2000	2001	2002	2003	2004	2005	2006	2007
入围企业总数	5	4	6	6	8	11	12	13	12	16	18	23	30
中国大陆	2	2	3	4	6	10	11	11	11	15	15	19	22
中国台湾	2	1	1	2	1	1	0	2	1	1	2	3	6
中国香港	1	1	2	0	1	0	1				1	1	2
年份	2008	2009	2010	2011	2012	2013	2014	2015	2016	2017	2018	2019	2020
入围企业总数	35	43	54	69	79	95	100	106	110	115	120	129	133
中国大陆	25	34	42	57	69	85	93	95	97	103	104	113	118
中国台湾	6	6	8	8	6	6	3	6	7	6	8	9	8
中国香港	4	3	4	4	4	4	4	5	6	6	8	7	7

2. 入围企业的年营业收入不断增长

每年入围 500 强的中国企业的最小营业收入几乎逐年增长，1999 年企业入围的门槛值是 89 亿美元，2001 年超过 100 亿美元，2012 年突破 200 亿美元，2020 年为 253.9 亿美元（见图 9-3）。入围的门槛值逐年提高，说明入围的中国企业的经营规模在增大。

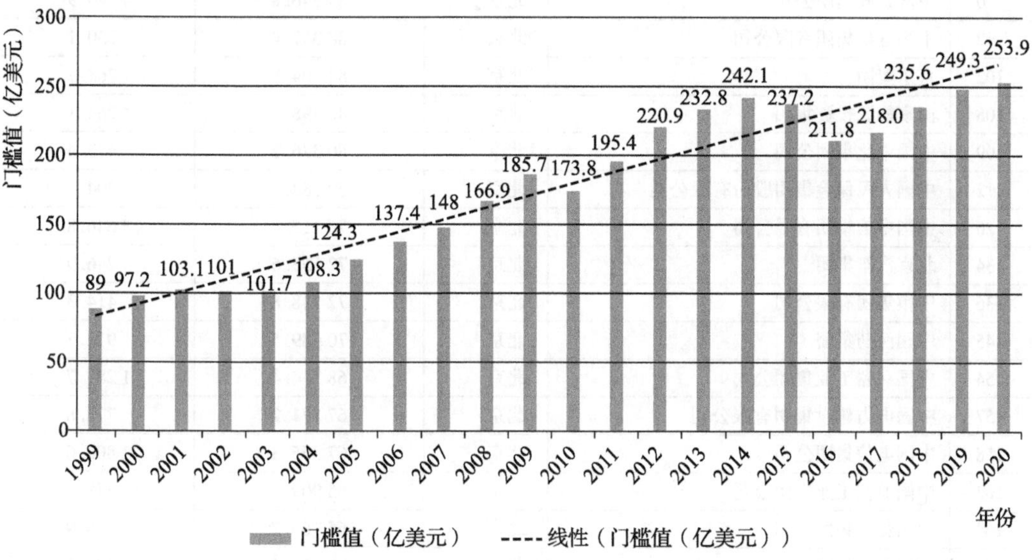

图 9-3　1999~2020 年中国企业各年入围的门槛值

3. 2020 年入围中国企业的经营状况

（1）概况。

在 2020 年的榜单中，中国入围企业达 133 家（见表 9-10），营业收入合计为 8.7 万亿美元，实现利润 4 634.8 亿美元。其中，中石化、国家电网、中石油位列世界 500 强的第 2、3、4 位，新增上海建工、深圳投资控股、盛虹、山东钢铁、上海医药、广西投资、中国核工业和中煤能源等 8 家中国公司。中国工商银行、中国建设银行、中国农业银行、中国银行、中国平安保险（集团）股份有限公司、阿里巴巴集团、腾讯控股有限公司、招商银行、中国移动通信集团有限公司、台积公司和交通银行等11家企业位列500强的最盈利的50家企业名单。

表9-10　2020年度入选500强的中国企业排行榜

排名	公司名称	所在城市	营业收入（百万美元）	利润（百万美元）
401	鞍钢集团公司	鞍山	31 468.7	−208.9
2	中国石油化工集团公司	北京	407 008.8	6 793.2
3	国家电网公司	北京	383 906	7 970
4	中国石油天然气集团公司	北京	379 130.2	4 443.2
18	中国建筑集团有限公司	北京	205 839.4	3 333
24	中国工商银行	北京	177 068.8	45 194.5
30	中国建设银行	北京	158 884.3	38 609.7
35	中国农业银行	北京	147 313.1	30 701.2
43	中国银行	北京	135 091.4	27 126.9
45	中国人寿保险（集团）公司	北京	131 243.7	4 660.3
50	中国铁路工程集团有限公司	北京	123 324	1 535.3
54	中国铁道建筑集团有限公司	北京	120 302.2	1 359.2
64	中国海洋石油总公司	北京	108 686.8	6 957.2
65	中国移动通信集团公司	北京	108 527.3	12 145.1
78	中国交通建设集团有限公司	北京	95 096.2	1 332.6
90	中国邮政集团公司	北京	89 346.8	4 440.9
92	中国五矿集团有限公司	北京	88 357.4	230.1
102	京东集团	北京	83 504.8	1 763.7
108	国家能源投资集团	北京	80 498	4 264.1
109	中国中化集团公司	北京	80 376.2	473.4
112	中国人民保险集团股份有限公司	北京	79 788.1	3 204
126	中国中信集团有限公司	北京	75 115.4	3 646.8
134	北京汽车集团	北京	72 553.6	746.9
136	中粮集团有限公司	北京	72 148.8	414.3
145	中国医药集团	北京	70 689.5	912.2
154	中国兵器工业集团公司	北京	68 714.4	1 283.7
157	中国电力建设集团有限公司	北京	67 371.2	772.8
158	中国电信集团公司	北京	67 365.3	1 802.6
163	中国航空工业集团公司	北京	65 909	578.1
164	中国化工集团公司	北京	65 766.7	−1 250.9
187	中国建材集团	北京	57 625.6	−104.9
191	中国保利集团	北京	57 147.4	2 030.9
217	中国铝业公司	北京	51 649.4	273.2
239	中国民生银行	北京	48 528.3	7 790.3
253	中国光大集团	北京	46 957	1 989.6
266	中国华能集团公司	北京	44 501.9	186.5
281	中国机械工业集团有限公司	北京	43 122.2	452.3
290	中国联合网络通信股份有限公司	北京	42 052.1	721.2
305	中国航空油料集团公司	北京	40 487.2	568.7
316	国家电力投资集团公司	北京	39 406.8	179.5

（续）

排名	公司名称	所在城市	营业收入（百万美元）	利润（百万美元）
332	中国航天科工集团公司	北京	37 604.3	1 958.9
352	中国航天科技集团公司	北京	36 208.6	2 628.3
353	中国能源建设集团	北京	36 110.5	395.3
361	中国中车集团	北京	34 704.2	523.2
370	中国华电集团公司	北京	33 808.4	310.4
381	中国电子科技集团公司	北京	32 948.4	1 742.5
386	中国电子信息产业集团有限公司	北京	32 447.1	137.8
422	小米集团	北京	29 795.2	1 453.9
424	泰康保险集团	北京	29 502.1	3 211.5
429	首钢集团	北京	29 273.6	40
434	中国兵器装备集团公司	北京	29 063	987.7
449	华夏保险公司	北京	28 494.2	122
465	中国大唐集团公司	北京	27 464	426.7
477	中国通用技术（集团）控股有限责任公司	北京	26 558.8	489.5
493	中国核工业集团有限公司	北京	25 974.9	1 104.7
496	中国中煤能源集团有限公司	北京	25 846.4	307.7
308	山东魏桥创业集团	滨州	40 426	792.1
463	大同煤矿集团有限责任公司	大同	27 556.6	−158.6
147	碧桂园控股有限公司	佛山	70 335.3	5 724.9
307	美的集团股份有限公司	佛山	40 440.4	3 504.6
222	兴业银行	福州	50 945.1	9 534.4
354	阳光龙净集团有限公司	福州	35 909.4	614.1
409	台湾中油股份有限公司	高雄	30 545.9	1 049.7
105	中国南方电网有限责任公司	广州	81 978.1	1 833.1
206	广州汽车工业集团	广州	53 662.1	564.5
296	雪松控股集团	广州	41 276.7	122.1
343	江西铜业集团公司	贵溪	36 979.7	169.5
132	阿里巴巴集团	杭州	73 165.9	21 450.2
210	物产中大集团	杭州	51 954.1	395.7
243	浙江吉利控股集团	杭州	47 885.9	1 231.9
468	海亮集团有限公司	杭州	27 209.1	174.9
212	山东能源集团有限公司	济南	51 892.5	729.6
459	山东钢铁集团有限公司	济南	27 754.7	21.7
369	金川集团	金昌	33 824.4	298
500	山西晋城无烟煤矿业集团	晋城	25 385.6	22
324	苏宁易购集团	南京	38 971	1 424.8
490	广西投资集团有限公司	南宁	26 059.8	78.3
435	海尔智家股份有限公司	青岛	29 060.4	1 187.9
234	厦门建发集团有限公司	厦门	49 170.2	667.3
284	厦门国贸控股集团有限公司	厦门	42 790.1	41.8
298	象屿集团	厦门	41 135.4	220
52	上海汽车集团股份有限公司	上海	122 071.4	3 706.1

（续）

排名	公司名称	所在城市	营业收入（百万美元）	利润（百万美元）
111	中国宝武钢铁集团	上海	79 932	2 901.3
162	交通银行	上海	66 564.4	11 186.4
176	绿地控股集团有限公司	上海	61 965.1	2 134.1
193	中国太平洋保险（集团）公司	上海	55 799.6	4 015.5
220	上海浦东发展银行	上海	51 313.4	8 507.1
264	中国远洋海运集团有限公司	上海	44 655.1	1 086.6
423	上海建工集团股份有限公司	上海	29 745.7	568.9
473	上海医药集团股份有限公司	上海	27 005.4	590.7
21	中国平安保险（集团）股份有限公司	深圳	184 280.3	21 626.7
49	华为投资控股有限公司	深圳	124 316.3	9 062.1
91	正威国际集团	深圳	88 862.1	1 807.3
152	中国恒大集团	深圳	69 127.1	2 501.3
189	招商银行	深圳	57 252.1	13 442.5
197	腾讯控股有限公司	深圳	54 612.7	13 506.6
208	万科企业股份有限公司	深圳	53 252.7	5 626.7
442	深圳市投资控股有限公司	深圳	28 854.5	1 593.7
218	河钢集团	石家庄	51 345.1	-94.1
107	恒力集团	苏州	80 588.3	2 076.8
455	盛虹控股集团有限公司	苏州	27 869.6	486.5
269	和硕	台北	44 206.7	625
374	国泰金融控股股份有限公司	台北	33 510.9	2 030.5
396	仁宝电脑	台北	31 722.5	225.1
403	富邦金融控股股份有限公司	台北	31 012.6	1 892.7
452	纬创集团	台北	28 416.2	220
485	山西焦煤集团有限责任公司	太原	26 178.9	211.6
377	广达电脑公司	桃园	33 313.4	515.8
456	铜陵有色金属集团	铜陵	27 819.4	-64.5
329	青山控股集团	温州	38 011.7	825.9
75	太平洋建设集团	乌鲁木齐	97 536.4	3 455
443	新疆广汇实业投资（集团）有限责任公司	乌鲁木齐	28 710.9	89.8
367	安徽海螺集团	芜湖	33 916.4	1 773
100	东风汽车公司	武汉	84 048.5	1 328.4
265	陕西延长石油（集团）公司	西安	44 564.4	215.2
273	陕西煤业化工集团	西安	43 797.8	119.5
79	中国华润有限公司	香港	94 757.8	3 571.6
224	联想集团	香港	50 716.3	665.1
235	招商局集团	香港	49 126	5 233.1
250	友邦保险集团	香港	47 242	6 648
301	怡和集团	香港	40 922	2 838
328	长江和记实业有限公司	香港	38 165.5	5 083.7
392	中国太平保险集团有限责任公司	香港	31 912	585.8
26	鸿海精密工业股份有限公司	新北	172 868.5	3 730.9

（续）

排名	公司名称	所在城市	营业收入（百万美元）	利润（百万美元）
362	台积公司	新竹	34 619.7	11 452.1
406	冀中能源集团	邢台	30 666.1	−114.3
499	山西阳泉煤业（集团）有限责任公司	阳泉	25 490.8	−81.5
351	江苏沙钢集团	张家港	36 488.3	717.5
89	中国第一汽车集团公司	长春	89 417.1	2 847.8
489	潞安集团	长治	26 077.6	105.4
486	河南能源化工集团	郑州	26 162.5	−305.8
436	珠海格力电器股份有限公司	珠海	29 023.6	3 574.8
295	兖矿集团	邹城	41 323.4	274.9

资料来源：《财富》中文网。

（2）行业状况。

从行业分布来看，榜上企业所处领域多为采矿、原油生产，金属产品，银行：商业储蓄，贸易，工程与建筑等。采矿、原油生产行业入围的企业数量最多，有14家；其次是金属产品，有13家入围，银行：商业储蓄和贸易入围的数量都是10家，入围企业较多的行业还有工程与建筑，车辆与零部件，人寿与健康保险（股份），电子、电气设备，航天与防务，房地产，多元化金融，能源，计算机、办公设备，互联网服务和零售、炼油、电信、公用设施和人寿与健康保险（互助）（见表9-11）。此外，制药、专业零售、化学品、工业机械、邮件、包裹及货物包装运输以及建材、玻璃和纺织产业中各有2家中国公司；而财产与意外保险（股份）、批发：保健、网络、通信设备、船务和半导体、电子元件产业中各有一家中国企业。

表9-11　2019年度入围3家以上的中国企业的行业分布

行业	采矿、原油生产	金属产品	银行：商业储蓄	贸易	工程与建筑	车辆与零部件	人寿与健康保险（股份）	电子、电气设备	航天与防务	房地产	多元化金融	能源	计算机、办公设备	互联网服务和零售	炼油	电信	公用设施	人寿与健康保险（互助）
数量	14	13	10	10	9	7	6	6	6	5	4	4	4	4	3	3	3	3

资料来源：根据2020年世界500强榜单整理。

在有3家以上企业入围的行业中，银行：商业储蓄的平均利润最高，为194.08亿美元，互联网服务和零售以及人寿与健康保险（股份）产业分列第2位和第3位，平均利润分别为95.44亿美元和68.12亿美元；平均营业收入最高的是炼油行业，为2 722.28亿美元，其次是公用设施和银行：商业储蓄，平均营业收入分别为1 665.64亿美元和939.92亿美元（见表9-12）。

表9-12　2019年度入围500强较多的中国企业的平均营业收入及平均利润

行业	平均营业收入（百万美元）	平均利润（百万美元）
银行：商业储蓄	93 992	19 408
互联网服务和零售	60 270	9 544
人寿与健康保险（股份）	80 515	6 812
电信	72 648	4 890

（续）

行业	平均营业收入（百万美元）	平均利润（百万美元）
炼油	272 228	4 095
房地产	62 366	3 604
公用设施	166 564	3 371
电子、电气设备	58 008	2 127
车辆与零部件	72 937	1 895
航天与防务	45 075	1 530
多元化金融	41 485	1 483
工程与建筑	89 098	1 471
人寿与健康保险（互助）	29 969	1 306
采矿、原油生产	41 723	896
金属产品	47 828	532
能源	34 337	474
计算机、办公设备	36 042	407
贸易	47 526	317

资料来源：根据2020年世界500强榜单整理。

（3）城市分布。

从入围企业总部所在的城市看，中国超级大企业主要集中在北京、上海、深圳、广州等经济发达地区。其中，55家企业分布在北京，上海9家，深圳8家，香港特别行政区7家，台北5家，杭州4家，广州和厦门各3家，佛山、福州、济南、苏州、乌鲁木齐、西安各2家，鞍山、滨州、大同、贵溪、金昌、晋城、南京、南宁、青岛、石家庄、太原、铜陵、温州、芜湖、武汉、邢台、阳泉、张家港、长春、长治、郑州、珠海、邹城及高雄、桃园、新北和新竹等城市各1家（见图9-4）。

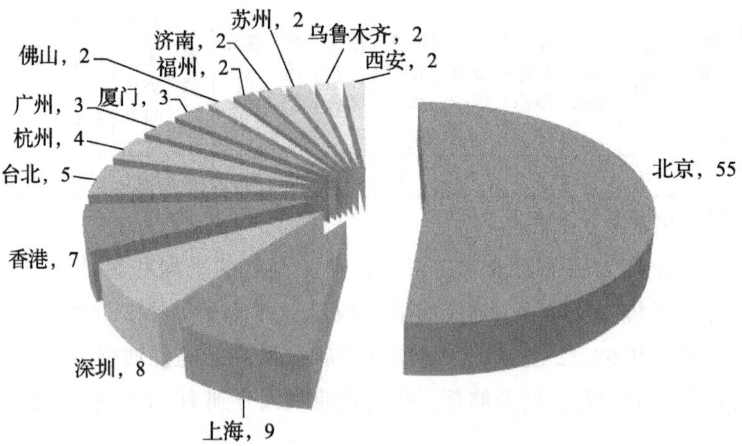

图9-4　2020年有不少于2家企业入围世界500强的中国城市分布

从上述分析中，可以看到中国企业发展所取得的进步，我们确实应该为中国企业在上榜数量、排名以及营业收入和利润额上已经达到了史无前例的高位而感到自豪，我们坚信中国企业未来的发展会更好！但我们也要清楚两点：一是部分上榜中国企业中的营业收入多来自政策性的行业垄断，而非其运营管理能力。中国上榜企业中有部分是来自资源性垄断和管制行业，这些领域进入门槛高，竞争压力小，企业营业收入与利润受政府政策性影响大，其巨额收入和盈利很大程度上得益于垄断收益和每年的国家巨额补贴，市场竞争主导下优胜劣汰的案例极少；资产重组和市场行为多是政府主导下的联合，如中航第一集团和第二集团的合并，网通、电信与联通的重组等。从成长路径来看，这些国有企业并非在激烈的市场竞争中成长起来的，非外向型发展模式是其主要特征，即以中国本土为主要市场，并没有真正走出国门并参与到国际市场竞争中去。中石油的营业收入是美孚石油的1.1倍，但利润仅为美孚石油的一半；中石化的营业收入与壳牌的相近，但利润约为壳牌的1/3。政府的扶持、政策保护和国内垄断地位，自然难以造就有利于国有企业成长和竞争的市场环境。二是大不等于强，由大变强是中国企业未来的发展方向。衡量一个企业是否强大，不但要看其营业额，更要看其技术实力、人才实力、营利能力、运转效率等，只有多方面的综合，才是真正的强。如果企业没有核心竞争力，大而不强，只是很浮躁地把资产业务拼凑捆绑在一起，即使一时进入全球500强，也无法长久立足。中国上榜企业与其他发达国家上榜企业相比仍存在差距。从发展现状来看，与发达国家上榜企业相比，中国的国有企业行业分布集中，在整体上普遍存在产品技术含量不高、技术创新能力不强和自主创新基础薄弱等问题，既没有像微软、IBM等引领世界高新技术发展的企业，也没有像波音、大众汽车等制造业的巨头，更缺少像谷歌、亚马逊等新兴领域的企业。在管理方面，非外向型经济直接影响了国有企业管理效率的提升，国有企业的管理理念、投资决策机制、薪资制度和治理模式等还存在较多有待改进的地方。我们的国有企业还存在缺乏品牌营销能力的问题。我们仍然缺少像耐克、可口可乐那样真正具备全球品牌价值和世界影响力的企业，特别是在盈利率和生产率方面。中国多数入围企业为大型国有控股企业，参与市场竞争的程度并不高。中国部分上榜的企业仍然是国家品牌，而非市场品牌，中石化、中石油、中国移动、中国人寿等国有企业并非以其创新能力或者擅长国际营销著称。它们依靠垄断地位、控制资源进入500强的现象，说明中国依然是一个经济大国而非经济强国。而且企业中有相当多的一部分资产属于辅业资产，现有职工中近1/3属于辅业单位职工。由此看来，这些企业做得很大，用1/3的人力、物力、财力、时间、精力去经营不足1/10的副业，这说明企业改革潜力还很大。中国的企业仍需在上述方面做出努力，否则，挤进的就是全球500大而非500强。

第二节　500强跨国公司发展模式

一、500强跨国公司的发展模式概述

在跨国公司的发展历程中，发达经济体的成长模式引领着世界经济的发展，其中，以欧美国家跨国公司模式和日韩跨国公司最具代表性。2020年，美国（121）、日本（53）、法国（31）、德国（27）、英国（21）、瑞士（14）、加拿大（13）、意大利（6）、西班牙（9）、澳大利亚（5）、瑞典（1）在世界500强中占有60.2%。大型跨国公司拥有技术、资本、管理、市场、品牌多方面优势和丰富的发展经验，其成功模式对发展中经济体跨国公司的发展有重要的启示作用。在跨国公司发展典型模式中，除了欧美的产供销一体化模式与日韩综合商社的模式，还有渐进式的市场进入模式、多元化与归核化经营模式、跨国公

司服务业的控股与非股权安排模式、合同制造与服务外包模式和并购模式。

二、500 强跨国公司的主要发展模式

（一）渐进式的市场进入模式

欧美跨国公司在成长的初期，大多选择渐进式的市场进入模式。20 世纪 70 年代，瑞典企业的跨国经营大体经历了不规则的出口活动，通过代理商出口，建立海外销售子公司，从事海外生产和制造等跨国经营阶段；80 年代，美国企业国际化也经历了国内营销阶段、前出口阶段、试验性地卷入阶段、积极投入阶段、国际战略阶段等过程；80 年代中期，英国中小企业跨国经营途径为国内经营，出口，设海外代理，建立海外销售子公司，建立海外生产子公司等。日韩跨国公司的海外市场进入模式大致与欧美的发展路径类似：先易后难渐进式发展。同时，其“集团式”或“联盟式”进入模式更加典型。日本企业国际化进程总体而言是一个缓慢和循序渐进的过程：其国际化的目的为出口→出口替代→国际化分工→全球化战略；选择地区为发展中国家→发达国家→全球；国际化手段为合资建厂→散件组装→一体化生产→收购兼并、委托加工→设立研发中心；投资规模由小到大；技术由劳动密集型低技术到资本密集型高科技；行业由合成纤维、家电、汽车、半导体等制造业向服务业转变。[⊖]

（二）多元化与归核化经营模式

多元化模式是指企业同时经营两种以上基本经济用途不同的产品或服务的发展模式，包括横向多样化模式、多向多样化模式、复合多样化模式。横向多样化模式是以现有的产品市场为中心，向水平方向扩展事业领域的模式，也称水平多样化或专业多样化。横向多样化模式包括市场开发型、产品开发型和产品、市场开发型。这种模式是在原有的市场、产品基础上变革，适合原有产品信誉度高、市场广且发展潜力还很大的大型企业。多向多样化模式是指在现有的产品、市场领域的基础上，通过开发完全异质的产品、市场来使事业领域多样化的模式。这种多向多样化模式包括技术关系多样化、市场营销关系多样化、资源多样化三种类型。复合多样化模式是指企业所开拓的新事业与原有的产品、市场毫无相关之处，所需要的技术、经营方法、销售渠道等必须重新取得。复合多样化又可分为几种模式。多元化经营模式是跨国公司一种重要的扩张模式，大型的跨国公司都拥有多种产品、多种技术和多种市场。美国通用公司是运用多元化发展模式的典范。

归核化模式是指多元化经营的跨国公司将其业务集中到其资源和能力具有竞争优势的领域。归核化模式强调企业业务与企业核心能力的相关性，强调业务向企业核心能力靠拢，资源向核心业务集中。归核化模式包括出售和撤销、收购及剥离、分拆和战略性外包。如苹果公司、耐克保留产品设计、研发等核心业务，把其他生产流程外包的做法就是典型的归核化模式。20 世纪 20 年代，西方企业就开始了多元化经营；20 世纪 80 年代开始转向归核化的经营（见表 9-13、表 9-14）。

⊖ 安曼．日本企业国际化经营模式研究［J］．日本研究，2007（1）：65-70.

表 9-13　美国大企业经营类型的变化　（%）

类型	1949 年	1959 年	1969 年	1974 年	1981 年	1987 年
单一	42.0	22.8	14.8	14.4	23.8	30.4
主导	28.2	31.3	26.1	22.6	31.9	28.1
相关多元化	25.7	38.6	40.4	42.3	21.9	22.4
非相关多元化	4.1	7.3	18.7	20.7	22.4	19.1

资料来源：王金洲，王盼．西方企业从多元化到归核化战略调整的思考［J］．湖北经济学院学报，2006，4（5）：98-102.

表 9-14　美国大企业经营模式的变化　（%）

类型	1949~1959 年	1959~1969 年	1981~1987 年
多元化扩张	21.7	25.0	8.5
归核化	1.3	1.1	20.4
原状	77.0	73.9	71.1

资料来源：王金洲，王盼．西方企业从多元化到归核化战略调整的思考［J］．湖北经济学院学报，2006，4(5)：98-102.

（三）跨国公司服务业的控股与非股权安排模式

跨国公司服务业发展模式有多种形式，有的行业倾向于采取控股方式，重视股权控制与绝对控股地位，如广告业、批发零售业、投资银行业、运输业以及医疗服务业等，而有些服务行业，因对外资进入与股份比例的限制，合资是主要的市场进入方式（见表 9-15）。20 世纪 60 年代末，美国跨国公司主要投资资源采掘和初级产品开发；70 年代后期转向制造业；目前向微电子技术、信息服务、金融等高科技产业和服务业转移。

表 9-15　服务业进入模式

进入模式	主要行业	相关描述
完全控股方式	广告业、投资银行（经纪业）、教育服务业、运输业（海运和航运）、医疗服务业等	在这些行业中，跨国公司倾向于控股，大多追求绝对控股地位甚至全资控制
特许经营等非股权安排	旅馆业、快餐业、汽车租赁业等	特许经营、管理协议、租赁协议等非股权安排形式较为普遍
合伙方式	会计、审计与法律服务行业等	合伙方式广泛存在于会计、审计与法律服务行业，母子公司的联系较为松散
合资方式	商业银行业、电信业等	合资方式在商业银行业、电信业等服务业领域是较为普遍的组织形式

资料来源：张诚，赵奇伟．服务业跨国公司的组织控制模式：分布特点及影响因素［J］．南开经济研究，2005，3(3)：26-29.

1. 餐饮、零售等行业的特许经营模式

特许经营模式是指由一家国际企业允许另一家东道国企业按照特许人建立起来的系统模式进行经营，以此换取一定的费用或在特许人所提供的商品或服务上打上其标记的一种契约关系。2010 年全球特许经营企业的经营收入约为 2.5 万亿美元，其中跨国特许收入为 3 300 亿~3 500 亿美元。特许经营在零售业、餐饮业、宾馆、商业服务及教育和个人护理等服务业使用较多。2009 年，收入排名前 15 位的特许经营品牌有麦当劳、7-11、肯德基、赛百味、汉堡王、Ace Hardware、必胜客、Circle K Stores、温迪国际快餐连锁集团、万豪国际酒店、希

尔顿酒店度假村、瑞麦地产、塔可钟、Blockbuster、Holiday Inn Hotel & Resorts。

2010 年美国有 2 500 个特许经营系统，特许经营网点 63 万个，销售收入 1.48 万亿美元。例如麦当劳、肯德基等全球知名的快餐店，利用其“享誉世界”的品牌和成熟的运营体系发展特许经营，其对加盟企业收取的特许费有初始特许经营费、前期费和提成费（见表 9-16）。其中，麦当劳公司的全系统销售额中，有 72.3%来自非股权安排形式，肯德基的加盟商遍及全球 110 个国家。

表 9-16　麦当劳和肯德基特许加盟费

项目	初始特许经营费（万美元）	前期费或餐厅购入费（万美元）	提成费
麦当劳	4.5	250～320	营业额 4%（特许经营使用费）+营业额 8.5%（房产租金）+4%（广告特许贡献费）
肯德基	3.5	200～800	营业额 6%（特许经营权使用费）+营业额 5%（广告分摊费）

资料来源：卢进勇，郜志雄．跨国公司在华知识产权收费问题的研究［J］．国际贸易，2010(2)：31-36.

2. 酒店业的管理合同模式

在酒店和快餐业中，非股权安排，特别是特许经营、经营管理合同是被广为采纳的进入模式。美国和加拿大跨国酒店的特许经营模式更为普遍。相对而言，欧洲的跨国酒店则以股权进入模式为主，最近几年，特许经营或管理合同等非股权进入模式也被普遍采用。管理合同是指在这种契约关系下，东道国某种资产的经营控制权属于一家国际企业，即承包商，它管理该项资产并获得管理费用作为回报。据联合国贸发会估计，跨国管理合同的销售规模达到 1 000 亿美元，涵盖宾馆、电力、供水等行业。国际酒店业过去倾向于特许经营，而现在更青睐管理合同。在全球最大的十家酒店集团中，有八家是美国跨国集团，其中多数采取管理合同的经营模式（见表 9-17）。

表 9-17　2010 年全球十大酒店集团

酒店集团	经济体	国际化程度	特许经营（%）	管理合同（%）	管理合同销售总额（百万美元）	管理合同国际就业人数
洲际酒店	英国	90	74	25	4 701	75 786
万豪国际酒店	美国	20	53	45	8 860	2 700
温德姆酒店集团	美国	25	96	1	47	519
希尔顿酒店公司	美国	17	69	26	4 885	13 082
雅高	法国	75	24	22	2 208	42 728
选择国际酒店	美国	15	100	—	—	—
喜达屋酒店与度假村	美国	43	39	52	6 323	35 353
最佳西方国际	美国	39	100	—	—	—
卡尔森全球酒店集团	美国	55	63	21	1 017	18 541
凯悦酒店	美国	30	16	53	2 716	20 376

资料来源：UNCTAD. World Investment Report 2011.

（四）合同制造与服务外包模式

合同制造与服务外包模式指由一家国际企业将其全球价值链中的生产、服务或者工艺流程以合同的方式包给东道国企业而形成的一种契约关系，也称外包（商务流程外包，business process outsourcing，BPO）。服务外包通常体现了支持流程的外部化，包括 IT、商务以及知识功能。据 UNCTAD 统计，2010 年全球合同制造和服务外包市场合计达 1.1 万亿~1.3 万亿美元，这种模式主要集中在技术/资本密集型产业，如电子、汽车配件和医药产业，以及劳动密集型产业，如服装、鞋帽、玩具。如 2009 年世界收入最高的 10 个 IT-BPO 中，美国占了一半（见表 9-18）。

表 9-18　2009 年收入前十的外包 IT-BPO 服务供应商

公司	国家	IT-BPO 收入（百万美元）	主要服务中心
IBM	美国	38 201	在 40 多个国家有 50 个服务中心
惠普	美国	34 935	主要服务中心在美国、印度和英国，在 50 多个国家有服务点
富士通	日本	27 071	在 16 个国家有 91 个数据中心和外包服务中心
施乐	美国	9 637	服务中心主要在印度、墨西哥、菲律宾、牙买加、巴西、危地马拉、智利等
埃森哲	爱尔兰	9 179	全球有 50 多个服务中心
NTT Data Corporation	日本	8 925	服务中心主要在美国、英国以及中国、印度等
Computer Sciences Corporation	美国	6 451	在印度、中国、南亚、东欧、澳大利亚和越南有服务中心
凯捷	法国	6 071	服务中心遍及 36 个国家
戴尔	美国	5 622	在印度、欧洲、拉丁美洲、加拿大和菲律宾有服务中心
Logica	英国	5 459	在 35 个以上的国家从事服务业务

资料来源：UNCTAD. World Investment Report 2011.

美国捷普科技（Jabil）在 20 多个国家的 59 家制造和设计工厂为苹果、惠普、思科、IBM、通用电气等公司提供生产服务，2009 年收入达 13.4 亿美元。美国江森自控在 27 个国家有 175 家生产组装工厂，为福特、通用汽车、戴姆勒-克莱斯勒提供汽车配件生产，2009 年收入达 12.8 亿美元。

技术/资本密集型产业的合同制造往往集中在一些大型的国际化者手中；劳动密集型产业则集中了许多小生产企业，一条产业链把它们联系在一起。同一种模式在技术/资本密集型产业和劳动密集型产业所创造的行业销售额、增加值以及就业是不同的。在汽车制造行业，合同制造占据了全球汽车配件出口总额的 30%，提供的就业岗位占 1/4；在电子行业，合同制造在贸易额与就业人数中所占的比重则更大。

在制造业的不同行业，使用合同制造模式（NEM 中一种）的增长率是不同的，电子行业增长最高，其次为医药、鞋帽和玩具（见图 9-5）。

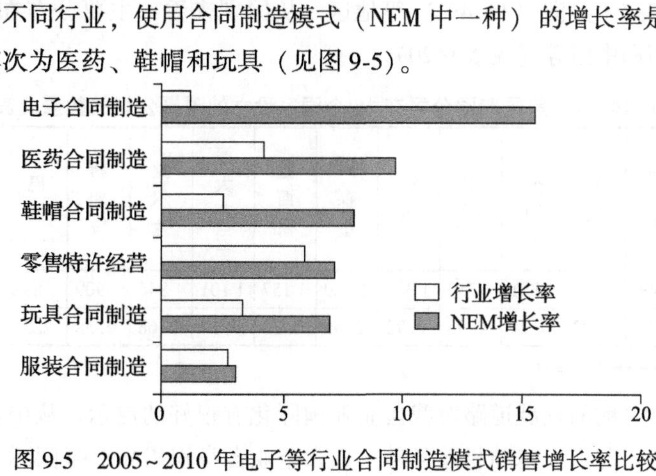

图 9-5　2005~2010 年电子等行业合同制造模式销售增长率比较

（五）并购模式

对于美国跨国公司的成长，美国著名学者、诺贝尔经济学奖获得者乔治·斯蒂格勒指出：某种程度上，没有一家美国大公司不是通过合并长大的，几乎没有一家大公司是只依赖内部的扩张成长起来的。据美国经济分析局（BEA）统计，2010 年，美国拥有 2 302 家跨国公司的母公司，26 791 家资产、销售和净收入超过 2 500 亿美元的子公司。2003~2019 年，美国跨境并购的价值在全球跨境并购额中所占的份额在大多数年份中居全球第一，2000 年占 11.6%；2008 年和 2009 年受金融危机的影响，2008 年为负值，2009 年占 8.4%；2015 年占 17.4%，2019 年占 21.3%。并不只有美国企业通过兼并联合来发展自身，有着悠久历史的跨国公司的发展也会采取兼并的方式以适应新的经济形势。2003~2019 年，跨境并购金额在全球并购额中占比较高的经济体还有日本、加拿大、法国、德国、澳大利亚、瑞典、瑞士、英国、中国和韩国等。其中，除中国、韩国外，上述国家全球跨境并购的金额占全球并购金额的 81.4%（见表 9-19）。

表 9-19　2000~2019 年法国等国跨境并购（购买）金额在全球并购额的份额　（%）

年份	2000	2001	2002	2003	2004	2005	2006	2007	2008	2009	2010	2011	2012	2013	2014	2015	2016	2017	2018	2019
美国	11.6	18.7	14.5	36.4	20.9	16.9	18.6	17.5	−5.0	8.4	24.5	24.9	22.1	22.7	19.9	17.4	8.8	16.6	31.1	21.3
日本	0.3	2.4	−0.3	1.4	1.2	0.9	2.8	2.9	8.0	6.1	9.0	11.3	11.5	22.2	10.7	6.9	8.3	9.4	4.4	21.2
加拿大	4.1	8.0	10.5	7.1	13.2	2.2	3.3	4.5	7.1	6.2	10.3	6.5	11.4	11.7	11.1	11.5	6.6	10.5	7.7	9.6
法国	16.1	9.3	10.0	−5.0	−1.0	10.9	7.5	7.1	10.8	14.7	1.8	6.7	−0.9	1.1	2.4	3.1	3.1	4.1	12.0	9.5
德国	1.0	12.0	13.7	5.5	3.7	1.0	2.5	5.8	10.3	9.4	2.0	1.0	4.8	2.5	9.0	6.5	−0.7	4.6	8.9	6.2
澳大利亚	0.4	5.6	0.6	6.6	5.4	4.6	4.3	4.2	2.9	−1.2	4.5	1.2	−2.1	−2.0	2.4	1.6	1.1	1.7	−0.1	3.9
瑞典	2.0	1.5	4.5	1.3	1.0	2.1	0.6	3.0	1.1	3.4	0.2	−0.4	0.0	−1.7	2.1	0.2	1.1	−0.1	0.9	3.6
瑞士	6.2	4.3	0.3	−1.4	2.4	4.3	4.3	3.2	8.3	2.6	3.7	3.7	5.0	2.1	2.4	5.5	4.0	2.7	4.2	3.2
英国	35.4	7.5	18.1	26.6	14.5	8.9	2.0	22.3	8.5	9.6	1.1	12.6	0.6	24.2	17.2	5.1	2.2	18.5	8.9	2.7
中国	0.0	0.0	0.6	1.0	0.3	1.1	2.0	0.1	5.8	8.1	8.6	6.6	11.5	19.6	9.2	7.0	11.2	18.9	7.0	2.3
韩国	0.1	−0.2	−0.1	0.4	0.0	0.0	0.2	0.8	0.8	2.3	2.9	0.8	1.7	1.5	0.8	0.1	0.5	1.8	0.5	1.6
意大利	1.9	1.3	0.8	−0.4	1.7	4.4	1.1	6.0	3.4	6.0	−1.5	0.7	−0.5	1.1	−1.9	0.4	1.4	−0.7	4.2	1.2
西班牙	3.8	2.0	2.4	−0.3	13.5	3.8	11.6	3.9	−2.0	−0.2	0.8	2.8	−0.5	−2.8	1.1	2.3	0.4	0.7	0.0	1.2

资料来源：《世界投资报告》附录表。

美国跨国公司的成长模式呈现地域、国别的特征。据美国经济分析局统计，截至 2018 年年底，美国跨国公司在境外设立的附属机构共有 35 296 家，主要分布在欧洲（50.6%）、亚太（22.1%）和拉丁美洲（16.4%）等地区。从国别来看，主要分布在英国、加拿大、荷兰、德国、法国和中国等（见表 9-20）。

表 9-20　2018 年美国跨国公司在 15 个国家设立的附属公司的数量及其份额

	英国	加拿大	荷兰	德国	中国	法国	卢森堡	墨西哥	澳大利亚	爱尔兰	新加坡	巴西	瑞士	日本	意大利
附属机构	4 067	2 396	2 371	1 851	1 750	1 316	1 289	1 157	1 101	946	909	892	785	768	758
占比（%）	11.52	6.79	6.72	5.24	4.96	3.73	3.65	3.28	3.12	2.68	2.58	2.53	2.22	2.18	2.15

资料来源：http://www.bea.gov.

跨国公司跨境并购的发展道路对我国企业国际化有很好的启示。从中国企业的现状和发展前景来看，由于起点、基础相差悬殊，想靠企业自身积累来追赶国际大企业的道路很难行得通。要想跻身全球500强之列，只有走超常规的发展道路，借助于兼并、联合、重组等资产经营活动，使企业不必经历长期的发展和累积就能够做大做强，才有可能在短期内完成后来者居上的历程。

第三节 500强跨国公司的成功经验

为什么有些全球500强跨国公司能够跨越一个又一个世纪而与时俱进？为什么一些观念、方法和行为，能够被不同国家、不同民族、不同企业引用并获得成功？为什么有些500强企业能够遍布世界160多个国家和地区而始终如一？一定是它们把握了一些人类社会发展的基本规律、范式，并在生产、销售、管理等各个阶段加以应用。它们到底有什么样的经验，可以值得我国企业借鉴和学习呢？

一、核心竞争力

核心竞争力也称核心能力或核心专长，是1990年由美国企业战略管理专家C. K. 普拉哈拉德和G. 哈默尔提出的，它是指企业所独有的，能为消费者带来特殊效用，使企业在某一市场上长期具有竞争优势的内在能力资源。全球500强企业成功的过程，就是核心竞争力的培育和发展过程。

放眼500强，几乎无一不在技术诀窍、创新能力、管理模式、市场网络、品牌形象、顾客服务等方面具有专长。而企业只要在生产管理、质量、规模、销售模式、售后服务、品牌、价格、人才等方面，做好其中一项或多项，就能形成核心竞争力。核心竞争力是一个多要素构成的能力体系，通过多个技能、技术的有机整合，从某一特定方面来满足消费者需求。如沃尔玛的核心竞争力是低成本、高忠诚度，而这一核心竞争力又通过三要素的有机结合，这三要素是：①以顾客为中心、低价格的经营理念。②组织协调技能。③现代信息技术。其中，经营理念是核心竞争力的中心，组织协调技能是关键，现代信息技术是保障。[一]苹果公司的核心竞争力是什么？乔布斯说："iPod为什么存在？苹果公司为什么在这个行业里获得成功？（答案在于）日本的消费类电子产品公司虽然是卓越的硬件制造商，但它们直到最近才开发出所必需的好软件。看看iPod你就会明白，它是一款漂亮的硬件，也是一款便于操作的软件产品。而日本消费类电子产品公司无法实现这种飞跃，创造出那样的软件。这就是苹果公司在iPod上获得成功的原因。在手机上也是类似的情形。""别问消费者想要什么，去创造那些消费者需要但表达不出来的需求。"因此，能发现并有能力满足消费者表达不出来的需求是苹果公司的核心竞争力，这也是它的产品卖得比别人贵又比别人火的原因。[二]

那么，对于想走出去的中国企业来说，如何培养公司的核心竞争力呢？从全球500强的成长经验看，可从如下几个方面着手：

第一，集中公司资源从事某一领域的专业化经营，在这个过程中，逐步形成自己在经营管理、技术、产品、销售、服务等诸多方面与同行的差异。在发展自己与他人上述诸多

㊀ 贺华丽．大型连锁超市核心竞争力的构成要素及其构建——以沃尔玛为例［J］．江苏商论，2008(36)：7-8.

㊁ http://www.360doc.com/content/12/0627/09/81172_220686379.shtml.

方面的差异中，就可能逐步形成自己独特的，可以提高消费者特殊效用的技术、方式、方法等，而这些是有可能构成今后公司核心竞争力的重要因素。事实上，在市场需求多样化的今天，公司进行差异化经营与管理是非常必要的，不能总搞“大路货”，“大路货”的市场风险太大了。

第二，寻找自己的潜在能力，真正了解自己。这是发现和建立公司核心竞争力的前提。以我国上市公司为例，部分上市公司并不真正了解自己的资源实力和创新能力，甚至往往过高估计了自己的能力，进入了许多当时看来有盈利空间但对自己来说十分陌生的领域，最终以失败或亏损告终。寻找自己的潜在能力，分析这种能力与其他同行的差异性，并把它建立培养起来，是建立竞争力的重要途径。

第三，从竞争对手和市场空缺中寻找机会，建立自己的比较优势，并构建支撑这种优势的潜在核心能力。所谓从竞争对手那里寻找机会，是指通过对竞争对手的分析，发现它们的弱点，发展自己的比较优势；从市场空缺中寻找机会则是指通过对消费者需求变化的分析，找到自己能够为消费者提供特殊利益的方式与方法，而这本身就是在建立和发展核心竞争力。

第四，核心竞争力是成长在公司良好的土壤之中的，即这个公司在管理方面要有特色，在生产方面如技术工艺、质量控制等都很有经验，在市场经营方面也有良好的业绩，等等。总之，能否培养出自己的核心竞争力，首先要看公司是否在生产、经营与管理等方面有良好的基础。从这个意义上说，我国的绝大多数企业今后要把强化企业管理，转变公司机制放在第一位，在这个基础上努力培养自己的核心竞争力，培养和提高公司的市场竞争力，不断拓展可持续发展空间。

二、企业文化

（一）企业文化概述

自 1769 年第一家现代企业在英国诞生至今的 250 多年间，企业管理经历了三个阶段：第一个阶段是 1769~1910 年，可以称为经验管理阶段，其主要特征是“人治”，即摸着石头过河，凭经验对企业进行管理；第二个阶段是 1911~1980 年，为科学管理阶段，其主要特征是“法制”，即通过建立健全企业规章制度和人事安排系统，对企业进行管理；自 1981 年以来，全球 500 强企业相继进入了文化管理阶段，即第三个阶段，其主要特征是“文治”，即企业文化建设在企业经营管理中发挥着越来越重要的作用，企业文化成了影响企业兴衰成败的突出因素。美国管理学家加里·哈默尔把企业经营划分为三个层面：一是“人手”的经营，二是“人脑”的经营，三是“人心”的经营。“人手”指的是劳动力，“人脑”指的是知识，“人心”就是人格、魅力、道德情操、价值观等。我们可以看出，前者是从社会的角度总结企业管理的发展历程，后者是从管理者个人的角度来看待企业管理的变迁。管理越来越呈现出柔性化、人性化的特点，以人为本，情感色彩也越来越浓，“德治”或“文治”成了显著特点。

企业文化是一个企业管理过程中人文精神的积累，是以价值为核心的独特的文化管理模式，是一种凝聚人心，以实现企业价值并提升其竞争力的无形力量和资本。企业文化最初是一个理念，然后通过一定的机制，正式变为员工的自觉行为。企业文化有四个要点：

一是团体协作精神，二是以客户为中心，三是平等对待员工，四是激励与创新。根据企业文化权威学者埃德加·沙因所划分的层次，位于企业文化核心的是基本假设，其次是价值层面，再次是行为规范和行为方式层面，位于最表层的是企业文化的各种表现方式，包括各种符号、英雄、活动等。只有表层的形式而未表现出内在价值与理念，这样的企业文化是没有意义的、难以持续的，它不能形成文化推动力，对企业的发展产生不了深远的影响。

企业文化是企业发展中强大的内在驱动力量，优秀的企业文化对企业发挥着重要作用。在企业发展的初级、中级阶段，硬性资源往往是短缺的，因而是急需的，而在企业发展的高级阶段，软性资源，如企业文化、理念则上升为最重要的资源。企业短期的繁荣可以通过许多方式获得，但企业持续增长的力量却只能依靠先进的企业文化。全球 500 强出类拔萃的根本原因，就在于它们善于给企业文化注入活力。企业的核心价值观是企业的灵魂，没有理念上的成功，就没有企业发展战略的成功。企业文化对企业长期经营业绩有着重大的作用，重视所有关键管理要素（消费者、股东、企业员工），重视各级管理人员领导艺术的公司，其经营业绩远远胜于那些没有这些企业文化特征的公司。

全球 500 强与同类普通企业最大的区别在于其深厚而独特的企业文化。它们注重以独特的企业文化凝聚人心，增强向心力，以企业文化激励和鼓舞员工为企业的发展壮大贡献聪明才智，以企业文化形成良好的社会信誉并将品牌效应发扬光大，从而提高企业的竞争力。沃尔玛公司在全球 500 强企业排名中，几乎连续十年蝉联榜首。在世界各地的任何一家沃尔玛连锁店中，都会感受到它的企业文化的影响。沃尔玛的企业文化体系内容繁杂，但主要包括日落原则、十步服务原则、薄利多销原则等。仔细研究这些企业文化原则，对深刻理解它的企业文化大有裨益。如日落原则，这是沃尔玛公司的基本原则之一，它是指当日的工作必须在日落前完成，对于顾客的服务需求要在当天予以满足，做到日清日结，决不延迟。日落原则已成为沃尔玛公司企业文化的重要组成部分，也是沃尔玛公司在服务顾客方面备受赞赏的重要原因。“顾客是上帝”“尊重每一个员工”“每天追求卓越”“勤恳、节俭、活跃、创新”等，共同的文化基础将沃尔玛公司的 40 万名员工团结起来，共同推动沃尔玛向前发展。

再如，拥有 40 多万员工，年营业额超过 500 亿美元，几乎在全球各国都设立有分公司的 IBM，其原则和信念看起来非常简单和平常，它是由 1956 年任公司总裁的小托马斯·沃森（1911 年创办 IBM 公司的老托马斯·沃森之子）在其父亲的“行文准则”基础上设立的。在 IBM 内部，从总裁到收发室无人不知的三大准则：①必须尊重个人。②必须尽可能给予顾客最好的服务。③必须追求优异的工作表现。这些原则和信念似乎很简单，很平常，但正是这些简单、平常的原则和信念构成了 IBM 特有的企业文化。许多人不理解，为何像 IBM 这么庞大的公司会具有人性化的性格，正是这些人性化的性格，才造成 IBM 不可思议的成就。为了构建融合传统公司文化价值观念和适应知识经济要求的企业文化，IBM 前任首席执行官萨姆·帕尔米萨诺让 30 多万员工都参加进来。让员工自己构建公司文化比公司文化本身更为重要，帕尔米萨诺说，如果仅仅是挣了许多钱，世人根本不会认为你的公司是一家伟大的公司。

美国哥伦比亚大学商学院“跨国公司竞争力”课题组在研究全球 500 强时发现：它们树立的企业核心理念几乎很少与商业利润有关。在这些公司看来，无论是钱、权力，还是法律制度，都不可能为企业发展提供持续不断的力量源泉。的确，使企业持续增长的力量只能从人类几千年来的价值公理中获得。企业最终的竞争力取决于以诚信的理念为核心的企业文化。

（二）世界500强的企业文化对中国企业的启示

跨国公司的企业文化对于中国企业的国际化经营来说，有着尤为重要的借鉴作用。企业文化类似于一种精神食粮和一剂良药，为中国一些“营养不良”或者“身体欠佳”的企业稳健和积极地“走出去”提供了帮助。总结起来，这些企业精神分别是：

1. 信用与效率

信用与效率是商人的精神，也是任何人、任何企业成功的秘诀。这两点在每年上榜的500强企业当中都有突出的体现，在中国获得成功的跨国公司也不例外。这两点应该成为每一个中国商人和中国企业应具备的品质。

2. 创新与冒险

创新是突破过去经验形成的固有模式，突破思想禁锢，启动创新思维，探索新模式新方式。500强企业的发展历程，也是企业不断创新、追求卓越的历史。沃尔玛由“特价”到“平价”，体现经营理念的创新，服务理念从“帮顾客节省每一分钱”“一站式购物新概念”到“对顾客露出你的八颗牙”，这些都诠释了成功的缘由。创新常与冒险相伴，创新意味着冒险，创新不能缺少冒险精神，创新与冒险是企业发展的动力源泉。新时代，华为、小米、海尔等中国企业也正在践行企业创新活动，演绎中国企业的创新史。

3. 对利润永无止境的追求

追求财富是人的本性，更是企业发展的最大动力。无论成功还是失败，500强跨国公司身上从无一点“小富即安”的味道，正因为如此，它们才成为影响全球经济发展的大企业。

4. 超越竞争

曾经有一个故事，两个孩子到森林去玩，他们碰到了狗熊。一个孩子说：“我们应该开始跑了。”另一个孩子却在不慌不忙地穿鞋子。第一个孩子疑惑不解地问：“你认为你能比狗熊跑得快吗？”另一个孩子头也不抬地回答：“我跑不过狗熊，可我只要跑过你就行了。”

这就是竞争，而在国际市场上，需要进行国际化经营的中国企业可以扪心自问一下，自己是在扮演那个穿鞋的孩子，还是那个一听到“熊来了”就开始慌不择路无方向跑的孩子呢？

5. 永远乐观

在人的一生中，尤其在开创新事业的过程中，困难和挫折是如影随形的，此时，永远保持乐观的情绪则成为一个重要的因素。企业也有“情绪”，在中国经营的跨国公司都是在经历了重重挫折之后才在中国市场站稳脚跟的。鼎鼎大名的微软公司在刚来中国的时候也是“浑身不得劲”，稍有起色之后又因为“维纳斯”风波而“断臂”，[㊀]现在微软已经在中国站稳脚跟了，这其中就有乐观情绪的作用。

㊀ 1999年，微软与阿迪王合作伙伴推出专门为中国市场设计开发的“维纳斯计划”。该计划是基于Windows CE的预装软件平台，融合计算、通信和消费，集教育、娱乐、上网浏览等多种功能于一体，让普通市民以电视作为显示器，用键盘或遥控器就可享受到家用电脑的一些最常用的功能，还可访问国际互联网。但因“维纳斯计划”暴露了微软意欲统帅中国信息产业的野心、Windows操作系统安全问题、软件的歧视定价政策及解决盗版等问题，微软受到中国各界抨击，几乎成了“过街老鼠”，微软在中国的经营也几乎陷入了绝境。（https://wenku.baidu.com/view/9908c70a79563c1ec5da71b6.html）

6. 尊严比金钱更重要

古人云："君子爱财，取之以道。"没有听说哪一家跨国公司在中国是通过"盗版"成功致富的，尊严比金钱更重要。这些500强跨国公司的发展历史谈不上悠久，但在这方面却看得透、看得远。

7. 伦理与法律

道德与伦理是每个社会成员和社会组织对社会利益的一种必要顾及，也是每个社会成员和组织必须遵守的行为准则和规范，而法律则是成熟和发展的武器。当一个国家的一切都走上法律轨道的时候，就是这个国家充满生机、焕发青春的时候。理所当然的是，置身于这种充满生机的国度中，进行遵纪守法经营的企业组织一定也是充满旺盛生机的。既遵纪守法又钻法律空子的跨国公司，只是一种有关财富的悖论。

8. 博爱与慈善

世界上很多大资本家都是大慈善家，世界500强的跨国公司的领导们很多都处在此行列中。正如比尔·盖茨所言："当你达到一定的富裕程度时，金钱就不再有多重要了，它已经不能使你吃得更好，旅行得更好，或者驾驶一辆更豪华的车。我已经说过，有一天我要放慢我的工作节奏，我要把我所有财富的95%捐给慈善事业，因为不管我日后会有几个孩子，我都无意把全部财产留给我的家庭。无论我将来能积累多少财富，我到时候一定会找到一个最佳办法，让别人都能从中受益。"

从盖茨的言论可以看出来，他除了是成功的企业领导者，也是具有博大胸怀和以助人为己任的慈善家。在商场上，他们是斤斤计较的吝啬商人，不放过一分一毫的利润，微软公司就有"利润杀手"的称号。但是，他们懂得一个人所能享有的财富是有限的，只有将通过自己勤劳和智慧所创造出来的财富分享给其他更有需要的人，才能体现出财富和金钱更大的价值。

9. 奴才与人才

有些企业家都喜欢奴才，不喜欢人才，这是他们失败的主要原因。"慧眼识英雄""任人唯贤""疑人不用，用人不疑"，这是一件说起来容易做起来难的事情。但成功的人士和企业，尤其是在新的环境中和创业的初期，必须认清自己的优势和劣势，充分发挥优势，用精英人才来补偿其劣势。跨国公司对于企业本土人士担任领导者已经习以为常了（例如微软的吴士宏），而中国企业也可以借鉴其经验进行企业的经营和管理，例如吉利集团在收购了沃尔沃之后，其高级管理层中就有很多外国员工。

10. 知识代替资本

著名的美国未来学家托夫勒认为，正在到来的新纪元，不论现在多么混乱和无序，其中一个最显著的特征就是知识的急剧膨胀。跨国公司来到中国真正让中国人感到惊奇的不是它们的物质资本，而是先进于我们许多的各种形态的知识资本：技术的、管理的、观念的，等等。

以上这些经验，都是我们的企业在"走出去"的时候可以借鉴的，文化尽管是一种看不见摸不着的无形物，却在企业经营和管理当中发挥的巨大作用甚至远远超过了实体物质资本。这一点，对于目前物质资本相对缺乏的中国企业来说，尤为重要。尽管在物质上我们相对缺乏，但是，由于物质文化和精神文化发展的非同步性，我们完全可以在物质相对缺乏的前提下，借鉴先进的管理和企业文化，铸就属于中国自己的企业"航空母舰"，在世界经济中自由翱翔！

三、技术研发和创新

（一）技术研发和创新

1. 技术研发

尖端技术是出色企业的奥妙。任何产业都有它的核心技术和优势企业，如计算机行业，硬件有英特尔的处理器，软件有微软。形成和提高自己的核心竞争力，必须有自己的核心技术，核心技术是核心竞争力的根本。全球500强企业产值的70%~80%是科技和文化创造的（而我国这一指标仅为30%左右）。21世纪企业智力已经成为巨大的资本，并随着企业发展而不断快速增值。全球500强企业始终不断地在现代技术领域投入大量的资金，以实现设施的现代化；使用最先进的设备和质量上乘的操作系统，以保证最快的加工过程、最好的产品、最新的信息和最先进的通信手段，等等。它们往往都拿出企业收入中6%~7%或更多的资金，用于外出调研、机械和系统的更新，以及发展新产品等。据统计，目前全球500强企业研究开发的费用占全球的近70%，并垄断着世界技术创新70%以上的成果。它们依托技术创新，开发出大量新产品，不仅壮大了自身的发展动力，而且推动了新兴产业的形成。许多500强企业注重在研发上加大投资，以在行业竞争中占据有利地位，这也是这些公司长盛不衰的主要原因。据统计，2015年大众汽车的研发费用为153亿美元，排名第一；韩国三星141亿美元，排名第二；英特尔115亿美元，排名第三；微软第四，谷歌第六，亚马逊第七，苹果公司排在了第十八位。㊀

GE前总裁韦尔奇说过："最大的挑战是如何将最多的资金投入到最赚钱的业务，同时避免错误的投资。"根据这一思想，GE把高技术性和技术服务性业务确定为核心业务。这也是爱迪生不断创业和革新的优良传统的继承与延续，也正是这种革新精神，推动着通用电气持续发展。

IBM通过研发锐意进取。在过去的10年里，IBM研究部每年获得的专利比其他任何公司都多，公司每年花费50亿美元用于研究开发。仅2008年一年，IBM公司的全球营业收入就高达1 036亿美元，并在美国本土注册了共计4 186项专利，成为美国历史上首家在单一年度专利注册数量超过4 000项的公司。IBM的研究实验室也是人才济济，全球研究人员超过3 000人，其中博士近2 000名，诺贝尔奖获得者有5名。IBM曾在历史上取得举世公认的巨大成就，其中有12项被认为对世界高科技发展产生了重大影响，包括RISC技术、大型并行处理技术、磁存储技术、关系数据库、高温超导、语音识别技术等。

2. 创新

创新是企业基业长青的根本保证。全球500强大企业平均寿命不足50年，市场竞争优胜劣汰、残酷无情，防范风险、健康发展的根本是要保持相对优势和竞争力，而要具备比同行更强的竞争力就要不断创新。企业发展的根本动力在于创新，创新能力是企业生存发展的根本。创新是决定企业生命周期长短的核心所在，是企业生命力的体现。没有创新，就不会有企业生命的延续。企业通过诸如制度创新、技术创新、产品创新、组织创新、管

㊀ http://www.199it.com/archives/472646.html.

理创新和市场创新等各个方面的创新活动，使内部资源要素得到重新配置，形成比以往更强的生产和营销能力，从而提高企业的整体素质。企业成长的过程首先是企业不同方面创新的互动过程，是企业在市场竞争中优胜劣汰的过程，是优势企业不断扩张以及资源不断向优势企业集中的过程。因此，企业创新推动着企业发展，是企业保持生机与活力的源泉。技术创新是创新的重要内容。微软从 Windows 操作系统开始，经过 Windows 95、98、2000、XP，到 Windows 7、8、10 的版本不断升级，使产品功能始终领先，以此引导消费者使用其新产品。高科技公司基本上都遵循一种商业逻辑："功能主导"的产品领先战略。英特尔严格遵从"摩尔定律"（CPU 的计算能力每 18 个月就会翻一番），不断推出 CPU，让竞争对手无法超越。正是技术的不断创新成就了微软、英特尔等高科技公司。

（二）技术研发和创新对中国企业的启示

跨国公司的技术研发和创新活动使得其能够从中获得巨额的利润，其将所获得的利润继续投入到研发中，从而形成一种良性循环，促使公司规模增大并推动国家经济发展。目前中国企业正处在一个良好的发展环境中，面临的机遇和挑战并重，如何在激烈的市场中杀出一条属于我们中国企业的道路呢？一是适度加大研发投入，提升企业技术水平，提高产品附加值，增强企业持续竞争优势，巩固市场地位。二是把创新贯穿在企业生产的全流程，推进企业持续高效发展。首先是理念创新，对标先进企业，在经营模式、产品功能及生产工艺等方面敢于突破现有的框框，在传承中尝试与探索新的发展；其次是营建创新的企业文化，鼓励创新，激励跨界思考、跨界融合，夯实企业创新的根基；再者，坚持自主创新，争取在某一细分领域拥有技术话语权。

四、经营战略与理念

企业经营战略是指，为了在竞争中谋求相对优势，企业根据自身状况和外部环境变化制定的、指导企业中长期发展的战略性设想和具体规划，是包括战略目标、战略重点和战略措施在内的一个完整的系统。确立正确的、合乎企业实际的经营战略十分重要，这关系到企业的生死存亡。

全球 500 强企业无不高度重视企业经营战略的制定，在长期的生产经营实践中总结出了一些带有普遍性和规律性的核心内涵，并一以贯之。从一定意义上说，全球 500 强的成功，在很大程度上应归功于企业经营战略的成功。在经营战略上，它们有这样一些共同特征：把培育和增强核心能力作为企业生存和发展之本；采取各种途径和方式，努力推进国际化；重视资本经营战略；市场战略导向，等等。

企业经营理念，是指贯穿于生产经营活动之中并起主导和支配作用的战略、策略、规范、原则和精神等，是企业文化的集中体现。全球 500 强企业一些内在的、本质的、具有恒久价值的理念存在一定程度上的相似性和一致性：

第一，追求卓越和成功。追求卓越和成功是其首要特征。任何一个企业如果没有争做第一的价值理念和冲动，就不可能进入全球 500 强。

第二，求变创新。求变创新是全球 500 强企业经营理念中的精髓。这一理念贯穿于企业的经营管理、技术研发、市场营销、人力资源开发、业务重组、机构改革、战略调整等生产和经营的全过程。无论是驰骋商场的百年老店，还是 20 世纪 90 年代以来崛起的企业新秀，最基本的共同点就是它们在日益变化的内部和外部经营环境中善于学习、不断探索、勇于创新。创新已经构成了全球500强企业发展的强大驱动力，是企业长盛不衰的动力源泉。

第三，发扬团队精神。注意发扬团队精神，强调协作是全球500强企业的一个重要经营理念。

第四，顾客是"上帝"。"顾客是上帝"是世界一流企业普遍秉承的经营理念。在经济全球化时代，大型跨国公司在全球范围内配置资源，面向全球的消费者提供产品和服务。企业规模越大，经营覆盖面越宽，就越需要贴近消费者和顾客，视之为"上帝"，为其生产与提供优质的产品和服务。时间长了，消费者和客户也会逐渐把此类企业作为可以信赖的对象，接受其提供的产品和服务。这种良性互动造就了现代企业的品牌，品牌的所有者也创造了一种特殊的核心竞争力。

五、管理

一个公司，不管它拥有多么先进的技术、多么优秀的人才，离开了出色的管理，一切都只能是一盘散沙。只有通过有效的管理，将各个独立的音符组织起来，企业才能奏出和谐的乐章。500强之所以能够从众多竞争者之中脱颖而出，健全有效的管理是不可或缺的。

提到管理，不能不提通用电气公司。很少有人知道，已经非常成功的、普遍被世界各国企业视为学习榜样的美国GE公司，其成功的最大秘密竟然也是学习其他优秀企业的成功管理方法。1988年，韦尔奇上台伊始，指定通用电气公司的企业发展干部迈克·弗雷泽，建立值得通用电气公司学习的企业名单，然后研究它们的成就。弗雷泽选择了9家公司进行研究，包括福特、惠普、查普瑞尔钢铁公司以及日本最著名的两家跨国企业等。通用电气公司选派一个有10名成员的小组到世界各地，花一年的时间实地搜集这些公司的资料。GE公司发现，这些成功企业的成功秘诀虽然存在一些差异，却存在着共同的特征，诸如：

——它们管理的是过程而不是人。它们不是追踪生产多少，而是专注于如何生产。

——它们利用过程标示图和基准点显示改进的机会（过程标示图是将特定工作的所有步骤逐一记录，不管有多么细微。基准点则是比较自己和目标的标准，例如竞争对手的绩效）。

——它们强调持续性地改进，并且赞赏小幅度地改进。

——它们以顾客的满意程度作为绩效的衡量标准，克服牺牲顾客满意度达到内部目标的倾向。

——它们通过不断推出为更高效地生产而设计的高质量新产品来提高生产率。

——它们视供应商为合伙人。

……

从一开始，GE公司就建立了这种专门学习其他成功企业的成功管理方式，包括观念、方法和技术等的管理系统。例如六西格玛质量管理的方法发源于摩托罗拉公司，但GE却学习和运用得比摩托罗拉公司好。

在近几年500强的榜单上，最引人注目的莫过于沃尔玛。2002~2011年十年的时间内，除了曾在2005年和2009年排名第二和第三之外，沃尔玛一直名列全球500强企业之首。沃尔玛成功的秘诀在于以现代物流技术充分实现薄利多销。沃尔玛有世界上最先进的计算机管理系统、卫星定位系统和电视调度系统等先进技术。公司还同休斯公司合作，发射了专用卫星，用于全球店铺的信息传送与运输车辆的定位及联络。全球 4 000 多个店铺的销售、订货、库存情况，可以随时调出查阅。沃尔玛具有先进的资料挖掘系统，公司可以利用这些资料从微观上预测、备货和销售，可以对顾客的需求种类、何时需要以及需要多少进行预测，送货车到时就会自动将货物送到商店。沃尔玛的胜利在于八大要素：真实的、稳健的财务状况；突出的、内外一致的形象；诚信的服务；团队协作精神；以客户为中心的诚信理念；公平对待员工；激励；创新。

六、品牌

据世界知识产权组织（WIPO）全球品牌数据库，目前全球国际商标申请超过 4 540 万件。[㊀]仅 2019 年一年，全球各国申请的商标数量达 15 153 700 件，通过马德里体系申请的商标为 64 400 件。[㊁]另据资料显示，目前国际市场上年销售额在 130 亿美元以上的品牌公司约 1 000 家，而美国和日本各占 1/3，总数多达 662 家。经验表明，对品牌研究与开发的投入应占销售额的 5%以上。美国的研究与开发投资占世界研究与开发投资总额的 45%，相当于其他西方六大国研究与开发投资的总和。美国企业的研究与开发投资占美国研究与开发投资总额的 3/4，它们既是开发高新名优产品的主体，又是参与全球市场竞争的主力军。

品牌对于企业的生存和发展关系重大，是企业的旗帜和象征。品牌代表了企业的综合实力，也是一个国家或地区综合经济实力的重要标志。品牌通常与高利润联系在一起，它给企业带来巨大的利润附加值，这正是品牌的魅力所在。同样质量的服装，国内生产的卖一二百元，海外生产的可以卖到五六千元，而意大利的名牌产品却可以卖到上万元，靠的就是品牌的附加值。通过全球 500 强企业成功的范例，我们看到品牌的实质是质量，品牌的灵魂是知识，而质量的关键是物化在产品中的科技含量。品牌从根本上说是优质产品的承诺，它具有过硬的质量、丰富独特的文化内涵、鲜明良好的形象、完善的服务，其核心是企业创新。品牌不仅代表了产品的质量和良好形象，还体现了公司的整体面貌。它是产品质量、售后服务、企业管理水平、技术创新能力、促销手段、企业文化等多方面综合因素作用的结果。

品牌成功的关键是在企业核心顾客群中建立起对企业所承诺的品牌价值的信任感。从市场供求关系看，我们已生活在一个商品相对过剩的时代。相应地，人们的消费习惯也由产品时代转向品牌时代。如今，靠商品打折与对手竞争不再是有效的方法。在这样一个拥挤不堪的市场里，消费围绕着品牌转。品牌也是产品与顾客之间信任的纽带，假如消费者喜欢这个品牌，相对来说价格就成了次要的，消费者会心甘情愿购买这个品牌的商品，还会向所有朋友推荐这个品牌。

品牌是企业巨大的无形资产。根据行业的不同，品牌占企业总价值的比率达 5%~95%。难怪可口可乐公司前总裁伍德拉夫曾宣称：即使整个可口可乐公司在一夜之间化为灰烬，仅凭“可口可乐”这个品牌就能在很短时间内东山再起。

可口可乐品牌给人们的启示有：一是长期的企业形象目标的确立和实现，是其成为世

㊀ https://www.wipo.int/reference/en/branddb/，查询时间 2021 年 6 月 6 日；商标、专利等知识产权具有地域性，同一商标只有在某一国家或地区获得授权才在该国家或地区受保护。

㊁ https://www.wipo.int/edocs/pubdocs/zh/wipo_ pub_ 943_ 2020.pdf.

界最有价值品牌的基本战略。二是优秀的企业制度建设和文化传统是其长盛不衰的重要保证。可口可乐创造过许多大胆的制度和优秀的传统，如装瓶特许权制度、独具特色的联营制度、控制家族继承制等。三是巧妙、大手笔的营销策略使公司不断开发出新的增长点。四是永远的进取精神，是可口可乐长期成功的源源不断的动力。可口可乐位居世界最有价值品牌的领头羊位置，却从不满足于现状。正是这种孜孜以求的进取心使得可口可乐在新的挑战面前永不言败。我们已进入一个品牌引领市场的商业社会。品牌时代的规则是：企业要么拥有一种独特的产品，要么拥有一个富有特点的商店，要么提供一种新颖的服务，这一切努力的结果都意味着好的品牌形象。否则，难以形成市场竞争力，被淘汰出局是必然的。

当然，一次名列世界500强并不意味着就能够永远跻身500强，在给我们国家的企业带来先进的技术、管理理念、企业文化、品牌管理以及经营战略理念等成功的借鉴经验的同时，我们也可以看到榜单上的企业每年都会有新的变化，也会有企业排名逐渐靠后甚至跌出500强的榜单，它们失败的原因，也值得我们国家的企业借鉴，以避免重蹈覆辙。

例如，出于逐利本性，跨国公司当中也有曾经为了利润而不择手段的，例如日本曾经在其国内发展经济的初期，就发生过跨国公司由于忽略了当地居民的健康问题，在居民区随意排放化学污染废品或者进行有毒有害物质的堆放，导致了“水俣病”等一系列“环境病”的产生，以及IBM公司在华行贿事件、必和必拓集团在中国的“谈判门”事件等，这些都是跨国公司的逐利本性所致。“君子爱财，取之以道”，我们古人的教导对于现今具备了充分的实力、勇气和智慧的中国公司来说，也不无借鉴意义，我们在“走出去”的过程当中，必须注意避免该类事件的发生。

本章案例研究

【案例9-1】 IBM公司的成功转型

（一）基本案情

IBM公司，全称“国际商业机器公司”（International Business Machines Corporation），其起源可追溯到1911年6月16日，其前身是由制表机器公司、国际计时公司和计算量具公司合并而成立的计算制表计时公司（Computing-Tabulating-Recording Company，CTR），1924年，更为现名。目前，公司总部位于美国纽约州阿蒙克市，在全球拥有12个研究实验室和大量软件开发基地，旗下有5 000多名科学家与工程师。2015年，IBM公司的全球营业收入达到824.6亿美元，利润达到131.9亿美元，拥有41.2万员工，是全球最大的信息技术服务和IT解决方案公司，被业界誉为“蓝色巨人”。创新赋予IBM强大的竞争优势，转型使IBM成为综合方案服务商。创新和转型的融合演绎了IBM发展的历程，IBM经历了四次战略转型：第一次是IBM的打孔机时代，第二次是进入计算机时代，第三次是电子商务时代，第四次是“随需应变”。

20世纪90年代，1992会计年度IBM亏损49.7亿美元，当时是美国历史上最大的公司年损失，1990~1993年亏损累计为168亿美元，整个公司有被拆分的危险（拆分为几个或几十个专业化中小型公司）。新上任的CEO郭士纳深度调研之后认为：IBM劣于计算机行业一般公司的地方，与官僚机构和公司文化密切相关。由此IBM着手实现从生产型企业向出售硬件、网络及软件整体解决方案的供应商的转型，主要举措有：一是从文化变革开始，变革公司旧的核心价值观“尊重个人、追求卓越、服务顾客”，服务于整体解决方案的供应商模式，提出了“胜利、执行和团队合作”新的核心价值观。二是以创新技术实力显示品牌形象，巩固行业领导地位。1997 年，IBM 耗费 200 万美元举办超级计算机深蓝和国际象棋世界冠军卡斯帕罗夫的世纪之战，最终深蓝电脑击败卡斯帕罗夫，使得先进的计算技术以一种轰动性的效果进入全社会的视野，扩大 IBM 的品牌影响。三是改变业务发展方向，进入 IT 行业增长最快的软件和服务业。围绕“以客户为中心”，对组织机构进行变革，免掉 25 个 IBM 副总裁头衔，改变原有的“地域分割、各自为政”的组织体系，组建以客户为导向的组织结构，保证每个经销商可以经销全部的软件产品和解决方案。在人力资源管理上，对员工实行职位轮换培养复合型人才的制度，为服务转型奠定了思想基础和人才基础。1995 年 6 月，IBM 以 35 亿美元强行收购了莲花（Lotus）软件公司，以最短的时间，从最快的捷径突进网络。之后，IBM 提出了“电子商务概念”，设立独立的服务咨询机构，收购咨询公司，涉猎咨询业务，向高附加值软件“服务”转型。2001 年，用 10 亿美元收购了业界三大数据库之一的 Informix，在全球 UNIX 数据库市场所占的份额从 18%升高到 29%。

2002~2012 年，IBM 开始由解决服务方案商向“随需应变”的综合服务商转型。2002 年 10 月，彭明盛担任 IBM 新 CEO，延续前任 CEO 郭士纳的出售低利润业务，投资高利润业务的战略。2003 年，把硬盘业务以 20.5 亿美元出售给日立公司；2005 年，把 PC 业务以 12.5 亿美元出售给联想；2007 年，以 7.25 亿美元把打印机业务出售给日本理光。同时，并购一些用户群与 IBM 都有一定范围重叠且技术实力符合 IBM 技术方向的企业，增强 IBM 在商业软件领域的竞争力。2002 年 12 月，IBM 以 21 亿美元收购 Rational，拥有了自己的软件开发工具平台；2005 年，以 11 亿美元并购数据整合软件制造商 Ascential，期间还收购了 FileNet、Cognos、SPSS、ILOG、Sterling Commerce、Cast Iron Systems、Unica、Netezza、Clarity Systems 和 Algorithmics 等公司。这些标志着 IBM 由“海量”产品业务向“高价值”业务全面转型。IBM 在软件业务上投资 100 多亿美元，重点关注信息管理、商业智能和数据分析领域。2008 年，IBM 首次对外发布了“智慧的地球”的概念。这些使得 IBM 由 IT 为主业的公司彻底转型为以咨询服务为主业的服务型公司（葛梅伟，董俊林，2014），也赢得了许多突破性、战略性的服务合同，如 2003 年 9 月，与宝洁公司签订了一个为期 10 年价值 4 亿美元的全球协议，为全球 80 个国家的近 10 万名宝洁员工提供整体性员工管理服务，包括工资、差旅、人力资源数据库等管理服务。

随着时代的变迁，以及互联网时代的不断延伸，2014 年，IBM 首度提出“IBM 即服务”的新战略，以“CAMS”为战略重心，即“Cloud”云计算、“Analysis”大数据及分析、“Mobility”移动、“Social”社交四大领域。截至目前，IBM 在大数据方面的投入已经超过 240 亿美元，拥有超过 1 万名数据分析咨询师，400 多名数学家，数千项专利。在移动、社交和安全领域，IBM 拥有 4 300 项移动、社交和安全技术专利，在世界各地有 25 个安全实验室和 10 个安全运营中心，并通过收购 12 家安全技术公司、8 家移动营销公司，为企业开展安全和个性化的互动参与提供先进的解决方案和

专业知识。[一]

（二）案例点评

（1）IBM基业长青，被认为是“反思和变革”实践最成功的企业。在IBM成功的实践中，CEO敏锐的洞察力和对企业发展方向的准确定位最重要。IBM两任CEO能够清楚地知道IBM发展存在的问题，也是企业变革的基础。最初IBM的“大型主机”定位使其成为美国最成功的公司，而随着科技的发展，营商环境发生变化，原有定位不能占有心智资源[二]，“集成电脑服务商”的重新定位为其发展指明了方向。转型的操作过程中，有三个关键因素：第一，重要的因素是企业的可视性，我们必须能够看到运营的情况，因为运营非常复杂，必须要能够可视，根据这些可视的数据做出决策，在各个不同的部门、地区来实现更好的互动；第二，运营灵活性，运营灵活性是变化，能够让信息和商业决策结合起来；第三，流程完整性，流程需要自动化，能够将流程转型，以交付业务所期望的结果（IBM软件集团应用和集成中间件总经理玛丽·L.维克（Marie L. Wieck）的观点）。

（2）企业转型不仅仅是单个产品、单个业务部门的呈现，而是新型的商业模式。商业模式要解决三个问题：一是企业要重新面向哪些客户，以及能为客户提供什么价值；二是企业如何通过这些价值获得持续的盈利；三是企业如何整合内外部的资源才能做到以上两点。服务业的商业模式有三种：提供聚焦于产品的售后服务；提供基于产品的增值服务；提供脱离产品的专业服务。对于哪些商业模式适合企业转型，是对企业家智慧的考量。IBM郭士纳曾经总结说：“我在服务和产品公司都工作过……服务业的商业模式是一种全然不同的模式……这是一种无法轻易获得的能力，需要在时间和资金上面投入多年的赌注，然后才能获得通往成功之路的经验和规律。”

思考与练习

1. 全球500强都是跨国公司吗？
2. 简述全球500强的国别与产业分布。
3. 分析中国企业入选全球500强的情况。
4. 简述500强跨国公司的主要发展模式及每种模式的主要特点。
5. 500强跨国公司是如何培养核心竞争力的？
6. 500强跨国公司是如何建设企业文化的？

[一] http://www.ibm.com/news/cn/zh/2014/08/21/j178503y40895f06.html.

[二] 心智资源是顾客对产品的心理认知。

CHAPTER10

第十章

跨国公司来华投资

学习要点

跨国公司来华投资对中国的社会经济生活产生了巨大影响。从历史的角度看，跨国公司在华投资经历了起步、发展、快速发展、调整与提高、成熟稳定和新常态六个阶段。现阶段跨国公司在华投资具有许多明显特点。

中国加入世贸组织以后，跨国公司为适应新形势，对其在华投资战略迅速做出调整，加快了进入中国市场的步伐。

改革开放的历史证明，跨国公司投资在我国经济社会发展中发挥了重大的作用。我国利用跨国公司投资的政策随着国内外环境变化而不断做出调整，为中国经济的持续稳定发展打下了坚实基础。

Key Points

Chinese social economy has been greatly influenced by the investment of transnational corporations. From the historical point of view, the transnational corporations' investment in China experience six phases. At the moment, the investment has a lot of distinct characteristics.

After China's entry into the WTO, transnational corporations adjusted their strategies and speeded up their market entry paces in order to adapt to the changing situations.

The history of open-door policy shows that the investment of transnational corporations plays a significant role in Chinese social economic development. The policies of China's utilization of investment of transnational corporations change with the changing foreign and domestic environments, which can serve as solid foundation to achieve continuous and steady development of Chinese economy.

第一节　跨国公司在华投资的发展

一、跨国公司在华直接投资的历程

经过改革开放以来40多年的发展，中国经济保持了高速、持续的增长，我国在吸引跨国公司直接投资方面也取得了举世瞩目的成就。跨国公司在我国直接投资的历程大致可分为六个阶段。

1. 起步阶段：1978~1986年

改革开放初期，由于我国对有关利用外资的立法不完善，各种基础设施也比较落后，跨国公司基本上对中国市场持试探的态度，因此利用跨国公司的直接投资较少，且其较少的直接投资主要集中在第三产业。在这些投资者中，掌握先进技术、占有巨大市场份额和拥有雄厚资金的服务和房地产开发企业居多。

2. 发展阶段：1987~1991年

20世纪80年代中期以后，我国对利用外资的立法逐步完善及投资环境的不断改善，促进了跨国公司在华直接投资的发展，其投资的行业由前一阶段的第三产业为主转向以第二产业为主，来源也呈现出多样化趋势，欧共体国家、美国、日本等国家的跨国公司开始较多地在我国直接投资，其中多以工业为主，而且高技术含量、高附加值的项目较多。

3. 快速发展阶段：1992~1995年

在这个阶段，外资增长迅速，大型跨国公司开始大量在华直接投资，并在某些行业对我国国有企业形成强烈的市场冲击，甚至出现了一定程度的垄断，随之也出现了一些新的直接投资方式，如BOT等。跨国公司更加看重企业的控制权，在建立新企业时独资经营倾向越来越严重，至于已开业企业则普遍存在着增资扩股现象。除此之外，房地产再度成为跨国公司投资的“热点”行业。

4. 调整与提高阶段：1996~2000年

按照入世的要求，我国对利用外资的法律法规和政策进行了适当的调整。2000年10月先后修改了《中华人民共和国中外合资经营企业法》《中华人民共和国中外合作经营企业法》和《中华人民共和国外资企业法》等，既完善了法规体系，又提高了透明度，使国内外环境发生了较大变化。我国利用跨国公司直接投资也步入了一个新的阶段：从过去重视利用跨国公司直接投资的数量变为重视跨国公司直接投资的质量，跨国公司直接投资的资金到位率也有所提高，利用跨国公司直接投资的平均规模有所扩大，进入高新技术、基础设施等行业的跨国公司数量有较大幅度的增加。

5. 成熟稳定阶段：2001~2013年

2001年是重要的一年，中国经过15年的艰苦谈判，最终加入了世界贸易组织，正式成为世贸组织成员。入世后，跨国公司进一步扩大在华投资，提高中国在其全球战略中的地位，将中国纳入其全球生产和销售网络，推动中国成为全球制造业中心。而且，跨国公司加快在华技术转让步伐，开始自觉转让技术，不仅建立了生产企业、研发中心、控制中心（投资控股公司、地区总部），还逐步设立了更多的采购中心、销售中心和设计中心。

6. 新常态阶段：2014年至今

我国经济发展自2013年年底进入新常态，显著特点是：从高速增长转为中高速增长；

经济结构不断优化升级；由要素驱动、投资驱动转向创新驱动。在新常态背景下，我国不断推进全面改革和扩大开放，跨国公司来华投资面临更大的市场机会。外资管理制度的改革、“三法合一”以及与国际投资规则的接轨为跨国公司来华投资创造了更好的投资环境。2013 年，中国首次提出对外资要建立“负面清单”管理模式，并在上海自贸区率先实行。党的十八届三中全会通过《中共中央关于全面深化改革若干重大问题的决定》明确提出：实行统一的市场准入制度，在制定负面清单基础上，各类市场主体可依法平等进入清单之外领域。探索对外商投资实行准入前国民待遇加负面清单的管理模式。党的十九大报告明确要求“大幅放宽市场准入”，这是中国利用外资全面发展的重要突破。2020 年 1 月 1 日《中华人民共和国外商投资法》生效，这是中国历史上首部全面系统的外资立法，为外资进入国内市场提供了制度保障。2014~2018 年中国新增非金融类外商投资企业数量逐年上升，新增企业数量分别为：23 778 家、26 576 家、27 900 家、35 652 家和 60 533 家。

二、跨国公司在华的投资现状及特点

根据《中国外资统计公报》(2019)，截至 2018 年年底，中国累计设立外商投资企业约 96 万家，实际使用外资累计金额约 2 万亿美元。跨国公司在华投资的基本现状和特点如下。

1. 投资规模加大

自 2001 年以来，越来越多的国际知名跨国公司纷纷来华投资和追加投资，如美国的杜邦、美孚、摩托罗拉、通用电气、施乐、惠普等，日本的日立、松下、NEC、三菱、伊藤忠、三井物产等，德国的大众、西门子、汉莎航空等，法国的雪铁龙、阿尔卡特，意大利的 TPL，荷兰的飞利浦，比利时的杨森制药、贝尔，韩国的三星、大宇等。另据一家国际税务咨询公司对全球 1 000 家大跨国公司的调查结果显示，在抽取的样本中，有 57%的被访公司认为中国是其未来 5 年的首选投资地点。国际知名跨国公司踊跃对华投资，一方面表明国际投资者对我国直接投资的信心有增无减，另一方面使外商对华直接投资的项目平均规模明显扩大，技术密集型项目有所增加。

根据联合国贸发会议的数据，2015 年全球 FDI 强劲复苏，FDI 流入总量跃升 38%，达到 1.76 万亿美元，是 2008 年全球金融危机爆发以来的最高水平。美国是全球第一大引资地区，吸引外资达 3 840 亿美元；中国内地吸引外资 1 356 亿美元，全球排名较 2014 年有所下降，从第一降到第三，居美国和中国香港之后。

2. 跨国公司在华投资集中于东部沿海地区，且投资重点由珠江三角洲向长江三角洲、环渤海经济圈转移

目前，跨国公司在华直接投资主要集中于东南沿海地区，尤其集中在以香港为龙头的珠江三角洲及闽南地区和以上海为中心的长江三角洲地区。东南沿海地区基础设施相对完善，市场机制初步建立，入世后对外开放程度进一步扩大，深受跨国公司的青睐。尤其是以上海为中心的长江三角洲地区，产业基础雄厚，辐射效应大，科技、教育发展水平高，社会信用、市场秩序、行政效率等投资软环境相对较好，因此跨国公司在华投资中心逐渐由“珠三角”转向“长三角”。入世后，随着我国区域发展战略的转移，以京津地区为中心的环渤海经济圈、东北老工业基地等重化工业和大型国有企业集聚的地区，成为新一轮外商投资的热点地区。

3. 服务业成为新热点和新增长点

随着中国入世承诺的兑现，跨国公司逐步进入中国的服务业领域，包括银行、保险和证券在内的金融业，包括批发、零售、外贸、物流在内的流通业，包括增值电信和基础电信在内的电信服务业，以及包括法律、会计、管理、公关等业务在内的专业咨询业，都是跨国公司进入的领域。在近年新增投资中，投向服务业的比重逐渐增加，银行、保险、证券、电信、商贸、旅游、运输以及各种专业服务，成了外商投资的新亮点。

4. 加大研究开发项目的投资

跨国公司为加强在华企业竞争力，近年来纷纷加大对研究开发项目的投资，与此同时，中国政府为吸引研究开发资源，提升外资质量，积极鼓励跨国公司投资研究开发。2000 年原外经贸部出台《关于外商投资设立研发中心的通知》，规范了外商投资设立研发中心的形式、范围、条件、设立程序，并且列出鼓励跨国公司投资研发中心的优惠政策。

2003 年以来，跨国公司设立的研发中心大幅度增加。微软、摩托罗拉、通用汽车、JVC、朗讯、三星、北电网络、IBM、英特尔、杜邦、宝洁、爱立信、诺基亚、松下、三菱、AT&T、西门子等众多跨国公司都在我国建立了研发机构。跨国公司在华设立的地区总部、研发中心等高端功能性机构继续聚集。目前，外资在华设立研发机构超过 2 400 家。

5. 外商独资企业的比重大幅增加

跨国公司在华投资进入战略在我国出现新的变化。这就是股权安排由合资、合作企业为主向独资、控股合资企业为主转变，合资企业的外方增资扩股现象频繁发生。2000 年以来，无论是项目数还是实际投资金额，在华外商独资企业所占比重均超过 60%，成为跨国公司进入我国的主流模式。

6. 来华地区总部的数目不断增加

跨国公司纷纷在华建立地区总部，就近管理和协调在华业务，以整合内部资源，提高运营效率。北京和上海已经成为很多跨国公司设立总部的重要地点。2000 年 1 月，阿尔卡特成为第一家把亚太地区总部设在上海的跨国公司。由此开始，来我国建立地区总部的跨国公司不断增加，2016 年上半年，新认定跨国公司地区总部 23 家（亚太区总部 8 家）、投资性公司 8 家、研发中心 6 家。截至 2016 年 6 月底，外商在上海累计设立跨国公司地区总部 558 家（亚太区总部 49 家）、投资性公司 320 家、研发中心 402 家，上海成为跨国公司在我国国内设立地区总部最多的城市。2014 年，北京市新增外资总部企业 11 家，累计达 259 家，其中 153 家被认定为跨国公司地区总部；新增外资研发机构 37 家，累计达 503 家。2015 年全球总部设在北京的世界 500 强企业达到 52 家，北京已成为拥有世界 500 强企业全球总部最多的城市。国内其他城市（如广州和深圳等一些发达城市）也吸引了一些地区总部入驻。随着各种优惠政策的相继出台，估计来华的地区总部数量还会不断增加。

7. 从“世界工厂”到“购物天堂”

跨国公司纷纷在华设立全球性采购中心，将中国纳入其全球供应链和采购网络。很多跨国公司在中国投资零部件制造业的同时，加大在华的采购力度，将中国变成全世界的零部件供应中心。这些表明跨国公司进行了战略调整，把中国作为世界性工厂和全球重要的供应基地。

8. 从竞争走向“竞合”

由于跨国公司纷纷加大对华投资力度，因而跨国公司之间、跨国公司与本土企业之间，开始在我国国内展开了一场名副其实的国际竞争。但大多数跨国公司也意识到，在展开激烈竞争的同时，应该与其他跨国公司以及有竞争实力的本土企业缔结跨国战略联盟，实行强强联合、优势互补。

第二节　跨国公司在华投资战略

一、区位选择战略：集中东部，看好自贸区

目前，跨国公司在华直接投资主要集中于东南沿海地区，尤其集中在珠江三角洲、长江三角洲地区。随着我国区域发展战略的转移，环渤海经济圈、东北老工业基地、中部和西部也成为外商投资的热点地区。当前，外资比较偏爱自由贸易试验区（简称自贸区），自由贸易试验区是新时代中国开放创新的特殊经济区域，2013 年 8 月最早在上海设立，截至 2020 年 9 月，在广东、天津、福建、辽宁、浙江、河南、湖北、重庆、四川、陕西、海南、山东、江苏、广西、河北、云南、黑龙江、北京、湖南、安徽等地共设立 21 个自贸区，增设上海自贸试验区临港新片区，拓展浙江自贸试验区区域。自贸区的外商投资准入负面清单从最初的 190 条缩短到 2020 年版的 30 条。据统计，2019 年，18 家自贸区新设企业约 31.9 万家，其中外商投资企业 6 242 家；实际利用外资 1 435.5 亿元，进出口总额 4.6 万亿元，以不到全国千分之四的国土面积，实现了占全国 15.2%的外商投资和 14.6%的进出口。根据《2021 年中国商务环境调查报告》，90%的受访企业认为上海自贸区在合作和吸引外资方面最为高效，其次是广东自贸区（47%）、北京自贸区（30%）、海南自贸区（28%）、江苏自贸区（28%）和浙江自贸区（20%）。[⊖]

二、进入战略：独资与并购同行

在跨国公司最初进入中国时，需要通过合资方式来借助中国当地资源了解中国市场。随着中国外资政策的松动和跨国公司在华投资经验的累积，选择独资形式的投资势头正在迅速发展。1998 年，外商独资经营企业所占比例首次超过了中外合资经营企业，成为我国主要的外资利用方式。同时，在近几年的新合资浪潮中也大多以外方绝对控股为前提，而且不少跨国公司在中国临近加入 WTO 时，通过对合资企业的增资扩股，趁中方企业追加资金不足而逼抢中方股份的手段，完成了对行业主导企业的独资化改造，确立了其在产业内的垄断地位。独资化或独资化改造不仅可使跨国公司保守其技术秘密，充分发挥内部化优势，规避中外企业在制度、文化、经营理念等诸多方面差异导致的摩擦和矛盾，而且可使其在华投资更好地融入其全球战略，更好体现母公司的意图。

入世后，跨国公司投资战略从新建投资逐步转向并购。我国经济的持续快速发展使市场容量不断扩大，且由于入世后外资进入领域进一步拓宽，中国成为世界上最大的潜在市场，跨国公司纷纷抢滩中国市场，而并购则成为跨国公司迅速占领市场，占据市场份额，赢得竞争主动权的最快捷途径。

三、技术战略：同步化、内部化与研发扩散本土化

随着技术密集型工业的引资升温，中国正成为跨国公司竞相追逐的技术密集型投资目

⊖ 中国美国商会：2021 中国商务环境调查报告，http://www.199it.com/archives/1218159.html.

标，跨国公司在其技术战略上迅速做出调整，技术投入同步化、技术转移内部化、研发扩散本土化趋势极为明显。

1. 技术投入同步化

以前，各跨国公司为了延长其产品生命周期，获取更多的利润，往往将在发达国家即将淘汰的产品转入中国市场。但是，近几年尤其是中国加入世贸组织以来，这种情况有了明显的变化，部分在华跨国公司新产品、新技术都采用全球统一投放的策略，以加强其在华的竞争力。

2. 技术转移内部化

跨国公司的技术转移主要是通过母子公司的技术联系与内部技术转让来完成的，特别是核心技术，具有明显的内部转移特点。跨国公司对核心技术严格实行内部转移战略，对关键技术人员支付高薪并强化员工责任意识，以防止技术扩散。

3. 研发扩散本土化

研发机构正是跨国公司保持和扩大技术优势的核心环节。跨国公司为了减少日益增加的研发成本，密切与消费者联系，完善投资产业链，加速了研发本土化扩散的步伐。同时，通信与信息技术的进步已经允许将研发分解成许多自成体系的研究活动环节，这些活动可以在不同的地理位置上进行，然后再做合成。一旦需要，现代化通信信息技术甚至可以支持进行跨国研发的一体化流水作业。这一系列因素大大促进了跨国公司研发扩散战略实施的进程。

四、投资经营战略

跨国公司为了达到争夺和占领未来中国市场这一目标，在经营战略上做出重大设计，它包括资源配置、资本运用、竞争策略及业务整合等各项决策。

1. 本地化资源配置战略

本地化已经成为跨国公司主动选择的经营战略，因为作为全球化经营的跨国公司，利用所调动的全球资源，在中国业务的各个阶段加强当地的功能性能力，确立中国式的经营系统十分重要。本地化资源配置战略是跨国公司全球范围内寻求竞争优势的结果。

本地化资源配置战略主要表现为：

（1）人力资源本地化。人力资源本地化是指跨国公司按照公司的整体战略，有意识地选择优秀的当地经理人，并通过各种途径让他们了解世界最新的科技发展及前沿的管理理论，逐步把他们引入在华子公司的各类岗位。一旦中国的经理人员能够胜任各自的岗位，原先由总公司指派的外籍管理者就能迅速撤离，这种策略不仅大大降低了成本，而且有效地规避了跨国公司与当地的冲突，加快了跨国公司在华的适应性及对市场变化的反应速度。

（2）研发本地化。大型跨国公司除了在中国设立自己的研究中心外，还与中国高校广泛开展合作，借助高校雄厚的技术力量和人脉关系研究和推广技术成果。

（3）地区总部中国化。20 世纪末，尤其是我国入世以后，跨国公司纷纷将亚洲总部迁入中国。总部本地化既是跨国公司实施长期投资战略的重要表现，也是管理本地化战略的重要表现。

（4）融资本地化战略。跨国公司也在试图通过在中国股市直接上市的方式，实行融资本地化战略。尽管由于种种原因，这一战略目前尚未有实质性的进展，但随着国内证券市场的不断成熟和开放，外资公司上市只是时间问题。

（5）零部件采购的本土化。在当今国际竞争十分激烈的情况下，各跨国公司都把经营的重点放在核心竞争力的培养上，而把一些次要产品外包给其他企业来做。这样既减轻了负担，又提高了公司本身的灵活性以及对世界市场的反应能力。在此背景下，跨国公司相应增加了在华采购零部件、配件等中间投入品的比重。据统计，日本跨国公司在华采购的比率为47%，美国跨国公司为57%，德国大众汽车为87%。零部件采购的本土化使跨国公司在华企业充分利用了中国的区位优势。

（6）品牌管理的本土化。在多年的国际竞争中，许多跨国公司早已认识到品牌具有独一无二的特性，真正持久的竞争优势往往来自强势品牌，品牌管理具有重大的战略意义。但跨国公司也意识到不能简单地把那些在某国市场已被证明行之有效的品牌管理模式一成不变地移植到中国，还需要推行品牌管理本土化战略。例如，可口可乐公司在华品牌本土化战略包括两个方面，即专为中国市场开发品牌和发展当地品牌饮料。公司斥巨资研究开发了符合中国人口味的“天与地”果汁系列饮料、茶饮料、矿物质水以及“醒目”系列碳酸饮料，并将这些品牌无偿地转让给中国合作者天津津美有限公司，迈出了在中国市场品牌推广的第一步，不但在心理上赢得了中国消费者的认可，还在降低成本的基础上增加了产品的“厚度”，在获得较大利润的同时使合作伙伴受益匪浅。

2. 归核化战略

目前，发达国家的跨国公司已从多元化经营战略向归核化战略转变，21世纪归核化将成为各跨国公司的主导型战略。这一新战略的要旨就是把公司的业务归拢到最具竞争优势的行业上，把经营重点放在核心行业价值链优势最大的环节上，强调核心能力的培育、维护和发展。实施归核化战略的主要措施有：一是将非核心业务出售或撤销相关部门和机构，将人员和资产进行重组；二是为加强核心业务而收购相关企业，在收购企业中将与核心业务无关者剥离出来出售；三是为强化经营力度，将一个公司分拆为两个或多个公司；四是实行战略性外包，即将非核心业务分包给其他公司去做。例如，美国在线公司与世界电信公司资产互换，以致力于互联网这个核心业务。摩托罗拉美国总部做出决定将半导体从摩托罗拉公司中剥离出来，以便更好地进行其核心业务的发展。

3. 整体化战略

为稳定和扩张在华市场，跨国公司相继在华成立地区总部，实现投资管理体制一体化，着眼于在华市场的整体战略投资。在继续投资于制造业，使中国成为“世界工厂”的同时，更加注重对制造业上、下游项目的投资，即纵向一体化投资。在制造业的上游，即基本原材料和零部件项目上，跨国公司正加大投资力度，为了降低原材料和零部件的成本，跨国公司积极推进在华零部件生产的本土化。由于跨国公司在全球有很好的分工，生产型的跨国公司有很多为之服务的服务性企业，它们之间已经形成了一种良好的战略联盟关系，生产型的跨国公司非常希望能够在中国继续得到这些服务性公司的配合，即实现横向一体化。加入世贸组织后，随着中国逐步对服务业放开限制，跨国公司开始进入银行、保险、证券等金融领域，批发、零售、物流等流通领域，法律、会计、管理、公关等专业咨询领域。跨国公司进入我国服务业将有助于降低跨国公司在华企业的运营成本，进而实现横向一体化。跨国公司通过投资管理体制的一体化使在华投资实现了“研发-生产-服务”的一体化战略，从而最大限度地使资金、人员和技术等生产要素合理流动，优化组合，产生整体效益。

4. **既竞争又合作的战略**

由于跨国公司纷纷加大对华投资力度，因而跨国公司之间、跨国公司与本土企业之间，开始在我国国内展开了一场名副其实的国际竞争。但大多数跨国公司也意识到，在展开激烈竞争的同时，与其他跨国公司以及有竞争实力的本土企业缔结跨国战略联盟，实行强强联合、优势互补，对各方都有好处。

五、投资战略新演变："中国+"战略

"中国+"新战略是指在中国投资的同时，再在亚洲其他国家如印度、越南、印度尼西亚、泰国等进行投资。受中美贸易战、成本上升及疫情影响，美国、日本等国跨国公司在华投资兴起"中国+1"战略，以分散过分依赖一个国家的风险，但中国优秀的营商环境、庞大的市场、完整的工业体系仍对跨国公司具有巨大的吸收力。据调查，华东地区 710 家日企中约有九成企业表示没有改变供应链的计划；78. 6%的受访美国企业表示不会转移在华投资；欧盟企业在华投资情况总体稳定。短期看，跨国公司利用中国市场机遇的同时，会分散供应链风险。㊀

第三节　中国利用跨国公司投资的策略

一、我国利用跨国公司投资政策的回顾

经过改革开放 40 多年的发展，我国利用跨国公司投资的政策可大致分为三个阶段。

（一）优惠政策吸引外资：1978~1994 年

改革开放初期至 20 世纪 90 年代中期以前，我国基本上实施的是一种以优惠政策吸引外资的战略，主要是通过扩大对外开放的经济领域和地区范围，制定和实行一系列优惠政策，大力吸引跨国公司来华投资。概括而言，这一阶段我国利用外商直接投资的一系列优惠政策措施主要表现在以下几个方面：

1. **税收优惠**

我国外商投资企业的所得税率为 33%（含地区所得税 3%），这一税率虽然与国际上许多发展中国家和地区的税收政策大体相当，但大大低于我国国有、集体企业的总体税负，对跨国公司来华投资仍具有较大吸引力。同时，我国还根据国家对外开放的总体布局和产业发展的客观要求，对跨国公司投资给予分地区、有重点、多层次的税收优惠办法，如对特定地区和产业实行优惠税率，对特定行业、项目实行企业所得税减免优惠，对利润再投资给予退税优惠，提供减免关税和工商税优惠等。

2. **金融支持**

金融支持主要体现在运用国家银行的信贷功能，积极支持外商投资，特别是对投资规模较大、技术比较先进的项目，给予重点扶植。我国的中、农、工、建、交等国家商业银

㊀ 何曼青．跨国公司对华投资战略新趋势及应对［J］．中国外资，2020（23）．

行都积极为外商投资提供强有力的信贷资金支持，既可向外商投资企业发放外汇贷款，也可发放外汇抵押人民币贷款。

3. 外汇管理相对宽松

虽然我国对外汇的管制比较严格，但对外商投资企业的外汇管理却实行了较为宽松的特殊政策和灵活的变通措施。具体包括：对外商投资企业实行现汇管理，不结汇，允许其自收自支，自行平衡；外资企业在国内市场销售的若干产品，可按有关规定收取外汇；外方投资者依法取得的利润和外方职工的合法外汇收入，可以汇往境外，取得的合法人民币收入也可以通过市场调剂为外汇，汇往境外；外商投资企业有权从国外筹措资金等。我国对外商投资企业较为宽松的外汇管理政策及相应的灵活变通措施，极大地确保和便利了外商投资者取得合法利益，从而促进了外商投资企业的发展。

4. 投资方式较为灵活

从参与方式看，外商既可与我方兴办合营企业，也可兴办独资企业，即在企业所有权问题上，对外国资本在合营企业中所占比例仅规定不得低于25%的下限而不设上限，并鼓励兴办全部资本属于外商的外商独资企业。从出资形式看，外商既可以用外币、机械设备或其他物料等实物资产投资，也可以用工业产权、专有技术等无形资产作价投资，还可以用外商在中国国内投资所获得的合法人民币利润进行再投资。从投资行业看，积极鼓励兴办各类先进技术企业、产品出口企业及基础设施、重要原材料等外商投资企业。从进出口经营权看，允许外商投资企业直接在国际市场上采购原材料、零部件，销售其产品，鼓励外资企业产品出口，也允许产品内销。从人员管理看，鼓励外商投资企业在国内招聘员工，也允许其从境外聘用技术专家和高级经营管理人员，并明确规定外商投资企业主要领导人员既可由中方担任，也可由外方担任。可见，上述政策和措施的灵活性，极大地便利了外商对华直接投资的发展。

（二）逐步调整阶段：1995~1999年

从1995年开始，我国在保持政策基本稳定的前提下，使利用外商直接投资工作进入一个调整期，即在引资工作中，努力探索有效利用外资的途径，拓宽融资渠道，合理引导外资投向，逐步提高利用外资的质量和效益，向“以质取胜”的战略转变。主要表现在以下方面。

1. 拓宽外商投资领域并合理引导外资投向

1995年6月，我国颁布了《指导外商投资方向暂行规定》和《外商投资产业指导目录》。这是我国首次公布鼓励、限制、禁止外商投资的领域，并在原有基础上显著扩大了外商投资的范围，拓宽了对外开放的领域。《指导外商投资方向暂行规定》和《外商投资产业指导目录》的颁布，是我国调整吸收和利用外资战略的一项重大举措，表明我国引进外资工作在数量规模层面取得卓越成果的同时，正逐渐兼顾质量结构层面的调控。

2. 逐步对外商投资企业实行国民待遇

1996年1月，我国对进口税制进行较大改革，采取过渡性办法，逐步取消对“三资”企业资本性货物进口的税收优惠政策，即自1996年4月1日起，在较大幅度降低进口关税的前提下（进口关税总水平由35.9%降至23%），对新批准设立的外商投资企业投资总额内进口的设备、自用原料，一律按法定税率征收关税和进口环节税。我国实行了统一、平等、规范、公平、合理的进口税收政策，这有利于国内企业与外商投资企业的公平竞争。自1996年7月1日起，中国政府着手外商投资企业外汇买卖纳入银行结售汇体系的工作，将外商投资企业的外汇收支纳入统一的银行结售汇体系之中，实现外商投资企业人民币经常项目下的可兑换。

3. 强化对外商投资企业的规范化管理

1996年以来，我国加强对外商投资企业的规范化管理。如我国政府对包括外商投资企业在内的从事加工贸易的企业实行进口料件银行保证金台账制度、对外商投资企业实行联合年检制度、对在外商投资企业工作的外国人实行就业证管理制度等。这些制度的实施，有利于加强对外商投资企业加工贸易进出口的宏观管理，完善外商投资企业的监管，规范外商投资企业的行为以及促进外商投资企业的依法经营等，并进一步改善我国的投资环境。

（三）国际接轨阶段：2000年至今

早在入世前，中国政府就已经开始修改、制定有关外资的法规，调整有关外资的政策。据不完全统计，入世前后，中国有关部门对涉及外经贸的50多项全国性法律法规和1 000多项部门管理条例进行了修订或者废除，中国基本上形成了与国际接轨的涉外经济法律法规体系。

在该阶段，法律方面的调整主要有三大基本法律实施细则的不断完善，以及2015年1月19日商务部《外国投资法（草案征求意见稿）》的公布。这些修订都是与当前国际投资规则中的“前负模式”接轨，尤其是与负面清单管理模式相适应的。

2019年3月15日，第十三届全国人民代表大会第二次会议通过了《中华人民共和国外商投资法》，该法于2020年1月1日生效。第四条规定：对外商投资实行准入前国民待遇加负面清单管理制度㊀。现行的负面清单是发展改革委、商务部令2020年第32号《外商投资准入特别管理措施（负面清单）》（2020年版）。㊁对于外商投资企业的组织形式、组织机构及其活动准则，该法规定适用《中华人民共和国公司法》《中华人民共和国合伙企业法》等法律的规定。

二、中国利用跨国公司投资的策略

1. 以科学发展观作为指导

利用跨国公司投资是为了实现中国经济和社会的可持续发展。我们应当以科学发展观作为指导，调整利用跨国公司投资的思路、战略和政策，使跨国公司投资为我国新增长方式的转型、经济的可持续发展、我国社会主义市场经济体制的完善与更具活力和更加开放的经济体系的形成服务。

2. 坚定不移地鼓励跨国公司投资

中国外资经济发展仍然存在较大空间，我们不应当限制外资规模。为了发挥跨国公司在转变经济增长方式和推动经济可持续发展中的作用，我们应当努力保持吸收外资政策的

㊀ 准入前国民待遇是指在投资准入阶段给予外国投资者及其投资不低于本国投资者及其投资的待遇；负面清单是指国家规定在特定领域对外商投资实施的准入特别管理措施，国家对负面清单之外的外商投资，给予国民待遇。

㊁ http://wzs.mofcom.gov.cn/article/n/202006/20200602977237.shtml.

稳定性与连续性，认真履行加入 WTO 的承诺，进一步扩大对外开放，扩大跨国公司投资的领域。

3. 坚持公平竞争的原则

我国在加入 WTO 前的外资政策在给外资企业提供超国民待遇的同时，也存在着低国民待遇。入世后，入世的承诺和市场机制的要求，使我国在吸引跨国公司外资政策上必须坚持公平竞争的原则，创造和维护公开、公平、公正的市场环境，扩大国内企业和跨国公司公平竞争的机会，实行内外资一视同仁。

4. 完善产业政策，协调地区经济政策

为适应世界经济结构加速重组和科学技术加快发展的大趋势，我国应进一步完善《鼓励外商投资产业指导目录》，通过有关政策措施的引导，使外商投资结构的变化与我国产业结构调整的要求相一致，积极推动我国产业结构升级。第一，引导跨国公司加大对第一、第三产业的投资力度，相对降低对工业的投资力度，以适应和有利于我国产业结构优化的推进。第二，引导跨国公司加大对技术密集型产业的投资，相应减少对一般加工工业的投资。第三，引导跨国公司投资更多地流向一些薄弱的第三产业部门。在产业选择上，除继续鼓励跨国公司在通信、技术、生物制药、新材料、新能源等领域投资外，还可使跨国公司在石油、天然气开发、汽车制造业、运输业、零售业以及会计、审计等领域开展投资，以确保我国经济在行业上的平衡发展。

加大对中西部地区的政策倾斜力度。我国在利用跨国公司投资的区域导向上，应在继续发挥东部地区优势的同时，大力引导和鼓励跨国公司投向中西部地区。中央应扩大中西部地区利用外资项目的审批权，在进口管会、设立条件、允许进入的行业、所得税减免方面给予更加优惠的政策。

本章案例研究

【案例 10-1】 摩托罗拉公司在中国的投资和发展

（一）基本案情

摩托罗拉（Motorola）公司是提供集成通信解决方案和嵌入式电子解决方案的全球最大的公司，也是手机、无线电和商用 GSM 和 CDMA 的技术领导者。摩托罗拉因在无线和宽带通信领域的不断创新和领导地位而闻名于世，摩托罗拉在 2012 年《财富》500 强企业排名中位居第 274 位，拥有全球性的业务和影响力。摩托罗拉公司总部设在美国，有三大业务集团，分别是企业移动解决方案部、宽带及移动网络事业部和移动终端事业部。1928 年公司成立时，摩托罗拉只有 565 美元现金、价值 750 美元的工具和第一个产品设计稿，现在公司已成为行业的技术领先者，其 2010 年的全球销售额高达 228.23 亿美元。2011 年 8 月 15 日，谷歌公司和摩托罗拉公司宣布双方已经达成决定性的协议，谷歌将以每股 40 美元现金的价格收购摩托罗拉的移动技术，总价 125 亿美元。2012 年 2 月 14 日，谷歌收购摩托罗拉获欧盟和美国批准。2012 年 5 月 21 日谷歌宣布，中国商务部已经批准了谷歌 125 亿美元收购摩托罗拉移动技术的交易。

“根植中国、共同发展、战略合作、多方共赢”是摩托罗拉在华投资和发展的生动写照。“本土化”是摩托罗拉在华发展始终坚持的重大战略，“以中国为家”描述了摩托罗拉努力融入中国社会的历程。2005

年时，摩托罗拉公司在中国大陆就已有4家独资企业、1家控股公司、18个研发中心、6家合资企业和22家分公司，员工9 000多人，是中国最大的外商投资企业之一。摩托罗拉系统全球解决方案中心于2010年8月10日在北京成立，是摩托罗拉系统在全球范围内建立的第4个全球解决方案中心。摩托罗拉系统秉承对中国市场的长期承诺，进一步加强其在各个行业的领导地位，2011年摩托罗拉系统获得《计算机世界》颁发的“2010年度产品奖”，2011年，摩托罗拉系统还获得第八届中国制造行业信息化大会颁发的“2010年中国制造业信息化杰出暨优秀供应商大奖”。摩托罗拉公司在华投资大体分为四个阶段：

第一阶段为1987～1992年。随着中国改革开放的深入，在1986年中国政府出台鼓励外商投资的政策之后，摩托罗拉公司于1987年进入中国，先在北京设立了办事处。1987年夏天，时任中国电子工业部部长的李铁映出访美国，在摩托罗拉公司总部参观期间，摩托罗拉总裁表示，希望到中国投资，但条件是只能建立独资企业。而中国当时还没有允许外商办独资企业的政策，从此，双方开始正式谈判。直到1992年，邓小平同志南方谈话后，中国才出台外企在中国设立独资企业的政策。1992年，摩托罗拉公司在天津注册成立第一家独资公司——摩托罗拉（中国）电子有限公司，主要生产寻呼机、手机、对讲机、无线通信设备、半导体、汽车电子等，产品销售到中国和世界其他市场。该合作项目堪称中美合作样本，也奠定了摩托罗拉在中国的市场地位。

第二阶段为1993～2001年。摩托罗拉在建立独资企业的同时，还积极与中国企业开展合资合作。摩托罗拉在中国的合资企业有5个，即上海摩托罗拉通信产品有限公司、上海连创创业投资有限公司、杭州东信移动电话有限公司、杭州摩托罗拉移动通信设备有限公司和广州金鹏移动通信系统有限公司。这些合资企业主要生产手机、GSM及CDMA设备、对讲机、智能卡及集成系统等高科技产品。随着与中国方面的合作不断扩大，摩托罗拉在中国站稳了脚跟，并且开始把本土化作为发展的目标。1998年4月，摩托罗拉将北亚中心由香港迁至北京。2000年8月，摩托罗拉在中国追加投资160亿元人民币，建设摩托罗拉天津半导体集成生产中心和摩托罗拉亚洲通信产品生产基地，此举使摩托罗拉成为中国最大的外商投资企业。如今，摩托罗拉中国公司的本土管理人员达到了90%，公司的本土化率接近百分之百。

第三阶段为2002～2004年。在中国入世之前，摩托罗拉专门在中国召开了一次董事会，在此次董事会上明确了在中国入世后，摩托罗拉将继续保持在中国市场的本土化投资战略。2002年6月，摩托罗拉正式发布了未来5年的“2+3+3”发展战略：第一个“2”代表两个基地，即把中国建设成世界级的生产基地和研发基地；第二个“3”代表三个新业务方向，即数字集群、半导体和宽带业务；第三个“3”代表三个目标，即到2006年，在华年产值将达到100亿美元，在华累计投资总额达到100亿美元，在未来5年内累计从中国采购价值100亿美元的零配件和服务。

第四阶段为2005年至今。现在的摩托罗拉不仅把自己定位为一家企业，更把自己看作一个中国社会的公民。摩托罗拉在中国的长期战略是：①坚持继续在华投资和技术转让，发展本地制造和研发能力，为中国提供先进的通信解决方案。②继续在华执行人才本土化计划，发展和培养一支出色的本土管理团队。③继续发展与本地合作伙伴的合作，建立完善的供应链体系。④继续促进与本地合作伙伴的合资企业和合作项目的发展，随着中国不断融入国际市场，在中国寻找新的市场机遇。摩托罗拉在中国的近期战略是巩固中国作为摩托罗拉世界级的生产和研发基地，全力提升中国公司在摩托罗拉全球价值链中的地位，在中国首先实现“无缝移动通信”，积极履行企业的社会责任。近年来，摩托罗拉在华大规模、系列化、长期化的投资战略表明了其加速进入中国，加快本土化，提升中国市场重要性的意图。

摩托罗拉在中国的发展不仅得益于政策导向和税收优惠，更得益于中国广阔的通信市场与丰富的劳动力资源，以及良好的综合投资环境等。自1992年在中国首次投入1.2亿美元起，摩托罗拉不断增加投资金额。截至2007年年底，在中国的实际投资已达到38亿美元，成为中国电子领域最大的外商制造企业。2007年，摩托罗拉迎来其进入中国的第20个年头。统计显示，作为全球手机制造业巨头的摩托罗拉，在中国的业务已占其全球业务的24%，在中国的手机产量占其全球手机总产量的75%。2007年，摩托罗拉手机业务排名世界第三，第一名和第二名分别是诺基亚与三星。2008年年初，摩托罗拉对手机业务进行拆分，力图实现新的发展意图。

1993~2006年，摩托罗拉（中国）电子有限公司累计实现销售额581.78亿美元，累计实现出口额417.09亿美元，在中国的累计采购金额达到246.85亿美元。2006年，在华企业的销售额达到100.96亿美元(包括出口)。到2006年年底，摩托罗拉在中国大陆有1家控股公司、3家独资公司、5家合资企业、18个研发中心和25家分公司，员工超过1万人。

摩托罗拉的成功源于高超的技术研发能力，摩托罗拉是在华研发投入最大的外商企业之一，过硬的技术研发实力与优秀的战略意识实现了摩托罗拉与中国的“双赢”。摩托罗拉把世界先进技术带进了中国，并不断加大研究与开发的力度。从1999年摩托罗拉在北京成立中国研究院，至2006年在北京成立无线宽带中国研究院，摩托罗拉在中国总共成立了18个研发中心，因此，摩托罗拉始终保持着强劲的新技术、新产品设计开发能力，远远走在同行的前列。截至2007年，摩托罗拉在中国的研发投资累计已达到8亿美元，研发人员近4 000人，每年投资都以1亿美元的额度增长。2007年8月，3 000多名研发人员入驻摩托罗拉新落成的望京研发中心，这里有一个可以做汽车电磁波干扰的实验室。这样的实验室在全球也只有3家。

摩托罗拉（中国）电子有限公司已经成为摩托罗拉除美国之外最大的生产、研发和销售企业，中国已成为支撑其全球市场的基地。摩托罗拉中国研究院已经成为摩托罗拉的全球研发基地之一，也是跨国公司在中国建立的最大研发机构。摩托罗拉天津工厂已成为摩托罗拉公司全球最大的生产基地之一。摩托罗拉还在天津成立了全球性物流中心和全球会计服务中心，以服务全球市场。随着摩托罗拉在华业务的飞速发展，摩托罗拉还积极投身社会慈善、环境保护与教育等公益事业。到2007年年底，其援助建立的希望小学达100所，帮助约15 000名失学儿童重返校园。纵观摩托罗拉在华投资和发展的历程，可知摩托罗拉已从营销本地化、制造本地化向研发本地化和投资管理本地化发展。

（二）案例点评

（1）摩托罗拉公司在中国投资的案例具有典型意义，它代表了一大批跨国公司来中国投资和发展的历程。随着中国改革开放的深入和经济的增长，中国的电信行业高速发展，业务不断扩大，技术日新月异，客户群成倍增长。摩托罗拉看到了中国电信市场的机遇，在中国进行了大量投资，既为中国电信业的成长做出了重要贡献，自己也收获了丰厚的回报。目前，中国已经成为摩托罗拉公司全球生产经营链和价值链中重要的环节，在中国的业务已占其全球业务的近1/4，在中国的手机产量已占其全球手机总产量的3/4。我们完全可以说，到目前为止，摩托罗拉公司在中国的投资和发展已经实现了双赢。通过学习这个案例，我们应当认真分析一下摩托罗拉在中国投资的主要动机。

(2) 摩托罗拉公司属于高科技企业，这类企业十分重视知识产权的保护和技术的保密。在进入一个陌生市场时，为了保护自身的技术和品牌，它们一般采用循序渐进的进入模式。摩托罗拉在进入中国市场时，首先是设立办事处，进行一些产品的销售和了解当地的投资环境，然后才进行实质性的投资。在投资时，摩托罗拉采用的策略是先独资后合资，这种做法与一般的外商投资先合资后独资的方式明显不同。我们认为，摩托罗拉这样做的主要动机是防止技术外泄和保护知识产权。

(3) 摩托罗拉（中国）电子有限公司已经成为中国电子领域最大的外商投资制造企业之一，中国市场也已成为摩托罗拉除美国之外最大的生产、研发和销售市场。摩托罗拉不仅把中国作为一个生产基地，还把中国作为一个重要的销售与研发基地。在研发方面，摩托罗拉在中国投资了8亿美元，设立了18个研发中心。这些研发中心的成果既有力地支持了摩托罗拉在中国的发展，也为其在其他地区的成长提供了技术源泉。摩托罗拉公司在中国建立研发基地，一方面是因为中国良好的研发环境和日益完善的知识产权保护，另一方面则是因为中国拥有丰富的“价廉物美”的科技研发人才。摩托罗拉在中国的发展向世界昭示了一个道理：中国是跨国公司投资创业的沃土。

思考与练习

1. 跨国公司在华投资的发展历程和现阶段的特点是什么？
2. 简述准入前国民待遇加负面清单管理制度的含义。
3. 试比较2020年版的《外商投资准入特别管理措施（负面清单）》与2019年版的不同。(两个版本可从商务部外国投资管理司下载。)
4. 跨国公司的在华投资战略主要有哪些？其含义是什么？
5. 我国利用跨国公司投资的政策有什么变化？跨国公司投资对中国经济社会发展的作用是什么？中国利用跨国公司投资的策略有哪些？

CHAPTER11

第十一章

中国跨国公司的成长

学习要点

培育世界水平的中国跨国公司对于提升中国企业在国际分工中的地位有重要的作用。在“引进来”和“走出去”战略的驱动下，中国跨国公司快速成长，有的已步入世界大跨国公司的行列。在界定中国跨国公司概念的基础上，本章首先从概况、发展历程、特点、趋势和经营绩效等方面分析了中国跨国公司的发展状况，其后探讨了中国跨国公司发展面临的机遇及挑战，之后介绍了中国跨国公司的发展模式及对中国跨国公司发展有借鉴价值的外国跨国公司模式，最后探讨了海尔、中石油和华为的境外发展案例。

Key Points

To foster world-class Chinese transnational corporations has an important role for promoting China' s status in international division of labor. Driven by the strategies of "bringing in" and "going global", transnational corporations in China have grown rapidly since 1978, some of which have entered the ranks of large multinational companies in the world. In this chapter, on the basis of defining the concept of Chinese multinational corporations, we firstly introduce the development of Chinese transnational corporations, then discuss the developing opportunities and challenges of multinational companies in China. Thirdly, we set forth the typical development modes of Chinese transnational corporations and valuable modes of foreign multinational companies. Lastly, we study the cases of Chinese transnational corporations, such as Haier, PetroChina and Huawei.

中国跨国公司是由中国母公司及其在国境或关境之外以绿地新建方式建立或并购获得的非纯贸易性分支机构或子公司所构成的企业集团，该集团在母公司统一的全球战略决策统领下，通过开展跨境的贸易、生产、销售等经济活动在多个经济体形成一定的经营规模。其中，中国母公司有广义、中义和狭义之分，广义上的中国母公司是指在中国主权所及领土范围内注册的各类法人企业或非法人企业，包含在中国香港特别行政区、中国澳门特别行政区和中国台湾地区注册的企业；中义上的母公司指在中国大陆（不含香港、澳门和台湾地区）注册的国有企业、集体企业、有限公司、股份公司、民营企业、外商投资企业及港澳台商投资企业；狭义上的母公司是指在中国大陆注册的企业且该企业不为外商控股或实际控制。因数据所限，本章中的中国跨国公司主要指中义上的中国跨国公司。

第一节　中国跨国公司发展状况

一、中国跨国公司发展概况㊀

从中华人民共和国成立初期到1978年，中国国有企业在境外从事的经营活动主要是由政府主导，不以盈利为目的的对外经济技术援助以及对外工程承包和劳务输出，㊁也有一些境外投资活动，如在纽约、伦敦、东京、新加坡等地区设立了境外分支机构，或者成立海洋运输、金融类合营或独资公司。㊂虽说政府行为的技术援助不是企业真正意义上的跨国经营，但为其以后的境外经营建立了市场联系，培育了人才；规模相对较小的境外机构的运营为其发展积累了经验。

1978年实行对外开放以来，中国企业跨境经营的力度不断加大。早在1984年，中国学者潘明就认为中国已经具备了建立和发展跨国公司的条件和可能性，应该建立自己的跨国公司。㊃经过数十年的努力，中国跨国公司的成长经历了从无到有，由小到大的过程。1979年，中国批准境外非金融性企业仅为4家，1992年增长为355家，其后多年境外新设企业数量不足300家。中共十五大鼓励企业利用国内国外两个市场、两种资源，2000年，十五届五中全会上首次明确提出“走出去”战略，2001年将“走出去”战略写入“十五”规划；2002年，十六大指出，坚持“引进来”和“走出去”相结合，全面提高对外开放水平；十七大提出要加快培育中国的跨国公司和国际知名品牌；十八大提出要培育世界水平的跨国公司。2002年中国企业在境外设立企业数量达到350家，到2016年增长到7 961家，2017~2019年略有减少，分别为6 236家、5 735家、6 535家（见表11-1）。2014年年底，中国1.85万家境内投资主体在全球186个经济体设立对外直接投资企业近3万家，FDI存量达8 826.4亿美元。2015年，中国（含香港、澳门和台湾地区）106家企业入围世界500强，2016年按境外资产排名的世界100家非金融类跨国公司中有4家中国跨国公司。

㊀ 第一节内容节选于郜志雄撰写的“中国跨国公司的新发展”，载卢进勇等编写的《中国跨国公司发展报告》(2015)，对外经济贸易大学出版社，2016年。略有增删。

㊁ 鲁桐．中国企业国际化实证研究［D］．北京：中国社会科学院研究生院，2001.

㊂ 石林，吕学俭，王文东．当代中国的对外经济合作［M］．北京：中国社会科学出版社，1989：450.

㊃ 潘明．关于建立我国跨国公司问题的探讨［J］．经济问题探索，1984（7）.

表 11-1　1979~2020 年中国批准或核准海外投资的企业数及其 FDI 流量

年份	1979	1980	1981	1982	1983	1984	1985	1986	1987	1988	1989	1990	1991	1992
企业数（家）	4	13	13	13	18	42	77	92	124	169	119	157	207	355
流量（亿美元）	0.005 3	0.31	0.03	0.4	1	1	6	5	6	9	8	8	9	40
年份	**1993**	**1994**	**1995**	**1996**	**1997**	**1998**	**1999**	**2000**	**2001**	**2002**	**2003**	**2004**	**2005**	**2006**
企业数（家）	294	106	119	103	158	266	220	243	232	350	510	829	1 067	1 158
流量（亿美元）	44	20	20	21	26	26	18	9	69	27	29	55	123	212
年份	**2007**	**2008**	**2009**	**2010**	**2011**	**2012**	**2013**	**2014**	**2015**	**2016**	**2017**	**2018**	**2019**	**2020.08**
企业数（家）	1 271	1 594	2 283	3 125	3 391	4 425	5 090	6 128	6 532	7 961	6 236	5 735	6 535	4 990
流量（亿美元）	265	559	565	688	747	878	1 078	1 028.9	1 180.2	1 701.1	1 200.8	1 205	1 106	684.8

注：2002~2005 年流量为非金融类 FDI 数据，2006~2013 年流量是全行业 FDI 数据。

资料来源：1979~1985 年境外企业数来自石林主编的《当代中国的对外经济合作》（中国社会科学出版社，1989 年），1990~2002 年的企业数来自《中国对外经济贸易年鉴》，2003 年企业数来自《中国商务年鉴》（2004），其他来自商务部网站；1979~1981 年 FDI 流量数据来自《当代中国的对外经济合作》，1982~2001 年来自 UNCTAD，2002~2013 年数据来自《2013 年度中国对外直接投资统计公报》，2014~2019 年，2020 年 1~8 月的数据来自商务部非金融类对外直接投资简明统计，2006~2008 年企业数来自商务部境外投资企业（机构）名录数据库，2006~2013 年的相关数据来自各年中国对外直接投资报告。

根据历年《中国对外直接投资统计公报》统计，2003 年中国境内对外直接投资企业（暂且称为中国跨国公司母公司）约 3 439 家，投资涉及 139 个经济体；2009 年跨境投资企业及其境外机构的数量都超过 12 000 家；2013 年 1.53 万家中国企业在 184 个经济体设立 2.54 万家境外机构；2014 年境外机构则达到 2.97 万家，2016 年投资涉及 190 个经济体，是近几年投资涉及经济体最多的年份，2019 年数量增长有所放缓，有 2.75 万家中国企业在 188 个经济体设立 4.4 万家境外机构（见表 11-2）。2006 年以来，中国跨国公司境外经营收入呈现增长趋势，2006 年境外经营收入为 2 746 亿美元，2019 年增长到 25 120 亿美元。母公司通过境外企业的进出口额、在东道国纳税额及境外雇员的数量也呈增长趋势（见表 11-3），2019 年在东道国缴纳的税金总额达 560 亿美元，雇用外方员工 226.6 万人。

表 11-2　2003~2019 年中国跨国公司母公司、境外分支机构及其涉及经济体数量

单位：个（户）

年份	2003	2004	2005	2006	2007	2008	2009	2010	2011
母公司	3 439	5 163	6 426	超过 5 000	近 7 000	8 557	12 000	13 000	13 462
境外机构				近 10 000	10 000 多	12 000	13 000	16 000	17 910
涉及经济体	139	149	163	172	173	174	177	178	177
年份	**2012**	**2013**	**2014**	**2015**	**2016**	**2017**	**2018**	**2019**	
母公司	16 000	15 300	18 547	20 200	24 400	25 500	27 000	27 500	
境外机构	22 000	25 400	29 699	30 800	37 200	39 200	43 000	44 000	
涉及经济体	179	184	186	188	190	189	188	188	

资料来源：商务部、统计局和外管局.《中国对外直接投资统计公报》（2003~2019 年度）。

表 11-3　2006~2019 年中国跨国公司境外贸易额、营业额、纳税额和雇员数统计

年份	2006	2007	2008	2009	2010	2011	2012	2013	2014	2015	2016	2017	2018	2019
通过境外企业进口额（亿美元）	925（进出额）	11 899	1 471	1 131	1 367	1 257	2 944	3 078	3 379	2 045	1 814			
通过境外企业出口额（亿美元）			321	505		588	789	1 089	1 102	1 087	1 392			

（续）

年份	2006	2007	2008	2009	2010	2011	2012	2013	2014	2015	2016	2017	2018	2019
境外企业收入（亿美元）	2 746	3 376	5 343	4 420	7 104	10 448	12 462	14 268	15 692	13 863	15 400	20 185	24 150	25 120
东道国纳税额（亿美元）	28.2	29.4	—	—	—	220	221.6	370	191.5	311.9	近 300	376	594	560
境外雇员（万人）	26.8	29.5	45.5	43.8	78.4	88.8（10）	70.9（8.9）	96.7（10.2）	83.3（13.5）	122.5	134.3	171	187.7	226.6

资料来源：《中国对外直接投资统计公报》（2007~2019 年），等。雇员栏括号内数据为境外发达经济体的雇员数。

二、改革开放以来中国跨国公司的发展历程

一般来说，跨国公司发展经历起步、初步发展、进一步发展和成熟四个阶段（林叶，1992）。中国跨国公司的成长也遵循着相近的发展轨迹，中国跨国企业在经历过以商品贸易和承揽工程承包为主的国际化尝试后，通过 OEA、OEM 及 ODM 融入了全球价值链，以新建或并购拓展境外产业链标志着中国跨国公司的发展进入跨国经营的高级阶段。总体上来看，1978 年以来，中国跨国公司的发展经历了兴起与渐进发展、缓慢发展、快速发展三个阶段，将进入常态化发展阶段。

（一）兴起与渐进发展阶段（1979~1992 年）

中国跨国公司的成长开始于 1979 年。1979 年 8 月 13 日，国务院提出了 15 项经济改革措施，其中第 13 项明确提出：要出国办企业。1979 年 11 月，中日合资的京和股份有限公司是中国在国外开办的第一家国外合资企业，㊀这拉开了中国跨国公司成长的序幕。此后，中国跨国公司的跨境投资由自发行为向政府引导的自觉投资发展，投资主体由国有大型或特大型企业放宽到其他有实力的企业。1979~1983 年，只有中央和地方外贸专业公司和省市国际经济合作公司等国有企业才能到境外进行直接投资，投资项目都要经过国务院的授权批准。如 1980 年 3 月，中国船舶工业总公司、中国租船公司与香港环球航运集团等合资成立了“国际联合船舶投资有限公司”。这个时期中国批准境外开办的非贸易性合营企业投资领域主要集中在承包工程、餐馆、金融保险、航运服务等领域，对加工制造业的投资较少；投资区域主要分布在发展中经济体及港澳地区等 23 个经济体，中方投资额为 0.46 亿美元。1984 年 10 月，中共十二届三中全会通过的《中共中央关于经济体制改革的决定》中明确提出：进一步贯彻执行对内搞活经济、对外实行开放的政策方针。1985 年，原外经贸部根据国务院指示精神新规定，制定了在国外开办非贸易企业的审批管理办法——《关于在国外开设非贸易性合资经营企业的审批程序和管理办法（试行）》，该管理办法的第二条规定：“为推动国外合资经营事业的发展，鼓励国内各企业、事业单位到国外举办合资经营企业，只要是经济实体，有资金来源，具有一定技术水平和业务专长，有合作对象，均可申请到国外开设合资经营企业。”此后，中国参与境外投资的企业类型数量大幅度增加，投资的领域进一步拓宽。1984 年批准境外投资的企业为 42 家，1985~1991 年批准境外

㊀ “京和股份有限公司”由北京市友谊商业服务总公司和日本东京丸一商事株式会社于 1979 年 11 月在东京合资成立，其业务是在日本开办北京风味餐馆，提供厨师服务，出版发行中餐菜谱等（黎惠民．中国跨国公司经营战略与策略［M］．成都：西南财经大学出版社，1993：11．）。

投资的企业数量呈增长趋势，1992年达到355家（见表11-1）。截至1992年，累计批准境外投资企业为1 363家，主要设立在俄罗斯（185家）、美国（166家）、泰国（95）、日本（71家）、澳大利亚（64家）、加拿大（62家）、新加坡（35家）、马来西亚（31家）和中国香港（117家）等地区，投资领域扩展到资源开发、生产加工、交通运输、医疗卫生、旅游服务等。三九集团、小天鹅电器公司、TCL、海尔、华为等也是在这个时期先后走出国门参与跨国经营的。

（二）缓慢发展阶段（1993~2001年）

1991年，原国家计划委员会向国务院递交了《关于加强海外投资项目管理的意见》，该意见指出“中国尚不具备大规模到海外投资的条件”，企业的海外投资应该“侧重于利用国外的技术、资源和市场以补充国内不足”，该管理意见从一定意义上来说制约了中国此后10多年的境外投资规模与数量。1991年8月，原国家计划委员会出台的《关于编制、审批境外投资项目的项目建议书和可行性研究报告的规定》复杂化了境外投资的审批程序，一定程度上提高了中国企业境外投资门槛。1993年，国家决定实行经济结构调整，紧缩银根，让过热的经济软着陆，国家主管部门对新的境外投资实行严格的审批政策，并对各部门和各地方已开办的境外企业进行重新登记，境外投资的发展速度开始放慢。1993~2001年，历年批准境外投资的企业数量没有超过1992年的数量（见表11-1），截至2001年，累计批准境外投资企业为3 091家，主要分布在美国（329家）、俄罗斯（297家）、中国香港（262家）、泰国（154）、澳大利亚（118家）、日本（95家）、加拿大（95家）、新加坡（94家）、南非（83家）、马来西亚（82家）、中国澳门（62家）和蒙古（62家）等地区。

（三）快速发展阶段（2002~2014年）

2002年，十六大指出，坚持“引进来”和“走出去”相结合，全面提高对外开放水平。2002年10月原外经贸部先后颁布《境外投资联合年检暂行办法》和《境外投资综合绩效评价办法（试行）》；2003年1月1日《中华人民共和国中小企业促进法》生效；2004年10月，发改委和中国进出口银行下发《关于对国家鼓励的境外投资重点项目给予信贷支持政策的通知》（发改外资［2004］2345号）；2004年11月商务部下发《国别投资经营障碍报告制度》的通知；2006年10月国务院常务会议原则上通过了《关于鼓励和规范我国企业对外投资合作的意见》，这是自中央提出“走出去”战略以来第一个全面系统规范和鼓励对外投资的纲领性指导文件，为我国企业境外发展创造了良好的政策环境。这些政策措施的出台，促进了中国企业到境外投资，为中国跨国公司的成长提供了政策保证。2002年和2003年批准境外投资企业分别为350家和510家，其后每年核准和备案的境外投资企业数逐年增长，2014年达到6 128家。2002年以来，非金融类对外直接投资流量逐年增长，2002~2013年分别为27亿美元、29亿美元、55亿美元、123亿美元、212亿美元、265亿美元、559亿美元、565亿美元、688亿美元、747亿美元、878亿美元和1 078亿美元，2013年突破1 000亿美元，达到1 078亿美元，全行业对外直接投资金额为1 231.2亿美元，接近中国吸收外商投资的规模㊀。

㊀ 2014年，中国实际使用外资金额为1 285亿美元，中国对外直接投资与中国吸收外资仅差53.8亿美元。

（四）常态化发展阶段（2015 年至今）

2013 年 11 月，国务院发布《政府核准的投资项目目录（2013 年本）》，该目录明确对境外投资管理将实施备案为主，核准为辅的管理措施[㊀]。2014 年 4 月 8 日，国家发改委的《境外投资项目核准和备案管理办法》（国家发展改革委令第 9 号）和商务部的《境外投资管理办法》（商务部令 2014 年第 3 号）具体规定了中国对境外投资管理的“备案为主，核准为辅”的具体内容，这预示着中国企业境外投资进入了常态化发展阶段，中国跨国公司对外投资的活力将得到释放，企业可以根据企业发展的需要及战略规划，适时适地开展跨境并购及绿地新建活动。可以预见，中国民营跨国公司的境外投资将快速增长，投资方式呈现多样化，投资地域更加广阔；国有企业的跨境投资将以投资收益为决策重点，投资趋向稳健。同时适时改进对外投资的服务管理措施与政策，2017 年，国务院办公厅转发国家发展改革委、商务部、人民银行、外交部《关于进一步引导和规范境外投资方向的指导意见》（国办发〔2017〕74 号），提出鼓励、限制、禁止三类境外投资活动。2018 年 3 月 1 日，《企业境外投资管理办法》（国家发展和改革委员会令第 11 号）正式施行，在“放管服”三个方面统筹推出了八项改革举措。2019 年，中国境内投资者共对全球 188 个经济体的 6 535 家境外企业进行了非金融类直接投资，投资金额为 6 888. 7 亿元人民币（折合 1 106 亿美元）。

三、中国跨国公司发展的特点

（1）中国跨国公司境外投资发展速度较快，经营规模大，但投资规模相对偏小，运营能力不高。2002 年以来，中国企业的对外直接投资持续快速增长（见表 11-1），但比较而言，中国对外直接投资的规模比较小。2004~2014 年中国企业对外直接投资流量在全球 FDI 流量的占比分别为 0. 62%、1. 54%、1. 57%、1. 24%、3. 30%、5. 13%、5. 04%、4. 70%、6. 84%、7. 7%和 8. 56%，而美国的对外直接投资流量占全球 FDI 流量的 1/6~1/3，近 4 年其占比约为 1/4[㊁]。截至 2014 年年底，中国企业 FDI 存量仅相当于美国 FDI 存量的 11. 2%，英国的 46. 0%，法国的 57. 0%，德国的 46. 1%，日本的 61. 1%。

根据企业营业额，《财富》排出世界 500 强公司。1996~2019 年，世界 500 强的统计数据表明，24 年以来，中国入围 500 强的企业数目也在持续增加（见表 11-4），2019 年达到了 133 家（含香港地区 7 家，台湾地区 8 家），其中，央企 47 家，中国石化、中国石油和国家电网列前 10 名。企业营业额只能从一个方面反映企业的经营状况，但利润是体现企业竞争力的一个关键因素。尽管中国进入《财富》世界 500 强的公司数量不断增加，但中国入围企业的盈利能力与其他经济体的入围公司相比还是有一定的距离。以 2020 年公布的榜单为例：中国大陆入围公司平均利润额为 34. 8 亿美元，低于世界平均数 41 亿美元。这从一个方面说明了中国企业“大而不强”的问题。此外，中国跨国公司亏损及并购失败率较

㊀ 该目录的第十三条境外投资规定：“中方投资 10 亿美元及以上项目，涉及敏感国家和地区、敏感行业的项目，由国务院投资主管部门核准。前款规定之外的中央管理企业投资项目和地方企业投资 3 亿美元及以上项目报国务院投资主管部门备案。国内企业在境外投资开办企业（金融企业除外）事项，涉及敏感国家和地区、敏感行业的，由商务部核准；其他情形，中央管理企业报商务部备案，地方企业报省级政府备案。”

㊁ 根据 *World Investment Report*（2015）数据计算。

高。如2011年，中国境外企业亏损比例高达22.4%，2010年中国企业跨境并购失败率达11%，为全球最高，与西方跨国公司相比差距较大，同期美国和英国跨国公司并购失败率仅分别为2%和1%。㊀

表11-4　1995~2019年中国入围《财富》世界500强企业数　（单位：家）

年份	1995	1996	1997	1998	1999	2000	2001	2002	2003	2004	2005	2006	2007
企业数	4	6	6	8	11	12	13	12	16	18	23	30	35
年份	2008	2009	2010	2011	2012	2013	2014	2015	2016	2017	2018	2019	
企业数	43	54	69	78	95	100	106	110	115	120	129	133	

资料来源：根据《财富》中文网公布资料整理。

（2）有限责任公司性质的跨国公司境外投资的企业数量占比下降，国有性质跨国公司投资数量占主导地位，投资金额较高。

2016年之前，国有企业在投资主体中所占比重持续降低，2017~2019年，国有企业在投资主体中所占比重持续增加，投资主体呈现多元化，这表现在以下几个方面：从境内投资主体的数量看，对境外投资的国有企业在境内投资主体中所占比例由2006年年末的26%减少到2016年年末的5.2%，由2016年年末的5.2%增加到2019年年末的50.1%，而有限责任公司的所占比重则相应地由33%增长到43.2%，由43.2%减少到15.3%，私营企业、股份有限公司、股份合作公司、外商投资企业的占比总体呈现降低趋势（见表11-5）；从FDI流量上看，国有企业的FDI流量份额在减少，非国有企业的比重升高。2008~2010年，中央企业和单位非金融类FDI流量的占比分别为85.6%、67.6%和70.5%，2011~2013年，国有企业非金融类FDI流量占比分别占55.1%、46.6%、43.9%，有限责任公司的占比分别26.4%、36.2%、42.2%，股份有限公司占比分别为11%、5.4%、6.2%，股份合作企业占比分别为3.7%、5.4%、2.2%。在中国企业境外并购中，国有企业并购金额较高，而民营企业并购的项目数量高于国有企业，私募基金和风险投资基金也参与到跨境并购中（见表11-6）。

表11-5　2006~2019年年末境内不同类型投资主体数量占比　（%）

年份	2006	2007	2008	2009	2010	2011	2012	2013	2014	2015	2016	2017	2018	2019
有限责任公司	33	43.3	50.2	57.7	57.1	60.4	62.5	66.1	67.2	67.4	43.2	16.4	17.7	15.3
私营企业	12	11	9.4	7.5	8.2	8.3	8.3	8.4	8.2	9.3	26.2	6.9	7.1	7.6
国有企业	26	19.7	16.1	13.4	10.2	11.1	9.1	8	6.7	5.8	5.2	49.1	48	50.1
股份有限公司	11	10.2	8.8	7.2	7	7.7	7.4	7.1	6.7	7.7	10.1	8.7	8.8	9.1
股份合作企业	9	7.8	6.5	4.9	4.6	4	3.4	3.1	2.5	2.3	2.0	0.5	0.5	0.4
外商投资企业	4	3.7	3.5	3.1	3.2	3.6	3.4	3	2.6	2.8	4.8	3	3.1	3.4
港澳台投资企业	2	1.8	1.8	1.8	2	2.4	2.2	2	1.8	1.9	3.2	5.8	5.4	3.7
个体经营				—	—	0.8	1.6	0.7	0.9	0.9	2.4	7.4	5.9	6.9
集体企业	2	1.8	1.5	1.2	1.1	1	0.8	0.6	0.5	0.4	0.5	0.3	0.3	0.4
其他		0.7	2.2	3.2	6.6	0.7	1.3	1	2.9	1.5	2.4	1.9	3.2	3.1

资料来源：《中国对外直接投资统计公报》（2006~2019年度）。

㊀ 国务院发展研究中心对外经济研究部“对外投资与促进中国跨国公司发展研究”课题组．中国跨国公司发展现状、问题及建议［J］．中国产业经济动态，2013(16)：15-19.

表 11-6　中国大陆企业境外并购数量和金额

企业	2008 年		2009 年		2010 年		2011 年		2012 年		2013 年		2014 年	
	金额（十亿美元）	数量（件）	金额（十亿美元）	数量（件）	金额（十亿美元）	数量（件）	金额（十亿美元）	数量（件）	金额（十亿美元）	数量（件）	金额（十亿美元）	数量（件）	金额（十亿美元）	数量（件）
国有企业	27	6.8	37	23.3	60	34.1	40	29.1	40	37.0	57	39.4	78	27.9
民营企业	95	2.0	97	6.3	119	6.8	139	6.2	125	19.9	118	11.4	145	14.7
财务投资者（私募基金、风投）	4	1.7	10	3.7	9	1.4	27	8.2	26	10.3	25	1.1	49	14.3
合计	126	10.5	144	33.3	188	42.3	206	43.5	191	67.2	200	51.9	272	56.9

资料来源：普华永道。

（3）中国跨国公司 FDI 流向的国家和地区广泛，第一目的地主要集中在亚洲，其次是欧洲和拉丁美洲，存在中转投资和返程投资现象。2014 年年底，中国内地在境外设立的 57.1%的企业分布在亚洲，在中国香港的占境外企业总数的 30%。除香港外，中国设立境外企业最多的经济体有美国、俄罗斯、澳大利亚、新加坡、日本、德国、越南、老挝、英属维尔京群岛、韩国、印度尼西亚、加拿大、阿联酋等。一份研究表明㊀，中国内地在英属维尔京群岛和开曼群岛的绝大部分投资，以及在中国香港近 1/3 的投资，都是以这些地区为中转地，最终流向其他经济体或“返程投资”流向国内的。根据企业层面的数据，60%以上境外项目分布在澳大利亚、中国香港、美国、德国以及加拿大等发达经济体。52.75%的大型项目（平均投资额 3.39 亿美元）仍然主要位于发达国家，而 58.44%的浙江中小企业项目（平均投资额 140 万美元）分布在越南、柬埔寨等周边发展中经济体。

（4）跨国公司境外投资行业广泛而相对集中，主要分布在服务业、制造业和采矿业。2014 年年底，中国境外企业主要分布在批发零售业（8 759 家，占 29.5%）、制造业（6 105 家，占 20.6%）、租赁和商务服务业（3 902 家，占 13.1%）、建筑业（2 168 家，占 7.3%）、采矿业（1 494 家，5.0%）等行业，流入这些行业的 FDI 存量占中国 FDI 总存量的 70.7%。其中，境内企业在境外对“商务服务业”的投资，实际上最终的流向主要是采矿业和制造业（王碧珺，2013）。中国国有跨国公司侧重投资工业、资源和能源行业，而民营企业则偏好境外的科技和品牌等战略资产（普华永道，2015）。此外，中国入围世界 500 强的企业大部分集中在低技术行业中，在中高技术（如航天防务、网络和通信设备、制药等）行业当中，入围企业数量非常少，且均在近几年才出现。这说明中国的跨国公司从事的行业仍然以低附加值、低技术含量为主。

（5）境外投资的出资方式多样，新建与并购并重，有绝对控股倾向。中国境内投资主体对其境外投资企业提供的资本主要由股权资本、再投资收益和以公司间借贷为主的其他投资三部分构成㊁。从出资方式看，2003~2019 年，中国企业的股权资本、再投资收益和其他投资在 FDI 总量中所占份额在大多数年份相近（见表 11-7），这表明中国企业出资方式存在多种形式，没有显示出偏好于某一特定的出资方式。2014 年，中国企业以母公司提供贷

㊀ 王碧珺．被误读的官方数据——揭示真实的中国对外直接投资模式［J］．国际经济评论，2013(1)：61-74.

㊁ 股权资本是在另一经济体企业内拥有的股份；利润再投资指境外投资企业未作为红利分配但应归属于境内投资主体的收益，或未汇给境内投资主体的收益，这些留存收益用于再投资；公司间债务或借款是指境内投资主体和境外直接投资企业间的借贷资金。

款来进行对外直接投资的方式所占份额明显减少，由于主要境外融资成本低于国内，因此中国企业增加境外融资来减少从母公司贷款。从投资方式看，新建与并购并用。就数据分析，2003~2019年中国跨国公司境外新建和并购的项目数量之比及金额之比在多数年份大于1，这说明境外新建项目的规模略高于并购的规模（见表11-8）。中国跨国公司境外设立的企业类型主要有子公司㊀、联营公司㊁和分支机构㊂，1980年至2015年9月，中国跨国公司境外设立的企业（机构）类型主要以公司型企业为主，分公司、办事处等非公司型的机构为辅（见表11-9）。截至2013年年末，中国境外设立的企业中，子公司占86.4%，分支机构占9.1%，而联营公司占4.5%。这显示出中国跨国公司境外投资以绝对控股为主。近几年中国跨国公司大手笔收购的案例也印证了这一现象，如2009年中石化72.4亿美元收购Addax公司；2012年万达集团6亿美元收购美国AMC影院公司，中国财团52.8亿美元收购国际飞机租赁公司90%股权；2013年中海油151亿美元收购加拿大尼克森公司，中石油26亿美元收购巴西石油秘鲁公司；2014年中粮集团收购新加坡来宝公司和荷兰尼德拉公司的51%股权。然而，追求绝对控股可能导致中国部分境外投资企业的业务过分依赖于国内，没有在境外当地形成自己的营销网络和信息渠道，缺少境外独立运营的意识，缺少与其他境外企业以及当地企业进行横向联系。其结果是不能在全球范围内进行资源优化配置，也不能对产品生产与销售进行合理布局。

表11-7　2003~2019年中国境内投资主体的3类出资方式所占比重　（%）

年份	2003	2004	2005	2006	2007	2008	2009	2010	2011	2012	2013	2014	2015	2016	2017	2018	2019
股本投资	14	31	31	24.4	32.8	50.7	30.5	30	42	35.5	28.5	45.3	66.4	58.2	42.9	49.2	35.3
利润再投资	35	52	26	31.4	36.9	17.7	28.5	34.9	32.8	25.6	35.5	36.1	26	15.6	44	29.7	44.3
债务工具或其他	33	17	43	44.2	30.3	31.6	41	35.1	25.2	38.9	36	18.6	7.6	26.2	13.1	21.1	20.4

注：2003~2005年为非金融业，2003年其余18%为并购。

资料来源：《中国对外直接投资统计公报》（2003年度至2019年度）；http://fec.mofcom.gov.cn/article/tjsj/ydjm/jwtz/201601/20160101239832.shtml.

表11-8　2003~2019年中国跨国公司境外新建和并购数量和金额之比

年份	2003	2004	2005	2006	2007	2008	2009	2010	2011	2012	2013	2014	2015	2016	2017	2018	2019
新建项目数/并购项目数	3.6	2.2	3.2	2.5	3.0	4.0	3.5	2.4	2.8	2.2	2.2	2.1	2.3	1.6	2.2	3.1	4.2
新建金额/并购金额	8.0	10.3	1.6	1.3	12.6	1.2	1.0	0.7	1.0	0.6	0.8	1.9	1.2	1.1	0.4	1.3	5.6

资料来源：World Investment Report 2020，Annex table 6、8、13、16.

表11-9　1980年至2015年9月中国批准和核准的境外投资的不同类型企业统计

年份		1980~1990	1991	1992	1993	1994	1995	1996	1997	1998	1999	2000	2001	2002
总数量（家）		40	10	9	4	6	13	12	6	15	9	17	20	62
分支机构（%）	分公司	0	0	11.1	0	0	0	16.7	0	6.7	0	0	5.0	3.2
	办事处	7.5	0	22.2	0	0	7.7	8.3	16.7	0	0	0	5.0	11.3
	代表处	2.5	10.0	55.6	0	0	7.7	0	16.7	6.7	11.1	17.6	5.0	40.3
其他（%，有限公司等）		90.0	90.0	11.1	100.0	100.0	84.6	75.0	66.7	86.7	88.9	82.4	85.0	45.2

㊀ 子公司是指在境外企业中拥有50%以上的股东或表决权，并具有该企业行政、管理或监督机构主要成员的任命权或罢免权。

㊁ 联营公司对境外企业拥有10%~50%的股权或表决权。

㊂ 指境外的非公司型企业，如办事处、代表处和分公司。

（续）

年份		2003	2004	2005	2006	2007	2008	2009	2010	2011	2012	2013	2014	2015.9.1
合计（家）		69	130	953	1 158	1 271	1 594	2 113	2 791	3 208	3 935	4 485	6 457	6 854
分支机构（%）	分公司	1.4	7.7	1.6	1.4	1.9	2.1	3.3	2.9	3.3	3.7	4.0	3.3	2.9
	办事处	14.5	10.8	22.6	25.0	22.1	16.2	12.3	9.5	7.9	7.1	6.2	3.2	2.4
	代表处	14.5	3.8	5.6	4.4	4.6	5.5	3.7	3.5	2.3	3.1	2.7	1.7	1.4
其他（%，有限公司等）		69.6	77.7	70.3	69.3	71.4	76.3	80.7	84.1	86.4	86.1	87.0	91.8	93.3

资料来源：根据商务部境外投资企业（机构）名录数据库整理，2015 年 9 月 1 日检索。

（6）境外投资的母公司主要是中央企业及来自沿海地区或经济发达地区的企业。2019 年年底，中央企业和单位在境外设立企业数量 5 898 家，占全部设立境外企业的 13.6%，而其他境外企业主要由北京市等 31 个省（自治区、直辖市）和新疆生产建设兵团的母公司投资。从境外投资企业数量看，广东省（8 066 家）、浙江省（4 683 家）、江苏省（3 753 家）、上海市（3 743 家）、北京市（3 604 家）、山东省（2 419 家）、福建省（1 398 家）、辽宁省（965 家）、天津市（865 家）、四川省（726 家）等地境外投资企业数量较多。

四、中国跨国公司发展的新趋势

（一）以 FDI 方式把产业链两端延伸到境外

为拓展境外产业链或方便中国中小企业把国内产业转移到境外，一些中国跨国公司创新投资方式，在境外设立加工制造、资源利用、农业加工以及商贸物流等类型的境外经贸合作区。目前，这些跨国公司已投资近 100 亿美元在 50 个国家设立 118 个境外经贸合作区，吸引 2 790 多家中国企业入驻，入园企业累计产值 480 多亿美元。境外经贸区多把从事劳动密集型生产的企业转移到境外，这些园内企业又与国内的母公司内部贸易往来，这在一定程度上扩大了中国中小跨国公司融入全球价值链的程度。此外，因生产成本提高，接受调查的珠江三角洲企业中有 11%计划 2015 年向境外迁移，这些企业多是纺织、制衣等低端制造企业[⊖]。

有一定经济实力的中国跨国公司利用并购、绿地新建等方式，收购境外品牌、研发团队及销售渠道等战略资源，向价值链的下游拓展。如 2010 年浙江吉利控股集团有限公司以 18 亿美元从美国福特汽车公司手中买下沃尔沃轿车公司 100%的股权及相关资产；2005 年联想集团收购了 IBM 的 PC 业务，及 2014 年收购摩托罗拉移动业务；华为在欧洲研究中心和技术中心等的投资都延伸了其境外产业链。

（二）以信息化技术重塑管理流程，创新商业模式，探索互联网化公司的运营模式

互联网大数据时代的来临，对跨国公司的组织构架和盈利模式产生了重要影响。中国跨国公司借助信息化技术变革企业生产流程和管理模式，探索互联网化公司的运营模式，以终端用户需要为出发点，对企业的管理体系、盈利模式进行创新。如海尔集团的“人单

⊖ 渣打银行在 2015 年 2 月底到 3 月底对珠三角制造企业调查，http://money.163.com/15/0601/11/AR17QIC300253B0H.html.

合一”模式把传统的科层管控型组织构架变革为开放的平台型企业，个性化定制生产模式改变了传统的集约化规模生产模式。这预示着像海尔这样的中国杰出的跨国公司在信息技术时代引领着全球企业经营模式的变革。

（三）加大对境外房产、农业等领域的投资

中国农业对外直接投资开始于20世纪80年代末，但投资规模一直较小，2013年年末FDI存量仅为20.5亿美元。近年来，中国农业跨国公司的对外投资力度加大，如2014年中粮集团以15亿美元并购新加坡来宝农业公司51%的股权，又以12.9亿美元并购荷兰尼德拉公司51%股权项目；2015年，中国新希望集团（New Hope Group）和澳大利亚的自由食品集团（Freedom Foods Group）以大约7 420万美元的价格联合收购了澳大利亚的莫克西农场（Moxey Farms）；光明食品以1.967 5亿美元收购新西兰的肉类加工及出口商银蕨农场有限公司（Silver Fern Farms Ltd）50%的股权。

2013年年末，中国企业境外房地产投资存量为154.2亿美元，2014年绿地集团等中国房地产公司扩大了对外投资的规模。如2014年绿地集团以12亿英镑投资英国伦敦Ram啤酒厂和金丝雀码头金融区超高层公寓两个住宅项目；新华联不动产股份有限公司拟以3亿元购买马来西亚柔佛州梅蒂尼B区9幅地块，拟与黑石合资获取韩国济州岛用地面积约为110万平方米的土地使用权；雅居乐以4.3亿元收购吉隆坡的4.1万平方米地块；万科合资开发纽约曼哈顿列克星敦大道610号项目；碧桂园以7 300万澳元购买悉尼西北部住宅用地。2015年前6个月，中国对外房地产投资达66亿美元。

（四）随着“一带一路”“国际产能合作”和“第三方市场合作”战略倡议的实施，国有跨国公司将在基础设施、高端制造业等领域扩展国际市场

如2015年9月，中国招商局集团、中远太平洋和中投公司组成的财团以9.4亿美元收购了土耳其的第三大集装箱码头——康普特码头（Kumport Terminal）65%的股权；10月，山东岚桥集团以3.7亿美元购买了澳大利亚达尔文港（Port of Darwin）及其East Arm码头99年的运营权。再如2015年中国化工收购意大利轮胎制造商倍耐力（Pirelli），株洲南车时代电气公司收购英国深海机器人和机械设备制造商SMD公司（Specialist Machine Developments Limited），北京汽车工业集团在硅谷设立了一个技术中心，开发汽车软件、电气化和自动驾驶技术。

五、中国跨国公司经营绩效

跨国公司经营绩效主要包括“业绩”和“效益”两方面内容，“业绩”主要指企业资本（货币性资产、实物资产或无形资产）跨境流动、配置与运营后直接的产出结果，通常用经济或财务指标定量度量，包括公司总体运行绩效和企业经营财务绩效两方面指标；“效益”是指资本投入后产生的直接或间接效果和利益，包括对世界、投资母国及东道国的影响。本章侧重从总体运行绩效、企业经营财务绩效两方面，分析中国跨国公司2000~2019年的运行绩效，同时横向比较中国跨国公司相对于世界总体或美国跨国公司经营业绩的水平，以使我们清楚中国跨国公司经营绩效的变化状况以及相对于其他经济体跨国公司的相对状况。

（一）总体运行绩效

用中国企业对外直接投资业绩指数和跨国公司跨国化指数两个指标综合度量中国跨国公司的总体运行绩效。

1. 中国企业对外直接投资业绩指数

对外直接投资业绩指数是指一个经济体 FDI 流出量占全球 FDI 总流量的比重与该经济体 GDP 占全球 GDP 的比重之比（UNCTAD，2006）。跨国公司是一个经济体对外直接投资的主体。一个经济体对外直接投资（OFDI）业绩指数反映了该经济体的投资主体跨国公司对外直接投资流出规模相对于其经济体经济发展规模的业绩。2003~2019 年，中国对外直接投资业绩指数在波动中呈现提高趋势，但历年指数都不超过 0.95，均值仅为 0.497，这与中国经济规模在世界经济中的地位不相称。与其他经济体相比，2003~2019 年，在 42 个对外直接投资业绩指数均为正值的经济体中，中国综合排名为 24（见表 11-10），但高于同为金砖国家的印度、南非（3 个年份业绩指数为负值）和巴西（7 个年份为负值）。

表 11-10　2003~2019 年全球 42 个经济体的对外直接投资业绩指数

序号	经济体	2003	2004	2005	2006	2007	2008	2009	2010	2011	2012	2013	2014	2015	2016	2017	2018	2019	均值
1	卢森堡	2.11	9.46	12.54	9.01	37.46	7.66	8.22	20.69	8.06	4.08	21.43	30.25	13.20	24.59	27.48	14.36	1.39	14.82
2	中国香港	5.49	12.49	8.48	8.76	8.11	8.20	14.13	17.86	17.50	18.28	15.93	24.75	10.22	9.20	12.89	19.91	10.82	13.12
3	新加坡	2.80	5.53	5.60	5.14	6.04	1.53	8.43	6.99	5.15	4.00	8.01	9.69	6.46	6.20	7.25	6.99	5.98	5.99
4	比利时	8.87	4.47	4.83	4.73	4.56	1.25	2.33	0.06	4.25	4.82	4.24	1.09	5.26	3.78	3.38	4.28	2.49	3.81
5	阿塞拜疆	9.43	6.72	5.26	1.28	0.23	0.42	0.38	0.21	0.36	0.98	1.09	2.50	2.70	3.36	3.18	3.27	3.38	2.63
6	瑞典	4.71	2.91	4.16	2.41	2.13	2.22	3.20	1.98	2.38	3.06	2.81	0.92	1.14	0.45	2.39	2.65	2.87	2.49
7	巴哈马群岛	0.59	0.91	0.83	1.25	1.16	1.45	1.11	0.70	2.35	0.85	1.43	14.27	0.64	1.49	0.63	0.83	0.77	1.84
8	加拿大	1.89	2.05	1.34	1.34	1.18	1.90	1.48	1.02	1.32	1.76	1.69	1.94	1.91	2.25	2.41	2.55	2.95	1.82
9	智利	1.66	1.05	0.99	0.54	0.75	1.89	2.24	1.84	3.35	4.25	1.83	2.70	2.81	1.34	1.01	0.08	1.88	1.78
10	马来西亚	0.91	0.80	1.22	1.41	1.56	2.41	1.97	2.49	2.31	3.14	2.37	2.81	1.54	1.32	0.90	1.25	1.15	1.74
11	阿联酋	0.59	0.72	1.18	1.87	1.51	1.86	0.55	0.33	0.28	0.39	1.23	1.69	2.05	2.18	1.85	3.13	2.52	1.41
12	以色列	1.22	1.62	1.18	3.82	1.29	1.24	0.43	1.61	1.28	0.51	0.72	0.85	1.61	2.26	0.88	1.45	1.45	1.38
13	黎巴嫩	2.24	1.89	1.90	1.51	0.91	1.26	1.62	0.60	1.06	1.35	2.29	1.50	0.58	0.97	1.26	0.97	0.55	1.32
14	卡塔尔	0.28	0.67	0.45	0.08	1.73	1.18	1.68	0.71	2.72	0.57	2.20	1.90	1.10	2.58	0.52	1.61	1.62	1.27
15	俄罗斯	1.63	1.12	1.25	1.15	0.90	1.27	1.44	1.28	1.07	0.74	1.68	1.81	0.87	1.04	1.10	1.88	0.89	1.24
16	法国	0.74	0.53	1.77	1.26	1.11	1.32	1.91	0.86	0.81	0.76	0.39	1.02	0.96	1.30	0.70	3.32	0.95	1.16
17	日本	0.48	0.31	0.55	0.42	0.44	0.94	0.73	0.47	0.79	1.14	1.43	1.57	1.37	1.57	1.72	2.53	2.98	1.14
18	德国	0.16	0.35	1.49	1.49	1.32	0.71	1.03	1.75	0.94	1.01	0.58	1.26	1.30	0.91	1.44	1.75	1.71	1.13
19	韩国	0.52	0.44	0.51	0.45	0.50	0.69	0.94	1.17	1.07	1.38	1.12	1.10	0.71	0.99	1.06	1.95	1.44	0.94
20	泰国	0.30	0.02	0.09	0.05	0.21	0.23	0.90	1.10	0.74	1.52	1.51	0.80	0.19	1.48	1.89	3.19	1.46	0.92
21	意大利	0.10	0.38	1.21	0.86	1.16	1.04	0.50	0.73	1.06	0.22	0.64	0.71	0.52	0.43	0.63	1.37	0.83	0.73
22	利比亚	0.18	0.42	0.15	0.33	1.56	2.51	0.94	1.72	0.17	1.76	0.00	0.11	0.62	0.83	0.15	0.46	0.44	0.73
23	塞舌尔	0.85	0.44	2.07	0.30	0.46	0.50	0.32	0.30	0.34	0.84	0.65	0.67	0.32	0.36	0.20	0.28	0.31	0.54
24	中国内地	0.13	0.14	0.31	0.24	0.20	0.45	0.57	0.54	0.45	0.59	0.61	0.68	0.58	0.86	0.65	0.90	0.55	0.50
25	菲律宾	0.26	0.30	0.52	0.38	0.90	0.45	0.53	0.67	0.46	0.75	0.42	1.23	0.62	0.16	0.27	0.19	0.12	0.48
26	立陶宛	0.15	0.56	0.86	0.39	0.37	0.48	0.76	0.05	0.78	0.73	0.15	0.01	0.39	0.06	0.07	1.10	0.19	0.42
27	牙买加	0.91	0.29	0.51	0.27	0.24	0.21	0.26	0.21	0.23	0.09	0.28	0.33	0.11	0.79	0.16	0.07	1.81	0.40
28	墨西哥	0.13	0.27	0.42	0.23	0.25	0.01	0.56	0.64	0.51	1.10	0.66	0.31	0.40	0.02	0.17	0.55	0.54	0.40
29	印度	0.23	0.15	0.21	0.58	0.38	0.66	0.61	0.45	0.31	0.27	0.05	0.34	0.16	0.11	0.21	0.37	0.28	0.31

（续）

序号	经济体	2003	2004	2005	2006	2007	2008	2009	2010	2011	2012	2013	2014	2015	2016	2017	2018	2019	均值
30	刚果	0.19	0.04	0.06	0.05	0.02	0.10	0.10	0.02	0.16	0.83	0.67	0.56	0.59	0.36	0.39	0.39	0.18	0.28
31	摩洛哥	0.02	0.02	0.07	0.25	0.21	0.19	0.26	0.30	0.08	0.24	0.17	0.23	0.28	0.28	0.47	0.58	0.58	0.25
32	所罗门群岛	0.01	0.00	0.22	0.40	0.63	0.23	0.26	0.16	0.18	0.14	0.14	0.03	0.18	0.05	0.27	0.56	0.22	0.22
33	阿根廷	0.45	0.20	0.38	0.40	0.14	0.14	0.11	0.11	0.13	0.11	0.09	0.21	0.06	0.16	0.09	0.30	0.23	0.19
34	土耳其	0.11	0.09	0.12	0.06	0.08	0.12	0.12	0.09	0.13	0.27	0.20	0.42	0.25	0.17	0.16	0.41	0.25	0.18
35	柬埔寨	0.15	0.09	0.06	0.04	0.00	0.07	0.09	0.09	0.10	0.15	0.22	0.29	0.21	0.20	0.26	0.44	0.25	0.16
36	肯尼亚	0.01	0.01	0.03	0.04	0.09	0.11	0.05	0.10	0.09	0.27	0.20	0.07	0.17	0.11	0.16	0.16	0.14	0.11
37	瓦努阿图	0.20	0.13	0.15	0.09	0.06	0.08	0.10	0.08	0.05	0.04	0.03	0.04	0.09	0.06	0.06	0.11	0.07	0.08
38	危地马拉	0.15	0.08	0.08	0.01	0.01	0.02	0.04	0.03	0.02	0.04	0.03	0.11	0.08	0.09	0.12	0.26	0.16	0.08
39	斯里兰卡	0.11	0.01	0.09	0.04	0.05	0.06	0.02	0.04	0.04	0.05	0.05	0.05	0.03	0.14	0.04	0.07	0.06	0.06
40	突尼斯	0.01	0.01	0.02	0.04	0.01	0.03	0.09	0.08	0.02	0.02	0.03	0.03	0.03	0.29	0.07	0.07	0.04	0.05
41	基里巴斯	0.11	0.07	0.08	0.00	0.00	0.01	0.02	0.02	0.02	0.02	0.05	0.05	0.03	0.03	0.03	0.05	0.04	0.04
42	伯利兹	0.03	0.00	0.05	0.02	0.02	0.08	0.02	0.04	0.02	0.03	0.02	0.10	0.01	0.05	0.01	0.03	0.08	0.04

资料来源：根据 UNCTAD 和 Worldbank 数据计算整理，不包括年度指数为负值的经济体。

2. 跨国化指数

跨国化指数[⊖]是综合评价跨国公司国际化程度水平的指标，跨国化指数越大，该公司境外业务在公司全部业务中所占的份额就越多，该公司的国际化程度也就越高。2011 年，中国企业联合会和中国企业家协会联合首次公布“中国 100 大跨国公司及跨国指数”（非金融类）。根据其公布的数据，2010~2019 年，中国 100 强跨国公司的跨国化指数最高不超过 75%，最低的仅为 0.35%（2010 年），每年的均值都不超过 20%（见表 11-11）。与世界 100 大跨国公司以及发展中经济体的 100 大跨国公司（都是非金融类）相比，世界 100 大跨国公司跨国化指数的平均值是中国 100 大跨国公司跨国化指数的 4~5 倍，而发展中经济体跨国公司平均跨国化指数是中国的 3~4 倍。但无论是最低值、最高值，还是均值，中国 100 大跨国公司跨国化指数不断上升，这说明中国 100 大跨国公司的国际化程度逐年提高，与世界跨国公司国际化程度的差异在逐渐缩小。

表 11-11　中国、世界及发展中经济体的 100 大跨国公司的跨国化指数比较　（%）

	2010			2011			2012			2013			2014		
	最低	最高	均值	最低	最高	均值	最低	最高	均值	最低	最高	均值	最低	最高	均值
中国	0.35	62.03	12.19	0.5	67.5	12.2	0.7	67.3	15.6	0.8	67.6	15.6	0.8	68.9	15.6
世界	23.2	96.8	64.7	23.2	96.9	67.1	23.2	96.9	67.1	17.1	97.1	64.5			61
发展中经济体	2.7	99.8	50.9	2.7	99.8	54.4	2.7	100	54.2			36.3	2.71	100	53.6
	2015			2016			2017			2018			2019		
	最低	最高	均值	最低	最高	均值	最低	最高	均值	最低	最高	均值	最低	最高	均值
中国	0.8	65.4	17.3	0.9	62.6	19.4	1.1	70.4	19.3	1.5	65.1	19.7	1.39	73.9	18.9
世界	24.8	99.2	65.4	22.5	99.3	66.1	22.7	99.4	66.1	8.4	99.5	64.5	15.5	99.6	62.4
发展中经济体	3.3	100	53.1	3.3	98.8	52.8	3.3	98.7	51.0	4.0	98.8	49.2			

资料来源：根据《世界投资报告》（2011~2020 年），以及中国企业联合会和中国企业家协会联合发布的《中国 100 大跨国公司及跨国指数》（2011~2020 年）整理。

⊖ 跨国化指数=（境外资产/总资产+境外销售额/总销售额+境外雇员数/总雇员数）/3×100%。

（二）企业经营财务绩效

下面从跨国公司的盈利能力、债务偿还能力两方面度量中国跨国公司的经营财务绩效。其中，盈利能力指标包括股东回报率、利润率、资产收益率和市盈率，偿债能力指标包括流动比率和偿债能力比率。由于中国跨国公司的境外直接投资主要分布在服务业、制造业和采矿业等行业，因此，下面主要研究在中国注册的工业上市企业的经营财务绩效，并与世界平均水平进行比较。研究所用指标数据来自 Osiris 全球上市公司分析库⊖，并借助 Stata 10.0 软件进行数据处理。

1. 中国工业跨国公司盈利能力分析

（1）股东回报率。

股东权益回报率是一个衡量股票投资者回报的指标，综合体现了企业的盈利能力、资产管理及财务控制水平。2000~2014 年，中国工业上市公司的股东回报率波动较大，2000 年股东回报率为 3.4%，2007 年达到最高值 22.1%，随后开始下降，2014 年降到 5.5%；与世界平均水平相比，中国工业上市公司的股东回报率整体水平比全球工业上市公司平均股东回报率高（见表 11-12），这说明，中国公司的跨国运营能力较世界平均水平高。

表 11-12　2000~2014 年中国及全球工业上市公司股东回报率比较

年份		2000	2001	2002	2003	2004	2005	2006	2007	2008	2009	2010	2011	2012	2013	2014
中国	均值（%）	3.4	4.6	1.9	6.7	9.2	7.8	16.2	22.1	16.0	16.9	17.0	12.1	11.6	9.3	5.5
	样本数（个）	194	243	273	304	335	354	434	536	607	639	654	686	714	715	716
全球	均值（%）	3.0	−4.3	−3.1	2.3	6.8	10.1	10.7	9.6	2.6	2.5	5.5	3.3	1.4	1.4	2.7
	样本数（个）	4 359	4 621	5 043	5 362	5 897	6 331	6 822	7 104	7 183	7 169	7 230	7 254	7 264	7 091	6 647

资料来源：原始数据来自 Osiris 全球上市公司分析库，经统计与整理所得，下同。

（2）利润率。

利润率是一个衡量企业经营盈利能力的指标。利润率越高，则企业的盈利能力越高，成本控制能力也就越强。2000~2014 年，中国工业上市企业的利润率为 11%左右，2005 年的利润率最低，为 9.0%，2010 年最高，为 14.4%；与世界上市公司平均利润水平相比，中国工业上市公司的利润率明显高于世界平均水平，最高的达世界平均水平的 7.7 倍（2001 年），最低的年份也是世界平均水平的 1.5 倍（2005 年）（见表 11-13），这表明中国公司整体成本控制能力较强，利润率较高。

表 11-13　2000~2014 年中国及全球工业上市公司利润率比较

年份		2000	2001	2002	2003	2004	2005	2006	2007	2008	2009	2010	2011	2012	2013	2014
中国	均值（%）	13.6	11.6	10.0	10.4	10.3	9.0	10.9	13.9	11.7	13.4	14.4	12.4	11.3	10.0	9.9
	样本数（个）	195	245	268	303	336	354	437	540	612	640	659	690	712	713	713
全球	均值（%）	3.3	1.5	2.1	3.7	5.3	6.0	6.4	7.2	4.4	4.4	5.7	5.3	4.6	4.4	4.7
	样本数（个）	4 346	4 641	5 097	5 405	5 902	6 295	6 788	7 007	7 119	7 143	7 146	7 181	7 206	7 060	6 624

（3）资产收益率。

资产收益率是度量公司盈利能力的又一个指标。资产收益率的高低直接反映了公司的

⊖ 截至 2015 年 9 月 7 日，该数据库收录了工业行业（GICS20）12 236 家全球上市公司财务指标，中国注册上市公司 737 家；能源公司（GICS 10）3 810 家，中国公司 80 家。其中个别公司部分年份的数据缺失，统计时该公司缺失年份不列入统计，余下的公司称为样本公司。

竞争实力和发展能力。2000~2014年，中国上市的工业公司的资产收益率最低为3.1%，最高为8.4%，平均达到5.4%；与世界平均水平相比，中国上市工业公司的资产收益率较高，约是世界平均水平的0.9~12倍（见表11-14）。这说明中国上市工业公司的竞争实力较强，发展水平高于世界发展水平。

表11-14　2000~2014年中国与全球工业行业上市公司资产收益率比较

年份		2000	2001	2002	2003	2004	2005	2006	2007	2008	2009	2010	2011	2012	2013	2014
中国	均值（%）	4.0	4.2	3.1	3.9	4.3	3.7	5.6	8.4	8.0	8.1	7.8	6.2	5.4	4.5	4.2
	样本数（个）	197	247	277	309	342	363	446	547	620	653	665	701	721	722	721
全球	均值（%）	1.79	0.35	0.47	1.72	3.39	4.00	4.66	4.69	2.62	2.13	3.19	2.74	2.24	2.22	2.55
	样本数（个）	4 536	4 817	5 290	5 617	6 133	6 570	7 057	7 292	7 400	7 420	7 502	7 515	7 544	7 362	6 892

（4）市盈率。

市盈率是上市公司股价与每股收益（年）的比值，常用于估量股票的投资价值。⊖上市公司也经常用市盈率评价其获利能力。2001~2014年，中国上市跨国公司的市盈率多数年份高于30，与世界平均水平相比，中国跨国公司的市盈率较高，波动性大（见表11-15），这可能与中国经济发展速度有关，但也不排除泡沫性的存在。

表11-15　2001~2014年中国与全球上市工业公司市盈率比较

年份		2001	2002	2003	2004	2005	2006	2007	2008	2009	2010	2011	2012	2013	2014
中国	均值（%）	70.0	21.5	68.8	56.6	42.1	44.5	57.1	27.7	65.5	56.2	34.7	35.9	53.1	74.1
	样本数（个）	23	46	163	168	162	175	238	266	294	390	465	512	543	591
全球	均值（%）	38.0	26.9	30.5	27.6	27.7	25.2	26.7	19.9	33.5	28.2	26.2	27.5	32.3	35.0
	样本数（个）	628	1 790	2 196	2 512	2 827	3 490	4 399	4 086	4 076	4 680	4 771	4 757	4 855	4 788

2. 偿债能力分析

（1）流动比率。

偿债能力指标包括流动比率和偿债能力比率。流动比率是流动资产与流动负债的比率，是衡量企业流动资产在短期债务到期以前，变为现金偿还负债的能力。衡量企业短期偿债能力，需要将流动比率和速动比率结合起来，一般认为流动比率在2.0以上较好。2000~2008年，中国上市的工业跨国公司的流动比率低于2.0；2009~2014年，流动比率超过2.0，在2.0~2.7，这说明中国工业跨国公司的短期偿债能力近几年有所提高。与全球工业公司相比，世界平均水平均超过2.0，多数年份为2.4（见表11-16），这又说明全球公司短期偿债能力波动较小，较稳定。

表11-16　2000~2014年中国与全球工业行业上市公司流动比率比较

年份		2000	2001	2002	2003	2004	2005	2006	2007	2008	2009	2010	2011	2012	2013	2014
中国	均值（%）	1.9	1.8	1.7	1.7	1.6	1.5	1.5	1.6	1.6	2.0	2.6	2.7	2.5	2.3	2.1
	样本数（个）	198	248	278	311	346	367	449	551	625	657	668	703	724	725	724
全球	均值（%）	2.1	2.2	2.2	2.2	2.4	2.4	2.3	2.4	2.3	2.6	2.4	2.4	2.4	2.4	2.4
	样本数（个）	4 603	4 921	5 410	5 717	6 249	6 716	7 231	7 496	7 634	7 632	7 687	7 699	7 711	7 501	7 015

⊖ 一般来说，市盈率为0~13%时，价值被低估；14%~20%，是正常水平；21%~28%时，价值被高估；高于28%时，反映股市出现投机性泡沫。一些市盈率高低的标准与一个国家经济发展速度、该国存款利率有紧密联系。

(2) 偿债能力比率。

偿债能力比率是度量公司偿付长期债务责任的比率，该比率的大小在很大程度上反映了企业经营的风险程度。2000~2014 年，中国工业公司的偿债能力比率波动较小，数值为 42.1%~53.6%；与世界工业公司相比，多数年份的比率高于世界平均水平，但波动幅度略大些（见表 11-17），这说明中国工业公司的长期偿债能力高于世界总体水平，但偿债能力不均衡，差异较大。

表 11-17　2000~2014 年中国与全球工业上市公司偿债比率比较

年份		2000	2001	2002	2003	2004	2005	2006	2007	2008	2009	2010	2011	2012	2013	2014
中国	均值（%）	51.9	51.0	50.0	48.7	46.1	44.0	42.1	43.1	43.4	46.1	50.0	51.9	52.1	53.2	53.6
	样本数（个）	197	247	275	306	338	359	441	543	618	650	660	694	719	718	719
全球	均值（%）	41.7	42.1	41.8	42.6	43.5	43.9	43.9	45.0	44.1	45.5	46.0	45.6	46.0	47.0	47.6
	样本数（个）	4 575	4 869	5 317	5 624	6 147	6 623	7 120	7 394	7 498	7 485	7 550	7 571	7 601	7 416	6 942

第二节　中国跨国公司发展的机遇和挑战

一、中国跨国公司发展的机遇

（一）2008 年金融危机后，欧美国家的再工业化政策鼓励外资进入

金融危机后，为了解决国内就业、财政赤字和贸易逆差问题，美欧等经济体调整产业发展规划，实施“再工业化”和发展先进制造业的发展战略。美国鼓励私人投资进入宽带服务领域，鼓励民间投入航天领域，出台政策降低公司税[㊀]；日本对外资企业免除法人税；新加坡对贸易、金融、运输企业的外资企业给予 5~20 年、最低 5%的优惠所得税率，并允许企业研发费用按 15%扣除；法国免除企业再投资部分的税收[㊁]。因流动性严重不足，很多企业经营陷入困境，股东意欲出售企业，企业资产大幅贬值。危机期间，很多国家对外资并购的排斥情绪明显降低。这些都为中国跨国公司的境外发展与扩张提供了机遇。

（二）“一带一路”“国际产能合作”与“第三方市场合作”的战略倡议为中国跨国公司与东道国企业的国际合作提供制度保证

2013 年，习近平主席先后提出共同建设“丝绸之路经济带”和“海上丝绸之路”的战略倡议。十八届三中全会决定明确指出，推进丝绸之路经济带和 21 世纪海上丝绸之路建设，形成全方位开放新格局。2015 年，中国企业对“一带一路”相关的 49 个国家的直接投资额达 148.2 亿美元，在“一带一路”沿线国家的完成营业额和新签合同额分别占到全国总额的 45%和 44%。2015 年 5 月 16 日国务院公布的《关于推进国际产能和装备制造合作的指导意见》旨在让中国产业的生产能力与现有全球需求相匹配。中国国家发改委已经确定了 45 个优先合作的国家，截至 2015 年年底，中国已经与埃及、哈萨克斯坦和津巴布韦

㊀ http://www.arft.net/2012/szbxszc_1031/6847.html.

㊁ 殷越男．国际经济调整中的民营企业走出去战略思考［J］．世界贸易组织动态与研究，2010(3).

等17个国家在钢铁、水泥、平板玻璃、化工和机械制造业等领域开展了产能合作。2015年6月30日，李克强总理访问法国期间，中法两国政府发表了“关于第三方市场合作的联合声明”。第三方市场合作的实质是把中国的产能与发达国家的先进技术和装备结合起来，共同开拓新兴市场，实现三方的互利共赢和共同发展，即“1+1+1>3”模式。这些倡议的落实将为中国跨国公司的境外发展提供国家层面的制度保障。

（三）“备案为主，核准为辅”的对外直接投资管理新模式为中国跨国公司的境外投资提供了便利

2013年11月，十八届三中全会通过的《中共中央关于全面深化改革若干重大问题的决定》提出，要“扩大企业及个人对外投资，确立企业及个人对外投资主体地位”。2013年国务院《政府核准的投资项目目录（2013年本）》的发布，2014年《境外投资项目核准和备案管理办法》（国家发展改革委令第9号）和《境外投资管理办法》（商务部令2014年第3号）标志着“备案为主，核准为辅”已成为中国对境外投资的管理新模式，这将促进中国对外投资的快速发展。同时，针对我国企业境外投资存在的问题，国务院办公厅转发国家发展改革委、商务部、人民银行、外交部《关于进一步引导和规范境外投资方向的指导意见》（国办发〔2017〕74号），提出鼓励、限制、禁止三类境外投资活动。2018年3月1日，《企业境外投资管理办法》（国家发展和改革委员会令第11号）正式施行，11号令在“放管服”三个方面统筹推出了八项改革举措，优化境外投资综合服务，加强境外投资宏观指导，完善境外投资全程监管，促进境外投资持续健康发展，维护我国国家利益和国家安全。

（四）中国跨国公司的所有权优势将增强，对外投资有较大的发展空间

根据投资发展周期理论（邓宁，1981；邓宁，1986；邓宁和Narula，1996），一个经济体（或国家）的FDI流出量和流入量与其经济发展阶段和经济结构存在系统的关系，FDI流出格局反映了投资国企业所有权优势不断变化的状况，显示出母国经济的优势相对于潜在的东道国经济所发生的变化。一个经济体的FDI发展经历五个阶段，每个阶段与该经济体的人均GDP数额呈现正相关关系，各阶段FDI流入量与流出量及其变化量呈现明显特征。在发展过程中，不同经济体的演进路径、发展模式及采取的政策可能存在差异。联合国贸易与发展会议（UNCTAD，2016）对各阶段的门槛对应的数据进行修正。对于IDP理论在中国的应用性，刘红忠（2001）、高敏雪和李颖俊（2004）、陈漓高和黄武俊（2009）、涂万春和陈奉先（2006）、姚永华等（2006）学者的实证研究发现，中国的投资发展路径符合投资发展路径（IDP）理论模型，他们认为中国处于投资发展周期理论的第二阶段或第三阶段初期。2014年中国对外直接投资流量与中国吸引外资金额相近，仅差53.8亿美元；2014年中国对外直接投资金额接近中国吸收外商投资的规模，且天津市、北京市、上海市、江苏省、浙江省、内蒙古自治区、辽宁省、广东省和福建省的人均GDP超过10 000美元（一国企业主动开展对外投资的门槛值），这预示着中国跨国公司的所有权优势将发生变化，预示着中国经济相对于东道国经济的优势在增强，中国企业对外直接投资具备了GDP基础，有较大的发展潜力。

（五）中国具有充足的外汇储备，为中国跨国公司的对外投资提供资金保障

最近几年中国的外汇储备都在3万亿美元以上，到2014年年底达到3.84万亿美元，居世界第一位。充足的外汇储备，为企业开展对外投资提供了有力保障。亚洲基础设施投资银行（AIIB）、金砖国家开发银行、丝路基金和中国-拉美产能合作投资基金等机构也可提供投融资服务。

（六）中国企业在技术、设备、管理和人才等方面也具有比较优势

进行境外投资不一定要具有绝对优势，只要相对于东道国来讲具有优势就可以投资。中国在一些技术领域是拥有国际先进水平的，而且还具有大量的适用技术、特色技术和传统技术，技术商品的价格相对便宜，这些技术在广大发展中国家受到欢迎。同样，在高铁、核电、水火电、通信设备等成套设备方面，中国也具有相对优势。另外，中国企业在管理和国际化人才方面也积累了一定的优势。

二、中国跨国公司可能遇到的挑战

（一）复杂洲际政治冲突是未来十年中国跨国公司全球化经营中必须面对的主要问题

当前，中东、北非、南亚、东欧、东北亚等地区存在地缘政治动荡，恐怖主义、局部地区战乱风险及乌克兰危机可能在较长时期内影响世界经济的发展。2015年，世界经济论坛（WEF）发布的年度风险报告认为，洲际政治冲突、极端天气事件、国家治理的失败、国家崩溃或危机、结构性高失业率或不充分就业是全球经济所面临的五大风险因素，国际冲突将是未来十年威胁全球稳定的最大风险。在政局不稳定的环境中，保护资产和人员安全是中国跨国公司全球化发展时需要首先考虑的问题。

（二）东道国对华企业的态度及其政策和政局变动是中国跨国公司全球化的进程中必须面对的又一挑战

某些西方发达经济体，出于遏制中国经济发展的目的，鼓吹“中国威胁论”，对中国跨国公司正常的经营业务以国家安全为由予以干预。如中海油并购优尼科，海尔并购美国家电生产商美泰克（Maytag Corp.），西北有色并购美国优金公司（Firstgold Corp.）以及华为公司收购美国三叶系统公司（3 Leaf Systems）等，还有2012年3月澳大利亚政府禁止华为参与投标澳大利亚全国宽带项目，等等。东道国政策和政局的变动也可能延滞中国境外项目的进展。2015年3月初，斯里兰卡新政府暂停一系列涉外项目，其中包括中资企业投资建设的科伦坡港口城一期项目，致使该项目搁置1年。2016年7月，历经几年的数次反复，希腊政府才同意将比雷埃夫斯港的67%股份转让给中国远洋海运集团。此外，在履行环保和社会责任、保护劳工权益等方面中国跨国公司也面临着挑战。《中国企业海外可持续发展报告》（2015）调查数据表明，政局政策、劳工问题、东道国商品价格浮动是中国跨国公司忧虑的首要问题。

（三）国际经济规则的高标准化和跨国公司社会责任的兴起对中国跨国公司的发展提出了新的要求

当前，美国通过《跨太平洋伙伴关系协定》（TPP）、《跨大西洋贸易与投资伙伴协议》（TTIP）和诸（多）边服务贸易谈判（PSA）强化其世界经济的主导地位，巩固其在全球贸易规则制定上的垄断性话语权。2016 年 2 月 4 日，美国、日本、澳大利亚、文莱、加拿大、智利、马来西亚、墨西哥、新西兰、秘鲁、新加坡和越南 12 个国家的签署，标志着包括环境保护、劳工权益、知识产权等内容的商品贸易、服务贸易高标准的综合协议在亚太地区形成。TPP 的开放力度和广度远超 WTO，有学者称这为 WTO 2.0 [㊀]。TPP 的实施、TTIP 和 PSA 的推进将对中国跨国公司的境外拓展形成巨大的压力。

1924 年，美国的谢尔顿提出“公司的社会责任”，认为公司的社会责任包括道德因素，社区利益作为一种称量尺度，远高于公司盈利。[㊁]随着众多跨国公司社会责任的履行及社会责任内涵的变化，如何借助践行社会责任，塑造中国跨国公司的国际形象，提升国际声誉，将是中国跨国公司全球化发展必须面对的挑战。

（四）中国境外业务运营能力还需要提高

获取经济效益是跨国公司的主要经营目的，也是其可持续发展的基础。根据商务部研究院、国务院国资委研究中心和联合国开发计划署驻华代表处联合发布的《中国企业海外可持续发展报告》（2015），13%的中国跨国企业盈利可观，39%的基本盈利，24%的企业基本盈亏平衡，而其余 24%的企业目前暂时处于亏损状态。另外，中国跨国公司的国际竞争力总体来看还比较低，在驾驭国际市场、整合全球资源链、建立国际经营网络等方面还需要积累经验，提高运营能力。

（五）中国跨国企业境外低价竞争，流失了利润，自贬了形象

《中国企业海外可持续发展报告》（2015）的调研显示，中国企业普遍认为境外经营的主要竞争对手依次为：中国企业、其他国家跨国公司和当地企业。这表明，目前中国跨国企业拓展境外市场时，本国企业间存在较大竞争。一些同行业的中央企业为达到中标目的，在报价时互相压价，也有的企业将国内市场的“同行”竞争延伸到国际市场上。比如，我国制造业有两家知名跨国公司之间屡屡爆发价格战和知识产权之争，在导致商业利益受损的同时，也给中国跨国公司的形象带来了负面影响。[㊂]

（六）文化、语言障碍及经验不足，使得采购与融资中的“本土化”程度受限

《中国企业海外可持续发展报告》（2015）的调研发现，绝大多数中国公司坚持优先采购东道国产品的意愿，但在实际操作中，有 57%的受访中国企业在中国国内采购，在东道国采购的企业仅占 38%。融资中，报告显示，57%的受访中国企业选择中国进出口银行、

㊀ http://www.ftchinese.com/story/001064555#adchannelID=2000.

㊁ 龙云安．跨国公司新战略：社会责任研究［M］．成都：西南财经大学出版社，2014：32.

㊂ http://www.sinosure.com.cn/sinosure/xwzx/rdzt/tzyhz/dwtzxs/159935.html.

国家开发银行等境内金融机构，25%的企业选择世界银行、非洲开发银行等境外机构。[⊖]

第三节　中国跨国公司发展模式

模式，是指方式或路径。跨国公司成长模式是指一家国内企业发展成为跨国公司的方法或路径，包括初期进入模式和后期业务拓展模式。跨国公司初期进入模式有非股权进入模式和股权进入模式两种类型。其中，非股权进入模式包括出口方式、契约模式（特许经营、服务合约、管理合同、合作经营、战略联盟等）；股权进入模式主要有绿地新建和并购、合资、独资。跨国公司在成长过程中，因企业自身条件、所处行业及实施战略的不同以及东道国环境的差异，形成了许多有效的成长模式。随着跨国公司跨国经验的增加，经营环境的变化，企业的成长模式也会随之发生变化。对于中国跨国公司成长的模式，许多学者从不同的角度进行了有益的探讨。如郑磊（2008）从“走出去”的角度，归纳了中国企业“走出去”的十大模式，即安营扎寨模式（如海尔在美国、巴基斯坦等国所建立的生产基地）、品牌共享模式（如 TCL 的做法）、借船出海模式（如联想借用 IBM 品牌）、技术先导模式（如华为）、产品代理模式（如长虹）、资源互补模式（如政府主导的国有大中型企业）、“借鸡生蛋”模式（如中国企业到境外上市）、星火燎原模式（如温州鞋、义乌小五金、温州打火机等）、对外承包工程模式（如中建、中土、路桥、港湾公司等）和劳务合作模式；卢进勇和闫实强（2005）从投资的角度，总结了中国企业境外投资的九种进入模式，即建立境外营销渠道投资模式（如中国制药企业三九集团）、境外加工贸易投资模式（如华源集团）、境外创立自主品牌投资模式（如海尔集团）、境外并购品牌投资模式（如 TCL 集团）、境外品牌输出投资模式（如中华老字号同仁堂）、境外资产并购模式（如中国石油天然气股份有限公司、万向集团）、境外股权并购模式（如东方电子集团）、国家战略主导投资模式（如中石化、中石油和中海油）和境外研发投资模式（如华为技术有限公司）；康荣平和柯银斌（2002）归纳了华人跨国公司成长的六种模式，即技术主导、规模经济/低成本、范围经济/综合集团、获取技术资源、获取销售资源和获取原料资源。本部分着重从企业规模和行业的角度，来分析中国跨国公司的成长模式。

一、不同所有权性质或规模的跨国公司的成长模式

1. 国有跨国公司的成长模式

国有跨国公司是指完全由国家政府或地方政府拥有控股权（完全控股、持有多数股权或重要的少数股权）的母公司和外国子公司组成的企业，无论这些企业是否在股票市场上市。这种模式主要是指中国具有规模经济和国内市场垄断优势的国有大型企业和企业集团，凭借其在国内所拥有的垄断优势或所有权优势，如规模经济优势、规模生产技术优势、国内品牌优势、营销渠道优势、资金优势以及经营管理优势等，通过进出口贸易、FDI、服务贸易、工程承包等方式进入国际市场，建立自己的子公司，创造经营的中间产品和内部市场，形成国际化经营的内部化优势，建立企业内部价格转让体系，实现全球利润最大化，持续获取经营利润。国有大型企业一直是中国企业对外进行 FDI 的主力，构成中国跨国公

⊖ 张起花．我国企业走出去面临四大挑战［J］．海内与海外，2015（12）：4-7.

司的主体。在中国大约15.4万国有独资或政府控股企业中，有50多家跨国公司，它们不一定具备行业技术竞争力，但具备依靠其国内垄断地位，获得绝对的规模生产的能力，有时它们被认为执行着国家的战略目标。例如钢铁类的宝钢、首钢，能源类的中石油、中石化、中海油、五矿集团等。据UNCTAD统计，中国最大的12家跨国公司控制的境外资产占全国企业境外资产总额的85%左右，而早在2004年我国最大的5家跨国公司的境外资产占同期我国境外直接投资存量的近50%。

国有跨国公司的成长模式包括资源获取型的成长模式、业务拓展型的成长模式或产业链延展型的成长模式等。

（1）资源获取型的成长模式。

资源获取型的成长模式是指通过在境外获取母公司所需要的原材料，稳定母公司所需要资源的来源，进而实现整体利益的最大化。如上海宝钢集团与澳大利亚的企业哈默斯利铁矿有限公司合资成立的宝钢澳大利亚矿业有限公司，开发西澳大利亚地区矿区，开发期为20年，年产量1 000万吨，为宝钢和中国市场提供2亿吨优质铁矿石。

（2）业务拓展型的成长模式或产业链延展型的成长模式。

业务拓展型的成长模式指围绕服务母公司的核心业务，沿产业链的上游或下游进行产业扩张，或将境内业务“移植”到境外，以实现全球业务的规模化经营。如中国五大商业银行的境外发展、三大石油公司的境外扩张。

2. 民营企业“抱团”式成长模式

这种模式是指相对稳定区域内的中小企业以专业分工，资源互补，依靠合作协议、承诺和信任经营，在共同发展形成产业集群经济的基础上，通过境外经贸合作平台在境外“抱团”开展生产与经营。“长三角”和“珠三角”的中小民营企业在相近地理空间内，以相关产业形成产业集群，集群内企业通过专业分工，竞争又合作，相互促进，相互依赖。集群内企业的经营效率和资源配置达到较佳效果，在一定程度上形成了跨国公司发展所必需的内部化优势，这种优势降低了外部市场的交易成本及不确定性，保证企业的有效运行。如浙江宁波的服装、温州的打火机、义乌的小商品、海宁的皮装、广东佛山的建筑陶瓷业、顺德的家电业、北京中关村的电子信息产业，以及由广州、深圳、东莞、佛山、惠州等电子工业城市构成的“广东信息走廊”等。

通过这种模式，60多万名温州商人活跃在世界131个经济体中。1998年，温州企业在巴西圣保罗设立第一个境外中国商品城，此后，又在喀麦隆、俄罗斯、阿联酋、美国、荷兰、蒙古、英国、智利、芬兰、塞尔维亚等地开办了17个境外商品城，为400多家温州企业提供了发展平台。除中国商城外，温州民企在境外建立的境外经贸合作区也比较多，影响较大的有俄罗斯乌苏里斯克经贸合作区、鹏盛工业园、越南龙江工业园、通领科技美国工业园、哈杉尼日利亚工业园等。

3. 中小型企业“特色经营”的成长模式

这种模式是指中小跨国经营企业根据自己的行业、资源特点，选择对外开展跨国经营的方式。中小企业占企业总数的99%以上，对GDP的贡献超过60%，对税收的贡献超过50%，提供了近70%的进出口贸易额，创造了80%左右的城镇就业岗位，中小企业的发展关系到国民经济的命脉。中国的产能过剩，生产成本逐年提高，因此，寻求国际市场是中小企业发展的必然趋势。与大企业不同，中小企业不具备显性的所有权垄断优势，在技术实力、资本实力、规模经济效益、人力资源、营销网络等方面也不具有竞争优势，但它们拥有小规模技术和对技术进行地方化改造的优势，还可以借助华商网络，开展适合自身特点的跨国经营。

根据中国国际贸易促进委员会公布的《中国企业对外投资现状及意向调查报告(2008—2010)》，从事过进出口贸易的1 024家中小企业，在境外经营的方式主要有设立代表处，设立代理人，设立销售办事处，配备生产设备，设立采购中心和设立分销中心等。其中，在发达经济体和发展中经济体的经营方式是有差异的（见表11-18）。综上分析，目前在国外建立自己的销售办事处仍然是中国中小企业跨国经营最主要的方式，其后是合资经营，最后才是设立零售商店和营销网络以及建立独资公司。

表11-18　2009~2010年中国中小跨国企业对外投资的经营方式　(%)

经济体		设立代表处	设立代理人	设立销售办事处	配备生产设备	设立采购中心	设立分销中心	其他
发达经济体	2009年	22.06	14.22	30.39	4.17	5.64	9.80	13.73
	2010年	32.00	14.00	34.00	6.00	4.00	10.00	—
发展中经济体	2009年	17.31	10.95	24.38	12.72	7.42	4.59	22.61
	2010年	25.00	15.00	29.00	14.00	5.00	12.00	—

目前，中国中小跨国企业对外投资的方式仍以绿地新建为主，其次是扩资或追加投资，并购的方式所占比重较小；中国中小跨国企业对外投资方式具有行业和国别特征；制造业的绿地新建方式所占比重高于采矿业，采矿业中并购方式所占比重略高于制造业（见表11-19）。

表11-19　2010年中国中小企业不同行业对外投资的方式　(%)

行业	兼并与收购	拓展或升级现有设施	直接建厂
所有行业	15	34	51
制造业	24	14	62
采矿业	31	14	55

二、跨国公司的行业成长模式

根据《2014年度中国对外直接投资统计公报》，中国对外直接投资的存量主要集中在租赁和商务服务业（36.5%）、金融业（15.6%）、采矿业（14%）、批发和零售业（11.7%）、制造业（5.9%）、交通运输/仓储和邮政业（3.9%）六大行业。在不同的行业，中国跨国公司的成长也形成了一定的模式。

1. 高新技术产业跨国公司的成长模式

高新技术产业的成长模式主要是指以电子信息产业为主的跨国企业成长方式，这类成长模式主要涉及技术类的行业，或称为“科技型企业”。高新技术产业的突出特征是技术的创新来自持续的、高强度的研究与开发投入，高附加值和高劳动效益是产业赖以发展的根基。这种模式是指通过在境外设立研发中心，跨国并购技术企业等形式吸收与融合行业先进技术和研发能力，增强企业的所有权优势，进而促进企业的跨国发展。比较突出的案例包括联想的PC技术整合、华为的跨国通信技术整合和创新以及万象集团的境外投资和技术整合等。

2. 制造业跨国公司的成长模式

制造业的成长模式是指制造业跨国公司国际化发展的成长方式和路径，也称OEM→

ODM→OBM 模式。中国制造业的跨国企业在跨境经营之前，先发展成为国家有实力、有影响力的企业，如有的企业在国家的重点扶持下，成为国内具有市场带动作用的大型企业（如长虹等），有的企业通过与国外跨国公司和企业的合资、合作、联盟等形式，不断积蓄自身的经营优势，逐渐发展壮大（如海尔等）等。大多数中国制造业企业的跨国成长之路有许多相似之处，主要表现在它们的国际市场的进入模式一般都是出口贸易，其后的发展路径有的是OEM，有的是创牌出口，有的是FDI（见表11-20）。分析海尔、TCL、长虹、格兰仕、创维等中国跨国公司的成长路径，可以看到，它们大多经历了 OEM（original equipment manufacturing，贴牌生产）→ODM（original design manufacturing，原始设计制造）→OBM（own brand manufacturing，自主品牌制造）的发展之路。

表 11-20　中国制造业代表性的跨国公司成长模式分析

公司	初期境外主要进入方式	目前主要进入方式	适用条件	其他进入方式
海尔	产品直接出口，其后是合资	自主品牌投资	具备强大的品牌影响力和创新力；拥有雄厚资金和较强的管理能力	OEM、出口、建立技术联盟
TCL	OEM代工、出口	并购品牌	有资金实力，信誉好；有收购能力，能驾驭境外品牌企业	OEM、出口贸易
长虹	贴牌出口	直接出口	拥有资金、信誉和成本控制能力	OEM、出口、FDI
格兰仕	间接出口、贴牌出口	OEM 出口	微利；拥有成本控制能力	自有品牌出口
华为	设立代表处直接出口	境外子公司、境外研发机构	拥有技术创新实力	战略合作、小规模并购
创维	间接出口、贴牌出口			品牌出口、FDI

3. 石油业跨国公司成长模式

石油业的跨国公司发展模式主要是以新建、并购或技术服务的方式进入东道国油气市场，然后向产业链的上游或下游渐进式地拓展业务，创新合作模式，延伸油气合作的产业链，实现上、中、下游产业链的一体化发展。以中石油为代表的中国石油公司自 1992 年开始对外直接投资以来，逐渐形成了非洲、中亚-俄罗斯、南美、中东和亚太五大境外投资区域。其中，中石油苏丹模式、中石油哈萨克斯坦模式是中石油寻求国际化发展的内在动力与东道国发展石油工业的外在需求的完美结合，是企业以直接投资带动商品、品牌输出，最终实现资本、商品、品牌三个层次“走出去”，同时又实现多方共赢的成功典范。

4. 新建、合资模式为主

跨国公司是FDI的主体。按照建设的方式，FDI分为绿地新建和并购两种。绿地新建是指跨国公司等投资主体在东道国境内依照东道国法律设置的部分或全部资产归投资者所有的企业。并购是兼并（merger）和收购（acquisition）的合称。兼并又称吸收合并，是指两家或者更多的独立企业、公司合并组成一家企业，通常由一家占优势的公司吸收一家或者多家公司；收购是指一家企业用现金或者有价证券购买另一家企业的股票或者资产，以获得对该企业的全部资产或者某项资产的所有权，或对该企业的控制权。

根据联合国贸发会（UNCTAD）统计，2003~2015年，多数年份的中国新建投资金额与收购金额之比大于1，这说明在中国FDI模式中，新建投资是中国跨国公司对外投资的主导方式。中国FDI的新建项目数量与并购项目数量之比大于1，说明从项目数量看，2003~2015年新建项目数量多于并购项目（见表11-21）。

表11-21 2003~2015年中国境外新建项目与并购项目的比较

年份	2003	2004	2005	2006	2007	2008	2009	2010	2011	2012	2013	2014	2015
项目数比	1.0	0.8	1.1	1.1	1.4	1.8	1.8	1.5	1.7	1.3	1.2	1.4	1.5
金额比	8.4	10.5	1.4	1.3	14.5	1.1	1.0	0.7	1.1	0.5	0.8	1.6	1.4

资料来源：根据UNCTAD统计，计算所得。

据商务部统计，中国跨境企业在国外子公司所有权的选择上，合资方式占70%，独资方式占20%，其他方式占10%。贸易性企业主要采取中方独资形式，生产性项目大多采用与东道国合资或合作的方式，境外资源开发（尤其是石油）则主要采用国际惯用的合作开发方式，如在香港的中资企业有不少采取了由中方控股的股份制上市公司方式。[⊖]

第四节 对中国跨国公司发展有借鉴价值的国外模式

欧美国家和亚洲的日韩等国家经过长期的发展，已经在跨国公司发展模式方面积累了丰富的经验，逐步形成了以欧美为代表的工业型跨国公司发展模式和以日韩为代表的综合商社型跨国公司发展模式。

一、欧美工业型跨国公司发展模式

欧美国家产供销一体化的工业制造业跨国公司发展模式主要起源于制造业，是由生产型企业发展起来的，这些企业通过对外直接投资，在世界各地设立分支机构，从事跨国生产和经营活动。这种类型的跨国公司虽然以制造业作为主业，但也从事资源开发、金融贸易及运输等综合领域的经营活动。

在组织架构上，美国跨国公司与欧洲跨国公司有一定的差异。美国跨国公司偏向于垂直一体化价值链，各部门分工协作；欧洲跨国公司偏向于水平一体化价值链，部门间形成独立的价值链体系（见图11-1）。

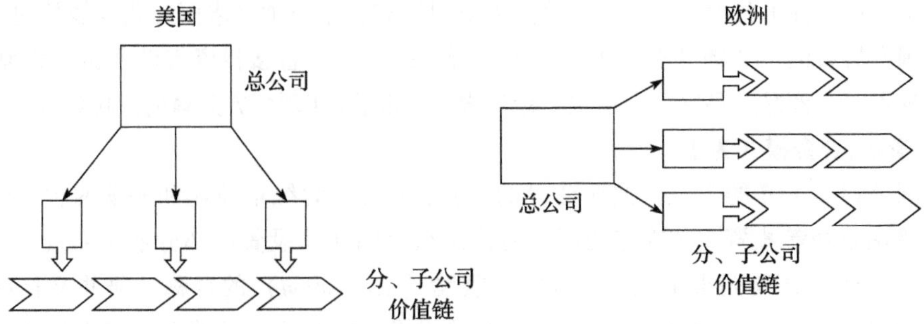

图11-1 欧美产供销一体化组织结构图

⊖ 赵蜀蓉，揭筱纹．论中国跨国公司市场进入战略［J］．中国行政管理，2007(2)：49-51.

该模式具有以下特点：以制造业为主，通过具有垄断优势的产品、品牌和技术的内部化转移，将制造业的基地逐渐转移至东道国境外子公司，对子公司进行控股（占50%以上股权）；以直接投资的方式形成子公司的网络，并由子公司通过股权或非股权方式与其他有业务联系的企业建立关系，以此构建由母公司主导的全球生产体系，占据价值链中增值最多的环节，获取超额利润并占领当地市场，如苹果、戴尔等企业。其中，苹果公司有“富可敌国”之说，2011 年 6 月其拥有的现金和有价证券达到 762 亿美元，超过美国政府运营现金余额 738 亿美元。欧美跨国公司的对外投资区域以发达国家为主，发展中国家次之，当前后者呈现增长趋势。

二、日韩综合商社型跨国公司发展模式

日韩综合商社型跨国公司发展模式是以贸易为主业，集贸易、实业、科技、金融和信息等业务领域为一体的多元化、集团化、实业化和国际化的大型综合企业集团。日本是综合商社的创始国，综合商社是日本“二战”后“贸易立国”及产业国际化、经济复苏和高速增长的生力军。综合商社以贸易为主，实行“从针线到军火”无所不包的多元化和综合化经营业务。日本原有九大综合商社，目前重组合并为五大综合商社，包括三菱（Mitsubishi）、三井物产（Mitsui）、伊藤忠（Itochu）、住友（Sumitomo）和丸红（Marubeni）。韩国的综合商社是从日本移植的。从 1975 年开始，韩国借鉴日本经验，创建自己的综合商社，几十年来取得了迅速发展。

综合商社主要通过其所拥有的全新、高效和规模密集的工厂，利用成本优势和质量保证，以对产品开发、采购和制造实行严格的集中决策和控制等措施开拓国际市场，其主导的商业模式是集中管理模式，这种组织结构大致如图 11-2 所示。

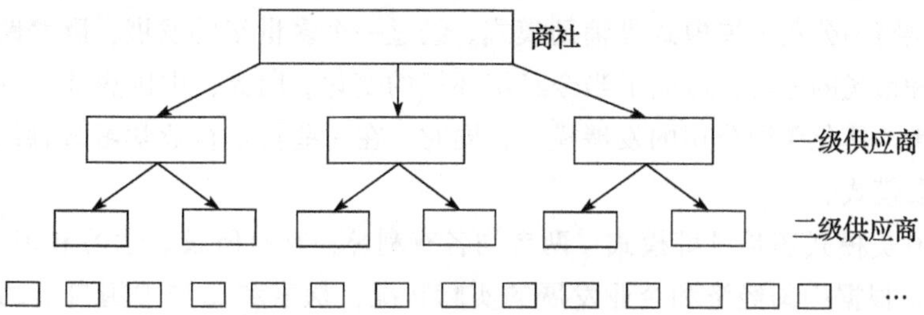

图 11-2　日韩综合商社组织结构

日韩综合商社型模式以贸易为主体，具有贸易功能、金融功能、信息功能、综合组织和服务功能，具有以下特点：一是以贸易为主体，经营规模庞大。2002~2003 财政年度（截至 2003 年 3 月 31 日），日本九大综合商社的年度收入为 66 万亿日元（5 520 亿美元），拥有近 5 000 家子公司，在超过 80 个国家驻有办事机构。二是全球范围内进行多样化的经营。综合商社从事国内贸易、进出口贸易、第三国贸易和对外直接投资，第三国贸易和对外直接投资是其国际化经营的显著特点。商品经营从原材料到成品，从生产资料到消费材料，跨越产业链上游至下游的各个领域；母公司与各子公司并不经营同行业同种类的产品，境外生产基地以组装出口或原材料供应为主。三是制造业、综合商社和跨国银行的结合体。各大综合商社基本上都是依靠隶属的企业财团和大银行的支持逐步发展起来的，如丸红隶属于芙蓉企业集团，得到富士银行的大力支持；伊藤忠商社隶

属于第一劝业银行企业集团，得到第一劝业银行和东京银行的大力支持。

三、欧美产供销一体化模式与日韩综合商社模式的比较

欧美产供销一体化模式与日韩综合商社模式是拥有先发展型跨国公司和后发展型跨国公司各自特色的两种发展模式，这两种模式与跨国公司所处的成长环境、母国的经济实力有密切关系。不同类型的跨国公司在经营实践中运用这两种模式，都取得了成功，但两种模式有许多不同的适用条件（见表 11-22）。

表 11-22 欧美产供销一体化模式和日韩综合商社模式的比较

模式	企业的条件	经营环境	发展顺序	适用条件
欧美产供销一体化模式	技术创新能力强；竞争能力强；管理水平高	公共、自由竞争环境	先国内后国外	先发展型跨国公司
日韩综合商社模式	以贸易为主，兼具金融功能、信息功能和服务功能；多元化经营；与大银行关系密切	政府强力推动	形成规模后国外发展	后发展型跨国公司

欧美产供销一体化发展模式的应用还需要一定的条件，如国内市场大，资源丰裕；市场经济发达，竞争激烈；公平、开放的营商环境；企业拥有核心竞争力和创新力等。日韩综合商社型模式也有一定的适用条件，如国内市场狭小，资源非常缺乏；企业国际化经验丰富，规模庞大，应用信息功能发达；与财团、银行等金融机构关系密切；政府政策导向和强力推动等。

四、借鉴国外跨国公司模式发展中国跨国公司

从世界范围来看，欧美工业型跨国公司发展模式是当代跨国公司发展的主流模式，日韩综合商社型跨国公司发展模式是辅助模式。经过一个多世纪的发展，欧美跨国公司成功经历了时间和市场的考验，适应了当今经济环境的变化。因此，中国企业应主要借鉴欧美工业型产供销一体化跨国公司的发展模式，同时，在一些特定行业学习日韩综合商社型跨国公司的发展模式。

不论是欧美模式还是日韩模式，两者均各有利弊，互有所长。学习和借鉴固然重要，但更重要的是根据中国经济和企业发展的实际状况，探索和总结中国自己的跨国公司发展模式。中国特殊的经济发展阶段和企业性质决定了中国跨国公司的发展具有多样性，不能简单地采用某一种发展模式，中国将出现多种跨国公司发展模式并存的局面，并且具有鲜明的中国特色。在学习和借鉴国外跨国公司发展模式时，中国企业应遵循以下几点：根据企业所处的内外部环境，科学选择适合自身的发展模式；加强核心竞争力和知名品牌的培育及打造；重视人才战略和企业文化建设；通过合理的跨国并购方式实现企业的国际扩张。

具体而言，中国不同行业的公司或企业应有不同的战略选择。

（1）对于大中型生产制造业企业而言，应主要借鉴欧美工业型跨国公司模式，专注于企业核心竞争力的培育和打造，突出自身竞争优势，坚持自主品牌的培育，争取行业领导地位。企业核心竞争力就是企业在经营过程中形成的独树一帜的、不易被竞争对手效仿和复制的、支持企业保持竞争优势的能力。可以说，核心竞争力是企业所有能力中最关键和最根本的能力，核心竞争力的强弱，决定了一个企业在市场竞争中的地位和命

运，决定了一个企业的生死存亡，决定了中国跨国公司的成长速度和存续时间。培育核心竞争力的关键是要拥有较强的自主创新能力；要主业突出，不要什么业务都发展，盲目追求多元化。在培育企业核心竞争力的过程中，要特别注意处理好一元化经营与多元化经营的关系。

(2) 对于大中型商贸流通或金融保险等服务业企业而言，可借鉴日韩综合商社的一些成功经验来推动自身发展，如中化集团、中粮集团和中国银行等。这类企业应在业务模式上更重视核心业务，围绕主业进行价值链的纵向延伸，同时拓展相关业务范围，适当进入实业领域，关注自身品牌和核心技术的提升，向国际化和大型化企业集团方向发展。

(3) 高科技企业应侧重借鉴欧美模式的成功经验，以培育与打造自身核心竞争力为首要任务，加大研发投入力度，掌握核心技术，巩固企业的竞争优势。同时，这类企业应从设立境外研发机构、并购境外高科技企业和实现产品国际化入手，逐步进入境外市场。

(4) 对于私营或民营中小企业，应根据自己所在的行业以及技术实力，了解欧美模式和日韩模式的一些长处，从实际出发创造适合自己的模式。中小企业需要坚持新、特、优的产品发展思路，选择循序渐进的国际化步骤，发展成中小型跨国公司。

此外，在经济全球化时代，跨国公司已经成为一个国家综合国力的象征与体现。中国政府主管部门应制订包括大中型国有企业和私（民）营中小企业在内，涵盖制造业、采矿业、服务业和高新技术产业等行业的发展中国跨国公司的整体战略规划，实施相关产业政策和宏观指导，并给予一定的政策扶持，推动中国跨国公司的健康和快速发展。

本章案例研究

【案例 11-1】 海尔风靡全球有缘由——海尔的境外投资战略分析

(一) 基本案情

1. 背景材料

海尔集团起源于 1984 年创立的青岛电冰箱总厂，成立于 1991 年 12 月 20 日。[⊖]经过 30 多年的艰苦创业和卓越创新，海尔已从传统制造家电产品的企业转型为面向全社会孵化创客的平台。创立以来，海尔的发展经历了名牌战略发展阶段、多元化战略发展阶段、国际化战略发展阶段、全球化品牌战略发展阶段四个阶段，2012 年 12 月，进入网络化战略阶段。自 2007 年开始，海尔连续 9 年利润复合增长率在 30%以上，2015 年实现利润 180 亿元，全球营业额 1 887 亿元，近十年收入复合增长率达 6%。2015 年，海尔进入全球品牌 Top100，位列全球白色家电行业品牌第一名。目前，海尔产品已销往境外 100 多个经济体，进入欧美前十大家电连锁渠道，其 Facebook 平台聚集了超过 380 万的交互粉丝，平均每分钟就有 125 位境外消费者成为海尔用户。

海尔集团从 1996 年开始以创“海尔”品牌为导向开始了境外直接投资，目前已在全球建立了 5 个大型研发中心，21 个工业园，66 个营销中心，全球员工总数超过7万人，初步形成了设计、制造、营销“三位一体”的本土化发展模式，境外生产境外销售的占比已接近境外终端销售额的

⊖ http://www.haier.net/cn/about_haier/history/.

50%，冰箱产品的境外本土化水平达到70%。

2. 案情简介

1996年12月，海尔集团与印度尼西亚莎保罗有限公司合资建立印度尼西亚海尔-莎保罗有限公司，这标志着海尔首次实现了生产国际化，海尔集团的跨国经营也随之进入了境外直接投资的新阶段，海尔的品牌也开始由国内名牌向国际名牌迈进。随后，海尔集团在菲律宾、马来西亚和伊朗等地相继建立了境外工厂，虽然这一阶段的境外直接投资大多还属于探索性质，但它们为海尔随后进军欧美市场积累了宝贵的经验。

1999年3月，海尔集团投资3 000万美元，在美国南卡罗来纳州的坎姆顿建立了第一个境外海尔工业园——美国海尔工业园，设计中心在洛杉矶，营销中心在纽约，生产中心在南卡罗来纳州，在美国初步实现了设计、生产、销售“三位一体”的本地化经营模式，并立足当地融智、融资和融文化，发展成本土化的世界名牌。2002年3月5日，海尔买下纽约中城格林尼治银行大厦作为其在北美的总部，此举标志着海尔“三位一体”的本土发展战略进入到新的阶段，说明海尔已经在美国树立起本土化的名牌形象。

欧洲是世界家电王国，世界上许多著名家电厂商都在欧洲，进入欧洲并创出知名品牌就等于进入了世界知名品牌的行列。2001年6月19日，海尔集团并购了意大利迈尼盖蒂冰箱工厂，这是海尔继在美国之后在欧洲发达国家实施本土化战略的又一重大举措。通过本次跨国并购，海尔不但拥有了欧洲的白色家电生产基地，而且具备了参与当地制造商组织并获取信息的条件，从而为实现在欧洲的“三融一创”（即融资、融智、融文化，创世界名牌）奠定了坚实的基础。2005年1月，在英国，海尔冰箱被 *Ethical Consumer* 杂志评为最畅销产品；在德国，科隆市政府和亚琛市政府的一次滚筒洗衣机大批量采购招标中，海尔滚筒洗衣机经过多轮竞争，最终击败了众多著名国际品牌，赢得了两市市政府的大批量订单。

日本是世界家电强国，由于文化的原因，非日本家电产品难以被日本市场接受，连欧美的家电名牌都难以在日本市场立足。2002年1月8日海尔与日本三洋公司建立竞争合作关系，以达到市场互换的目的。2002年5月，三洋海尔株式会社经销的海尔品牌家电全面进入日本家电市场，并以与日本名牌家电相当的价格初步树立起海尔品牌的美誉度。日本业界权威认为，海尔是第一个真正被日本消费者接受的非日本品牌。此后，在东京银座树立广告牌、参与主题宣传活动等扩大了海尔品牌在日本的知名度和美誉度。2012年，海尔收购三洋电机在日本、东南亚的洗衣机、冰箱等多项业务，成功实现了跨文化融合。

海尔凭借在欧美市场创出的美誉，以高屋建瓴之势进入南亚。2001年4月，海尔境外第二个工业园在巴基斯坦奠基，并于2002年5月6日，生产出海尔洗衣机。

在全球化过程中，海尔通过与世界知名企业合作，拓宽国际业务。2006年年底，它与英特尔建立合作伙伴关系并成立研发中心；2007年11月，与全球最大的IT分销商英迈签订了总价值2.5亿美元的年度全球经销协议；2009年7月，与美国的NComputing达成合作关系，联手以虚拟桌面运作的低价计算机进军美国市场；2015年海尔公司与谷歌合作，在中国和印度等新兴市场及学校推出低价笔记本产品Chromebook；2016年1月15日，与GE签署战略合作备忘录，整合通用电气家电业务，建立大企业之间超越价格交易的新联盟模式。

（二）案例点评

1. 海尔境外投资的主要战略

（1）自主创牌战略。

自主创牌战略是海尔境外投资的核心战略。海尔认为“走出去”不只是为创汇，更重要的是为了创中国自己的品牌。早在20世纪80年代，海尔创始人张瑞敏就提出了“创海尔世界知名品牌”。海尔以“先难后易”的思路，首先进入发达国家创名牌，再以高屋建瓴之势进入发展中国家，逐渐在境外建立起设计、制造、营销“三位一体”的本土化模式。海尔集团在境外投资坚持“先有市场，再建工厂”的原则，也是要看当地市场是否已经接纳海尔的品牌。海尔在境外投资办厂时，坚持打海尔的牌子，中方投资方是海尔，企业的名字是海尔，生产和销售的产品是海尔品牌的。海尔境外创牌过程体现了海尔的“走出去、走进去、走上去”的“三步走”战略思路，即在“走出去”阶段，以缝隙产品进入国外主流市场；在“走进去”阶段，以主流产品进入当地主流渠道；在“走上去”阶段，以高端产品作为当地主流品牌。境外投资是海尔占领国际市场的手段，更是其创立世界名牌的有效途径。

（2）因地制宜的市场进入战略。

海尔在美、欧、日三大发达经济区采取的市场进入战略迥然不同。在美国市场海尔主要采取新建方式，在欧洲市场海尔主要采取并购方式，在日本市场海尔则采取与当地知名厂商结盟的竞合战略。这是由三个市场的不同特征决定的。

美国家电市场开放程度较高，美国本土又没有特别知名的家电厂商，故海尔在美国市场主要采取新建方式。欧洲则不同，欧洲是世界家电王国，世界上许多著名家电厂商都在欧洲，进入欧洲家电市场要比进入美国家电市场难得多，因此，进入欧洲市场海尔主要采取并购方式——并购意大利一家冰箱厂，快速实现了“三位一体”的本土化战略并充分减少了风险。日本家电市场情况最为特殊，日本是世界家电强国，出于文化的原因，非日本家电产品难以被日本市场接受，连欧美的家电名牌都难以在日本市场立足，故在日本市场海尔采取与当地知名厂商结盟的竞合战略，通过市场互换的方式，可以迅速进入日本市场并获得特有的市场亲和力，啃下全球家电市场中最难啃的一块市场骨头。

（3）本土化战略。

海尔集团境外直接投资的本地化战略，可以归纳为“三位一体”和“三融一创”。“三位一体”指的是在国外实现当地设计、当地生产和当地销售，“三融一创”指的是海尔集团在投资东道国当地融资、当地融智、当地融文化和创本地化名牌。

海尔通过实施“三位一体”和“三融一创”的本土化战略，缓解了国外消费者对海尔品牌的抵触心理，获得了海尔需要的资金、技术和人才，绕过了进入国的非关税贸易壁垒，规避了反倾销。

2. 海尔自主创牌战略的借鉴意义

我国企业要成功地“走出去”，参与国际市场竞争，就必须像海尔那样重视培育自主品牌。品牌体现一个企业的素质、信誉和形象，从一定程度上讲，也是一个国家综合国力的象征。创立和发展品牌是企业长盛不衰、保持市场生命力的最有效手段之一。一家企业进入国际市场，不管采取何种方式，都要考虑贯穿一个中心思想，就是要创立企业自己的品牌。

境外投资同境外销售一样，也是企业扩大品牌国际影响力和培育品牌的一个重要手段，要将境外投资与创立品牌战略有机地结合起来。境外创牌之路很难，在国外培育一个品牌的赔付期一般是8~9年，创自主品牌，需要付出，也需要有耐力。而一旦品牌创立起来，其回报也是惊人的。

【案例 11-2】 中石油进入哈萨克斯坦油气市场的模式

（一）基本案情

1. 背景材料

哈萨克斯坦位于亚洲中部，濒临里海，是世界上最大的内陆国家，石油资源丰富。丰富的资源、优惠的引资政策吸引了20多个国家的外国公司进入其油气市场。1993年哈萨克斯坦与土耳其成立首家石油公司，此后，外国石油公司不断涌入哈萨克斯坦的油气市场。哈萨克斯坦油气上游市场竞争激烈。

1997年6月4日，中国石油天然气集团公司（以下简称“中石油”）获得哈萨克斯坦阿克纠宾油气股份公司60.3%的股份（2003年5月增股到85.42%）[一]，同年8月又取得了对乌津油田的开采权益。自此，拉开了中国石油企业进入哈萨克斯坦石油市场的序幕。此后，中石油通过收购又获得了北布扎奇油田[二]、巴斯勘探开发区块[三]、KuatAmlonMuani公司（KAM）[四]、Ai-Dan-Munai公司（ADM）[五]、PK石油公司[六]和MMG[七]的权益；与哈萨克斯坦油气运输公司（TNG/KTO）合资兴建肯基亚克至阿特劳的输油管道[八]和中哈原油管道（肯基亚克-阿拉山口）[九]；与KMG成立中哈天然气管道合资公司（AGP），负责中亚天然气管道[十]在哈萨克斯坦境内的建设和运营，并在此基础上，组建“中石油”哈萨克斯坦公司[十一]，综合负责中石油在哈萨克斯坦境内的勘探、开发、炼油、油品销售及油气运输项目以及与上述各项目配套的服务业务。

近十多年的发展，中石油在哈萨克斯坦的业务已由单一的油气开发，逐步拓展到勘探、输运、炼油、油品销售、工程服务等领域，截至2008年年底，中石油在哈萨克斯坦的投资超过70亿美元，享有61座加油站、6

㊀ 公司拥有让纳若尔、肯基亚克盐上和肯基亚克盐下三个油气田的开采许可证以及滨里海盆地东缘中区块的勘探区块。

㊁ 2003年，中石油从Nimir石油公司和德士古公司购得北布扎奇油田100%的股权，后股权多次变动，现中石油、Lukoil和Mittal Investments分别持有50%、25%和25%的股份。

㊂ 2003年6月15日，中石油从英国Nimir购买了巴斯勘探开发区块100%的权益。

㊃ KAM公司是哈萨克斯坦的Kuat控股有限公司与英国的Amlon贸易公司为开发克孜勒奥尔达州南图尔盖的克尼斯（Konys）和贝克塔斯（Bektas）油田成立的KuatAmlonMuani合资公司。2004年11月，中石油与振华石油以平分权益的方式收购了其50%的股权，即中石油与振华石油分别拥有两个油田25%的权益。

㊄ ADM公司主要开发阿雷斯油田及布里诺夫油田，拥有这两个油田的勘探许可证，2005年1月被中石油收购（100%）。

㊅ PK公司拥有PetroKazakhstan Kumkol Resources（100%）、Turgai石油公司（PK、Luk Oil各50%）和Kazgermunai石油公司（PK和KMG各50%）三个从事上游业务的子公司、奇姆肯特炼油厂和分布在塞浦路斯及哈萨克斯坦各地的销售公司和加油站。2005年10月26日，中石油以41.8亿美元将其全资收购，2006年7月，将33%的股权转让给KMG，同时获得在对等条件下联合管理PK公司奇姆肯特炼油厂和成品油的权利。

㊆ 2009年11月25日，中石油与KMG在荷兰成立50：50的合资公司——曼格什套投资公司以26亿美元收购曼格什套油气公司100%普通股份。http://www.petrochina.com.cn.

㊇ 肯基亚克-阿特劳输油管线全长448千米。2001年12月与哈萨克斯坦油气运输公司（TNG/KTO）（占51%）合资组建了西北输油管道公司，2002年5月23日开工建设，2003年投产。

㊈ 广义上，中哈原油管道西起里海的阿特劳，途经阿克纠宾，终点为中国阿拉山口，全长2 828千米，设计年输油能力2 000万吨；狭义上，中哈原油管道是肯基亚克至阿拉山口（一期工程是阿塔苏-阿拉山口段，二期是肯基亚克-阿塔苏段）。2004年6月30日，中石油和哈萨克斯坦国家石油运输公司合资成立中哈管道有限责任公司（各持股50%），开始建设中哈原油管道一期工程，全长962千米，于2005年12月15日建成投产；二期（肯基亚克-库姆科尔段）于2007年12月开工，2009年10月9日正式商业输油。

㊉ 中亚天然气管道西起土库曼斯坦，经乌兹别克斯坦、哈萨克斯坦至中国的新疆霍尔果斯，于2008年7月正式开工。哈中天然气管道是中亚至中国天然气管道工程的一部分，长1 304.5公里，双线管道。哈萨克斯坦天然气管道公司负责西部650公里的管道铺设工程，中国天然气管道公司负责哈萨克斯坦东部管道的施工。2009年12月12日哈段工程竣工。

㊉㊀ 公司成立于2008年9月，机关设在哈萨克斯坦阿拉木图市。

座成品油库，具有年生产原油2 000万吨，年生产天然气55亿立方米，管道年输油1 600万吨，年炼油600万吨的生产能力。

2. 案情简介

从建立方式上看，“中石油”进入哈萨克斯坦石油行业的上、下游以购并其他公司的油气资产或股权为主，兼有绿地新建的方式；进入中游（输油管道的修建与运营）则是以新建的方式。通过收购，中石油享有AMG的股份、乌津油田开采权，PK、北布扎奇油田、ADM、KAM和MMG的股权和奇姆肯特炼油厂及油品销售的权益。同时，中石油又通过新建让纳若尔第三油气处理厂㊀、中哈石油管道、盐下油田至让纳若尔集输管线、恩巴-让纳若尔铁路工程以及中亚天然气管道等，拓宽了业务范围。

从投资类型看，中石油进入哈萨克斯坦油气市场以直接投资为主，还有以贷款换石油（项目）的合作新模式。

从投资过程和发展速度看，具有渐进性的特点，具体表现在：一是项目由少到多，由小变大，中石油由最初的1个项目发展到12个，后又组建了境外子集团公司；二是经营业务从上游的勘探开发拓展到中游的油气储运、下游的油气销售，从投资扩展到工程服务、技术合作，最终实现了上、中、下游产业链的一体化；三是资产收购由部分收购到整体收购，由招投标收购发展到按国际规则收购上市公司；四是由直接投资延展到贷款换石油等方式。

从所有权结构看，所有大项目都是合资经营，倾向于独资或控股。合资可以达到四个目的：与KGM合资既符合哈萨克斯坦的法律规定，又加强了与政府、企业的关系，可以达到趋利避害的目的；解决资金的问题，分散投资经营风险；变竞争对手为合作伙伴，有利于长期的国际合作；与知名国际品牌合作，提升企业品牌。此外，还可以培育和提高企业的国际运营能力。㊁

（二）案例点评

中石油进入哈萨克斯坦油气市场的模式是中石油寻求规模效益，紧随国际石油巨头的发展战略，与哈萨克斯坦多元化原油的“出海口”及完善其原油运输体系的战略需求的结合，是继中石油苏丹模式之后，又一以直接投资带动商品及服务、品牌输出，最终实现资本、商品和服务与品牌三个层次“走出去”，同时达到了共赢的成功案例。中石油进入哈萨克斯坦油气市场实现了中国石油工业的四个突破：首次通过收购公司股权进入境外油气市场；建成了中国第一条跨境石油输运管道；第一次收购外国上市石油公司；第一次实现了天然气的跨境管道运输。

对中石油来说，提升了其国际化运营的能力，增大了国际市场的份额，其示范效应推动了中国石油项目在中亚的快速发展；对哈萨克斯坦而言，实现了战略目标，促进了经济增长。该模式以收购为主，兼有新建投资，还具有合资、创新合作模式、渐进性等特点，显现出中石油的国际化发展战略已步入高层次。

【案例11-3】 华为的境外研发投资模式

（一）基本案情

1. 背景材料

华为技术有限公司（以下简称“华为”）成立于1988年，是由员工持股的高科技民营企业。华为从事通信网络技术与产品的研究、开发、生产与销售，专门为

㊀ 王勇．哈萨克斯坦大地树丰碑［N］．中国石油报，2008-2-5.

㊁ 部志雄，王颖．“中石油”投资哈萨克斯坦：模式、效益与风险［J］．欧亚经济，2010(9)：12-19.

电信运营商提供光网络、固定网、移动网和增值业务领域的网络解决方案，是中国电信市场的主要供应商之一，并已成功进入全球电信市场。目前，华为有17多万名员工，业务遍及全球170多个国家和地区，服务全世界三分之一以上的人口。

华为在印度、美国、瑞典、俄罗斯以及中国的北京、上海和南京等地设立了16个研究院/所、36个联合创新中心。截至2015年年底，华为累计获得专利授权50 377件，累计申请中国专利52 550件，累计申请外国专利30 613件，其中90%以上专利为发明专利；加入了300多个标准组织/产业联盟/开源社区，担任超过280个重要职位。

2. 案情简介

华为持续提升围绕客户需求进行创新的能力，长期坚持不少于销售收入10%的研发投入，并坚持将研发投入的10%用于预研，对新技术、新领域进行持续不断的研究和跟踪。2015年，华为从事研究与开发的人员约79 000名，占公司总人数45%；研发费用支出为59 607万元人民币，占总收入的15.1%。近十年华为累计投入的研发费用超过人民币2 400亿元。

华为的创新投入分为基础创新、联盟创新和开放创新三种形式。其中，基础创新是华为核心的创新。[㊀]华为全球研发战略合作主要有两种形式：一是与世界一流企业建立联合实验室，如华为与美国德州仪器、英特尔、TI、摩托罗拉、Agere、Altera、SUN、微软、NEC等世界一流企业成立联合实验室，采用国际化的全球同步研发体系，聚集全球的技术、经验和人才来进行产品研究开发，从而能够及时掌握业界最新动态。二是通过合作建立合资公司。2003年11月，华为与3Com公司成立华为3Com有限公司；2004年8月，华为与德国西门子公司组建全球性合资公司，专注于TD-SCDMA的研发、生产、销售和服务；2006年2月，华为与电信巨头北电网络成立合资公司，主要业务是面向全球市场开发超级宽带接入解决方案；2007年，华为与赛门铁克公司成立合资公司，合资时，华为出技术和人才，不出资金。[㊁]

在管理方面，从1997年起，华为同IBM、Hay Group、PwC和FhG等世界一流管理咨询公司合作，引进了集成产品开发（IPD）、集成供应链（ISC）等流程，并在人力资源管理、财务管理和质量控制等方面进行了深刻变革，引进业界最佳实践，建立了基于IT的管理体系。

（二）案例点评

1. 华为的境外投资模式——境外研发投资模式

华为作为高科技企业，其境外投资主要模式是境外研发投资模式，即通过合资或收购建立合资研发公司，或者与主流运营商成立联合实验室，利用国外研发资源，使研发国际化；拥有核心技术自主知识产权，开展智力支持型对外直接投资。通过境外建立投资研发中心，华为能够聚集全球的先进技术和高科技人才，进行研究和开发，从而能够及时掌握业界最新动态，提升产品的技术含量，研制出领导世界最新科技潮流的产品。

通过投资建立境外研发中心，华为利用国外的先进装备和先进管理，尽快将科技成果与发明转化为商品，抢占国际市场，提高科技创新效益。

通过投资建立境外研发中心，华为还可以让中方员工在参与公司国际化运作的过程中积累经验，增长才干，熟悉在多元文化背景下工作，从而养成符合国际惯例

㊀ 黄海峰. 丁耘揭秘华为研发投资：五大方向支撑全联接世界实现［J］. 通信世界，2016（10）：42-43.
㊁ 姜照华，李佳. 第七届中国科技政策与管理学术年会论文集［C］. 2011.

的规范化质量控制意识并积累项目管理经验。

2. 华为境外研发投资模式对中国高科技企业“走出去”的借鉴意义

目前，华为通过境外研发投资成长为科技型的中国跨国公司，其境外研发投资模式对中国科技型企业的全球化发展具有重要借鉴价值。中国高科技企业参与国际竞争，开展全球化经营，必须拥有强大的技术开发实力，拥有自主的知识产权。而缺乏自主知识产权，技术创新能力不足，是中国高科技企业的“软肋”，不解决这个问题，就无法提高它们的国际竞争力，成功开展跨国经营更是无从谈起。华为通过境外投资建立研发中心，使研发国际化，开展智力支持型对外直接投资，为中国高科技企业开展跨国经营积累了经验，开辟了新的道路。

思考与练习

1. 简述改革开放以来中国跨国公司的发展历程与特点，并预测中国跨国公司的发展趋向。
2. 评估跨国公司经营绩效的定量指标有哪些？你认为还有哪些指标也可以度量跨国公司的经营绩效？
3. 中国跨国公司在未来的发展中会有哪些机遇？TPP 的签署对中国跨国公司的全球化发展又提出了哪些挑战？如何应对？
4. 试归纳与总结中国跨国公司的成长模式。
5. 比较欧美产销供一体化模式与日韩综合商社模式的差异。它们对中国跨国公司成长有哪些借鉴价值？
6. 华为公司与联想公司是中国科技型跨国公司中的典范，试分析这两家公司发展模式的差异（提示：可从华为自主研发为主、合资联盟为辅的内生性发展模式，联想并购的外生性发展模式着手）。
7. 你认为中国跨国公司成长中有哪些经验可为其他发展中经济体带来借鉴？
8. 石油素有“工业血液”之称，中国石油企业保障着国家石油供给。试分析中石油在拓展国外石油市场时，其进入及扩展哈萨克斯坦市场的方式有哪些？
9. 海尔集团在全球化发展过程中，走的是“先难后易”的道路，请问“难”在哪里？“易”在何处？并请分析海尔在发达经济体和发展中经济体的发展模式有哪些不同？

CHAPTER12

第十二章

国际社会对跨国公司的管理与规制

学习要点

跨国公司为东道国创造了就业机会，为当地的经济发展注入了资本、技术与管理经验，同时也带来了一系列问题，如劳工权益保护、环境污染、商业贿赂等。随着数字技术浸透到社会的各个方面，对跨国公司数据流动的监管也成为国际社会关注的热点问题。本章在概述国际组织对跨国公司的管理与规制的基础上，从劳工权益、商业贿赂和环境污染、数据跨境流动和 FDI 流动等方面介绍联合国及其相关机构、OECD 或其他国际组织，以及有较大影响力的区域协定中的相关规制内容。

Key Points

Multinational corporation created employment opportunities, brought capital, technology and management experience for the host country, but also cause a series of problems such as labor rights protection, environmental pollution, commercial bribery, and so on. With the digital technology penetrating to various aspects of society, cross-border data flows of multinational companies have become the hot topic in the international community. This chapter introduces the relevant regulations of the United Nations and its related agencies, OECD or other international organizations and regional trade agreements in aspects of labor rights, commercial bribery and environmental pollution, cross-border data flows and FDI flows.

第一节　国际组织对跨国公司的管理与规制概述

一、对跨国公司规制的国际组织

跨国公司对世界经济发展起到重要的驱动作用，对东道国的经济发展也产生了一些负面影响。20世纪70年代以来，一些国际机构开始对跨国公司行为实施监管。其中最具代表性的国际机构有联合国系统机构、经济合作与发展组织、世界银行、世界贸易组织及其他非政府组织等。

（一）联合国系统机构

20世纪70年代之前，联合国的相关制度文件中并没有单独规范跨国公司行为的规定，联合国只是将各种跨国公司的行业协会归属于非政府组织，因此对跨国公司的规定主要体现在一系列规范非政府组织的文件中。实践中，联合国对跨国公司的态度在不断变化。1970年，民选智利总统阿连德执政后开始对大型企业（铜矿和银行）实行国有化，损害了美国国际电话电报公司（ITT）在智利的利益，ITT于是谋划干涉智利内政。ITT不光出钱煽动智利反动派的叛乱，还派人去华盛顿游说，鼓动美国政府武装干涉智利内政。同一时期，瑞士雀巢公司因为错误的国际销售战略而造成非洲和南美等地不断有婴幼儿因喝雀巢公司生产的乳制品而生病。自此国际社会开始关注跨国公司在东道国的违法行为。1972年，联合国官员 Philippe de Seynes 起草了一份决议，建议成立专门的“知名人士小组”研究跨国公司对经济发展和国际关系的影响。[㊀]此后，受该工作组提交的报告的影响，1974年12月12日联合国大会第29届会议通过的《各国经济权利和义务宪章》第二条第二款对跨国公司行为进行规制，明确规定：“每个国家有权：……（b）管理和监督其国家管辖范围内的跨国公司的活动，并采取措施保证这些活动遵守其法律、规章和条例及符合其经济和社会政策。跨国公司不得干涉所在国的内政。”[㊁]同年12月，联合国跨国公司委员会成立。

联合国跨国公司委员会由48个成员组成，是联合国经济与社会理事会所属常设委员会之一，跨国公司中心是其业务执行机构。该委员会专门研究跨国公司的政治、经济和社会影响，以及应各国政府的请求规划工作。其宗旨是：研究跨国公司在母国和东道国，特别是在发达国家和发展中国家之间各种活动的性质及其对政治、法律、经济和社会的影响；研究跨国公司为各国的发展目标和世界经济增长做出积极的贡献，并控制和消除其消极的影响；加强东道国，特别是发展中国家与跨国公司打交道时的谈判地位。

1977年，联合国跨国公司委员会开始具体拟定《跨国公司行动守则》，对跨国公司的母国及东道国有关跨国公司的管制制度进行规范。1982年起草工作组向跨国公司委员会第8次会议提交《跨国公司行动守则（草案）》（以下简称《守则》），1990年提交联大第45次会议审议。《守则》承认东道国对跨国公司财产进行征收和国有化的权利，但在补偿标准和草案的法律性质等方面发展中经济体和发达经济体存在较大分歧，该草案至今尚未通过。1994年5月，联合国跨国公司委员会第20次会议通过决议，建议把跨国公司委员会更名为“联合国国际投

㊀ 赵红梅．跨国公司对国际经济法创制和实施的参与［M］．北京：北京邮电大学出版社，2014.

㊁ https://www.un.org/zh/documents/treaty/files/A-RES-3281(XXIX).shtml.

资和跨国公司委员会”（United Nations Commission on International Investment and Transnational Corporations），并入联合国贸发理事会。[一]1994 年 7 月，经理事会同意该委员会转为联合国贸易和发展会议（United Nations Conference on Trade and Development，UNCTAD），作为贸易和发展理事会的辅助机构。该委员会的任务是：研究跨国公司的定义、任务及其对政治、经济和社会诸方面所产生的影响；协助审查关于跨国公司具体问题的可行性措施或协议，并研究拟定共同协议的可能性；向联大呈交关于自身行为活动的报告或有关建议；召开各类会议，研究跨国公司在实践活动中所产生的矛盾和问题；制定跨国公司的行动守则。

随着跨国公司事项移交至联合国贸发会议，标志着联合国对跨国公司的态度已经发生了根本的转变，其基调不再是对跨国公司进行监管，而是转向重视跨国公司的作用。[二]

在联合国系统内，除联合国贸发会议的常设机构的辅助机构国际投资和跨国公司委员会研究跨国公司的影响，制定跨国公司行为守则外，联合国大会的有关决议及联合国人权理事会[三]、联合国专门机构或实体（如国际劳工组织、世界银行、世界贸易组织等）发布的文件或公约对跨国公司的行为规范也产生了重要的约束作用。

（二）其他国际组织

对跨国公司行为规范有重要影响的组织有经济合作和发展组织、亚太经合组织、G20及一些区域性组织（如欧盟等）。

经济合作与发展组织（Organization for Economic Co-operation and Development，OECD），简称经合组织，其前身为 1948 年 4 月 16 日西欧十多个国家成立的欧洲经济合作组织。1960 年 12 月 14 日，加拿大、美国及欧洲经济合作组织的成员方等共 20 个国家签署《经济合作与发展组织公约》，决定成立经济合作与发展组织，1961 年 9 月 30 日 OECD 正式成立。目前，OECD 是由 38 个市场经济国家组成的政府间国际经济组织，旨在共同应对全球化带来的经济、社会和政府治理等方面的挑战，并把握全球化带来的机遇。1976 年 6 月，OECD 部长级会议在巴黎通过了一项《关于国际投资与跨国企业宣言》（Declaration on International Investment and Multinational Enterprises），该宣言是发达国家达成的第一个跨国公司国际行为准则，它一方面强调了跨国公司对世界经济的积极贡献，另一方面提出东道国应给予跨国公司国民待遇。此外，还提出了有关跨国公司自愿遵守的行动规范：跨国公司不能进行“不公平”的转移定价和贿赂行为；跨国公司不得从事限制性的商业行动；跨国公司要向税务当局提供必要的财务报表，不得利用转移价格来非法改变税负；跨国公司的资料应公开。以上这些都为《跨国公司行为准则》的制定奠定了基础，同时也表明了发达国家在跨国公司监管问题上的立场和观点。

亚太经合组织（Asia-Pacific Economic Cooperation，APEC）是亚太地区层级最高、领域最广、最具影响力的经济合作机制，成立于 1989 年 11 月，现有 21 个成员[四]。其宗旨是支

㊀ 林康．当代跨国公司论［M］．北京：中国青年出版社，1996.

㊁ 赵红梅．跨国公司对国际经济法创制和实施的参与［M］．北京：北京邮电大学出版社，2014.

㊂ 联合国人权理事会的前身是 1946 年设立的人权委员会，2006 年 3 月 15 日根据第 60 届联合国大会通过第 60/251 号决议，成立人权理事会并取代人权委员会，理事会系联合国大会下属机构，由 47 个成员组成。中国在 2006~2012 年、2014~2016 年、2017~2019 年、2021~2023 年担任人权理事会成员。

㊃ 21 个成员指澳大利亚、文莱、加拿大、智利、中国、中国香港、印度尼西亚、日本、韩国、墨西哥、马来西亚、新西兰、巴布亚新几内亚、秘鲁、菲律宾、俄罗斯、新加坡、中国台湾、泰国、美国和越南。此外，APEC 还有东盟秘书处、太平洋经济合作理事会、太平洋岛国论坛秘书处 3 个观察员。

持亚太区域经济可持续增长和繁荣，建设活力和谐的亚太大家庭，捍卫自由开放的贸易和投资，加速区域经济一体化进程，鼓励经济技术合作，保障人民安全，促进建设良好和可持续的商业环境。APEC 采取自主自愿和协商一致的合作方式。所做决定须经各成员一致同意。会议成果文件不具法律约束力，但各成员在政治和道义上有责任尽力予以实施。[一]

二十国集团（Group of 20，G20）[二]由七国集团财长会议于 1999 年倡议成立，最初为财长和央行行长会议机制。2009 年 9 月举行的匹兹堡峰会将 G20 确定为国际经济合作主要论坛。G20 峰会采用协调人和财金渠道双轨筹备机制，按照协商一致原则运作，目前无常设机构。每次 G20 峰会前不定期举行协调人会议及财长和央行行长会议，以及贸易、劳工就业、农业、能源、数字经济、卫生等专业部长会议。

此外，非政府组织也是规制跨国公司的重要力量。非政府组织（Non-Governmental Organizations，NGOs）是指任何侧重关注童工、血汗工厂、人权、可持续发展、油污染、公平贸易以及对子孙后代的影响等问题的“有特殊目的”的不是依据政府间协议建立的组织。非政府组织对跨国公司的规制主要通过间接方式：一是参与，借助于在国际组织的咨商地位或把建议传递给国际组织或监管部门，由正式组织的正式文件来规制；二是通过媒体，借助于公共舆论来批评、谴责跨国公司的不良行为；三是通过跨国公司利益相关者来给跨国公司制造外界压力，如呼吁消费者抵制消费该公司产品。[三]

二、国际组织对跨国公司管理的措施与领域

（一）国际组织的措施

（1）通过决议、宣言、宪章、纲领、准则、指南、守则等方式，为全球跨国公司的生产经营活动提供行为标准。

20 世纪 90 年代以前，联合国大会（以下简称“联大”）通过联大决议、宣言、纲领等文件，确立了一系列维护东道国外资管辖权、制约跨国公司消极影响的原则和规则。这些得到国际社会大多数成员同意的国际法文件，虽然不同于经缔约方签署并履行国内法批准程序后生效的国际公约或条约，西方发达国家也一直不承认其拘束力，称之为国际“软法”，但它们对调整跨国公司的行为具有重大的指导作用。同时，联合国系统及其他国际组织起草的准则、指南、守则，有的没有得到大多数成员的同意，有的则是建议性质（如指南），不具有任何强制性的法律约束力，但这些文件常为成员方立法时提供借鉴与引用，一定程度上协调了成员方有关跨国公司政策，为统一国际规范的制定奠定基础。现实中，国际“软法”虽然没有强制执行力，但如果跨国公司违反国际“软法”的有关规定，会遭到国家、政府间组织、非政府组织等的抗议与攻击，影响企业声誉与商业利益。20 世纪 90 年代以后，随着全球国际化进程的发展，发展中经济体与发达经济体由原则对抗转向更注重解决实际问题，产生了一些自由化性质的多边投资条约和多边协定，但南北分歧仍然很大。如 OECD 的《多边投资协议》（MAI）没有生约，但其所创立的关于投资者待遇和投资保护

[一] https://www.fmprc.gov.cn/web/gjhdq_676201/gjhdqzz_681964/.

[二] G20 由中国、阿根廷、澳大利亚、巴西、加拿大、法国、德国、印度、印度尼西亚、意大利、日本、韩国、墨西哥、俄罗斯、沙特阿拉伯、南非、土耳其、英国、美国以及欧盟等二十方组成。

[三] 帕博迪埃，等. 商务伦理学［M］. 周岩，译. 上海：复旦大学出版社，2018.

的内容最后被多数双边投资条约和多边投资公约所采纳。

联合国机构及其他国际组织的法律文件中，在规制内容上有两种类型：一类是适用性宽泛的一般原则性行为标准。如联合国的《跨国公司行动守则（草案）》《全球契约》、UNCTAD 的《关于控制限制性商业惯例的公平原则和规则的多边协议》、OECD 的《跨国企业准则》、ILO 的《关于跨国公司和社会政策的三方原则宣言》等。另一类是具体规范有关跨国企业活动的行为标准。如世界卫生组织的《国际母乳代用品销售守则》、国际商会的《打击国际商业交易中的勒索和贿赂的行为准则》及《可持续发展商务宪章》等。[⊖]

（2）通过签署公约、协定等具有约束力的国际“硬法”，管理跨国公司的行为。

以公约、协定等立法方式对跨国公司经营活动进行规范，是国际社会对跨国公司管理与规制的重要举措。在国际商事活动中，跨国公司是主要载体，WTO 的有关货物贸易、服务贸易、知识产权的协定如《关贸总协定》（GATT）、《服务贸易总协定》（GATS）、《与贸易有关的知识产权协定》（TRIPS）及世界银行的《解决国家与他国国民之间投资争议公约》、《多边投资担保机构公约》等都间接地对跨国公司的跨境经营有约束力。国家政府间签订的双边协定、多边协定，如中欧双边投资协定、全面与先进的《跨太平洋伙伴关系协定》（CPTPP）、《美墨加三国协议》（USMCA）等，对签约方所在地的跨国公司的经营活动有约束力，也保护其合法权益。

（3）通过制定国际惯例，规范跨国公司的跨境商事活动。

国际惯例是指国际组织根据国际贸易实践中反复实践的习惯做法制定成文的规则，且这些规则，根据当事人意思自治的原则，得到国际上的普遍接受和广泛使用。惯例不是法律，不具有强制约束力，也不同于公约，双方同意采用，该惯例就对双方产生强制性。国际商会（International Chamber of Commerce，ICC）是为世界商业服务的非政府间组织，是联合国等政府间组织的咨询机构，正式成立于 1920 年，总部设在法国巴黎。国际商会拥有来自 130 多个国家的成员公司和协会，是全球唯一代表所有企业的权威代言机构，是跨国公司的代言人。国际商会起草编撰的《国际贸易术语解释通则》《跟单信用证统一惯例》《托收统一规则》等国际商事惯例规范了跨国公司间的国际商业往来，促进了跨国公司商业利益的实现。

（二）国际组织对跨国公司规制的范畴

1. 劳工权益的保护

保护劳工权益主要指保护劳工工作中的人身自由、社会保障权、迁徙自由权、言论自由、和平集会、自决权、政治生活权、隐私权等权利不受侵害。《世界人权宣言》、“人权两公约”（《公民权利和政治权利国际公约》《经济、社会及文化权利国际公约》）组成的《国际人权宪章》提出了保护的最低标准。针对工商企业劳工权利的保护，《联合国工商业与人权指导原则》、OECD《跨国公司行为准则》及 OLI 的 8 项核心劳工标准或基本劳工权利共同构成国际法律基础。而多边区域协定（如 CPTPP/TPP、USMCA 等）则对签约方对劳工实体性权利进行规定，并付诸实践。

2. 商业贿赂、环境污染的规制

跨国公司商业贿赂，又称“海外贿赂”，是指跨国公司在商业活动中为获得某种利益或

⊖ 贾琳．跨国公司监管机制研究［D］．上海：华东政法学院，2006.

机会，向外国公职人员、公共部门或其他企业实体提供贿赂的行为。20世纪中期之前，跨国公司商业贿赂被视为合法的商业行为，是其海外扩张和增强经济实力的重要手段。在德国税法中，贿赂支出甚至能够享受纳税扣除的优惠。1977年，美国的《反海外腐败法》（Foreign Corruption Practices Act）规定，美国公司向外国公职人员行贿是犯罪。1997年，OEDC的《国际商务交易活动反对行贿外国公职人员公约》要求缔约方采取必要的措施将向外国公职人员行贿的行为规定为犯罪。2003年的《联合国反腐败公约》要求各缔约方采取必要的立法和其他措施，对贿赂外国公职人员或者国际公共组织官员的行为进行定罪。㊀

20世纪以来，全球生态环境逐步恶化，温室效应导致全球气候变暖，人类的生存环境变坏。有的跨国公司在东道国的生产对当地环境造成污染，破坏了当地生态环境，规制跨国公司环境社会责任的呼吁不断高涨。1972年6月，联合国人类环境会议签署的三项不具约束力的文件——《人类环境宣言》《行动计划》和《关于机构和资金安排的决议》促成联合国环境规划署的成立，产生了一些涉及环境的重要国际公约或区域协定，推进许多国家环境立法或修订，在这其中非政府组织的作用也不断加强。

3. 数据跨境流动的管理

数据是新型生产要素，个人数据的流动涉及个人隐私，商业数据又与商业秘密相关联，因此，数字贸易时代，数据流动的安全问题成为国际社会广泛关注的焦点。对数据跨境流动的立法从保护个人数据开始，开始于20世纪70年代。OECD的《关于隐私保护与个人资料跨国流通的指针的建议》（1980年）、《数据跨境流动宣言》（1985年）推进了个人数据的跨境流动。欧盟、WTO、APEC、联合国大会、OECD等国际组织及CPTPP都对跨境数据流动进行有效的规定。

4. 外国直接投资的规范

FDI是跨国公司对外扩张、全球化经营的最基本、最重要的方式，对FDI的规定直接关系到跨国公司的运营与发展。目前，全球国际投资规则已形成全球投资指南、双边/区域投资条约和多边投资争端解决机制共存的规范体系。

三、跨国公司母国与东道国的管理

跨国公司母国与东道国对跨国公司的关注点明显不同。母国一方面希望本国跨国公司扩大境外投资获得境外财政收入，利用海外原材料、资源促进本国经济结构优化，提高本国国际竞争实力；另一方面又不想高端技术外流，失去技术垄断优势，还要防止就业输出和利用转移定价避税。东道国既希望借助外资带来新技术、新管理理念，融入全球生产体系，推动本国经济发展，增加就业；又担心跨国公司利用其经济实力垄断或控制国内产业，干涉内政、侵犯人权、污染环境等。因此，跨国公司母国和东道国在管理跨国公司时的政策有明显的差异。

（一）母国的管理政策

母国对跨国公司的管理政策主要包括对海外投资的鼓励、监管及保护三类。

㊀ 王志祥，刘婷．跨国公司商业贿赂犯罪：现状、域外治理及借鉴［R］．刑事法治发展研究报告（2014—2015年卷），2017.

1. 鼓励性的政策与措施

（1）提供税收优惠。为避免双重征税，母国一般采取税收抵免或免税方式减轻投资者的税负，即海外投资者在东道国已纳的税款，可以在母国应纳税额中抵扣或免于征税。

（2）向本国跨国公司或投资者提供东道国的外资政策、引资政策、引资项目等信息。

（3）为本国私人投资者的境外前期调查提供资助、提供融资优惠。

2. 母国对海外投资的监管

（1）对跨国公司经营及财务实施监管，采用正常交易原则等措施防止跨国公司逃税避税。如有的国家通过法律制裁跨国公司在避税天堂注册。

（2）对高新技术产品、尖端技术的进出口进行管制，禁止高新技术外流。如 2020 年 5 月 15 日，美国禁止台积电对华为提供芯片，同年 8 月 17 日又宣布任何用美国软件或者技术开发、生产出来的芯片都不能销售给华为，以此打压并遏制中国通信业的龙头企业。

（3）对资本流出实施监管，防止产业空心化。如美国特朗普政府采取大幅度减税等政策吸引美国资本回流，以解决美国制造业空心化问题。当一个国家国际收支严重失衡时，该国也会对本国的资本流出做出一定程度的限制。

（4）对流向高政治风险地区的境外投资实行审核制度。例如，中国国家发展改革委的《企业境外投资管理办法》规定，对涉及敏感国家和地区、敏感行业的境外投资项目实行核准管理。

3. 母国保护措施

（1）建立海外投资保险制度，对本国海外投资者因境外政治风险及信用风险可能造成的损失进行保护。这一制度不同于一般的商业保险。

（2）通过与东道国签订协定的方式保护本国投资者的投资权益。这些协定主要有双边投资协定或双边税收协定、自由贸易协定（FTA）或区域贸易协定（RTA）等。

（二）东道国管理政策

在管理跨国公司的境外投资时，发展中经济体的东道国和发达经济体的东道国管理存在差异。一般来说，发展中经济体政府通过制定外国投资法对跨国公司的行为进行管理，外国投资法是东道国调整外国投资者在该国进行直接投资而产生的私人直接投资关系的法律规范的总称，是东道国根据本国宪法规定或本国外资政策，以专门立法的形式对跨国公司实施的保护、鼓励和限制政策；发达经济体多没有专门的外国投资法，对于已进入其境内的外资管理与内资基本一致，只是在外资进入境内行业时有一定的限制。

当前，对外资管理国际通行的管理模式是：准入前国民待遇+负面清单管理。中国对外商投资也实行国际通行的外资管理制度，2020 年 1 月 1 日生效的《中华人民共和国外商投资法》第四条明确规定："国家对外商投资实行准入前国民待遇加负面清单管理制度。"负面清单是指一个国家针对外资与国民待遇、最惠国待遇不符的管理措施或业绩要求、高管要求及禁止外资进入或限定外资比例的行业等方面的管理措施均以清单方式列明，清单以外的外商都可做。国家对负面清单之外的外商投资，给予国民待遇。准入前国民待遇是指在投资准入阶段给予外国投资者及其投资不低于本国投资者及其投资的待遇。例如，欧盟的投资政策决定权由各成员方自行掌握，在不违背有关条约和欧盟法律的前提下，各成员方可根据情况制定各自的投资管理政策。[一]法国对外国直接投资实行国民待遇。法国的法律和法规（如《公司法》《劳动法》《商业法》《税收法》《合同法》等）不仅适用于本国的企业，也同样适用于外国直接投资企业。[二]

各国在对投资项目实行负面清单制度时，都规定了禁止投资项目、限制投资项目和鼓励投资项目。

1. 禁止及限制项目

各国对跨国公司有进入限制或禁止的行业主要是关系到国家安全和重大利益及国计民生的战略性和敏感性的部门，如邮电、通信、广告、电台、电视台、报纸、广播、交通等公用事业及国防工业部门等。通常使用的措施是建立外国投资的审查与批准制度，限定外资的投资比例，制定反垄断法等。

在法国，原则上没有设定禁止外国投资的行业，但规定外国企业如通过收购或新设方式投资如下行业，须获得法国相关部门，尤其是法国经财部的前置审批：法国《货币与金融法典》第 L. 151-3 和 R. 153-2 条规定的任何涉及军用或军民两用的产品和服务业务；参与涉及对维护法国政府在公共秩序、公共安全或国家防卫利益具有关键意义的，并且关系到能源供应、公共运输网络和服务、公共健康利益、电子信息传输或其他对政府的公共安全或经济安全产生任何影响的设施的完整性、安全性、继续经营性的业务。

在美国，对外国直接投资没有专门的审批程序，外国直接投资的事宜适用所有设立本土公司的法律、法规；外国投资一般无须审批，按照一定的程序直接到所在地区的投资主管部门（一般是州和地方的经济发展主管部门）申报即可，由美国 16 个行政部门的代表组成的外国投资委员会（CFIUS）负责监督审查。近几年美国扩大 CFIUS 的管辖范围，增强其审查权，且审查程序日趋细致。如果 CFIUS 认为某笔涉外并购交易可能影响到美国的国家安全，有权对该并购进行审查。美国在联邦层面，在航空运输、通信、能源、矿产、渔业、水电等部门对外国投资者设有一定的限制。[三]

越南禁止投资的项目有：危害国防、国家安全和公共利益的项目，危害越南文化历史遗迹、道德和风俗的项目；危害人民身体健康、破坏资源和环境的项目；处理从国外输入越南的有毒废弃物、生产有毒化学品或使用国际条约禁用毒素的项目。限制投资的项目是：对国防、国家安全、社会秩序有影响的项目；财政、金融项目；影响大众健康的项目；文化、通信、报纸、出版等项目；娱乐项目；房地产项目；自然资源的考察、寻找、勘探、开采及生态环境项目；教育和培训项目等。[四]

2. 鼓励投资项目

鼓励项目主要指东道国重点发展的项目或行业。

法国明确鼓励发展技术创新产业，目前正式批准建立项目约 71 个，涉及领域包括汽车、航空航天、计算机系统、纳米、生物、微电子、环保燃料、海洋产业、图像和网络、

㊀ 商务部国际贸易经济合作研究院、中国驻法国大使馆经济商务处、商务部对外投资和经济合作司．对外投资合作国别（地区）指南欧盟（2020 年版），http://www.mofcom.gov.cn/dl/gbdqzn/upload/oumeng.pdf.

㊁ 商务部国际贸易经济合作研究院、中国驻法国大使馆经济商务处、商务部对外投资和经济合作司．对外投资合作国别（地区）指南法国（2020 年版），http://www.mofcom.gov.cn/dl/gbdqzn/upload/faguo.pdf.

㊂ https://www.sohu.com/a/313176613_352307；http://www.mofcom.gov.cn/dl/gbdqzn/upload/meiguo.pdf.

㊃ http://www.mofcom.gov.cn/dl/gbdqzn/upload/yuenan.pdf.

工业化学、多媒体、神经科学、粮食生产新技术、癌症治疗、再生能源和建筑、高档纺织业、物流业、塑料成型、化妆品等。

越南鼓励外商投资的行业主要包括：科学和技术发展研究；高新技术应用；复合型材料、新建筑材料、稀有材料生产；再生能源、清洁能源、废料发电；生物科学发展；环保等领域的企业；教育培训、行业、医疗、文化、体育和环境等领域；高级钢铁生产；节能产品生产；服务农林渔业的机械设备生产；灌溉设备生产；家禽、家畜、水产品饲料精制。

美国鼓励的措施主要有税收减免、发行工业债券、提高基础设施水平和提供特殊服务等。越南对高新技术产业、经济社会条件特别艰苦地区（A 区）和艰苦地区（B 区）的外商投资提供税收优惠：如高新技术产业可长期适用 10%的企业所得税税率（园区外高科技项目的税率为 15%，一般性生产项目为 20%~25%），并从盈利之时起，享受 4 年免税和随后 9 年减半征税的优惠政策；A 区享受 4 年免税优惠（从产生纯利润起计算，最迟不超过 3 年），免税期满后 9 年征收 5%，紧接 6 年征收 10%；B 区享受 2 年免税优惠，免税期满后 4 年征收 7.5%，紧接 8 年征收 15%。此外，A 区免固定资产进口关税及从投产之日起免前 5 年原料、物资或半成品进口关税；属出口产品生产加工可免征出口关税或退税；租用 A 区土地最长减免 15 年；B 区最长减免 11 年。[一]

第二节　国际社会对跨国公司劳工权益保护的规制

跨国公司是全球经济增长、消除贫穷及促进法治的重要推动力，随着跨国公司社会责任运动的兴起，国际社会采取举措强化对跨国公司的人权规制，尤其是劳工权益保护方面。

劳工权利是指劳动者在工作中享受的劳动报酬、劳动条件、劳动福利等经济权利及结社、集会等政治权利。联合国及其下设的专门机构国际劳工组织、OECD、非政府组织以及区域协定对跨国公司劳工权益保护都有规定或约定。本节主要介绍联合国国际人权宪章、联合国国际劳工组织、OECD、非政府组织及 CPTPP 和 USMCA 中有关劳工权益保护的规定。

一、联合国国际人权宪章对劳工权益保护的规定

《经济、社会及文化权利国际公约》和《公民权利和政治权利国际公约》统称“人权两公约”，与《世界人权宣言》合称“国际人权宪章”，是国际人权领域最重要的文书。1948 年 12 月 10 日，联合国通过第 217 A(Ⅲ) 号决议，颁布《世界人权宣言》（简称《宣言》）[二]，该序言中“社会机构”（every organ of society）就包含跨国公司，这样的社会机构应当遵循《世界人权宣言》的精神，承担人权责任。《世界人权宣言》在和平集会和结社的自由、工作条件、失业保障、报酬等方面提出了建议。

1976 年 1 月 3 日生效的《经济、社会及文化权利国际公约》[三]第一次以法律形式对经济、社会及文化权利加以确认，推动了发展中国家倡导的民族自决权等集体人权的形成、

[一] http://www.mofcom.gov.cn/dl/gbdqzn/upload/yuenan.pdf.

[二] 《宣言》不是条约，没有法律约束力，《宣言》起草者只是通过《宣言》劝诫，其本意并非创设，但《宣言》通过国家不断重复的承诺和实践已经演变成有法律拘束力的习惯国际法。

[三] 2001 年 2 月 28 日，中国被批准加入联合国该公约。

发展和完善；规定了工作权、享受公平与良好工作条件、同工同酬（特别是男女同工同酬）、晋升及带薪休假等休息权、自由组织和参加工会的权利、罢工权等。1976 年 3 月 23 日生效的《公民权利和政治权利国际公约》㊀有关劳工权利的规定主要有禁止强迫劳动，劳工拥有结社自由的权利等（见表 12-1）。

表 12-1　"国际人权宪章"有关劳工权益的规定

法律文件	主要内容
世界人权宣言	第四条：任何人不得使为奴隶或奴役。第二十条：1. 人人有权享有和平集会和结社的自由。2. 任何人不得迫使隶属于某一团体。第二十三条：1. 人人有权工作、自由选择职业、享受公正和合适的工作条件并享受免于失业的保障。2. 人人有同工同酬的权利，不受任何歧视。3. 每一个工作的人，有权享受公正和合适的报酬，保证使他本人和家属有一个符合人的尊严的生活条件，必要时并辅以其他方式的社会保障。4. 人人有为维护其利益而组织和参加工会的权利。第二十四条：人人有享受休息和闲暇的权利，包括工作时间有合理限制和定期给薪休假的权利。第二十五条：……，在遭到失业、疾病、残废、守寡、衰老或在其他不能控制的情况下丧失谋生能力时，有权享受保障
公民权利和政治权利国际公约	第八条：1. 任何人不得使为奴隶；2. 任何人不应被强迫役使。3. 任何人不应被要求从事强迫或强制劳动，不包括以下的强迫或强制劳动：（1）依照法庭的合法命令而被拘禁的人或在此种拘禁假释期间的人所要求的任何工作或服务；（2）任何军事性质的服务及拒绝兵役者依法被要求的服务；（3）在威胁社会生命或幸福的紧急状态或灾难的情况下受强制的任何服务；（4）属于正常的公民义务的一部分的任何工作或服务。第二十二条：1. 人人有权享受与他人结社的自由；2. 除法律所规定的限制之外，对此项权利的行使不得加以限制
经济、社会及文化权利国际公约	第六条：缔约各方承认工作权，包括人人应有机会凭其自由选择和接受的工作来谋生的权利。第七条：缔约各方承认人人有权享受公正和良好的工作条件，特别要保证：1. 最低限度给予所有工人下列报酬：（1）公平的工资和同工同酬而没有歧视，特别是保证男女同工同酬；（2）保证他们及其家庭得有符合本公约规定的过得去的生活；2. 安全和卫生的工作条件；3. 人人在其行业中有适当的提级的同等机会，除资历和能力的考虑外，不受其他考虑的限制；4. 休息、闲暇和工作时间的合理限制，定期给薪休假以及公共假日报酬。第八条：本公约缔约各方承担保证：人人有权组织工会和参加他所选择的工会；工会有权建立全国性的协会或联合会，有权组织或参加国际工会组织；工会有权自由地进行工作；有权罢工，但应按照各个国家的法律行使此项权利

二、联合国国际劳工组织的核心劳工标准

国际劳工组织（International Labour Organization，简称 ILO）最初是国际联盟的附属机构，成立于 1919 年 10 月。1946 年 12 月 14 日，它成为联合国专门处理国际劳工标准及有关劳工问题的一个机构，简称"劳工组织"。1919 年 10 月 29 日至 11 月 29 日，第一届国际劳工大会召开，宣布其主要活动是制定相关的国际劳工标准，并促进和监督实施，以此保护全球劳工的合法权益。截至 2018 年 1 月 1 日，ILO 共通过了 189 项国际劳工公约和 205 项建议书。㊁这些国际劳工公约和建议书形成了一整套国际劳工制度。由于 ILO 通过的各种劳工权利公约数量很多，且各国执行情况不同，需要一个既包括劳工的最基本权利，又能为各国所普遍接受的基础标准，即"基本劳工权利"（fundamental rights of labor），或"核

㊀ 1998 年 10 月 5 日，中国签署了《公民权利和政治权利国际公约》，现尚未履行批准公约的法律程序。

㊁ 公约仅对批准该公约的会员方产生法律效力，建议书不要求会员方批准，其涵盖的范围比公约要大并且只处理那些不要求承担国际义务的问题，因此建议书没有约束力但对各国的劳动立法和实践有重大的影响。

心劳工标准”。目前，八项核心公约构成了四个领域的国际核心劳工标准，这四个领域分别是：一是结社自由和集体谈判：第87号公约《结社自由和保护组织权利公约》（1948年）和第98号公约《组织和集体谈判权利公约》（1949年）；二是禁止童工：第138号公约《最低就业年龄公约》（1973年）和第182号公约《禁止和立即行动消除最恶劣形式的童工劳动公约》（1999年）；三是禁止强迫劳动：第29号公约《强迫劳动公约》（1930年）和第105号公约《废除强迫劳动公约》（1957年）；四是同工同酬以及消除就业歧视：第100号公约《对男女工人同等价值的工作付予同等报酬公约》（1951年）和第111号公约《（就业和职业）歧视公约》（1958年）。表12-2中摘选了各公约的主要规定和公约的批准国家数量。

表12-2 四个领域国际核心劳工标准的主要规定及批准公约的国家数

类型	主要规定	批准国家数
结社自由和集体谈判	第87号公约第二条：工人和雇主有权不经事先批准建立和参加他们自己选择的组织。第三条：工人组织和雇主组织应有权制定各自组织的章程和规则。第五条：工人组织和雇主组织有权建立和加入联合会和同盟会	154
	第98号公约第一条：应给予工人保护，防止雇主以排斥工会组织为条件雇用工人。第二条：防止雇主干涉或操纵工人组织。第四条：会员国采取必要措施，鼓励雇主与工人组织之间“发展与使用集体协议的自愿谈判程序”	164
禁止童工	第138号公约第一条：原则性规定；就业或工作的最低年龄应符合年轻人身心最充分发展的要求。第二条、第三条：最低年龄分别是十四岁、十五岁、十六岁和十八岁的规定	169
	第182号公约第二条规定，儿童适用于18岁以下的所有人员。第三条：四种最有害的童工形式：1. 所有形式的奴隶制或类似奴隶制的做法；2. 使用、招收或提供儿童卖淫、生产色情制品或进行色情表演；3. 使用、招收或提供儿童从事非法活动，特别是生产和非法买卖有关国际条约中确定的麻醉品；4. 可能损害儿童的健康、安全或道德的工作	180
禁止强迫劳动	第29号公约第一条：禁止使用一切形式的强迫或强制劳动。第二条：规定了强迫或强制劳动的例外情况。公约规定批准国应逐步废除一切形式的强迫劳动	178
	第105号公约第一条：不能使用强迫或强制劳动的5种形式，包括：1. 作为一种政治强制或政治教育或政治惩罚的手段；2. 作为动员和利用劳动力以发展经济的方法；3. 作为一种劳动纪律的措施；4. 作为对参加罢工的惩罚；5. 作为实行种族、社会、民族或宗教歧视的一种手段	175
消除就业歧视	第100号公约第一条：男女工人同工同酬一词，指无性别歧视的报酬标准。第三条：凡因从事不同工作而由上述客观评定所确定的工人之间的不同报酬率，与性别无关的情况下，不应被认为违反对男女工人同工同酬的原则	173
	第111号公约第一条：歧视包括的形式：1. 基于种族、肤色、性别、宗教、政治见解、民族血统或社会出身等原因，具有取消或损害就业或职业机会均等，或待遇平等作用的任何区别、排斥或优惠；2. 有关会员方经与有代表性的雇主组织和工人组织（如存在此种组织）以及其他适当机构协商后可能确定的、具有取消或损害就业或职业机会均等或待遇平等作用的其他此种区别、排斥或优惠。但对一项特定职业基于其内在需要的任何区别、排斥或优惠不应视为歧视。第五条：1. 国际劳工大会通过的其他公约和建议书规定的保护或援助的特殊措施不应视为歧视；2. 凡会员方经与有代表性的雇主组织和工人组织协商，确定为适合某些人员特殊需要而制定的其他专门措施应不被视为歧视	174

资料来源：刘宏松，杨柳青．全球劳工治理：主体、现状与困境［J］．上海交通大学学报（哲学社会科学版），2018(1)；蔡铭．跨国公司劳工保护的国际法规制［D］．合肥：安徽大学学位论文，2014.

国际劳工公约的缔约方是国家/地区，但公约中的规定适用于跨国公司，跨国公司有义务在其经营活动中遵守有关保护结社自由和集体谈判、禁止童工、禁止强迫劳动、消除就业和职业方面的歧视、实施男女工人同工同酬等公约所规定的劳工标准。

三、联合国、OECD 有关跨国公司人权责任或劳工权利的标准

1998 年，联合国人权委员会下设的增进和保护人权小组委员会开始起草“关于人权和跨国公司以及其他具有人权影响的经济单位的规则”，2003 年 8 月，小组委员会完成《跨国公司和其他工商企业在人权方面的责任准则》并递交人权委员会审议，该准则获得人权委员会普遍支持，但后因联合国人权体系的改革，小组委员会解散。2005 年 7 月，时任联合国秘书长安南任命哈佛大学教授约翰·鲁格（John G. Ruggie）为“工商业与人权问题”特别代表，撰写工商业与人权的研究报告。2008 年 4 月，鲁格完成并向人权理事会提交研究报告《保护、尊重和救济：工商业与人权框架》。

2011 年 6 月 16 日，人权理事会通过了在此报告基础上发展的《工商企业与人权：实施联合国“保护、尊重和补救”框架指导原则》（A/HRC/RSE/17/4 号决议），通常称《联合国工商业与人权指导原则》，这是首套为预防和解决与工商业活动有关的对人权不利影响风险而制订的全球标准。[㊀]在决议中，人权理事会还决定设立一个关于人权与跨国公司和其他工商企业问题的工作组。该工作组由来自不同区域的 5 名独立专家组成，任期 3 年，主要研究该指导原则的有效实施。[㊁]该指导原则关键议题体现在企业尊重人权的责任、供应链职责、获得救济的方式、国家的作用、尽职调查、环境问题等六个方面。在国家保护人权方面的基本原则是国家必须保护在其领土和/或管辖范围内人权不受第三方，包括工商企业侵犯；国家应明确规定对在其领土和/或管辖范围内的所有工商企业在其全部业务中尊重人权的预期。虽说该指导原则是“软法”，但为跨国公司和其他工商企业提供了一个普遍适用的标准。

OECD 早在 1976 年发布《跨国公司行为准则》，该指引于 1979 年、1982 年、1984 年、1991 年、2000 年和 2011 年经过 6 次修订。其中，2011 年 5 月底新修订的 OECD《跨国公司行为准则》增加了新的人权章节。《跨国公司行为准则》的建议分为 11 章，确立了多个领域的商业行为原则和标准，如环境、就业与劳工关系、人权、信息公开、反腐败、消费者权益、科技、竞争及税收，要求跨国企业将“尊重受到企业活动影响的个人的国际公认的人权”作为企业发展的一般政策。该准则是成员方自愿加入，它具有独特的执行机制，即国家联络点机制（National Contact Points，NCPs）。目前，加入准则的国家/地区有 46 个，其中有 34 个 OECD 成员方及 12 个非成员方，欧盟是观察员身份。

OECD《跨国公司行为准则》、《联合国工商业和人权指导原则》及国际劳工组织核心公约共同构成负责任商业方面的国际法律基础。

1995 年，时任联合国秘书长安南在哥本哈根召开的世界社会发展首脑会议上提出制定“全球契约”的设想。1999 年 1 月，在达沃斯世界经济论坛年会上再次提出“全球契约”计划。2000 年 7 月 26 日该项目正式启动。“全球契约”计划号召跨国公司接受、支持并贯

㊀ 梁晓晖．工商业与人权：中国政策理念的转变与业界实践的互动研究［J］．国际法研究，2018(6)．
㊁ 杨松才．论《联合国工商业与人权指导原则》下的公司人权责任［J］．广州大学学报（社会科学版），2014，13(11)．

彻涉及人权、劳工标准、环境与反腐败等4个领域的核心价值观，即联合国全球契约10项原则。在10项原则中，有6项原则涉及跨国公司的人权及劳工权益保障的责任（见表12-3）。

表12-3 联合国、OECD有关跨国公司人权责任或劳工权益的准则及其内容

名称	主要内容
联合国《跨国公司和其他工商企业在人权方面的责任准则草案》	序言对企业人权责任做出了原则性的规定，对跨国公司和其他工商企业在平等机会和非歧视待遇权等6方面的人权责任做出规定
OECD《跨国公司行为准则》	1. 企业应该尊重结社自由、努力废除童工劳动、废除一切形式的强迫劳动、反对就业歧视 2. 应该检查就业标准和劳资关系，并确保职业安全和卫生
全球契约，1999	全球契约有十项原则。其中，人权方面有2项原则： 原则1“企业应在其影响范围内对国际人权保护给予支持和重视”，原则2“企业保证不践踏人权”； 劳工方面有4项： 原则3“企业应维护结社自由权及集体谈判的有效承认”，原则4“消除一切形式的强迫和强制劳动”，原则5“有效废除童工现象”，原则6“消除就业和职业方面的歧视”

资料来源：参阅相关文献整理而来。

四、非政府组织对跨国公司劳工权益保护的规制

非政府组织对跨国公司劳工权益保护起到很大的监督作用，其规制方式有制定跨国公司员工权益保护的准则，对员工管理体系进行全球认证和监督及曝光跨国公司侵犯人权的行为，影响较大的做法有全球苏利文原则、SA8000认证和侵犯人权后的追责与救济举措。

（一）制定规范条例，约束跨国公司运营

1. 全球苏利文原则：保障跨国公司员工权益

“苏利文原则”最早是在1977年由非洲裔牧师里昂·苏利文为了促进企业的社会责任所制定的企业行为规范原则。1984年增加了一条，当时苏利文原则共七条原则。在南非种族隔离时代结束前，有超过125家在南非营运的美国公司采纳苏利文原则。1999年，苏利文与联合国秘书长安南一起公布了新的“全球苏利文原则”，共包括九条：①维护全球人权（特别是员工）、小区、团体、商业伙伴；②员工均有平等机会，不分肤色、种族、性别、年龄、族群及宗教信仰，不可有剥削儿童、生理惩罚、凌虐女性、强迫性劳役及其他形式的虐待事项；③尊重员工结社的意愿；④除了满足基本的生活需求，更要提升员工的技术及能力，提高他们的社会及经济地位；⑤建立安全和健康的职场，维护人体健康及环境保护，提倡永续发展；⑥提倡公平交易，如尊重智能财产权、杜绝贿金；⑦参与政府及小区活动以提升这些小区的生活质量，如透过教育、文化、经济及社会活动，并给予社会不幸人士训练及工作机会；⑧将原则完全融合到企业各种营运层面；⑨实施透明化，并向外提供信息。这九条原则包括了公司政策、程序、训练及内部报告制度，并承诺达到这些原则，以便促进人与人之间的和谐及谅解。

2. SA8000认证计划：统一全球社会责任标准

社会责任标准“SA8000”（Social Accountability 8000 International Standard）是1997年由经济优先权委员会（Council of Economic Priorities，CEP），后来更名为人权责任国际（Social Accountability International，SAI）颁布的。SA8000是一种基于国际劳工组织宪章、联合

国《儿童权利公约》《世界人权宣言》而制定的全球第一个可用于第三方认证的人权责任国际标准。SA8000 的宗旨是确保供应商所供应的产品都符合社会责任标准。SA8000 标准对童工、强迫或强制劳动、工会、歧视、工作时间及薪酬等内容都进行了明确的规定。目前该标准已在许多国家得到推广和运用。近年来，美国、法国、意大利等国的贸易组织一直努力通过协议安排，要求所有纺织、成衣、玩具、鞋类等产品的企业必须事先通过 SA8000 的认证，否则将联合禁止进口。

（二）制定跨国公司侵犯人权行为后的追责与救济措施准则

非政府组织曾发布《追究公司人权责任机制指南》，为受害者追责提供指导，同时也为非政府组织参与企业监督和受害者救济提供参考。该指南包括五个部分，涵盖了政府间机制、法律、仲裁机制、申诉机制等多种救济途径。此外，一些知名非政府组织通过公开发行跨国公司严重侵犯人权的报告对其进行监督，迫使跨国公司进行改善或回应。如非政府组织披露雀巢公司、好时公司、玛氏公司等在咖啡和巧克力生产过程中使用童工的行为，曝光高露洁、雀巢、联合利华等公司与印度尼西亚棕榈油工厂合作助长了当地雇用童工、强迫劳动生产、歧视等侵犯人权的行为，迫使这些跨国公司做出积极表态。对此，雀巢公司明确表态，将努力促进供应链生产的透明化，改善棕榈油供应链的人权问题，还寻求与其他基金会或非政府组织联合构建棕榈油产业的人权契约评估机制。㊀

五、国际区域协定中有关劳工权益的保护

（一）TPP 或 CPTPP 中有关劳工权益的相关规定

《跨太平洋伙伴关系协定》（CPTPP）的前身是新西兰、新加坡、智利和文莱四国发起的《跨太平洋战略经济伙伴关系协定》（Trans-Pacific Strategic Economic Partnership Agreement，P4），2009 年美国加盟，其后成员拓展到 12 个，协定更名为《跨太平洋伙伴关系协定》（Trans-Pacific Partnership Agreement，TPP），2017 年 1 月 20 日，美国总统特朗普就职当天宣布退出 TPP。2017 年 11 月 11 日，日本等 11 个成员共同发布了一份联合声明，宣布“已经就新的协议达成了基础性的重要共识”，并把 TPP 改名为《全面与进步的跨太平洋伙伴关系协定》（CPTPP）。2018 年 3 月 8 日，11 个成员代表在智利首都圣地亚哥举行 CPTPP 协定签字仪式，12 月 30 日，CPTPP 正式生效。

在 TPP 的第 19 章“劳工”第三条对劳工实体性权利进行了规定：1. 每一缔约方应在其法律、法规及据此的实践中，采取并维持下列国际劳工组织宣言所述权利：（a）结社自由和有效承认集体谈判权利；（b）消除一切形式的强迫或强制劳动；（c）有效废除童工，及就本章而言，禁止最有害童工形式；以及（d）消除就业与职业歧视。2. 每一缔约方应采取并维持法律、法规及据此的实践，规定与最低工资、工作时长、职业安全及健康相关的可接受的工作条件。这些规定基本上是吸收了 ILO 的八大核心公约的规定及联合国全球契约、OECD《跨国公司行为准则》的条款。TPP 强调执行劳工权益保护不能用作鼓励贸易或投资的工具，如第 19.4 条不得减损中规定：缔约方认识到，不宜通过弱化或减少每一缔

㊀ 庞林立．“工商业与人权”议题下的跨国公司和非政府组织合作机制［J］. 人权，2020(1).

约方劳工法提供的保护来鼓励贸易或投资。TPP 也不允许用作贸易保护主义，如第 19.5 条劳工法的执行中规定：在本协定生效之日后，任何缔约方不得通过影响缔约方间贸易或投资的持续或反复作为或不作为的方式，造成其劳工法未有效执行。第 19.2 条共同承诺声明中规定：缔约方认识到，如国际劳工组织宣言第 5 段所述，不得将劳工标准用于贸易保护主义目的。

（二）USMCA 中有关劳工权益的相关规定

2018 年 11 月 30 日，美国、墨西哥和加拿大三国领导人在阿根廷首都布宜诺斯艾利斯就《美墨加三国协议》（The United States-Mexico-Canada Agreement，简称 USMCA）达成协议，这意味着 USMCA 全面取代了“北美自由贸易协定”（NAFTA）。时任美国总统特朗普称 USMCA 是“全新协议”和“历史上最现代、最先进、最平衡的贸易协定”。USMCA 有 34 章和 12 个附件，是目前针对国际贸易规则包括内容最多、涵盖面最广的协定。

1. USMCA 对劳工保护的内容

在劳工保护内容上，USMCA 比 NAFTA 增加了新规定。NAFTA 通过其附属协定《北美劳工合作协定》（NAALC）来处理劳工与贸易问题。在 NAFTA 附属协定 NAALC 设定的 11 项劳工原则㊀基础上，USMCA 增加了关于强迫劳动、暴力侵害工人、移徙工人和工作场所基于性别歧视的全新规定。对禁止强迫劳动，不仅要求缔约方消除所有形式的强迫或强制劳动，还要禁止“从其他来源进口全部或部分通过强迫或强制劳动（包括强迫或强制童工）生产的货物”（USMCA 第 23.6 条）；对防止暴力侵害工人，规定要保障工人和劳工组织在行使劳动权利时免予暴力、威胁和恐吓（第 23.7 条）；对于保护移徙工人，规定无论国民还是非国民，都要保证移徙工人受劳动法保护（第 23.8 条）；在消除歧视上，USMCA 对包括怀孕、性骚扰、性取向、性别认同和照顾责任、产假/收养假和照顾家庭成员假以及工资歧视等保护项目，要求缔约方实施保护工人免受基于性别的就业歧视政策（第 23.9 条）。

2. USMCA 的劳动争端解决机制

NAFTA 的劳动争端解决机制来自附属协定 NAALC，USMCA 的争端解决的规定在主协定中。在 NAALC 的争端解决机制中，把 11 项劳工原则分为三个层级，并设置不同的解决程序：一是适用于 11 项劳工原则磋商程序，即采用合作方式解决争端问题；二是除结社自由和保护组织权、集体谈判权和罢工权之外的其他 8 项劳工原则，建立独立的专家评估委员会，评估相关的劳动争议并根据评估结果，提出解决问题的建议，但建议没有约束力；三是对与童工、最低工资、职业安全与健康的争议，由仲裁小组来解决争议，该仲裁小组可要求当事方制订补救措施，可以对未能实施补救措施实施罚款或中止贸易的制裁。NAFTA 独立的劳动争端解决机制不受主协定争端解决机制的约束。USMCA 的劳动争端解决程序是在主协定的劳动章节中规定并进一步明确了劳动争端受主协定争端解决机制的约束，强化了争端解决程序。也就是说，根据 USMCA 劳动章节的规定，缔约方可向缔约另一方提

㊀ 《北美劳工合作协定》（NAALC）规定的 11 项劳工标准：结社自由、保护组织权、集体谈判和罢工的权利、禁止强迫劳动、保护童工、最低雇用标准、消除就业歧视、男女同工同酬、预防工伤和职业病并进行补偿以及保护移民工人。引自：吴曼嘉．美国自由贸易协定中的劳工条款评析——以北美自由贸易协定为例［J］．中共贵州省委党校学报．2013(6)．

出书面请求，与被请求方进行磋商有关劳动的任何事项。如果在规定时间内磋商未能解决问题，可诉诸主协定争端解决专家组程序，但一定是先经过劳动磋商程序，专家组的报告具有约束力。[㊀]

第三节　国际社会对跨国公司商业贿赂、环境污染的规制

一、国际社会对商业贿赂的相关规制

商业贿赂指提供、赠予或接受任何形式的好处，包括从合同款中提取任意比例的回扣，或以其他渠道或方式向客户、代理商、承包商、供应商及其雇员或政府官员提供不正当利益；为其个人或亲友、伙伴之利益，安排或接受来自客户、代理商、承包商、供应商及其雇员或者政府官员所提供的贿赂或回扣；以及任何超越合理限额的礼品、招待和宴请。[㊁]《打击国际商业交易中的勒索和贿赂的行为准则》（1999）指出，贿赂和勒索是扭曲国际贸易的重要因素。IMF（2016）估算，每年全球各地腐败造成经济损失高达1.5万亿至2万亿美元，约占全球GDP的2%。因此，联合国、OECD等国际组织采取措施或制定法律和规则，规制跨国公司的商业交易行为，遏制商业贿赂。

（一）联合国、OECD对商业贿赂的相关规制

20世纪90年代以来，联合国等国际机构加大了反对商业贿赂的力度。1996年12月16日，联合国大会通过《联合国反对国际商业交易中的贪污贿赂行为宣言》（第51/191号决议）、2000年的《全球契约》、2003年的《联合国反腐败公约》，联合国《2030年可持续发展议程》提出各国到2030年要大幅度减少非法资金流动，减少一切形式的腐败和贿赂。

《联合国反对国际商业交易中的贪污贿赂行为宣言》认为，反对国际商业贿赂是改善国际商业环境的基本因素，是构成所有国家促进透明、负责的施政方法，实行经济及社会和环境保护的一个关键部分；为促使从事国际商业交易的公私营公司，包括跨国公司和个人遵守适当的道德标准和在其境内经商的国家的法律，提出12条承诺。[㊂]

《全球契约》的第10项原则就是反商业腐败原则，其约定：企业应反对各种形式的贪污，包括敲诈、勒索和行贿受贿。[㊃]

《联合国反腐败公约》（以下简称《公约》）是联合国历史上通过的第一个推动国际反腐败斗争的重要文件，也是唯一具有法律约束力的全球性反腐败文书，于2005年12月14日正式生效。截至2018年1月26日，该公约已有140个签署方和183个缔约方，2005年10月2日，中国成为该公约的缔约方。《联合国反腐败公约》包括共八章七十一条，包括序言、总则、预防措施、定罪与执法、国际合作、资产的追回、技术援助和信息交流、实施机制、最后条款，对预防腐败、界定腐败犯罪、反腐败国际合作、非法资产追缴等问题进行了法律上的规范。在商业贿赂惩罚方面，《公约》明确规定自然人和法人均可作为商业

㊀ USMCA的有关内容引自：李西霞.《美墨加协定》劳工标准的发展动向及潜在影响［J］. 法学，2020(1).

㊁ Transparency International，Business Principles for Countering Bribery. http://www.transparency.org/global_priorities/private_sector/business_principles，version 2009.

㊂ https://www.un.org/zh/documents/treaty/files/A-RES-51-191.shtml.

㊃ http://csr.mofcom.gov.cn/article/policies/intl/200804/20080405471959.shtml.

贿赂行为的责任主体。第26条规定法人和自然人均要承担实施商业贿赂的法律责任，并且自然人的刑事责任不受法人责任的影响。法人责任形式包括刑事、民事或行政责任，并规定“应使法人受到有效、适度而且具有警戒性的刑事或者非刑事制裁，包括金钱制裁”“法人责任不应当影响实施这种犯罪的自然人的刑事责任”。《公约》还强调反腐败的国际合作（第43条至第50条），包括引渡、司法协助、侦查等方面。㊀

OECD（经合组织）1997年12月通过《关于打击国际商业交易中行贿外国公职人员行为的公约》（OECD Convention on Combating Bribery of Foreign Public Officials in International Business Transactions，以下简称《OECD反贿赂公约》）并据此定期对缔约方进行反腐败状况评估。在17条规定中，第3条“处罚”对自然人和法人行贿外国公职人员的行为进行规定，缔约方除给予自然人和法人刑事或经济处罚外，应考虑实施民事或行政处罚（幅度与惩罚行贿本国公职人员相当），且应采取必要措施以使行贿的钱财、收入或价值与此相当的财产可予查封、没收或者采用同等效力的货币处罚。㊁

2001年修订的OECD《跨国公司行为准则》，又规定了10项指导原则，其中第6项以打击贿赂为题，专门规定了跨国公司在打击贿赂方面的行为准则。1994年设立的OECD国际商业交易贿赂工作小组，是负责监督《OECD反贿赂公约》和相关建议文书执行情况的专门机构。其由公约缔约方代表组成，每年召开四次会议，并在线发布所有国家的监测报告，这种同行评审的反贿赂监测系统，被透明国际喻为监测的“黄金标准”。截至2018年9月，《OECD反贿赂公约》已有44个缔约方，目前中国是观察国，尚未签署该公约。此外，2014年，亚太经合组织发布《北京反腐败宣言》，这是第一个以追逃追赃为合作重点的国际反腐败宣言。

2005年4月，巴塞尔银行监管委员会发布《合规与银行内部合规部门》的高级文件。世界银行则规定，凡从事欺诈和商业贿赂的企业禁止参与世界银行贷款支持的项目。2016年9月，国际标准组织颁布《反贿赂合规国际标准》（ISO37001），这是第一个全球反贿赂国际体系标准，意味着反贿赂成为国际贸易的技术标准之一。此外，经合组织、世界银行、国际商会、国际律师协会等国际组织也大力推动商业领域反腐败，共同制定《反贿赂道德合规商业手册》，为企业提供反贿赂合规指导。

（二）非政府组织对商业贿赂的相关规制

监察贪污腐败的国际非政府组织“透明国际”（Transparency International，简称TI），又称为“透明国际组织”或“廉政与反腐败国际”，成立于1993年5月，总部在德国柏林，是一个由政府官员、有关专家和商人组成的，以提供咨询和信息资料为手段来防止和减少国际商务活动中贿赂行为的国际性非政府组织。它已成为对腐败问题研究的最权威的国际性非政府组织，在90多个国家成立了分会。

从1995年起，透明国际每年评估和公布一国的腐败状况的清廉指数（Corruption Perceptions Index，CPI），提供一个比较可靠的国际贪污状况量化工具，为各国推动自身建设提供参照标准。透明国际也与一些政府合作共同打击腐败。

清廉指数评价各国公务人员与政治人物贪腐程度，满分为100分，清廉指数评分越高，

㊀ http://www.ccdi.gov.cn/special/lygz/flfg/201310/t20131008_11282.html.

㊁ http://www.oecd.org/daf/anti-bribery/anti-briberyconvention/47429828.pdf.

意味着感知的腐败程度越低。2020 年 1 月透明国际发布 2019 年度指数，共有 180 个国家（地区）获得排名。北欧国家在 CPI 方面处于领先地位，排名靠前有丹麦、新西兰、芬兰、新加坡、瑞典和瑞士。

（三）区域协定对商业贿赂的相关规制

1. TPP/CPTPP 对商业贿赂的相关规制

TPP 关于反腐败的条款主要集中在第 26 章 C 节，主要有惩治条款、预防条款和合作条款三类。[⊖]

在惩治条款方面，比如第 26.7 中第 1~4 条打击腐败的措施。具体如下：

（1）每一缔约方应采取或维持必要的立法或其他措施，将在影响国际贸易或投资的事项中，其管辖权范围内任何人故意实施的行为规定为犯罪：

（a）直接或间接向公职人员许诺提供或给予该公职人员本人或其他人或实体不正当好处，使该公职人员在执行公务时作为或不作为；

（b）公职人员为其本人或其他人或实体直接或间接索取或收受不正当好处，使其在执行公务时作为或不作为；

（c）直接或间接向外国公职人员或公共国际组织官员许诺提供或给予该公职人员本人或其他人或实体不正当好处，使该公职人员或该官员在执行公务时作为或不作为，以便获得或保留业务或与国际商业行为相关的其他不正当好处；

（d）第（a）款至第（c）款描述的任何犯罪中的帮助或教唆，或共谋行为。

（2）每一缔约方应考虑违法行为的严重性，对第 1 款或第 5 款中描述的违法行为进行制裁。

（3）每一缔约方应采取或维持与其法律原则一致的必要措施，以对第 1 款或第 5 款中描述的违法行为需承担的责任进行规定。特别地，每一缔约方应保证应对第 1 款或第 5 款中描述的违法行为承担责任的法人受到有效、适当并具劝阻性的刑事或非刑事处罚，包括罚金。

（4）缔约方不得允许其管辖权范围内的人抵扣与其在第 1 款中描述的违法行为相关产生的税收费用。

在预防条款方面，比如第 26.7 的第 5 条规定，为预防腐败，每一缔约方应就关于账簿和记录保存、财务报表披露以及会计和审计标准，采取或维持与其法律法规一致的必要措施，禁止设立账外账户、账外或账实不符的交易、虚列支出、登录负债账目时谎报用途、使用虚假单据等违法行为。

在合作条款方面，第 26.10 中鼓励个人和团体对影响国际贸易或投资的腐败进行防止和打击。具体如下：

（1）依照其法律制度的基本原则，每一缔约方应在力所能及的范围内采取适当措施，促进公共部门之外的个人和团体，如企业、民间团体、非政府组织和社区组织积极参与对影响国际贸易或投资的事项腐败的防止和打击，并提高关于腐败的存在、原因、严重性以及威胁方面的公众意识。为此，缔约方可：（a）开展公开信息活动以及公众教育项目，从

⊖ 张晓君．TPP 反腐败规则对我国的启示．暨南学报（哲学社会科学版），2016(09)：13-18.

而不容忍腐败的存在；（b）在适当情况下，采取或维持措施以激励专业协会和其他非政府组织，在适当情况下，致力于开发内部控制、道德和合规项目以及对国际贸易和投资中的贪污和腐败阻止和侦查措施，以激励和帮助企业，特别是中小企业；（c）采取或维持措施以激励公司管理层在公司年度报告中做出声明，或公开其内部控制、道德和合规项目或措施；以及（d）采取和维持措施以尊重、促进和保护寻找、获取公开和散播腐败相关信息的自由。

（2）每一缔约方应在考虑到私营企业的结构和规模的同时，努力鼓励其：（a）开发和采用充分内部审计控制，以帮助阻止和发现国际贸易和投资事项中的腐败行为；及（b）保证其账目和必要财务报告可经过适当审计和认证程序。

（3）每一缔约方应采取适当措施以保证其相关反腐败机构为公众所知，并应在适当情况下，对公众提供就任何可被认为构成第26.7第1条（打击腐败的措施）中描述的违法行为的事件向其进行举报的方式，包括匿名举报。

CPTPP在透明度与反腐败方面，旨在提高缔约方内部政策的公开性和缔约方之间政策传导的公开性和及时性，覆盖范围广、要求严格，是迄今为止对透明度要求最高的贸易协定（与TPP要求一样）。

2. USMCA对商业贿赂的相关规制

2018年10月，《美墨加三国协议》首次正式把反腐败（第27条）纳入多边贸易协定，规定美国、墨西哥和加拿大反腐败执法机构之间应开展国际合作和信息交换。USMCA与TPP的结构很相似，对比TPP，USMCA将原有的原产地规则与程序分列为两章；加列了出版与行政一章，该章规定了透明度内容和国内行政程序，而原来透明度与反腐败一章的标题改为反腐败。

二、国际社会对跨国公司环境污染的相关规制

经济全球化的今天，跨国公司快速发展，一些发达国家跨国公司将价值链中的高污染生产环节转移到对环境要求较低的发展中国家，造成资源浪费和环境破坏。

（一）国际组织与多边对商业贿赂的相关规制

目前，国际上对跨国公司的环境责任相关规制主要以国际组织决议、国际公约和“软法”规范为主。20世纪70年代以来，国际组织尤其是联合国通过了一系列针对跨国公司的环境保护规制。1972年，联合国联合113个国家政府在瑞典斯德哥尔摩举行人类环境会议，通过了《人类环境行动计划》，并发表了《联合国大会人类环境宣言》。《联合国大会人类环境宣言》阐明了与会国和国际组织所取得的七点共同看法和二十六项原则，以鼓舞和指导世界各国人民保护和改善人类环境，它是第一个以保护生态环境为主题的全球性宣言，为各国制定环境保护方面的法律规范提供了行动指南。保护环境的国际公约主要有《1973年国际防止船舶造成污染公约》、《控制危险废料越境转移及其处置巴塞尔公约》（1989年）、《蒙特利尔破坏臭氧层物质管制议定书》、《防止倾倒废物及其他物质污染海洋的公约》、《水俣公约》等。《跨国公司行动守则》（草案）、《全球契约》、《跨国公司守则》、“赤道原则”、《BSCI行为守则》等文件中都有对跨国公司环境责任的相关规制。

一些多边协定如TPP等也对环境问题进行了规定。TPP环境条款在第20章，包含23条规定和TPP缔约方认可有效的环境法律法规的两个附件（附件A、B），涵盖议题广泛，

既有原则性的倡导，也对具体领域进行规定，既有实体义务条款，也有程序机制条款。其中，原则性条款有定义（20.1）、目标（20.2）、一般承诺（20.3）三个条款。实体义务条款是规定各缔约方环境保护义务的条款，包括多边环境协定（20.4）和臭氧层保护（20.5）、保护海洋环境免于船舶污染（20.6）、贸易和生物多样性（20.13）、入侵外来物种（20.14）、向低排放和适应型经济转变（20.15）、海洋捕捞渔业（20.16）、保护和贸易（20.17）等条款，嵌入了《濒危野生动植物种国家贸易公约》（CITES）、《1973年国际防止船舶造成污染公约》（MARPOL）、《国际捕鲸公约》（IWC）、《蒙特利尔破坏臭氧层物质管制议定书》（Montreal Protocol）、《美洲热带金枪鱼公约》（IATTC）、《保护南极海洋生物资源公约》（CCAMLR）和《国际重要湿地特别是水禽栖息地公约》（Ramsar Convention）七个具体的多边环境协定，但不要求缔约方签署或承担没有签署的多边环境协定所包含的义务。[一]

环境问题在WTO中只是作为自由贸易的一般例外做了原则性规定，即在保护人类、动物或植物生命或健康，及不可再生资源等特殊情况下，WTO在贸易争端中可以支持环境保护，[二]但实践中以环境保护理由支持贸易限制措施的成功案例很少。TPP中的环境保护不再是自由贸易的例外，而是作为独立章节出现在协定的正文。[三]目前，虽然有很多国际环境条约，但是还不存在一部综合性环境保护的多边环境协定（MEAs）。

（二）非政府组织对环境问题的相关规制

在国际环境规制中，非政府组织的作用不容忽视。NGO主要通过三种途径发挥对环境保护的作用。

一是获取咨商地位，参与环境保护政策制定。1973年3月，在《濒危野生动植物物种国际贸易公约》表决过程中，公约秘书处和部分国家认为南部非洲仍存在一定数量的非洲象种群，并考虑到象牙合法拥有者的利益，反对将非洲象列入《公约》附录一，但一些环境NGO利用其观察员的身份进行游说，促使此问题列入大会议程，并促使将非洲象从附录二提升至附录一。这个成果改变了以往非政府组织缺少实质性话语权的困境。

二是制造舆论监督，促进国际规范贯彻实施。2017年6月，时任美国总统特朗普宣布美国退出《巴黎协定》后，绿色和平组织认为："美国从《巴黎协定》中的退出将导致美国从全球领导者的位置退居到普通国家之列。应对气候变化采取全球性的行动，本身已超越法律或者政治上的争议，这是一个大国为了保护地球和人类必须承担的责任。"这番表态把美国塑造成了一个不负责任的大国形象。[四]

三是制止或改变跨国公司危害环境的行为。1995年春季，壳牌石油公司宣布炸沉装有有毒和辐射性物质的石油存储平台计划并得到了政府的批准。但绿色和平组织认为，这种做法将使有害物质沉入海底，危害海洋环境。1995年5月，该组织组织大规模反对壳牌石油公司此项计划的运动和抵制壳牌产品的运动，致使壳牌产品的欧洲销售量下降30%。最

[一] 林，埃尔姆，娄．跨太平洋伙伴关系协定（TPP）——对21世纪贸易协议的追求［M］．赵小波，何玲玲译．北京：法律出版社，2016.

[二] GATT第20条规定：如果下列措施的实施在条件相同的各国间不构成武断的或不合理的差别待遇，或构成对国际贸易的隐蔽限制，缔约方可以采用或加强以下措施：（2）为保障人民、动植物的生命或健康所必要的措施；（7）与保护可用竭的自然资源有关，并与限制国内生产或消费一同实施的措施。

[三] 姚铸．TPP环境规则的特征变化及制度启示［J］．甘肃政法学院学报，2018(1).

[四] 李进浩．全球公民社会视角下环境非政府组织对联合国作用的影响［J］．环境与发展，2020(9).

终，壳牌撤销了原计划，将存储平台拖到陆地上进行拆除粉碎处理。此外，非政府组织还创立木材砍伐认证机构，如总部设在墨西哥瓦哈卡的森林管理委员会（Forest Stewardship Council），经过其认证的符合可持续发展的木材可以砍伐和购买。1997年，热带雨林行动网络（Rainforest Action Network）、绿色和平组织和其他非政府组织发动一场说服美国最大的古木产品零售商 Home Depot 和其他家具生产公司销售经过认证的木材的运动。㊀非政府组织的这些活动促进了国际环境法律与承诺的达成，改善了国际环境法律与承诺的履行，起到保护环境的作用。

第四节　国际社会对数据跨境流动的相关规制

一、数据跨境流动概述

当前，人类社会的发展由工业经济时代进入数字经济时代，数据的跨境流动发展迅速，数据成为价值创造的关键因素，成为新时代新的生产要素。英国《经济学人》对其的评论是“对21世纪来说，数据就像20世纪的石油一样是增长和变革的动力。数据的流动创造新的基础设施、新商业、新垄断、新政治以及更关键的新经济”。麦肯锡全球研究院的研究报告指出，20世纪，有形商品与金融的流动是全球经济的标志，数据与信息正成为21世纪改变全球化的动力；数据流动似乎增加了经济中可用的劳动力与资本数量，2014年全球数据流动创造了大约7.8万亿美元的价值，使全球国内生产总值增加了约10%。布鲁金斯学会的研究显示，2009~2018年，全球数据跨境流动使得全球GDP增长了10.1%。同时，全球性的网络窃听、网络泄密和数据滥用现象的出现，使得国际社会开始担忧数据跨境的安全问题，并着力采取措施加大对跨国公司的跨境数据流动的规制。

跨境数据流动（transborder data flow）最早由经济合作与发展组织（OECD）于1977年使用，它是跨越国家政治疆界的数字化电子数据传递，主要涉及的就是个人信息领域（Fishman，1980）。1980年，OECD在《关于隐私保护与个人数据跨境流动的指南》中，将个人数据跨境流动界定为“个人数据跨越国境的移动”，“个人数据”则指“任何与已被识别或可识别的个人（数据主体）有关的信息”。1985年4月11日，OECD《跨境数据流动宣言》中的跨境数据流动是指“计算机化的数据或者信息在国际层面的流动”。联合国跨国中心将数据跨境流动定义为“跨越国界对机器可读的数据进行处理、存储和读取等活动”。

对数据跨境流动的立法最初是从个人数据保护的立法开始，此后发展到数据的商业性流动，目前转向公共数据保障。1970年，德国黑森州颁布了首部地方性的个人信息保护法，1973年瑞士颁布了第一部国家层面的相关立法，㊁1984年制定的国家层面或行业性数据保护法中包含了“指南”或“公约”的部分条款的国家有13个，其中8个是欧洲国家。由于不同国家的数据相关立法存在较大差异，造成数据跨境流动的阻碍。对此，1980年9月23日，OECD颁布《关于隐私保护与个人数据跨境流动的指南》，从国际组织层面为降低数据跨境流动阻碍提供指导，1985年通过《跨境数据流动宣言》，推进个人数据的跨境流动。

㊀ 霍淑红．环境非政府组织：跨国公司行为的制约者［J］．教学与研究，2004(10)．

㊁ 熊院菊．论数字贸易下数据跨境流动国际规制的完善及对我国的启示［D］．中南财经政法大学学位论文，2016(9)．

欧盟把数据权利作为一项基本人权，重视保护个人数据又确保数据跨境流动的安全。1950年的《欧洲人权公约》包含了隐私权条款，1973年和1974年部长委员会分别通过私营部门和公共部门数据保护的决议。但欧洲共同体意识到“决议”的法律效力较低，不足以解决个人数据保护问题，1981年签署第108号《有关个人数据自动化处理之个人保护公约》，该公约是人类历史上第一个具有法律约束力的有关数据保护的国际公约，它侧重规范个人数据收集、处理和流通（2012年11月，该公约更新为《个人数据处理中的个人保护公约》）。但公约本身属于非自动执行条约，需成员方立法才能执行，截至1989年，只有7个成员方批准了该公约，公约无法实现预期效果。历经5年谈判之后，1995年10月24日，欧盟议会及理事会发布《欧盟数据保护指令》（95/46/EC），该指令适用于欧洲联盟成员方，同时对全球也产生了重大影响。2012年1月提出《通用数据保护条例》的草案，2014年、2015年两次修订，2016年4月欧洲议会通过，并于2018年5月25日生效。《通用数据保护条例》继承了《欧盟数据保护指令》的关键原则，也为跨境数据传输引入了一些新的法律依据，并在某些方面做出了重大改变。

联合国、APEC在个人数据跨境流动方面，对跨境数据流动通过发布指南或决议的方式进行规制。1990年，联合国出台了《计算机个人数据档案管理指南》（45/95），2013年“棱镜门”㊀后，德国与巴西等多个成员方向联合国联大第三委员会（负责人权事务）提交了一份关于“数字时代隐私权”的决议草案，要求结束大规模监控行为，保障民众享有通信的隐私权，2013年12月18日，联合国大会通过数字时代的隐私权的第68/167号决议。2014年12月18日和2015年3月26日，联合国大会分别通过关于数字时代隐私权的第69/166号决议和第28/16号决议。

APEC在1985年和1995年分别通过了《跨境数据流宣言》《APEC信息基础设施汉城宣言》。2004年，成员方又签署了《APEC隐私保护纲领》，也称《APEC隐私保护框架》。2009年第21届APEC部长级会议批准《APEC跨境隐私执行合作安排》，2011年11月13日，APEC第19次领导人非正式会议发表《檀香山宣言》并实施《跨境隐私规则体系》（CBPRs）。

下面将对欧盟、WTO、APEC、联合国、OECD等国际组织对跨境数据流动规制的框架或指南或条例进行介绍。在国际组织的相关规则中，真正具有可操作性是欧盟的“公司约束规则”和APEC的“跨境隐私规则（CBPR）”（弓永钦、王健，2015）。同时下文也分析当前具有代表性的区域贸易协定CPTPP中的有关规定。

二、欧盟对个人数据跨境流动的相关规制㊁

《一般数据保护条例》（General Data Protection Regulation，以下简称GDPR）为欧洲联盟于2018年5月25日出台的条例，其前身是欧盟在1995年制定的《计算机数据保护法》。GPDR共有11章99款，包括一般规定、原则接收、数据主体权利、控制者和处理者、个人

㊀ 根据美国中情局（CIA）前职员爱德华·斯诺登的披露，2013年6月6日，英国《卫报》和美国《华盛顿邮报》报道，2007年，美国国家安全局（NSA）和联邦调查局（FBI）开始代号为“棱镜”的秘密监控项目，项目正式名号为“US-984XN”，直接进入微软、谷歌、苹果、雅虎等九大网络巨头的服务器，监控美国公民的电子邮件、聊天记录、视频及照片等秘密资料。

㊁ 邹军．基于欧盟《通用数据保护条例》的个人数据跨境流动规制机制研究［J］．新闻大学，2019(12)．弓永钦，王健．APEC与欧盟个人数据跨境流动规则的研究［J］．亚太经济，2015(5)；金晶．欧盟《一般数据保护条例》：演进、要点与疑义［J］．欧洲研究，2018(4)．

1. WTO框架下，ITA对电子信息类产品免征关税

1996年12月9~13日，世界贸易组织（WTO）在新加坡召开第一次部长级会议。会议期间，29个成员（国家或单独关税区）签署了《关于信息技术产品贸易的部长宣言》，即ITA，该协议于1997年4月1日生效。ITA签约参加方必须遵守四条原则：一是承诺必须涵盖协议所列全部产品，不存在例外，对于敏感产品可以延长降税实施期，但必须削减至零关税；二是所有产品必须削减至零关税；三是其他税费必须约束在零，削减非关税措施；四是参加方削减关税及其他税费的措施并入《1994年关贸总协定》所附各自减让表中，在ITA承担的义务在最惠国待遇基础上实施，参加方削减信息技术产品进口关税的措施也适用于WTO其他成员。ITA取消关税的产品主要涉及计算机及软件、电信产品、半导体、半导体生产设备、科学仪器和其他产品约300多个税号。2012年5月，WTO启动扩大ITA涵盖产品范围的谈判，2015年12月在肯尼亚内罗毕达成协议，并发表了《关于扩大信息技术产品贸易的部长宣言》。此次产品范围扩大的协议在ITA原有基础之上新增201项产品，也就是说新增的201项信息技术产品的关税将取消。截至2017年5月，ITA的参加方共有82个WTO成员，这82个成员方代表了信息技术产品全球贸易额的97%。

2.《全球电子商务宣言》及其后的延期宣言对电子传输暂时免征关税

1997年向WTO理事会提交了涉及电子商务内容的报告，提出通过WTO谈判取消由互联网传输的货物及服务的关税与非关税壁垒，对此，欧盟和其他工业化国家表示同意，大多数发展中国家考虑到有关技术援助的问题也表示了同意。1998年5月18~20日，在日内瓦举行WTO第二次部长会议通过《全球电子商务宣言》，宣布WTO的132个成员方在1999年年底之前维持对电子传输产品零关税。在此后的2001年多哈部长会议宣言、2005年香港宣言、2009年总理事会、2017年的第十一届部长级会议，各成员方都同意延续电子传输零关税的暂时做法，并达成电子传输零关税延期宣言。第十二届部长级会议召开时间推迟，由WTO总理事会决议将免关税延至2020年6月。《全球电子商务宣言》中对延续的明确表述是对“目前不对电子传输征收关税的实践”进行延续，延期宣言中所指的免征关税的对象是“电子传输”（Electronic Transmissions），对“电子传输”目前还没有准确的理解和界定。对于电子传输的内容，即数字化产品和电子传输服务本身，WTO未明确规定是否应对其征收关税，这也是当前各成员主要的争议点之一。[㊀]总之，《全球电子商务宣言》及其之后的电子传输零关税延期宣言都明确了电子传输本身不征收关税，这对跨境数据流动来说具有促进作用。

3. GATS未对跨境数据流动进行直接规制

服务的跨境流动，往往也伴随着消费者数据和商业数据的跨境流动。在服务贸易的跨境交付、境外消费、商业存在和自然人流动四种模式中，数据跨境流动较多与跨境交付、商业存在有关，服务提供者在涉及数据流动时所广泛运用的云计算服务、社交网络平台服务等也难以恰当地归入服务贸易的具体行业的子目，但GATS没有相应规则对跨境数据流动进行规制。[㊁]GATS在与跨境数据流动相关的服务市场方面有相关的规定。GATS第8条规定：“各成员方应确保在其境内的任何垄断服务提供者，在相关的市场上提供垄断服务方面，不得采取与本协定第2条有关该成员方的责任及其承担的特定义务规定不一致的行为。

㊀ 何其生.WTO电子商务零关税政策的法律分析［J］.世界贸易组织动态与研究，2010(7).

㊁ 陈咏梅，张姣.跨境数据流动国际规制新发展：困境与前路［J］.上海对外经贸大学学报，2017(6).

当成员方的垄断服务提供者，根据该成员方承担的特定义务，不论是直接还是通过其分支机构在其垄断权范围之外与其他服务提供者参与竞争时，该成员方应确保其服务提供者在境内不滥用其垄断地位，不进行与其承担义务不相一致的行动。”在 GATS 第 8 条的规制下，垄断地位的互联网接入服务商，不能滥用这一垄断的地位，为与跨境数据流动相关的服务市场提供一个公平的竞争机制。㊀

四、APEC 的跨境隐私规则㊁

2003 年，APEC 电子商务指导组下设了数据隐私分组，次年数据隐私分组先后制订了“隐私框架”（Privacy Framework）和“跨境隐私规则”（Cross-Border Privacy Rules，CBPRs）。CBPRs 是一项自愿的认证体系，主要针对电子商务领域个人信息和隐私数据的保护，包括个人信息保护的避免伤害、通知、收集限制、合理使用、选择性、完整性、安全保障、查询及更正、问责制九大原则（九项基本原则），旨在促进 APEC 框架内实现无障碍跨境信息交换，推动参与该体系的 APEC 成员中经营业务的公司就形成保护数据隐私的常规惯例达成一致，被 APEC 组织定义为“规范 APEC 成员经济体企业个人信息跨境传输活动的自愿的多边数据隐私保护计划”。2012 年，CBPRs 正式运行。CBPRs 参与方包括三方面：隐私执法机构、问责代理机构和企业。该体系的申请程序有三个步骤：第一步是 APEC 成员经济体加入，第二步是问责代理机构加入，第三步是企业加入。加入体系的企业如果想获得 CBPRs 认证，需对照九大原则 50 项具体要求的问卷修改其隐私政策，并进行自评，然后由获得 CBPRs 认证的问责代理机构对其进行评估，通过审查后获得 CBPRs 认证，通过认证即意味着被认定是符合隐私保护标准的企业，被授予 CBPRs 认可的隐私保护信赖标章，可以在亚太各国从事涉及个人信息跨境收集、加工、利用以及传输的业务。

对认证公司的监管管理由问责代理机构和隐私执法机构两个层次执行。问责代理机构从常规例行检查和消费者投诉两个渠道监管认证企业，一旦发现企业有违规行为，问责代理机构通知违规企业在一个合理的期限内进行改正，若企业不遵从，则可对违规企业给予通报批评或者采取处罚措施或者取消其认证的惩罚措施。若企业不服从问责代理机构的管理，则可以将案情提交相关隐私执法机构（PEA），PEA 可以要求企业所在国的 PEA 协助执法。例如，2012 年，美国先获准加入该体系，同年，美国指定的问责代理机构 TRUSTe 加入。2013 年 1 月，墨西哥成为第二个加入该体系的成员经济体。2013 年 8 月，IBM 经过不到 1 年的时间，成为第一家获得 CBPRs 认证的公司。

五、联合国、OECD 对个人数据流动的相关规制

（一）联合国对跨境数据流动的相关规制

1990 年 12 月 14 日，联合国大会制定了《计算机处理的个人数据文档规范指南》（联合国大会决议第 45/95 号文件），该指南规定各成员方在规范计算机处理中的个人数据文档应当采取最低保护原则。其中，跨境数据流通原则是“当两个或更多国家关于跨境数据流通的立法提供了互惠的隐私保护措施时，应当确保信息能够以在一国境内流通的状态在不

㊀ 张帆．WTO 框架下跨境数据流动规制问题研究［D］．西南政法大学学位论文，2018(3)．

㊁ 弓永钦、王健．APEC 与欧盟个人数据跨境流动规则的研究［D］．亚太经济，2015(5)．

同国家之间自由流通。如果没有相应的互惠保障，对国境之间流转的限制应当合理，且仅限于隐私保护的需要”。㊀

2013 年“棱镜门”事件后，德国与巴西等会员国联合向联大第三委员会（负责人权事务）提交关于“数字时代隐私权”的决议草案，要求结束大规模的监控行为，保障民众享有通信的隐私权。2013 年 12 月 18 日，联合国大会未经表决通过了关于数字时代隐私权的第 68/167 号决议，促请所有国家尊重并保护数字通信领域的隐私权，促请各国审查其涉及通信监控、截获以及个人数据收集的程序、做法和立法，强调国家应确保充分而有效地履行其按照国际人权法承担的义务。2015 年 3 月 26 日，联合国人权理事会通过一项关于数字时代隐私权的第 28/16 号决议，该决议决定任命一名隐私权问题特别报告员，以收集研究相关资料，查明在增进和保护隐私权方面可能存在的障碍及最佳做法。

联合国对跨境数据流动规制的出发点很大程度上是基于人权问题，承认隐私权作为公民的一项基本权利。

（二） OECD 对数据跨境流动的相关规制

1980 年 9 月 23 日，OECD 通过了《关于隐私保护与个人数据跨境流动的指南》，这是世界第一部有关隐私保护和数据跨境流动的法律文件。该指南确立了八项基本原则：限制收集原则、数据质量原则、目的明确原则、限制使用原则、安全保障原则、公开原则、个人参与原则以及数据控制者的责任，为个人信息和隐私保护确立了最低标准，协助各国政府、企业和消费者在保护隐私和个人数据方面发挥了重要作用。对于个人数据的保护，建议允许成员方可以设定一些例外，例如国家主权方面的例外、国家安全方面的例外、公共政策方面的例外、公序良俗方面的例外等，但这些例外应当尽可能减少，并向社会公众公开这些例外。㊁2011 年，OECD 信息安全和隐私工作组（WPISP）强调，与 30 年前的情况相比，个人数据在经济、社会和日常生活的作用、规模都发生深刻的变化，传统隐私原则所处的环境发生了重大变化，组织由政府、隐私执法部门、学术界和商界人士组成的专家小组对建议进行修订。2013 年的新版建议更名为《OECD 隐私框架》，增加国家隐私策略（national privacy strategies）、私隐管理计划（privacy management programmes）和数据安全泄露通知（data security breach notification），并加强隐私执法。㊂

1985 年 4 月 11 日，OECD 成员签署《跨境数据流动宣言》，宣布成员达成以下普遍共识：①确认计算机数据和信息在国际范围内广泛自由的流动，建议 OECD 对隐私和个人数据的跨境流动的推动作用达到国家和国际高度；②认识到跨境数据流动主体的多样性和数据交易跨越国界；③承认跨境数据流动的日益重要性，有效的信息和数据能为一国带来社会和经济利益；④认识到跨境数据流动这一领域的投资和贸易仅受益于政策、法规和实践的透明性和稳定性；⑤认识到跨境数据流动的政策反映了一国社会和经济的目标；⑥认识到各国在促进跨境数据流动问题上有共同的利益，在这一共同利益下，各国可兼顾不同的政策目标。㊃OECD 兼顾了数据流动和数据保护，但建议或宣言的非约束性以及过多地维护

㊀ https://new. qq. com/omn/20180221/20180221G05FMT. html? pc.

㊁ http://news. sina. com. cn/sf/news/flfg/2019-06-21/doc-ihytcitk6702506. shtml.

㊂ http://www. docin. com/p-839756120. html.

㊃ 尚洁. 跨境数据流动法律问题研究 [D]，北京邮电大学学位论文. 2018.

发达国家的利益阻碍其广泛推广。

六、CPTPP 对数据跨境流动的相关规制

《全面与进步的跨太平洋伙伴关系协定》(Comprehensive and Progressive Agreement for Trans-Pacific Partnership，以下简称 CPTPP) 的第 14 章电子商务中对电子传输的关税、数字产品的非歧视性待遇、个人信息保护和跨境信息传输进行了约定。

(一) 对电子传输海关关税的约定

CPTPP 第 14 章的第 3 节规定：任何缔约方不得对一缔约方和另一缔约方的人之间的电子传输包括电子传输的内容征收关税。但不阻止缔约方对电子传输的内容征收国内税、费用或其他收费，条件是此种国内税、费用和收费应以符合本协定的方式征收。与 WTO 的《全球电子商务宣言》的延期宣言相比，规定更明确，也就是电子传输与电子传输的内容在成员方之间是零关税。

(二) 数字产品享受非歧视性待遇

CPTPP 的第 14.4 条规定：任何缔约方给予另一缔约方领土内创造、生产、出版、订约、代理或首次商业化提供的数字产品的待遇，或给予作者、表演者、生产者、开发者或所有者为另一缔约方的人的数字产品的待遇，均不得低于其给予其他同类数字产品的待遇。这明确规定成员的数字产品在另一成员境内享受非歧视性待遇。

(三) 从法律框架和实施措施两方面规范个人信息保护

在个人信息保护方面，CPTPP 对成员在两方面进行了约定：一是要求各缔约方建立保护电子商务个人信息的法律制度体系。CPTPP 的第 14.8 条第 2 款规定："每一缔约方应采取或维持保护电子商务用户个人信息的法律框架。在建立对个人信息保护的法律框架过程中，每一缔约方应考虑相关国际机构的原则和指导方针。"二是对缔约方在对个人信息受侵害时应采取的措施进行了约定。CPTPP 的第 14.8 条第 3 款和第 4 款规定："每一缔约方应在保护电子商务用户免于受到其管辖范围内发生的、违反个人信息保护行为的侵害时，努力采取非歧视做法。""每一缔约方应公布其对电子商务用户提供个人信息保护的相关信息，包括：(a) 个人如何寻求救济；(b) 企业如何符合所有法律要求。"

(四) 缔约方应允许跨境传输信息

对跨境信息的传输，CPTPP 规定应允许信息跨境传输，CPTPP 的第 14.11 条第 1 款和第 2 款规定："各缔约方认识到每一缔约方对于通过电子方式跨境传输信息可能有各自的监管要求。""当通过电子方式跨境传输信息是为涵盖的人执行其业务时，缔约方应允许此跨境传输，包括个人信息。"同时，也规定在特定条件下，对信息跨境传输采取限制或禁止。第 3 款规定："本条不得阻止缔约方为实现合法公共政策目标而采取或维持与第 2 款不符的措施，条件是该措施：(a) 不得以构成任意或不合理歧视的方式使用，或对贸易构成变相限制；(b) 不对信息传输施加超出实现目标所需要的限制。"

第五节　国际投资的国际规范

一、国际投资规则的发展与演进

国际投资规则，也称国际投资协定（International Investment Agreements，IIAs），是指用于协调跨国公司、东道国及母国等相关利益者之间投资利益关系的国际投资公约、协定及包含在国际贸易协定中的投资条款，主要有《关于解决国家与他国国民投资争端公约》、《多边投资担保机构公约》、双边投资协定（Bilateral Investment Treaties，BITs）、区域投资协定、多边投资协议等。广义上，IIAs 也包括国际组织通过或达成共识的国际投资指南等，如《OECD 跨国公司指南》《G20 全球投资指导原则》等。国际投资协定的具体内容包括产业准入、投资待遇、投资保护及投资争端解决机制等涉及投资者切身利益的问题。

IIAs 规则是在特定历史、经济和社会环境下为解决当时国际投资所面临的问题而缔结的符合谈判方共同利益的约定。20 世纪上半叶，国际惯例法（CIL）是外国投资的国际法律法规的主要渊源，但 CIL 及母国外交保护制度不能解决 1945 年以后外国投资者与东道国之间的大量投资争端问题。国际社会开始探索国际投资规则的制定，其后 IIAs 经历了初始阶段、分化阶段、扩张阶段和重新定位阶段（见表 12-4）。[㊀]目前，全球国际投资规则呈现"全球投资指南+双边/区域投资条约+多边投资争端解决机制"共存的状态。

表 12-4　IIAs 发展阶段及其特点

1950~1964 年 初始阶段	1965~1989 年 分化阶段	1990~2007 年 扩张阶段	2008 年至今 重新定位阶段
新 IIAs：37 总 IIAs：37 新 ISDS 案件：0 总 ISDS 案件：0	新 IIAs：367 总 IIAs：404 新 ISDS 案件：1 总 ISDS 案件：1	新 IIAs：2663 总 IIAs：3067 新 ISDS 案件：291 总 ISDS 案件：292	新 IIAs：410 总 IIAs：3271 新 ISDS 案件：316 总 ISDS 案件：608
• IIAs 出现 （弱保护，无 ISDS）	• 保护加强，引入 ISDS 条款 • 投资者行为准则	• IIAs 扩张 • 自由化成分 • ISDS 扩大化	• 从 BITs 向区域性 IIAs 转变 • 每年新 IIAs 数量下降 • 退出与修订
GATT（1947） 《哈瓦那宪章》草案（1948） 建立欧洲经济共同体条约（1957） 纽约公约（1958） 第一个 BIT：德国-巴基斯坦 BIT（1959） OECD 自由化准则（1961） 关于自然资源永久主权的决议（1962）	ICSID（1965） UNCIIRAL（1966） 首个涵盖 ISDS 的 BIT：荷兰-印度尼西亚 BIT（1968） UN 跨国公司行为守则草案（1973-1993） 建立国际经济新秩序宣言（1974） 国际技术转让行动守则（1974-1985） OECD 跨国公司指南（1976） MIGA 公约（1985）	世界银行 FDI 待遇指南（1992） NAFTA（1992） APEC 投资原则（1994） 能源宪章条约（1994） OECD MAI 草案（1995-1998） WTO（GATS，TRIMS，TRIPS）（1994） WTO 贸易与投资工作组（1996-2003）	里斯本条约（2007） UN 商业与人权指导原则（2011） UNCTAD 投资政策框架（2012） UN 透明度公约（2014）
独立运动	国际经济新秩序（NIEO）	经济自由化与全球化	发展模式转变

资料来源：联合国贸易和发展组织．世界投资报告［R］．天津：南开大学出版社，2015.

㊀ 联合国贸易和发展组织．世界投资报告［R］．天津：南开大学出版社，2015 年 9 月．这部分内容主要引自该报告，特说明。

（一）国际投资规则创立的初始阶段（“二战”后至20世纪60年代）

构建多边投资规则始于1948年，当时设想在WTO的《哈瓦那宪章》草案框架内引入投资规定，但因发达国家、发展中国家及社会主义国家在CIL以及外国投资者国际最低待遇标准的解释方面无法达成共识，第一次构建多边投资规则的尝试失败。但这一阶段，涉及外国投资准入及待遇的区域或多边协议取得一定的进展。在多边投资协定方面，《罗马条约》（1957年）把准入自由与资本自由流动作为欧洲一体化的核心条款，还有经济合作与发展组织（OECD）的《资本流动自由化准则》和《经常账户的无形交易自由化准则》（1961年）、1959年的《阿布斯-肖克罗斯公约》（草案）（非官方倡议）、1962年《OECD外国财产保护公约》（草案）（1967年修订并通过，但未开放签署）。1965年，世界银行的《关于解决国家与他国国民投资争端公约》为投资者与东道国之间的投资争端解决提供了专门的机构与程序。1959年，出现双边投资条约（BIT），BITs成为协调经济发展水平各异的国家之间投资关系的主要工具。这一阶段的BITs（或者IIAs）侧重针对征收和国有化的保护措施。

（二）FDI保护需求出现分化阶段（20世纪60年代中期到80年代末）

这一阶段，IIAs在数量和内容上均有所扩展，但发展中经济体和发达经济体对投资保护的关注点出现分化。非洲、亚洲及拉丁美洲的部分发展中经济体把引进外资作为推动本国经济发展的重要战略，与欧洲发达国家签署IIAs。1968年，印度尼西亚在与荷兰签订的BIT中率先引入ISDS条款，加强对投资者的保护，其后一些国家开始效仿采用这一模式，90年代以后，ISDS条款成为BITs的标准条款。同时，发展中经济体希望在BIT中增强跨国公司的责任，根据国内法律法规在维护国家主权最大化的基础上，给予跨国公司相应保护，这与发达经济体的建立全面清晰的国际投资保护制度体系的愿望难以达成一致的意见。这一时期的IIAs数量增长缓慢，至80年代末，全球BITs的数量不到400个。同时，联合国开始第二次尝试多边投资规则的构建。20世纪70年代初，联合国发起《跨国公司行为准则》《技术转移行为准则》的谈判，1980年联合国大会通过《关于控制限制性商业惯例的公平原则和规则的多边协议》。这些为下一阶段IIAs的发展奠定了基础。

（三）扩张阶段（20世纪90年代至2007年）

这一阶段BITs、多边IIAs数量大幅增多，仲裁请求数量也不断增加，BITs条款呈现趋同性。1989年柏林墙的倒塌和1991年苏联的解体引发了地缘政治的重大转变，世界由政治对峙向政治合作和经济一体化方向发展。这一阶段，大多数国家降低东道国监管门槛，实行开放的吸引外资政策，强调对投资方利益的保护，不断完善争端解决机制，同时，越来越多发达国家投资者为降低成本、进入新市场积极寻找海外投资。BITs的数量迅速增多，由80年代末的381个增长到2000年年底的2 067个。其中，1996年当年新增BIT数量超过200个，创历史最高。在多边层面上，1985年的世界银行《建立多边投资担保机构公约》的通过和1992年《世界银行关于外国直接投资待遇指南》的制定、《能源宪章条约》[1]的订立，还有1995年1月1日WTO的成立，一些涉及外国投资规则如《与贸易有关的投资

[1] 《能源宪章条约》（Energy Charter Treaty）1991年12月17日订立于荷兰海牙，是国际能源贸易、投资的多边协定原则。1998年4月，《能源宪章条约》正式生效。

措施协议》(TRIMs)、《服务贸易总协定》(GATS)及《知识产权协定》(TRIPs)随之生效，多边 IIAs 规则增多。在区域层面上，1992 年北美自由贸易协定（NAFTA）的签订，1994 年《APEC 无约束力投资原则》的通过以及 1995 年 5 月 29 个 OECD 成员和欧盟成员方参加的部长级会议开始《多边投资协议》（MAI）的谈判，许多自由贸易协定（FTAs）把对外国投资者准入的非歧视待遇承诺纳入协议的投资（和服务业）章节。此外，90 年代出现了第一代 BITs 重新谈判的浪潮，2000 年后投资争议案件增多。

（四）再定位变革发展阶段（2008 年至今）

2005 年至 2009 年年底这段时间是 IIA 的“调整再定位阶段”（reorientation），其后 BITs 数量明显放缓，许多国家转向完善条约的内容。截至 2018 年年底，IIAs 的数量达到了 3 317 个。其中，BITs 有 2 932 个，包含有投资条款的其他国际协定 385 个，至少有 2 658 个 IIAs 仍在生效。投资者-国家争端解决机制（Investor-State Dispute Settlement，ISDS）的案件从 2008 年的 326 起增至 2014 年年底的 608 起，2018 年达到 942 起，2019 年年底为 1 023（见图 12-2），相应投资者在其索赔中要求的赔偿金额以及仲裁庭在一些备受瞩目的案件中裁决的赔偿金额也开始上升。当前国际投资条约处在平衡投资者与东道国之间的利益、保证相关国际投资条款能够实现可持续发展目标的转折阶段（UNCTAD，2012）。如何平衡投资者保护、跨国公司社会责任，避免过多的 ISDS 诉讼，又应当怎样把数据、电子商务等新兴技术和服务领域嵌入 IIAs，推进 IIAs 可持续发展是今后努力的方向。对此，《世界投资报告 2016》设定了国际投资协定可持续发展改革的“路线图”（Road Map）：6 个指引、5 个领域和 4 个层次。其中，6 个指引是引导国际投资协定可持续发展、聚焦主要领域改革、全方位实施、合理的发展顺序、包容/透明度、支持多边框架，5 个领域指保护投资的同时保留监管的权力、有责任的投资、投资促进、改革 ISDS、系统集成性，4 个层次是多边、区域、双边和国内。[⊖]

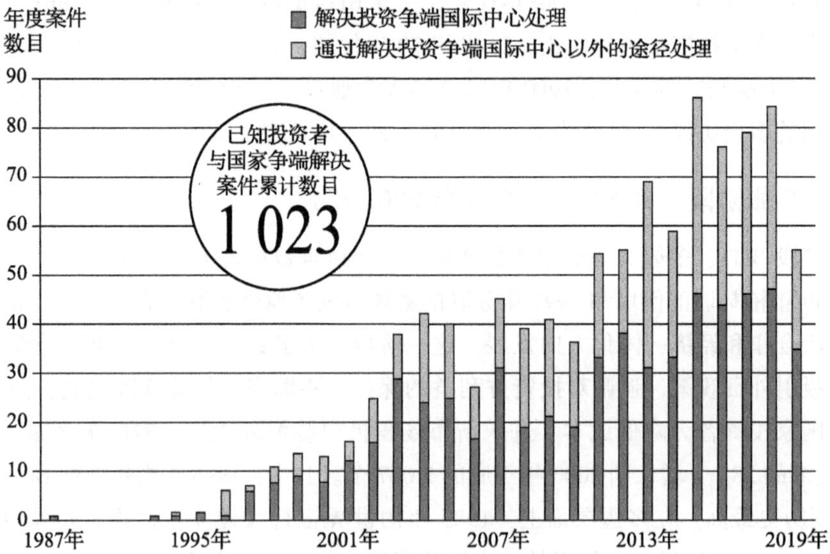

图 12-2　1987~2019 年基于条约的 ISDS 案件变化趋势

资料来源：UNCTAD.

⊖ 黄琳琳．论国际投资条约的可持续发展转变及其困境［J］．上海对外经贸大学学报，2019(4).

二、世界银行国际公约对国际投资的规范

世界银行在国际投资领域率先起草、缔结并生效的《关于解决国家和他国国民之间投资争端公约》和《多边投资担保机构公约》两部保护外国投资的公约，前者通过有约束力的仲裁为解决外国投资者和国家之间的投资争端建立了一个统一的程序框架，后者为国际私人投资提供政治风险担保，促进资本的跨境流动。

（一）《关于解决国家和他国国民之间投资争端公约》中对国际投资的相关规范

《关于解决国家和他国国民之间投资争端公约》（Convention on the Settlement of Investment Disputes Between States and Nationals of Other States，CSID），也称《华盛顿公约》，是由世界银行发起并缔结的解决国际投资争端的第一个多边公约，1966 年 10 月 14 日生效。CSID 除序言外，包括国际投资争端解决中心（International Centre for Settlement of Investment Disputes，ICSID）、中心的管辖权、调解、仲裁、调解人和仲裁人的更换和取消资格、程序费用、程序进行的地点、缔约方的争端、修改和最后条款共 10 章 75 条。CSID 的主要目的是解决各缔约方和其他缔约方的国民之间发生的有关投资的争端。CSID 的主要内容涉及五个方面：一是国际投资争端解决中心的宗旨、地位和性质。建立国际投资争端解决中心及其程序规定，是 CSID 的核心内容。根据第一章规定，中心的宗旨是为缔约方和其他缔约方国民之间的投资争议提供调解和仲裁便利（第一条），中心具有完全国际法律人格（第十八条），在各缔约方领土内应享有本节规定的豁免和特权（第十九条）。二是中心的管辖权。ICSID 管辖缔约方（或缔约方向中心指定的该方的任何组成部分或机构）和另一缔约方国民之间直接因投资而产生并经双方书面同意提交给中心的任何法律争端（第二十五条第一款）。其中，申请仲裁双方中的一方当事人必须是缔约方（或者该缔约方任何下属机构或代理机构），另一方是另一缔约方的国民（包括自然人和法人）；争端必须是“直接由于投资引起”的“法律争端”[㊀]；争端当事人双方必须用书面形式表示同意。三是对解决争端的调解和仲裁的调解委员会（仲裁法庭）、权限及调解（仲裁）程序的规定（第三章、第四章和第五章）。四是对仲裁时法律适用的规定。首先，CSID 允许双方当事人有选择法律的自由。根据 CSID 第四十二条第一款的规定，仲裁庭按照双方当事人约定适用的法律规则，对争议事项做出裁决。但如果当事人对投资协议应适用的法律没有做出具体规定，仲裁庭应适用缔约方（即东道国）的法律（包括其冲突法规则）和可适用的国际法规则。此外，如果双方当事人同意，仲裁庭也可按公允善良原则对争议做出裁决。[㊁]对于裁决的效力，CSID 第五十三条规定，“裁决对双方有约束力。不得进行任何上诉或采取任何其他除本公约规定外的补救办法。除依照本公约有关规定予以停止执行的情况外，每一方应遵守和履行裁决的规定”。

实践中，每个案件设立一个专门仲裁庭，仲裁结束即解散；仲裁实现一裁终局，未设上诉机制；因同意仲裁的事项已在投资协定中事先约定，发生争端后，投资者不需要再征

㊀ 《华盛顿公约》对“法律争端”未下定义。在世界银行执行董事会的报告书中，对“法律争端”解释是：“说明权利的冲突属于本中心的管辖范围，纯粹的利益冲突则不属于本中心的管辖范围。争端必须是关于法律权利或义务存在或其范围，或者是关于因违反法律义务而进行赔偿的性质和限度。”

㊁ 陈立虎．试析《解决各国与其它国家国民之间投资争端的公约》[J]．南京大学学报（哲学．人文．社会科学），1988(3)．

得东道国的同意，可直接向国际仲裁庭提交投资争端申请；仲裁庭成员由争端双方指定，个别情况下会出现事实相同、当事人相同、投资者权利相同的案例，在不同仲裁庭裁决结果是截然不同的现象。相对而言，ISDS 较倾向支持投资者的诉求，东道国地位较被动。然而，ISDS 争端解决存在弊端，如费用数额巨大，胜诉方有时也要承担费用；耗时长，平均 3~4 年，这制约了对其的广泛应用。㊀

（二）《多边投资担保机构公约》对国际投资的相关规范

《多边投资担保机构公约》（Convention Establishing Mutilateral Investment Guarantee Agency，MIGA）是继 1966 年 ICSID 后成为迄今世界上第二个正式生效的关于保护外国投资的国际公约。MIGA 对世界银行所有会员方和瑞士开放，并须由签字方根据其宪法程序予以核准、接受或批准。MIGA 于 1985 年 10 月 11 日由作为发起缔结机构的世界银行理事会提交各方政府，至 1988 年 4 月 12 日依法生效。除前言外，MIGA 共有 11 章 67 条和两个附件，主要包括以下内容：一是明确规定机构的地位是享有国际法主体资格，同时具备私法意义上的法人资格（第 1 条）；二是阐明 MIGA 的宗旨是鼓励在会员方之间，尤其是向发展中经济体会员方融通生产性投资，对投资的非商业性风险予以担保（第 2 条）；三是担保业务只限于合格的投资的非商业性的货币汇兑、征收和类似的措施、违约、战争和内乱等政治风险（第 11 条），这是核心内容；四是对合格的投资、合格的投资者和合格的东道国进行界定（第 12 条、第 13 条和第 14 条）；五是将争端分为三类：机构与会员方之间的有关公约的解释和施行而发生的争端（第 56 条），对于机构与会员方之间不同情景下的争端适用的程序（第 57 条）和涉及被保险人或再保险人的争端；五是赋予多边投资担保机构代位权，也就是风险发生时，担保机构向被保险人支付或同意支付赔偿后，就可取得投保人对东道国或其他债务人所拥有的有关承保投资的各种权利或索赔权（第 18 条），这是 MIGA 又一个核心内容㊁。

三、《G20 全球投资指导原则》对国际投资的相关规范

2016 年 9 月，G20 杭州峰会上提出了世界首份关于投资政策制定的多边纲领性文件《G20 全球投资指导原则》（以下简称《指导原则》），确立了反对跨境投资保护主义，营建开放、非歧视、透明和可预见的投资政策环境的导向，为各国协调制定国内投资政策和商谈对外投资协定提供重要指导。同时，也利于弥合国家间投资政策利益分化、加强多边投资政策协调。《指导原则》的 9 项非约束性原则包括：政府应避免与跨境投资有关的保护主义；投资政策应设置开放、非歧视、透明和可预见的投资条件；投资政策应为投资者和投资提供有形、无形的法律确定性和强有力的保护，包括可使用有效的预防机制、争端解决机制和实施程序；投资相关规定的制定应保证透明及所有利益相关方有机会参与，并将其纳入以法律为基础的机制性框架；投资及对投资产生影响的政策应在国际、国内层面保持协调，以促进投资为宗旨，与可持续发展和包容性增长的目标相一致；政府重申有权为合法公共政策目的而管制投资；投资促进政策应使经济效益最大化，具备效用和效率，以吸引、维持投资为目标，同时与促进透明的便利化举措相配合，有助于投资者开创、经营

㊀ 孙英哲．新一代国际投资协定 ISDS 改革研究［D］．对外经济贸易大学博士学位论文，2018.

㊁ 齐瑞清．我国参加《多边投资担保机构公约》［J］．国际经济合作，1988(9).

并扩大业务；投资政策应促进和便利投资者遵循负责任企业行为和公司治理方面的国际最佳范例；国际社会应继续合作，开展对话，以维护开放、有益的投资政策环境，解决共同面临的投资政策挑战；[⊖]将为促进全球投资增长提供长远制度性引领。

《指导原则》为全球多边层面投资机制的构建提供新契机，但需要更多经济体在其框架下形成更多共识，并把共识落实在多边投资协定中，推进全球投资体制的形成。

四、WTO 框架下的国际投资规则

WTO 框架下，与投资有关的协定主要有《与贸易有关的投资措施协议》（TRIMs）、《服务贸易总协定》（GATS）、《与贸易有关的知识产权协议》（TRIPS）和《补贴与反补贴措施协议》（SCM）（见表 12-5）。这 4 个协定把最惠国待遇、国民待遇、市场准入、透明度规则等概念引入到投资领域，扩展了国际投资规则体系的内涵。但这些协议内容分散、涉及的范围很有限，协议之间也缺乏协调性。

表 12-5 WTO 框架下涉及投资的相关内容

协议名称	规范对象	主要内容
TRIMs	与货物贸易有关的投资措施	最惠国待遇、国民待遇、透明度、一般取消数量限制等规则引入投资领域，明确禁止当地成分要求、贸易平衡要求、进口用汇限制和内销售要求等
GATS	服务贸易领域的国际投资行为（即作为服务提供四种方式之一的商业存在方式）	最惠国待遇和透明度规则作为一般义务，市场准入和国民待遇作为具体义务，各成员方以“肯定式列表”的模式对各自的开放义务做出承诺
TRIPS	与货物贸易有关的知识产权保护（涉及外商直接投资企业知识产权的保护）	在知识产权保护方面实施最惠国待遇和国民待遇，且提供最低保护标准和争端解决程序
SCM	补贴等投资激励措施	对某个特定企业或产业或一组企业或产业的补贴及反补贴措施进行规范

资料来源：刘辉群，卢进勇．国际投资规则的演变与中国企业“走出去”战略［M］．厦门：厦门大学出版社，2016.

五、TPP 及 CPTPP 有关投资的规定

在《跨太平洋伙伴关系协定》（以下简称 TPP）中，有关投资的承诺与规则主要体现在第 9 章“投资”中，同时跨境服务贸易（第 10 章）、政府采购（第 15 章）、竞争政策（第 16 章）、国有企业和指定垄断（第 17 章）、知识产权（第 18 章）、劳工（第 19 章）、环境（第 20 章）等章节的内容也有涉及投资。在第 9 章“投资”中，又分为正文和附件，正文分两节，共 29 条。

正文的第一节中包含了定义、范围、一般定义、国民待遇、最惠国待遇、待遇的最低标准、武装冲突或内乱情况下的待遇、征收与补偿、转移、业绩要求、高管和董事会、不符措施、代位、特殊手续和信息要求、拒绝授予利益、投资与环境、卫生和其他管理目标、企业社会责任等；第二节为投资者-国家争端解决（ISDS），包括磋商和谈判、将诉请提交仲裁、仲裁员的选择、仲裁程序的透明度、准据法、合并仲裁、裁决等 13 条。附件中，有

⊖ https://wenku.baidu.com/view/5a9a80c2b8f3f90f76c66137ee06eff9aef849e0.html.

习惯国际法、征收、不符措施棘轮机制、投资协议等 12 个。㊀在 TPP 第 9 章中，有关投资的规则主要包括三方面的核心要素：一是对投资的基本投资保护的条款，包括（准入前）国民待遇、最惠国待遇以及与国际法惯例相符合的最低待遇标准；二是以“负面清单”列明了不适用于 TPP 保护的例外情况，未列入清单中的所有领域应允许外国投资者投资；三是提供中立而透明的国际仲裁渠道与程序。㊁

TPP 投资章节主要是参照美国 2012 年双边投资协定（BIT）范本制定，是美国投资保护理论的延伸。但其 ISDS 把企业上升到与主权国家同样的地位，这种安排是否恰当存在争议，在 TPP 框架下外国投资者可以向国际仲裁机构起诉东道国政府，而本国投资者不可能在国际机构起诉本国政府，这给了外国投资者超国民待遇；ISDS 一裁终局，缺乏上诉机制。此外，TPP 涉及包容性与可持续性的发展目标较少，没有体现出 UNCTAD（2012）提出的包容性增长和可持续发展的新一代国际投资政策的核心目标。㊂

与 TPP 相比，CPTPP 除了暂停适用部分条款外，几乎全面接受 TPP 的投资规则。暂停适用的条款内容主要有：一是第 9.1 条（定义）中投资协议的定义（包括脚注），投资授权的定义（包括脚注）。二是提交仲裁申请中，如果投资争端在应诉方收到书面协商请求 6 个月后仍未得到解决，申诉方可以就应诉方违背了投资授权或投资协议，自行或代表自己直接或间接拥有或控制的应诉方企业，将以其诉求提请仲裁的规定，以及与就投资授权和投资协议而提请仲裁相关的其他规定。三是仲裁员的选择中，在就投资授权和投资协议提请仲裁的情况下，申诉方和应诉方在选择仲裁员的时候应考虑特定候选仲裁员在相关适用法律中的专家意见和相关经验，如果双方不能在首席仲裁员的选择上达成一致，则秘书长在任命首席仲裁员也应考虑特定候选仲裁员在相关适用法律中的专家意见和相关经验。四是准据法第 2 款，包括脚注，即在就投资授权和投资协议提请仲裁的情况下，仲裁庭应该使用适用于有关投资授权的法律规则，或有关投资授权或投资协议专门指定的法律规则，或申诉方和应诉方双方同意的法律规则；如果有关投资协议没有专门指定适用法律或仲裁双方没有就适用法律达成一致，则仲裁庭应使用应诉方国内法庭或仲裁庭在投资授权或投资协议方面在类似情况下的适用法律法规，或适用的相关国际法律法规。五是附件 9-L（投资协议）的全部内容。该附件主要针对具有专门指定国际仲裁条款的投资协议、秘鲁与涵盖投资或投资者之间的某些投资协议、墨西哥对同意仲裁的限制和加拿大在投资协议定义方面的特定主管部门等有关投资协议和投资授权方面的特殊规定。㊃

六、USMCA 中投资争端解决的四种机制㊄

《北美自由贸易区协定》（NAFTA）设立了缔约方之间一体适用的投资争端解决机制，而取代 NAFTA 的《美墨加三国协定》（USMCA）依据缔约方及其投资者和争端类型的不同创设了适用于三国的四种机制（见表 12-6）。

㊀ 尹政平. TPP 投资规则的特点、影响及启示［J］. 国际经济合作，2016(5).

㊁ 盛斌，段然. TPP 投资新规则与中美双边投资协定谈判［J］. 国际经济评论，2016(5).

㊂ 文洋. TPP 投资规则：内容、挑战及中国的因应［J］. 国际贸易，2016(4).

㊃ 王芳. CPTPP 投资规则对中国外资政策的启示［J］. 区域与全球发展，2018(2).

㊄ 池漫郊.《美墨加协定》投资争端解决之“三国四制”：表象、成因及启示［J］. 经贸法律评论，2019(4).

表 12-6 USMCA 四种投资争端解决机制及其适用

<table>
<tr><th rowspan="2"></th><th colspan="3">特定类型争端</th><th rowspan="2">其他投资争端</th></tr>
<tr><th>正在进行的 NAFTA 仲裁</th><th>余留投资争端</th><th>特定经济部门投资争端</th></tr>
<tr><td>加拿大</td><td colspan="2" rowspan="3">第一种机制
NAFTA 投资仲裁
（依附件 14-C）</td><td colspan="2">第四种机制
不得仲裁或采用其他争端解决机制
（依第 14 章）</td></tr>
<tr><td>美国</td><td rowspan="2">第二种机制
一般投资仲裁
（依附件 14-E）</td><td rowspan="2">第三种机制
限缩投资仲裁
（依附件 14-D）</td></tr>
<tr><td>墨西哥</td></tr>
</table>

资料来源：池漫郊.《美墨加协定》投资争端解决之“三国四制”：表象、成因及启示［J］. 经贸法律评论，2019(4).

第一种机制（NAFTA 投资仲裁）适用于美国、墨西哥和加拿大及其投资者之间对于两种特殊类型投资争端，即正在进行的 NAFTA 争端和 NAFTA 失效后 3 年内提起的余留投资争端，仍可继续采用 NAFTA 投资仲裁。

第二种机制（一般投资仲裁）适用于美国和墨西哥及其投资者之间对于数个特定经济部门的投资争端，且此种仲裁与传统（NAFTA）投资仲裁类似，并不受限于附件 14-D 的严苛程序。

第三种机制（限缩投资仲裁）适用于美国和墨西哥及其投资者之间对于一般投资争端（即非特定经济部门的投资争端），采用仲裁解决，但在提交仲裁的争端范围和仲裁前置程序要求方面将受制于更为严苛的规定，尤其是当地救济的要求。

第四种机制（不得仲裁或采用其他争端解决机制）适用于加拿大与美国、墨西哥投资者之间的投资争端及加拿大投资者与美国、墨西哥之间的投资争端，除非可以适用上述第一种机制，不得依据 USMCA 提交仲裁（但加拿大与墨西哥及其投资者之间的投资争端可以依据 CPTPP 提交仲裁）。

USMCA 国际投资争端解决机制的“三国四制”较好地满足了缔约方的不同政策需求。当前，在国际投资争端解决机制改革中，世界各国持有多样化的诉求，在国际投资协定较难形成共识的情景下，USMCA 的“三国四制”的投资争端解决机制的制度设计，为国际协定的缔结提供了参考，但其运行效果还需要进一步的关注。

七、双边投资协定和区域投资协定中对国际投资的相关规范

双边投资协定（以下简称 BITs）是两个国家之间签订的针对相互投资的一系列特别协议和条款，其目的在于促进和保护签约方彼此之间的投资活动。1959 年，德国与巴基斯坦签订了世界上第一个双边投资协定，此后 BITs 发展快速，20 世纪 70 年代末 BITs 的总数为 167 个，到 80 年代末，达到 380 多个，90 年代末，增长到 1 857 个。2001 年以来，BITs 的发展有所放缓，2018 年年底，IIAs 累积数量为 3 317 个，其中，2 932 个双边投资协定，有投资条款的国际协定 385 个，至少有 2 658 个国际投资协定（以下简称 IIAs）生效，而 2019 年年底生效的数量为 2 654 个（见图 12-3）。截至 2020 年 10 月 4 日，234 个经济体签订的 IIAs 的数量为 3 291 个。其中，BITs 有 2 902 个，生效的 2 341 个，包含有投资条款的其他国际协定 389 个，生效的 321 个。

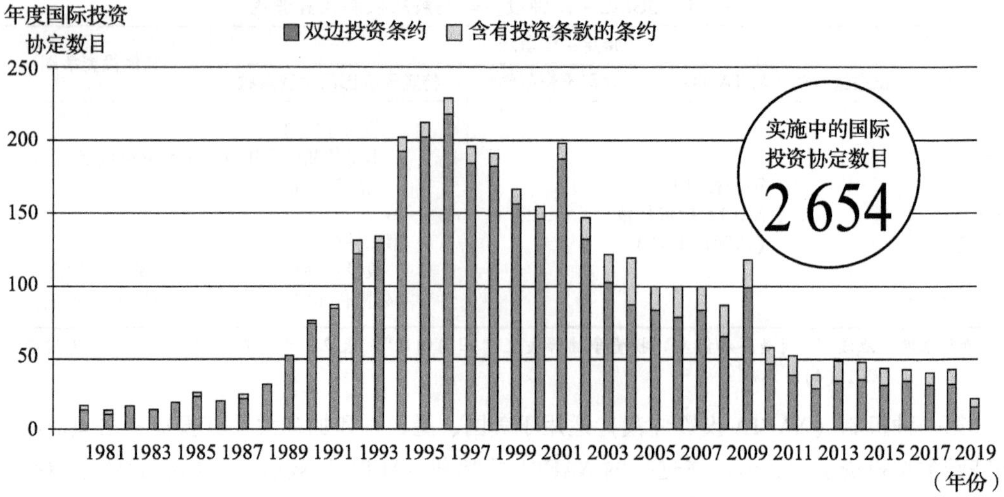

图 12-3 1980~2019 年国际协定的发展趋势

资料来源：UNCTAD.《世界投资报告 2020》(要旨和概述)，https://unctad.org/system/files/official-document/wir2020_overview_ch.pdf。

BITs 分为欧式和美式两种类型，其中欧式 BITs 对产业准入、外汇转移、履行要求以及国有化和征收等方面的要求较为宽松，美式 BITs 对外资保护的要求较为苛刻。欧式 BITs 比较符合发展中国家的需要，美式 BITs 则代表了未来国际投资规则发展的方向。截至 2020 年 10 月 4 日，共有 186 个国家（地区）签订双边投资协定（见表 12-7）。BITs 有两个目的：一是保护投资者的利益，这主要通过限制东道主对外资的任意处置权利来实现；二是促进对外直接投资的自由化发展。从实施效果看，BITs 能够较好地对投资进行保护，也就是说，签订双边投资协定的国家（地区）的投资者可以享受到比未签订双边投资协定的国家（地区）的投资者更高的保护程度。但实证研究表明双边投资协定对对外直接投资促进的效果比保护的效果要弱一些。

表 12-7 国际投资协定（IIAs）数量统计（截至 2020 年 10 月 4 日）

序号	缔约方	BITs（括号内为有效的数量）	TIPs
1	阿富汗	4(3)	5(4)
2	阿尔巴尼亚	44(39)	7(7)
3	阿尔及利亚	45(29)	7(5)
4	安道尔	1(1)	0
5	安哥拉	17(6)	6(5)
6	安圭拉	0	1(1)
7	安提瓜和巴布达	3(2)	10(9)
8	阿根廷	55(49)	18(14)
9	亚美尼亚	41(38)	8(5)
10	阿鲁巴	0	1(1)
11	澳大利亚	16(16)	22(20)
12	奥地利	60(58)	71(57)
13	阿塞拜疆	50(44)	4(3)
14	巴哈马	1(0)	10(9)
15	巴林	31(25)	13(8)

（续）

序号	缔约方	BITs（括号内为有效的数量）	TIPs
16	孟加拉国	29(24)	4(3)
17	巴巴多斯	11(9)	10(9)
18	白俄罗斯	66(56)	8(7)
19	比利时	92(72)	71(57)
20	伯利兹	8(5)	10(9)
21	贝宁	18(8)	10(8)
22	百慕大	0	1(1)
23	不丹	0	2(2)
24	玻利维亚	7(6)	10(6)
25	波黑	36(36)	5(4)
26	博茨瓦纳	9(2)	8(6)
27	巴西	26(1)	19(14)
28	英属维尔京群岛	0	1(1)
29	文莱	8(6)	20(18)
30	保加利亚	65(58)	71(57)
31	布基纳法索	17(14)	10(8)
32	布隆迪	10(6)	9(8)
33	佛得角	10(8)	7(5)
34	柬埔寨	26(16)	15(14)
35	喀麦隆	18(11)	7(6)
36	加拿大	32(37)	20(17)
37	开曼群岛	0	1(1)
38	中非	4(2)	5(5)
39	乍得	14(3)	6(6)
40	海峡群岛	0	0
41	智利	46(34)	33(27)
42	中国大陆	125(107)	23(19)
43	圣诞岛	0	0
44	科科斯（基林）群岛	0	0
45	哥伦比亚	16(6)	20(17)
46	科摩罗	7(3)	9(7)
47	刚果共和国	16(8)	5(5)
48	刚果民主共和国	15(4)	9(8)
49	库克群岛	0	3(2)
50	哥斯达黎加	21(14)	17(16)
51	科特迪瓦	14(7)	11(8)
52	克罗地亚	54(47)	71(57)
53	古巴	59(40)	3(3)
54	库拉索	0	1(1)
55	塞浦路斯	25(24)	71(57)
56	捷克	76(74)	71(57)
57	丹麦	50(46)	71(57)

（续）

序号	缔约方	BITs（括号内为有效的数量）	TIPs
58	吉布提	8(3)	8(7)
59	多米尼克	2(2)	10(9)
60	多米尼加	14(11)	6(5)
61	厄瓜多尔	5(2)	10(7)
62	埃及	100(72)	13(11)
63	萨尔瓦多	21(18)	10(9)
64	赤道几内亚	10(4)	5(5)
65	厄立特里亚	4(1)	5(4)
66	爱沙尼亚	27(27)	72(58)
67	史瓦帝尼	6(2)	11(8)
68	埃塞俄比亚	32(21)	5(4)
69	法罗群岛	0	0
70	福克兰群岛（马尔维纳斯群岛）	0	1(1)
71	斐济	0	3(3)
72	芬兰	69(65)	71(57)
73	法国	98(94)	71(57)
74	法属圭亚那	0	0
75	法属波利尼西亚	0	1(1)
76	加蓬	15(8)	7(7)
77	冈比亚	17(5)	8(6)
78	格鲁吉亚	34(32)	6(5)
79	德国	129(127)	71(57)
80	加纳	27(9)	8(6)
81	直布罗陀	0	0
82	希腊	43(41)	71(57)
83	格陵兰岛	0	1(1)
84	格林纳达	2(2)	10(9)
85	瓜德罗普	0	0
86	关岛	0	0
87	危地马拉	20(18)	11(9)
88	几内亚	24(9)	8(6)
89	几内亚比绍	3(1)	9(7)
90	圭亚那	9(5)	11(10)
91	海地	8(3)	10(9)
92	梵蒂冈	0	0
93	洪都拉斯	11(9)	12(11)
94	中国香港	19(19)	7(7)
95	匈牙利	57(56)	71(57)
96	冰岛	8(7)	34(30)
97	印度	19(14)	13(9)
98	印度尼西亚	42(26)	19(16)
99	伊朗	70(58)	2(1)

（续）

序号	缔约方	BITs（括号内为有效的数量）	TIPs
100	伊拉克	8(4)	5(4)
101	爱尔兰	0	71(57)
102	马恩岛	0	0
103	以色列	37(35)	5(5)
104	意大利	67(55)	70(56)
105	牙买加	17(11)	10(9)
106	日本	33(29)	20(19)
107	约旦	56(49)	8(8)
108	哈萨克斯坦	47(43)	11(10)
109	肯尼亚	19(11)	7(6)
110	基里巴斯	0	3(2)
111	朝鲜	24(15)	0
112	韩国	94(89)	20(18)
113	科威特	84(68)	12(6)
114	吉尔吉斯斯坦	33(24)	9(8)
115	老挝	23(21)	16(14)
116	拉脱维亚	39(42)	71(57)
117	黎巴嫩	50(42)	7(5)
118	莱索托	3(3)	8(6)
119	利比里亚	4(3)	8(6)
120	利比亚	37(25)	10(7)
121	列支敦士登	0	1(1)
122	立陶宛	55(53)	71(57)
123	卢森堡	92(71)	71(57)
124	中国澳门	2(2)	3(2)
125	马达加斯加	9(8)	5(3)
126	马拉维	7(3)	7(6)
127	马来西亚	66(54)	25(22)
128	马尔代夫	1(0)	3(3)
129	马里	22(8)	9(7)
130	马耳他	22(19)	72(58)
131	马绍尔群岛	1(0)	2(1)
132	马提尼克	0	0
133	毛里塔尼亚	22(10)	6(5)
134	毛里求斯	46(29)	10(7)
135	马约特	0	1(1)
136	墨西哥	31(29)	16(15)
137	密克罗尼西亚	0	2(1)
138	摩尔多瓦	42(39)	4(4)
139	摩纳哥	0	0
140	蒙古	42(36)	4(4)
141	黑山	25(23)	6(6)

（续）

序号	缔约方	BITs（括号内为有效的数量）	TIPs
142	蒙特塞拉特	0	9(9)
143	摩洛哥	72(50)	9(8)
144	莫桑比克	28(20)	8(6)
145	缅甸	10(8)	15(13)
146	纳米比亚	15(9)	7(6)
147	瑙鲁	0	3(2)
148	尼泊尔	5(4)	3(3)
149	荷兰	90(87)	71(57)
150	新喀里多尼亚	0	1(1)
151	新西兰	4(2)	16(14)
152	尼加拉瓜	18(13)	10(9)
153	尼日尔	5(2)	10(8)
154	尼日利亚	29(15)	9(7)
155	纽埃	0	3(2)
156	诺福克岛	0	0
157	马其顿	39(37)	5(5)
158	北马里亚纳群岛	0	0
159	挪威	15(14)	32(29)
160	阿曼	34(28)	12(7)
161	巴基斯坦	46(32)	7(6)
162	帕劳	0	2(1)
163	巴拿马	24(20)	12(11)
164	巴布亚新几内亚	6(5)	3(3)
165	巴拉圭	25(22)	17(13)
166	秘鲁	27(27)	30(23)
167	菲律宾	37(32)	16(15)
168	皮特克恩	0	0
169	波兰	38(40)	71(57)
170	葡萄牙	53(44)	71(57)
171	波多黎各自治邦	0	0
172	卡塔尔	59(26)	12(6)
173	留尼汪	0	0
174	罗马尼亚	78(76)	71(57)
175	俄罗斯联邦	79(64)	6(6)
176	卢旺达	11(4)	11(10)
177	圣赫勒拿岛	0	1(1)
178	圣基茨和尼维斯	1(0)	9(9)
179	圣卢西亚	2(2)	10(9)
180	圣皮埃尔和密克隆	0	1(1)
181	圣文森特和格林纳丁斯	2(2)	10(9)
182	萨摩亚	0	3(2)
183	圣马力诺	10(6)	0

（续）

序号	缔约方	BITs（括号内为有效的数量）	TIPs
184	圣多美和普林西比	3(0)	3(3)
185	沙特阿拉伯	24(21)	13(8)
186	塞内加尔	28(18)	10(8)
187	塞尔维亚	52(48)	4(4)
188	塞舌尔	4(2)	8(6)
189	塞拉利昂	3(2)	8(6)
190	新加坡	37(38)	35(31)
191	斯洛伐克	53(54)	71(57)
192	斯洛文尼亚	35(34)	71(57)
193	所罗门群岛	0	3(2)
194	索马里	3(2)	4(4)
195	南非	39(12)	10(8)
196	南苏丹	1(0)	1(1)
197	西班牙	76(70)	71(57)
198	斯里兰卡	26(24)	6(5)
199	巴勒斯坦	5(3)	6(6)
200	苏丹	30(14)	8(7)
201	苏里南	4(1)	11(10)
202	瑞典	65(63)	71(57)
203	瑞士	112(111)	37(34)
204	叙利亚	40(34)	4(4)
205	中国台湾	24(16)	6(6)
206	塔吉克斯坦	35(24)	7(6)
207	坦桑尼亚	18(10)	6(6)
208	泰国	39(36)	23(21)
209	东帝汶	3(1)	1(1)
210	多哥	4(3)	10(8)
211	托克劳	0	0
212	汤加	1(1)	3(2)
213	特立尼达和多巴哥	12(12)	10(9)
214	突尼斯	55(39)	8(7)
215	土耳其	109(76)	20(16)
216	土库曼斯坦	27(20)	7(5)
217	特克斯和凯科斯群岛	0	1(1)
218	图瓦卢	0	3(2)
219	乌干达	15(6)	8(7)
220	乌克兰	72(65)	6(5)
221	阿拉伯联合酋长国	87(52)	12(6)
222	英国	100(91)	72(57)
223	美国	45(39)	68(50)
224	美属维尔京群岛	0	0
225	乌拉圭	31(30)	19(15)

（续）

序号	缔约方	BITs（括号内为有效的数量）	TIPs
226	乌兹别克斯坦	51(46)	5(4)
227	瓦努阿图	2(0)	2(1)
228	委内瑞拉	27(25)	5(5)
229	越南	41(48)	24(19)
230	瓦利斯和富图纳群岛	0	1(1)
231	也门	36(22)	5(5)
232	马其顿	1(1)	0
233	赞比亚	15(6)	7(6)
234	津巴布韦	33(10)	8(6)

注：声明的 BITs/TIPs 不包括已失效、经双方同意终止或重新谈判的条约。

本章案例研究

【案例 12-1】 数字技术冲击下的非标准工作与体面劳动[⊖]

（一）基本案情

非标准工作指游离于正规雇佣关系之外的工作，包括临时或者固定期限的雇佣合同，临时性或者派遣性工作、依赖性自雇，也包括非全日制工作。一般来说非标准工作缺少以下七种基本保障：劳动力市场保障（由宏观经济政策保障的充分就业机会）；就业保障（对雇主单方解雇的保障、有关解雇和雇用的规定、与经济变动相应的职业保障）；工作保障（包括合适的职业规划、有机会通过提升能力来发展职业意识）；劳动保障（职业安全卫生保障、全面的职业安全卫生规则、对工作时间的限制）；技术再生产保障（获取技术与保持技术的全面机会、全面的技术更新手段、全面的学徒和就业培训）；收入保障（收入受到法律的保障）；代表保障（可以通过工会以及社会对话机制发出集体声音）（ILO）。

1999 年 6 月，ILO 在第 87 届国际劳工大会上提出“体面劳动”的概念。ILO 认为，就绝大多数劳动者而言，实现“体面劳动”意味着他们有稳定的就业和知道何时拿到下一次报酬，可以在工作和家庭生活中获得平衡；有足够、公平、公正的报酬，能够同工同酬，可以获得疾病、意外事故、失业和养老方面的保障，有安全和卫生的工作场所，有培训和学习的机会以开发自己的技能和发展自己的事业，有权要求在工作场所有自己的代表并享有基本的人权，这一概念随后得到各成员方的认可与接受。

数字化的发展创造了新的就业，同时引发劳动者权益保障缺失与其雇员身份模糊有关。互联网平台从业者大部分从事的是非标准工作，这类工作存在体面劳动方面的诸多缺陷。有人认为，数字技术的广泛应用使得劳动者回归为商品，称互联网平台为“平台资本主义”，称从业者为“数据劳动力”或者“数据苦力”，也有人认为，这类劳动者从事的工作常常被认定为一种介乎受雇和自雇之间的就业，按照适用的法律，他们也不属于“合格的雇员”。在世界范围内，几个涉及平台经济雇佣关

⊖ 彭倩文，曹大友．是劳动关系还是劳务关系？——以滴滴出行为例解析中国情境下互联网约租车平台的雇佣关系［J］．中国人力资源开发，2016(2)；周畅，李琪．非标准工作与体面劳动：数据化带来的劳动问题与政府对策［J］．中国人力资源开发，2017(8)．

系的集体诉讼也在高调进行。英国总工会（GMB）在2015年起诉了优步（Uber）公司。英国就业仲裁厅裁定Uber的司机不属于自雇，应享有最低工资和法定假期。2016年10月28日出具的长达40页的裁决书指出，“任何司机只要打开应用程序并位于允许他们作业的区域且能够接到预约，该司机就是在按照一份‘工人的合同’为Uber工作”；裁定书还指出，Uber司机适用1996年的《雇佣权利法》。2014年9月，美国洛杉矶一位Uber司机Berwick在美国加利福尼亚州劳动委员会起诉Uber公司，主张自己作为全职司机应该获得雇员待遇，并要求Uber公司支付拖欠的工资以及其他费用共计4 000多美元，依据加利福尼亚州1989年的Borello案件判决，最终裁决为这位司机是Uber的雇员。

对于如何实现体面劳动，ILO认为需要一系列的政策干预，包括制定法律和加强劳动力市场机制。政策干预需要建立在两个互补思路的基础上：一是使非标准工作体面化；二是政策应支持和保护所有劳动者，不论他们以何种方式在工作。ILO提出了四项具体措施：一是填补政府规制的漏洞，如对半日制和呼叫中心的工作规定最低工作时间，对有多方参与的工作要分派责任和义务，保证所有劳动者自由结社的权利和集体谈判的权利。二是加强集体谈判机制，培养工会在组织非标准工作者方面的能力，提倡包容性的集体谈判，用集体谈判规制非标准工作，使工会和其他社会组织可以联合起来对非标准工作做出集体性回应。三是加强社会保护措施，消除或者降低获得社会保障资格的门槛（例如，工作小时数、收入额、最低就业时间等方面的限制），提高不同社会保障项目的可随身转移性，确保社会保障对自雇者的足够覆盖，利用无须供款的补充社会保险项目为所有就业者提供最基本的保障。四是制定就业和社会政策来应对社会风险和顺应劳动力市场转型，制定支持创造就业机会和减少失业的宏观经济政策，重新设计可以促进技术与职业发展的失业保险政策。

如何让在Uber类数字公司上从事非标准工作的员工获得体面劳动，将是数字贸易时代新的问题。

（二）案例点评

（1）数字贸易时代，零工经济是新现象，如何让从事非标准工作的员工获得体面工作是国际社会及跨国公司共同面临的新挑战。零工经济是利用互联网和移动技术快速匹配劳动力供需方的新型人力资源分配模式，对创新引领、服务民生、拓展就业岗位等有积极作用。根据ILO的报告（2020），全球从事非标准工作的约有20亿人，多集中在新兴和发展中经济体。欧洲政治战略中心（EPSC）研究报告显示，欧洲的青年劳动者每2人就有1人参与零工经济。全球有7 000万人注册了远程工作平台，远程工作平台的使用量正以每年26%的速度增长。未来会有更多的人参与零工经济。与传统工作相比，零工经济是按件或按项目计酬，是以任务结果为导向，其劳动过程和工作时间呈现“碎片化”特征，[㊀]现行的劳工规则不适用于零工经济，需要在ILO的框架下探索新的规范。

（2）无论是英国的裁定还是美国的裁决，所依据的法律或判例都是标准工作时代的产物，最后裁定都依法维护了弱者的利益。我们为之点赞！然而，英国1996年的《雇佣权利法》、美国1989年判例产生时的工作环境与数字经济时代的环境不同，这些法律或判例是否适用于新环境下的非标准工作呢？这为我们提供了讨论与思考的空间。

㊀ 魏巍，冯喜良．零工经济中的工作关系研究与政策优化［J］．经济与管理研究，2020(9)．

【案例 12-2】 厄瓜多尔与雪佛龙之间悬而未决的环境污染和商业贿赂案

（一）基本案例

2001 年雪佛龙公司收购德士古公司。2003 年律师 Steve Donziger 和“亚马逊防卫前线”（Amazon Defense Front）向厄瓜多尔当地的一家法庭起诉雪佛龙，要求其对德士古公司从 1964 年到 1990 年期间在厄瓜多尔东部开采造成的环境污染损失进行赔偿。1964~1990 年，德士古与厄瓜多尔国家石油公司组建了合资企业，在厄瓜多尔东部热带原始雨林中开采原油。当时德士古占有合资企业 40%的股份，所承担的工作正是油田开采。26 年间，德士古共开采了 17 亿桶石油，赚了个盆满钵满。1993 年，大约 3 万名厄瓜多尔土著居民将德士古公司告上了美国纽约州地区法院，指控其在油田开采期间向 2 000 多平方英里[一]的雨林和沼泽地区的数百个池塘肆意倾倒石油废弃物，致使 158 亿加仑[二]含有重金属和苯等致癌物质的有毒废水渗透进了亚马逊热带原始雨林中。由于常年赖以饮用、盥洗和捕捞鱼类的水源变质，遭污染区域居民流产、头痛、胃病、癌症以及皮肤病的发生率大大高于平均值。据专家小组向法庭提交的证据，仅癌症一项就致死 1 401 人。

2001 年 10 月，雪佛龙公司以 390 亿美元兼并了其主要竞争对手之一德士古公司，也就“继承”了这一令人头疼的官司。案件最初由美国纽约州地区法院管辖，无论是德士古公司，还是后来者雪佛龙公司，均抗诉官司应该在厄瓜多尔本国审理。有分析指出，被告方之所以不计钱财与时间，誓把官司挪个地儿，是因为当时厄瓜多尔政府与美国企业关系尚好，遂冀望于在厄瓜多尔审理能得到“较为圆满”的结果。2002 年 8 月，在提出抗诉近十年后，此案果真辗转移交给了厄瓜多尔法院。2003 年，该案正式在厄瓜多尔法庭开审。2011 年 2 月中旬厄瓜多尔法官尼古拉斯·扎姆布兰诺做出裁决，向雪佛龙开出了总计约 95 亿美元的天价罚单，成为环境污染案件中最贵的罚单。罚单分两部分，86 亿美元的罚款和 8.6 亿美元的赔偿金。86 亿美元的罚款中 60 亿美元用于修复当地被污染的土地和河流；14 亿美元为当地建立一个医疗系统；8 亿美元用于对当地污染事件患者的治疗等。与此同时，还要求雪佛龙公司向大约 3 万名当地土著居民组成的原告支付相当于罚款额 10%的赔偿金，大约相当于 8.6 亿美元。这两者相加，总金额约 95 亿美元。而且此裁决还明确要求雪佛龙公司在 60 天内于厄瓜多尔开设第三方托管账户，用于向受害者发放赔偿金。对于判决结果，双方都不满意。

2011 年 2 月初，雪佛龙公司根据《反有组织犯罪及腐化组织法》（Racketeer Influenced Corrupt Organizations Act）的规定，起诉 Steve Donziger、“亚马逊防卫前线”以及该机构的领导人，控告他们是通过贿赂、敲诈、欺骗、恫吓证人、阻碍司法以及洗钱等方式获得了 95 亿美元赔偿的厄瓜多尔裁决，而雪佛龙公司只是勒索案中的无辜受害者，并将该案提交海牙常设仲裁法院申请仲裁。海牙法庭要求厄瓜多尔政府暂缓执行任何针对雪佛龙赔偿的裁决，直到仲裁庭做出仲裁。

这场旷日持久的诉讼案件，最终结果将走向何方，目前还未有定数。不过，根据厄瓜多尔法律，在初步上诉结果出炉之前，被告方雪佛龙公司无须履行法院的裁决。而上诉过程不出意外将又是一场漫长的拉锯战，厄瓜多尔雨林中的几万名无辜

[一] 1 平方英里 = 2.589 99×10^6 平方米。

[二] 1 美加仑 = 3.785 41 立方分米。

受害者，还将为遥遥无期的赔偿继续等待。

（资料来源：根据环保材料网 http://www.3ghbw.com 相关资料整理而来。）

（二）案例点评

（1）随着各国环境保护意识的增强与环保制度的趋严，发达经济体跨国公司把高能耗、高污染的产业转移到外资管制和环境保护法律不严格的发展中经济体成为常态，如何追责，怎样让受害者获得应得的赔偿，这将是国际社会关注的重要问题。雪佛龙公司在厄瓜多尔的环境危害持续了几十年，对当地居民造成巨大的损害，厄瓜多尔的环境诉讼案历时8年，最终法庭做出了最终裁决，但跨国公司在东道国的子公司资产有限，原告方律师及其团队在全球范围内寻找可执行该判决的雪佛龙公司的资产，但都没能取得任何收获。同时，雪佛龙公司根据美国的《诈骗影响和腐败组织法案》等相关法律，对原告律师及其顾问提起诉讼，控告他们通过贿赂、敲诈、欺骗等欺诈性诉讼获得裁决，声称厄瓜多尔法院的判决是欺诈的结果，不具有执行力。这对包括跨国公司母国、东道国在内的国际社会提出挑战。

（2）对环境损害，除司法诉讼之外，需要探讨其他的救济措施。非政府组织在国际环境规制中的作用不容忽视。可以通过NGO制造舆论，声讨雪佛龙公司，或组织大规模的抵制消费雪佛龙产品等活动，以使雪佛龙支付赔偿。同时，东道国也可以运用国家力量对侵权方进行施压，为本国受害者索要赔偿。

【案例12-3】对数字跨国公司谷歌的监管

（一）基本案情

谷歌公司成立于1998年9月4日，是全球最大的搜索引擎公司。公司总部位于美国加利福尼亚州圣克拉拉县的芒廷维尤。谷歌公司2004年在纳斯达克上市，2005年在中国设立研发中心。2012年，谷歌超越微软，在全球科技公司中市值排名第二。其业务包括互联网搜索、云计算、广告技术等，同时开发并提供大量基于互联网的产品与服务，开发线上软件、应用软件，还涉及移动设备的安卓操作系统以及谷歌Chromeos的开发。谷歌的数据中心主要为Facebook、亚马逊、微软、雅虎等数十家公司的产品提供服务。

美国旧金山地方法院因谷歌秘密跟踪用户上网习惯而对谷歌开出了高达2 250万美元的罚单。法院认为，谷歌蒙骗Safari浏览器用户，让他们误以为只要不修改该浏览器的隐私设置，上网活动就不会被谷歌跟踪。但实际上，谷歌采用了特殊的技术方法绕过Safari浏览器的隐私设定，追踪用户的上网习惯。

2012年8月9日，谷歌已经同意支付2 250万美元与美国联邦贸易委员会（以下简称“FTC”）针对Safari隐私案和解。2012年8月初，FTC将要求谷歌支付2 250万美元的民事罚款，就绕开Safari浏览器用户隐私设置一案达成和解。知情人士称，FTC已同意和解，但谷歌需承认对此负有责任。这笔罚金是FTC对单一公司征收过的最高一笔罚金，FTC主席乔恩·莱博维茨（Jon Leibowitz）称：“这笔历史最高罚金清晰地表明，所有企业都必须要遵守FTC的隐私要求。无论公司规模大小，所有企业都必须遵守FTC的要求，遵守保护消费者隐私的承诺。否则，它们将面临巨额罚款。”

2014年12月16日，荷兰数据保护部门表示，如果不停止侵犯荷兰互联网用户的隐私，那么将对谷歌处以最高1 500万欧元（约合1 860万美元）的罚款。谷歌使用用户浏览历史和位置数据等隐私信息，向用户提供具有相关性的广告，此举违反了荷兰的数据保护法。该部门要求谷歌在2015年2月底之前调整对收集自个人用户数据的处理方式。

2017年6月，欧盟对谷歌（微博）处以逾24.2亿欧元的反垄断罚款。欧盟委员会认为，谷歌利用了网页搜索市场的优势地位，给自家的互联网服务提供了更好的排名，在流量方面进行了照顾，这损害了其他竞争对手的业务。比如在在线旅游等服务中，用户进行搜索时，谷歌会让旗下的旅行服务获得更好的排名。除了罚款单，欧盟委员会还将要求谷歌对于网页搜索服务进行整改，满足该机构提出的要求。

2018年7月，欧盟对谷歌发出43.3亿欧元（约50亿美元）的反垄断罚单，因为谷歌违反“保护条例”，并要求谷歌调整在安卓移动设备上安装搜索和网络浏览器应用的方式。

2019年3月19日，谷歌推出了云游戏产品，客户无须等待将游戏内容下载到设备上就可以访问游戏。3月21日，欧盟以阻挠广告竞争对手为由宣布对Alphabet旗下谷歌部门处以14.9亿欧元罚款。这是自2017年以来谷歌被欧盟开出的第三次巨额罚单，这些罚单都与“垄断”相关。

2019年1月，法国数据保护监督机构CNIL就已依照欧盟《通用数据保护条例》(以下简称“保护条例”）的规定，给谷歌开出了5 700万美元（约5 000万欧元）的罚单。这也是欧盟国家中依据全年生效的“保护条例”开出的首张罚单，而且CNIL认为谷歌使用数据前获取用户同意的流程不符合规范。在默认情况下，谷歌会强迫用户登录或注册一个谷歌账户。CNIL表示，谷歌应该将创建账户的行为，与设置设备许可捆绑的行为分开，这种捆绑行为不合法。2019年年底法国竞争管理局宣布，因谷歌滥用在互联网广告市场的独大地位，对其处以1.5亿欧元（约1.66亿美元）的罚款。法国竞争管理局认为，谷歌在其广告平台Google Ads上采用了“不透明且难以理解的操作规则”，同时谷歌在执行规则时也存在不公平的现象，导致广告商和搜索引擎用户权益受损。在法国，谷歌在搜索引擎市场占据了绝对的主导地位，拥有超过90%的互联网搜索量，并持有与搜索相关的在线广告市场约80%以上的市场份额。

2019年12月，欧盟以反垄断为由，对谷歌公司处以95亿美元的罚款。谷歌在互联网领域占据较大的份额，比重高达七成，而且谷歌公司在利用其安卓系统来屏蔽竞争对手的行为，欧盟因此对谷歌进行了制裁。

随着数字经济的快速发展，作为全球最大互联网搜索引擎的谷歌，将面临越来越多的监管和审查。2020年，更多的罚单还会如约而至。欧盟委员会负责竞争事务的委员韦斯塔格曾表示，谷歌利用安卓系统强化了其搜索引擎的主导地位，同时抹杀了竞争对手进行创新和竞争的机会，使消费者无法享受充分竞争带来的好处。这是违反欧盟反垄断规定的非法行为，谷歌必须停止这一行为。

（二）案例点评

（1）新时代，数据成为新生产要素，无论国际社会还是各国政府都加大对跨国公司获得个人数据的方式进行规制的力度，以保护消费者隐私。美国法院对谷歌开出2 250万美元的罚单，荷兰开出的最高1 500万欧元罚款的原因是谷歌收集用户数据时违反了保护消费者隐私的法律。

（2）利用市场力量损害其他竞争对手或搜索引擎用户权益是对数字跨国公司规制的另一项内容。2017年以来，欧盟对谷歌开出的三次巨额罚单都与“垄断”有关。同时，谷歌在执行规则时也存在不公平的现象，导致广告商和搜索引擎用户权益受损，滥用其在互联网广告市场的垄断地位对竞争对手或用户造成了损害。这是2019年法国竞争管理局对谷歌罚款1.5亿欧元的原因；欧盟95亿美元的罚单也是同样情况。

思考与练习

1. 联合国国际劳工组织的核心劳工标准有哪些？
2. 非政府组织怎样影响跨国公司对劳工权益的保护？请举例说明。
3. 与NAFTA相比，USMCA在劳工保护的内容上增加了哪些内容？
4. 什么是商业贿赂？哪些国际组织对商业贿赂进行了规制？
5. 非政府组织对环境问题通过哪些途径进行影响？
6. 跨境数据流动的含义是什么？欧盟允许个人数据跨境流动的例外情形有哪些？
7. WTO中有关数据跨境流动的规定有哪些？CPTPP有关数据跨境流动的规定有哪些？
8. 《世界投资报告2016》设定的国际投资协定可持续发展改革的“路线图”的主要框架是什么？
9. 世界银行规范国际投资的国际公约有哪些？
10. 简述USMCA中投资争端解决的四种机制。
11. 简述双边投资协定的概念，并分析全球双边投资协定发展的特点。

APPENDIX

附录

专业名词中英文汇编

advanced pricing agreement 预约定价法
advantage-seeking theory 优势获取论
branch company 分公司
core competence 核心竞争力
corporate bond 公司债券
diversification strategy 多元化成长战略
ethnocentric centralized R&D 母国集权型研发
exclusive license 独占许可
export credit 出口信贷
focus strategy 密集型成长战略
foreign direct investment 对外直接投资
foreign exchange risk 外汇风险
geocentric centralized R&D 多国集权型研发
global product structure 全球性产品结构
global regional structure 全球性地区结构
industrial clustering theory 产业集群理论
integrated R&D network 网络整合型研发
integration strategy 一体化成长战略
internalization-specific advantage 内部化优势
International Chamber of Commerce 国际商会
international double taxation 国际双重征税
International Labour Organization 国际劳工组织
international tax avoidance 国际避税
international tax flight 国际逃税
international tax evasion 国际偷漏税
international tax haven 国际避税地
international technology transfer 国际技术转让
intra-firm trade 公司内贸易
liaison office 联络办事处
localization 当地化
location-specific advantage 区位优势
long-term loan 长期借款
market entry 市场进入
monopolistic advantage theory 垄断优势理论
netting 净额结算
new resource-based theory 新资源基础论
non-equity investment 非股权投资
Non-Government Organization（NGO） 非政府组织
Organization for Economic Co-operation and Development（OECD） 经济合作与发展组织
ownership-specific advantage 所有权优势
parent company 母公司
polycentric decentralized R&D 多国分权型研发
product strategy 产品策略
refocusing 归核化
R&D hub model 核心型研发
simple license 普通许可
sole license 排他许可

standardization 标准化

subsidiary company 子公司

sub-license 分许可

tax sparing credit 税收饶让抵免

the eclectic theory of international production 国际生产折衷理论

the theory of comparative advantage 比较优势理论

the theory of internalization 内部化理论

the theory of original equipment manufacture 外包生产理论

the theory of product life cycle 产品生命周期理论

transnational corporations 跨国公司

United Nations Conference on Trade and Development 联合国贸易和发展会议

REFERENCES

参考文献

[1] 卢进勇．国际服务贸易与跨国公司［M］．北京：对外经济贸易大学出版社，2002.

[2] 卢进勇．国际投资与跨国公司案例库［M］．北京：对外经济贸易大学出版社，2005.

[3] 卢进勇，杜奇华．国际投资理论与实务［M］．北京：中国时代经济出版社，2004.

[4] 卢进勇，杜奇华．国际经济合作教程［M］．2版．北京：首都经济贸易大学出版社，2009.

[5] 卢进勇，余劲松，齐春生．国际投资条约与协定新论［M］．北京：人民出版社，2007.

[6] 赵曙明，刘恩专．跨国公司经营管理研究［M］．南京：南京大学出版社，1998.

[7] 刘恩专．企业法人经营管理全书［M］．北京：中国经济出版社，1997.

[8] 王志乐．跨国公司中国报告（2001~2012）［M］．北京：中国经济出版社，2001-2012.

[9] 王志乐．走向世界的中国跨国公司［M］．北京：中国商业出版社，2004.

[10] 王志乐．走向世界的中国跨国公司［M］．北京：中国经济出版社，2007.

[11] 王志乐．软竞争力：跨国公司的公司责任理念［M］．北京：中国经济出版社，2006.

[12] 林康．跨国公司与跨国经营［M］．北京：对外经济贸易大学出版社，2000.

[13] 林康．跨国公司国际化经营［M］．北京：对外经济贸易大学出版社，2006.

[14] 王林生，范黎波．跨国经营理论与战略［M］．北京：对外经济贸易大学出版，2003.

[15] 冼国明．跨国公司在华投资的战略调整及其影响［J］．国际经济合作，2002(12).

[16] 冼国明．国际投资概论［M］．北京：首都经济贸易大学出版社，2004.

[17] 鲁桐．中国企业跨国经营战略［M］．北京：经济管理出版社，2003.

[18] 刘辉群．跨国公司R&D投资对国家创新系统的影响——基于东道国的分析［J］．国际贸易问题，2006（11).

[19] 刘辉群，白玲．跨国公司研发投资对我国国家创新体系的影响［J］．中国软科学，2007(1).

[20] 刘辉群，赵欣．跨国公司研发组织结构的类型与发展方向［J］．经营与管理，2007(3).

[21] 胡德，扬．跨国企业经济学［M］．北京：经济科学出版社，1990.

[22] 杨德新．跨国经营与跨国公司——理论、原理、运作、案例［M］．北京：中国统计出版社，1996.

[23] 吴文武．跨国公司新论［M］．北京：北京大学出版社，2000.

[24] 金润圭．全球战略：跨国公司与中国企业国际化［M］．北京：高等教育出版社，1999.

[25] 金润圭．国际企业管理［M］．北京：中国人民大学出版社，2005.

[26] 马春光．国际企业管理［M］．北京：对外经济贸易大学出版社，2005.

[27] 吴丛生，郭振游．国际财务管理［M］．北京：对外经济贸易大学出版社，1993.

[28] 夏皮罗．跨国财务管理基础［M］. 北京：中信出版社，2002.
[29] 张海东．国际商务管理［M］. 上海：上海财经大学出版社，2002.
[30] 李志军．当代国际技术转移与对策［M］. 北京：中国财政经济出版社，1997.
[31] 刘秀玲．国际直接投资与技术转移［M］. 北京：经济科学出版社，2003.
[32] 麦迪森．世界经济千年史［M］. 伍晓鹰，等译．北京：北京大学出版社，2003.
[33] 杨圣明，等．中国对外经贸理论前沿（1-5集）［M］. 北京：社会科学文献出版社，1999-2009.
[34] 商务部．中国外商投资报告［C］.（2004-2011）.
[35] 商务部．中国对外直接投资统计公报［C］.（2003-2011）.
[36] 王巍．中国并购报告（2001）［M］. 北京：中国物资出版社，2001.
[37] 王巍．中国并购报告（2002）［M］. 北京：华夏出版社，2002.
[38] 王巍．中国并购报告（2003-2008）［M］. 北京：人民邮电出版社，2003-2008.
[39] 王巍．中国并购报告（2009）［M］. 北京：中国金融出版社，2009.
[40] 全球并购研究中心．中国并购报告（2010）［M］. 北京：中国经济出版社，2010.
[41] 联合国秘书处经济社会事务部．世界发展中的多国公司［C］. 南开大学经济研究所世界经济研究室，译．北京：商务印书馆，1975.
[42] 联合国跨国公司中心．再论世界发展中的跨国公司［C］. 南开大学经济研究所美国经济研究室，对外经济联络部国际经济合作研究所，译．北京：商务印书馆，1982.
[43] 联合国跨国公司中心．三论世界发展中的跨国公司［C］. 南开大学国际经济研究所，译．北京：商务印书馆，1992.
[44] 郭焱，周雷，郭彬．跨国公司管理理论与案例分析［M］. 北京：中国经济出版社，2007.
[45] 高湘一．跨国公司经营与管理［M］. 北京：中国商务出版社，2006.
[46] 马述忠，廖红．国际企业管理［M］. 北京：北京大学出版社，2007.
[47] 李瑜，武常岐．全球战略：一个文献综述［J］. 南开管理评论，2010(2).
[48] 海闻．国际贸易和投资：增长与福利，冲突与合作［M］. 北京：北京大学出版社，2010.
[49] 王跃生．跨国公司金融：原理与案例［M］. 北京：中国发展出版社，2009.
[50] 李尔华，崔建格．跨国公司经营与管理［M］. 北京：清华大学出版社，北京交通大学出版社，2011.
[51] 林玲，余娟娟．全球生产网络中的收益分配及中国的分配地位［J］. 现代经济探讨，2012(8)：78-82.
[52] 陈纬霓．服务业跨国公司扩张模式探讨［J］. 新闻天地月刊，2007(3)：122-125.
[53] 葛梅伟，董俊林．IBM 二次转型案例［J］. 企业改革与管理，2014(1)：38-40.
[54] 陈静，卢进勇．跨国公司评比指标的演变——基于财富 500、世界投资报告排行榜的比较分析［J］. 现代管理科学，2015(12)：9-11.
[55] 葛顺奇，赵玉静．500 强跨国公司：世界与中国的比较［J］. 国际经济合作，2010(6)：29-33.
[56] 吕铁，李萌．“十三五”国际经济环境变化及其对中国工业发展的影响［J］. 国际贸易，2015(6)：21-31.
[57] 张亚雄，张晓兰．从“十三五”时期国际经济环境看我国经济发展面临的机遇与挑战［J］. 经济纵横，2015(11)：11-17.
[58] 曲建，王子先．基于全球价值链角度的中国加工贸易转型升级［M］. 北京：中国经济出版社，2013.
[59] 黎国林．全球价值链下中国加工贸易转型升级研究［M］. 北京：中国海关出版社，2012.

[60] 温丽琴，卢进勇，王勤菊．电子商务与国际生产网络下中国装备制造业的发展［M］．北京：经济科学出版社，2013.

[61] 宋玉华，等．世界经济失衡研究［M］．北京：人民出版社，2012.

[62] 刘德伟，李连芬．国际生产网络的概念框架［J］．创新，2015，9(1)：81-85.

[63] 冼国明．跨国公司与当代国际分工：对企业内部国际分工的剖析［M］．天津：南开大学出版社，1994.

[64] 黄锦华．后危机时代中国汽车企业的升级策略研究——基于全球价值链治理的多案例分析［J］．科技管理研究，2013，33(1)：134-139.

[65] 卢进勇，郜志雄．跨国公司在华 DVD 专利收费研究［J］．国际商务：对外经济贸易大学学报，2010(3)：76-82.

[66] 卢进勇，郜志雄．跨国公司在华知识产权收费问题的研究［J］．国际贸易，2010(2)：31-36.

[67] 陈威如，余卓轩．平台战略［M］．北京：中信出版社，2013.

[68] 莫塞德，约翰逊．平台垄断：主导 21 世纪经济的力量［M］．杨菲，译．北京：机械工业出版社，2017.

[69] 岳占仁．平台战略的新思考［J］. IT 经理世界 . 2010 （11）.

[70] 李允尧，刘海运，黄少坚．平台经济理论研究动态［J］．经济学动态，2013(7).

[71] 张小宁．平台战略研究评述及展望［J］．经济管理，2014(3).

[72] 王节祥，王雅敏，贺锦江．平台战略内核：网络效应概念演进、测度方式与研究前沿［J］．科技进步与对策 . 2020(7).

[73] 帕克，埃尔斯泰恩，保罗．平台革命：改变世界的商业模式［M］．邱达利，志鹏，译．北京：机械工业出版社，2017.

[74] 范阿尔斯丁，帕克，乔达利．平台时代战略新规则［J］．刘筱薇，译．市场营销（实务版)，2016(9).

[75] 陈传明．国际企业：环境、组织、战略［M］．南京：南京大学出版社，1995.

[76] 高孟立．市场营销学［M］．西安：西安电子科技大学出版社，2018.

[77] UNCTAD. World Investment Report(1991~2016) [R]. United Nations Publication.

[78] HILL C W L. International business: competing in the global marketplace [M]. 5th ed. New York: McGraw-Hill, 2005.

[79] RUGMAN A M. Forty years of the theory of the transnational corporation [J]. Transnational Corporations , Volume8, Number2, August 1999.

[80] RAYOME D, BAKER J C. Foreign direct investment: a review and analysis of the literature [J]. The International Trade Journal, Volume IX, No1, Spring 1995.

[81] MESSING J W. Towards a multilateral agreement on investment [J]. Transnational Corporations, Volume6, Number1, April 1997.

[82] H S H. The international operation of national firms: a study of direct investment [M]. Cambridge: MIT Press, 1976.

[83] BHAGWATI J. International factor mobility [M]. Cambridge: The MIT Press, 1983.

[84] M A R. A subsidiary specific advantages in multinational enterprises [J]. Strategic Management Journal, 22 (3), 2001a: 237-250.

[85] VERNON R. International investment and international trade in the product cycle [J]. Quarterly Journal of Economics, May 1966.

[86] BUCKLEY P J, CASSON M. The future of multinational enterprises [M]. London: Macmillan Press

Ltd. , 1976.

[87] BUCKLEY P J. Multinational firms, cooperation and competition in the world economy [M]. London: Macmillan Press Ltd. , and New York: ST. Martin's Press, LLC. 2000.

[88] DUNNING J H. Towards an eclectic theory of international production: some empirical tests [J]. Journal of International Business Studies. 9-31, Vol. 2. 1980.

[89] DUNNING J H, RUGMAN A M. The influence of Hymer's dissertation on the theory of FDI [J]. American Economic Review, Papers and Proceedings, 228-232, May 1985.

[90] DUNNING J H. International production and the multinational enterprises [M]. New South Wales: Allen & Unwin, 1981.

[91] DUNNING J H. Multinational enterprises and the growth of services: some conceptual and theoretical issues [J]. Service Industries Journal, 1989, 9(1): 5-39.

[92] ETHIER W J. Modern international economics [M]. Third Edition. W. W. Norton&Company, Inc. , 1995.

[93] BHAGWATI J. Political economy and international economics [M]. Cambridge: The MIT Press, 1991.

[94] ROBOCK S H, SIMMONDS K. International business and multinational enterprises [M]. Fourth Edition. Homewood IL: Richard D. Irwin, Inc. , 1989.

[95] FATOUROS A A. Transnational corporations: the international legal framework [M]. New York: Routledge, 1994.

[96] LECRAW D J. Transnational corporations and business strategy [M]. New York: Routledge, 1993.

[97] FELDSTEIN M. International economic cooperation [M]. Chicago: The University of Chicago Press, 1988.

[98] PORTER M E. Competitive advantage of nations [M]. New York: The Free Press, 1990.

[99] CANTWELL J, TOLENTINO, ESTRELLA P. Technological accumulation and third world multinationals discussion papers in international investment and business studies [J]. No. 139. University of Reading, 1990.

[100] PRAHALAD C K, DOZ Y L. The multinational mission: balancing local demands and global vision [M]. NewYork: Free Press, 1987.

[101] UNESCO SCIENCE REPORT Towards 2030 [R]. https://en.unesco.org/unesco_science_report.

推荐阅读

中文书名	原作者	中文书号	定价
经济学(微观部分)	迪恩·卡尔兰 耶鲁大学	978-7-111-55139-3	75.00
经济学(宏观部分)	迪恩·卡尔兰 耶鲁大学	978-7-111-55610-7	55.00
经济学(微观部分)（英文版）	迪恩·卡尔兰 耶鲁大学	978-7-111-55558-2	79.00
经济学(宏观部分)（英文版）	迪恩·卡尔兰 耶鲁大学	978-7-111-55865-1	59.00
经济学（微观）（第5版）	格伦.哈伯德 哈佛大学	978-7-111-55140-1	75.00
经济学（宏观）（第5版）	格伦.哈伯德 哈佛大学	978-7-111-54091-1	55.00
经济学（微观）（第5版）(英文版)	格伦.哈伯德 哈佛大学	978-7-111-55348-1	79.00
经济学（宏观）（第5版）(英文版)	格伦.哈伯德 哈佛大学	978-7-111-54776-1	59.00
微观经济学	奥斯坦·古尔斯比 芝加哥大学	978-7-111-54110-3	89.00
中级微观经济学（第4版）	杰弗里·佩罗夫 加州大学伯克利分校	978-7-111-27372-1	85.00
管理经济学（第12版）	克里斯托弗·托马斯 南佛罗里达大学	978-7-111-58696-8	89.00
管理经济学（第14版）	詹姆斯 R. 麦圭根 JRM投资公司	978-7-111-61105-9	99.00
宏观经济学（第7版）	奥利维尔·布兰查德 麻省理工学院	978-7-111-61920-8	99.00
宏观经济学：政策与实践（第2版）	弗雷德里克 S. 米什金. 哥伦比亚大学	978-7-111-56741-7	79.00
国际宏观经济学（第2版）	约翰E.马丁森 百森商学院	978-7-111-57753-9	109.00

推荐阅读

书名	作者	中文书号	定价
货币金融学（第2版）	蒋先玲（对外经济贸易大学）	978-7-111-57370-8	49.00
货币金融学习题集（第2版）	蒋先玲（对外经济贸易大学）	978-7-111-59443-7	39.00
货币银行学（第2版）	钱水土（浙江工商大学）	978-7-111-41391-2	39.00
投资学原理及应用（第3版）	贺显南（广东外语外贸大学）	978-7-111-56381-5	40.00
《投资学原理及应用》习题集	贺显南（广东外语外贸大学）	978-7-111-58874-0	30.00
证券投资学(第2版)	葛红玲（北京工商大学）	978-7-111-42938-8	39.00
证券投资学	朱晋（浙江工商大学）	978-7-111-51525-8	40.00
风险管理（第2版)	王周伟（上海师范大学）	978-7-111-55769-2	55.00
风险管理学习指导及习题解析	王周伟（上海师范大学）	978-7-111-55631-2	35.00
风险管理计算与分析：软件实现	王周伟（上海师范大学）	978-7-111-53280-4	39.00
金融风险管理	王勇（光大证券）	978-7-111-45078-8	59.00
衍生金融工具基础	任翠玉（东北财经大学）	978-7-111-60763-2	40.00
固定收益证券	李磊宁（中央财经大学）	978-7-111-45456-4	39.00
行为金融学（第2版）	饶育蕾（中南大学）	978-7-111-60851-6	49.00
中央银行的逻辑	汪洋（江西财经大学）	978-7-111-49870-4	45.00
商业银行管理	陈颖（中央财经大学）	即将出版	
投资银行学:理论与案例（第2版）	马晓军（南开大学）	978-7-111-47822-5	40.00
金融服务营销	周晓明（西南财经大学）	978-7-111-30999-4	30.00
投资类业务综合实验教程	甘海源等（广西财经大学）	978-7-111-49043-2	30.00
公司理财：Excel建模指南	张周(上海金融学院)	978-7-111-48648-0	35.00
保险理论与实务精讲精练	胡少勇（江西财经大学）	978-7-111-55309-0	39.00
外汇交易进阶	张慧毅（天津工业大学）	978-7-111-60156-2	45.00